Zeitgeschichte

W0188307

Zeitgeschichte
Ullstein Buch Nr. 33028
im Verlag Ullstein GmbH,
Frankfurt/M – Berlin – Wien

Ungekürzte Ausgabe (1966)

Umschlagentwurf:
Hansbernd Lindemann
Photo: Ullstein Bilderdienst
Alle Rechte vorbehalten
Mit freundlicher Genehmigung
von Naomi Léa Wulf
© Naomi Léa Wulf 1982
Printed in Germany 1983
Druck und Verarbeitung:
Hanseatische Druckanstalt GmbH,
Hamburg
ISBN 3 548 33028 2

April 1983

CIP-Kurztitelaufnahme
der Deutschen Bibliothek

Wulf, Joseph
Presse und Funk im Dritten Reich: e.
Dokumentation / Joseph Wulf. – Unge-
kürzte Ausg. – Frankfurt/M ; Berlin ;
Wien: Ullstein, 1983.
   (Ullstein-Buch ; Nr. 33028: Zeit-
   geschichte)
   ISBN 3-548-33028-2
NE: GT

Joseph Wulf

Presse und Funk im Dritten Reich

Eine Dokumentation

Zeitgeschichte

Joseph Wulf

Literatur und Dichtung im Dritten Reich (Ullstein Buch 33029)
Die bildenden Künste im Dritten Reich (Ullstein Buch 33030)
Theater und Film im Dritten Reich (Ullstein Buch 33031)
Musik im Dritten Reich (Ullstein Buch 33032)

Seitenverweise beziehen sich auf die obengenannten Ausgaben

Inhalt

Einleitung

Das Gesetz der öffentlichen Meinung ist das Gravitationsgesetz der politischen Geschichte.   José Ortega y Gasset

Die folgende Dokumentation befaßt sich mit Mitteln und Kampf des Dritten Reichs zur Gleichschaltung und Lenkung der öffentlichen Meinung durch Presse und Funk.

Während sich die öffentliche Meinung oder schlechthin die Meinung in einem demokratischen Staat durch Auseinandersetzung, Erläuterung, Diskussion, Kritik, Beweise, Konflikte und Aussprachen bildet, schaffen die totalitären Herrscher dies alles mit der Staatsgewalt. Sie äußert sich in selbstgefaßten Beschlüssen, Entscheidungen, Verordnungen und Verfügungen.

Dabei hätten die Gebildeten unter den Nationalsozialisten – wohlverstanden nur mit demagogischen Tricks – sich auf Kant oder Hegel berufen können, da beide die Meinung als unzureichendes Fürwahrhalten oder subjektive Vorstellung definierten. Diese Art «weltanschaulicher» Werbung ist gerade in der NS-Literatur nur allzuoft zu finden.

Ein solches Durcheinander der Grundgedanken über öffentliche Meinung findet im totalitären Staat ihren Ausdruck, wenn es um den Begriff der Freiheit geht. Auch über sie sind sich nämlich die Philosophen nicht endgültig klargeworden. Sie kamen oft zu dem Schluß, Freiheit als solche sei niemals absolut, sondern nur determiniert.

In unserem Jahrhundert könnte man fast sagen, der KZ-Insasse habe Charakter und Zweck der Begriffe Freiheit und öffentliche Meinung weit konkreter erfaßt als der Denker.

Immerhin bewertet und beweist die reale Konfrontation mit dem Verlauf des Totalitarismus, der unsere Zeit mit so vielen Schrecken heimsuchte, weit tiefer und klarer die Auslegung, Auffassung und den Wert menschlicher Freiheit oder der öffentlichen Meinung als sehr viele logische Gesetze. Objektive Wahrheit kann letztlich nur durch Erfahrung bestätigt werden. Erst dann versteht man, was Henri Bergson mit seinen Worten: «Was der Philosophie am meisten fehlt, ist die Präzision», meinte.

Die Führer des Dritten Reichs allerdings analysierten dieses Problem nicht tiefgründig und erschöpfend; für Hitler waren Presse und Funk

5

etwas, durch das er seine ganze Verachtung für Andersdenkende zum Ausdruck bringen konnte oder allenfalls Trommeln für Propaganda-Unternehmen. Wie salopp er über menschliche Grundprinzipien dachte, beweisen seine Tischgespräche; unter anderem meinte er: «Der Begriff der Pressefreiheit ist die gefährlichste Gefahr für jeden Staat.» Ebensowenig darf vergessen werden, daß «Staat» ihm nicht mehr bedeutete, als seine eigene Person mit der Funktion des Politischen zu sättigen.

Keine Staatstheorie in unserer Geschichte – den Faschismus einbegriffen – kann zu den zwölf Jahren des Dritten Reichs analog behandelt werden. Es war die psychopathischste Form einer staatlichen Zentralisation. Auf den Ursprung und die Gründe, die dazu führten, daß solch eine übersteigerte Form der Gewaltherrschaft überhaupt möglich wurde, kann hier nicht eingegangen werden; dieses Buch behandelt ausschließlich die Jahre 1933 bis 1945 in Deutschland.

Für unser Thema ist die Tätigkeit eines fähigen und äußerst abgebrühten zynischen Journalisten – Joseph Goebbels – viel bedeutungsvoller. Er nämlich ist der eigentliche Meister und Manager der Lenkung und Gleichschaltung gewesen. Dabei – das sei hier ausdrücklich betont – spielten für ihn Zeitung oder Rundfunk kaum die ihnen gemäße Rolle. Ob Presse oder Funk, Plakat, Flugblatt oder Rede, ob Fackelzug oder Parteitag – die gleichen Prinzipien politischer Werbung lagen allem zugrunde, und überall handelte es sich um dieselbe Regie des öffentlichen Lebens. Goebbels schrieb schon 1926: «Kanaillen der öffentlichen Meinung sind am Werke, denken Gemeinheit und Betrug, und der gute Deutsche denkt sie nach, verpesten Glauben, Sitte und Nationalgefühl, und der brave Michel nickt und ist zufrieden. Wohin man schaut, überall dieselbe Zersetzung am Werke, von links nach rechts und von rechts nach links. Boten der Verwesung, Treiber zum Zusammenbruch auf der ganzen Linie. Eine einzige grauenhafte Bestätigung des Wortes: Wer vom Juden ißt, stirbt daran! Da rettet nur eins: ausmerzen, ausscheiden, rücksichtsloser Kampf.»

Nach der Machtergreifung sollten diese Worte sowohl in der Presse als auch im Funk Wahrheit werden.

Die unzähligen Journalisten nach 1933 spielten gar keine Rolle. Sie waren nur noch Empfänger, Ausführer, Überbringer der ihnen auf den sogenannten Pressekonferenzen oder durch Tages- und Wochenparolen fertig servierten Gedanken. Der Leser wird aus der Dokumentation selbst ersehen, wie eine kleine Clique um Goebbels – oft tauchen dieselben Namen immer wieder auf – das Presse- und Rundfunkwesen lenkte und beherrschte. Die Typologie der NS-Führungsschicht auf diesem Gebiet ist recht charakteristisch, denn außer Goebbels selbst besaß kaum einer der Kamarilla die fachliche Eignung oder Allgemeinbildung, um auf diesem Gebiet das letzte Wort sprechen zu können.

Romano Guardini sagt in seinen *Meditationen*: «In der Welt ist die

Wahrheit schwach. Eine Kleinigkeit genügt, um sie zu verdecken. Der dümmste Mensch kann sie angreifen.»

Hier sei noch darauf hingewiesen, daß dieses Buch das vorletzte einer fünfbändigen Serie über die Kunst und Kultur im Dritten Reich ist.[1]

Viele Aspekte, die zu diesem Band gehören, wurden bereits in den anderen Büchern ausführlich behandelt und werden hier nicht nochmals wiederholt. Dazu gehört auch das Jahr 1933 mit seiner unheimlichen Atmosphäre der Gleichschaltung, Denunziation, Einschüchterung, Säuberung, Auflösung und anderen Aktionen der «Machtübernahme»; ferner Begriffe von Macht und Idee, oder Institutionen wie das Propagandaministerium, die NS-Kulturgemeinde, die Parteiamtliche Prüfungskommission, das Amt Rosenberg sowie Kulturpolitik im allgemeinen, die «weltanschaulichen NS-Prinzipien» mit ihren nordisch-germanischen Tendenzen. Besonders sei deshalb auf den Band *Literatur und Dichtung im Dritten Reich* verwiesen, mit ihm überschneiden sich in dieser Serie schon rein technisch solche Begriffe und Probleme am meisten. NS-Begriffe und NS-Publizistik sind in jedem Band dieser Serie erläutert und dokumentiert worden. Letzten Endes basiert der Totalitarismus auf Machthysterie, die in den sich ständig wiederholenden Äußerungen offenbar wird. Der interessierte Leser dürfte also nolens volens auch zu den anderen vier Bänden der Serie greifen müssen, um ein vollkommenes Bild von Gewalt und Unterdrückung der öffentlichen Meinung oder des Individuums im Dritten Reich zu erlangen.

Im Juli 1948 stellte der Arbeitskreis früherer Herausgeber deutscher Zeitungen statistisch fest: 1933 gab es in Deutschland rund 4700 Zeitungen, davon zirka 120 NS-Blätter mit 7,5 Prozent Auflagenanteil; 1944 gab es noch 970 Zeitungen mit über 82 Prozent NS-Anteil.

Die Differenz in der Anzahl der erscheinenden Zeitungen und im NS-Prozentsatz sprechen eine deutliche Sprache.

Am Ende noch etwas pro domo sua:

Der Herausgeber dieser Serie wußte von Anfang an, daß die fünf Bände viele Namen enthalten würden, deren Träger 1963 bzw. 1964 beim Lesen ihrer eigenen Aufsätze, Briefe oder Studien aus den Jahren 1933 bis 1945 betroffen sind oder sich etwas komisch, wenn nicht gar albern fühlen. Deshalb wurde bereits im ersten Band, *Die Bildenden Künste im Dritten Reich*, auf diese *embarras de richesses* aufmerksam gemacht und darauf hingewiesen, daß Zeitgeschichte lediglich ein Stadium für künftige Historiker darstellt.

1 *Die Bildenden Künste im Dritten Reich* (Ullstein Buch 33030); *Literatur und Dichtung im Dritten Reich* (Ullstein Buch 33029); *Theater und Film im Dritten Reich* (Ullstein Buch 33031) und *Musik im Dritten Reich* (Ullstein Buch 33032).

Außerdem soll klar hervorgehoben werden, wie sinnlos das ganze Unternehmen, diese Serie ohne Namen herauszubringen, gewesen wäre, denn das Dritte Reich bestand schließlich nicht nur aus Hitler, Göring, Goebbels, Himmler oder Rosenberg. Es war unmöglich, alle anderen als reine Abstrakta zu verschweigen.

Nach dem Erscheinen der ersten Bände kamen viele Briefe von den in den Büchern Genannten mit Aufklärungen oder Hinweisen, die «entlasten», wenn nicht sogar beweisen sollten, daß man in Wirklichkeit «Widerständler» gewesen war.

Zunächst sei darum ausdrücklich festgestellt: diese fünf Bände dokumentieren nicht, daß jemand Nazi war (denn viele der Genannten waren nicht einmal NSDAP-Mitglieder!), sondern sie stellen lediglich eine Dokumentation über das Dritte Reich dar. Das aber ist ein grundsätzlicher Unterschied. Der Leser sollte eines nicht vergessen: es gab Parteigenossen, die keine Nazis waren; andererseits gab es Nazis, die nicht in der Partei waren. Falls jemand Freunde namens Cohn oder Levi besaß, so ist dies kein Grund, seinen Namen in diesen Büchern zu verschweigen.

Ein namhafter Musikschriftsteller schrieb dem Herausgeber u. a.: «Sie werden lachen, aber ich kann beweisen, daß eine von mir geleitete Monatsschrift 1941 von Goebbels verboten wurde.» Diesem Herrn könnte man antworten, er würde vielleicht lachen, denn selbst der *Stürmer* ist im April 1934 beschlagnahmt worden. Man muß schon die wahren Gründe kennen, bevor man mit Molière sagen darf: *«Battez-moi plutôt, et me laissez rire!»*

Ein anderer bekannter Publizist und seine Freunde waren empört, daß Auszüge aus der Dissertation des Betreffenden zitiert wurden. Es hieß, er sei damals doch noch so jung gewesen. (Ist man denn mit neunundzwanzig Jahren *noch so* jung?) Der Leser wird feststellen, daß in jedem Band viele Dissertationen angeführt sind. Weshalb sollte also gerade jener Herr unerwähnt bleiben? Vielleicht, weil er heute eine gute Position hat? Wäre das gerecht?

Viele, die wußten, es würden noch weitere Bände folgen, schrieben Briefe prophylaktischen Charakters, weil sie annahmen, «wahrscheinlich» in den nächsten Bänden genannt zu werden. Vorsorglich erbrachten sie Beweise, die man als Argumente a tuto akzeptieren könnte.

In allen diesen Briefen tauchten jedoch Widerstandsmärchen auf, die als *Mißbrauch* im höheren humanitären Sinne anzusehen sind. Nur der nämlich darf von Widerstand gegen das Regime sprechen, der voll verantwortlich unter Gefahr des eigenen Lebens und aus sittlichen Erwägungen heraus es wagte, sich dem Tyrannen und seinen Trabanten entgegenzustellen.

Sonst wird jeder Begriff des Widerstandes zur Farce. Um es einmal überspitzt auszudrücken: Auch Himmler könnte, falls er heute noch am

Leben wäre, den Beweis erbringen, daß er aus der NSDAP ausgestoßen, von Hitler seiner sämtlichen Ämter entkleidet und degradiert wurde. Das ist eine Tatsache. Ebenso könnte er anführen, noch anfangs 1945 das Leben einiger tausend Jüdinnen gerettet zu haben, denn auch darüber besteht kein Zweifel. Welcher deutsche Widerstandskämpfer aber, der unter Umständen sein junges Leben für den Glauben an die Menschen und Menschenwürde opferte, könnte sich dessen rühmen?

Alle jene Briefschreiber oder im stillen Empörte sollten lieber zuerst einmal das lesen – und zwar sehr aufmerksam –, was sie selbst damals geschrieben haben. Sie müßten eingehend darüber nachdenken, was sie im Dritten Reich taten, und sich dabei an den Ausspruch eines deutschen Physikers – Georg Christoph Lichtenberg – erinnern: «Nicht die Lügen, sondern die sehr feinen *falschen* Bemerkungen sind es, die die Läuterung der Wahrheit aufhalten.»

Und jetzt ein Wort an die Herren Kritiker und Rezensenten: Manche von ihnen bemängeln, daß die biographischen Angaben über die in dieser Serie genannten Personen mit dem Jahr 1945 abschließen. Dieses Buch ist bereits die achtzehnte Veröffentlichung des Herausgebers in Deutschland über das Dritte Reich. Es ist nicht Aufgabe des Herausgebers, auf die jetzige Tätigkeit der Betroffenen hinzuweisen. Das obliegt eher der Presse, verschiedenen Behörden der Bundesrepublik Deutschland, den Hochschulen und vielleicht besonders der Kirche beider Konfessionen.

Das Studium der Reaktion oder des Schweigens der erwähnten Personen lohnte die Arbeit und wäre wohl ein Buch wert.

Ohne die verständnisvolle und tatkräftige Hilfsbereitschaft der nachstehenden Persönlichkeiten, die mich mit ihren Institutionen in jeder Weise unterstützten, hätte ich meine Arbeit nicht vollenden können. Es waren:
in Berlin: Dr. James S. Beddie (Document Center), Professor Dr. Fritz Eberhard (Institut für Publizistik);
in Dortmund: Dr. Kurt Koszyk (Westfäl.-Niederrheinisches Institut für Zeitungsforschung);
in Koblenz: Archivrat Dr. Heinz Boberach und Dr. Hans Booms (Bundesarchiv);
in London: C. C. Aronsfeld (The Wiener Library);
in München: Dr. Heinz Starkulla (Institut für Zeitungswissenschaft);
in New York: E. Lifschutz (Yivo Institute for Jewish Research).
Ebenso möchte ich für die mir entgegengebrachte freundliche Hilfe danken:
in Berlin: dem Ullstein-Verlag, Berlin (Herrn Olof Ellendt); Fräulein Karin Fratzscher; der Amerika-Gedenk-Bibliothek (Fräulein Grete Hesse); dem Germanischen Seminar der Freien Universität Berlin (Herrn Dr. Eberhard Mannack); dem Archiv des Senders Freies Ber-

lin (Herrn Otto Schmidt); dem Institut für Politische Wissenschaften der Freien Universität Berlin (Frau Edith Schulze); dem Telegraf-Archiv (Fräulein Margot Schwager); der Bibliothek der Freien Universität Berlin (Frau Ingeborg Wichmann und Herrn Otto Kühling); der Buchhandlung Marga Schoeller;

in Münster: dem Institut für Publizistik (Professor Dr. H. J. Prakke und Herrn Winfried B. Lerg);

in Paris: dem Centre de Documentation Juive Contemporaine (Dr. Michel Mazor und Herrn Lucien Steinberg).

Auch den folgenden Persönlichkeiten und Institutionen fühle ich mich zu Dank verpflichtet, da sie mich in jeder Weise unterstützt haben:

in Berlin: Hauptarchiv – Ehemaliges Preußisches Staatsarchiv, Hochschule für Politik, Institut für Publizistik, Senatsbibliothek;

in Bonn: Stadtarchiv und wissenschaftliche Stadtbibliothek (Frau Archivrätin Professor Dr. Ennen);

in Essen: Stadtarchiv (Herrn Archivdirektor Dr. Schröter);

in Frankfurt a. M.: Archiv der Industrie- und Handelskammer (Herrn Kratz);

in Göttingen: Niedersächsische Staats- und Universitätsbibliothek (Frau Hanna Burose);

in Hamburg: Hans-Bredow-Institut für Rundfunk und Fernsehen (Herrn Dr. Gerhard Maletzke), Staatsarchiv (Herrn Röper);

in Köln: Historisches Archiv (Herrn Archivrat Dr. Stehkämper);

in Leipzig: Stadtarchiv (Herrn Dr. Martin Unger);

in München: Stadtarchiv (Herrn Oberarchivrat Dr. Vogel);

in Münster: Institut für Publizistik (Herrn Dr. Günther);

in Nürnberg: Stadtbibliothek (Herrn R. Herold);

in Saarbrücken: Stadtarchiv (Herrn Stadtarchivrat Dr. H. Klein);

in Tübingen: Stadtarchiv (Herrn Rau);

in Würzburg: Stadtarchiv.

Meiner langjährigen Mitarbeiterin, Frau Iris von Stryk, möchte ich an dieser Stelle auch wiederum dafür danken, daß sie mir bei der Vorbereitung und Erstellung dieses Buches wie immer tatkräftig zur Seite stand und damit die Herausgabe des Bandes unterstützte.

Hinweise und Bemerkungen

Alle Dokumente ohne ausdrückliche Quellenangabe stammen aus dem Document Center in West-Berlin. Größtenteils sind sie bisher noch nicht veröffentlicht worden.

Dokumente aus dem Archiv des Internationalen Militärgerichtshofes in Nürnberg weisen eine Verbindung von Buchstaben mit Zahlen auf, wie etwa PS – 1015 oder NG – 405.

Dokumente aus dem Centre de Documentation Juive Contemporaine in Paris sind mit der Institutskennziffer – einer römischen Zahl, die durch eine arabische vervollständigt wird, zum Beispiel XXXI – 21 – versehen.

Biographisches ist nur dort angegeben, wo es Text oder Ereignisse verständlicher macht. Bei wiederkehrenden Namen ist die Biographie meistens beim erstenmal gegeben, kann jedoch auch später angegeben werden, falls es der Text verlangt.

Die biographischen Daten sind folgenden Quellen entnommen:

Das Deutsche Führer-Lexikon, Berlin 1934–35; Der Große Brockhaus, Band 1–21, Berlin 1928–1935; Deutsches Bühnenjahrbuch 1933–1945; Encyclopedia Judaica, Band 1–10, Berlin 1928–1934; Jüdisches Lexikon, Band 1–5, Berlin 1927–1930; Sigmund Katznelson: Juden im deutschen Kulturbereich, Berlin 1959; Kürschners Deutscher Literatur-Kalender, Berlin 1934, 1937/38, 1939, 1943, 1949, 1952; Léon Poliakov und Joseph Wulf: Das Dritte Reich und seine Denker, Berlin 1959; Wilhelm Sternfeld und Eva Tiedemann: Deutsche Exil-Literatur 1933 bis 1945 – Eine Bio-Bibliographie, Heidelberg 1962; Wer ist's?, Berlin 1935; Wer ist wer?, Berlin 1955 und 1963.

Der interessierte Leser sei hier ferner noch aufmerksam gemacht auf das Buch von Oron J. Hale: Presse in der Zwangsjacke 1933–1945, Düsseldorf 1965, und auf: Meldungen aus dem Reich – Auswahl aus den geheimen Lageberichten des Sicherheitsdienstes der SS 1939–1944, Herausgeber Heinz Boberach, Neuwied/Berlin 1965.

Die grammatischen oder orthographischen Fehler in den einzelnen Dokumenten sind so wiedergegeben, wie sie im Original vorhanden sind.

Teil I

PRESSE

Kapitel I

GESTEUERTE PRESSE

Schon am 4. 2. 1933 erschien die Verordnung des Reichspräsidenten «zum Schutze des deutschen Volkes», *RGBl.* 1933, Teil I, S. 35, die in der Verordnung des Reichspräsidenten *«Zum Schutz von Volk und Staat»* mündete, am 28. 2. 1933, *RGBl.* 1933, Teil I, S. 83. Diese beiden Verordnungen bildeten die Grundlage für die Abschaffung jeder Art von Pressefreiheit im Dritten Reich. Der Verordnung vom 4. 2. 1933 zufolge konnten periodische Druckschriften «wegen unrichtiger Nachrichten» durch den Reichsinnenminister verboten werden, wohingegen die Verordnung vom 28. 2. 1933 es der Reichsregierung ermöglichte, den Artikel 118/1 der Weimarer Verfassung über die Pressefreiheit außer Kraft zu setzen.

Hier deshalb nun einige gekürzte Pressenachrichten oder Auszüge aus Zeitungen, die diese Entwicklung schon während des ersten Monats nach der Machtergreifung illustrieren.

Einschränkung der Pressefreiheit?

Als Nachricht in: *Kölnische Volkszeitung* vom 4. 2. 1933.

Berlin, 3. Februar
Die Reichsregierung läßt zwar die Meldungen über den bevorstehenden Erlaß einer neuen Terror-Notverordnung mit Wiedereinführung von Sondergerichten dementieren, gibt aber zu, daß Erwägungen über eine neue Einschränkung der Pressefreiheit schweben. Vor allem denkt man wohl an die Wiedereinführung der Zeitungsverbote und der Auflagenachrichten.

So sehr man grundsätzlich der Staatsgewalt das Recht zum Erlaß besonderer Schutzmaßnahmen zubilligen muß, so hat man bei der gegenwärtigen Zusammensetzung der Regierung leider nicht die Gewähr, daß solche scharfen Waffen mit der Unparteilichkeit gehandhabt werden, wie es das Staatswohl verlangt.

Reichsverband der deutschen Presse gegen die Beschränkung der Pressefreiheit

Als Nachricht in: *Weser-Zeitung*, Bremen, vom 6. 2. 1933; auch die Reichsarbeitsgemeinschaft der deutschen Presse protestierte; siehe: *Die Presse-Notverordnung*, in: *Bayerische Staatszeitung*, München, vom 12./13. 2. 1933.

Berlin, 5. Februar
Der Reichsausschuß des Reichsverbandes der Deutschen Presse hat am
Sonntag in seiner Tagung in Berlin die folgende Entschließung gefaßt,
die telegraphisch dem Reichspräsidenten übermittelt wurde und in der es
u. a. heißt:

Der Reichsverband der Deutschen Presse hatte die Aufhebung der
wesentlichsten Beschränkungen der Pressefreiheit als einen Beginn zur
Wiederherstellung jener Voraussetzungen begrüßt, die für die Wirksamkeit einer verantwortungsbewußten, dem Staatswohl dienenden Presse
lebensnotwendig sind. Mit starkem Befremden hat deshalb der Reichsausschuß davon Kenntnis genommen, daß die Reichsregierung Ihnen,
Herr Reichspräsident, eine neue Verordnung vorschlägt, der die frühere
Knebelung der Pressefreiheit wiederherstellen und anscheinend noch ver-
schärfen will.

Der Reichsverband der Deutschen Presse, in dem Journalisten aus allen deutschen Gauen ohne Unterschied der politischen Parteirichtung
zusammengeschlossen sind, erhebt seine warnende Stimme gegen einen
solchen Versuch, der der Presse die Erfüllung ihrer im Staatsinteresse
liegenden Aufgaben, der Mitwirkung an der Bildung der öffentlichen
Meinung, unmöglich machen und nach allen Erfahrungen der letzten
Jahre sein Ziel völlig verfehlen würde.

Abschriften dieses Telegramms wurden dem Reichskanzler, dem
Reichsinnenminister und dem Reichsjustizminister zugeleitet.

Hitler über die Pressenotverordnung

Als Nachricht in: *Münsterischer Anzeiger* vom 9. 2. 1933, gekürzt; man achte
darauf, wie geschickt Hitler in den ersten Tagen nach der Machtergreifung
manövrierte.
   Siehe auch: *Unkritische Feststellungen*, in: *Tägliche Rundschau* vom 18. 2.
1933; *Neuordnung der Presse*, in: *Bayerischer Kurier*, München, vom 22. 2.
1933; *Kein Kulturvolk ohne Pressefreiheit*, in: *Neue Leipziger Zeitung* vom
23. 2. 1933; *Für oder gegen Vorzensur*, in: *Frankfurter Zeitung* vom 27. 2.
1933; Georg Foerster: *Abstrakte und konkrete Pressefreiheit* in: *Zeitungsverlag*
vom 27. 5. 1933; Albrecht Dittmar: *Die Beschränkungen der Pressefreiheit
durch die Notverordnungen des Reichspräsidenten*, Dissertation, Erlangen 1933.

Berlin, den 8. Februar.
Reichskanzler Hitler empfing, wie Berliner Blätter melden, am Mittwochnachmittag eine Anzahl leitender Redakteure der Berliner und in
Berlin vertretenen großen Zeitungen des Reiches. Er führte dabei aus,
daß er persönlich und die Reichsregierung keineswegs auf dem Standpunkt ständen, daß die Presse geknebelt werden solle. Er glaube allerdings nicht, daß sich unter den Anwesenden ein Zeitungsvertreter befinde, dessen Blatt in früheren Jahren öfter einem Verbot anheimge-

fallen sei als seine eigenen Zeitungen. Was die Reichsregierung aber von der Presse erwarten müsse, sei, daß sie den neuen Männern den guten Willen zubillige, das beste für Volk und Vaterland zu leisten. Sie müsse verlangen, daß die notwendige und sachliche Kritik sich von persönlichen Injurien fernhalte.

Hitler kam wiederholt auf die Notwendigkeit und Nützlichkeit der Kritik in der Presse zurück. Wenn sie manchmal auch unangenehm sei, so treibe sie die Dinge doch vorwärts und zwinge die Regierenden, so sachlich und gut zu arbeiten, daß sie vor jeder Kritik eben bestehen könnten.

Der Reichskanzler schloß seine Ausführungen mit der Ankündigung, daß gegen die Wenigen, die Deutschland bewußt schädigen wollten, allerdings mit äußerster Schärfe vorgegangen werden müsse.

Die Reichsarbeitsgemeinschaft der NS-Journalisten begrüßt

In: *Deutsche Presse* vom 15. 2. 1933, S. 30.

Die Reichsarbeitsgemeinschaft der nat.-soz. Journalisten begrüßt die «Verordnung zum Schutze des deutschen Volkes», die es der Reichsregierung endlich ermöglicht, gegen das volkszerstörende und staatszersetzende Treiben einer verantwortungslosen antinationalen Presse einzuschreiten. Der Reichsverband der deutschen Presse, der die jahrelange Knebelung und Unterdrückung der nationalen Presse in Deutschland durch die marxistischen Regierungen des nunmehr endgültig abgelösten Systems ohne Widerstand willig hingenommen hat, weil in seinen Reihen die Vertreter dieser die nationale Ehre und Würde ständig besudelnden Hetzpresse maßgebenden Einfluß besitzen, spricht die Reichsarbeitsgemeinschaft nat.-soz. Journalisten heute das Recht ab, namens der deutschen Presse gegen die Verordnung des Herrn Reichspräsidenten zu protestieren. Die Reichsarbeitsgemeinschaft der nationalsozialistischen Journalisten weiß sich einig mit der gesamten nationalen Presse Deutschlands, die bisher schon im Bewußtsein ihrer Verantwortung vor der Nation den Kampf gegen die volksfeindliche internationale Hetzpresse innerhalb der eigenen Reichsgrenzen unentwegt und auf sich allein gestellt geführt hat, wenn sie heute die nationale Regierung der Zustimmung und uneingeschränkten Unterstützung der deutschen Presse bei der Durchführung ihrer angekündigten Maßnahmen zur Wahrung ihrer Autorität und zur ungestörten Durchführung ihrer nationalen Aufbauarbeit versichert.

Pressepolizei

Als Nachricht in: *Deutsche Allgemeine Zeitung* vom 25. 2. 1933. Hermann Göring gab den folgenden Erlaß heraus.

Hermann Göring, 1893–1946 (Selbstmord im Nürnberger Kriegsverbrechergefängnis); 1922 Oberster SA-Führer; 1923 am Hitler-Putsch in München beteiligt; 1932 Reichstagspräsident; 1933 Mitglied der Reichsregierung; gleichzeitig war er Ministerpräsident und Innenminister von Preußen; 1940 Reichsmarschall; 1941 beauftragte Göring den Chef der Sicherheitspolizei und des SD, SS-Gruppenführer Reinhard Heydrich, «alle erforderlichen Vorbereitungen in organisatorischer, sachlicher und materieller Hinsicht zu treffen für die Gesamtlösung der Judenfrage im deutschen Einflußgebiet in Europa» (Dokument NG – 2586), womit die «Endlösung der Judenfrage» amtlich eingeleitet wurde.

Über Anwendung der pressepolizeilichen Bestimmungen der Verordnung des Reichspräsidenten zum Schutze des deutschen Volkes vom 4. Februar 1933 hat, wie der Amtliche Preußische Pressedienst mitteilt, der Kommissar des Reichs für das Peußische Ministerium des Innern, Göring, unterm 22. Februar an die Oberpräsidenten und Regierungspräsidenten folgenden Erlaß gerichtet:

Zu meinem Bedauern habe ich feststellen müssen, daß die Handhabe der Verordnung des Herrn Reichspräsidenten zum Schutze des deutschen Volkes vom 4. Februar 1933 gegen Ausschreitungen der Presse nicht mit der Strenge angewandt werden, wie es angesichts der sich täglich steigernden Hetze in periodischen Druckschriften, Flugblättern und Plakaten der regierungsfeindlichen Parteien und Verbände erforderlich wäre. Ich habe leider feststellen müssen, daß gegen den Herrn Reichskanzler und die Mitglieder der Regierung beschimpfende und verächtlich machende Flugschriften und periodische Druckschriften in den Verkehr gelangt sind und geduldet werden, obwohl alle Voraussetzungen für die polizeiliche Beschlagnahme und Verbotsmaßnahmen gegeben sind.

Ich erwarte nunmehr von allen Polizeibehörden, daß der Beobachtung der Presse und der Herstellung und Verteilung von Flugblättern eine größere Aufmerksamkeit zugewandt und mit Schärfe und unnachsichtig vorgegangen wird, wenn sich die Möglichkeit dazu bietet. Ich werde Beamte, die es hier an dem notwendigen Diensteifer fehlen lassen, dienststrafrechtlich belangen.

Die SA übernimmt die Vorzensur

Untertitel einer Nachricht in: *Der Jungdeutsche*, Berlin, vom 25. 2. 1933.

Die Deutsche Zentrumspartei gibt folgenden bezeichnenden Vorfall aus der Druckerei des «Niederrheinischen Tageblatts», Kempen/Rheinland, bekannt:

Am 22. Februar, nachmittags 4.30 Uhr, besetzt eine SA-Abteilung die Druckerei und verlangt vor Herausgabe der Zeitung eine Nummer einzusehen, um diese gegebenenfalls zu beschlagnahmen. Der Polizeikommissar von Kempen erscheint auf Anruf und verlangt gleichfalls eine Nummer der Zeitung. Der Polizeikommissar sieht gemeinsam mit dem SA-Führer die Zeitung durch und gibt sie frei. Heute früh hat der Verlag des «Niederrheinischen Tageblatts» vom Landrat eine Verfügung bekommen, daß der Polizeikommissar von Kempen beauftragt ist, die Zeitung vor der Herausgabe durchzusehen und festzustellen, ob sie herausgegeben werden darf.

Anhang: Zeitungsverbote

Hier sollen nur Kostproben der Nachrichten über Zeitungsverbote im Februar 1933 gegeben werden. An sich war die Prozedur im Februar 1933 noch ganz willkürlich, sofern es sich nicht um die Presse der KPD oder SPD handelte. Im ersten Monat nach der Machtergreifung der NSDAP gab es praktisch in Deutschland keine Zeitung, die nicht *jeden* Tag Meldungen über einige Verbote von Zeitungen gebracht hätte. Mit Recht schrieb die *Neue Zürcher Zeitung* am 21. 2. 1933 unter der Überschrift *Zeitungsverbote in Deutschland* u. a. wie folgt: «Die nationalsozialistischen Innenminister Preußens und des Reichs machen von den durch die Verordnung des Reichspräsidenten vom 4. Februar 1933 gebotenen Möglichkeiten zur einschneidenden Beschränkung der Pressefreiheit ausgiebigen Gebrauch. Es hagelt Verbote, wobei die verfügenden Amtsstellen mit der Auslegung der Bestimmungen des neuen ‹Pressenotrechts› nicht zimperlich sind; die ebenfalls vorhandene Möglichkeit, in leichten Fällen es zunächst mit einer Verwarnung der Zeitung oder der Aufforderung zur Selbstberichtigung zu versuchen, ist bisher gänzlich außer Betracht gelassen worden. Die oppositionelle Presse hat es unter diesen Umständen nicht leicht, den Wahlkampf zu führen, während die Blätter der Regierungsparteien in der glücklichen Lage sind, sich in der Polemik gegen ihre Gegner keinen Zwang antun zu müssen – tatsächlich ist ja auch die Sprache der nationalsozialistischen Presse seit dem 30. Januar kaum eine maßvollere geworden.»

Anfangs wurden die Zeitungen nur für eine bestimmte Anzahl von Tagen verboten. Später aber war das Verbot endgültig, wenn die Zeitungen nicht statt dessen «gleichgeschaltet» und «zusammengelegt» wurden. Darüber siehe: «Vom Pressefriedhof», S. 27 f.

«Vorwärts»

Vorwärts verboten, in: *Germania*, Berlin, vom 5. 2. 1933, gekürzt.

Am 15. Februar 1933 wurde der *Vorwärts* erneut bis zum 22. 2. 1933 verboten, siehe dazu: *Vossische Zeitung* vom 16. 2. 1933; ebenso siehe dazu auch: *Preußen-Kommissare im Unrecht*, in: *Leipziger Zeitung* vom 17. 2. 1933, sowie: *Erziehung zum Aufstand*, in: *Völkischer Beobachter* vom 17. 2. 1933; im März

1933 wurde der Chefredakteur des *Vorwärts* verhaftet, siehe: *Der Deutsche*, Berlin, vom 3. 3. 1933.

Vorwärts, sozialdemokratische Tageszeitung, die bis März 1933 erschien. Das Blatt wurde 1884 mit dem Titel *Berliner Volksblatt* gegründet.

Das in Berlin erscheinende Zentralorgan der Sozialdemokratischen Partei, der «Vorwärts», ist am gestrigen Freitag auf drei Tage verboten worden. Die amtliche Mitteilung zu diesem Verbot hat folgenden Wortlaut:

Auf Grund des § 6 der Verordnung des Reichspräsidenten zur Erhaltung des inneren Friedens vom 19. Dezember 1932 in Verbindung mit den §§ 81 bis 86 StGB verbiete ich die in Berlin erscheinende Tageszeitung «Vorwärts» einschließlich der Kopfblätter mit sofortiger Wirkung bis zum 6. Februar 1933 einschließlich. Das Verbot umfaßt auch jede angeblich neue Druckschrift, die sich sachlich als die alte darstellt oder als ihr Ersatz anzusehen ist.

«Berlin am Morgen»

Zeitungsverbote, in: *Der Deutsche*, Berlin, vom 15. 2. 1933, Auszug.

Berlin am Morgen, linkssozialistisch. Das Blatt gehörte dem Verlagskonzern Willi Münzenberg.

Der Berliner Polizeipräsident hat auf Grund von § 9, Absatz I, Ziffer 1, 3, 4 und 7 der Verordnung des Reichspräsidenten zum Schutz des deutschen Volkes vom 4. Februar 1933 in Verbindung mit §§ 81–86 des Strafgesetzbuches die in Berlin erscheinende Tageszeitung «Berlin am Morgen» mit sofortiger Wirkung bis 28. Februar 1933 einschließlich verboten. Das Verbot erstreckt sich auch auf die im gleichen Verlage erscheinenden Kopfblätter, sowie auf andere oder angeblich neue Druckschriften, die sich sachlich als die alten darstellen oder als ihr Ersatz anzusehen sind.

«Tempo»

Im Reich, in: *Münchner Neueste Nachrichten* vom 17. 2. 1933, Auszug.

Tempo, liberaldemokratisch; erschien im Ullstein-Verlag und wurde 1828 gegründet.

Die Zeitungsverbote erfolgen am laufenden Band: am Donnerstag hat der Berliner Polizeipräsident das im Ullstein-Verlag erscheinende Abendblatt «Tempo» bis zum 23. Februar einschließlich verboten, weil in dem Blatt vom 14. Februar in einer Notiz «Verstimmung in der Burgstraße» eine offenbar bewußt falsche Darstellung der Börsentendenz gegeben worden sei, die geeignet wäre, das Vertrauen größerer Bevölkerungs-

Perſonal=Bericht

des //-Hauptsturmführers Dr.Giselher Wirsing,   -Inspekteur München-
    (Dienstgrad)   (Vor- und Zuname)   (Dienststelle und Einheit)

Mitglieds-Nr. der Partei: P.A.   //-Ausweis-Nr.:   510 062

Seit wann in der Dienststellung: 1.5.36   Beförderungsdatum zum letzten Dienstgrad: 11.9.38

Geburtstag, Geburtsort (Kreis): 15.April 1907 Schweinfurt

Beruf: 1. erlernter: Dr.rer.pol.   2. jetziger: Schriftleiter

Wohnort: München,   Straße: Schönchenstr.25

Verheiratet: Ja   Mädchenname der Frau: Ellen Rösler   Kinder: 2   Konf.: evang.

Hauptamtlich bei: ehrenamtlicher Mitarbeiter

Vorstrafen: keine

Verletzungen, Verfolgungen und Strafen im Kampfe für die Bewegung: keine

---

Beurteilung

I. Allgemeine äußere Beurteilung:

1. rassisches Gesamtbild: mittelgross, blond, blaue Augen -nordisch-ostisch-

2. persönliche Haltung: gut, offen

3. Auftreten und Benehmen in und außer Dienst: korrekt, energisch

4. geldliche Verhältnisse: geordnet

5. Familienverhältnisse: geordnet

II. Charaktereigenschaften:

1. allgemeine Charaktereigenschaften: ehrgeizig

2. geistige Frische: sehr rege

3. Auffassungsvermögen: sehr gut

4. Willenskraft und persönliche Härte: stark ausgeprägt

5. Wissen und Bildung: überdurchschnittlich

6. Lebensauffassung und Urteilsvermögen: ja, gut

7. besondere Vorzüge und Fähigkeiten: Sprachkenntnisse

8. besondere Mängel und Schwächen:

//-V.K. H.-//-Hauptdruckerei W.P.Mar. München(Mannstr.41) 7.39

_____

_____

IV. Grad und Fertigkeit der Ausbildung:

  1. im Ordnungsdienst:

    1. praktische Kenntnisse: ⎫

    2. theoretische: ⎬   *im Rahmen der allgemeinen*

  2. im Geländedienst: ⎪   *⚡⚡-Ausbildung*

    1. praktische: ⎪

    2. theoretische: ⎭

  3. im Sport:

    1. praktische:

    2. theoretische:

    3. besitzt Sportabzeichen: _____ keine

  4. Weltanschauung:

    1. eigenes Wissen: überdurchschnittlich

    2. Fähigkeit des Vortragens:

    3. Einstellung zur nat.-soz. Weltanschauung: bejahend

  5. Fähigkeiten und Kenntnisse im Innendienst, Disziplinarwesen und Verwaltung:

Gesamtbeurteilung: Dr. Wirsing hat sich im Laufe der Zusammenarbeit
         mit dem SD als williger, fleissiger, ausserordentlich
         wertvoller Mitarbeiter erwiesen..

Eignung:

  1. geeignet für jetzige Dienststellung ohne Rücksicht auf höhere:

  2. geeignet für andere Dienststellungen (welche):

Stellungnahme der vorgesetzten Dienststellen: *Die Beförderung wird befürwortet.*

[Unterschrift]

⚡⚡-Oberführer

SS-Personalbericht vom «Hauptschriftleiter» der «Münchner Neuesten Nachrichten» kreise in die Zielsicherheit und Richtigkeit der Regierungsmaßnahmen zu erschüttern und lebenswichtige Interessen des Staates zu gefährden.

«Volkswille»

Der Volkswille verboten, in: *Hannoverscher Anzeiger vom 17. 2. 1933.*

Hannover, 16. Februar.
Wie wir erfahren, ist das Organ der sozialdemokratischen Partei in Hannover, «Der Volkswille», auf die Dauer von fünf Tagen verboten worden. Anlaß zu diesem Verbot soll ein Artikel über das Neunkirchener Unglück gegeben haben, in dem die Regierung verunglimpft worden sei.

«Münchner Neueste Nachrichten»

Um ein Verbot der Münchner Neuesten Nachrichten, in: *München-Augsburger Abendzeitung vom 21. 2. 1933.*
Münchner Neueste Nachrichten, 1848 von Robert Schurig als *Neueste Nachrichten aus dem Gebiet der Politik* gegründet; nationale Tendenz.

München, 21. Februar.
Aus Berlin wurde gestern gemeldet: «Der Reichsminister hat an die Bayerische Regierung das Ersuchen gerichtet, die ‹Münchner Neueste Nachrichten› auf drei Tage zu verbieten. Diese Forderung stützt sich auf die Verbreitung der unwahren Nachricht, der Reichskanzler habe die Aufhebung der Krankenscheingebühr zu Fall gebracht.»

Von bayerischer Seite wird hierzu halbamtlich mitgeteilt: «Zu dem Antrag der Reichsregierung, die ‹Münchner Neueste Nachrichten› auf drei Tage zu verbieten, hat die bayerische Regierung auf Grund des § 10, Absatz 3, der Verordnung zum Schutze des deutschen Volkes vom 4. Februar die Entscheidung des zuständigen Senats des Reichsgerichtes angerufen.»

«8 Uhr Abendblatt»

Verbot des 8 Uhr Abendblattes, in: *Berliner Tageblatt vom 1. 3. 1933.*
8 Uhr Abendblatt, 1848 als *Nationalzeitung* gegründet und 1910 umbenannt; der alte Titel blieb als Untertitel.

Das «8 Uhr Abendblatt» ist heute vormittag «auf unbestimmte Zeitdauer» verboten worden.

Auf Anfrage im Polizeipräsidium wurde mitgeteilt, daß das «8 Uhr Abendblatt» ebenso wie die sozialdemokratische Presse auf Grund der Verfügung des Reichskommissars Göring vom Dienstag Morgen für vierzehn Tage verboten sei.

Ein spezieller Verbotsgrund, wie er bisher nach der Notverordnung vom 4. Februar für die Verhängung eines Verbotes notwendig war, ist von amtlicher Stelle nicht angegeben worden. Wenn etwa das «8 Uhr Abendblatt» verboten worden sein sollte, weil man es als «sozialdemokratisches» Blatt betrachtet hätte, so wäre hierzu folgendes festzustellen: Das «8 Uhr Abendblatt», das noch heute in seinem Kopf den Namen der «National-Zeitung» trägt, aus der es hervorgegangen ist, ist niemals ein sozialdemokratisches Blatt gewesen, es hat niemals sozialdemokratische Politik gemacht und ist auch in der großen Öffentlichkeit niemals als sozialdemokratisches Blatt betrachtet worden. Die Sozialdemokratische Partei selbst würde es sicher ablehnen, das «8 Uhr Abendblatt» als ein Parteiblatt anzuerkennen.

«Das Reichsbanner»

Reichsbanner-Zeitung beschlagnahmt, in: *Berliner Tageblatt* vom 25. 2. 1933.
Das Reichsbanner, 1924 gegründet, sozialdemokratisch.

Im Gaubüro des Berliner Reichsbanners erschienen heute mittag drei Kriminalbeamte, die alle vorhandenen Exemplare der letzten Nummer der Bundeszeitung «Das Reichsbanner» beschlagnahmten. Es handelt sich dabei um die erste nach dem Verbot wiedererschienene Ausgabe. Etwa 800 Exemplare wurden beschlagnahmt. Was die Polizei zu diesem Vorgehen veranlaßt hat, ist unbekannt. Nähere Gründe wurden nicht angegeben.

Das Reichsbanner
Die Wochenzeitung der Eisernen Front

Magdeburg, 18. Februar 1933

Auf 2 Wochen verboten!

Der Oberpräsident
der Provinz Sachsen
OP. 1390. D.

Magdeburg, den 16. Februar 1933.
Klosterwallstraße 19

Auf Grund des § 9 Absatz 1 Nummer 1 und 5 der Verordnung des Reichspräsidenten zum Schutze des deutschen Volkes vom 4. Februar 1933 (Reichsgesetzbl. I S. 35) verbiete ich das Erscheinen der Wochenschrift „Das Reichsbanner", Untertitel „Die Wochenzeitung der Eisernen Front", auf die Dauer von zwei Wochen, und zwar für die Zeit vom 12. bis zum 25. Februar einschließlich.

Nach Absatz 3 des gleichen Paragraphen umfaßt dieses Verbot sämtliche Kopfblätter sowie jede angebliche neue Druckschrift, die sich sachlich als die alte darstellt oder als ihr Ersatz anzusehen ist.

Gründe.

In dem Artikel „Sie wollen den Kampf — sie sollen ihn haben" auf der ersten Seite des Hauptblattes der Nr. 5 der Wochenschrift „Das Reichsbanner", Untertitel „Die Wochenzeitung der Eisernen Front" wird durch die Ueberschrift und die Ausführungen, insbesondere in den Absätzen 7—10, durch die offensichtlich nicht auf die gesetzliche Ausübung politischer Rechte beschränkte Aufforderung zum Kampf gegen die Reichsregierung die Strafbarkeit der in § 86 StGB. bezeichneten Handlung begründet. Auch wird durch die Ausführung des Artikels, insbesondere in Absatz 5, die Reichsregierung beschimpft und böswillig verächtlich gemacht.

In dem Artikel „Besinnung vor dem Sturm" auf der ersten Seite des Hauptblattes der Nr. 6 der gleichen Wochenschrift wird im 4., 13. und 17. Satz des ersten Absatzes der Herr Reichsminister Göring als leitender Beamter des Staates beschimpft und böswillig verächtlich gemacht.

Ein Verbot der Zeitung rechtfertigt sich daher auf Grund des § 9 Absatz 1 Nr. 1 und 5 der Verordnung des Reichspräsidenten zum Schutze des deutschen Volkes vom 4. Februar 1933. Eine Verbotsfrist von zwei Wochen erschien angemessen.

Zuwiderhandlungen gegen dieses sofort in Wirkung tretende Verbot werden nach § 18 der Verordnung des Reichspräsidenten zum Schutze des deutschen Volkes vom 4. Februar 1933 bestraft.

Gegen dieses Verbot ist binnen zwei Wochen die Beschwerde zulässig; sie ist bei mir einzureichen. Der Beschwerdeschrift sind vier beglaubigte Abschriften beizufügen.

Das Rechtsmittel hat keine aufschiebende Wirkung.

An den
Verlag W. Pfannkuch & Co.
in
Magdeburg

In Vertretung
gez. Fehrmann.
(Stempel)

Beglaubigt
Ohle
Kanzleivorsteher.

Vorläufiges Verbot des «Reichsbanners»

Vom Pressefriedhof

Eine gesunde Entwicklung

Aufsatz von Martin Schwaebe in: *Westdeutscher Beobachter* vom 2. 1. 1934.
   Offiziellen Statistiken des Dritten Reichs zufolge sind im Jahre 1935 im deutschen Reichsgebiet 1592 Zeitungen und Zeitschriften nicht mehr erschienen, nachdem bereits 1934 nicht weniger als 3298 verboten worden waren, respektive ihr Erscheinen einstellten. Siehe hierzu auch: *Danziger Volkszeitung* vom 5. 5. 1936.

Eine Reihe bürgerlicher Zeitungen hat zum Jahresende ihr Erscheinen eingestellt. Die bekannteste unter ihnen ist die Königsberger Hartungsche Zeitung. Mehrere kleinere Provinzblätter haben sich zusammengelegt, um ihre Restbestände zu neuen Blättern zu vereinigen. – Wir betrachten diese Meldungen als den Beginn einer Entwicklung des deutschen Pressewesens, die man nur begrüßen kann. Man kann ja nun einmal nicht die Presse als irgendeine Gewinnbranche innerhalb der Wirtschaft ansehen. Es ist darum verfehlt, etwa von einer Schrumpfung oder Einengung des Zeitungsgewerbes reden zu wollen. Abgesehen davon, daß nach amtlichen Feststellungen fast überall weit mehr neue nationalsozialistische Zeitungen entstanden sind, als solche des alten Systems ihr Leben aufgaben, und damit auch ein Ansteigen der Erwerbslosenziffer im Buchdruckergewerbe verhindert werden konnte – abgesehen davon also, daß auch von der wirtschaftlichen Seite her gesehen die gekennzeichnete Entwicklung durchaus positiv ist, muß doch auch einmal klargelegt werden, daß selbst im gegenteiligen Falle der politisch-völkische Gewinn der sich vollziehenden Neuregelung vielfach höher wiegen würde als irgendwelche arbeitsmarktpolitischen Statistiken! Wenn endlich einmal jene Art von rein geschäftsmäßig aufgezogener Maternpresse, die sich fälschlich als Heimatpresse bezeichnet, verschwindet, und an ihre Stelle heimatmäßig gebundene, in der politischen Linie aber einheitlich disziplinierte NS-Blätter treten, dann wird in Zukunft mancher Korruptionsherd ausgeräuchert sein!

Kurz gesagt

Friedrich Zimmermann: *Einheitspresse* in: *Münchner Neueste Nachrichten* vom 19. 8. 1933, Auszug.

Friedrich Zimmermann (Pseudonym Ferdinand Fried), *1898. In seinem handschriftlichen Lebenslauf, im Besitz des Herausgebers, schreibt er u. a.: «Seit 1930 Verbindung und ständige Fühlung mit verschiedenen Kreisen und Persönlichkeiten der NSDAP, seit Sommer 1932 ständige Verbindung mit dem Reichsführer-SS Himmler, besonders auch während der Kanzlerschaft Schleicher. Meine Absicht, zur NSDAP und SS überzutreten, bereits eingeleitet durch SS-Führer Kranefuß, wurde durch die Ereignisse seit der Machtergreifung an der Ausführung verhindert; nach der Revolution trat ich vereinbarungsgemäß, besonders auch auf Rat von Reichsminister Dr. Goebbels, nicht mehr in die Partei ein, um ihr von außen dienen zu können.

April 1933 erfolgte das erste Verbot der *Täglichen Rundschau*, das Ausscheiden von Hans Zehrer und meine Betrauung als Hauptschriftleiter der *Täglichen Rundschau* auf Wunsch der Geheimen Staatspolizei Berlin. Im Juni gab ich diesen Auftrag an die Geheime Staatspolizei zurück, da ich meine Wünsche und die Wünsche der Partei beim Verlag nicht mehr durchsetzen konnte, legte ich mein Amt als Hauptschriftleiter nieder und schied gemeinsam mit meinen Freunden Giselher Wirsing und E. W. Eschmann aus der *Täglichen Rundschau* völlig aus. Daraufhin wurde die Zeitung völlig verboten. Inzwischen hatte ich mich dem Reichsführer-SS zivil vollständig zur Verfügung gestellt, der mir nun den Auftrag gab, die Hauptschriftleitung der *Münchner Neueste Nachrichten* in München zu übernehmen. Juli 1933 erfolgte die Übersiedlung nach München. Eintritt in die SS und in den SD war damals mit Gruppenführer Heydrich bereits verabredet. Lebenslauf und sonstige Angaben wurden damals bereits bei Gruppenführer Heydrich eingeliefert.

Die Aufnahme verzögerte sich aber wieder, und im September forderte mich der Reichsbauernführer, Gruppenführer Darré für sich an. Nach Einwilligung des Reichsführers-SS erfolgte meine Rücksiedlung nach Berlin und am 1. November 1933 Eintritt als Wirtschaftspolitiker in die *Deutsche Zeitung*. Am 1. März 1934 berief mich der Reichsbauernführer in sein Stabsamt als Stabsleiter für Staatssekretär Oberführer Backe.

Am 2. September erfolgte nach Erinnerung an mein altes Aufnahmeverfahren in den SD die Aufnahme in die SS durch den Reichsführer persönlich und Ernennung zum Obersturmführer, gleichzeitig auf Wunsch von Gruppenführer Darré die Zuteilung zum Rasse- und Siedlungsamt beim Reichsführer-SS.»

Es ist, kurz gesagt, im nationalsozialistischen Deutschland in diesem halben Jahr eine völlig neue Presse entstanden, die weder dem Geist, noch der Zusammensetzung nach etwa mit dem Zustand vorher verglichen werden kann. Natürlich ist diese Entwicklung noch nicht abgeschlossen, und es sind sogar noch einige recht bedeutende und umfangreiche Aufgaben zu erledigen. Bezeichnend ist beispielsweise in Bayern, daß der «Bayerische Kurier» sein Erscheinen eingestellt hat, um in ganz anderem Gewand und in anderem Geiste wieder zu erstehen. Die gesamte marxistische Presse in Deutschland ist ein für allemal ausgelöscht, so sehr, daß sich der neue Staat der leeren Mantels dieser Presse wie selbstverständlich bedienen kann. Die «Welt am Abend» erscheint in Berlin unter nationalsozialistischer Obhut wieder, das Vermögen des «Vorwärts» ist vom preußischen Staat beschlagnahmt worden, und es scheint nicht ausgeschlossen, daß er dieses Vermögen, das u. a. aus Setz- und Druckmaschinen besteht, irgendwie benutzen will. Der ehemals pazifistische «Dortmunder Generalanzeiger» gehört jetzt zu den führenden nationalsozialistischen Organen im Westen. Diese Beispiele sollen nur andeuten, wie die Entwicklung gegangen ist: es hat sich überall bei den Zeitungen eine grundlegende Umstellung vollzogen, die (mit wenigen Ausnahmen in der großen demokratischen Presse!) niemals als ein «Umfallen» oder «Richtungswechsel» im alten liberalen Sinne angesehen werden kann, sondern es handelt sich überwiegend darum, daß neue Männer und mit ihnen neuer Geist in die alten Redaktionsstuben eingezogen sind, wenn nicht die Organe völlig von der Bildfläche verschwanden. Natürlich hat bei dieser Entwicklung die Regierung oft nachhelfen müssen, die Entwicklung mit Verboten und personellen Forderungen zuweilen beschleunigt, aber im großen und ganzen handelt es sich doch dabei um eine organische Entwicklung, die ganz natürlich von der politischen Entwicklung in Deutschland überhaupt beeinflußt worden ist.

Die «Fränkische Presse»

In: *Coburger Tageblatt* vom 30. 3. 1933.

Kronach, 29. März.
Die der Bayerischen Volkspartei nahestehende «Fränkische Presse» bringt in ihrer Nr. 72 vom 27. März an der Spitze des Blattes folgende Erklärung:
«Wir erklären hiermit ohne jeden Zwang, daß die von uns seit Jahren über die NSDAP und insbesondere ihren Führer gebrachte Nachrichten, Meldungen und eigenen Aufsätze der Wahrheit nicht entsprachen, sondern nur deshalb erfolgt sind, um das Volk vom Erwachen abzuhalten und die NSDAP dadurch zu schädigen. Wir sehen heute ein, daß die NSDAP die einzige Bewegung war, die den Kampf unter Einsatz des Lebens gegen die Gottlosigkeit geführt hat. Der NSDAP, voran ihrem Führer Adolf Hitler, mit ihren fast 400 Toten ist es allein zu danken, daß heute die Gotteshäuser noch stehen und unsere Priester das Gotteswort noch verkündigen können. Wir bedauern, daß wir uns bis jetzt in unserer Berichterstattung von einseitigem Parteiegoismus haben leiten lassen.»
Diese aufsehenerregende Erklärung ist unterzeichnet von dem Verleger des Blattes Julius Heim und dem Schriftsteller Andreas Bauer.

«Hamburger Anzeiger»

Aus der Zeitungswelt, in: *Deutsche Presse* vom 30. 4. 1933.

Hamburger Anzeiger, 1888 vom Verlag Girardet & Co. als *Generalanzeiger für Hamburg-Altona* gegründet; aus dem Verlag ging 1896 auch noch die *Neue Hamburger Zeitung,* Verlag Hendel & Co., hervor; am 28. 8. 1922 verschmolzen beide Blätter zum *Hamburger Anzeiger* des Verlags Girardet & Co. KG.; die Zeitung tendierte liberal (demokratisch) und hatte 1932 eine Auflage von etwa 150 000.

Der «Hamburger Anzeiger» hat sich auf Grund von Vereinbarungen zwischen dem Hamburger Senat, der Hamburger Gauleitung der NSDAP und dem Verlag entschlossen, sich rückhaltlos in den Dienst der Reichs- und Hamburgischen Regierung zu stellen. Um eine positive Mitarbeit an dem Wiederaufbauwerk im Sinne des Reichskanzlers Adolf Hitler zu gewährleisten, hat der Gauleiter Karl Kaufmann den bisherigen Hauptschriftleiter des nationalsozialistischen Hamburger Tageblattes, Pg Hans Jacobi, RDP, beauftragt, die Hauptschriftleitung des «Hamburger Anzeigers» zu übernehmen, und ihn ermächtigt, die notwendigen personellen Veränderungen im Redaktionsstab des «Hamburger Anzeigers» durchzuführen. Schon vor der Übernahme der Chefredaktion hatten Kollege Dr. Aloys Winbauer, der bisherige Chefredakteur der Zeitung, RDP, und Kurt Himer, der bisherige Lokalredakteur, RDP, und ehemaliger langjähriger Vorsitzender des Reichsverbandes der deutschen Presse in Hamburg, ihre Ämter niedergelegt. An die Stelle des Letztgenannten ist Hans Stampe, RDP, getreten. Ebenfalls von seiner Tätigkeit zurückgetreten ist der bisherige geschäftsführende Verleger des «Hamburger Anzeigers», der für die Firma Girardet & Co. als Herausgeber zeichnete, Dr. Justus Hendel.

Die Hauptschriftleitung des *Hamburger Tageblatts* übernimmt Dr. Gustav Schlotterer.

«Dortmunder Generalanzeiger»

Dortmunder Generalanzeiger im Besitz der NSDAP, in: *Bayerischer Kurier,* München, vom 18. 5. 1933.

Dortmunder Generalanzeiger, 1887 gegründet; pazifistisch-republikanische Einstellung.

Wie die «Rote Erde», das amtliche Organ der NSDAP Westfalen-Süd meldet, sind die Verhandlungen zwischen den bisherigen Besitzern des «Dortmunder Generalanzeigers» und den Beauftragten der Gauleitung Westfalen-Süd der NSDAP zum Abschluß gelangt. Danach geht der «Dortmunder Generalanzeiger» restlos in den Besitz der Gauleitung Westfalen-Süd der NSDAP über.

«Volkswacht»

Der nationalsozialistische Alemanne siedelt in das Gebäude der Volkswacht über, in: *Badischer Beobachter*, Karlsruhe, vom 22. 5. 1933. *Volkswacht*, kommunistische Zeitung.

bld Freiburg i. Br., 21. Mai.
Mit dem heutigen Sonntag ist das Hauptorgan der NSDAP Oberbadens, der «Alemanne», in das Verlagsgebäude der früheren «Volkswacht» in der Predigerstraße übergesiedelt, deren Räume bekanntlich nach Schließung des Betriebes beschlagnahmt worden waren.

«Der Zusammenbruch einer jüdisch-liberalistischen Hochburg»

Überschrift einer Nachricht in: *General-Anzeiger*, Dortmund, vom 16. 7. 1933, Auszug.
Es handelt sich hier um den Zeitungsverlag Rudolf Mosse, der 1867 gegründet wurde; Rudolf Mosse (1843–1920) erhielt für seine Stiftungen von der Universität Heidelberg den juristischen Ehrendoktortitel.

Der weltbekannte jüdische Zeitungsverlag Rudolf Mosse in Berlin, im Volksmund «Rotationssynagoge» genannt, hat seine Zahlungen eingestellt und das gerichtliche Vergleichsverfahren beantragt. Bereits am 1. Juli war das Verlagsunternehmen (Berliner Tageblatt, 8-Uhr-Abendblatt usw.) nicht mehr in der Lage, die Löhne und Gehälter seiner Arbeitnehmer voll auszuzahlen. Ein gewisser Interessentenkreis versucht, diese Geschäftspleite auf das Konto der heutigen neuen Zeitverhältnisse zu setzen. Jeder aber, der etwas näher mit den internen Verhältnissen dieses Verlagsunternehmens vertraut ist, weiß, daß es in dieser jüdisch-liberalistischen Hochburg bereits seit langer Zeit bedenklich krachte.

«Vossische Zeitung»

Das Ende der Vossischen Zeitung, in: *Deutsche Presse* vom 31. 3. 1934, S. 8, gekürzt.
Vossische Zeitung, Berliner Tageszeitung, 1704 von Johann Michael Rüdiger gegründet; sein Sohn Johann Andreas Rüdiger übernahm sie 1721 als *Berliner Privilegierte Zeitung;* 1751 ging das Blatt an seinen Schwiegersohn Christian Friedrich Voß über; der erste Feuilletonschreiber der Zeitung war Gotthold Ephraim Lessing, dessen Bruder Karl Gotthelf heiratete später die Tochter des Verlegers Voß, und das Blatt ging in seinen Besitz über; 1914 erwarb der Ullstein-Verlag die Zeitung; 1877 gründete Leopold Ullstein seinen Verlag, im November 1933 wurde auch er «gleichgeschaltet», und der Aktienbesitz der Familie Ullstein ging im Juni 1934 an ein Konsortium über, das unter Führung der Deutschen Bank und Diskontogesellschaft stand. Eine hauptsächliche Rolle

bei diesen Transaktionen spielte der ehemalige Bürgermeister und Landtags-abgeordnete Dr. h. c. Max Winkler. Er diente Hitler als Aufkäufer von Presse- und Filmkonzernen und zuletzt als Leiter der *Haupttreuhandstelle Ost*, wo er die Aufgabe hatte, Milliardenwerte enteigneten polnischen und jüdischen Ver-mögens zu verwalten. Über Max Winkler siehe auch Robert M. W. Kempner: *SS im Kreuzverhör*, München 1964, S. 146 f, und Oron J. Hale: *Presse in der Zwangsjacke 1933–1945*, Düsseldorf 1965.

Siehe hierzu auch Heinrich Goitsch: *Charakter und Journalismus* in: *Deutsche Presse* vom 7. 4. 1934, S. 4 f.

Das Blatt, das ein gut Stück deutscher Zeitungsgeschichte verkörpert hatte, bekam durch die Machtmittel des Hauses Ullstein zweifellos, äu-ßerlich betrachtet, vorübergehend einen erheblichen Auftrieb, und seine Haltung während des Weltkrieges verschaffte ihm auch in weiteren Kreisen neue Geltung. Um so krasser war dann der Gegensatz der Nach-kriegspolitik der «Voß», mit der der Abstieg des Blattes schon einsetzte. Neben dem entschiedenen Eintreten für die Weimarer Republik war die dem nationalen Empfinden und den politischen Realitäten in gleicher Weise widersprechende Politik gegenüber Frankreich die Ursache des Abstiegs. Dazu kam, daß die Spalten des Blattes, in dem einst ein Les-sing und Fontane geschrieben hatten, den geistigen und kulturellen Ein-tagsströmungen einer aus den Fugen geratenen Zeit allzu bereitwillig geöffnet wurden, und daß vor allem auch der aufkeimende national-völ-kische Geist unter der Einwirkung des vom jüdischen Kapital beherrsch-ten Unternehmens rücksichtslos bekämpft wurde. Nach der nationalso-zialistischen Revolution erfolgte zwar sehr rasch eine Umstellung der Redaktion, und die journalistische Leistung, die sie bis in diese Tage hinein vollbrachte, ist nicht gering zu schätzen. Aber für eine politisch eigene Note eines Blattes von der einstigen Bedeutung der «Vossischen Zeitung» war die Zeit nicht gegeben, und ihre Resonanz in den intellek-tuellen Schichten, die sie zuletzt allein noch trugen, reichte nicht aus, das immer gewaltiger anschwellende wirtschaftliche Risiko des Unterneh-mens zu vermindern.

«Frankfurter Nachrichten»

Frankfurter Nachrichten stellen ihr Erscheinen ein, in: *Kölnische Zeitung* vom 28. 4. 1934.

Frankfurter Nachrichten, hervorgegangen aus dem 1665 gegründeten *Frank-furter Journal* und dem 1722 gegründeten *Frankfurter Intelligenzblatt*; 1903 mit ihm verschmolzen und 1910 in *Frankfurter Nachrichten und Intelligenzblatt* umbenannt; erschien 1932 im Verlag J. G. Holtzwarts Nachfolger GmbH, Ge-schäftsführer Heinz Gorrenz, und tendierte national-liberal; Auflage etwa 40 000.

MF   Frankfurt a. M., 27. April.
Die Frankfurter Nachrichten werden am 30. April ihr Erscheinen ein-

stellen, nachdem sich Verhandlungen bezüglich Übernahme durch einen anderen Verlag zerschlagen haben. Die Zeitung ist aus dem Frankfurter Intelligenzblatt hervorgegangen, das, wie schon der Name besagt, mit zu den ältesten Zeitungen Deutschlands gehörte. Die Zeitung, die 1722 gegründet wurde, hat ein wechselvolles Schicksal hinter sich. Ursprünglich im Besitz der Familien Holtzwarts und Minjon, ist die Zeitung später vorübergehend einem großen Konzern, der in den verschiedensten Städten Deutschlands Blätter besitzt, angegliedert worden, der das Blatt aber nach mehreren Jahren an einen Kreis von Personen aus der Frankfurter Wirtschaft abtrat. Von diesen übernahm es Stinnes, um es mit der süddeutschen Ausgabe der DAZ zu vereinigen. Nach dem Zusammenbruch der Stinnesschen Unternehmungen war das Blatt vorübergehend mit der DAZ im Reichsbesitz, um dann wiederum von einer Gesellschaft Frankfurter Persönlichkeiten übernommen zu werden, die der Deutschen Volkspartei nahestanden.

«Junge Front»

Die Junge Front verboten, in: *Schaffhauser Zeitung vom 18. 3. 1935, gekürzt.*

Das Organ der katholischen Jugendverbände, die «Junge Front», Düsseldorf, die glänzend geleitete und in stärkster Auflage über ganz Deutschland verbreitete «Wochenzeitung junger Deutscher», ist nach neuesten Meldungen der deutschen Presse, auf Veranlassung der Berliner Geh. Staatspolizei verboten! Unbefristet! Auf Grund der Verordnung des Reichspräsidenten Hindenburg vom 28. Februar 1933 «zur Abwehr kommunistischer staatsgefährlicher Gewalttakte»!

Wir staunen. Wir kennen die Zeitung und ihren Redaktiónsstab, Priester und Laien. Wir konnten nur immer ihren vaterländischen und katholischen Geist, die Klarheit ihrer Stellungnahme in allen Fragen, die Deutschland und die katholische Kirche betrafen, feststellen. Die deutsche Jugend fand in ihr, was sie suchte und brauchte: Führung und Schulung in christlichem, *deutschem* Geist, Humor und Ernst, Tapferkeit und Frömmigkeit, Treue zum Staat und Treue zur Kirche. Sie kämpfte gegen den Bolschewismus, gegen die Bestrebungen des Heidentums in Deutschland, gegen die Methoden der mexikanischen Kirchenverfolgung, gegen den Separatismus der kath. «Neuen Saarpost», gegen die deutschfeindlichen Ausschreitungen im Memelland, für den Geist der Gerechtigkeit und Liebe unter den Konfessionen, für das lautere, wesenhafte, mannhafte Christentum und Deutschtum.

Die deutsche Jugend hatte ihre helle Freude an ihr. Da es ihr auf Betreiben der Hitlerjugend verboten war, die «Junge Front» vor den Kirchentüren zu vertreiben, konnte man sie nur durch das Abonnement oder durch den Einzelkauf hinter der Kirchentür erhalten! Ihre Verbrei-

33

tung stieg dennoch immer mehr – zum großen Ärger, scheint es, des offiziellen Konkurrenzorgans der Hitlerjugend.

Nun wurde kürzlich ein katholischer Junge wegen «illgealen» Vertriebes der «Jungen Front» verurteilt. Er hatte sie im Auftrage des Pfarrers zwischen Haupteingang und Windschutztür der Pfarrkirche zu Limburg ausgeteilt. Das war das «Vergehen»!

Erschossen

Verlagsinhaber bei Durchsuchung der Chemnitzer «Volksstimme» erschossen, in: *Augsburger Postzeitung* vom 11. 3. 1933.

Chemnitz, 10. März.
Donnerstag nachmittag sollte das Verlagsgebäude der sozialdemokratischen Chemnitzer «Volksstimme» von einer Abteilung SA durchsucht werden. Hierbei stellte sich, wie wir vom Polizeipräsidium erfahren, der Inhaber des Verlages, Georg Landgraf mit einigen Angestellten der Druckerei den SA-Leuten entgegen. Er wurde von dem Führer der SA-Abteilung aufgefordert, der Durchsuchung des Gebäudes keinen Widerstand entgegenzusetzen. Landgraf drohte darauf dem Führer der SA-Abteilung, ihn die Treppe hinunterzuwerfen und machte eine Handbewegung, aus der der Führer der SA anscheinend schloß, daß Landgraf zur Waffe greifen wollte. Der Führer der SA griff daher ebenfalls zur Waffe und gab auf Landgraf zwei Schüsse ab, wodurch er tödlich verletzt wurde. Er wurde zwar sofort nach dem Krankenhaus gebracht, ist aber auf dem Wege dorthin verstorben. Der Erschossene war früher erster Vorsteher des Chemnitzer Stadtverordneten-Kollegiums.

Über den Verleger des Straubinger Tagblattes

Kommerzienrat Huber in Schutzhaft, in: *Regensburger Echo* vom 6. 6. 1935; siehe hierzu Dr. Walter Schöne: *Das Gerücht*, Leipzig 1936, S. 8 f.

Am Mittwoch abend fand auf dem Ludwigsplatz auf Veranlassung der Kreisleitung eine zahlreich besuchte Protestkundgebung gegen den Verleger des «Straubinger Tagblattes», Kommerzienrat Georg Huber, statt. Den Anlaß dazu gaben staatsabträgliche Äußerungen, die Huber kürzlich vor anderen Personen gemacht haben soll. Diese Äußerungen kamen dem Kreisleiter zu Ohren, das heißt, sie wurden ihm eidesstattlich versichert, worauf gegen den Verleger eine Aktion einsetzte. Er wird wohl Lunte gerochen haben, denn als am Mittwoch seine Schutzhaftfestnahme erfolgen sollte, war der Vogel ausgeflogen. Beamte der Polizei in Zivil bewachten tagsüber die Zugänge zu dem Verlagsgebäude. Nach beendeter Protestkundgebung um 8 Uhr abends, wurde aus München mitgeteilt, daß dort soeben der geflüchtete Verleger der politischen Polizei in die Hände gefallen sei.

Straubinger Tagblatt

Straubinger Zeitung · **Straubinger Anzeiger**

Publikations-Organ für Niederbayern u. Oberpfalz

Nummer 124 | Freitag, 31. Mai 1933 | 73. Jahrgang

Verbot
des „Straubinger Tagblatt"

Beschluß:

Das Erscheinen der im Verlage der Cl. Attenkoferschen Buch- und Kunstdruckerei Straubing erscheinenden Tageszeitung „Straubinger Tagblatt" nebst seinen sämtlichen Nebenausgaben wird auf die Dauer von 2 Tagen, d. i. für den 31. Mai und den 1. Juni 1933 verboten

Straubing, den 30. Mai 1933

Der Stadtkommissär
für die Stadt Straubing

Vorläufiges Verbot des «Straubinger Tagblattes»

«Infolge Eingehens und Zusammenlegung zahlreicher Zeitungen»

An sämtliche	Bayerische Politische Polizei
Polizeidirektionen,	B. Nr. 17 087/36 II 2 A/vF.
Staatspolizeiämter,	München, den 8. April 1936
Bezirksämter,	
Bezirksamtsaußensitze,	
Stadtkommissäre,	
Grenzpolizei- und Grenzkontrollstellen,	

nachr.
an den Herrn Reichsstatthalter,
an die Kreisregierungen,
an die Herren Oberbürgermeister,
an die Herren Bürgermeister der früher kreisunmittelbaren Städte,
an die Kommandos der Gendarmerieabteilung bei den Kreisregierungen
in Bayern

Betrifft: Inlandpresse
Infolge des Eingehens und der Zusammenlegung zahlreicher Zeitungen und Zeitschriften in Bayern ist es notwendig geworden, die noch erscheinenden periodischen Druckschriften neu zu erfassen.

Es sind daher sämtliche im jeweiligen Amtsbereiche erscheinenden periodischen Druckschriften wie Zeitungen, Zeitschriften usw. unter Angabe des Erscheinungsortes, sowie der kleinen Personalien des Hauptschriftleiters, Druckers und Verlegers listenmäßig zusammenzustellen. Die Zusammenstellungen sind bis spätestens 15. 5. 1936 vorzulegen. Von jeder Haupt- und Nebenausgabe der Druckschriften ist der Liste ein Titelblatt beizugeben. In der Druckschriftliste ist außerdem die Behörde, bei der die Zeitungen und Schriften gemäß den Bestimmungen des Pressegesetzes vorlagepflichtig sind, mitanzuführen. Soweit über periodische Druckschriften bereits berichtet wurde und seit der Berichterstattung keine Änderungen eingetreten sind, genügt eine Ergänzung dieses Berichtes.[1]

i. V. gez. Beck

Statistisches

Die deutsche Presse und ihre Leser, in: *Deutsche Presse* vom 17. 2. 1934, S. 74–75, gekürzt.

Es ist sehr bezeichnend, daß nach Verlauf eines Jahres unter dem NS-Regime offiziell festgestellt werden mußte, trotz Jubel und Fanfaren verzichte leider ein Teil der Bevölkerung darauf, Zeitungen zu halten. Schließlich dürfte dies allein

[1] Das Schreiben ist gekürzt.

auf die mit einem Schlage einsetzende langweilige, uniforme Eintönigkeit der Presse des Dritten Reichs zurückzuführen sein. Die Feststellungen über die *Frankfurter Zeitung* bestätigen diese Annahme.

Die seit Januar dieses Jahres auf Zeitungen und Zeitschriften gelegte Verpflichtung, ihre Auflage anzugeben, eröffnet Möglichkeiten zur Einsichtnahme in politische Verhältnisse und Entwicklungen, die auch vom politischen Laien nicht ungenutzt bleiben sollen – um so weniger, als die gegenwärtige Zeit wie keine andere zuvor den Menschen in die «Politik», das heißt in die Beschäftigung und in die Auseinandersetzung mit öffentlichen Dingen hineinzwingt.

Der Rückgang hat die große Presse des ganzen Reiches erfaßt mit, soweit von hier aus festzustellen ist: einer einzigen Ausnahme, der «Frankfurter Zeitung», die ihre Auflage gegenüber früher nicht nur behaupten, sondern sogar steigern konnte. Aber im Ausmaße dieses Rückgangs sind wesentliche Unterschiede festzustellen: die hauptstädtische Presse ist von ihm viel stärker erfaßt worden als die Presse im übrigen Reiche.

In Berlin geben heute z. B. an Auflagezahlen an:

die *Berliner Morgenpost*	432 888	gegenüber früher bis über	650 000
das *Berliner Tageblatt*	74 784	gegenüber früher etwa	130 000
die *Vossische Zeitung*	49 770	gegenüber früher etwa	80 000
die *BZ am Mittag*	99 810	gegenüber früher etwa	150 000
der *Lokal-Anzeiger*	130 193	gegenüber früher über	300 000

Wo sind nun die Leser angewandert?

Einen großen Teil davon hat zweifellos die Gesinnungspresse des neuen Staates, die nationalsozialistische Presse, übernommen. Die Auflageziffern einiger wesentlicher alter nationalsozialistischer Parteiorgane sind:

Völkischer Beobachter	
(norddeutsche und süddeutsche Ausgabe zusammen)	311 384
Der Angriff	94 200
Westdeutscher Beobachter	203 094
Hamburger Tageblatt	50 903

Die nationalsozialistische Parteipresse ist also weit in die Position der stark zurückgedrängten bürgerlichen Presse eingerückt. Trotzdem hat sie bei weitem nicht alle Leser erfaßt, die von der bürgerlichen Presse abgewandert sind. Ein ganz großer Teil der bisherigen Zeitungsleser hat vielmehr auf Zeitungen überhaupt verzichtet. Das wird vor allem dann klar, wenn man sich fragt, wo die Leser der früheren sozialdemokratischen und kommunistischen Presse geblieben sind.

Anhang: Konfessionelle Presse

Es ist nicht Sache dieses Abschnittes, den Kampf des Dritten Reiches gegen die Kirchen zu behandeln oder zu klären. Die Literatur über dieses Thema ist äußerst umfangreich. Hier nur einige grundsätzliche Hinweise zum Thema Presse und Kirche im Dritten Reich: *Weg der Presse*, in: *Augsburger Postzeitung* vom 29. 7. 1933; *Sichere Bürgschaft*, in: *Hannoversche Volkszeitung* vom 8. 8. 1933; *Schindluder mit den rheinischen Katholiken*, in: *Westdeutscher Beobachter*, Köln, vom 20. 12. 1933; *Geistliche Kostfälscher*, in: *National-Zeitung*, Essen, vom 18. 3. 1937; Anton Willi: *Die konfessionelle Presse* in: *Zeitungswissenschaft* vom 1. 7. 1937, S. 477 f.

«Das Ende der konfessionellen Tagespresse in Deutschland»

Aufsatz von Josef H. Krumbach in: *Zeitungs-Verlag* v. 15. 6. 1935, S. 415 f, Auszüge.

Die Geschichte der konfessionellen Presse in Deutschland beschränkt sich zu einem wesentlichen Teil auf die Geschichte der katholischen Presse, entsprechend der Situation des katholischen Volksteils in den vergangenen Epochen. Aus der Lage der katholischen Deutschen speziell im vergangenen Jahrhundert und aus den allgemeinen politischen Anschauungen dieser Zeit erklären sich die «katholischen Tageszeitungen», die späterhin, von ihrer ursprünglichen Sinngebung abgehend, als Zentrumsblätter infolge der nationalsozialistischen Revolution ein Ende finden mußten. Eine dieser katholischen Presse entsprechende evangelische Tageszeitung haben wir, von wenigen Ausnahmen abgesehen, in Deutschland nicht gehabt.

Die heutige Form der Presse allgemein ist zwar ein Produkt langer Entwicklungen, eigentlich jedoch das Kind der Aufklärung. Der Frage Presse und Katholizismus läuft eine andere parallel, die Frage: Öffentliche Meinung und Totaler Staat. Beide Fragen aber finden aus der Geschichte im Sinne des Jetzt, eine gleiche Lösung. Grundlegend betrachtet, sollte der Kampf der «katholischen Presse» entsprechend den ursprünglichen Zielsetzungen ein Kampf sein um eine öffentliche Meinung im Sinne der freien Auffassung, die einer autoritären, christlich fundierten Volksgemeinschaft entsprach. Die ursprünglichen Ziele des Kampfes dieser «katholischen Presse» gegen jeglichen Liberalismus wichen doch nach und nach im Laufe ihrer Geschichte liberalistischen Zwecksetzungen, und die konfessionelle Presse begab sich selbst der Begründung für ihre Daseinsberechtigung. Den Kampf gegen den Liberalismus in allen Bereichen menschlichen Lebens kämpften fernerhin andere Kräfte siegreich. Die dem Katholizismus insbesondere sinnentsprechenden Bemühungen zur restlosen Überwindung des Liberalismus aber verlangen nun auch eine lebhafte Bejahung des nationalen Staates und die Einordnung in seine Gemeinschaft.

Die von der Zeitungswissenschaft aufgestellte Unterscheidung: Gesinnungs- und Geschäftszeitung verliert auf der Grundlage des deutschen Schriftleitergesetzes und der Reichskulturkammergesetzgebung ihren Inhalt. Die Erfüllung des nationalen und sozialen Auftrages ist an die Stelle aller anderen Tendenzen getreten, die Erfüllung einer Sendung, die Deutschland heißt.

Heute wird eine neue Sprache gesprochen. Wir wissen, daß die Umgestaltung der Presse eine Folge der nationalsozialistischen Revolution ist, die in Wahrheit eine Umwälzung der Geister darstellt. Für alle, die diese Tatsache anerkennen, kann es nichts anderes geben, als mit neuen Aufgaben eifrig am Aufbau unserer Volksgemeinschaft mitzuarbeiten.

Rundschreiben Nr. 23

Reichsverband der deutschen
Zeitungsverleger
(Herausgeber der deutschen Zeitungen) E. V.
Fachverband der Reichspressekammer

Stempel: Zur Kenntnisnahme
L. V. Rundschreiben Nr. 23

Berlin W 35, Standartenstraße 14
Fernsprecher: B 1 Kurfürst 9 561
A/Sf. Nr. I/1 200 A 559

An die
Geschäftsführer der Landesverbände

Telegramm-Adresse: Hadedezet
Berlin, den 4. Juni 1935

Sehr geehrte Herren!
Der Landesverband Württemberg hat auf Grund unserer L. V. Rundschreiben Nr. 7 und 8 ein Schema herausgearbeitet, das die hauptsächlichsten Fragen herausstellt, die bei der Prüfung der konfessionellen Zeitungen zu beachten sind. Das Schema dient der praktischen Durchführung der laufenden Prüfungen.

Da nach Abschluß der 3 Monatsfrist von Ihnen über jede einzelne früher konfessionell orientierte Tageszeitung Ihres Landesverbandes Berichte erwartet werden, geben wir anheim, von beigefügtem Schema Gebrauch zu machen.

Heil Hitler!
Reichsverband der deutschen Zeitungsverleger
(Fachverband der Reichspressekammer)
Der Stellvertreter des Leiters:

Anlage!
Rienhardt

Was ist zu beachten bei der Prüfung konfessionell eingestellter Zeitungen auf deren Inhalt?

Betrifft:	Was ist zu beachten?	Warum ist dies zu beachten?
1. Zeitungs-kopf	Sind konfessionelle *Zeichen* im Zeitungskopf zu finden? Werden im Kopf Beilagen erwähnt? (z. B. «St. Quirinusblatt liegt bei»)?	
2. Stellung-nahme zum heutigen Staat	A. Wie werden *Reden führender Persönlichkeiten* des Staates und der Bewegung wiedergegeben? Etwaige eigene Stellungnahme der Zeitung hierzu? Welche Teile werden hervorgehoben oder besonders kommentiert, auffällig placiert, besonders gebilligt. Welche Abschnitte werden nur flüchtig übergangen, oder gar fortgelassen?	Hierbei wird man erkennen können, welche Zeitungen es mit ihrer Pflicht als Berichterstatter, sowie als Träger des *nationalsozialistischen Ideengutes* ernst nehmen und welche nicht. *Verfälschungstaktik* liegt vor, wenn einzelne von der katholischen Leserschaft positiv zu beurteilende Punkte besonders hervorgehoben werden, während andere, der Kirche weniger genehme Teile fortgelassen und Reden z. B. sinnentstellt der Leserschaft übermittelt werden.
	B. Wie werden *Erlasse*, Gesetzentwürfe, Gesetze der Reichsregierung wiedergegeben? (siehe Frage vorher!)	
	C. Erscheinen überhaupt *Berichte* über Angelegenheiten der HJ, der NS-Kulturgemeinde, über Rassenfragen usw. und in welcher Färbung? Propagandistisch wie aufgemacht?	In solchen Angelegenheiten wird gerne eine *Isolierungstaktik* verfolgt. Wenn überhaupt berichtet wird, so meist farblos, immer aber in wenig propagandistischer Weise. Die Absicht der Farblosigkeit tritt besonders hervor dadurch, daß Angelegenheiten *katholischer Organisationen in be-*

		tonter und überschwenglicher Form behandelt werden.
	D. Werden dem nationalsozialistischen Staat abträgliche Ereignisse, die außerhalb der konfessionellen Einstellung der Zeitung liegen (z. B. große Aufmachung des evangelischen Kirchenstreites) besonders hervorgehoben, unter zweckbestimmten, *spaltenden Gesichtspunkten?*	Solche Versuche kommen einer verschleierten Opposition gleich.
	E. Wird der Gedanke propagiert, daß das *dogmatische Gebot den Vorrang* vor dem staatlichen Befehl haben soll?	Typischer Satz: «Den Gedanken der Blutsgemeinschaft darf und muß der Katholik um seiner Seligkeit willen durchbrechen.»
	F. Werden katholische Organisationen (insbesondere Jugendvereinigungen) zu erhöhter Aktivität aufgefordert?	
3. Politik und Konfession	In wieweit ist der politische Teil mit konfessionellen und sind religiöse Fragen mit politischen Gesichtspunkten tendenziös durchsetzt?	Besonders charakteristisch ist der Kampf «*Katholische Kirche – Mythos*», der im politischen Teil unter ausgesprochen politischen Gesichtspunkten dergestalt behandelt wird, daß man die katholische Kirche mit der heimatlichen und volksgebundenen Kultur (nationalsozialistischer Begriff!), Rosenberg aber mit Partei und Staat identifiziert. Häufig wird nicht nur von einem *Gott* aller Völker, sondern von einem «Gott aller Menschen, Völker und Rassen» gesprochen. Im *politischen* Teil wird bei

Schilderung von Maßnahmen des Staates und der Bewegung, die sich im Ergebnis mit kirchlichen Tendenzen decken, wohlgefällig darauf hingewiesen, daß gerade die katholischen Kreise schon seit vielen Jahren auf diesem Gebiet kämpfen und *daher* die betr. Regelung dankbar begrüßen.

Volkstum und alte Kulturbräuche werden häufig als ein Verdienst und als Ergebnis katholischer und kirchlicher Erziehungsarbeit, selten aber als Ergebnis nationalsozialistischen Strebens behandelt.

Rein kirchliche und konfessionelle Bräuche werden gerne als *völkisches Brauchtum* behandelt, dessen Pflege sich der Nationalsozialismus besonders angelegen sein läßt. Besondere Überschriften unterstreichen das Volkstum, während der Inhalt des Artikels rein konfessionell ist.

Ereignisse und Begebenheiten aus dem *politischen* Leben, die mit der Zielrichtung konfessionell eingestellter Kreise nicht übereinstimmen, werden, wenn man überhaupt über sie berichtet, höchstens *im amtlichen Text und immer ohne eigene Stellungnahme* derart gebracht, daß eine Distanzierung der Zeitung

---

4. Das konfessionelle Ereignis

A. Wird z. B. einem konfessionellen Ereignis durch Umbruch, Form, Tendenz, Umfang und Inhalt eine *besondere Bedeutung* beigelegt, die über das öffentliche Interesse, das die Allgemeinheit an dem Ereignis nimmt, hinausgeht? – Konfessionelle und *allgemeine* öffentliche (auch örtliche) Bedeutung gegeneinander abwägen!

B. In welchem *Verhältnis* hinsichtlich Auswahl, Umfang und Art steht die Berichterstattung über das *politische* Geschehen und zu dem politischen und weltanschaulichen Teil der Zeitung? Wie wird über Organisationen einer anderen Konfession berichtet?

von dem Inhalt der Meldung angedeutet wird.

Die Berichterstattung über konfessionelle Geschehnisse allein braucht nicht immer unzulässig sein. Wenn einer Fronleichnamsprozession Bedeutung für die Allgemeinheit zukommt, so kann über sie berichtet werden, Form und Inhalt aber hat sich auf das Interesse der Allgemeinheit einzustellen.

Bei einem Bericht über Aufmarsch einer katholischen Jugendorganisation oder Versammlung der Kolpingsfamilie ist übriger Inhalt peinlich zu überprüfen, ob und wie weit die Arbeit der NSDAP, SA, HJ, DAF etc. *durch eigene Arbeit und Stellungnahme* der Zeitung in Form, Ton, Umfang, Inhalt im Verhältnis zu konfessionellen Angelegenheiten unterstützt wird.

Die Wiedergabe einer *übermäßigen Fülle konfessionellen* Geschehens kann im Hinblick auf Umfang und Auswahl des politischen Teils Hinweise dafür bieten, daß eine Zeitung ihren Leserkreis dem politischen Geschehen zu entfremden, oder dessen Bedeutung zum mindesten zu verwischen sucht.

Bei starker Aufmachung

und großer *Fülle des politischen Teils,* insbesondere bei
auffälliger Hervorhebung
außenpolitischer und reichs-
innenpolitischer Ereignisse
aufmerksam prüfen, ob eine
derartige Aufmachung lediglich eine Tarnung bildet, damit sich die Zeitung (oft unter ständiger Fortlassung eines politischen Landes- oder
Lokalteils, also derjenigen
Spalten, die den Leser unmittelbar in Beziehung zur
nationalsozialistischen Politik und Weltanschauung
setzen) um so hemmungs-
loser und sorgfältiger konfessionellen Interessen zu-
wenden kann. Ein Ver-
dacht, daß sich eine Zeitung
lediglich deswegen im großen Ausmaße mit Politik
beschäftigt, um die konfessionelle Gestaltung zu verbergen, liegt insbesondere
dann vor, wenn Inhalt und
Form der politischen Aus-
gestaltung erheblich höher
liegen, als es das Niveau
des in Frage kommenden
Leserkreises zuläßt (z. B.
Erörterungen über die wirtschaftlichen Auswirkungen
des Mandschukuo-Konflik-
tes in einer unbedeutenden
Zeitung mit 800 Auflage).
Das *Verschweigen gewis-
ser nationalsozialistischer
Maßnahmen,* die dem Den-
ken und der Zielsetzung
früher zentrümlich einge-

gestellter Kreise nicht genehm sind, ist zu beachten. An Stelle solcher sollen nationalsozialistische Maßnahmen, die im Ergebnis der Zielsetzung dieser Kreise in dieser Beziehung ähneln, entsprechend aufgebauscht werden. So ist z. B. bei der katholischen Presse für alle *sozialen Maßnahmen* und Aufbauarbeiten des Staates viel Verständnis zu finden. Gerade in den oppositionellen katholischen Blättern finden Berücksichtigung und positive Aufmachung das WHW, die NSV, Berichte über Inschutzhaftnahmen unsozialer Betriebsführer, Hilfswerk Mutter und Kind, Bestrebungen zur Hebung der Ehefreudigkeit und des Kinderreichtums, Pflege alten Kulturgutes und Brauchtums. Bei aufmerksamer Lektüre dieser vorerwähnten Propagandaaufsätze stellt sich — soweit sie nicht von amtlichen Stellen herrühren, heraus, daß *kirchliche*, christliche, caritative, mildtätige und fromme *Gesichtspunkte* als für die Unterstützung derartiger Maßnahmen allein maßgebend herangezogen werden. Daß alle diese Maßnahmen für Erfüllung des nationalsozialistischen Willens ergriffen und durchgeführt werden, wird von dieser Presse restlos unterschlagen. Den *ethischen und erzieherischen Sinn* solcher Hilfswerke, der zum beträchtlichen Teil darin liegt, daß bestimmte Handlungen von einem Volksgenossen aus Gründen der Volksverbundenheit und Volksgemeinschaft sowie des völkischen und rassischen Neuaufbaues verlangt werden, weiß die katholische Presse geschickt zu *verbergen.* Für sie gilt es der *Förderung christlicher Nächstenliebe,* der Sicherheit und des Ausbaues des Sakramentes der Ehe, des in katholischen Kreisen immer stark propagierten Gedankens des Kinderreichtums dienstbar zu sein.

Nur selten ist es der katholischen Presse bis dahin eingefallen, das WHW *unter Gesichtspunkten* zu propagieren, die es als Ausfluß der Tätigkeit von Organisationen des nationalsozialistischen Staates kraft dessen Politik darstellen.

Die katholische Kirche arbeitet um ihrer selbst und ihres für sie nach ihrer Auffassung privilegierten Ideengutes willen in *jedem Staat* an denjenigen Programmpunkten mit, die im Ergebnis *den Kirchentendenzen Rechnung* tragen. Sie und die katholische Presse stützt das Gerechtigkeits-gefühl und die Rechtsbe-griffe jedes Staates deswe-gen, weil ihre Existenz nur durch unbedingte Wahrung der Rechtsgrundlage im Staate gewährleistet sein kann.

C. Werden Berichte über konfessionelle Fragen in zu beanstandender Form ge-bracht und wird etwa eine *Entschuldigung* hierfür ge-bracht, oder gelterd gemacht derart, daß man sich auf die Pflicht als Berichterstatter über Reden oder Bücher ab-zulehnender Tendenz be-ruft?
(Politische Tagespresse).

Über solche Reden in *allen* Konfessionen kann inhalt-lich und der Form nach so berichtet werden, wie es das *Allgemeininteresse* der ge-samten Öffentlichkeit bean-sprucht.
Reden von Bischöfen, Pfar-rern, katholischen Professo-ren usw. können insoweit nicht durch die Tagespresse veröffentlicht werden, als sich aus ihnen Tatsachen er-geben, die möglicherweise für die *Behandlung in kirch-lichen Blättern*, nicht aber für die Behandlung in Ta-geszeitungen geeignet sind. (Siehe Grundsätze «Es gibt nur eine deutsche Presse»).

5. *Kultur-kämpfe*

In welcher Form wird über die Kulturkämpfe in außer-deutschen Ländern berich-tet? Mexiko, Spanien, Ruß-land, Türkei.

Man versucht oft, die *Vor-aussetzungen*, die bei die-sen Ländern zum Kultur-kampf geführt haben, so hinzustellen, als ob sie auch im *nationalsozialistischen Staat vorlägen*, um so den streng katholischen Leser vor einer Richtung zu war-nen, die nach der falschen Beweisführung der Zeitun-gen ebenfalls zu dem Ergeb-nis eines Kulturkampfes führen muß.

Betrifft:	Was ist zu beachten?	Warum ist dies zu beachten?
6. Roman	Werden im Romanteil Thesen vorgesetzt, die ausschließlich kirchlichen Grundsätzen *einer* konfessionellen Gemeinschaft dienen?	Der Roman wird gerne gleichmäßig von verschiedenen katholisch eingestellten Zeitungen durch die gleichen Korrespondenten bezogen.
7. Buchbesprechung	Welche Bücher werden besprochen und in welcher Form? Wer sind die Autoren?	Hier werden ausschließlich Werke konfessionellen Inhalts oder wenigstens Bücher katholischer Autoren gewürdigt und propagiert, und zwar in der Regel unter *allgemein interessierenden Überschriften*, die keineswegs auf den konfessionellen Charakter des Besprochenen hinweisen.
8. Gottesdienstordnungen, Kirchennachrichten	Werden nur katholische Gottesdienstordnungen und Kirchennachrichten aufgenommen, oder bevorzugt?	Beweis für einseitige Vertretung katholischer Interessen.
9. Beilagen	Werden konfessionelle Beilagen von gleichen Stellen fertig bezogen und beigefügt?	Sie beweisen, daß sich die Zeitung an einen konfessionell geschichteten Teilausschnitt der Volksgemeinschaft wendet.
10. Anzeigen	Was kann aus dem Anzeigenteil gelesen werden?	In manchen Anzeigen wendet man sich ausdrücklich an eine rein katholische Leserschaft, oder an die Katholiken des Verbreitungsgebietes. In anderen Anzeigen werden ausschließlich katholische Bücher, Rosenkränze, Opferkerzen, Heiligenbilder etc. angepriesen.
11. Matern	Welche Maternkorrespondenzen werden benutzt? Wie ist deren Tendenz? Werden Matern ausgetauscht? Mit wem?	Der Inhalt der Korrespondenzen behandelt mitunter *vorzugsweise konfessionelle Themen*, die nicht in die politische deutsche Tages-

Betrifft:	Was ist zu beachten?	Warum ist dies zu beachten?
		presse gehören. Der Austausch mit gesinnungsmäßig gleichen Zeitungen ermöglicht Rückschlüsse.
12. Eigenwerbung	Werden bei der Anzeigen- oder Bezieherwerbung Ideen herangezogen, deren Wahrung nicht in das Aufgabengebiet der Tagespresse fällt und wird so der Charakter der einzelnen Zeitung gekennzeichnet? Werden Ansprüche Dritter, außerhalb der Presse stehender Personen über Wert und Würdigung einer bestimmten Zeitung angewendet?	Hier können äußere Merkmale auf eine unzulässige Gestaltung der Zeitung hindeuten, die nicht dem Volksganzen, sondern *einem sozial, oder konfessionell geschichteten Teilausschnitt der Gemeinschaft dient.*
13. Schriftleiter	Wer sind die einzelnen Schriftleiter? Frühere Tätigkeit? Entstammen sie der früheren Zentrumspresse [1]?	Müssen besonders scharf beobachtet werden, wenn sie schon bisher in der Zeitung tätig waren und diese in unzulässiger Weise konfessionell gestalteten.
14. Verleger	Sind die Verleger früher Angehörige der Zentrumspartei gewesen?	Wie oben.

1 *Zentrum*, Partei des politischen Katholizismus, so genannt, da sie die mittleren Plätze im Reichstag einnahm. Am 5. 7. 1933 löste sich die Zentrumspartei «im Einvernehmen mit dem Herrn Reichskanzler Hitler mit sofortiger Wirkung auf».

Rundschreiben Nr. 46

Reichsverband der deutschen Zeitungs-
verleger
(Herausgeber der deutschen Zeitungen)
E. V.
Fachverband der Reichspressekammer
A/Do III/4 009 A 1000, II   Berlin W 35, Standartenstraße 14
Stempel: *Zur Kenntnisnahme*   Fernsprecher: B 1 Kurfürst 9 561
Streng vertraulich!   Telegramm-Adresse: Hadezet
Eilt!   Berlin, den 14. August 1935

L. V.-Rundschreiben Nr. 46

Betr.: Umgründung von Zeitungsverlagsgesellschaften der früher konfessionellen Tageszeitungen.

Sehr geehrte Herren!
In verschiedenen Fällen verhindern Geistliche die aus der Anordnung
vom 24. April 1935 zur Wahrung der Unabhängigkeit des Zeitungsverlagswesens folgende Umstellung der Gesellschaftsform und verweigern
auch ihr Ausscheiden aus der Gesellschaft. Sie berufen sich hierbei auf
die erst am 24. April 1936 ablaufende Jahresfrist. Die Frist ist aber nur
gegeben, um eine ruhige, wirtschaftliche Schäden verhindernde Umstellung zu ermöglichen. Die baldige Erreichung des durch die Anordnung
erstrebten Zustandes liegt in ihrer Tendenz. Da Tageszeitungen konfessionellen Zwecken nicht mehr dienstbar sein können, hat das vorer-
wähnte Verhalten dieser Geistlichen nur unzulässige politische Zwecke.
  Soweit Sie in Ihrem Landesverbandsgebiet gleiche oder ähnlich gela-
gerte Fälle haben, in denen die Umgründung oder das Ausscheiden von
Gesellschaftern aus Gesichtspunkten herausgezögert wird, die erkennen
lassen, dass es sich um bewussten Widerstand gegen die sich aus der Anordnung ergebenden Folgerungen handelt, bitten wir hierüber binnen
drei Tagen um genaue Darlegung sowie gegebenenfalls um Übersendung entsprechender Unterlagen, aus denen sich der Sachverhalt ergibt.
        Heil Hitler!
        Reichsverband der deutschen Zeitungsverleger
        (Herausgeber der deutschen Zeitungen) E. V.
        Geschäftsführer:
        Unterschrift

Keine Politik in kirchlichen Zeitschriften

Als Nachricht in: *Berliner Lokal-Anzeiger* vom 19. 2. 1936, Morgenausgabe.

Das Deutsche Nachrichtenbüro teilt mit:

Der Reichsminister für Volksaufklärung und Propaganda hatte bisher auf Grund einer ihm gesetzlich zustehenden Befugnis die katholischen und evangelischen Zeitschriften, die zur Veröffentlichung der kirchenamtlichen Anordnungen und der sonstigen die geistliche Leitung der Gläubigen betreffenden Verfügungen bestimmt sind, von der Anwendung des Schriftleitergesetzes ausgenommen. Leider ist diese Befreiung von einer großen Anzahl kirchenamtlicher Blätter beider Konfessionen dazu mißbraucht worden, um entgegen der vorgenannten ausdrücklichen Einschränkung gleichwohl über politische Dinge zu berichten, politische Stellungnahmen zu veröffentlichen, Maßnahmen der Regierung zu glossieren oder zu kritisieren und durch die Art der Veröffentlichung verächtlich zu machen.

Der Reichsminister für Volksaufklärung und Propaganda hat sich daher veranlaßt gesehen, die Reichspressekammer und den Reichsverband der Deutschen Presse darauf hinzuweisen, daß die Freistellung von den Vorschriften des Schriftleitergesetzes in Zukunft nur noch für solche kirchlichen Zeitschriften gelten kann, die sich streng an die Bestimmungen halten, daß sie nur kirchenamtliche Anordnungen und sonstige kirchliche, die geistliche Leitung der Gläubigen betreffenden Verfügungen wiedergeben dürfen.

Zeitschriften, die sich hierauf nicht beschränken, sind als politische Zeitschriften anzusehen und unterliegen den Bestimmungen des Schriftleitergesetzes. Sie dürfen daher nur noch unter Verantwortung eines in die Berufsliste eingetragenen Schriftleiters erscheinen.

Gleichschaltung

Über die ganze Atmosphäre in den Redaktionen und überhaupt in Journalistenkreisen sofort nach der Machtergreifung berichtet unter anderem der Pressechef des NS-Arbeitsdienstes Karoly Kampmann. Der nachstehende kleine Auszug daraus macht die Gleichschaltungsmöglichkeiten hinsichtlich der Presse vielleicht verständlicher:

«Als einige Zeit nach der Machtübernahme durch Adolf Hitler die Parteiherrlichkeit ein Ende nahm, stand die Presse, ihrer Bindungen entkleidet, in staunender Hilflosigkeit da. Durch Gleichschaltung suchte sie vergangene Sünden wettzumachen, und doch setzte sie sich immer wieder daneben. Die ‹Presse von gestern› wollte über Nacht die ‹Presse von heute› sein; die Schriftleitung, die gestern noch in den Gedankengängen der Staatspartei lebte, glaubte plötzlich nationalsozialistischen Ideen nachjagen zu müssen. Man dachte es sich leichter, als die Praxis ergab. Es kam die Zeit, da die Redakteure unsicher waren und ihre Blätter so vorsichtig hielten, daß in Deutschland und im Ausland von Gleichschaltung gesprochen wurde. In den Redaktionsstuben herrschte dicke Luft, keiner wagte sich mehr so recht an die politischen Dinge heran und freute sich in stiller Bescheidenheit, wenn wieder eine Zeitungsausgabe ohne ‹Panne› gedruckt werden konnte.» Karoly Kampmann: *Presse und Arbeitsdienst* in: *Nationalsozialistische Monatshefte*, November 1934, S. 1026.

Siehe hierzu auch: *Die Gleichschaltung der Presse*, in: *Das Bayerische Vaterland* vom 21. 8. 1933; *Illusionen*, in: *General-Anzeiger – Rote Erde* vom 8. 10. 1933; *Die Vereinheitlichung des Justizpressewesens*, in: *Berliner Lokal-Anzeiger* vom 21. 6. 1935; *Die Aufgabe der Presse: Dienst am Volk*, in: *Tremonia*, Dortmund, vom 14. 9. 1936; *Behörden und Presse*, in: *Rhein- und Ruhr-Zeitung*, Duisburg, vom 28. 2. 1937.

Eingehende Schilderung der damaligen Verhältnisse und der Stimmung finden sich auch in: *Presse in Fesseln*, Berlin 1947; Peter de Mendelssohn: *Zeitungsstadt Berlin*, Berlin 1959.

Reichsverband der Deutschen Presse

Aus den Erinnerungen von Alfred-Ingemar Berndt

Alfred-Ingemar Berndt: *Vom alten zum neuen Reichsverband* in: *Deutsche Presse* vom 17. 11. 1934, Auszug.

Alfred-Ingemar Berndt, * 1905, Journalist; 1925 Eintritt in die NSDAP, Mitgliedsnummer 1 101 961; SS-Nummer 242 890; 1944 SS-Hauptsturmführer.

Nach der Machtergreifung ergab sich die Frage, was aus dem Reichsverband der Deutschen Presse werden sollte. Aussicht, daß die Führung an Nationalsozialisten ausgeliefert werden würde, bestand zunächst nicht ohne weiteres. So bereiteten wir die Gründung eines «Deutschen Presseverbandes» vor, schufen Satzung und Organisationsgerippe, um gegebenenfalls eine Waffe in der Hand zu haben, und verlangten nun vom Landesverband Berlin des Reichsverbandes der Deutschen Presse Auslieferung der Hälfte aller Vorstandssitze, darunter den Posten des ersten Vorsitzenden.

Nach einigem Hin und Her wurde dann die Generalversammlung einberufen, auf der die «Wahl» des neuen Vorstandes erfolgen sollte. Ich muß heute bekennen, daß es uns schwer geworden ist, genügend nationalsozialistische Journalisten zu finden, um die uns zugestandenen Vorstandssitze überhaupt besetzen zu können. Am denkwürdigen Tag leuchtete zum ersten Male im großen Saale des Hauses der Deutschen Presse die Hakenkreuzfahne von der Wand.

Wir hatten alles an schreibenden Parteigenossen aufgeboten, was aufzubieten war. Unser Wahlvorschlag ging dann angesichts unserer geschlossenen und entschlossenen Haltung ohne Debatte durch.

Wilhelm Weiß – neuer Präsident

Wilhelm Weiß, * 1892, Journalist; 1927 Eintritt in die NSDAP, Mitgliedsnummer 71 047; Blutordensträger; Mitglied des Volksgerichtshofes und der Akademie für Deutsches Recht. – Über die weiterhin erwähnten Namen sei folgendes gesagt: Werner Pfeiffer, * 1896, Journalist; 1919 Freikorpskämpfer. – Dr. Otto Dietrich, 1897–1952; 1931 Reichspressechef der NSDAP; 1938 Pressechef der Reichsregierung und Staatssekretär im Reichsministerium für Volksaufklärung und Propaganda. Als Pressechef der Reichsregierung richtete er sich in Berlin-Dahlem eine Villa «mit den erlesensten Möbeln und Kunstwerken für 400 000 Reichsmark ein» – Wilfred von Oven: *Mit Goebbels bis zum Ende*, Bd. 2, Buenos Aires 1950, S. 26; 1941 SS-Obergruppenführer.

Zu den leitenden Männern des *Reichsverbandes der Deutschen Presse* gehörten nach 1933 auch noch Willy Ehlers, * 1905, Eintritt in die NSDAP 1926, nach 1933 Leiter des Landesverbandes Schleswig-Holstein; Wilhelm Glöde, * 1904, Schriftleiter der *Oder-Zeitung*; Heinrich Fetkötter, * 1902, Eintritt in die NSDAP 1925, Mitgliedsnummer 25 509, Hauptschriftleiter der *Rheinischen Landeszeitung*, *Braune Post* und *Völkische Frauenzeitung*; Dr. Hans Henningsen, * 1898, Eintritt in die NSDAP 1931, Hauptschriftleiter von *Hamburger Anzeigen und Nachrichten* und *Der Mitteldeutsche*; Dr. Karl Alexander Freiherr von Gregory, * 1899, Hauptschriftleiter der *Niedersächsischen Tageszeitung*; Johann Hans Jacobi, * 1900, ab 1930 NSDAP-Mitglied, Hauptschriftleiter des *Hamburger Tageblattes*; Karoly Kampmann, * 1902, NSDAP-Eintritt 1930, ab Januar 1933 Hauptschriftleiter des *Angriff*, ab 1934 Hauptschriftleiter des *Deutschen Schnelldienstes*; Dr. Friedhelm Kaiser, * 1908, Hauptschriftleiter der *Schlesischen Tageszeitung*; Wilhelm Liske, * 1898, seit 1923 NSDAP-Mitglied, Hauptschriftleiter des *Freiheitskampf*, Dresden; Karl Overdyck, * 1893, ab 1930 NSDAP-Mitglied, Hauptschriftleiter des *NS-Kurier*, Stuttgart; Dietrich Loder, * 1900, am Hitler-Putsch in München 1923 beteiligt, Schriftleiter der *Brennessel* und Hauptschriftleiter des *Illustrierten Beobachters*; Erwin Franz Rasche, * 1900, ab 1932 Hauptschriftleiter der *NSZ-Rheinfront*; Friedrich Schmidt, * 1900, ab 1922 NSDAP-Mitglied, Hauptschriftleiter des *Niederdeutschen Beobachters*; Adolf Schmid, * 1905, ab 1923 NSDAP-Mitglied, ab 1933 Pressereferent im Propagandaministerium; Eberhard Graf von Schwerin, * 1894, Hauptschriftleiter der Essener *National-Zeitung*, Gauredner der NSDAP; Paul Simon, * 1908, NSDAP-Eintritt 1926, Mitgliedsnummer 49 185, Hauptschriftleiter der pommerschen Gaupresse; Helmut Sommer, * 1904, ab 1925 in der NSDAP, Hauptschriftleiter der *Preußischen Zeitung*; Gustav Staebe, * 1906, ab 1923 NSDAP-Mitglied, Hauptschriftleiter des *Frankfurter Volksblattes*, Pressechef der Reichsjugendführung, SS-Obersturmführer; Harald Werges, * 1902, NSDAP-Eintritt 1928, Hauptschriftleiter der *Thüringischen Staatszeitung*; Dr. Peter Winkelnkemper, * 1902, seit 1930 NSDAP-Mitglied, Hauptschriftleiter des *Westdeutschen Beobachters*; siehe hierzu auch noch: *Deutsche Presse* vom 29. 11. 1935, S. 613–624.

Von der Presse, in: *Bayerische Staatszeitung*, München, vom 14./15. 4. 1933.

CNB. Berlin, 13. April.
In der außerordentlichen Mitgliederversammlung des Bezirksverbandes Berlin im Reichsverband der Deutschen Presse wurden auf Vorschlag des Aktionsausschusses zum Vorsitzenden des Bezirksverbandes Hauptmann a. D. Weiß und Werner Pfeiffer gewählt.

Der neugewählte Vorsitzende, Hauptmann a. D. Weiß, erklärte, daß sich in diesen Wochen bei allen Körperschaften des öffentlichen Lebens die politische Gleichschaltung vollziehe. Die augenblickliche Entwicklung in Deutschland könne vor der Presse nicht Halt machen. Seinem ursprünglichen Wesen nach sei der Reichsverband zwar eine rein berufsständische Standesorganisation, aber in der Zeit der Umwertung aller Werte sei es nicht möglich, eine Organisation, die im Zusammenhang mit den politischen Verhältnissen stehe, von den Erschütterungen dieser Zeit fernzuhalten.

Die Dinge lägen heute so, daß für die Presse überhaupt nur noch die Frage bestehe, ob sie bereit sei, das Bekenntnis zur nationalen Erhebung freiwillig abzulegen oder ob sie, abseits stehend, zusehen wolle, wie die Ereignisse ohne sie oder über sie hinweggingen. Der Grundsatz der sogenannten politischen Neutralität habe für die journalistische Standesorganisation keine Existenzberechtigung mehr. Die Presse sei kein Selbstzweck, sondern sie habe nur Existenzberechtigung, wenn sie sich in den größeren und wichtigeren Umbau der Nation einordne.

Dann wurde einstimmig beschlossen, daß künftig jüdische oder marxistische Redakteure nicht mehr Mitglieder des Landesverbandes Berlin werden können. Ferner wurde ein Antrag für die Delegiertenversammlung, den Reichsverbandstag, angenommen, der fordert, daß jüdische und marxistische Redakteure weder dem Reichsverband der Deutschen

Presse beitreten, noch ihm angehören können. Auch dieser Antrag fand einstimmige Annahme. Dr. Dietrich, der Reichspressechef der NSDAP, soll zum Reichsverbandsvorsitzenden vorgeschlagen werden.

Verein Deutscher Zeitungs-Verleger

Das neue Präsidium

In: *Zeitungs-Verlag* vom 20. 5. 1933, S. 323, gekürzt.

Zuvor Biographisches über die neuen Mitglieder des Präsidiums:

Max Amann, 1891–1957, im Ersten Weltkrieg Hitlers Feldwebel; laut Formular für die Aufnahme in die SS war Vizefeldwebel 1918 sein *letzter* Dienstgrad; seine NSDAP-Mitgliedsnummer war 3; erster Geschäftsführer der NSDAP; ab 1933 Präsident der Reichspressekammer.

Dr. jur. Walther H. E. Jänecke, * 1888.

Richard Jahr, * 1883, ab Februar 1931 Geschäftsführer des *Angriff*, ab 1. 1. 1933 zugleich noch Verlagsleiter der Berliner Zweigniederlassung des *Völkischen Beobachters*.

Dr. Albert Knittel, * 1871, 1898 Teilhaber der G. Braunschen Hofbuchdruckerei, die u. a. die amtliche *Karlsruher Zeitung* verlegte; bei den Bayreuther Festspielen 1933 lag die Gesamtleitung der Verwaltung in seiner Hand, in dieser Eigenschaft empfing er am 21. 7. 1933 Hitler zur *Meistersinger*-Aufführung.

J. Karl von Zweck und zu Zweckenburg, * 1873; seit 1904 Verleger und Herausgeber des *Anhalter Kurier*.

Der Gesamtvorstand des Vereins Deutscher Zeitungs-Verleger hatte in der Sitzung vom 7. April 1933 dem Vorsitzenden des Vereins, Herrn Kommerzienrat Dr. Krumbhaar[1], alle Vollmachten für die Verhandlungen mit den Vertretern der nationalsozialistischen Zeitungsverlage erteilt. Die Verhandlungen, die in den darauffolgenden Wochen geführt wurden, waren auf beiden Seiten von Vertrauen und Verständnis getragen.

Die auf Grund der Vollmachten fortgesetzten Verhandlungen mit den Vertretern der nationalsozialistischen Zeitungsverlage führten am 11. Mai zu dem Ergebnis, daß das Präsidium des Vereins in folgender Besetzung gebildet wurde: Vorsitzender: Max Amann, München (Völkischer Beobachter), erster stellvertretender Vorsitzender: Dr. Walther Jänecke, Hannover (Hannoverscher Kurier), zweiter stellvertretender Vorsitzender: Verlagsdirektor Richard Jahr, Berlin (Angriff), Beisitzer: Dr. Albert Knittel, Karlsruhe (Karlsruher Zeitung), Beisitzer: J. K. v. Zweck, Bernburg (Anhalter Kurier).

Das neue Präsidium trat am 17. Mai 1933 in Berlin unter Vorsitz des Herrn Verlagsdirektors Amann, München, zu seiner ersten Sitzung zusammen.

1 Dr. Heinrich Krumbhaar, * 1867.

An den Reichskanzler Adolf Hitler hat das Präsidium folgendes Telegramm gerichtet:

Das neugebildete Präsidium des Vereins Deutscher Zeitungs-Verleger gelobt Ihnen, Herr Reichskanzler, daß die im Verein Deutscher Zeitungs-Verleger zusammengeschlossenen Zeitungsverleger ihre Kraft freudig in den Dienst Ihrer Führerschaft für die politische Wiederaufrichtung des Staates und für die geistige und seelische Erneuerung der deutschen Nation stellen.

Das Präsidium
Amann, Dr. Jänecke, Jahr, Dr. Knittel, v. Zweck

Edgar Brinkmann – neuer Präsident

Der neue Vorsitzende des *Vereins Deutscher Zeitungs-Verleger* in: *Zeitungs-Verlag* vom 2. 12. 1933, S. 784, gekürzt.

Begreiflicherweise blieb Max Amann, der Supermann bei der Gleichschaltung des deutschen Pressewesens im Dritten Reich, nur einige Monate Vereinsvorsitzender, er hatte allgemeinere Aufgaben auf breiterer Ebene zu erfüllen. Daher wurden einzelne Pressebereiche dezentralisiert und anderen Vertrauensleuten der NSDAP unterstellt. Zur Biographie Edgar Brinkmanns hier noch zwei Einzelheiten, die in diesem Zusammenhang wichtig sind: Brinkmanns NSDAP-Mitgliedsnummer war 1 668; ab 1934 war er Leiter des Verwaltungsamtes des Reichsleiters für die Presse der NSDAP.

Wie wichtig die schnelle Gleichschaltung des *Vereins Deutscher Zeitungs-Verleger* für das Regime war, geht auch aus der Rede Hitlers hervor, die er vor dem neuen Präsidium im Presse-Haus Berlin hielt, ausführlich darüber siehe: *Reichskanzler Adolf Hitler bei den Zeitungsverlegern*, in: *Zeitungs-Verlag* vom 1. 7. 1933, S. 419 f.

Nachdem Verlagsdirektor Max Amann den Vorsitz des Vereins Deutscher Zeitungs-Verleger niedergelegt hatte, berief das Präsidium des VDZV im Einvernehmen mit dem Präsidenten der Reichspressekammer den Verlagsdirektor des «Hamburger Tageblattes», Edgar Friedrich Hans Brinkmann, bisheriges Vorstandsmitglied des VDZV und Vorsitzender des Kreisvereins Groß-Hamburg, zu seinem Vorsitzenden.

Edgar Brinkmann wurde am 6. Juni 1896 in Hamburg geboren. Er entschloß sich, nachdem er die höhere Schule verlassen hatte, den Seemannsberuf zu ergreifen. Der Weltkrieg überraschte ihn im Auslande, und er kehrte erst im Jahre 1920 nach Hamburg zurück. Schon in der frühesten Zeit der nationalsozialistischen Bewegung wurde er Kämpfer Adolf Hitlers. Während der Jahre 1926–1928 war er Geschäftsführer des Gaues Hamburg der NSDAP. In dieser Tätigkeit wandte er seine besondere Aufmerksamkeit dem Pressewesen zu und wurde Verleger des «Hamburger Volksblattes», der späteren «Hansischen Warte». Im Jahre 1931 begründete Edgar Brinkmann das «Hamburger Tageblatt».

SS-Aufnahme= und Verpflichtungsschein

1. Vor- und Zuname: **Max A m a n n**

2. Erlernter Beruf: **Kaufmann** Jetziger Beruf: **Verlagsdirektor**

3. Kraftfahrzeugbesitzer: **Ja** Art: **Personen-Wagen** Führerschein. **drei b** gen

4. a) Geburtsdatum: **24. November 1891** Größe: **1,60**

   b) Geburtsort: **München**

5. ledig — verheiratet — geschieden — verwitwet

6. Wohnort: **München**

7. Wohnung: **Friedrich Herschel-** Straße/Ring Nr. **3/I**

Friedenstruppe: **Kgl.Bayer.I.Infanterie-Regiment, 6.Kompagnie** von **21.10.12** **1.8.14**

9. Feldtruppe u. Freikorps: **Bayer.Res.-Inft.-Regt. Nr.16 (List)** von **1.9.14** bis **5.12.19**

10. Reichswehr: von bis

11. Letzter Dienstgrad: **Vizefeldwebel u. Offizier-Stellvertreter** seit wann:

12. Orden und Ehrenzeichen: **E.K.II,Bayer.Militärverdienstkreuz mit Schwertern,Militärverdienst-Auszeichnungsmedaille**

13. Verwundet: **Nein** Kriegsbeschädigt (Proz.) **Nein**

14. Mitgliednummer der Partei vor dem 9.11.23: Nr. **3**

15. Mitgliednummer der Partei nach dem 9.11.23: Nr.

Mitglied der Ortsgruppe: **Reichsleitung**

17. Vorstrafen: a) zivil: **keine**

b) politisch: **4 1/2 Monate Untersuchungsgefängnis u. Schutzhaft wegen Teilnahme am Aufstand (1923).Anklagen wegen Betätigung im Kampf f.d.nat.soz.Bewegung.Wegen Vorbe-**

reitung zum Hochverrat beim Volksgericht München;beim Schwurgericht München wegen Aufreizung zum Klassenhass, Vergehen gegen jüdische Religion, Beleidigung durch die Presse usw..

(Obf-WMdstl)

(Stern)

(Eigenh.)

Zur Aufnahme:

Untauglich.

Nicht geeignet.

1. Leumund:

2. Militärpapiere eingesehen u. in Ordnung:

3. Männlich- Untersuchungs- bogen liegt bei:

4.

5. An RFSS.

SS-Standartenführer

Gewissen gemacht zu haben und Ausschluß aus der SS folgende SS gehörenen Gegenstände:

meßstreifen, zu verliehen),

Hervereins (e.G.) zurückgeben werde.

(Unterschrift)

Der Präsident der Reichspressekammer als SS-Mann

«Betr.: Parteizugehörigkeit der Verleger»

Reichsverband der deutschen Zeitungs-
verleger
(Herausgeber der deutschen Zeitungen)
E. V.
Fachverband der Reichspressekammer
Berlin W 35, Standartenstraße 14
Fernsprecher: B 1 Kurfürst 9 561
Telegramm-Adresse: Hadezet
Hb/Hi A. 161 I/2 923

Stempel: *Zur Kenntnisnahme*   Berlin, den 12. Juli 1935

L. V.-Rundschreiben Nr. 38

Betr.: Parteizugehörigkeit der Verleger
Wir überreichen Ihnen in Abschrift ein an den Herrn Präsidenten der
Reichspressekammer gerichtetes Schreiben des Herrn Präsidenten der
Reichskulturkammer vom 4. Juli 1935 mit der Bitte, uns die Angaben
über die Parteizugehörigkeit der Verleger bis spätestens zum 30. 7. 1935
zukommen zu lassen. Zwecks Erlangung der Angaben wollen Sie sich
bitte mit der zuständigen Gauleitung in Verbindung setzen; evtl. können sie auch aus den Besuchsberichten entnommen werden.

Heil Hitler!
Reichsverband der deutschen Zeitungsverleger
(Herausgeber der deutschen Zeitungen) E. V.
Der Stellvertreter des Leiters:

1 Anlage.   Rienhardt

Reichsverband Deutscher Zeitschriftenverleger

*Protokoll der ordentlichen Hauptversammlung am Dienstag, dem 9. Mai 1933,
nachmittags 3½ Uhr, im Gelben Saal des Hotels «Der Kaiserhof», Berlin, in:
Die Zeitschrift, Juni 1933, S. 84–85, gekürzt.*
Leiter dieser Hauptversammlung war Dr. Walther Dietze, * 1888, hauptamtlicher Stellvertreter des Leiters des Reichsverbandes der Deutschen Zeitschriftenverleger.
Siehe Max Amann: *Die Zeitschrift im nationalsozialistischen Staat* in Schrieber–Metten–Collatz: *Das Recht der Reichskulturkammer,* Bd. 1, Berlin 1943,
S. 65 f.

Herr Dr. Dietze eröffnet die Hauptversammlung um 3½ Uhr, begrüßt
die zahlreich erschienenen Mitglieder und stellt fest, daß Einladung
und Tagesordnung fristgemäß versandt sind. Vorstand und Ausschüsse

seien zurückgetreten, um für den Neubau unseres Reichsverbandes im neuen Staate freien Raum zu geben.

Die diesjährige Hauptversammlung sei die erste Zusammenkunft unserer Mitglieder nach der nationalen Erhebung. Den Verlegern der deutschen Zeitschriften falle in dieser Zeit eine bedeutsame verantwortungsvolle Arbeit zu.

Dr. Dietze führt weiter aus, daß sich ein vorbereitender Ausschuß gebildet habe, um im Sinne der neuen Aufgaben die Wahl vorzubereiten. Dabei sei von folgenden Gesichtspunkten ausgegangen:

Die Herren, die durch ihre persönliche politische oder verlegerische Tätigkeit im Sinne der nationalen Revolution gekennzeichnet seien, an führender Stelle an der Vorstandsarbeit zu beteiligen.

Dem Vorstand neues Blut zuzuführen. Deshalb die Wahl einer Anzahl neuer Herren.

Dr. Dietze gibt von den Arbeiten des vorbereitenden Ausschusses Kenntnis und schlägt in Verfolg der von diesem einstimmig gefaßten Beschlüsse der Hauptversammlung folgende Herren vor:

a) zur Wahl in die Gesamtleitung
als Leiter: Willi Bischoff (Brunnen-Verlag GmbH., Widder-Verlag GmbH., Der Rundfunkhörer GmbH., Berlin); Leiter: Dr. Georg Elsner (Otto Elsner Verlagsges. m. b. H., Berlin); Stellvertr. Leiter: Dr. Friedrich Lehmann (J. F. Lehmanns Verlag, München); Stellvertr. Leiter: Hofrat Horst Weber, Leipzig; Schriftführer: Dr. Erich Wiegand (August Scherl GmbH., Berlin); Stellvertr. Schriftführer: Senator Hermann Degener (Verlag Chemie GmbH., Berlin); Schatzmeister: Oskar Konski (Verlag W. Girardet, Berlin); Stellvertr. Schatzmeister: Ferd. Schreiber (Verlag I. F. Schreiber, München); Beisitzer: Karl Baur (Verlag Georg D. W. Callwey, München); Dr. Herbert Beck (Union Deutsche Verlagsgesellschaft, Stuttgart); Arndt Beyer (Verlag Otto Beyer, Leipzig); Alfred Hoffmann (Verlag der Ärztlichen Mitteilungen, Leipzig); Hermann Jentgen (H. Jentgens Verlagsgesellschaft mbH., Berlin-Lichterfelde); Fritz Otto Klasing (Verlag Velhagen & Klasing, Leipzig); Paul Niemczyk (Curt Hamel'sche Verlagsanstalt, Berlin); Dr. Karl Rühle (Wilhelm Diebener GmbH., Leipzig); Dr. Paul Schleich (Verlag L. Schottlaender & Co. GmbH., Berlin); Walter Sohnrey (Deutsche Landbuchhandlung GmbH., Berlin).

b) für die Hauptgruppenleitung: Fachzeitschriften
Leiter: Dr. Georg Elsner; Stellvertr. Leiter: Dr. Friedr. Lehmann; Schriftführer: Senator Hermann Degener; Stellvertr. Schriftführer: Hermann Jentgen; Schatzmeister: Oskar Konski; Beisitzer: Dr. Eduard Diemer (Verlag J. Diemer, Mainz); Rudolf Müller (C. Müllers Buchdruckerei, Eberswalde); Richard Schoch (Verlag Berg & Schoch, Berlin).

c) für die Hauptgruppenleitung: Illustrierte und Unterhaltungszeitschriften

Leiter: Willi Bischoff, Berlin; Stellvertr. Leiter: Hofrat Horst Weber, Leipzig; Schriftführer: Dr. Erich Wiegand, Berlin; Stellvertr. Schriftführer: Paul Niemczyk, Berlin; Schatzmeister: Karl Dieckmeyer (Verlag Velhagen & Klasing, Leipzig); Beisitzer: Dr. Herbert Beck, Stuttgart; Arndt Beyer, Leipzig; Ferd. Schreiber, München.

Gleichzeitig schlägt er, einer Anregung folgend, vor, statt «Vorstand» die Bezeichnung «Leitung», statt «Vorsitzender» die Bezeichnung «Leiter» zu genehmigen.

Widersprüche werden nicht erhoben. Die Herren sind einstimmig von der Hauptversammlung gewählt. Die neuen Bezeichnungen sind genehmigt.

Anhang: Zwei Beispiele

Glorifizierung des Ruck-Zuck

Leitartikel von Friedrich Hussong in: *Berliner Lokal-Anzeiger* vom 22. 3. 1933, Morgenausgabe, gekürzt; es handelt sich um einen Bericht über die Reichstagseröffnung in der Potsdamer Garnisonkirche, nachdem das Reichstagsgebäude am 27. 2. 1933 ausgebrannt war. Der Text dürfte typisch für die Berichterstattung der gleichgeschalteten Presse sein.

Hans-Georg von Studnitz schreibt in seinem Buch *Als Berlin brannte – Diarium der Jahre 1943–1945*, Stuttgart 1963, S. 58: «Am Freitag, den 2. 4. 1943, fand für Friedrich Hussong ein feierliches Begräbnis statt. Politisch diente er verschiedenen Herren, ohne an einen zu glauben. Wenn ihm jemand Zynismus vorwarf, pflegte er zu antworten: ‹Offenbar haben Sie das Unglück, nicht über Ihrem Beruf zu stehen.›»

Es war nicht ganz einfach. Der Absperrungen und der Kontrollen waren viele. Auf Waffen wurde man auch untersucht. Gebranntes Kind scheut Feuer; Vorsicht ist besser als Nachsicht, und darüber die ausgebrannte Kuppel des alten Reichshauses, wie aus hohlen, blinden Augenhöhlen stumpf in den strahlenden Tag starrend, erzählt genug noch von unterirdisch schwelendem Haß, um jede mögliche Maßregel zur Sicherstellung des Hauses wünschenswert erscheinen zu lassen.

Nach dem Fest die Arbeit. Man fühlt sich in den neuen Räumen und in der neuen Umgebung zurecht. Ein ausgezeichneter Notbehelf. Man sieht viele neue Gesichter und viele, die nicht mehr da sind.

Die Nationalsozialisten in ihren Uniformen geben dem Bilde des neuen Reichstages seinen bestimmenden Zug. Auf der äußersten Linken vollzählig – soweit sie nicht, neun an der Zahl, schutzhäftlich verhindert sind – die verminderte Sozialdemokratie.

Man hat nicht mehr das Gefühl, in einem wiehernden Stall zu sein. Kein Radau. Kein Bramarbasieren für die Galerie, kein Renommieren zum Fenster hinaus, keine öden, blöden Kraftmeiereien. Eine Aufgabe ist gestellt, und es sind Männer gekommen, sie zu lösen.

Die Diplomatenloge – mitteninne in Stahlhelmuniform der Kronprinz – nicht minder gedrängt voll als die Publikumstribünen. Sollte dort jemand sich ein parlamentarisches Spektakel versprochen haben, so kommt er nicht auf seine Kosten. Nur in seiner besten Zeit bot das englische Parlament, das erzogenste der Welt, ein solches Bild von Zucht.

Herr Göring eröffnet die Sitzung. Sehr vernünftige Neuerung: kein Alterspräsidium mehr mit seinen peinlichen Möglichkeiten.

In jedem Punkte neuer Brauch: alter Unfug abgetan. Kein sinnloser Namensaufruf; keine sinnlosen namentlichen Abstimmungen. Alles kurz, knapp, sachlich; keine Geschäftsordnungsfisimatenten, keine witzlosen Späße, nichts von den Schulbübereien, wodurch der Reichstag von Weimar sich vorher entwürdigte.

Die Wahlen für das Präsidium. Ein Mann wird genannt, Abstimmung durch Zuruf vorgeschlagen, eine überwältigende Mehrheit erhebt sich, nur die Sozialdemokraten, eine sehr manierlich gewordene Opposition, schließt sich aus, und in zwei Minuten sind die Herren gewählt. Wir haben ein Präsidium.

Ruck-Zuck. Eine Minute später haben wir auch zwölf Schriftführer. Ward je im Reichstag eine Sache so sachlich erledigt? Ein überwältigendes Gegenbeispiel zu dem grenzenlosen Unfug des alten, abgetanen, in Schande versunkenen Pseudoparlamentarismus.

Der alt-neue Vorsitzende Göring tut den Vorspruch.

Noch einmal klingt das Fest von Potsdam in seiner Rede auf. Noch einmal sagt er den vierzehn Jahren tiefster Schmach von Weimar ab. Stumm sitzen die Schuldigen, die Rumpf- und Restkoalition von Weimar, auch sie noch und schon in sich zerfallen. Zwischen Zentrum und Sozialdemokratie spürt man die Scheidung. Die Sozialdemokraten bleiben ganz abseits. Wie Peitschenhiebe gehen die Sätze Görings auf sie nieder. Sie mucken nicht. Sie sitzen wie in der Kirche, obwohl sie am Vormittag nicht mit in Potsdam waren. Und es ist gut so. Fast könnte man sich zum Parlamentarismus bekehren.

Den Geist von Potsdam feiert Herr Göring, den seit Weimar verleumderisch verfemten. Den Geist von Potsdam, diesen Geist der Pflicht, der Disziplin, der Arbeit, der Sauberkeit; dieses Ferment der Einigung, diesen Nothelfer und Schutzgeist Deutschlands. Glücklich stellt Herr Göring das erneute Deutschland unter die erneuten Farben der alten Ehren. Und er spricht aus – was wir hier schon sagten –, daß es heute schon tief sinnvoll erscheint, daß die alte Ehrenfahne Schwarz-Weiß-Rot die Ladung des Schiffes Weimar nicht zu decken brauchte, und daß die schmachvollste Erniedrigung Deutschlands ihre eigenen Farben trug. Nicht wir aber, so betont Herr Göring, haben die Farben von Weimar, die einst Farben eines nationalen Idealismus waren, geschändet, sondern jene, die sie zur Trikolore der Fahnenflucht, der Schmach und der Selbstentmannung machten. Die Wiederherstellung der alten Farben ist Herrn Göring ein Symbol dafür, daß Hitlers Wort von der Wiederherstellung der deutschen Ehre wahr geworden ist. Bei seinen Worten des Dankes an den Kanzler erheben die Regierungsparteien sich wie ein Mann zu wortloser Huldigung.

Auf den Grund- und Ecksteinen Freiheit und Ehre soll der neue, der gereinigte, der in seinen entscheidenden Teilen geeinigte Reichstag den Neubau Deutschlands errichten. Das ist die Aufgabe, die sein Präsident ihm stellt. Er wird sie lösen, wenn seine weitere Arbeit in demselben Zeichen steht wie diese erste Sitzung, in dem Zeichen der Zucht, der Sachlichkeit, der Knappheit, des Geistes von Potsdam, der an diesem Tage seinen Aufflug nahm, wie über der höchsten Höhe des Turmes seiner toten Könige sein Adler ihn nimmt: aufwärts zur Sonne!

Der Vereinheitlichungsprozeß der Nation

Hans Zehrer in: *Die Tat*, Heft 2, Mai 1933, Auszug.

Hans Zehrer, * 1899, Journalist; *Die Tat*, Monatsschrift für Politik und Kultur, gegründet 1908, von 1929–33 von Hans Zehrer herausgegeben, der eine Gruppe von Publizisten um die Zeitschrift versammelte; über diesen sogenannten *Tatkreis* siehe ausführlich die Studie von Kurt Sontheimer: *Der Tatkreis* in: *Vierteljahreshefte für Zeitgeschichte*, 1959, Heft 3, S. 229 f; dieser Artikel von Hans Zehrer ist deshalb äußerst charakteristisch für die Gleichschaltungshysterie der Presse nach Hitlers Machtergreifung, weil *Die Tat* eine *unabhängige* Zeitschrift war; so lese man beispielsweise auch Hans Zehrer: *Ein Volk marschiert* in: *Tägliche Rundschau* vom 3. 5. 1933, um zu erfassen, wie sehr auch ein unabhängiger Journalist von der hektischen Atmosphäre eines totalitären Staates mitgerissen werden kann.

Es wäre nur logisch, wenn man die NSDAP zur staatlichen Organisation des Volkes machen würde.[1] Denn auch die Situation der Partei hat sich ja geändert. Sie ist heute, wo die anderen Parteien zusammenbrechen, keine Partei mehr unter anderen, sondern etwas anderes, Neues. Vor allem fallen die Gegner fort, die die Existenz der Partei von sich aus immer von neuem wieder begründeten. Andererseits aber befindet sie sich noch nicht direkt im Staate, den sie in allen Schlüsselstellungen besetzt hat; zumindest fehlt ihr die staatliche Anerkennung. So ist sie heute noch ein Mittelding zwischen offizieller Staatspartei und parteipolitischem Kampfbund, das sich jedoch in dem Maße wandeln muß, indem sie immer größere Teile des Volkes zu sich herüberzieht.

Die Verstaatlichung der NSDAP würde dem heutigen Staat sofort

[1] Erst am 14. 7. 1933 kam das Gesetz heraus, das die NSDAP zur einzigen Partei Deutschlands erklärte.

eine feste Volksorganisation schaffen, in der er die ihm nahestehenden Kräfte enger zusammenfassen kann und die vor allem solange ihre große Aufgabe hat, solange die anderen Einwirkungsmöglichkeiten des Staates – Schule, Arbeitsdienst, Miliz – noch im Umbau oder Aufbau begriffen sind. Eine Verstaatlichung würde auch der Partei selber eine noch straffere Schulung und Disziplinierung als heute auferlegen, sie würde auch die politische Situation weiter entspannen. Denn heute noch hat jede andere Partei die Berechtigung, sich gleichberechtigt zu fühlen; daran entzündet sich der Kampf im Innern immer von neuem wieder. Während in dem Augenblick, wo die anderen Parteien sich aufgelöst haben, die NSDAP aber die staatliche Anerkennung und Privilegierung erhalten hat, die Spannungen aus der Sphäre des Privaten losgelöst sind.

Es ist ja von ganz entscheidender Wichtigkeit, daß wir in Deutschland schnellstens wieder vom Teil zum Ganzen, vom Besonderen zum Allgemeinen kommen und daß der Vereinheitlichungsprozeß der Nation sich in scharfem Tempo fortsetzt. Denn es ist nicht unwahrscheinlich, daß der neue deutsche Staat schon in kurzer Zeit seine Macht und Widerstandskraft nicht nur im Innern, sondern gegenüber der Welt zu zeigen haben wird. Bis dahin müssen alle inneren Gegensätze überbrückt und gelöst sein, denn wir werden nur in dem Maße Widerstand leisten können, in dem das Volk tatsächlich geeint und geschlossen hinter dem Staate steht. Daß bis dahin noch einiges zu tun sein wird, ist selbstverständlich.

Hier soll nur einiges, was in weltanschaulicher Hinsicht charakteristisch für die Gleichschaltung ist, in chronologischer Folge behandelt werden.

Das Klavier

Reichsminister Dr. Goebbels über die Aufgaben der Presse, in: *Zeitungs-Verlag* vom 18. 3. 1933, Auszüge.

Wenn wir schweigend die Erbschaft der vergangenen 14 Jahre übernehmen würden, ohne dem deutschen Volk die Ursachen des deutschen Verfalls klarzumachen, dann bin ich überzeugt, daß es unseren parteipolitischen Gegnern bei der Gerissenheit, die sie auf diesem Gebiete besitzen, in kurzer Zeit gelingen würde, die neue Regierung für die Erbschaft, die sie ohne ihre Schuld übernommen hat, verantwortlich zu machen. Das wird aber nicht der Fall sein können; wir werden dem deutschen Volke klarzumachen haben, wie wir es übernommen und welche Maßnahmen wir zu treffen haben und auch treffen werden, um diese Erbschaft besser umzugestalten.

Hier wird unsere Arbeit einzusetzen haben. Wir haben einen Zustand übernommen, der grauenerregend ist. Auf allen Gebieten des öffentlichen Lebens besteht ein vollkommener Verfall. Diesen Zustand ins rechte Lot zu bringen, ist eine furchtbar schwere und verantwortungsvolle Aufgabe. Es wird bei der Sanierung dieses Zustandes nicht möglich sein, vor unpopulären Maßnahmen zurückzuschrecken. Die Einschnitte müssen, so schmerzhaft sie auch sein mögen, vorgenommen werden. Die Regierung der nationalen Revolution hat nicht die Absicht, das Volk über gewisse Zustände zu belügen und zu beschwindeln, sondern wird dem Volk ein klares und ungeschminktes Bild der Lage geben. Da setzt unsere Arbeit ein. Wir müssen dem Volke klarmachen, warum die Lage so ist, wie sie ist, und warum wir die Maßnahmen treffen müssen, um die Lage zu ändern.

Wie ich schon betont habe, soll die Presse nicht nur informieren, sondern muß auch instruieren. Ich wende mich dabei vor allem an die ausgesprochen nationale Presse. Meine Herren! Sie werden auch einen Idealzustand darin sehen, daß die Presse so fein organisiert ist, daß sie in der

Hand der Regierung sozusagen ein Klavier ist, auf dem die Regierung spielen kann, daß sie ein ungeheuer wichtiges und bedeutsames Massenbeeinflussungsinstrument ist, dessen sich die Regierung in ihrer verantwortlichen Arbeit bedienen kann. Das zu erreichen betrachte ich als eine meiner Hauptaufgaben.

Max Amann, Harter Hammerschlag

Kundgebung des Präsidenten der Reichspressekammer, in: Zeitungs-Verlag vom 16. 2. 1933, S. 815, gekürzt.
Siehe auch Dr. Josef H. Krumbach: *Grundfragen der Publizistik*, Berlin/Leipzig 1935, S. 111; Wilhelm Waldkirch: *Die zeitungspolitische Aufgabe*, Bd. 1, Ludwigshafen a. Rh. 1935; Robert Wiebel: *Zeitung und Zeitschrift*, Dissertation, Leipzig 1939.

Die Presse – berufen zum hingebungsvollen, stets opferbereiten Dienst für die Volksgemeinschaft – fordert von jedem, der zu ihrer Gestaltung mit berufen ist, strenge Erfüllung auch der kleinsten Pflicht und höchstes Verantwortungsbewußtsein. Es ist für jeden denkenden Menschen ohne weiteres erklärlich, daß aus diesem Bewußtsein, in vorderster Linie mit ständigem Einsatz aller Kräfte für das Volksganze mitkämpfen zu dürfen und zu müssen, ein unbändiger Stolz und ein gesteigertes Gefühl für die unbedingte Wahrung der Berufsehre herauswachsen muß. Dieses gemeinsame innere Erleben wird die in der Presse Schaffenden zu einem festen Block zusammenschweißen, aus dem alle Schlacke und alles Unechte durch den harten Hammerschlag der Pflicht herausgehämmert wird. Erst wenn sich diese Umwandlung im Denken, Fühlen und Trachten jedes einzelnen unseres Standes vollzogen hat, ist die deutsche Presse als das Ergebnis eines einheitlichen Wollens aller an ihrer Gestaltung Mitwirkenden das Instrument, das der heutige Staat braucht.

«Im gutbesetzten Hörsaal 5»

Presse und staatspolitische Erziehung, in: Breisgauer Zeitung vom 18. 12. 1933, gekürzt.

Am Freitag abend sprach aus Anlaß der Gründungsversammlung der Zeitungswissenschaftlichen Vereinigung an der Universität Freiburg der Pressechef der badischen Staatsregierung und Leiter der Propagandastelle Baden-Württemberg, Pg Moraller[1], im gutbesetzten Hörsaal 5 des Universitätsgebäudes über das aktuelle Thema: «Presse und staatspolitische Erziehung.» Dem Vortrag gingen kurze Begrüßungsanspra-

1 Franz Karl Moraller, * 1903, Geschäftsführer der Reichskulturkammer und Leiter des Reichskulturamtes der NSDAP; SA-Brigadeführer; ab 1939 «Kommissar» des Rowohlt Verlags.

chen des Vorsitzenden der Zeitungswissenschaftlichen Vereinigung, stud. Tubbesing, dessen Gruß besonders dem Redner des Abends sowie Oberbürgermeister Dr. Kerber [1] galt, und von Professor Dr. Kapp [2] voraus, der sich über Sinn und Aufgabe der Vereinigung äußerte. Es war dabei interessant, zu erfahren, daß das zeitungswissenschaftliche Seminar an der hiesigen Universität zu den ältesten derartigen Einrichtungen an deutschen Hochschulen gehört und daß es vor bereits 14 Semestern in völliger Unabhängigkeit von irgendwelcher Interessengruppe aus rein wissenschaftlichen Gründen und zu rein wissenschaftlichen Zwecken ins Leben gerufen wurde.

Dann nahm der Pressechef der badischen Staatsregierung, Pg Moraller, das Wort.

Der Redner hob die Verdienste hervor, die sich die nationalsozialistische Presse um die Erringung des neuen Staates erworben hat, und kam dann auf den Begriff der Objektivität zu sprechen. Er bezeichnete die Objektivität der Form als eine ungeheure Gefahr. Diese Objektivität müsse verschwinden.

Der neue Staat habe eine Objektivität eingeführt, die nur einen Wertmesser kennt: das Volk. Bei allem, was geschieht, wird zunächst gefragt: Nutzt es unserem Volke oder schadet es ihm? Schadet es ihm, dann muß es verschwinden.

Mittel der Paroleausgabe

Theodor Lüddecke: *Die Tageszeitung als Mittel der Staatsführung*, Hamburg 1933, S. 172–173, Auszüge.

Dr. rer. pol. Theodor Lüddecke, * 1900, Leiter des Instituts für Zeitungswesen an der Universität Halle; siehe auch sein Buch: *Nationalsozialistische Menschenführung in den Betrieben*, Hamburg 1934.

Das geschriebene Wort wird sich wieder mehr auf seinen Urzweck zurückbesinnen: nämlich Aktionen auszulösen und vorzubereiten. Der neue Staat wird das organisierte Volk sein, er wird also nicht da aufhören, wo der offizielle Beamtenapparat aufhört. Jeder Staatsbürger wird also in irgendeiner Form Sachwalter des Staates sein. Die Besten werden dem großen Zuge der Begeisterung folgen und freiwillig mittun, die anderen wird man zwingen. Man wird sie auf jeden Fall daran hindern, die nationale Aufbauarbeit durch Gegenaktionen zu stören. Man wird ihnen die Mittel dazu nehmen, also in erster Linie die zersetzende Presse, die man in ihrer heutigen Form keinesfalls fortbestehen lassen kann, ohne die totale Aktion zu gefährden.

1 Dr. rer. pol. Franz Kerber, *1901; ab 1932 Kreisleiter der NSDAP in Freiburg i. B.

2 Prof. Dr. Wilhelm Kapp, 1865–1935, Zeitungswissenschaftler.

Die Diktatur ist in technischer Beziehung u. a. auch eine Rationalisierung der staatspolitischen Arbeit. Sie verkürzt die Zeit, in der die konstruktiven Pläne entworfen und den Instanzenweg, auf dem sie durchgeführt werden. Schon aus diesem rein technischen Grunde ist heute der absolute Machtanspruch für jede Regierung unerläßlich, die mit der Aufgabe fertig werden will.

Der Polemik, die heute einer der größten Verbraucher von Rotationspapier ist, wird in der Presse immer mehr der Boden entzogen werden. Die ganze deutsche Volkswirtschaft ist ein großer Betrieb, und die ganze Nation ist die Belegschaft dieses Betriebes. In einem Betrieb darf nur eine Meinung herrschen, wenn das produktive Ziel dieses Betriebes erreicht werden soll.

Die Zeitung muß in diesem Betriebe bewußt zu einem Mittel der Paroleausgabe gestaltet werden.

Besonders

Dr. Hans A. Münster: *Zeitung und Politik*, Leipzig 1933, S. 68, Auszug.
Prof. Dr. Hans A. Münster, * 1901, Zeitungswissenschaftler; siehe auch vom gleichen Autor: *Publizistik – Menschen, Mittel, Methoden*, Leipzig 1939, S. 11 f.

Der nationalsozialistische Staat geht von Hitlers Forderung aus, daß es ein «Staats- und Volksinteresse ersten Ranges ist, zu verhindern, daß die Menschen (einfältige und leichtgläubige Leser) in die Hände schlechter, unwissender oder gar übelwollender Erzieher geraten. Der Staat hat deshalb die Pflicht, ihre Erziehung zu überwachen und jeden Unfug zu verhindern. Er muß dabei besonders der Presse auf die Finger sehen; denn ihr Einfluß ist auf diese Menschen der weitaus stärkste und eindringlichste, da er nicht vorübergehend, sondern fortgesetzt zur Anwendung kommt. In der Gleichmäßigkeit und ewigen Wiederholung dieses Unterrichtes liegt seine ganz unerhörte Bedeutung. Wenn also irgendwo, dann darf gerade hier der Staat nicht vergessen, daß alle Mittel einem Zweck zu dienen haben; er darf sich nicht durch das Geflunker einer sogenannten ‹Pressefreiheit› beirren und beschwätzen lassen, seine Pflicht zu versäumen und der Nation die Kost vorzuenthalten, die sie braucht und die ihr gut tut; er muß mit rücksichtsloser Entschlossenheit sich dieses Mittels der Volkserziehung versichern und es in den Dienst des Staates und der Nation stellen». («Mein Kampf», S. 264). Der nationalsozialistische Staat hat die entscheidenden Gesetze, die diesen Forderungen Hitlers gerecht werden, schon im ersten Jahr seines Bestehens geschaffen.

Ehrlich und aufrichtig

Ewald Beckmann: *Die Presse im neuen Staat*, München 1933, Sonderdruck eines Vortrages in der Zeitungswissenschaftlichen Vereinigung München, S. 10, Auszug.

Ewald Beckmann, * 1881, Schriftsteller; Karl d'Ester zufolge war Beckmann «in Knabenjahren schon entschlossen, der nationalen Seite mit der Feder kräftigen Beistand zu tun» – *Zeitungswissenschaft*, Juli 1941, S. 425.

Gewiß hat es eine große, sogar eine sehr große Zahl von Zeitungen im Deutschen Reiche gegeben, die nicht national waren, die sozialdemokratischen und die kommunistischen Zeitungen sowie die großen Zeitungen, die ausdrücklich zur Vertretung der Interessen des Judentums gegründet worden waren und dank der Duldung und Förderung durch die Regierungen der vergangenen Zeit Weltruf erhielten. Daneben hatten wir die große Zahl der großen und kleinen Parteizeitungen der heute zu unserer Freude und zum Segen des deutschen Volkes überwundenen politischen Parteien, Zeitungen, die manchmal tatsächlich den Eindruck nichtnationaler Zeitungen machten. Dazu sind auch die Zeitungen des politischen Katholizismus, des Zentrums und der Bayerischen Volkspartei zu zählen. Diese haben sich allerdings «gleichschalten» müssen, wenn sie am Leben bleiben wollten. Das ist in vielen Fällen ehrlich und aufrichtig geschehen.

Die Manifestation des Blutes

Wilfried Bade: *Kulturpolitische Aufgaben der deutschen Presse*, Berlin 1933, S. 14–15, Auszüge.

Wilfried Bade, * 1906, Schriftsteller (Lyrik, Roman, Kulturpolitik); Ministerialrat im Propagandaministerium; er veröffentlichte u. a. 1933 die Biographie *Joseph Goebbels*, 1933–37 *Der Weg des Dritten Reiches*, 1936 die Biographie *Horst Wessel*, am bekanntesten war damals sein Roman *SA erobert Berlin* (1933).

Der Sinn und die letzte Forderung des Dritten Reiches geht nicht nach Gleichschaltung, sondern nach Einschaltung, und wer sich nicht einzuschalten vermag, der muß eben künftig im Dunkeln bleiben.

Wir Nationalsozialisten können versprechen, daß wir künftighin auf die kulturelle Haltung der deutschen Blätter sehr genau achten werden! Wir haben das Feld der deutschen Seele vom Unkraut befreit, an der ganzen deutschen Presse ist es nunmehr, daß es künftig nicht unbestellt bleibe!

Das wahre Schrifttum der Nation ist keine bloße Mitteilung, oder auch nur Unterhaltung – es ist immer und überall eine Manifestation des Blutes, ein integrales Bekenntnis, ein Glaube zum Leben der Väter und eine Verpflichtung an die Zukunft von Reich und Volk.

Die schärfste Waffe

Karl Scheidemann: *Die Neutralität des Staates gegenüber der Tagespresse*, Dissertation, Berlin 1933; Gutachter: Prof. Dr. Carl Schmitt und Prof. Dr. Paul Gieseke.

Seit der Staatsumwälzung hat der politische Kampf in einem Teil der deutschen Tagespresse Formen angenommen, wie sie bis dahin unbekannt waren und, wie die deutsche Preßgesetzgebung beweist, auch nicht für möglich gehalten wurden. Die auf die Presse bezüglichen Bestimmungen der Republikschutzgesetze, der Verordnungen zur Bekämpfung politischer Ausschreitungen und der Verordnungen zum Schutze von Volk und Staat sind der Reflex dieser Art des politischen Kampfes. Außerordentliche Maßnahmen mußten zum Schutze von Staat und Gesellschaft ergriffen werden. Das einzige Mittel, das der Staatsführung im Kampfe gegen diesen Journalismus, der die Grenzen der sachlichen und aufbauenden Kritik mitunter weit überschritt, zu einem Erfolg verhelfen konnte, war das Zeitungsverbot. Daß in den vergangenen Jahren oft aus rein persönlichen Gründen in Fällen von dem Mittel des Zeitungsverbotes Gebrauch gemacht worden ist, in denen von einem Angriff gegen die Grundlagen des Staates keine Rede sein konnte, hat seiner Wirkung und seiner Bedeutung geschadet. Trotzdem bleibt das Zeitungsverbot die schärfste Waffe des Staates gegenüber derjenigen Presse, die sich ihrer Aufgaben und Funktionen nicht bewußt ist. Die heutige Situation des Staates beweist zwingend, daß der Staat sich selbst aufgeben würde, wenn er auf das Mittel des Zeitungsverbotes verzichten würde.

Innere Verpflichtungen

Wilhelm Leupold: *Die Neuordnung des deutschen Zeitungsverlagswesens*, Vortrag in der Zeitungswissenschaftlichen Fachschaft und Vereinigung am 26. 11. 1936 in der Universität München, Sonderdruck, S. 11, Auszug.
   Wilhelm Leupold, * 1881, vor dem Ersten Weltkrieg Abteilungsleiter im Ullstein-Verlag, 1920–25 Direktor der *Münchner Neuesten Nachrichten*, später, ab August 1925, als Verlagsdirektor im Scherl-Verlag, Berlin, tätig.

Wir haben nur noch eine nationalsozialistische Presse in Deutschland und eine Ausrichtung dieses ungeheuer wichtigen Instrumentes der Öffentlichkeit auf das eine große Ziel, das uns unser Führer gesteckt hat und das er uns täglich und stündlich selbst vorlebt, auf ein großes, freies, ewiges Deutschland!
   Dieser Aufgaben wollen wir uns alle würdig erweisen, indem wir in unserer täglichen Arbeit uns selbst immer wieder prüfen und kontrollieren, ob wir in der richtigen Zielrichtung marschieren. Der junge spätere Nachwuchs der deutschen Presse, soweit er hier vor mir sitzt, hat eine

große und herrliche Lebensaufgabe vor sich, die heute aber leichter zu lösen ist, nachdem die Schlacken beseitigt sind, die der Presse in Deutschland anhafteten. Aber über eines müssen Sie sich klar sein: Jede pressemäßige Betätigung setzt tiefste innere Verpflichtung und die nationalsozialistische Weltanschauung voraus, die ein unteilbares Ganzes ist.

Einheitlich

Siegfried Walchner: *Die Neuordnung der deutschen Presse und ihre wirtschaftliche Organisation.* – Inaugural-Dissertation zur Erlangung der Doktorwürde bei der Philosophischen Fakultät der Ludwigs-Universität in Gießen, Gießen 1937, S. 16; Referenten: Prof. Dr. Wilhelm Auler und Prof. Dr. Wilhelm Andreae.

Mit der Zusammenfassung des gesamten deutschen Kulturschaffens in der Reichskulturkammer ist die Kulturpolitik einheitlich auf das Ganze, das Volk, ausgerichtet. Die Richtlinien für die allgemeine politische Aufklärung und Unterrichtung gibt das Reichsministerium für Volksaufklärung und Propaganda. Abteilung IV des Ministeriums, zugleich Presseabteilung der Reichsregierung, bildet den Geschäftsbereich der Presse einschließlich des Instituts für Zeitungswissenschaft. Durch die Schaffung der Reichspressekammer wurde «im Sinne des erstrebten ständischen Aufbaus» die Presse und ihr Berufsstand neu geordnet und unter Oberaufsicht des Reichsministers für Volksaufklärung und Propaganda gestellt. Der Reichspressekammer sind alle Berufsverbände der Presse durch Mitgliedschaftspflicht angegliedert. Damit wird die Presse als politischer Faktor und als kulturschaffende Einrichtung vom Staat selbst geordnet und geleitet. Als körperschaftliche Einzelkammer trifft die Reichspressekammer ihre Maßnahmen in Form von Anordnungen und Bekanntmachungen.

Freiheit des Gemeinschaftsschutzes

Dr. Emil Dovifat: *Zeitungslehre I*, Berlin 1937, Bd. 2, S. 131, Auszug.
Prof. Dr. Emil Dovifat, * 1890, Zeitungswissenschaftler; charakteristisch ist hier, wie Prof. Dovifat – obwohl kein NSDAP-Mitglied – in der Manier jedes totalitären Staates festlegen will, daß der Prozeß der Gleichschaltung der Presse der Wunsch und Wille fast jeden Staates ist.

Deutschland hat nach nationalsozialistischen Grundsätzen den Neuaufbau seiner Presse durchgeführt und die gesetzliche Form dazu geschaffen. Italien gab seiner Presse die dem Faschismus angepaßte Gestalt. Österreich, Japan, die Türkei und neuerdings Griechenland folgten mit Maßnahmen im Sinne der politischen Neuordnung, die ihre Völker durchführten oder erstrebten.

Aber auch in den Ländern entschiedener und mit Leidenschaft behaupteter demokratischer Überlieferung ist die liberale Doktrin der Pressefreiheit schwer umkämpft. Man möchte auch hier die Presse der eigennützigen Abhängigkeit entziehen, sie freier und unabhängiger in den Dienst der Nation stellen. Selbst in den der demokratischen Presseführung mit Begeisterung ergebenen Vereinigten Staaten und in Frankreich wächst die Kritik an der eigenen Presse immer mehr. Es erheben sich Volksbewegungen, die auf die Mitwirkung der Presse verzichten oder ohne sie auskommen. In Frankreich und England, vom Boden ältester demokratischer Überlieferung, werfen ernste Politiker die Frage auf, ob journalistischer Einfluß auf die Öffentlichkeit jedem und zu jeder Zeit, auch im Solde anonymer Mächte erlaubt sein könne. Alle politischen Reformbewegungen aller Länder fordern die Neugestaltung der Presse in ihren allerersten Programmsätzen. Denn jede entschiedene Zusammenfassung eines Volkes – sie trage welchen Namen sie immer mag – erheischt die Einordnung der Presse in die höheren Aufgaben der Gemeinschaft. An die Stelle unbeschränkter, individualistisch zersplitternder Freiheit des Meinungskampfes trete die umfriedete Freiheit des Gemeinschaftsschutzes.

Andere Abhängigkeit gibt es nicht

Gerhard Baumann: *Der organisatorische Aufbau der deutschen Presse.* – Inaugural-Dissertation zur Erlangung der Doktorwürde der Philosophischen Fakultät der Ludwig-Maximilian-Universität zu München, München 1938, Schluß, gekürzt; Referenten: Prof. Dr. Karl d'Ester und Prof. Dr. Karl Alexander von Müller.

Deutschland hat das Zeitalter des Liberalismus überwunden. An die Stelle des «laisser faire, laisser aller» ist die Verantwortung gegenüber Volk und Nation getreten. Hatte die Presse bisher nur den verschiedensten Sonderinteressen gedient, so ist sie heute zu einem hervorragenden Mittel der Staats- und Volksführung geworden. Die Zeitung dient dem gemeinen Wohle. Wo nur die Staatsführung beurteilen kann, was hierfür notwendig ist, hat sie das Einflußrecht.

Nie darf die Presse das Machtinstrument einiger weniger auf Kosten des Volkes gegen den Staat sein, wie sie auch nicht lediglich den Geldinteressen untertan sein soll. Aus dem «Ich» ist das Wort «Wir» geworden. Das Volk ist das Maß aller Dinge, was ihm nützt, wird durchgeführt, was ihm schadet, soll von ihm ferngehalten werden.

Dieser Dienst am Volk ist die einzige Abhängigkeit, in der der deutsche Schriftleiter schafft. Andere Abhängigkeiten gibt es in der Presse nicht.

«Warum machen wir Zeitungen?»

Helmut Sündermann in seiner Rede auf dem zweiten Reichslehrgang für presse-fachliche Fortbildung in: *Zeitungs-Verlag* vom 15. 7. 1939, S. 433, gekürzt.
Helmut Sündermann, * 1911, Journalist, NSDAP-Mitglied seit 1930, Mit-gliedsnummer 257 492, 1941 SS-Obersturmführer, Stabsleiter des Reichspresse-chefs der NSDAP.

Warum machen wir Zeitungen? – vom Standpunkte der Partei aus. Sei-ne Antwort lautete: «Vor allem, um politische Ziele zu erreichen!» Al-lein entscheidend sei die politische Zweckmäßigkeit. Hinter ihr hätten alle anderen Argumente zurückzutreten. Eine Zeitung dürfe immer nur für die Interessen der Gesamtheit eingesetzt werden, sie bilde eine öf-fentliche Einrichtung, auch unter journalistischem Gesichtswinkel. Eine der wesentlichsten politischen Aufgaben der Presse sei die Stärkung des Vertrauens zur Partei im ganzen Volke. Abschließend bezeichnete Stabs-leiter Sündermann den Beruf des Journalisten als hervorragende Schule für vielleicht noch größere politische Aufgaben und somit als einen der wichtigsten und gangbarsten Wege zur höchsten politischen Führung in Partei und Staat. Namentlich die politisch besonders befähigten Zei-tungsmänner hätten heute – ebenso wie die Zeitung selbst – eine denk-bar große Chance: «Journalist sein, nicht als Journalist von einst, son-dern als Politiker von morgen!» In diesem Schlußsatz gipfelten die Aus-führungen Sündermanns.

Der Schulmeister und die Hebamme

Hans Merkens: *Das Rentabilitätsgesetz der Zeitung und seine Bedeutung für den publizistischen Kampf*, Dresden 1940, S. 76, Auszug.

Die beste Gewähr für das Funktionieren des neuen Zustandes ist die ak-tive Personalpolitik des Staates. Der liberale Staat, der jeden Schulmei-ster und jede Hebamme einer Prüfung unterzog, nahm in keiner Weise Einfluß auf die Besetzung der Schriftleiterstellen, die auf die Politik und damit auf das Wohl des Volkes den größten Einfluß hatten. Der natio-nalsozialistische Staat nimmt eine planmäßige Auslese auch auf diesem Gebiete vor; ohne die notwendige sittliche und charakterliche Reife wird in ihm niemand mehr Schriftleiter. Zur Auslese kommt die Vorbildung, für die ebenfalls in der Vergangenheit in keiner Weise gesorgt war und die jetzt einheitlich geregelt ist.

R. u. S.=Fragebogen
(Von Frauen sinngemäß auszufüllen)

Name und Vorname des SS-Angehörigen, der für SS oder seine Braut oder Ehefrau den Fragebogen einreicht

Sundermann _schmitt_

Dienstgrad: _Sturmhauptführer_ SS- _16296_

SS-Nr. _302208_

Name (leserlich schreiben): _Sundermann schmitt_

in SS seit _August 1931_ Dienstgrad: _SS-Sturmhauptführer_ SS-Einheit: _SS Kavallerie_

in SA von _____ bis _____, in HJ von _____ bis _____

Mitglieds-Nummer in Partei: _252492_ H.-Nr.: _16296_

geb. am _19. Februar 1911_ in _München_ Kreis: _____

Land: _____ jetzt Alter: _30_ Glaubensbekenntnis: _gottgläubig_

Jetziger Wohnsitz: _Berlin-Schlachtensee_ Wohnung: _Chamberlainstr. 5 g_

Beruf und Berufsstellung: _Journalist, Stabsleiter des Reichspressechefs, Hauptamtschef und Reichsredner_

Wird öffentliche Unterstützung in Anspruch genommen? _nein_

Liegt Berufswechsel vor? _nein_

Außerberufliche Fertigkeiten und Berechtigungsscheine (z. B. Führerschein, Sportabzeichen, Sportausrichtung):
Führerschein

Staatsangehörigkeit: _deutsch_

Ehrenamtliche Tätigkeit: _Stabsleiter d. Reichspressechefs, Reichsredner d. NSDAP_

Dienst im alten Heer: Truppe _____ von _____ bis _____

Freikorps . . . . von _____ bis _____

Reichswehr . . . . von _____ bis _____

Schutzpolizei . . . . . . von _____ bis _____

Neue Wehrmacht . . . _IR 199 zu IR 167_ von _1. 5. 194_ bis _3. IV. 194_

Letzter Dienstgrad: _Schütze_

Frontkämpfer: _Ja_ _in Frankreich Feldzug 194_ verwundet: _nein_

Orden und Ehrenzeichen, einschl. Rettungsmedaille: _EK I, goldenes Parteiabzeichen, Westwall-Erinnerungsmedaille Bronze_

Personenstand (ledig, verwitwet, geschieden – seit wann): _ledig_

Welcher Konfession ist der Antragsteller? _gottgläubig_ die zukünftige Braut (Ehefrau)? _gottgläubig_
(Als Konfession wird auch außer dem persönlichen jedes andere gottgläubige Bekenntnis angesehen.)

Ist neben der standesamtlichen Trauung eine kirchliche Trauung vorgesehen? _nein_

Hat neben der standesamtlichen Trauung eine kirchliche Trauung stattgefunden? _nein_

Gegebenenfalls nach welcher konfessionellen Form? _____

Ist Ehestands-Darlehen beantragt worden? _nein_

Bei welcher Behörde (genaue Anschrift)? _____

Wann wurde der Antrag gestellt? _____

Wurde das Ehestands-Darlehen bewilligt? _nein_

Soll das Ehestands-Darlehen beantragt werden? _nein_

Bei welcher Behörde (genaue Anschrift)? _____

Wenn der stellvertretende Reichspressechef heiraten möchte ... Fragebogen des Rasse- und Siedlungshauptamtes der SS

4. Oktober 1933: Schriftleitergesetz

Das Gesetz

Reichsgesetzblatt 1933, Teil 1, S. 713 f, gekürzt.

Das am 4. Oktober 1933 veröffentlichte Schriftleitergesetz ist am 1. 1. 1934 in Kraft getreten; *Ausschluß der früheren marxistischen Redakteure*, in: *Der Angriff* vom 21. 12. 1933.

In der *Deutschen Presse* vom 10. 2. 1934 erschien unter der Überschrift *Warnung* folgende Nachricht: «Es wird gemeldet, daß hier und da im Reiche Bestrebungen im Gange sind, durch Bildung sogenannter Pressevereine eine Einflußnahme auf die Presse zu erreichen. Wir weisen darauf hin, daß jede Beeinflussung der Presse von außenstehender Seite, mag sie politischer, wirtschaftlicher, weltanschaulicher oder religiöser Art sein, unstatthaft ist und den Bestimmungen des Schriftleitergesetzes zuwiderläuft.»

Erster Abschnitt
Schriftleiterberuf

§ 1

Die im Hauptberuf oder auf Grund der Bestellung zum Hauptschriftleiter ausgeübte Mitwirkung an der Gestaltung des geistigen Inhalts der im Reichsgebiet herausgegebenen Zeitungen und politischen Zeitschriften durch Wort, Nachricht oder Bild ist eine in ihren beruflichen Pflichten und Rechten vom Staat durch dieses Gesetz geregelte Aufgabe. Ihre Träger heißen Schriftleiter. Niemand darf sich Schriftleiter nennen, der nicht nach diesem Gesetz dazu befugt ist.

Zulassung zum Schriftleiterberuf

§ 5

Schriftleiter kann nur sein, wer:
1. die deutsche Reichsangehörigkeit besitzt,
2. die bürgerlichen Ehrenrechte und die Fähigkeit zur Bekleidung öffentlicher Ämter nicht verloren hat,
3. arischer Abstammung ist und nicht mit einer Person von nichtarischer Abstammung verheiratet ist,
4. das 21. Lebensjahr vollendet hat,

5. geschäftsfähig ist,
6. fachmännisch ausgebildet ist,
7. die Eigenschaften hat, die die Aufgabe der geistigen Einwirkung auf
   die Öffentlichkeit erfordert.

§ 6

Auf das Erfordernis der arischen Abstammung und der arischen Ehe finden § 1 a des Reichsbeamtengesetzes und die zu seiner Durchführung
ergangenen Bestimmungen Anwendung.

§ 8

Die Zulassung zum Schriftleiterberuf wird auf Antrag durch Eintragung in die Berufsliste der Schriftleiter bewirkt. Die Berufslisten werden
bei den Landesverbänden der deutschen Presse geführt. Über die Eintragung entscheidet der Leiter des Landesverbandes. Er muß die Eintragung verfügen, wenn die im § 5 bestimmten Voraussetzungen erfüllt sind. Er muß sie ablehnen, wenn der Reichsminister für Volksaufklärung und Propaganda Einspruch erhebt.

Ausübung des Schriftleiterberufs

§ 14

Schriftleiter sind in Sonderheit verpflichtet, aus den Zeitungen alles
fernzuhalten:
1. was eigennützige Zwecke mit gemeinnützigen in einer die Öffentlichkeit irreführenden Weise vermengt,
2. was geeignet ist, die Kraft des Deutschen Reiches nach außen oder
   im Innern, den Gemeinschaftswillen des deutschen Volkes, die deutsche Wehrhaftigkeit, Kultur oder Wirtschaft zu schwächen oder die
   religiösen Empfindungen anderer zu verletzen,
3. was gegen die Ehre und Würde eines Deutschen verstößt,
4. was die Ehre oder das Wohl eines andern widerrechtlich verletzt,
   seinem Rufe schadet, ihn lächerlich oder verächtlich macht,
5. was aus anderen Gründen sittenwidrig ist.

§ 20

1. Schriftleiter einer Zeitung tragen für deren geistigen Inhalt die be-
   rufs-, straf- und zivilrechtliche Verantwortung so weit, als sie ihn
   selbst verfaßt oder zur Aufnahme bestimmt haben. Die straf- oder
   zivilrechtliche Verantwortung anderer Personen wird dadurch nicht
   ausgeschlossen.
2. Der Hauptschriftleiter ist für die Gesamthaltung des Textteiles
   der Zeitung verantwortlich:
3. Der Hauptschriftleiter ist verpflichtet:
   a) dafür zu sorgen, daß in eine Zeitung nur solche Beiträge aufge-

nommen werden, die von einem Schriftleiter verfaßt oder zur Aufnahme bestimmt sind;

b) dafür zu sorgen, daß auf jeder Nummer einer Zeitung der Vor- und Zuname sowie der Wohnort des Hauptschriftleiters und seines Vertreters sowie jedes Schriftleiters, dem die Leitung eines bestimmten Teilgebietes der Zeitung übertragen ist, angegeben wird;

c) jedem, der ein rechtliches Interesse glaubhaft macht, auf Anfrage darüber Auskunft zu geben, welcher Schriftleiter die Verantwortung für einen Beitrag trägt, soweit sich die Verantwortung nicht aus den Angaben zu b) ergibt.

§ 21

Schriftleiter, die an der Gestaltung des geistigen Inhalts einer Zeitung durch ihre Tätigkeit an einem Unternehmen der in § 4 bezeichneten Art mitwirken, sind für den Inhalt im Umfang ihrer Mitwirkung verantwortlich.

Kommentare

Selbstverständlich hat die gesamte deutsche Presse dieses Schriftleitergesetz kommentiert. Aber unabhängig von den weiterhin zitierten Darlegungen finden sich für den interessierten Leser einige Charakteristika in folgenden Aufsätzen: *Das Schriftleitergesetz*, in: *Vossische Zeitung* vom 5. 10. 1933; *In eigener Sache*, in: *National-Zeitung*, Essen, vom 5. 10. 1933; Ernst Posse: *Eine neue Presse im neuen Staat* in: *Kölnische Volkszeitung* vom 6. 10. 1933; *Staat, Presse, Schriftleiter*, in: *Frankfurter Zeitung* vom 7. 10. 1933; *Die Presse als Trägerin des Staatsgedankens*, in: *Der Film* vom 7. 10. 1933; Friedrich Hussong: *Von der Freiheit eines Pressemenschen* in: *Berliner Lokal-Anzeiger* vom 8. 10. 1933; Dr. Peter Winkelnkemper: *Charakter und Freiheit* in: *Westdeutscher Beobachter* vom 8. 10. 1933; Cajetan Freund: *Nach dem Schriftleitergesetz* in: *Deutsche Presse* vom 30. 10. 1933; *Zum Aufbau des deutschen Journalistenstandes*, in: *Film-Kurier* vom 21. 12. 1933; *Wer ist Schriftleiter?*, in: *Frankfurter Zeitung* vom 27. 12. 1933; Josef Wilkens: *Das Schriftleitergesetz im Urteil des In- und Auslandes* in: *Zeitungswissenschaft*, 1934, Heft 4; *Bulgariens neues Schriftleitergesetz – Vergleich mit dem deutschen Gesetz*, in: *Deutsche Presse* vom 21. 6. 1941; Dr. Hans Henningsen: *Grenzen des politischen Witzes und andere Bemerkungen zu den §§ 5, 7 des Schriftleitergesetzes* in: *Deutsche Presse* vom 25. 3. 1944.

Der politische Wahnsinn

Rede des Reichsministers Dr. Goebbels vor der deutschen Presse bei Verkündigung des Schriftleitergesetzes am 4. Oktober 1933, in: *Das Schriftleitergesetz vom 4. Oktober 1933 nebst den einschlägigen Bestimmungen* – erläutert von Dr. H. Schmidt-Leonhardt und Dr. P. Gast, Berlin 1934, S. 1–9, Auszüge; siehe hierzu: *Das modernste Schriftleitergesetz der Welt*, in: *Völkischer Beobachter* vom 6. 10. 1933 und *Der Angriff* vom 5. 10. 1933.

Ich möchte mich zuerst darauf beschränken, eine Reihe von Begriffen klarzustellen, Begriffe, die im alten Staat, den wir überwunden haben, und im neuen Staat, den wir repräsentieren, eine ganz andere Bedeutung haben und auch haben müssen.

Wir haben unsere Ansicht über diesen Tatsachenbestand niemals verheimlicht, sondern schon in den Zeiten unserer Opposition immer wieder zum Ausdruck gebracht, daß wir es für einen politischen Wahnsinn halten, daß man einzelnen Individuen die absolute Freiheit des Geistes und der Meinung garantieren wollte und dabei die Freiheit eines ganzen Volkskörpers immer mehr Schaden nehmen mußte.

Der Begriff der absoluten Pressefreiheit ist ein ausgesprochen liberaler. Er geht nicht vom Volk in seiner Gesamtheit, sondern er geht vom Individuum aus. Und in seiner Überspitzung haben wir mehr und mehr die Tatsache feststellen müssen, daß die Freiheit der Meinungen, je mehr sie dem Einzelindividuum überantwortet wurde, um so mehr im Hinblick auf das Gesamtinteresse eines ganzen Volkes zu Schaden kam.

Garantie und Sicherung

Am Wendepunkt der öffentlichen Meinung, in: *Hannoversche Volkszeitung* vom 5. 10. 1933, Auszug; Rede von Dr. Otto Dietrich.

Persönliche Verantwortung kann nur da sein, wo freie Willensbestimmung ist. Daher sichert dieses Gesetz in logischem Aufbau dem Schriftleiter, der den geistigen Inhalt der Zeitung bestimmt, und mit ihm persönlich dem Staate gegenüber zu verantworten hat, auch die Freiheit und Unabhängigkeit seiner Entschließungen in dieser seiner geistigen Tätigkeit. Wir möchten dabei besonders betonen, daß dieses Gesetz dem Schriftleiter keine besonderen Rechte zuspricht, sondern nur den eigentlich selbstverständlichen, aber durch den Druck der Verhältnisse ausgeschalteten normalen Zustand wiederherstellt. Dadurch kann sich keiner seiner nationalen Pflichten bewußter Verleger getroffen fühlen, sondern er wird im Gegenteil darin nur eine Garantie und Sicherung seines eigenen nationalen Wollens erkennen.

«Die innere Einheit der Nation»

Prof. Dr. Emil Dovifat: *Das neue Zeitungsgrundgesetz*, in: *Münsterischer Anzeiger* vom 4. 10. 1933, gekürzt.

Das neue Schriftleitergesetz kennzeichnet die totale Wendung in den Grundbegriffen aller Zeitungsarbeit. Es ist eine Wendung um 180 Grad.

So wie der nationale Staat den liberalen in allem durchdringt und überwindet, so läßt dieses Schriftleitergesetz alle liberalistischen Auffassungen der Pressefreiheit weit hinter sich.

Diese Auffassungen bestanden theoretisch im Glauben an die absolute Natur dieser Freiheit. Das führte, zumal in Deutschland, zu einer wüsten inneren Zerrissenheit des Meinungskampfes. Die Zeitungen wurden Führungsmittel einzelner Gruppen im Kampfe um den Staat. Ein Kampf, der oft ohne Rücksicht, ohne Achtung, ohne Ritterlichkeit soweit vorgetrieben wurde, daß scharfe Schutzmaßnahmen schon im liberalen Staate aufgebaut und immer mehr verschärft wurden. Heute ist dieser Kampf der Gruppen um die Staatsmacht zu Ende. Die Zeitung soll Führungsmittel der Staatsmacht werden. Das Gesetz will dazu die Freiheit, aber auch die volle und schwere Verantwortung geben.

Die katholische Presse hat niemals jene «absolute» Preßfreiheit für sich in Anspruch genommen, die in einem Krieg Aller gegen Alle endete. Von jeher hat sie im Interesse des Staates und im Dienste ewiger Gesetze die Grenzen dieser Freiheit geachtet.

Nur in der Verbindung staatlicher Führung von oben und natürlich Meinungsbildung von unten wird schließlich die letzte Aufgabe zu erreichen sein, die dieser Presserechtsreform wie jeder pressepolitischen Maßnahme überhaupt gestellt ist: Die innere Einheit der Nation!

Die ganze Welt

Karl Overdyck: *Deutsche Presse* in: *NS-Kurier*, Stuttgart, vom 5. 10. 1933, Auszug.

In seiner letzten Sitzung hat das Reichskabinett das vom Reichsminister für Volksaufklärung und Propaganda vorgelegte «Schriftleitergesetz» verabschiedet, das den Schriftleiter zu einem Träger öffentlicher Aufgaben macht und dem Reichsverband der deutschen Presse die Eigenschaft einer Körperschaft des öffentlichen Rechtes verleiht.

Damit hat das Kabinett ein Gesetz gegeben, das das ganze deutsche Volk, ja die ganze Welt, angeht. Mit revolutionärer Entschlossenheit hat der Führer und seine Minister Staat und Volk von einem Übel befreit, das in der liberalistischen Auffassung von Pressefreiheit wurzelte und in den Nachkriegsjahren Volk und Staat vollends zu ersticken drohte. Die Zeit, da jeder Verleger und Schriftleiter einer Zeitung hinter der Behauptung, Organe der öffentlichen Meinung zu sein, den Staat und die Volksgemeinschaft unterminieren konnte, ist als Folge der Vernichtung des Parteienstaates zu Ende.

Polizei und Presse im neuen Staat

Interview mit dem Polizeidirektor von Humann in: *Augsburger Lokal-Nachrichten* vom 19. 1. 1934, Auszug.
Rittmeister Egbert von Humann-Hainhofen, 1885–1961.

Der neue Staat erkannte in der Schaffung einer in ihrem Wesen gründlich veränderten Presse eine seiner dringlichsten Aufgaben. Er wandelte daher durch das Schriftleitergesetz die gesamte Presse (Zeitungen, Zeitschriften, Korrespondenzbüros und Nachrichtenagenturen) aus einem staatlich überwachten Träger individueller Geistesbetätigung in einen Träger öffentlicher Aufgaben um und stellte den Schriftleiter zum Staat in ein Pflichtverhältnis des öffentlichen Rechts. Das neue Recht der Presse kann daher nicht mehr Polizeirecht und nicht mehr Freiheitsgarantie sein, sondern ist Organisationsrecht. Die Presse wurde durch das Schriftleitergesetz rechtlich in den Kreis der Träger öffentlicher Verantwortung eingegliedert.

Der Weg zum Schriftleiter

Helmut Sündermann: *Der Weg zum deutschen Journalismus*, München/Berlin 1938, S. 25.
Zum Thema siehe noch: *Der Neuaufbau der deutschen Presse*, in: *Völkischer Beobachter* vom 12. 6. 1934; *Wie sieht die zukünftige deutsche Presse aus*, in: *Westdeutscher Beobachter* vom 11. 6. 1934, Abendausgabe; *Der deutsche Journalist*, in: *Die Saarpfalz*, Hamburg, vom 25. 9. 1934; H. Becker: *Die Aufgaben des Kulturschriftleiters im neuen Staat* in: *Zeitungs-Verlag* vom 24. 11. 1934; *Schriftleiter von heute*, in: *Heidelberger Tageblatt* vom 15. 7. 1935; Günther Weigel: *Pressechefs, Pressewarte und Pressestellen* in: *Deutsche Presse* vom 27. 7. 1935; Wilhelm Scharvogel: *Der Erwerb des SA-Sportabzeichens für die Schriftleiter Ehrensache* in: *Deutsche Presse* vom 29. 8. 1936; *Sicherung des Schriftleiternachwuchses*, in: *Niedersächsische Tageszeitung*, Hannover, vom 11./12. 6. 1938; Dr. Hans A. Münster: *Die drei Aufgaben der deutschen Zeitungswissenschaft*, Leipzig o. J., S. 27 f; *Wer kann Schriftleiter werden?*, in: *Rheinische Landeszeitung*, Düsseldorf, vom 15. 6. 1938.

Zeitliche Übersicht über den normalen Ausbildungsgang zum deutschen Journalismus

(einschl. Hochschulstudium)

	Parteientwicklung	Wissensausbildung
10. bis 14. Lebensjahr	*Bewährung im Jungvolk Übernahme in die HJ.*	*Höhere Schule und Abitur*
14. bis 18. Lebensjahr	*Bewährung in der HJ. Aufnahme in die NSDAP.*	
Bei Abgang von der Schule	*Erste Anmeldung und Vorstellung bei der Nachwuchshauptstelle des Gaupresseamtes der NSDAP.*	
18. bis 20. Lebensjahr	*Ableistung der Arbeitsdienst- und Wehrpflicht*	
Nach Entlassung aus der Wehrmacht	*Zweite Meldung bei der Nachwuchs-Hauptstelle Anmeldung zur Mitarbeit am NS.-Gaudienst*	
21. bis 25. Lebensjahr	*Dienst im NSD. Studentenbund sowie in einer Kampfformation (SA., SS., NSKK.)*	*Hochschulstudium*
Kurz vor der Promotion	*Dritte Meldung bei der Nachwuchshauptstelle; Bewerbung um eine Volontärstelle, Prüfung durch den Reichsverband der Deutschen Presse*	
Nach der Promotion	*Antritt der vom Gaupresseamt vermittelten Volontärstelle*	
Ein Jahr später	*Eintragung in die Berufsliste der Vollschriftleiter*	

Lenkungsapparate

Bevor hier auf die Institutionen der Lenkungsapparate eingegangen wird, gilt es, die sogenannte *Pressekonferenz* der Reichsregierung im Dritten Reich kurz zu schildern. Über diese *Pressekonferenzen* berichtet Fritz Sänger, langjähriger Mitarbeiter der *Frankfurter Zeitung* und nach 1945 Chefredakteur der Deutschen Presse-Agentur (dpa), am 28. 7. 1963 in einem Brief an den Herausgeber wie folgt:

«Die im Jahre 1917 gegründete Pressekonferenz *bei* der Reichsregierung wurde bei Übernahme der politischen Macht in Deutschland 1933 von den Nationalsozialisten in eine ‹Pressekonferenz *der* Reichsregierung› verwandelt. Es war also nun eine Einrichtung der Regierung. Sie gab dort Weisungen aus, Sprachregelungen nannte man sie, und gab täglich Gelegenheit, der Presse Hinweise zu geben, sie ‹auszurichten› (damaliges Modewort) und, soweit es angebracht schien, zu informieren. Diese Pressekonferenzen wurden seit 1933 von der Regierung geleitet, vorher von den Journalisten, und die Regierung war bei ihnen zu Gast.

Jede deutsche Zeitung war darauf erpicht, einen Vertreter in der Reichspressekonferenz zu haben. Manche Zeitungen hatten mehrere Vertreter dort (die großen, so auch die *Frankfurter Zeitung*, deren Berliner Redaktion ich angehörte), und manche Vertreter nahmen die Pressekonferenz für mehrere Zeitungen wahr. Jeder Vertreter in der Pressekonferenz wurde dort ‹Mitglied›, d. h. er wurde zugelassen oder akkreditiert. Die Zulassung hatte vorher der Vorstand der Pressekonferenz ausgesprochen, nach 1933 sprach sie das Reichsministerium für Volksaufklärung und Propaganda aus, und zwar die Abteilung Deutsche Presse.

Für die *Frankfurter Zeitung* waren mehrere ihrer Berliner Redakteure Mitglied, auch ich. Die Reichspressekonferenz fand werktäglich um 12 Uhr mittags statt, später, in den Kriegsjahren, auch noch ein zweites Mal und meist um 17 Uhr, jedoch unregelmäßig auch spät abends und sogar nachts oder sehr früh am Morgen. Die Einberufung erfolgte telefonisch oder durch Fernschreiber, wenn es sich nicht um die tägliche Mittags- und Abendkonferenz handelte.

In diesen Konferenzen wurde keinesfalls konferiert, sondern ziemlich einseitig gesprochen (von der Regierung her) und höchstens von der Presse her gefragt.

Die Journalisten, die an diesen Konferenzen (bitte immer Gänsebeine dazu denken!) teilnahmen, schrieben sich Notizen auf. Wir von der alten FZ waren gehalten, so genau wie möglich zu notieren. Da ich stenografierte und dies schnell und in Redeschrift konnte, war ich hauptsächlicher Besucher der Pressekonferenzen in den Jahren 1935 bis 1943 (Verbot der Zeitung am 31. August

1943) und danach auch für den Verlag des *Neuen Wiener Tagblatts* bis 1945. Ich stenografierte also nach freier Entscheidung alle die Ausführungen von Regierungsvertretern und anderen Sprechern, auch Fragen von Journalisten und die Antworten dazu mit, so gut es ging, und ging damit sofort nach Beendigung der Konferenz in die Redaktion zurück.

Gab es in der Konferenz eilige Mitteilungen oder Weisungen, vielleicht sogar Ankündigungen oder Nachrichten, so lief man sofort nach Beendigung ans Telefon im Hause des Propagandaministeriums, wo die Konferenzen stattfanden, und telefonierte seiner Redaktion (in Berlin) diese besonderen Teile durch. Dann ging man in die Redaktion, und wir gaben dann den Rest der Konferenznotizen mehr oder weniger wörtlich, auf jeden Fall alle wichtigen Dinge so ausführlich wie möglich über den Fernschreiber nach Frankfurt. Das geschah in großer Eile.

Es konnte also geschehen sein, daß erst ein kleiner Teil bereits über den Fernschreiber gelaufen war (der zutelefonierte) und dann der große Teil. So sehen auch die aufbewahrten Fahnen aus, kleine und dann große, gebunden. Diese Fahnen sind die in Berlin zurückbleibenden Fernschreibpapiere. Sie wurden aufgehoben. Sie waren streng vertraulich und mußten spätestens am Ende eines Monats vernichtet werden. Lange Zeit hindurch mußten wir uns monatlich an Eides Statt erklären, daß wir diese Vernichtung ordentlich vorgenommen hätten. Es war Vorschrift, diese Fahnenabzüge oder Durchschläge durch den Papierwolf zu drehen.

Ich habe sie aufbewahrt, weil sie mir für eine mit aller Gewißheit erwartete andere Zeit als historische Unterlagen wertvoll erschienen. Ich habe sie gesammelt, in Ordnern bewahrt und einem Freunde in der Lüneburger Heide gegeben, der sie dort unter Torfmull unterbrachte. So haben sie die Zeit überstanden, und ich habe sie mir am 12. April 1945 bei meinem Freunde abgeholt.»

Heute befindet sich dieses enorme Archiv wieder bei Herrn Fritz Sänger. Allerdings sind im Bundesarchiv in Koblenz Mikrofilme davon vorhanden sowie kleinere ähnliche Sammlungen von Karl Brammer (einstiger Herausgeber der *Korrespondenz Brammer*, Berlin), aus dem Nachlaß des Pfarrers und Politikers Gottfried Traub und des Hauptschriftleiters des *Weilburger Tageblattes*, Theo Oberheitmann.

Siehe hierzu auch: *Die Presselenkung*, in Walter Hagemann: *Publizistik im Dritten Reich*, Hamburg 1948, S. 316–328.

Seitens des Propagandaministeriums ist selbstverständlich auf solchen *Pressekonferenzen* zu jedem wichtigen Tagesereignis Stellung genommen worden. Ebenso wurde dafür gesorgt, daß die gesamte deutsche Presse *einheitlich* jede politische Meldung behandelte. Ganz einwandfrei klappte das natürlich nicht immer. Beispielsweise ordnete die *Presseanweisung* des Propagandaministeriums am 22. 10. 1936 an: «Es muß immer festgestellt werden, daß in der deutschen Presse noch Nachrichten und Schilderungen erscheinen, die geradezu von selbstmörderischer Objektivität triefen und in keiner Weise verantwortet werden können. Man will keine Zeitungsgestaltung im alten liberalistischen Sinne, sondern will, daß jede Zeitung mit den Grundsätzen des nationalsozialistischen Staatsaufbaues in eine Linie gebracht wird.» Siehe hierzu die eidesstattliche Erklärung des Legationsrates der Presse- und Nachrichtenabteilung im Auswärtigen Amt Dr. Paul Karl Schmidt in Léon Poliakov – Joseph Wulf: *Das Dritte Reich und seine Denker*, Berlin 1959, S. 445–450.

Nachstehend die Richtlinien für die Behandlung vertraulicher Mitteilungen der Presseabteilung der Reichsregierung:

«Vertrauliche Mitteilungen der Presseabteilung der Reichsregierung sind grundsätzlich Schriftstücke, deren Verlust oder zeitweiser Verlust und unbefugte mündliche oder schriftliche Weitergabe Strafverfahren nach §§ 88, 89, 90 ff. des Strafgesetzbuches bzw. nach dem Gesetz zur Änderung des Strafgesetzbuches vom 2. Juli 1936 §§ 253 c ff. nach sich ziehen. Daraus ergibt sich, daß nur diejenigen Personen von den Mitteilungen Kenntnis erhalten dürfen, die sie zu ihrer schriftleiterischen Arbeit unbedingt benötigen.

Die Aufnahme und Anfertigung von Abschriften von vertraulichen Mitteilungen dürfen nur solchen Personen übertragen werden, die besonders vertrauenswürdig sind und auf ihre besondere Verschwiegenheit zu verpflichten sind.

Das täglich von den Vertretern der Pressekonferenz und von den Reichspropagandaämtern und vom Deutschen Nachrichtenbüro eingehende vertrauliche Material ist entweder in einer Redaktionskonferenz mündlich bekanntzugeben oder im Umlauf in verschlossener Ledermappe denjenigen Schriftleitern zuzuleiten, die unbedingt von ihnen Kenntnis haben müssen. Sofern in größeren Redaktionen mehrere Abschriften gefertigt werden, dürfen diese nicht bei den einzelnen Ressortschriftleitern gesammelt werden, sondern die in Umlauf gesetzten und von allen Empfängern gegenzuzeichnenden Abschriften sind bei der Hauptschriftleitung zu sammeln.

Bei der Hauptschriftleitung ist eine besonders vertrauenswürdige Person mit der Aufbewahrung und Registrierung der Originale sowie der quittierten Abschriften der vertraulichen Mitteilungen zu beauftragen. Bei dieser Vertrauensperson oder ihrem Vertreter können dann die einzelnen Schriftleiter u. U. Rückfragen nach früher ergangenen Informationen anstellen.

Ältere und überholte vertrauliche Mitteilungen können nach angemessener Frist vernichtet werden. Über die Vernichtung, die durch Verbrennen oder durch Papierwolf geschehen muß, muß ein Protokoll angefertigt werden, das von dem Hauptschriftleiter und einem Zeugen zu unterzeichnen ist. Dieses Protokoll ist zu den Akten zu nehmen.

Die sachgemäße Behandlung und Aufbewahrung der vertraulichen Mitteilungen kann jederzeit durch einen Beauftragten der Presseabteilung der Reichsregierung nachgeprüft werden.»

Außerdem gab das Reichspropagandaamt für die Presse sogenannte *Tagesparolen* und *Wochenparolen* heraus, die *Direktiven* enthielten, wie Anweisungen, Kommentare und Aufsätze – alles selbstverständlich in NS-Tendenz stilisiert – gebracht werden sollten. Diese Sprachregelung legte alles fest, was Politik, Kunst, Kultur, Partei, aber auch Pferderennen, Führerbilder, Hebammen, Leibesübung, Gemüseanbau usw. betraf. Es gab im Dritten Reich kaum ein Lebensgebiet, das in derartigen *Parolen* nicht erfaßt wurde.

Die Weisungen oder Belehrungen der Pressekonferenzen, die *Parolen* des Reichspropagandaamtes, die *Hinweise der Reichspressestelle der NSDAP* oder der *Zeitschriften-Dienst* von Goebbels bildeten das Rückgrat der Presselenkung und Sprachregelung im Dritten Reich. Siehe auch Dietrich Strothmann: *Nationalsozialistische Literaturpolitik*, Bonn 1960, S. 259 und 294 f.

Im Propaganda-Ministerium

Abteilung IV

Vortr. Leg. Rat Dr. Walther Heide von der Abteilung IV: Presse in: *Deutsche Presse* vom 30. 4. 1933, S. 89, Auszug.

Dr. Walther Heide, * 1894; im Januar 1933 Vortragender Legationsrat im Auswärtigen Amt; bis Juni 1933 stellvertretender Pressechef der Reichsregierung; ab Mai 1933 Professor für Zeitungswissenschaft an der Technischen Hochschule Berlin.

Am 13. 3. 1933 erschien der Erlaß des Reichspräsidenten über die Einrichtung des Reichsministeriums für Volksaufklärung und Propaganda, *RGBl.* 1933, Teil I, S. 104; es war ein «von Geburt nationalsozialistisches Ministerium» – Dr. Gerhard Menz: *Der Aufbau des Kulturstandes*, München/Berlin 1938, S. 13 f; an der Spitze des Ministeriums stand ab März 1933 Dr. Paul Joseph Goebbels, 1897–1945 (durch Selbstmord); 1926 NSDAP-Gauleiter Berlin; 1927 gründete er das Blatt *Der Angriff*; 1929 NSDAP-Reichspropagandaleiter.

Die Abteilung IV im Propagandaministerium gehörte zu den wichtigsten Abteilungen, sie befaßte sich mit der Presse, über die Dr. Goebbels sagte: «Sie muß ein Klavier sein, auf dem die Regierung spielen kann», in: *Reichsminister Dr. Goebbels über seine Aufgaben und Ziele*, in: *Rhein-Mainische Volkszeitung* vom 16. 3. 1933; «und als ihre erste Aufgabe betrachte ich, eine Gleichschaltung zwischen der Regierung und dem ganzen deutschen Volke herzustellen» – *Dr. Goebbels über sein Arbeitsgebiet*, in: *Kölnische Zeitung* vom 16. 3. 1933.

Erster Leiter der Abteilung IV war Dr. Kurt Jahncke; ab April 1936 Alfred-Ingemar Berndt; ab 1938 gab es zusätzlich eine Abteilung IV A (Inländische Presse) und eine Abteilung IV B (Ausländische Presse); erstere leitete anfangs Alfred-Ingemar Berndt, später Hans Fritzsche und ab Ende 1942 Erich Fischer; die Abteilung IV B unterstand zunächst Prof. Dr. Karl Bömer und ab Ende 1942 Dr. Ernst Brautweiler; die Zeitschriftenpresse der Abteilung IV war Sache von Wilfried Bade.

Am 11. 7. 1933 wurden dreizehn Landes- und achtzehn Nebenstellen des Propagandaministeriums gegründet; durch Erlaß vom 16. 5. 1934 mußte jeder Gau eine Landesstelle des Reichsministeriums für Volksaufklärung und Propaganda haben; mit Erlaß vom 9. 9. 1933 erhielt aber jede Landesstelle bereits die Bezeichnung *Reichspropagandaamt* und man verlieh ihr die Eigenschaft einer Reichsbehörde. Ausführlich siehe hierzu Oswald Rentrop: *Die Reichspropagandaämter*, in: *Zeitungswissenschaft* vom 1. 1. 1938, S. 1 f.

Das Propagandaministerium wird hier deshalb vor der Reichspressekammer behandelt, weil sein Chef, Dr. Joseph Goebbels, eigentlich allein sämtliche Richtlinien für die Steuerung der deutschen Presse gab.

Die ehemalige «Reichspressestelle», die jetzt die «Abteilung IV» des Ministeriums für Volksaufklärung und Propaganda bildet, ist gleichzeitig durch neue Aufgabengebiete erweitert worden. Sie gliedert sich nun in den Leiter, der gleichzeitig der Stellvertreter des Pressechefs der Reichsregierung ist, und, wie bisher, in eine Anzahl von Sachreferaten, die in Angleichung an die einzelnen Arbeitsgebiete der Fachministerien aufgestellt sind.

Der politische Tages- und Nachrichtendienst, die telefonische Auskunfterteilung und Nachrichtenvermittlung, wird, wie auch schon vordem, von drei hierfür bestimmten Referenten besorgt. Diese haben außerdem den Reichspressechef, der in Personalunion Staatssekretär des Ministeriums ist, in einem täglichen Pressevortrag über Stellungnahme und Inhalt der Tageszeitungen zu unterrichten. Erweitert worden ist die Abteilung IV (Presse) durch die Einrichtung einer «Lügensammel- und Abwehrstelle». Sie hat die Aufgabe, alle unwahren Meldungen und lügenhaften Berichte im In- und Ausland zu sammeln, über den ihnen zu Grunde liegenden Sachverhalt Erhebungen anzustellen, und, wenn erforderlich, eine Richtigstellung in der Presse zu veranlassen oder bei Anfragen wegen der Bewertung von Falschmeldungen dieser Art Auskunft über den wirklichen Tatbestand zu erteilen. Unter Umständen wird sie auch eine strafrechtliche Verfolgung einzuleiten haben, wenn es sich um Verstöße gegen bestehende Verordnungen im Inlande handelt. Ein «Literarisches Büro» hat Entwürfe von Artikeln, Interviews und dergleichen vorzubereiten und die Presse laufend mit interessantem Material aus dem Ausland, das für die deutschen Zwecke verarbeitet wird, zu versehen. Außerdem ist gegenüber der bisherigen Abgrenzung des Arbeitsgebietes der Presseabteilung der Reichsregierung insofern eine weitere Änderung eingetreten, als der «Drahtlose Dienst», der den Nachrichtendienst des Rundfunks mit Meldungen versorgt, in die «Abteilung IV (Presse)» eingegliedert worden ist, so daß dieser nunmehr im engsten räumlichen und organisatorischen Zusammenhang mit ihr steht. Ferner gehört zur Presseabteilung noch das deutsche Lektorat, das sämtliche Reichsministerien und eine Anzahl von Reichsbehörden mit Material aus der gesamten Reichspresse versieht. Von diesem Lektorat gehen täglich etwa 2 000 bis 2 500 Ausschnitte an die verschiedenen Amtsstellen.

Die Regierung des Reichskanzlers Adolf Hitler hat durch die Einrichtung des neuen Ministeriums und durch die Erweiterung des Arbeitsbereiches der bisherigen Presseabteilung der Reichsregierung zum Ausdruck gebracht, daß sie sich die Pflege der geistigen Beziehung zwischen Regierung und Bevölkerung ganz besonders angelegen sein lassen will. Aufgabe der verantwortungsbewußten deutschen Presse wird es bleiben, vertrauensvoll an den übernommenen und neugeschaffenen Einrichtungen mitzuarbeiten zum Nutzen des gemeinsamen Zieles behördlich-pressepolitischer und freier journalistischer Betätigung, zum Nutzen einer kraftvollen einheitlichen politischen Willensbildung des Volkes, die allein den Staat mit den inneren und äußeren Widerstandskräften ausstattet, die unsere Zeit erfordert.

Deutsche und Auslandspresse

Georg Wilhelm Müller: *Das Reichsministerium für Volksaufklärung und Propaganda*, Berlin 1940, S. 16–19, Auszüge.

Die Abteilung «Deutsche Presse» bildet zusammen mit der Abteilung Auslandspresse gleichzeitig die Presseabteilung der Reichsregierung. Sie hat die Aufgabe, die gesamte Inlandspresse zu betreuen und ihr die Ausrichtung zu geben, die sie zu einem wirksamen Instrument in den Händen der Staatsführung macht. Etwa 2 300 deutsche Tageszeitungen und rund 18 000 Zeitschriften dienen heute den Interessen der Gesamtheit.

Während die verwaltungsmäßigen Obliegenheiten nach Möglichkeit von den angegliederten berufsständischen Fachverbänden und der Reichspressekammer erledigt werden, ist die Abteilung DP mit der eigentlichen Führung der deutschen Presse betraut.

Die kleineren Zeitungen und Zeitschriften, die auf der Pressekonferenz nicht direkt vertreten sind, erhalten ihre Informationen auf anderem Wege. Die Veröffentlichungen aller anderen staatlichen Stellen werden übrigens ebenfalls von der Abteilung DP geformt und gesteuert.

Um es den Zeitschriften zu ermöglichen, die tagespolitischen Probleme der Zeitungen zu vertiefen und gründlicher darzustellen, wird für sie eine besondere Informationskorrespondenz herausgegeben.

Auch der Bildberichterstattung nimmt sich die Abteilung insofern an, als sie den Einsatz der Bildberichterstatter bei großen Ereignissen lenkt.

Durch diese Maßnahmen und eine ständige Erziehung des deutschen Schriftleiterstandes im nationalsozialistischen Geiste wurde erreicht, daß die deutsche Presse in allen Lebensfragen des deutschen Volkes in geschlossener Kampffront dasteht und selbst im Kriege auf jene Vorzensur verzichtet werden konnte, die in den angeblich so «freien» Demokratien des Westens dazu führte, daß die Zeitungen mit großen weißen Stellen erscheinen müssen.

Die «Presseabteilung Ausland» hat alle verfügbaren Mittel und Kräfte zu mobilisieren und in straffer Führung zusammenzufassen, die geeignet sind, der ausländischen Presse das Geschehen im nationalsozialistischen großdeutschen Reich verständlich zu machen, es in ihr wahrheitsgetreu in Erscheinung treten zu lassen und auf Grund peinlichster Beobachtung und genauer Analyse der Weltpublizistik den gegnerischen Tendenzen weltanschaulicher und realpolitischer Natur durch Berichtigung und Widerlegung von Fehldarstellungen und Presselügen entgegenzuwirken. Die Arbeiten der Abteilung vollziehen sich in enger Zusammenarbeit mit dem Presseressort des Auswärtigen Amtes.

Dieser Aufgabe dienen eine tägliche nachrichtliche Information der ausländischen Nachrichtenagenturen und der in Berlin tätigen ausländischen Zeitungskorrespondenten, ferner gesellige Zusammenkünfte mit ihnen sowie Beratungen.

Andere Aufgaben sind die Information und Inspiration der ins Ausland wirkenden deutschen Nachrichten- und Aufsatzdienste, die Förderung der Verbreitung von deutschen Nachrichten in der Welt, Tätigung von Presseabkommen mit anderen Ländern, regelmäßige Sondereinweisung der Pressebeiräte in ihre pressepolitischen Länderaufgaben, pressepolitische Führung der volksdeutschen Presse im Ausland, Einsatz und Ausrichtung der im Ausland tätigen deutschen Schriftleiter, politische Bewertung ausländischer Presseorgane hinsichtlich ihrer Verbreitung in Deutschland und ihrer Verwendbarkeit für Anzeigenzwekke, Überwachung und Planung des Exports deutscher Zeitungen in das Ausland und der Einfuhr ausländischer Zeitungen nach Deutschland und die tägliche Berichterstattung über die ausländische Presse für die Presseabteilung und die Reichsministerien.

Betrifft: Presseverbote

Dieser Brief ist um den Teil, der Buchverbote behandelt, gekürzt.

Der Reichsminister
für Volksaufklärung und Propaganda
Berlin W 8, den 7. Mai 1936
Wilhelmplatz 8/9
I 1 410/304   Fernspr.: A 1 Jäger o 014

An
a) alle Landesregierungen
    (für Preußen: An den Herrn Reichs- und Preußischen Minister des Innern
An den Herrn Preußischen Ministerpräsidenten
    – Geheime Staatspolizei –
    für Baden: An den Herrn Badischen Minister des Innern)
b) die Herren Ober- und Regierungspräsidenten,
c) den Herrn Polizeipräsidenten in Berlin.

Nachrichtlich an:
den Herrn Reichspostminister,
den Herrn Reichsminister der Finanzen,
das Auswärtige Amt und
die Herren Reichsstatthalter.

Betrifft: Presse- und Buchverbote.

Nachdem durch das Schreiben des Herrn Staatssekretärs und Chefs der Reichskanzlei vom 3. April 1936, dessen Inhalt ich bereits durch Rundschreiben und in der Tagespresse bekanntgegeben habe, meine Federführung auch für polizeiliche Fragen auf dem gesamten Gebiete meines Aufgabenkreises klargestellt worden ist, ordne ich für Presse- und Buchverbote folgendes an:

1. *Presseverbote.*
Für *im Inlande* erscheinende Zeitungen und Zeitschriften behalte ich mir die Entscheidung über Verbote in *allen* Fällen selbst vor. Entsprechende Anträge sind über die zuständige Landesstelle meines Ministeriums an mich zu richten. Meine Landesstellen sind angewiesen, die Anträge durch Fernschreiber sofort an mich weiterzuleiten, so daß sofortige Behandlung gewährleistet ist. Außerhalb der Dienststunden meiner Landesstellen kann in Fällen besonderer Dringlichkeit unmittelbar fernmündlich mit der Presseabteilung meines Ministeriums Verbindung aufgenommen werden. Die Presseabteilung ist Tag und Nacht besetzt.
Für *im Auslande* erscheinende Zeitungen und Zeitschriften behalte ich mir ebenfalls die endgültige Entscheidung über Verbote vor. Das Einvernehmen des Auswärtigen Amtes hole ich erforderlichenfalls von hier aus ein. Beschlagnahmen ausländischer Zeitungen und Zeitschriften können von den bisher zuständigen Organisationen der Geheimen Staatspolizei bzw. der Politischen Polizei weiter vorgenommen werden. In allen Fällen, in denen Beschlagnahme erfolgt ist, ist sofort an mich zu berichten. Ich behalte mir vor, über das Verfahren bei der Beschlagnahme ausländischer Zeitungen und Zeitschriften weitere Richtlinien herauszugeben.

Heil Hitler!
Dr. Goebbels

An alle Dienststellen der NSDAP

Nationalsozialistische Deutsche Arbeiterpartei
Reichsleitung
München, Briennerstraße 45
Briefanschrift: München 43, Brieffach 80
Telefon-Nummern: 54 901 u. 58 343

Abschrift

Der Reichspropagandaleiter
München, den 12. 11. 36

An alle Dienststellen
der NSDAP! Berlin, Zimmerstr. 88, FA 1 Jäger 0022

Zentralorgan der Partei:
«Völkischer Beobachter»
Verlag: München, Thierschstr. 11,
F 211 31
Berlin, Zimmerstr. 88, FA 1 Jäger 0022
Schriftleitung: München, Schellingstr.
38, F 20 801

Betrifft: Angriffe gegen die Presse.

Ich habe die Feststellung machen müssen, daß in der letzten Zeit in Versammlungen der Bewegung und ihrer Gliederungen von Rednern der Partei heftige Angriffe gegen die deutsche Presse insgesamt oder einzelne Zeitungen gerichtet worden sind. – Diese Angriffe entbehren in den weitaus meisten Fällen jeder sachlichen Grundlage, da die Redner sich nicht die Mühe gemacht hatten, ihren Beschwerden nachzugehen und den tatsächlichen Sachverhalt aufzuklären.

So sind unter anderem Angriffe gegen die Presse wegen der Veröffentlichung von Reden erfolgt, die führende Männer des Staates und der Partei unter ihrer eigenen Verantwortung selbst in amtlicher Fassung zur Veröffentlichung bestimmt haben. In derartigen Fällen trifft die Presse keinerlei Verantwortung, da sie nicht berechtigt ist, in amtlicherseits herausgegebenen Manuskripten Änderungen vorzunehmen.

Die deutsche Presse hat nach der Machtergreifung infolge der notwendig gewordenen völligen Umstellung einen erheblichen Verlust an Lesern gehabt, die bisher durch keine Zeitung erfaßt und daher von Staat und Partei oft nur sehr ungenügend beeinflußt werden können. Ich habe gemeinsam mit dem Präsidenten der Reichspressekammer, Reichsleiter Amann, eine große Werbeaktion für die deutsche Presse angesetzt, die dazu dienen soll, ihr aus den Kreisen der Nichtleser, entsprechend einer staatspolitischen Notwendigkeit, in großem Maße neue Leser zuzuführen. Für diese Werbeaktion sind auch sehr erhebliche Geldmittel eingesetzt worden. Der Erfolg der Werbeaktion wird jedoch null und nichtig, wenn zur gleichen Zeit von Rednern der Partei durch öffentliche Kritik an der Presse das Vertrauen zur Presse untergraben wird. Der nationalsozialistische Staat begibt sich damit selbst einer Einflußmöglichkeit, auf die er im Zeitalter der modernen Technik keinesfalls verzichten kann.

Wenn ich einerseits jegliche Kritik *in* der Presse untersagt habe, dann muß ich andererseits erwarten, daß auch jegliche Kritik *an* der Presse unterbleibt. Wenn irgendwo begründete Beschwerden gegen einzelne oder mehrere Zeitungen oder Zeitschriften zu erheben sind, so geben die mit der Führung der Presse beauftragten Parteigenossen die Gewähr, daß bei berechtigten Beschwerden mit Energie eingeschritten und jeder Grund zur Kritik abgestellt wird. Eine öffentliche Kritik an der Presse jedoch ist vom heutigen Tage an keinesfalls mehr zulässig.

Ich habe die Landesstellenleiter des Reichsministeriums für Volksaufklärung und Propaganda und die Gaupropagandaleiter beauftragt, die Durchführung dieser Anordnung zu überwachen.

Heil Hitler!
Dr. Goebbels
Reichspropagandaleiter

Anhang: Presseparolen

Alle hier zitierten Tages- und Wochenparolen stammen aus dem Bundesarchiv in Koblenz, Signatur ZSG 101, Sammlung Brammer. Die hier angegebenen Parolen – vom Propagandaministerium vorgelegt – sind von Journalisten gezeichnet, die in Berlin ein gemeinsames Redaktionsbüro für ihre Zeitungen hatten und die diese Parolen an ihre Zeitungen weiterleiteten. Es sind: Kausch, bzw. K (Dr. phil. Hans Joachim Kausch, *1907); Falk, bzw. Fa (Dr. Hans Falk, *1902); D (Georg Dertinger, *1902). Letzterer ahnte damals noch nicht, daß er am 12. 10. 1949 zum Außenminister der DDR ernannt und am 15. 1. 1953 vom dortigen Staatssicherheitsdienst (SSD) als Verräter und Spion verhaftet werden würde, um dann im Juni 1954 zu fünfzehn Jahren Zuchthaus verurteilt zu werden.

Sämtliche folgende Briefe oder Parolen sind gekürzt oder auszugsweise wiedergegeben.

Zuvor hier noch Auszüge eines Briefes von Dr. Hans Joachim Kausch vom 21. 11. 1963:

«Die Verlesung der ‹Tagesparolen› war stets Punkt 1 der Tagesordnung dieser Pressekonferenzen. In der Regel wurden die Tagesparolen vom Leiter der Presseabteilung im Goebbels-Ministerium, Hans Fritzsche, vorgetragen und mit einem offiziellen Kommentar versehen. Während des Krieges vertrat häufig Oberregierungsrat Fischer den Abteilungsleiter. Reichspressechef Dr. Dietrich, der nach Absprache mit Goebbels die formelle Verantwortung für die ‹Tagesparolen› trug, trat selbst recht selten in Erscheinung. Wenn er am Vorstandstisch der Konferenz auftauchte, handelte es sich stets um eine äußerst wichtige Erklärung oder Erläuterung zu einem spektakulären politischen oder militärischen Ereignis. Um ein vieldiskutiertes Beispiel zu nennen: Dr. Dietrich verkündete persönlich im Spätsommer 1941 vor der Reichspressekonferenz im

Auftrage Hitlers, daß der Ostfeldzug mit einem vollen Erfolg beendet sei und nur noch Polizeiaktionen im Inneren Rußlands die Früchte des Sieges zu sichern hätten.

Goebbels nahm meines Wissens nie an diesen Konferenzen teil (sondern berief nur Sonderkonferenzen ein), sporadisch Naumann [Dr. Werner Naumann], wenn Propagandafeldzüge im Innern gestartet werden sollten.

Im unmittelbaren Anschluß an die Verlesung der Tagesparolen konnten Fragen gestellt werden. Manchmal wurden auch von den Mitarbeitern der Presseabteilung Fragen bei Parteijournalisten ‹bestellt›. Aus den Antworten der Regierungs- und Parteivertreter war häufig zu ersehen, daß einzelne Punkte der ‹Tagesparolen› nur nach heftigen Disputen zwischen den Spitzen des Propagandaministeriums, des Büros des Reichspressechefs, des Auswärtigen Amts zustande gekommen sein konnten. Die Auseinandersetzungen zwischen Promi und dem Amt Ribbentrops waren sehr oft das Tagesgespräch der bei der Reichspressekonferenz zugelassenen deutschen Journalisten, erst recht bei den ausländischen Korrespondenten, die am frühen Nachmittag zu einer gesonderten Konferenz zusammentraten. Die Sprecher des AA und des OKW (aber auch anderer Dienststellen der Reichsregierung und der NSDAP) antworteten auf Zusatzfragen der Journalisten und bekundeten in vorsichtiger Form, d. h. manchmal direkt verschlüsselt etwa abweichende Auffassungen. Einige Presseoffiziere des OKW – übrigens auch des Reichsverkehrsministeriums – brachten es in dieser Art ‹Chiffrierung› durch Ausdeutung von Details zu einer bewundernswerten Meisterschaft. Hie und da spielten sich Divergenzen auch in nahezu ‹offener Feldschlacht› ab, wobei die Mienen der miteinander ringenden Referenten eisig werden konnten.

Die mittägliche Pressekonferenz dauerte gewöhnlich eine volle halbe Stunde, in Ausnahmefällen länger als eine Dreiviertelstunde. Manchmal gab es nur *einen* Punkt der Tagesparole, in schwierigen Situationen bis zu zehn Punkten. Der Wortlaut der ‹Tagesparolen› ging vom Promi per Fernschreiben an alle Landespropagandaämter im Reich, die ihn wiederum unverzüglich an die Chefredaktionen aller Tageszeitungen und Parteistellen in der jeweiligen Gauhauptstadt und im Gau weiterleiteten. Die Zeitungen waren vom Augenblick des Erhalts dieser Fernschreiben an die mitgeteilten Weisungen gebunden und hatten sie einmal im Monat unter Zeugen zu verbrennen.»

D/N   26. 6. 1933

Die deutsche Presse berichtet in der letzten Zeit über die verschiedensten Veranstaltungen, an denen Mitglieder der Reichsregierung oder führende Persönlichkeiten der NSDAP oder nationaler Verbände teilnehmen, in Ausdrücken, die in einer vergangenen Zeit angebracht waren, die aber in keiner Weise in den heutigen Staat hineinpassen. Es ist durchaus nicht angebracht, dauernd von «Spitzen der Gesellschaft», Persönlichkeiten der ersten Kreise usw. zu sprechen. Diese reaktionäre Art der Berichterstattung muß im deutschen Volk den Eindruck erwecken, als ob wieder eine Klassen- oder Kastenschichtung sich vollzöge, was sowohl objektiv wie subjektiv unrichtig ist. Die deutsche Presse wird deshalb in ihrer Gesamtheit auf das nachdrücklichste ersucht, künftighin ihre Berichte genau durchzuprüfen, ob sie nicht etwa zu Beanstandungen der obenerwähnten Art Anlaß geben könnten.

Die Frage der *Uniform des Arbeitsdienstes* ist noch nicht entschieden. Erörterungen darüber sind nicht erwünscht. K.

6. 7. 1933

Von Seiten des Propagandaministeriums wird noch einmal darauf aufmerksam gemacht, daß Meldungen über künftige Reisen und Besuche des Reichskanzlers unter keinen Umständen veröffentlicht werden dürfen, selbst dann nicht, wenn die örtlichen nationalsozialistischen Stellen diese Meldungen herausgeben. Der «Dortmunder Generalanzeiger» hatte gestern gemeldet, daß der Reichskanzler am Sonntag in Dortmund bei einem großen SA-Aufmarsch sprechen würde. Das Blatt hat daraufhin eine Auflagenachricht des Propagandaministeriums bekommen (obwohl es amtliches Parteiorgan der NSDAP, Gau Düsseldorf, ist), in der das Verhalten des «Dortmunder Generalanzeigers» auf das schärfste gerügt und mißbilligt wird. Von nationalsozialistischen Parteistellen wird hierzu bemerkt, daß, wenn es sich um ein bürgerliches Blatt und nicht um ein Parteiorgan gehandelt hätte, das bürgerliche Blatt auf unbestimmte Zeit verboten worden wäre. Aus dieser Maßnahme geht mit Deutlichkeit die Notwendigkeit hervor, Meldungen über künftige Kanzlerbesuche genauestens zu beachten und zu überprüfen. K.

16. 8. 1933

Bestellungen: Die Meldung der «Vossischen Zeitung» über die Erweiterung des Gutes Neudeck [1] soll nicht veröffentlicht werden.

5. 9. 1933

Über einen Absturz eines Sportflugzeugs bei Rostock darf nichts gebracht werden. D.

25. 9. 1933

Soeben ist in der Reichsgerichtsverhandlung [2] eine große Panne passiert. Der Vorsitzende ließ es nämlich zu, daß Torgeler [3] erstens eine Unschuldigkeitserklärung ausführlich abgab, und zweitens ließ er zu, daß der Angeklagte aus den Akten Briefe zur Verlesung brachte, die klar darlegten, daß van der Lubbe [4] mit der KPD nichts zu tun hat, sondern als Anarchist und Syndikalist Einzelgänger war.

1 Neudeck, Rittergut des Reichspräsidenten Paul von Hindenburg in Ostpreußen.

2 Reichsgerichtsverhandlung wegen des Brandes des Reichstags am 27. 2. 1933.

3 Richtig Ernst Torgler, 1893–1963, Reichstagsabgeordneter der KPD, im Zusammenhang mit dem Brand des Reichstagsgebäudes festgenommen.

4 Marinus van der Lubbe, der eigentliche Brandstifter.

In der deutschen Presse herrscht übereinstimmend die Meinung, daß der Vorsitzende die Grenze der Objektivität weit überschritten hat und daß es eigentlich unsere Aufgabe wäre zu fordern, daß derartige kommunistische Propaganda auch an der Stelle des Reichsgerichtes nicht getrieben werden darf.

Dr. Kausch

D.

Berlin, den 9. 11. 1933

Anweisung Nr. 51

Heute Abend ist ein Rundruf des Propagandaministeriums und Reichsernährungsministeriums bei uns eingetroffen, demzufolge die Zeitungen verpflichtet werden, die Neuregelung der Margarinepreise in ihrer Freitag-Frühausgabe auf der ersten Seite zu veröffentlichen.

Ich nehme an, daß die Zeitungen entsprechend unserer Bestellung von heute mittag in der Donnerstag-Abendausgabe die Margarinemeldung auf der ersten Seite veröffentlicht haben. In diesem Falle genügt es, wenn an guter sichtbarer Stelle der folgende Kommentar noch einmal kurz veröffentlicht wird, da die Reichsregierung mit Rücksicht auf die Wahlen eine wirksame Unterstreichung der Aktion verlangt.

Gesehen: Fa./D./K.

gez. Dertinger

Bestellung vom Reichspropagandaministerium vom 12. 11. 1933

Anweisung Nr. 54

Nachrichten über die Inschutzhaftnahme des Herzogs Albrecht von Württemberg dürfen unter gar keinen Umständen veröffentlicht werden. Rein informatorisch teilen wir mit, daß Herzog Albrecht sich heute vormittag geweigert hat, an der Wahl teilzunehmen. Dieses ist der Öffentlichkeit zu Ohren gekommen, die sich in großen Mengen vor seiner Wohnung ansammelte. Gegenüber der Menge hat dann Herzog Albrecht abfällige Äußerungen über die Reichsregierung und den neuen Staat getan. Er mußte wegen der Bedrängung durch die Menge in Schutzhaft genommen werden. Der Stahlhelm hat ihn sofort aus seinen Reihen ausgestoßen.

Gesehen: D. Fa. K.

Rundrufe vom 17. 11. 1933

Anweisung Nr. 63

Die Zeitungen werden gebeten, nichts zu bringen 1) über die heutige Berliner Amtswalterversammlung der Deutschen Christen und 2) über den Brief Ernst Jüngers an die Dichterakademie.[1]   Gesehen: D. K. Fa.

---

1 Ausführlicher darüber siehe: *Literatur und Dichtung im Dritten Reich* (Ullstein Buch 33029), S. 37 f.

Bestellungen aus der Pressekonferenz vom 24. 2. 1934

Anweisung Nr. 307
Bei schweren politischen Verbrechen soll das Gerichtsurteil nicht in der
Form wiedergegeben werden: der Arbeiter X oder der Dreher Y ist
zum Tode verurteilt worden, sondern es soll immer der strafbare Tatbestand genannt werden: Der Mörder X oder der Brandstifter Y wurden verurteilt.   Gesehen: D. K. Fa.

Berlin, den 31. 7. 1934

Bestellung:
Wie selbstverständlich, dürfen keinerlei Kombinationen über die evtl.
Nachfolge des Reichspräsidenten angestellt werden.[1] Wie vorsichtig in
dieser Beziehung vorgegangen werden muß, erhellt aus einer Beschlagnahme, der heute die «Deutsche Zeitung» anheim gefallen ist wegen
folgenden Satzes: «Das Schicksal des deutschen Volkes und damit jede
Entscheidung ruht in einer einzigen Hand, in der des Führers.»
     Selbst in diesem Satz, der zweifellos harmlos im Sinne einer Beruhi-
gung für die Öffentlichkeit gemeint war, hat das Propagandaministerium eine Überschreitung der gewünschten Zurückhaltung erblickt. Ich
empfehle dringend, alles zu vermeiden, was irgendwie den Anschein erwecken könnte, als ob wir uns schon jetzt den Kopf über die spätere Regelung zerbrächen.   gez. Dertinger. K. Fa.

DNB.-Rundspruch vom 17. 8. 1934

Anweisung Nr. 665
Das Lied, das nach der Ansprache des Führers heute abend in Hamburg
gespielt wird, ist in den Berichten mit den Anfangsworten zu textieren
«Im Volke geboren, entstand uns ein Führer, gab Glaube und Hoffnung
an Deutschland uns wieder.»
Gesehen: D. K. Fa.   Weitergegeben an: Hbg. 9.15
                                                               Br. 7. 55
                                                               Ch. brfl.

DNB.-Rundruf vom 6. 4. 1935

Anweisung Nr. 1245
Bilder, die Ludendorff[2] zusammen oder gleichzeitig mit dem Führer zeigen, dürfen auf keinen Fall veröffentlicht werden, es sei denn, daß die

1 Hindenburg starb am 2. 8. 1934.
2 Erich Ludendorff, 1865–1937; im Ersten Weltkrieg Generalquartiermeister
in der Obersten Heeresleitung unter Hindenburg; 1923 am Hitler-Putsch in
München beteiligt; 1925 Zerwürfnis mit Hitler; 1926 gründete er mit seiner
Frau Mathilde den *Kampfbund gegen überstaatliche Mächte* und den *Tannen-
bergbund – Deutsch-Germanische Religionsgemeinschaft.*

vorherige schriftliche Erlaubnis des Bilderreferats des Propagandaministeriums vorliegt.
Gesehen: Fa. D. K.

Hbg. 9.15 Uhr
Brsl. 9.15 Uhr
Chmn. brfl.

An die Hauptschriftleitungen, Vertraulich!
Das Propagandaministerium ersucht uns, den Hauptschriftleitungen folgende Wünsche vorzutragen, die in Zukunft ganz besonders beachtet werden sollen:

Es soll in Zukunft vermieden werden, Bilder wiederzugeben, die Mitglieder der Reichsregierung an gedeckten Tischen, vor Flaschenbatterien u. ä. zeigen, um so mehr, als ja bekannt ist, daß ein großer Teil der Kabinettsmitglieder antialkoholisch eingestellt ist. Die Minister nehmen aus internationaler Höflichkeit oder aus streng dienstlichem Anlaß an gesellschaftlichen Veranstaltungen teil, die sie lediglich als Pflicht, nicht aber als Genuß auffassen. In der letzten Zeit ist im Volke der völlig unsinnige Eindruck durch zahllose Bilder entstanden, als ob die Regierungsmitglieder prassen. Die Bildberichterstattung hat sich infolgedessen in dieser Beziehung umzustellen. D. Fa. Dr. K.

Bestellungen aus der Pressekonferenz, vom 12. 6. 1935
Anweisung Nr. 1382
Eine Mitteilung des Verbandes der Rasierklingenhersteller über eine bevorstehende Zwangskartellierung der Rasierklingen-Hersteller für Exportzwecke darf nicht übernommen werden. Das diesbezügliche vom Verband herausgeschickte Rundschreiben ist irreführend. Neue Nachrichten werden demnächst folgen. Gesehen: Fa. K.

Bestellung aus der Pressekonferenz vom 31. 7. 1935
Anweisung Nr. 1503
Es wird gebeten, eine Meldung des «Schwarzen Korps» über das Reichspatentamt nicht zu veröffentlichen, nach der das Reichspatentamt einer Angestellten, die einen Juden geheiratet hat, dennoch RM 750.– Übergangsgeld gezahlt hatte. Die Tatsache ist richtig, jedoch war die jüdische Abstammung des betreffenden Mannes ursprünglich unbekannt. Das Mädchen ist zur Zurückzahlung aufgefordert worden. Gesehen: D. Fa. K.

Anweisung Nr. 1533 DNB.-Rundruf vom 8. 8. 1935
Betrifft die aus New York vom 8. ds. Mts. datierte Meldung, daß Streikbrecherinnen nackt durch die Straßen getrieben wurden. Es ist erwünscht, daß diese Notiz groß aufgemacht und stark kommentiert wird.
Gesehen: D. Fa. K.

Bestellung aus der Pressekonferenz vom 21. 8. 1935

Anweisung Nr. 1570
Es ist verboten, Meldungen über Vergiftungserscheinungen deutscher Kühe aufgrund von Einwirkungen deutscher Kalis auf das Futter zu veröffentlichen.   Gesehen: D. Fa.

Bestellung aus der Pressekonferenz vom 30. 9. 1935

Anweisung Nr. 1690
Reichssportführer Tschammer-Osten[1] hat an die bekannte Fechterin Helene Mayer (Halbjüdin) wahrscheinlich aus formalen Gründen eine Einladung zur Teilnahme an den olympischen Spielen auf deutscher Seite gerichtet. Helene Mayer lebt gegenwärtig in Amerika. Die Pariser Ausgabe vom «New York Herald Tribune» veröffentlicht voreilig dieses Schreiben Tschammer-Ostens, das aus naheliegenden Gründen nicht veröffentlicht werden darf.

Anweisung Nr. 1692
Die Meldung über die Entlassung der beiden Direktoren aus der Reichsstelle für Tiere und tierische Erzeugnisse soll nicht kommentiert werden.
                                                                                Gesehen: D. Fa.

Bestellung aus der Pressekonferenz vom 21. 10. 1935

Anweisung Nr. 1751
Vor kurzem ist eine Mitteilung ergangen, wonach die «Deutsche Fleischerzeitung» nicht mehr zitiert werden soll. Dieses Verbot wird aufgehoben, die «Deutsche Fleischerzeitung» ist rehabilitiert. Jedoch werden die deutschen Zeitungen gebeten, für den Fall einer reinen Interessenpolitik das publizistische Material der Fleischerzeitung nicht zu benutzen.
                                                                          Gesehen: Fa. D. K.

Bestellung aus der Pressekonferenz vom 26. 10. 1935

Anweisung Nr. 1774
Am Sonntag findet in Berlin eine internationale Hunde-Ausstellung statt. Die Hunde von Fräulein Heß, der Schwester von Rudolf Heß, sollen nicht besondere Erwähnung finden.   Gesehen: Fa. K. D.

Bestellung aus der Pressekonferenz vom 7. 1. 1936

Anweisung Nr. 15
Es ist verboten, Bilder über Jagdveranstaltungen des Ministerpräsidenten Göring zu veröffentlichen. Das ist nur gestattet nach vorheriger Genehmigung durch die Pressestelle des Preußischen Staatsministeriums.
                                                                                Gesehen: D. Fa.

---

1 Hans von Tschammer und Osten, * 1887, Reichssportführer und SA-Gruppenführer; Ende 1929 trat er in die NSDAP ein.

Bestellung aus der Pressekonferenz vom 13. 2. 1936

Anweisung Nr. 166
Reklame für Charlie Chaplin, in welcher Form es auch immer sei, ist absolut unerwünscht.   Gesehen: Fa. K.

Bestellungen aus der Pressekonferenz vom 28. 3. 1936 [1]

Anweisung Nr. 319   Sehr wichtig!
In der Frage der Extra-Blätter ist eine neue Entscheidung getroffen worden. Es dürfen also nur Extra-Blätter vor 12 Uhr verbreitet werden am Sonntag abend, allerdings mit der Einschränkung, daß nur DNB-Mitteilungen veröffentlicht werden dürfen. Alle übrigen örtlichen Resultate, die nicht durch DNB kommen, dürfen nur ausgehängt werden. Alle Überschriften, die nicht genau der Meldung entsprechen, sollen fortgelassen werden, also bei den ersten Extra-Blättern soll es nicht heißen: «Deutschland 100 %ig hinter Adolf Hitler», da sich dieses Ergebnis noch ändern kann. Nach 12 Uhr können auch örtliche Ergebnisse, die das DNB nicht berichtet, gebracht werden. Die gleiche Anweisung geht noch durch die Landesstellen ausführlich.   Gesehen: Fa. K.

Bestellungen aus der Pressekonferenz vom 15. 4. 1936

Anweisung Nr. 348
Botschafter v. Ribbentrop hat gestern einen Autounfall erlitten. Seine älteste Tochter ist bei diesem Unfall schwer verletzt worden. Der Botschafter selbst ist unverletzt. Über diesen Vorfall soll in der deutschen Presse nicht berichtet werden.   Gesehen: K. Fa.

Bestellungen aus der Pressekonferenz vom 17. 4. 1936

Anweisung Nr. 356
Der amerikanische Botschafter in Berlin, Dodd, unternimmt eine längere Reise nach USA. Er wird sich erst einen Monat auf dem Lande, dann zu einer Vortragsreise einen Monat in Chicago aufhalten. Der Botschafter wünscht nicht, daß über seine Abreise etwas verlautet. Die amerikanische Presse ist entsprechend instruiert worden. Sollten Meldungen auftauchen von den Schiffsagenturen, mit welchem Dampfer der Botschafter nach USA fährt, so sind auch diese Nachrichten nicht zu übernehmen.   Gesehen: Fa.

Bestellungen aus der Pressekonferenz vom 24. 4. 1936

Anweisung Nr. 375   Wichtig!
Die Zeitungen werden auf folgende Anordnung strikt hingewiesen: In Zukunft dürfen die Namen führender sowjetischer Beamter und Poli-

---

1 Am 29. 3. 1936 fanden die Reichstagswahlen statt. 99 % stimmten mit Ja; 0,5 Millionen Stimmen waren ungültig.

tiker nur mit dem Zusatz «Jude» und mit dem jüdischen Beinamen zitiert werden, sofern es sich um Juden handelt. Es muß also in Zukunft heißen: «Der Sowjet-Jude Litwinow-Finkelstein, Volkskommissar des Äußeren, oder der frühere Kommunistenführer Radek-Sobelsohn usw.» Den Zeitungen geht noch eingehendes Material über die jüdischen Namen der einzelnen Sowjetfunktionäre zu, sodaß sie nicht im Irrtum darüber bleiben, wer Jude ist und wer nicht. Auf die genaue Innehaltung dieser Anweisung wird größter Wert gelegt.
allem schriftl.   Gesehen: Fa.

Bestellungen aus der Pressekonferenz vom 25. 4. 1936
Anweisung Nr. 376
Es darf nicht berichtet werden, daß die SA-Führer der Gruppe Mitte bei ihrer Anwesenheit in Berlin das Freimaurermuseum besichtigt haben.
Gesehen: Fa.

Bestellungen aus der Pressekonferenz vom 4. 5. 1936
Anweisung Nr. 395
Über die Einfuhr von Vollblutpferden soll nichts berichtet werden.
Gesehen: Fa.

Bestellungen aus der Pressekonferenz vom 16. 5. 1936
Anweisung Nr. 434   (sehr wichtig!)
Die DNB-Berichte über den Tod des Brigadeführers Schreck [1] sind groß aufzumachen. Es soll durch diese Berichte dem Deutschen Volk die Persönlichkeit dieses Mitarbeiters Adolf Hitlers nahegebracht werden.
D. Fa.

Bestellungen aus der Pressekonferenz vom 10. 7. 1936
Anweisung Nr. 691
Es wird gebeten, Ankündigungen über die Teilnahme des Führers an den verschiedenen Feierlichkeiten und Empfängen usw. nur dann zu bringen, wenn DNB eine amtliche Notiz veröffentlicht. Überhaupt soll ein Minutenprogramm von Feiern, an denen der Führer teilnimmt, grundsätzlich nicht veröffentlicht werden.   Fa. D.

Bestellungen aus der Pressekonferenz vom 11. 8. 1936
Anweisung Nr. 821
Die Formulierungen «katholisches Volk», «Kirchenvolk», «evangelisches Volk» sind unbedingt zu vermeiden. Es gibt nur ein deutsches Volk, und die Zeitungen haben unter allen Umständen zu vermeiden, Artikel und Berichte anzufangen mit dem Hinweis: «Wir Katholiken...» Diese Anweisung ist ausdrücklich vom Propagandaministerium ergangen. Alle Zeitungen, die dagegen verstoßen, werden belangt.
K. D. Fa.

1 Julius Schreck, Hitlers Fahrer.

Anweisung Nr. 824
Die «Nachtausgabe» hatte gestern die Überschrift gewählt: «Reise des Führers nach Kiel – der Oberbefehlshaber der Kriegsmarine empfing den Führer». Derartige Überschriften sind absolut falsch, denn der Führer kann nicht von einem ihm untergebenen Befehlshaber «empfangen» werden. K. D. Fa.

Bestellungen aus der Pressekonferenz vom 21. 10. 1936
Anweisung Nr. 1111
Es ist nunmehr entschieden, daß das Wort «Kongreß» bei internationalen Veranstaltungen weiter verwendet werden kann. Nur innerdeutsche Konferenzen sollen stets als «Tagung» bezeichnet werden.

Bestellungen aus der Pressekonferenz vom 19. 11. 1936
Anweisung Nr. 1245
Der Historiker Prof. Frank[1] hält heute in München eine Rede über die Judenfrage. Diese Rede ist in guter Aufmachung zu bringen. D.

Bestellungen aus der Pressekonferenz vom 26. 1. 1937
Anweisung Nr. 135
Eine westdeutsche Zeitung hatte sich polemisch mit Thomas Mann[2] befaßt. Dies wird als absolut unerwünscht bezeichnet. Thomas Mann soll ausgelöscht werden aus dem Gedächtnis der Deutschen, da er nicht würdig ist, den Namen Deutscher zu tragen.

Bestellungen aus der Pressekonferenz vom 5. 2. 1937
Anweisung Nr. 186
Es wird daran erinnert, daß in der deutschen Presse nichts über die Wenden oder Sorben gebracht werden darf.

Bestellungen aus der Pressekonferenz vom 6. 2. 1937
Anweisung Nr. 192
Das Propagandaministerium beanstandete, daß der Fränkische Kurier einen Kaiser-Geburtstags-Artikel mit einer warmherzigen Würdigung Kaiser Wilhelms gebracht hat.

1 Prof. Dr. Walter Frank, * 1905; Präsident des Reichsinstituts für die Geschichte des neuen Deutschlands. Ausführlicher über seine «wissenschaftliche» Tätigkeit in Max Weinreich: *Hitler's Professors*, New York 1946, und Léon Poliakov – Joseph Wulf: *Das Dritte Reich und seine Denker*, Berlin 1959.
2 Siehe hierzu: *Literatur und Dichtung im Dritten Reich* (Ullstein Buch 33029), S. 23 f.

Bestellungen aus der Pressekonferenz vom 11. 2. 1937

Anweisung Nr. 210
In der Berichterstattung über Fälle von Rassenschande und Rassenschandeprozessen ist äußerste Vorsicht geboten. Es sollen keinerlei Einzelheiten der Tatbestände, z. B. Rassenschande eines Juden in einem deutschen Bordell erwähnt werden, sondern nur der allgemeine Anklage- und Straftenor.

Anweisung Nr. 211
Der Vollzug der Hinrichtungen ist nunmehr für das ganze Reich einheitlich geregelt worden. In Zukunft werden alle Delinquenten mit dem Fallbeil hingerichtet. Die Hinrichtungen finden nur in einigen wenigen Orten Deutschlands zentral statt. Damit der Ruf dieser Orte nicht geschädigt wird durch allzu häufige Nennung, werden in Zukunft die Hinrichtungsmeldungen keine Ortsangabe mehr enthalten, sondern nur noch den Ort des erkennenden Gerichts.

Bestellungen aus der Pressekonferenz vom 19. 2. 1937

Anweisung Nr. 254
Es wird noch einmal darum ersucht, die Orte der Hinrichtungen nicht zu erwähnen und auch keine vorbereitenden Meldungen über bevorstehende Hinrichtungen zu bringen. – Es wird ferner noch einmal daran erinnert, daß bei Sterilisierungen der Name des Sterilisierten geheimgehalten werden muß.

Anweisung Nr. 256
Vor kurzem ist ein internationales katholisches Zeitungsbüro in Holland gegründet worden, das an einzelne deutsche Zeitungen mit der Bitte um Übersendung von Zeitungsausschnitten, Belegen usw. herantritt. Die deutschen Zeitungen sollen keinerlei Verbindung zu diesem Büro aufnehmen.

Bestellungen aus der Pressekonferenz vom 15. 3. 1937

Anweisung Nr. 374
Eine südwestdeutsche Zeitung hat vor kurzem eine Artikelserie unter dem Titel «70 Jahre roter Mord» veröffentlicht, die eine detaillierte Schilderung der politischen Attentate wiedergibt. Wenn auch eine historische Betrachtung der politischen Attentate nicht verboten ist, so werden doch durch derartige Details krankhafte Elemente zur Nachahmung gereizt. Infolgedessen sind derartige Artikelserien höchst unerwünscht.

Bestellungen aus der Pressekonferenz vom 1. 4. 1937

Anweisung Nr. 439
Es hat sich herausgestellt, daß der sowjetische Botschafter in Paris, Potemkin[1], kein Jude ist.

Berlin, den 28. 4. 1937
Sehr eilig! Wichtig für die Donnerstag-Ausgabe vom 29. April, bitte sofort zu beachten und zu berücksichtigen!

Ministerialrat Berndt hielt heute abend eine Pressekonferenz ab, in der eine wichtige Sprachregelung zu den katholischen Prozessen gegeben wurde. Mit sofortiger Wirkung hat eine großzügige Propaganda-Aktion gegen die katholische Kirche einzusetzen.

Berlin, den 5. 5. 1937
Bestellungen a. d. Pressekonferenz

Anweisung Nr. 590
In Stockholm kommt jetzt ein Buch von Sven Hedin[2]: «Deutschland und der Weltfriede» heraus. Da das Buch erst geprüft wird, soll vorläufig von einer Besprechung abgesehen werden.   D.

Bestellungen aus der Pressekonferenz vom 29. 5. 1937

Anweisung Nr. 686
Die bevorstehende Hochzeit des Herzogs von Windsor kann von der deutschen Presse mit freundlichen Meldungen behandelt werden. Auch können Bilder von dem Herzog und Missis Simpson veröffentlicht werden. Die ganze Behandlung soll sympathisch sein. Das soll auch bei der Auswahl der Bilder zum Ausdruck kommen. Im übrigen behält sich das Propagandaministerium vor, von Fall zu Fall Meldungen über den Herzog von Windsor freizugeben.

Rundruf 7. 6. 1937
Meldungen, daß Schmeling zum zweiten Mal gegen den Neger-Boxer Louis antreten werde, dürfen nicht gebracht werden.

Bestellungen aus der Pressekonferenz vom 9. 9. 1937

Anweisung Nr. 1200
Der Reichspressechef der NSDAP hat in Nürnberg die Weisung ergehen lassen, daß ab sofort in Zukunft von der SA, der SS und NSKK nicht mehr als «Kerle» oder «Kerls», etwa in dem Sinne «die SA-Männer sind ganze Kerle» gesprochen werden soll. Der Ausdruck Kerl darf in diesem Zusammenhang nicht mehr verwandt werden.

1 Wladimir P. Potemkin, 1878–1946.
2 Sven Hedin, 1865–1952, schwedischer Asienforscher.

Bestellungen aus der Pressekonferenz vom 22. 9. 1937

Anweisung Nr. 1234

Bilder von der Familie Mussolinis können gebracht werden. In verschiedenen Verlagen war verbreitet, daß dies verboten wäre, was sich jedoch als unrichtig herausstellte.   D.

Bestellungen aus der Pressekonferenz, Berlin, den 20. 11. 1937

Anweisung Nr. 1479

Über Greta Garbo darf freundlich berichtet werden.   D.

Bestellungen aus der Pressekonferenz vom 12. 1. 1938

Anweisung Nr. 62

In der nächsten Nummer der «Deutschen Justiz» am kommenden Freitag wird Prof. Grimm [1] über die Judenfrage in Rumänien einen Artikel veröffentlichen, der zugleich auch zur Frage des Minderheitenrechts Stellung nimmt. Die deutsche Presse wird auf die Wichtigkeit dieses Artikels besonders hingewiesen.

Bestellungen aus der Pressekonferenz, Berlin, den 22. 1. 1938

Anweisung Nr. 129

Das Naumann-Buch von dem früheren Abgeordneten Theodor Heuss kann durchaus positiv besprochen werden. Gegen das Buch bestehen keinerlei Bedenken. Es ist von der Partei geprüft worden. Beanstandungen waren nicht nötig. Der Verlag [2] steht dem Prop.-Min nahe.   D.

Bestellungen aus der Pressekonferenz, Berlin, den 26. 1. 1938

Anweisung Nr. 147   Vertraulich.

Die Tänzerin Lea Niako, die vor kurzem von der deutschen Presse unterstützt werden sollte, ist jetzt zu 9-monatigem Gefängnis wegen Landesverrats verurteilt worden. Außerdem ist ihr Vater Jude. Die notwendigen Folgerungen ergeben sich von selbst.   D.

Anweisung Nr. 148 vom 27. 1. 1938

Gestern wurde gewarnt vor einer Förderung der Tänzerin Lea Niako, weil sie wegen Landesverrats zu 9 Monaten Gefängnis verurteilt worden ist und weil sie eine Jüdin ist. Es wird heute berichtigt, daß die zweite Behauptung nicht zutrifft. Lea Niako ist keine Jüdin. Im übrigen wird die Warnung vor einer Förderung zurückgezogen und im Gegenteil gebeten, die Tänzerin Lea Niako zu fördern.   D.

1 Prof. Dr. Friedrich Grimm, * 1888; Internationales Privat- und Prozeßrecht; Autor von *Hitlers deutsche Sendung*, Berlin 1938, u. a. m.
2 Deutsche Verlags-Anstalt Stuttgart.

Bestellungen aus der Pressekonferenz, Berlin, den 21. 3. 1938
Anweisung Nr. 392   Streng vertraulich!
Über den Rundruf, daß in Zukunft die Worte «volksdeutsch» und «großdeutsch» in Zusammenhang mit der Eingliederung Österreichs in das Reich nicht mehr verwendet werden sollen, wird streng vertraulich mitgeteilt, daß dies in folgender Weise zu verstehen ist: selbstverständlich kann das Wort großdeutsch im Gegensatz zu kleindeutsch verwendet werden. Es bestehen auch keine Bedenken dagegen, das Wort großdeutsch in dem Sinne anzuwenden, wie es der Führer in seiner Rede getan hat. Es soll lediglich der Eindruck vermieden werden, als ob die deutschen Ansprüche mit der Herstellung der deutsch-österreichischen Einheit erledigt wären. Dies ist nicht der Fall. Zu dem wirklichen großdeutschen Reich gehören natürlich noch andere Gebiete, die wir zu gegebener Zeit beanspruchen werden.

Bestellungen aus der Pressekonferenz vom 22. 3. 1938
Anweisung Nr. 398
Es ist unsinnig, ironische Bemerkungen an die veränderte politische Haltung der österreichischen Zeitungen zu knüpfen. Die Umstellungen in der österreichischen Presse sind durch Verfügungen von Dr. Goebbels und von Amann erfolgt.   D.

Bestellungen aus der Pressekonferenz vom 27. 4. 1938
Anweisung Nr. 543
Die Verordnungen über die Anzeigepflicht der jüdischen Vermögen ist nunmehr frei für die Veröffentlichung im politischen Teil. Es wird noch einmal gebeten, sie unter dem Stichwort herauszubringen «Bestandsaufnahme des jüdischen Kapitals», «Vorbereitende Maßnahmen des Generalfeldmarschalls Göring zum Wiederaufstieg der österreichischen Wirtschaft».   D. 38

Bestellungen aus der Pressekonferenz vom 13. 5. 1938
Anweisung Nr. 606
Besonders in der Zeitschriftenpresse wird das Problem erörtert, «ob Christus Jude war oder nicht». Die gesamte deutsche Presse wird angewiesen, sich mit dieser Fragestellung nicht mehr zu beschäftigen. Das Problem ist nach 2000 Jahren nicht mehr zu entscheiden, und durch die ausführliche Behandlung werden die religiösen Spannungen nur verstärkt.[1]   D.

1 Siehe hierzu beispielsweise Adolf Bartels: *Lessing und die Juden*, Leipzig 1934, S. 255: «Jesus war Arier»; Rudolf Dahms: *Jesus und der nordische Mensch*, Berlin 1934, S. 5: «Jesus war kein Vollblutjude»; Friedrich Ettwein: *Rasse und Religion*, Stuttgart 1933, S. 27–28: «Jesus war nordisch-vorderasiatisch».

Streng vertraulich! Nur zur Information! Muß geheimgehalten werden!
Nr. 563/38   Berlin, den 10. 11. 1938
Zu den Ereignisse der letzten Nacht[1] im ganzen Reich erklärte Braek-
kow, die Zeitungen könnten im Anschluß an die heute morgen herausgekommene DNB-Meldung Eigenberichte über die Vorfälle bringen, also feststellen, daß hier und da Fensterscheiben in Trümmer gegangen
seien und auch Synagogen in Flammen aufgegangen seien. Er bat, die
Berichte nicht allzu groß aufzumachen, vor allem keine Schlagzeile auf
der ersten Seite zu bringen. Auch bitte er, vorläufig noch keine Bilder zu
bringen. Es sollen auch keine Sammelmeldungen aus dem Reich erscheinen. Selbstverständlich könnten die Zeitungen in ihren Berichten feststellen, daß es auch in anderen Teilen des Reichs zu einer begreiflichen
Empörung und zu entsprechenden Aktionen der Bevölkerung gekommen sei.

Streng vertraulich! Nur zur Information! Muß geheimgehalten werden!
                                                          11. 11. 1938
Abschließend sagte Braeckow, es sei anzunehmen, daß die Zeitungen im
Laufe des Nachmittags zum Judenproblem noch eine Sprachregelung bekommen würden. Es stehe aber nicht fest, ob deswegen eine Pressekonferenz stattfinde. Er – Braeckow – nehme an, daß eine große Zeitung
oder das DNB einen von prominenter Seite geschriebenen Artikel be-
kämen, der dann die Kommentarrichtlinie für die übrigen Zeitungen
darstelle.

                                                          Heil Hitler!
                                                          I. A. Schulze

Streng vertraulich! Nur zur Information! Muß geheimgehalten werden!
Nr. 566/38–   14. 11. 1938
In der heutigen Pressekonferenz nahm ORR. Fritzsche Bezug auf die
gestrigen Ausführungen Dr. Goebbels', daß nunmehr mit antisemitischen Demonstrationen gegen jüdische Geschäfte Schluß gemacht werden müsse. In wenigen Wochen werde es keine jüdischen Geschäfte
mehr geben mit Ausnahme der nur für Juden bestimmten geschäftlichen
Unternehmen. Jede Aktion, die jetzt noch gegen jüdische Geschäfte gerichtet werde, richte sich eigentlich gegen deutsches Volksvermögen.
Jetzt müsse das deutsche Volk in voller Disziplin die gesetzliche Ordnung der Judenfrage abwarten. – Fritzsche teilte mit, daß Dr. Goebbels
über dasselbe Thema vorgestern einem Reutervertreter ein Interview
gegeben hat. Ein Auszug daraus werde in Kürze durch das DNB ausge-
geben werden. Fritzsche bat die Presse, sich dieses Interviews anzunehmen.

    1 Es handelt sich hier um die sogenannte *Kristallnacht*; mit ihr begannen die
ersten organisierten Pogrome im Dritten Reich.

Vertrauliche Bestellung für die Schriftleitung!
An die deutsche Presse ergeht die strenge Anweisung, in Zukunft Adolf Hitler nicht mehr als «Führer und Reichskanzler» zu bezeichnen, sondern nur noch als «Führer». Dies bezieht sich auf alle vorkommenden Fälle.   gez. Dr. Kausch

Bestellungen aus der Pressekonferenz vom 25. 1. 1939
Anweisung Nr. 82
Reichsernährungsminister Darré[1] bittet, daß seine Rede in München (Köhler-Ausschuß) ausführlich gewürdigt wird.   D.

Bestellungen aus der Pressekonferenz vom 20. 2. 1939
Anweisung Nr. 192
Gegen den verstorbenen Papst Pius XI. sollen jetzt keine Angriffe mehr gerichtet werden.   D.

Bestellungen aus der Pressekonferenz vom 11. 3. 1939
Anweisung Nr. 293
In der heutigen Pressekonferenz sind die gestrigen Sprachregelungs- und Aufmachungsvorschriften im wesentlichen bestätigt worden. Allerdings können jetzt die Dinge schon statt zweispaltig dreispaltig gebracht werden. Das Tempo wird leicht gesteigert. In der Verwertung der Meldungen ist folgender Gesichtspunkt besonders scharf zu beachten. Es darf unter keinen Umständen irgendwie der Eindruck entstehen, als ob die Tschechen[2] eine legale Handlung vorgenommen hätten, noch darf irgendwie der Eindruck vermittelt werden, als ob die Tschechen einen Akt durchgeführt hätten, der die Ruhe und Ordnung wieder hergestellt habe. Im Gegenteil sind nur Meldungen zu bringen, die zeigen, daß die Ruhe und Ordnung fortschreitend verschwindet.

Berlin, den 16. 3. 1939
Bestellung und vertrauliche Information
Die Verwendung des Begriffs «Großdeutsches Weltreich» ist unerwünscht. Letzteres Wort ist für spätere Gelegenheiten vorbehalten.

1 Richard Walter Darré, 1895–1953, u. a. Autor von: *Das Schwein als Kriterium für nordische Menschen und Semiten*, 1926.
2 Am 15. 3. 1939 Einmarsch deutscher Truppen in Böhmen und Mähren, Bildung des *Protektorats*.

Berlin, den 5. 5. 1939

Bestellung für die Redaktion
Ab sofort soll die Polemik gegen die Sowjetunion und den Bolschewismus eingestellt werden. Es hat dies, wie es in der amtlichen Begründung lautet, nichts mit dem tiefgreifenden Unterschied der Weltanschauungen zu tun, sondern ist nur notwendig wegen der zahllosen ausländischen Gerüchte, die die Lage nur verwirren. Bis zu neuen Anweisungen haben jedenfalls alle scharfen Äußerungen gegen die Sowjetunion zu unterbleiben.[1]   Dr. Kausch

Berlin, den 16. 6. 1939

Vertrauliche Bestellung für die Schriftleitung!
Am morgigen Sonnabend abend wird in Danzig ein wichtiger politischer Vorgang abrollen, nämlich eine große Kundgebung mit einer Rede von Dr. Goebbels, in der der Minister sehr scharf die Rückgliederung Danzigs ans Reich fordern wird. Möglicherweise wird den Zeitungen ein Auszug der Goebbels-Rede schon im Laufe des Sonnabend evtl. vom Berliner Büro übermittelt werden. Die Danziger Aktion muß in großer Aufmachung an der Spitze der Sonntagsblätter (echte Sonntagsausgaben) erscheinen. Es handelt sich um einen ersten Versuchsballon, der die internationale Atmosphäre für die Regelung der Danziger Frage usw. prüfen soll.[2]   gez. Dr. Kausch

Bestellungen aus der Pressekonferenz vom 24. 6. 1939

Anweisung Nr. 620
Meldungen über Auflösung evangelischer Organisationen in Württemberg sind unerwünscht.   D.

Bestellungen aus der Pressekonferenz vom 26. 6. 1939

Anweisung Nr. 630
Es soll nichts gebracht werden über den zwangsweisen Einsatz verheirateter Frauen in den Arbeitsprozeß.   D.

Bestellungen aus der Pressekonferenz vom 19. 7. 1939

Anweisung Nr. 741
Eine Pressenotiz des Flick-Konzerns, soweit sie sich mit der Arisierung zweier Gesellschaften befaßt, darf nicht kommentiert werden.

1 Dreieinhalb Monate später, am 23. 8. 1939, wurden der deutsch-sowjetische Nichtangriffspakt und das Geheimabkommen unterzeichnet.
2 Am 1. 9. 1939: Beginn des deutschen Angriffs auf Polen.

Bestellungen aus der Pressekonferenz vom 9. 1. 1940

Anweisung Nr. 53
Die große Meldung des heutigen «VB» über die jüdische Abstammung der englischen Staatsmänner wird bedauert. Die darin enthaltenen Angaben sind zum großen Teil falsch. Die Behauptung, daß Sir Philip Sassoun nach der Ausbootung Hore Belishas weiter als Leiter der Kriegsbetriebe geblieben ist, ist falsch. Sassoun ist tot. Duff Coopers Gattin ist keine Jüdin, wie der «VB» behauptet hatte. Sie ist das arischste, was unter den schottischen Adelsgeschlechtern zu finden ist. Auch die Behauptung, daß Frau Daladier Jüdin sei, ist falsch. Daladier ist seit langem Witwer. Das Propagandaministerium wird wahrscheinlich neues Material über die jüdische Abstammung einiger englischer Staatsmänner herausgeben.
D.

Bestellungen aus der Pressekonferenz vom 15. 2. 1940

Anweisung Nr. 347
In der Auslandspresse wird behauptet, daß 1000 deutsche Juden nach dem Gouvernement transportiert worden seien. Die Meldung stimmt, ist aber vertraulich zu behandeln.
D.

Vertrauliche Bestellung!   Berlin, den 26. 4. 1940
Die Schrifttumsabteilung des Prop.-Min. teilt mit, daß Sigrid Undset [1], die mit 22 Büchern in Deutschland vertreten ist und durch Deutschland groß und weltberühmt geworden ist, verboten wird. Als Begründung wird angegeben, daß sie geäußert haben soll, «man solle die Deutschen mit der Hundepeitsche hinausjagen». Ihr Name ist nicht mehr in hervorragender Weise herauszustellen.
gez. Dr. Kausch

Bestellungen aus der Pressekonferenz vom 18. 6. 1940, abends

Anweisung Nr. 351
Es wird noch einmal daran erinnert, daß Führer-Bilder nur dann gebracht werden dürfen, wenn sie vom Führer selbst genehmigt sind und über die zugelassenen Bildagenturen laufen.

Bestellungen aus der Pressekonferenz vom 12. 8. 1940

Anweisung Nr. 705
Der «Angriff» hatte ein Weltbild-Photo aus der Königsberger Ostmesse im Titelkopf veröffentlicht, auf dem ein Stalin-Bildnis zu sehen ist. Fritzsche machte ausdrücklich darauf aufmerksam, daß eine derartige Bild-Veröffentlichung nicht nur geschmacklos, sondern politisch gefährlich sei. Wir treiben mit den Sowjets eine gemeinsame Außen- und

---

1 Sigrid Undset, 1882–1949, norwegische Schriftstellerin; 1928 erhielt sie den Nobelpreis.

Wirtschaftspolitik, nehmen aber eine bewußte geistige Abgrenzung zwischen Bolschewismus und Nationalsozialismus vor, auch wenn wir nicht mehr täglich uns aktiv mit dem Bolschewismus auseinandersetzen. Die Grenzen zwischen beiden Weltanschauungen dürfen von uns aus nicht verwischt werden. Die Sowjets tun dies sowieso nicht. Da es undenkbar ist, daß ein Hitlerbild auf Porzellantellern im Titelkopf etwa der «Prawda» erscheint, muß es ebenso unmöglich für deutsche Zeitungen sein, ein Stalin-Bildnis in dieser Form zu bringen. Ein Teil der deutschen Bevölkerung muß, wenn er eine deutsche Zeitung mit dem Bildnis Stalins aufschlägt, den Eindruck gewinnen, daß bei der deutschen Regierung eine Schraube locker ist.

Bestellungen aus der Pressekonferenz vom 7. 10. 1940
Anweisung Nr. 138
Das Prop.-Min. ordnet an: Das Hosentragen der Frauen untersteht nicht der öffentlichen Kritik. Wir sind keine Mucker, und wenn es jetzt kälter wird, können die Frauen ruhig Hosen tragen; auch wenn die Partei hier und da dagegen meutert. Die Reichsregierung hat keine Lust, wie im Vorjahre Zuschriften aus dem Leserkreise usw. gegen diese modische Erscheinung zu dulden. Der Muckerbazillus soll ausgerottet werden. Es lebe das Metropol-Theater und die Scala. Dr. Kausch

Bestellungen aus der Pressekonferenz vom 26. 1. 1941, abends
Anweisung Nr. 244
Meldungen, wie «75 Kinos in London vernichtet», sind nicht zu bringen, da sich ähnliches auch in Deutschland ereignen könnte.

Anweisung Nr. 245
Der Zwangseinsatz von 500 000 Frauen in England soll nicht gebracht werden, da es auch in Deutschland ähnliche Maßnahmen gibt.

Bestellungen aus der Pressekonferenz vom 29. 1. 1941
Anweisung Nr. 282
Eine Aufsatzreihe im «Reich» über die deutschen Dialekte hat Veranlassung gegeben, nochmals darauf hinzuweisen, daß vor allem der sächsische Dialekt nicht in einer derartig glossierenden Form behandelt werden soll. Gauleiter Mutschmann[1] hätte sich jahrelang hindurch bemüht, diesen Dialekt seines humoristischen Beigeschmacks zu berauben, sodaß es unangebracht ist, wenn in der Presse immer wieder Aufsätze oder sonstige Abhandlungen erscheinen, die die sächsische Sprache in einer lächerlichen Weise behandeln.

1 Martin Mutschmann, 1879–1945, seit 1925 Gauleiter in Sachsen.

Bestellungen aus der Pressekonferenz vom 24. 5. 1941, mittags
Anweisung Nr. 234 TP
Die Mitteilungen der NSK über die jüdische Abstammung Roosevelts sind gut zu beachten.

Bestellungen aus der Pressekonferenz vom 25. 7. 1941, mittags
Anweisung Nr. 757 TP
Die Frage des Rauchens oder Nichtrauchens ist nicht zu diskutieren.

Bestellungen aus der Pressekonferenz vom 7. 9. 1941
Anweisung Nr. 77
Im Reichsgesetzblatt ist das Gesetz über den Kennzeichnungszwang der Juden erschienen. Heute kommt keine Meldung mehr. Es darf nur DNB gebracht werden, es sei denn, daß noch besondere Sprachregelungen erfolgen. Das Gesetz sieht vor, daß jeder Jude und jede Jüdin auf der linken Seite auf der Kleidung ein handtellergroßes aufgenähtes Abzeichen in gelber Farbe, das einen 5-zackigen Stern zeigt, tragen muß. Auf diesem Stern steht in schwarzer Schrift das Wort «Jude». Dieses Abzeichen muß jeder Jude und jede Jüdin vom 6. Lebensjahr ab tragen. Befreit davon sind jüdische Ehepartner einer Mischehe, aus denen nicht-jüdische Mischlinge entstammen, sowie die jüdische Frau eines Ariers, auch wenn keine Kinder vorhanden sind. Weiter wird in dem Gesetz bestimmt, daß Juden, auch vorübergehend, ihren Wohnsitz nur mit Genehmigung der Ortspolizeibehörden verlassen dürfen.

Presse-Rundschreiben Nr. II/126/41　　　　　　　　　18. 11. 1941
In einem Zeitungsaufsatz wurde von dem destruktiven Wirken der Rabbiner gesprochen. Es stand darin u. a. wörtlich folgendes: «Der Rabbiner, der in Wahrheit nicht Seelsorger, sondern politischer Leiter seiner Gemeinde ist, blieb unbehelligt, ebenso die Veranstaltung jüdischer Versammlungen zur Ausübung ihres Kults.» Es wurde schon wiederholt darauf hingewiesen, daß die in der Partei, der Wehrmacht und dem Staat gebräuchlichen Wortbegriffe auf keinen Fall bei Schilderungen sowjetischer Verhältnisse angewendet werden dürften. Der Begriff «Politischer Leiter» wurde ausdrücklich für die Partei festgelegt, um den anrüchigen Begriff «Funktionär» aus der Welt zu schaffen. Der Verfasser hätte in diesem Fall von dem Rabbiner als politischer Funktionär, als politischer Handlanger, als politischer Agent u. ä. sprechen können.

Presse-Rundschreiben Nr. II/132/41　　　　　　　　　9. 12. 1941
Von Nachrufen für den verstorbenen Philatelisten Dr. Emilio Dieno ist abzusehen.

Das Reichsministerium für Volksaufklärung und Propaganda hatte gebeten, das Wort «Katastrophe» aus dem gesamten Sprachgebrauch auszumerzen und an Stelle des Wortes «Katastropheneinsatz» das Wort «Soforthilfe» zu verwenden. Es hat nunmehr vorgeschlagen, an Stelle des Wortes «Katastrophe» künftig die Bezeichnung «Großnotstände» und an Stelle «Katastropheneinsatz» die Bezeichnung «Luftkriegseinsatz» zu wählen, die geeigneter erscheine als das Wort «Soforthilfe», das schon anderweitig verwendet werde. Es wird daher bestimmt:

Das Wort «Katastrophe» wird durch die Bezeichnung «Großnotstände», das Wort «Katastropheneinsatz» durch «Luftkriegseinsatz» ersetzt.

O. K. W., 16. 3. 44 – 1600/44–AWA/W Allg. (IIc).

Bekanntgegeben. Um Beachtung wird ersucht.
–13 n 16 – Truppen-Abt. (Id).

Die Reichspressekammer

Die *Reichspressekammer* war eine der sechs Abteilungen der *Reichskulturkammer*, s. *Reichskulturkammergesetz* vom 22. 9. 1933, *RGBl.* 1933, Teil I, S. 659, deren Präsident Dr. Joseph Goebbels war. Über die *Reichskulturkammer* siehe ausführlich: *Die bildenden Künste im Dritten Reich* (Ullstein Buch 33030), S. 102 f.

Präsident der Reichspressekammer wurde zunächst Max Amann. Siehe auch Robert M. W. Kempner: *SS im Kreuzverhör*, München 1964, S. 271 f.

Dem Präsidialrat der Reichspressekammer gehörten 1933 an: Verlagsbuchhändler Willi Bischoff, * 1886, Leiter des Reichsverbandes Deutscher Zeitschriftenverleger, Dr. Otto Dietrich, Prof. Dr. Walther Heide, Dr. Kurt Jahncke, Rechtsanwalt Rolf Rienhardt, Wilhelm Weiß und Dr. Ildefons Richter; Sitz der Reichspressekammer war Berlin W 35, Standartenstr. 3 c.

In späteren Jahren sind folgende Änderungen im Präsidialrat durchgeführt worden:

1936: Dr. Otto Dietrich, Vizepräsident; Dr. Ildefons Richter, Geschäftsführer; zum Präsidialrat kooptiert wurden: Gunther d'Alquen (*Völkischer Beobachter* und *Das Schwarze Korps*), Alfred-Ingemar Berndt (Referent im Propagandaministerium), Dr. Adolf Dresler (Hauptamtsleiter der NSDAP-Reichsleitung), Hans Hornauer (Geschäftsführer des NS-Gauverlages für Sachsen), Johannes Schwarz van Berk (*Der Angriff*).

1939: Anton Willi, Geschäftsführer; im Präsidialrat: Edgar Brinkmann und Dr. Ildefons Richter.

1940: Im Präsidialrat: Hans Fritzsche (Ministerialdirigent im Propagandaministerium).

Bis Kriegsende sind keine weiteren Änderungen mehr durchgeführt worden.

Eröffnung der Reichspressekammer

Bericht in: *Deutsche Presse* vom 17. 11. 1933, S. 315–318, Auszüge.

Im Zusammenhang mit der feierlichen Eröffnung der Reichskulturkammer durch deren Präsidenten, den Reichspropagandaminister Dr. Goebbels, ist am 15. November auch die der in diese alle kulturtragenden Faktoren umfassenden Kammer eingebauten Reichspressekammer vollzogen worden. Es geschah in einem ungemein festlichen Akt, wie es der tiefen geistigen Bedeutung der neuen Staatsschöpfung entspricht. Alle Künste waren im festlich geschmückten Rahmen der Berliner Philharmonie aufgeboten, die klassischen Meister der deutschen Dichtung und Tonkunst waren als Paten angerufen worden – von Beethovens «Egmont»-Ouvertüre führte der Weg über das von Richard Strauß, dem Präsidenten der neuen Reichsmusikkammer, persönlich dirigierte «Festliche Präludium» in sinnvoller, kühner Steigerung zu dem Festwiesenchor aus den «Meistersingern»: «Wacht auf, es nahet gen den Tag», in den die großartige Kundgebung des neuen deutschen Kunstwillens mündete. Im Mittelpunkt der bedeutungsvollen Veranstaltung stand eine formvollendete, richtungweisende Ansprache von Reichsminister Dr. Goebbels über das Thema «Die deutsche Kultur vor neuen Aufgaben».

«Die Revolution, die wir gemacht haben, ist eine totale. Sie hat alle Gebiete des öffentlichen Lebens erfaßt und von Grund auf umgestaltet. Sie hat die Beziehungen der Menschen untereinander, die Beziehungen der Menschen zum Staat und zu den Fragen des Daseins vollkommen geändert und neu geformt. Es war in der Tat der Durchbruch einer jungen Weltanschauung, die 14 Jahre lang in der Opposition um die Macht gekämpft hatte, um dann unter ihrer Zuhilfenahme dem deutschen Volk ein neues Staatsgefühl zu geben. Das, was sich seit dem 30. Januar dieses Jahres abgespielt hat, ist nur der sichtbare Ausdruck dieses revolutionären Prozesses. Hier aber hat die Revolution an sich nicht begonnen. Sie ist damit nur zu Ende geführt worden. Es handelte sich um den Daseinskampf eines Volkes, das nach seinen alten Lebensformen und überwundenen Anschauungen sonst reif gewesen wäre für den Zusammenbruch.

Das System, das wir niederwerfen, fand im Liberalismus seine treffendste Charakterisierung. Wenn der Liberalismus vom Individuum ausging und den Einzelmenschen in das Zentrum aller Dinge stellte, so haben wir Individuum durch Volk und Einzelmensch durch Gemeinschaft ersetzt. Freilich mußte dabei die Freiheit des Individuums insoweit eingegrenzt werden, als sie sich mit der Freiheit der Nation stieß oder in Widerspruch befand.»

Präsident Amann an die Presse

Bericht in: *Deutsche Presse* vom 15. 12. 1933, S. 352, gekürzt.

Präsident Amann hielt am 13. Dezember in seiner Eigenschaft als Präsident der Reichspressekammer vor Pressevertretern aus dem ganzen Reich eine längere, sehr bedeutsame Rede, aus der wir nachstehend folgendes wiedergeben:

Ich hatte soeben Gelegenheit, dem Präsidenten der Reichskulturkammer, Herrn Reichsminister Dr. Goebbels, zu melden, daß der äußere Aufbau der Reichspressekammer mit dem heutigen Tage durchgeführt ist.

Erst wenn sich die Umwandlung im Denken, Fühlen und Trachten jedes einzelnen unseres Standes vollzogen hat, ist die deutsche Presse als das Ergebnis eines einheitlichen Wollens aller an ihrer Gestaltung Mitwirkenden das Instrument, das der heutige Staat braucht. Es wird zu den bedeutsamsten Aufgaben der Reichspressekammer gehören, diesen Vorgang dadurch zu beschleunigen, daß die äußeren Bedingungen, unter denen sich das Zusammenwirken der in der Presse Schaffenden vollzieht, geregelt werden.

Der plötzliche Umbruch der politischen Verhältnisse, die Tatsache der Machtergreifung im Staat durch die nationalsozialistische Bewegung in ihrer Totalität, die weit über die Bewegung hinaus greifbare Einsatzbereitschaft wertvollster Teile des deutschen Volkes für eine neue Gestaltung der Dinge standen einer hierauf kaum vorbereiteten, ja zum Teil völlig überraschten Presse gegenüber. Das mußte naturgemäß zu einer gewaltigen Erschütterung gerade auf dem Gebiet der Presse führen, die auch bis auf den heutigen Tag nicht als überwunden angesehen werden kann.

Die gesamte deutsche Presse muß sich darüber klar sein, daß es mit einer lediglich äußeren Gleichschaltung, die sich in vielen Fällen mit einer fast erschreckenden Schnelligkeit vollzog, nicht getan ist. Es genügt nicht, einige ältere, im übrigen vielleicht bewährte Mitarbeiter zu entlassen und an ihre Stelle Nationalsozialisten zu setzen, wenn der sonstige Kreis der Mitschaffenden das Wesen der Presse, wie sie der heutige Staat, wie sie das deutsche Volk braucht, gründlich verkennt. Wenn ich bereits auf die kurze Formulierung des Führers für die künftige Aufgabe der Presse als Instrument der Selbsterziehung hingewiesen habe, ist damit gleichzeitig gesagt, daß kein Angehöriger der Presse Aufgaben verfolgen darf, die dem nationalsozialistischen Gedankengut zuwiderlaufen.

Gliederung

Dr. phil. Gerhard Menz: *Der Aufbau des Kulturstandes*, München/Berlin 1938, S. 49–51, gekürzt; siehe auch *Reichspressekammer*, in: *Kölnische Zeitung* vom 1. 12. 1933.

Während in der Reichskammer der bildenden Künste der einheitliche Aufbau nach dem Gedanken der Verwaltungsstellen am weitesten und reinsten durchgebildet ist, stellt die Reichspressekammer gewissermaßen das Gegenstück nach der anderen Möglichkeit dar, indem hier alle Untergliederungen noch den Charakter des Fachverbandes (noch keine Fachschaften!) haben und zum größten Teil noch Eingetragener Verein sind. Die Präsidialverfassung gilt aber natürlich auch hier.

Die Untergliederungen sind folgende:

I. Der Reichsverband der Deutschen Presse (über 15 000 Schriftleiter).

II. Der Reichsverband der Deutschen Zeitungsverleger (über 2000 Mitglieder).

III. Der Reichsverband der Deutschen Zeitschriftenverleger (ungefähr 2800 Mitglieder).

Während der Reichsverband der Deutschen Zeitungsverleger und andere Gliederungen der Reichspressekammer wie auch sonst üblich gebietsmäßige Unterorganisation, meist in Anlehnung an die Gaueinteilung, aufweisen, hat der Reichsverband der Deutschen Zeitschriftenverleger wie der Buchhandel auch noch eine fachliche Untergliederung in 6 Fachgruppen.

IV. Fachverband der Rundfunkpresse – der eng mit der Reichssendeleitung zusammenarbeitet (43 Mitglieder).

V. Hauptfachschaft der kirchlich-konfessionellen Presse:

  1. Der Reichsverband der evangelischen Presse (über 1500 Mitglieder).

  2. Fachschaft der katholisch-kirchlichen Presse (etwa 500 Mitglieder).

VI. Hauptfachgruppe Vertrieb mit 5 Unterverbänden:

  1. Der Reichsverband für den werbenden Zeitschriftenhandel (über 1500 Mitglieder).

  2. Der Reichsverband der deutschen Lesezirkelbesitzer (fast 500 Mitglieder).

  3. Der Verband Deutscher Zeitungs- und Zeitschriftengrossisten (ungefähr 180 Mitglieder).

  4. Fachschaft des deutschen Zeitungs- und Zeitschriften-Einzelhandels (5300 Mitglieder).

  5. Reichsverband deutscher Bahnhofsbuchhändler (etwa 130 Mitglieder).

VII. Die Fachschaft der Verlagsangestellten (etwa 4000 Mitglieder).
VIII. Der Reichsverband deutscher Pressestenographen (über 600 Mitglieder).
IX. Der Reichsverband der Deutschen Korrespondenz- und Nachrichtenbüros (ungefähr 450 Mitglieder).
Gebietsmäßige Vertretungen sind die Landesleitungen der Reichspressekammer.

Anmeldung zur Reichspressekammer

Als Nachricht in: *München-Augsburger Abendzeitung* vom 11. 12. 1933.

Berlin, 11. Dezember

Der Präsident der Reichsschrifttumskammer, Dr. Hans Friedrich Blunck [1] und der Präsident der Reichspressekammer, Max Amann, haben folgende Anordnungen über die Anmeldepflicht zur Reichsschrifttumskammer und zur Reichspressekammer erlassen:

Auf Grund von § 9 der ersten Verordnung zur Durchführung des Reichskulturkammergesetzes vom 1. Nov. 1933 (Reichsgesetzblatt I, S. 797) bestimmen wir folgendes:

1. Eine schriftstellerische Tätigkeit begründet eine Verpflichtung, der Reichsschrifttumskammer oder der Reichspressekammer anzugehören, dann, wenn sie ständig ausgeübt wird und die Arbeitskraft des Schaffenden zu einem wesentlichen Teile in Anspruch nimmt. Andernfalls gilt sie als gelegentliche und geringfügige Tätigkeit. Diese begründet keine Verpflichtung einer Kammerzugehörigkeit.

2. Von den unter Ziffer 1 aufgeführten Personen gehören zur Reichspressekammer nur die Schriftleiter im Sinne des Schriftleitergesetzes. Alle anderen unter Ziffer 1 fallenden Personen müssen die Mitgliedschaft in der Reichsschrifttumskammer erwerben. Sie wird erworben durch den Beitritt zum Reichsverband Deutscher Schriftsteller.

3. Die Frage, wer Schriftleiter ist, und die Anmeldepflicht richten sich ausschließlich nach den Bestimmungen des in Kürze zu erwartenden Durchführungsverordnung zum Schriftleitergesetz.

4. Wer im Zweifel ist, ob für ihn eine Anmeldepflicht nach Ziffer 1 und 2 im Reichsverband Deutscher Schriftsteller besteht, erwirbt die vorläufige Befugnis zur weiteren Berufsausübung, wenn er bis zum 15. Dezember eine Anfrage über seine Anmeldepflicht an den Reichsverband Deutscher Schriftsteller richtet. Für die Anmeldepflicht zum Reichsverband der Deutschen Presse wird ein Termin bis zu dem die Anmeldung bewirkt sein muß, noch bekanntgegeben.

1 Dr. jur. Hans Friedrich Blunck, * 1888, Schriftsteller (Roman, Novelle, Geschichte, Märchen, Bühnendichtung), ausführlich über ihn in: *Literatur und Dichtung im Dritten Reich* (Ullstein Buch 33029), S. 96 f, 179 f, u. a. O.

5. Für Beamte, die sich auf ihrem Berufsgebiet schriftstellerisch betätigen, besteht nach den Grundsätzen der Ziffer 1 eine Anmeldepflicht, wenn die ständige Ausübung schriftstellerischer Tätigkeit zu ihren Berufsaufgaben gehört.

Einzelhandel mit Zeitungen und Zeitschriften

Reichspressekammer, in: *Nationalblatt*, Koblenz, vom 18. 7. 1934.

In Ergänzung meiner Veröffentlichung über die Anmeldepflicht zur Fachschaft des deutschen Zeitungs- und Zeitschriften-Einzelhandels bestimme ich auf Grund § 4 der 1. Verordnung zur Durchführung des Reichskulturkammergesetzes vom 1. November 1933 RGBl. 1, Seite 797 ff. in Verbindung mit der 2. Verordnung zur Durchführung des Reichskulturkammergesetzes vom 9. November 1933, RGBl. 1, Seite 969, folgendes:

Bis zum 31. Juli 1934 haben sich alle Personen und Firmen, die den Einzelhandel mit Zeitungen und Zeitschriften betreiben, bei der Fachschaft des deutschen Zeitungs- und Zeitschriften-Einzelhandels, Frankfurt a. M., Bürgerstr. 9–11, als Mitglieder anzumelden. Diese Anmeldepflicht umfaßt nicht nur die Inhaber von Kiosken und sonstigen festen Standplätzen, sondern auch alle ambulanten Zeitungs- und Zeitschriften-Einzelhändler, sofern diese nicht in einem festen Angestelltenverhältnis stehen.

Ich weise darauf hin, daß die Mitgliedschaft bei der Fachschaft des deutschen Zeitungs- und Zeitschriften-Einzelhandels Voraussetzung für die weitere Berufsbetätigung ist.

Berlin, den 9. Juli 1934   Der Präsident der Reichspressekammer
                                            i. A. Dr. Richter

Parteizugehörige Kammermitglieder

An den   Der Präsident der Reichskulturkammer
Herrn Präsidenten   I K 170/5496
der Reichspressekammer   Eilt sehr!
Berlin   Berlin, den 4. Juli 1935

Betrifft: Parteizugehörige Kammermitglieder.

Bis zum 1. *August* ist festzustellen und hierher vorzulegen, wieviele Mitglieder der einzelnen Verbände der Kammern gleichzeitig Mitglieder der NSDAP sind. Die Gesamtzahl in den einzelnen Verbänden ist ferner zu gliedern in

1.) Zahl der Pgg. unter 100 000
2.) Zahl der Pgg. vor dem 30. Januar 1933
3.) Zahl der Pgg. nach dem 30. Januar 1933.

Bis zum gestellten Termin ist zunächst einmal der Bestand der Pgg. rein zahlenmäßig festzustellen; wo, falls noch nicht geschehen, auch die persönliche Feststellung des Einzelnen (mit Mitgliedsnummern) gleichzeitig möglich ist, ist sie zu empfehlen; eine Vorlage ist jedoch vorläufig nicht notwendig.

Ich nehme an, daß bei den meisten Verbänden die verlangten Feststellungen bereits karteimäßig getroffen sind; wo nicht, geschieht die Ermittlung wohl zweckmäßigerweise im Einvernehmen mit den Gauleitungen der NSDAP (Karteileitung). Aus diesem Grunde werden die Landeskulturwalter gleichzeitig von vorstehender Anordnung in Kenntnis gesetzt mit dem Ersuchen, den Leitern, wenn nötig, die Feststellungen bei der Gauleitung zu ermöglichen.

Diese Anordnung ist unbedingt vordringlich zu behandeln und muß umgehend an die vorstehenden Dienststellen weitergeleitet werden, damit der gesetzte Termin unter allen Umständen innegehalten wird.

Beglaubigt:	Unterschrift	Im Auftrag:
	Siegel	Moraller

Erforderliche politische Zuverlässigkeit

Wenn der folgende Brief eines Fachverbandes der Reichspressekammer ausgerechnet über den J. F. Lehmann-Verlag geschrieben wurde, entbehrt dies nicht einer gewissen Komik, denn gerade dieser Verlag gehörte zu jenen, die schon lange vor 1933 für die Verbreitung des «NS-Gedankengutes» zuständig waren. Ausführlicher über den J. F. Lehmann-Verlag in: *Literatur und Dichtung im Dritten Reich* (Ullstein Buch 33029), S. 135 f.

An die Nationalsozialistische
Deutsche Arbeiterpartei
Gau München-Oberbayern
(Gaupresseamt)

handschriftlich:
An die Ortsgr. St. Paulsplatz
(Adolf Klein) Goethestr. 39/I

Reichsverband der deutschen
Zeitschriften-Verleger e. V.
Fachverband der Reichspressekammer,
Berlin W 35, Potsdamer (Privat) Straße
121 d
Fernsprech-Sammelnummer: B 1 Kurfürst 9161
Postscheck-Konto: Berlin 217 91
Berlin, den 25. Nov. 1936
Stempel: Nochmalige Anforderung,
12. Juni 37   1533

Betrifft: Verlag J. F. Lehmann, München
Mitinhaber: Dr. Friedrich Lehmann, München, Paul Heysestr. 26

Aus § 10 der Ersten Durchführungsverordnung zum Reichskulturkammergesetz vom 1. November 1933 ergibt sich, daß die Mitgliedschaft eines Verlegers bzw. eines Verlages in der Reichspressekammer abgelehnt werden kann, wenn Tatsachen vorliegen, die erkennen lassen, daß die in Frage kommenden verantwortlichen Personen im Verlag die für die Ausübung ihrer Tätigkeit erforderliche politische und moralische Zuverlässigkeit nicht besitzen.

Ich bitte Sie aus diesem Grunde um Mitteilung, ob über den oben genannten Verlag oder die Person des Verlegers politisch Nachteiliges bekannt ist, wobei ich in erster Linie die Zeit *nach* der Machtergreifung zu berücksichtigen bitte.

Heil Hitler!
Der Leiter des Reichsverbandes
der deutschen Zeitschriften-Verleger
Bischoff

Stempel: Dringende Fristsache
handschriftlich: 22. 7. 37 Ho.

Ausschluß aus der Reichspressekammer

Einschreiben! mit Rückschein!

Herrn
Dr. Valentin Mayer
München
Potsdamerstr. 5

Der Präsident der Reichspressekammer
Geschäftszeichen:
A 2 5092 Dr. Mö/Hn./XII
Berlin W 35, am 27. Aug. 1937
Viktoriastraße 11
Fernsprecher: 22 01 88

Betr.: Verlag Valentin Höfling, München, Lämmerstraße 11.
Unter Bezugnahme auf den Erlaß des Herrn Reichsministers des Innern vom 25. Mai 1937 schließe ich Sie hiermit auf Grund des § 10 der I. Verordnung zur Durchführung des Reichskulturkammergesetzes vom 1. November 1933 (RGBl. I/1933, S. 797 ff.) wegen mangelnder Zuverlässigkeit und Eignung mit sofortiger Wirkung aus der Reichspressekammer aus und untersage Ihnen jede weitere pressemäßige Betätigung.

Im Auftrage:
Dr. Richter

Siegel

Bahnhofsbuchhändler

An die Gauleitung
Groß-Berlin der NSDAP
Berlin W 9
Voßstraße 11

Reichsverband Deutscher Bahnhofs-
buchhändler
Berlin NW 7, den 8. Mai 1942
Neustädtische Kirchstr. 15
Betr.: B 5

Betrifft: *Karl* Leopold Friedrich Menzel, Berlin-Wilmersdorf, Hilde-
gardstr. 4, geb. 30. 10. 1896.

Aus § 10 der ersten Durchführungsverordnung zum Reichskulturkammergesetz vom 1. November 1933 ergibt sich, daß die Aufnahme eines
Bahnhofsbuchhändlers in die Reichspressekammer und somit auch in
den Reichsverband Deutscher Bahnhofsbuchhändler abgelehnt werden kann, wenn Tatsachen vorliegen, die erkennen lassen, daß der in
Frage kommende Bahnhofsbuchhändler die für die Ausübung seiner
Tätigkeit erforderliche politische und moralische Zuverlässigkeit nicht
besitzt.

Wir bitten Sie daher, uns über die politische, weltanschauliche und
konfessionelle Einstellung und Betätigung des oben Genannten eine
kurze Stellungnahme zukommen zu lassen, und zwar über das zuständige Reichspropagandaamt.

Bei Abfassung dieses Berichtes wäre also von dem Grundgedanken
auszugehen, ob es Ihres Erachtens verantwortet und befürwortet werden kann, daß Herr *Menzel* seine Tätigkeit als Bahnhofsbuchhändler
auch im Rahmen des Neuaufbaues der deutschen Presse im nationalsozialistischen Staate weiterhin ausübt.

Heil Hitler!
Reichsverband Deutscher Bahnhofsbuchhändler
Unterschrift

Reichspresseschule

Einweihung der Reichspresseschule, in: *Deutsche Presse* vom 2. 5. 1936, Auszug; Leiter der Reichspresseschule war Dr. Fritz Zierke.

Am 24. April wurde das neue Haus der Reichspresseschule in Berlin-
Dahlem, Messelstraße 5–11, durch den Leiter des Reichsverbandes
der Deutschen Presse, Hauptschriftleiter Weiß, seiner Bestimmung übergeben. Zu der schlichten Feier waren Vertreter von Partei, Staat und
Presse erschienen. Im einfach aber würdig ausgestatteten Kamerad-
schaftsraum des Hauses begrüßte Hauptschriftleiter Wilhelm Weiß die
Erschienenen und die jungen Kameraden des 4. Lehrgangs der Reichs-

presseschule. Er gab seiner Freude Ausdruck, dem deutschen Schriftleiternachwuchs ein Schulheim übergeben zu können, das allen Bedürfnissen entspricht. In knappen, markanten Worten schilderte Pg Weiß dann kurz die Entstehung der Reichspresseschule, die im Laufe der Zeit der gesamten deutschen Presse von bleibendem Nutzen sein werde. Er betonte, daß in früheren Jahren während des marxistischen Regimes eine derartige Einrichtung schon vor allem, weil jedwede politische Einheit und jede berufsständische Einheit fehlten, ganz unmöglich gewesen wäre.

Heute seien die Voraussetzung für die berufsständische Einheit der deutschen Presse gegeben, und daher gelte es um so mehr, sie zu sichern. Es sei Aufgabe der deutschen Journalisten, das Schriftleitergesetz mit ihrem Geiste und mit ihrem Willen zu erfüllen. Denn wir wollen heute eine deutsche Presse, die ihre Arbeit in nationalsozialistischem Geiste erfüllt.

Der Reichspressechef der NSDAP

Befugnisse

Reichspressechef der NSDAP war Dr. Otto Dietrich; sein Stabsleiter Helmut Sündermann; sein Büro Berlin W 8, Wilhelmstraße 64.

Zum Thema selbst siehe noch Ernst Jaenicke: *Der nationalsozialistische Presseapparat* in: *Deutsche Presse* vom 5. 5. 1934, S. 8 f.

Dienststellen des NSDAP-Pressechefs waren: Der Beauftragte für Auslandspressefragen (für Berlin Prof. Dr. Karl Bömer, für München Rolf Hoffmann); die Hauptgeschäftsstelle (Dr. Adolf Dresler); Pressepolitisches Amt (Amtsleiter Helmut Sündermann); außerdem gab es zweiunddreißig Gaupresseämter, ausführlich in: *Handbuch der deutschen Tagespresse*, Berlin 1937, S. 324 f.

handschriftlich: Verfügung des Führers   28. II. 34
        Nationalsozialistische Deutsche Arbeiterpartei – Reichsleitung –
        Reichsgeschäftsstelle: München, Briennerstraße 45
        Briefanschrift: München 43, Brieffach 80
        Telefon-Nummern: 54 901, 58 344 u. 56 081
        Postscheck-Konto: München 23 319
        Kampfzeitung d. Partei: «Völkischer Beobachter»
        Geschäftstelle der Zeitung: Thierschstr. 11
        Telefon-Nummer: 20 647
        Schriftleitung: Schellingstraße 39
        Telefon-Nummer: 20 801
        Postscheck-Konto: 11 346

An alle Herren Reichsleiter und Gauleiter
Anordnung
handschriftlich: Presse B

Der Reichspressechef der NSDAP, Pg Dr. Dietrich, hat folgende Befugnisse:

1.) Er bestimmt in meinem Auftrag die Richtlinien für die gesamte redaktionelle Arbeit innerhalb der Parteipresse. Er ist außerdem als mein Pressechef oberste Instanz für alle Presseveröffentlichungen der Partei und ihrer sämtlichen Dienststellen.

2.) Die Redaktionen der Parteipresse sowie die Gaupressewarte der NSDAP sind in ihrer Arbeit dem Reichspressechef unterstellt. Hier steht ihm ein Einspruchsrecht in allen personellen Fragen zu.

3.) Sämtliche innerhalb der Partei oder ihrer Neben- und Unterorganisationen (Politische Organisation, SA und SS, HJ, Deutsche Arbeitsfront) bestehenden Presseabteilungen, Presseämter usw. sind unbeschadet ihrer besonderen verwaltungsmäßigen Eingliederung in ihrer publizistischen Arbeit dem Reichspressechef der NSDAP unterstellt und ihm verantwortlich.

4.) Die Genehmigung von Pressediensten und Korrespondenzen, die von einer Dienststelle der NSDAP herausgegeben werden oder sich als nationalsozialistisch bezeichnen, fällt unter den Dienstbereich des Reichspressechefs der NSDAP.

Der Reichspressechef der NSDAP trifft alle zur Erfüllung seiner Aufgaben erforderlichen Maßnahmen.

Berlin, den 28. Febr. 1934   Adolf Hitler
F. d. R.: v. Wulffen
Höflichkeitsformeln fallen bei allen parteiamtlichen Schreiben weg.

Das Gaupresseamt

Ernst Kratz: *Gaupresseamt* in: *NS-Presse-Briefe 2/37* vom Mai 1937, S. 2–3, Auszüge. Auf Grund dieses Berichtes – er stammt aus Hessen-Nassau – ist es möglich, sich ein Bild über die Lenkungstätigkeit eines Gaupresseamtes zu machen, das zum Gesamtbereich der Einflußnahme des Reichspressechefs der NSDAP gehörte; derartige *NS-Pressebriefe* wurden vom *Pressepolitischen Amt* des NSDAP-Reichspressechefs an alle Schriftleiter der Parteipresse, alle Presseamtsleiter und Referenten der Partei, ihre Gliederungen, angeschlossenen Verbände und an die «betreuten» Organisationen monatlich versandt. Die *NS-Pressebriefe* – das wurde ausdrücklich betont – waren der Öffentlichkeit nicht zugänglich; verantwortlich für den *NS-Pressebrief* war allein Erich Fischer. Das Gaupresseamt für Hessen-Nassau befand sich in Frankfurt am Main.

Da die Partei in allen ihren Taten der lebendige Ausdruck der Volksmeinung und des Volksempfindens ist, ist es nur selbstverständlich, daß ihr Presseamt keine «Behinderungsstelle» ist, sondern in erster Linie den Zeitungen und allen Volksgenossen, die sich zu ihm hinwenden, kameradschaftlich helfen will.

In ihrem Presseapparat hat die Partei, eine Lücke gegen die unkontrollierbaren Berichterstatter schließend, einen großartigen Mitarbeiterstab für die Zeitungen geschaffen, der unentbehrliche Dienste leistet. Vom Gaupresseamt hinab bis in die Ortsgruppe und Stützpunkte stehen im Gau Hessen-Nassau über 2 000 Presseamtsleiter, Referenten und Melder der Gliederungen zur Verfügung. Den ganzen Gau überspannt ein feinmaschiges Netz von Presseamtsleitern, denen nichts entgeht, die mitten im Leben und im Volk stehen und wissen, worauf es ankommt.

Das Gaupresseamt Hessen-Nassau z. B. umfaßt vier Hauptstellen, in denen die Fäden der verschiedenen Arbeitsgebiete zusammenlaufen. Der Geschäftsführung obliegt vor allem die Pressebetreuung. Hier laufen die Wünsche der Zeitungen ein, die, angefangen von kleinen Informationen, Rückfragen und Anforderungen von Bildern führender Parteigenossen bis zur Pressegeschichte des Gaues, anhand sorgfältig zusammengetragener Unterlagen schnell und erschöpfend erledigt werden können. In den Schränken liegen Lebensläufe und Bilder führender Parteigenossen sowie auch der Männer des öffentlichen Lebens unseres Gaues, dazu sind umfassende Unterlagen über die Pressegeschichte des Gaues vorhanden.

Aber nicht auf Anregung allein bleibt die Arbeit beschränkt, sondern in einem Meldeapparat, der in dem Meldekopf (Nachrichtendienst) des GPA zusammenläuft, sind etwa 1 800 Melder als Berichterstatter tätig. Nicht nur die Presseamtsleiter der Ortsgruppen, sondern die verschiedenen Gliederungen der Bewegung haben ihre besonderen Melder benannt, die nun bis ins kleinste Dorf hinein, bis in den äußersten Teil des Gaugebietes eine volksnahe und bewegungsgerechte Berichterstattung sichern. 9 000 Berichte gehen monatlich bei dem Meldekopf ein, wo sie vorbereitet und geprüft den parteiamtlichen Zeitungen zugeleitet werden. Täglich 300 Meldungen sind für die Parteipresse, die vorher nur auf wenige Mitarbeiter angewiesen war, eine unschätzbare Hilfe. Beim Meldekopf werden die Artikel und kleineren und größeren Meldungen, die oft mit Bildern versehen sind, vorbereitet, denn es war natürlich und ist auch heute noch immer notwendig, die Melder zu erziehen und heranzubilden. Berichte, die inhaltlich oder der Form nach nicht zur Veröffentlichung geeignet sind, werden mit einem Vermerk, der die Gründe der Ablehnung benennt, zurückgeschickt.

Propaganda

In allen bisher erschienenen drei Bänden dieser Serie über Kunst und Kultur im Dritten Reich ist die Propaganda ausführlich dokumentiert worden. Hier nur einige Beispiele für die Presse, die chronologisch geordnet sind.

Die einzige Koordinate

Dr. Friedhelm Kaiser: *Die Zeitung als Mittel zur Nationalerziehung* in: *Zeitungs-Verlag* vom 13. 10. 1934, S. 664, Auszug; siehe auch die Dissertation von Hildegard Kriegk: *Die politische Führung der Berliner Boulevardpresse*, Berlin 1941, S. 28–36; Berichterstatter: Prof. Dr. Emil Dovifat und Prof. Dr. Wilhelm Schüssler.

Presse ist weder «Nachrichtenblatt» im alten Sinne, noch «Meinungsblatt» und so weiter mit irgendwie «objektiv» erscheinenden Koordinaten, die noch von wenigen oder vielen Einzelnen festgelegt wären. Ihre einzige Koordinate heißt Deutschland. Und Deutschland dient sie in der vielfältigen Art, die sie in ihren einzelnen Sparten und an Hand ihrer technischen Verbesserungen entwickelt hat. «Propaganda», das ist zunächst keine Einzelunternehmung, keine Einzeltat, sondern ein Sein und Wollen, das vom Gesamten ausgeht, es als Mittel nutzt und wieder zu ihm führt. Propaganda ist also nicht «Äußerung» in dem flachen Sinne, in dem wir uns als Extrem den «Billigen Jakob» vorstellen, sondern innewohnendes Leben, vorwärts treibende Kraft, Dynamik. Sie hat einen nach außen wirkenden Ausdruck nur innerhalb des großen Gesamtorganismus, für den sie bewußt eine Zelle ist. Propaganda stellt sich zur «nationalen Macht», also auf die Weise in Beziehung, daß sie Volk und Gestalt als Dynamik auffaßt und inmitten derselben sich tätig ansetzt. Sie kann sich gar nicht von außen her der irgendwo ruhenden Sache «Staat» oder «Volk» widmen – sie ist ja selbst Bestandteil dieser beiden Organe. Deren Leben aber durchdringt, steigert, stößt sie, immer in der totalen Verflechtung mit dem Ganzen.

Dr. Schacht über die Aufgaben der Presse

Interview des Hauptschriftleiters des *Neuen Wirtschaftsdienstes*, Dr. H. Richter, in: *Deutsche Presse* vom 20. 10. 1934, Auszug. Dr. phil. Hjalmar Schacht, * 1877; 1923–30 und seit März 1933 Reichsbankpräsident; 1934–37 Reichswirtschaftsminister; siehe auch die Stellungnahme: *Ein Angriff – und unsere Meinung* von Helmut Sündermann zu diesem Interview in: *Deutsche Presse* vom 27. 10. 1933, S. 4 f.

Dr. Schacht: «Kann denn der Journalist besser für den Nationalsozialismus kämpfen, als dadurch, daß er wahrheitsgetreu von den Tatsachen und Taten berichtet, die der Nationalsozialismus geschaffen hat und täglich schafft? Wie viele dieser Tatsachen sind aber dem Volk in ihrer ganzen Bedeutung erst sehr undeutlich zum Bewußtsein gekommen? Hier liegt noch ein weites Feld dankbarster Betätigung mit höchster Propagandawirkung.»

Dr. Richter: «Unterschätzen Sie da nicht den Einfluß und die Bedeutung der nationalsozialistischen Presse in den Kampfjahren?»

Dr. Schacht: «Ganz gewiß nicht. Nehmen Sie den Zustand der deutschen Presse, wie er sich vor der Machtergreifung durch den Führer darstellte. Diese Leserzahl der nationalsozialistischen Blätter war im Verhältnis zu der der gegnerischen Blätter gering. Wenn es nun nach den dort täglich auf den Leser losgelassenen Meinungen über den Nationalsozialismus gegangen wäre, dann wäre der Führer wohl niemals zur Macht gekommen. In Wirklichkeit hat diese Meinungsmache gar nichts bedeutet. Aber, daß Adolf Hitler 20 000 Menschen in den Sportpalast brachte, daß er schließlich Versammlungen vor Hunderttausenden abhalten konnte, daß Anhänger für ihn und seine Idee ihr Leben opferten, diese Tatsachen wirkten. Die Leser der Systempresse kümmerten sich nicht mehr um die Urteile und Meinungen ihrer Zeitung. Die höchste Propagandawirkung hat schließlich immer die Tat.»

Die große volkserziehende Aufgabe

Dr. Hans A. Münster: *Die drei Aufgaben der deutschen Zeitungswissenschaft*, Leipzig 1935, S. 12–13, Auszug.

Die große volkserzieherische Aufgabe der Zeitungswissenschaft im Rahmen der allgemeinen politischen Erziehungsarbeit besteht darin, Verständnis zu verbreiten für die Notwendigkeit und Art unserer Propaganda und unserer Publizistik.

Vertrauen zu seiner Politik erringt ein Volksführer leichter als Einsicht in die Richtigkeit seiner Propagandamaßnahmen. Die Zeitungswissenschaft kann hier helfen. Allerdings muß sie aus echtem, nationalsozialistischem Geist betrieben werden. Sie kann zur Gefahr für den

Staat werden, wenn sie von Lauen gelehrt wird oder gar zur Kritik an den Propagandamaßnahmen erzieht und etwa dem jungen Studierenden den Glauben an die Ehrlichkeit und Wahrhaftigkeit der Volksaufklärung unseres Staates durch skeptische, zersetzende Kritik untergräbt.

Auf Grund ihrer Forschungen und Erfahrungen ist die Zeitungswissenschaft – fast allein – in der Lage, den Nachweis zu führen und wissenschaftlich zu begründen, daß Propaganda in der Politik heute so nottut wie nie zuvor, und daß das nationalsozialistische Presse- und publizistische System im Prinzip das für Deutschland beste ist, was man sich denken kann.

Der Redner

Karl Nennstiel: *Presse und Propaganda*, Weimar 1936, S. 25–36, gekürzt.
Karl Nennstiel war Hauptschriftleiter der *Rudolstädter Zeitung*.

Wo ein Redner auf die Vergeßlichkeit der Masse gerechnet haben kann, vielleicht nur, um nicht allzu weit ausholen zu müssen, wird der eine oder der andere, der nicht vergeßlich ist, die dann als Widerlegung frisierten alten Vorgänge auf dem Wege von Mund zu Mund ohne Schwierigkeiten unter die Menge bringen können, sei es aus persönlichem Dünkel oder aus purer Gegnerschaft. Dadurch kann aber der propagandistische Erfolg einer Rede leicht aufgehoben werden und die von ihr beabsichtigte Wirkung ins Gegenteil umschlagen.

Berichterstatter und Schriftleiter dürfen die Versammlungsrede nicht durch Außerachtlassung der gegebenen Umstände der schleichenden Kritik und Zersetzung geradezu ausliefern, sondern müssen sie ihnen entziehen. Sie dürfen sich dabei aber nicht darauf beschränken, sie etwa zusammenzustreichen oder zu kommentieren; denn niemand bietet Gewähr dafür, daß der Kommentar auch gelesen wird, und Striche an wesentlichen Stellen verschlimmern die etwa nachteilige Wirkung. Die Zeitung muß daher die Rede erforderlichenfalls an der entsprechenden Stelle durch eigene Gedanken, als solche natürlich kenntlich gemacht, ergänzen und notfalls besser fundamentieren. Ein Schriftleiter, der dazu nicht in der Lage ist, vermag seine Aufgabe nicht zu erfüllen.

Das Schlagwort

Franz Alfred Six: *Die politische Propaganda im Kampf um die Macht*. – Inaugural-Dissertation, genehmigt von der Philosophischen Fakultät an der Ruprecht-Karl-Universität Heidelberg, Heidelberg 1936, S. 48, Auszug; Referent: Prof. Dr. Arnold Bergstraesser.
Franz Alfred Six, *1909, machte im Dritten Reich eine Karriere, die nur in einem totalen Staat möglich ist, denn schon zwei Jahre nach dieser Dissertation

wurde er Professor für Zeitungswissenschaft an der Universität Königsberg i. Pr. Selbstverständlich war er SS-Standartenführer und auch Abteilungsleiter im Reichssicherheitshauptamt (RSHA); außerdem war Six wissenschaftlicher Experte Reinhard Heydrichs für die Juden-Frage und Spezialist für Freimaurer. Anfang April 1944 leitete Six die *Arbeitstagung der Judenreferenten der Deutschen Missionen in Europa*, die in Krummhübel stattfand, ausführlich darüber siehe Dokument PS – 3319.

Bei Vorbereitung der Operation *Seelöwe*, Besetzung Englands, 1940, wurde Six für das Amt des Befehlshabers der Sicherheitspolizei und des SD in England vorgesehen.

Siehe auch von F. A. Six: *Pressefreiheit und internationale Zusammenarbeit*, Hamburg 1937, ein Vortrag, den Six bei dem durch das *Weltstudentenwerk* 1937 in Genf abgehaltenen Kursus für Journalisten und Studierende des Journalismus hielt.

Die nationalsozialistische Zeitung sollte Mittel der Propaganda sein, nicht ausschließlich Informationsorgan, sie hatte der Bewegung zu dienen und ohne sie ihre Berechtigung verloren. Während des Kampfes um die Durchsetzung der Idee und der Eroberung der Macht ist sie wie alle anderen Führungsmittel nur Hilfsmittel für die große politische Hauptaufgabe und empfängt von ihr auch ihre Gesetze, ihre Form und ihren Inhalt.

Die Ethik der nationalsozialistischen Bewegung war damit auch diejenige ihrer Presse. Die Erkenntnisse der Propaganda, ihre Taktik, ihre Gesetzmäßigkeiten wurden in gleichem Maße auf die Presse übertragen. Diese Notwendigkeit fand Ausdruck in verschiedenen Forderungen.

Die Einfachheit der Mittel mußte sich verbinden mit der ständigen Wiederholung der Grundgedanken, ausgedrückt in dem Schlagwort, das für alle verständlich, das Denken der Masse weitgehender berührt, als die tiefgründigste Aufklärung und Belehrung.

Das Pressefoto

Dr. Willy Stiewe: *Das Pressephoto als publizistisches Mittel*, Leipzig 1936, S. 126, Auszug.

Dr. phil. Willy Stiewe, * 1900, Hauptschriftleiter.

Das belehrende Bild muß im Bereich der Volksaufklärung und Propaganda naturgemäß noch eine viel größere Rolle spielen. Es gibt da weite Gebiete, die ohne das Pressephoto überhaupt nicht mit Erfolg behandelt werden könnten. Das trifft besonders für die gesamte Aufklärung in Rassefragen zu. Nur durch das Pressephoto und seine Fähigkeit anschaulichster Darlegung war es möglich, den rassischen Gedanken volkserzieherisch in die breiten Schichten zu tragen und unauslöschlich zu verankern.

Daneben werden auch andere Probleme des Volkes in solchen belehrenden Photobildserien von diesem Blatte behandelt.

Wie das Photo sich als belehrendes Bild in den Dienst der Volksaufklärung stellt, so erreicht es als appellierendes Bild mahnend, einhämmernd, entflammend ein Höchstmaß staatspolitischer Propaganda und Werbearbeit. Das «Winterhilfswerk des deutschen Volkes» ist hierfür das beste Beispiel, auf das wir auch schon bei der Erörterung dieser ganzen Bildgattung des Pressephotos als nächstliegendes Beispiel gewiesen hatten. Gebende Hände reizen den Beschauer unwillkürlich zum Mittun, Darstellungen praktischer Hilfe erinnern ihn an die Schätze, die er selbst noch frei machen könnte.

«Der Reichsparteitag und die Presse»

Aufsatz in: *Zeitungs-Verlag* vom 21. 8. 1937, S. 511, gekürzt.

Wenige Wochen noch trennen uns von dem Ereignis, das Jahr um Jahr nicht nur ein ganzes Volk aufs neue erfaßt, sondern das auch mit jedem Jahr der Presse neue Aufgaben stellt. Denn wenn sich für die Formen, in denen das Geschehen des Reichsparteitags abläuft, im Laufe der Zeit bestimmte Grundsätze herausgebildet haben, und wenn auch jeder Tag sein besonderes Gesicht durch die Formationen erhält, die an ihm in Erscheinung treten, die Aufgaben, die sich der Schriftleitung stellen, wechseln von Jahr zu Jahr.

Man sage nicht, das müsse sich ja jedes Jahr wiederholen, da doch nun einmal Nürnberg die Stadt aller Reichsparteitage sei. Das wäre ja ein kläglicher Journalismus, der es nicht verstände, in immer neuen Bildern das Gesicht einer Stadt und eines Geschehens zu zeichnen, das so geladen ist von der Dynamik der Zeit, wie die alte Stadt reich ist an Überlieferung. Man gebe nur einmal eine Karte, wie sie nun in dieser Stadt am kommenden Reichsparteitag die Quartiere verteilen, wo etwa die Ostpreußen, die Niedersachsen, die Schlesier und Pommern untergebracht sein werden, wo das große Zeltlager der SS und wo das der HJ sich befindet, wo in diesem Jahr zum erstenmal die großen Nationalsozialistischen Kampfspiele stattfinden werden und wo sich später die gewaltige Kongreßhalle erhebt, an deren Ausbau noch gearbeitet wird. Oder man lasse den Leser einmal einen Blick in das Quartieramt und das Hauptquartier der Sonderzüge tun, ihn zahlenmäßig und möglichst an bildlichen Darstellungen erkennen, welche Unsumme von Vorbereitung und Zusammenarbeit notwendig ist, Aufmärsche und Kundgebungen dieses Ausmaßes sich reibungslos abwickeln zu lassen.

Das zersetzende Element wurde ausgeschaltet

Die Welt wird nur dann Frieden haben, wenn eine internationale Quarantäne für das Judentum geschaffen wird – Sündermann über die Behandlung der Juden in Europa, in: *Pester Lloyd*, Budapest, vom 21. 7. 1944, gekürzt; siehe auch Helmut Sündermann: *Europäische Judendämmerung* in: *Cottbusser Anzeiger* vom 8. 11. 1940. Original in der Wiener Library, London.

Als der stellvertretende Reichspressechef Helmut Sündermann die folgende Erklärung abgab, war die große Deportation von zirka 500 000 ungarischen Juden – sie dauerte von Mitte Mai bis Anfang Juli 1944 – nach dem Vernichtungslager Auschwitz abgeschlossen. Für die Propagandalügen, die in diesem Falle für die ausländische Presse bestimmt waren, ist bezeichnend, daß Sündermann am 13. 6. 1944 – also einen Monat, bevor er die betreffende Erklärung vor der ausländischen Presse abgab – von Oberleutnant Wolf Meyer-Christian ein Memorandum erhielt, in dem unter anderem eindeutig festgestellt wurde, das Gros des europäischen Judentums sei schon vernichtet worden. Oberleutnant Meyer-Christians einzige Sorge war, wie man den Feldzug gegen einen gar nicht mehr vorhandenen Feind starten solle. Die Überschrift des Memorandums lautet: *Die Behandlung der Judenfrage in der deutschen Presse.* Das Dokument befindet sich im Archiv des Yivo Institute for Jewish Research in New York und hat die Nummer C 117.

Berlin, 19. Juli. – (DNB). Vor Vertretern der ausländischen Presse in Berlin befaßte sich heute der Stellvertreter des Reichspressechefs, Stabsleiter Sündermann, mit den jüdischen Problemen, wobei er insbesondere die von der Feindseite ausgestreuten Behauptungen über angebliche schwere Mißstände bei der Behandlung der in Europa ansässigen Juden an Hand von mitgeteilten Tatsachen als zweckbestimmte Agitation und Hetze entlarvte.

Stabsleiter Helmut Sünderman stellte eingangs fest, daß es immer das gleiche sei, sobald in Europa eine klare Maßnahme zur Isolierung der Juden durchgeführt werde, hebe ein Rauschen im anglo-amerikanischen Blätterwald an.

Erst 1941 seien die ersten Maßnahmen gegen die Juden in Europa ergriffen worden, und zwar habe es sich um die Verordnung zum Tragen des Judensterns gehandelt. Später wurde dann durch eine planmäßige Isolierung und Einschaltung der Juden in den europäischen Arbeitsprozeß diese erste Maßnahme erweitert. Bei den Maßnahmen zur Isolierung und Einschaltung in den Arbeitsprozeß habe man eine ganze Reihe von humanitären Gesichtspunkten zur Anwendung gebracht, es seien z. B. alle alten Juden ausgenommen worden, ebenso solche, die etwaige besondere Verdienste aufzuweisen hatten. Diese Juden seien mit ihren Angehörigen in einer besonderen jüdischen Gemeinschaft untergebracht, die in Theresienstadt[1] im Protektorat ihren Sitz habe. Erst

1 Bei Theresienstadt handelte es sich um eines jener deutschen Lager im Zweiten Weltkrieg, die als Schauobjekt für Propagandazwecke eingerichtet wur-

kürzlich sei diese Siedlung von Delegierten des Internationalen Roten Kreuzes aufgesucht worden.

Die anderen Juden, die zu Arbeitszwecken eingeschaltet wurden, werden normalerweise zunächst in einem großen Sammellager auf ihren zweckmäßigen Arbeitseinsatz hin geprüft. Die nicht Arbeitsfähigen kämen in ein sogenanntes Familienghetto, alle übrigen werden gemäß ihrer beruflichen Ausbildung eingesetzt, wobei als Grundsatz gelte, daß Ehepaare beieinander bleiben. Bei der Verteilung würden die einsatzfähigen Juden den einzelnen Bedürfnisträgern wie der Organisation Todt, der Landwirtschaft usw. zur Verfügung gestellt. Mit der Verteilung der Juden auf diese wirtschaftlichen Bedürfnisträger ende dann überhaupt die staatspolitische Bereinigung.

Über all diese Tatsachen – stellte Sündermann fest – sind die jüdischen Organisationen in der ganzen Welt unterrichtet. Trotzdem schikken sie Zeitungen und andere Organisationen vor, um infame Falschmeldungen über angebliche Mißhandlungen und Mißstände in die Welt zu setzen. Es gibt genügend Hinweise, daß die Judenfrage nicht nur für uns, sondern heute schon auch für unsere Feinde ein Problem ist. Die Welt wird nur dann Frieden haben, wenn eine Weltquarantäne für dieses Unruheelement geschaffen wird, das für eigene Interessen die Soldaten anderer Völker in den Tod schickt. Deutschland ist deshalb so stark – so schloß Stabsleiter Sündermann –, weil dieses zersetzende Element ausgeschaltet wurde. Das Beispiel der europäischen Lösung der Judenfrage, die humanitär, aber der wirklichen Lage entsprechend durchgeführt wird, wird in der ganzen Welt einmal Schule machen.

den. Ausführlich darüber siehe die beiden Werke von H. G. Adler: *Theresienstadt 1941–1945 – Das Antlitz einer Zwangsgemeinschaft*, Tübingen 1955, und *Die verheimlichte Wahrheit – Theresienstädter Dokumente*, Tübingen 1958.

Interna

Die folgenden Dokumente sind chronologisch geordnet.

Im Hause der deutschen Presse

Die nachstehenden beiden Briefe, von denen der erste gekürzt ist, geben ein zutreffendes Bild von der Indifferenz, die während der ersten Zeit des Dritten Reichs unter den Fachjournalisten herrschte. Die Presse war eben gleichgeschaltet worden und man schrieb nur nach den Anweisungen der Lenkungsapparate oder zuständigen Funktionäre. Beruflich aber hatte man nichts zu sagen – öffentlich jedenfalls nicht. Es war die typische Atmosphäre eines Umbruchs vom demokratischen Staat zur Diktatur.

Der hier erwähnte Benno von Arent, * 1898, war Bühnen- und Filmbildner; ausführlicher über ihn in: *Theater und Film im Dritten Reich* (rororo Nr. 812/813/814), S. 119 f.

	Neuer Deutscher Bühnen- und Filmklub E. V.
	Im Haus der deutschen Presse
	Führung: Benno v. Arent
	Postscheckkonto: Schatzmeister Hans
	Hemes, Berlin 386 39 (Klubkonto)
Herrn Staatskommissar	Bankkonto: Commerz- und Privatbank,
Hans Hinkel	Depositenkasse N, Potsdamerstraße 1.
Berlin	Berlin W 10, 30. 8. 33. Tiergartenstr. 16
Kultusministerium	B 1 Kurfürst 9091 Nachtruf: B 1 2695

Sehr verehrter Herr Staatssekretär, lieber Parteigenosse und Ehrenmitglied unseres Klubs!

Wir erlauben uns, Ihnen in der Anlage Abschrift eines Schreibens vom 21. August 1933 nebst anliegendem Satzungsentwurf zu geben, welches wir dem Klub der Deutschen Presse gesandt haben. Auf dieses Schreiben sind wir bisher ohne Nachricht geblieben. Wir sind lediglich zu Vorbesprechungen mit Vorstandsmitgliedern des Klubs der Deutschen Presse geladen.

Da Sie uns mitteilten, daß Sie auf dem kommenden Parteitag Gelegenheit nehmen wollten, die Angelegenheit wenigstens mit Herrn Dr. Dietrich und Herrn Hauptmann Weiß persönlich zu besprechen, gestatten wir uns, Ihnen nachstehend einige Ausführungen zu geben, welche die Angelegenheit von unserem Standpunkt aus beleuchten.

Der Klub der Deutschen Presse im Einvernehmen mit dem Reichsverband der Deutschen Presse hatte zunächst aus wirtschaftlichen Gründen durch Herrn Dr. Hegemann, Vorstandsmitglied des Klubs der Deutschen Presse, den am 1. Mai 1933 durch Benno von Arent neu gegründeten Neuen Deutschen Bühnen- und Filmklub aufgefordert, in den Räumen des Hauses der Presse zu tagen mit der Grundidee eines späteren Zusammenschlusses zwischen dem Klub der Deutschen Presse und dem Neuen Deutschen Bühnen- und Filmklub.

Trotz mehrerer glänzender Angebote an Räumlichkeiten sah sich Benno von Arent aus ideellen Gründen verpflichtet, diesem Angebot dankbar Folge zu leisten mit dem Endzweck, einen Zusammenschluß beider Klubs zu verwirklichen.

Festgestellt wird hiermit, daß noch im Juni wie auch heute die Mitglieder des Klubs der Deutschen Presse von ihren Räumlichkeiten kaum Gebrauch gemacht haben und die Räume finanziell kaum zu erhalten gewesen wären, wenn nicht der Klub der Deutschen Presse seine Räumlichkeiten für Veranstaltungen aller Art vermietet hätte. Dies ist zu belegen durch den ganz geringen Umsatz, den die Ökonomie durch die Mitglieder des Klubs der Deutschen Presse – nicht einzurechnen ist der Verzehr bei anderweitiger Vermietung der Räume – gehabt hat. Die Gegenüberstellung des Umsatzes seit dem Einzug des Neuen Deutschen Bühnen- und Filmklubs am 2. Juli 1933 für die Monate Juli und August 1933 wird dies bestätigen. Es ist interessant, die Tatsache zu wissen, daß im Frühjahr im Park des Klubs die wilden Enten und wilden Tauben gebrütet haben, der beste Beweis für den Nichtgebrauch des Klubs durch seine Mitglieder.

Der Neue Deutsche Bühnen- und Filmklub hat erst den nationalsozialistischen Gedanken in die Räume des Hauses der Presse getragen. Noch am 1. Juli 1933 war nicht einmal ein Bild unseres Führers aufgestellt, geschweige denn waren die Bilder jüdischer Herrschaften entfernt. Es sind bis heute noch keine Maßnahmen getroffen, die jüdischen Mitglieder aus dem Klub der Deutschen Presse zu entfernen, obwohl juristisch die Möglichkeit besteht. Interessant ist, daß man noch Anfang August hinter dem Rücken der Führung des Neuen Deutschen Bühnen- und Filmklubs einige Räume des Hauses für eine rein jüdische Hochzeit vermietete. (Einnahmen hierdurch RM 20,–).

Die Führung des Neuen Deutschen Bühnen- und Filmklubs ist sich darüber klar, daß solche Räume im Interesse der Deutschen Presse, des Deutschen Theaters und des Deutschen Films begrenzt der Allgemeinheit und der Gemeinschaft des Deutschen Volkes zugängig gemacht werden müssen, und nicht wie bisher herrenklubartig geführt werden können und nur durch Vermietung an anderweitige Interessenten aufrecht erhalten werden.

Das Leben im Klub und die Erhaltung der Räumlichkeiten hängt von dem Umsatz und der großen Mitgliederzahl ab. Wie die Praxis bewiesen hat, haben die Mitglieder des Klubs der Deutschen Presse ein geringes Interesse an ihren Räumen, dagegen sind die Mitglieder des Neuen Deutschen Bühnen- und Filmklubs in kurzer Zeit heimisch geworden und haben dem Haus der Deutschen Presse einen bisher nie dagewesenen Auftrieb gebracht.

Der Neue Deutsche Bühnen- und Filmklub steht auf dem Standpunkt, daß es unerträglich ist, ihm nicht die *gesellschaftliche* Führung des neuen Klubs zu überlassen, denn er ist es, der einzig und allein Leben in die Räume des Hauses der Presse gebracht hat und gleichzeitig dem Hause den Willen unserer Bewegung gegeben hat. Es ist selbstverständlich, daß sich manche Herren aus der vergangenen Epoche an den frischen, freien und offenen Ton ohne jeden Standesdünkel nicht gewöhnen können und wollen. Ohne diesen Ton dieser Kameradschaft und der Gemeinschaft untereinander wäre der Aufbau dieses Klubs nicht möglich gewesen. Der Neue Deutsche Bühnen- und Filmklub handelt einzig und allein im Sinne unseres Führers Adolf Hitler.

Am 1. Oktober ist die vorläufige Vereinbarung mit dem Klub der Deutschen Presse und dem Reichsverband der Deutschen Presse abgelaufen. Wir empfinden es als nicht kameradschaftlich, uns bisher ohne jeden positiven Bescheid zu lassen, insbesondere darum, da wir ja nicht in die Räume der Presse gekommen sind, sondern hinein gebeten wurden, um das Haus überhaupt der Presse mit unserer Geselligkeit und unserer Kameradschaft zu erhalten.

Wenn heute Herren der Presse glauben, den Klub der Deutschen Presse auf Grund der mit uns gemachten Erfahrungen in ähnlicher Weise aufzuziehen, wie wir es im Neuen Deutschen Bühnen- und Filmklub taten, so können wir diese Herren nur warnen und ihnen sagen, daß sie mit der Materie nicht vertraut sein können, sonst wüßten sie, daß ein Klubleben in kameradschaftlicher Form – um das handelt es sich ja letzten Endes – durch die Herren und Damen der Presse selbstverständlich mittels Zwangsbeitritts nicht zu erreichen ist, wie die Vorzeit und auch die letzten Monate es beweisen.

Wir haben kein Interesse daran, die Kameraden der Presse an die Wand zu drücken, sind uns aber klar darüber, daß, nachdem man uns in die Räume der Presse gebeten hatte, das Leben des Klubs und die Erhaltung der Räume einzig und allein von dem frischen Geist im nationalsozialistischen Sinne *unserer* Kameradinnen und Kameraden abhängt. Wir wollen für die Presse und uns die Räume erhalten und sie dazu machen, wozu sie geschaffen sind. Wir verlangen deswegen aber zum mindesten die Führung, damit wir mit unseren Ehrenmitgliedern und 600 Kameraden am 1. Oktober 1933 nicht auf der Straße liegen. Wir bitten, die schon seit Wochen notwendige endgültige Entscheidung zu erwirken.

Wir hoffen, daß Sie in kameradschaftlicher Weise wie bisher sich für die von uns vertretenen Darlegungen einsetzen werden.

Stempel: Heil Hitler!
Neuer Deutscher Bühnen- und Filmklub,   I. A.
Berlin W 35, Tiergartenstr. 16   Unterschrift
Anlagen   Syndikus

Journalisten, die keine Meinung mehr haben

Dr. Hans Frank, 1900–46, an den dieser Brief gerichtet ist, war Staatsminister der Justiz, Präsident der Akademie für Deutsches Recht, Führer des NS-Juristen-Bundes und ab 1939 Generalgouverneur im besetzten Polen.
Der am Ende des Briefes erwähnte Freiherr Max du Prel war Hauptschriftleiter im Pressepolitischen Amt, der Dienststelle des Reichspressechefs.

Herrn
Staatsminister Dr. Frank,   C. M. Köhn – UFA
Berlin W.,   Berlin SW 19, Krausenstr. 38/39
Regentenstraße 4.   Berlin, den 17. Jan. 1934.
Bund nationalsozialistischer Juristen.   A 6 Merkur 4 001

Mein sehr verehrter Herr Dr. Frank!
Um einem dringenden Bedürfnis abzuhelfen: Kann man von Ihnen gelegentlich auch einmal eine Antwort erhalten und zwar auf folgende Frage:

Würden Sie, Maître, einer hierdurch ausgesprochenen Einladung in den «Klub der deutschen Presse» folgen? Irgendwelchen Intellektuellen von der Sorte, wie sie uns jetzt täglich als Abschaum des Volkes der Schreiber und Leser hingestellt werden, begegnen Sie dort nicht. Diese Feststellung mag zur Beruhigung dienen. Es versammeln sich im Klub Journalisten, die nur ein Amt und keine Meinung mehr haben. Ehemalige Löwen der Feder sieht man beim Biere, Polemiker tanzen, Kritiker plaudern von Boxkämpfen und Leitartikler hocken charmant bei schönen Frauen. Der Aufbruch des kollektiven Menschen in ungeahnter Vollkommenheit kann hier belauscht werden. Feierstunden des deutschen Biedermannes!

Am Dienstag, 23. Januar, haben wir einen Kameradschaftsabend mit Essen ohne Damen. Ich würde mich als Vorstandsmitglied des Klubs, in welcher Eigenschaft ich für Kultur- und Geistesleben zu sorgen habe, deshalb unbeschäftigt bin, außerordentlich freuen, Sie dort begrüßen zu können.

Alles Nähere könnten Sie über den Pg du Prel erfahren.

                                Heil Hitler!
                                stets Ihr sehr ergebener
                                C. M. Köhn

Der Reichspressechef der NSDAP sorgt für seinen Amtsleiter

Nationalsozialistische Deutsche Arbeiterpartei
Reichsleitung – Reichspressestelle
München, Briennerstraße 45
Fernsprecher 54 901 und 58 344
Berlin Wilhelmstraße 64 (Verbindungsstab)
Telefon Jäger 7 411

An die
Reichsführung SS,
Personalabteilung,
München.
Braunes Haus.

Rufnummer für «dringende Pressegespräche»
München 56 081, Berlin Jäger 7 411
Der Reichspressechef der NSDAP. –
SS-Gruppenführer.
Berlin, den 11. V. 34.

Betr.: Ihr Schr. v. 4. ds. Chefredakteur Sündermann SS-Ausweis Nr. 16 296.

Auf Ihr Schreiben vom 4. ds. Mts., in welchem ich um Übersendung einer Beurteilung des SS-Schaarführers [1] Sündermann, da eine Beförderung beabsichtigt ist, gebeten werde, teile ich Ihnen mit:

SS-Schaarführer Sündermann ist seit einer Reihe von Jahren insbesondere auch bereits in den letzten Kampfjahren einer meiner engsten Mitarbeiter und geniesst im besonderen Masse mein Vertrauen. Auf Grund seiner Fähigkeiten und seiner absoluten nationalsozialistischen Zuverlässigkeit habe ich ihn bei der Machtübernahme durch die Bewegung mit von München nach Berlin genommen und ihm hier in meiner Vertretung die redaktionelle Leitung der NSK, des wichtigsten Presseorganes der Bewegung übertragen. Er steht an sichtbarer und verantwortlicher Stelle der Partei. Ich möchte deshalb dem an mich gerichteten Ersuchen meinerseits die besondere Bitte hinzufügen, dass der SS-Schaarführer Sündermann, der – wie er mir erzählte zum Truppführer eingereicht ist – zu einem Dienstgrad befördert wird, der seiner Stellung in der Partei entspricht.

Im übrigen möchte ich bemerken, daß SS-Schaarführer Sündermann neben seiner angestrengten Tätigkeit in meiner Reichspressestelle in dem Sturm 1/I/6 aktiv Dienst tut.

Stempel:
Nationalsoz. Deutsche Arbeiterpartei
Reichsleitung – Reichspressestelle

Heil Hitler!
Dr. Dietrich

---

1 Richtig heißt es Scharführer.

Der Hauptschriftleiter des «Angriffs» besucht ein Kabarett

Der Angriff, nationalsozialistische Abendzeitung, gegründet 1927 von Dr. Joseph Goebbels; seit dem 1. 2. 1935 war seine Tageszeitung *Die Deutsche Arbeitsfront*.

Der Vorsitzende des Obersten Parteigerichts, Major a. D. Walter Buch, * 1883, an den dieser Brief gerichtet ist, war seit 1922 eingetragenes NSDAP-Mitglied.

An den	Der Reichsminister
Vorsitzenden des Obersten	für Volksaufklärung und Propaganda
Parteigerichts der NSDAP,	Berlin W 8, 23. April 1936
Herrn Reichsleiter Buch,	Wilhelmplatz 8–9
München, Braunes Haus	Fernsprecher: A 1 Jäger 0 014

Lieber Parteigenosse Buch!
Das Gaugericht Berlin hat gegen den Hauptschriftleiter des «Angriff» und Schulungsleiter des Reichsverbandes der deutschen Presse, Pg Hans Schwarz van Berk, Mitgliedsnummer: 312 753, unter dem 7. April 1936 (Kammer II, Aktenzeichen 2. I. 116/36) ein Urteil gefällt, zu dem ich Einiges bemerken möchte:

Ich schildere Ihnen zunächst den Vorgang. Der Parteigenosse Schwarz van Berk, der Mitglied des Reichskultursenates ist, hat im Dezember 1934 bei einem Besuch des Kabaretts «Katakombe» nach einer Unterhaltung mit dem künstlerischen Leiter, den er auf einzelne Punkte des Programms kritisierend aufmerksam machte und dem er auch sein Befremden über die Zusammensetzung des Publikums äußerte, in das Fremdenbuch die Eintragung gemacht: «Gefährlich oder nicht gefährlich! Weitermachen!» Pg Schwarz van Berk beschäftigte sich damals in Verbindung mit meinem Ministerium mit der Frage der politischen Kabaretts, insbesondere mit dem Plan, von nationalsozialistischer Seite aus ein politisches Kabarett zu schaffen.

Im Mai 1935 mußte das Kabarett «Katakombe» auf meinen Antrag geschlossen werden. Der Grund zur Schließung lag nicht nur in der Art des Programms, sondern nicht zuletzt auch in der Zusammensetzung des Publikums, das vielen Punkten des Programms eine ganz andere Bedeutung gab, als ein nationalsozialistisches Publikum es getan hätte. Ich habe damals eine große Zahl von alten Parteigenossen in die «Katakombe» geschickt und mir Bericht erstatten lassen. Die Berichte dieser alten Parteigenossen, die durchaus urteilsfähige Menschen sind, waren grundverschieden. Während ein Teil dieser alten Parteigenossen der Anschauung war, man könne durchaus zweierlei Auffassung sein, ob einzelne Witze vom politischen Standpunkt aus anstößig seien oder nicht und den Standpunkt vertrat, Witz müsse sein, schlug der andere, größere Teil die Schließung des Kabaretts vor. Ich schildere Ihnen das, um zu zeigen, daß die Meinung über die «Katakombe» selbst in unseren Kreisen nicht einheitlich war. Als nach Schließung der «Katakombe» die Auslandspresse diese Maßnahme scharf kritisierte, hat Schwarz van Berk, der schon zwei Monate vor der Schließung seine Stellungnahme völlig geändert und die «Katakombe» laut Zeugenaussagen abgelehnt hatte, einen Artikel gegen das politische Kabarett geschrieben und die Maßnahme der Staatsführung verteidigt. Er hat das in Ausübung seiner Pflicht als Schriftleiter getan, wie sie ihm durch das Schriftleitergesetz vorgeschrieben ist. Danach hat jeder Schriftleiter die Pflicht, auch eventuell entgegen seiner persönlichen Auffassung die Staatsraison zu wahren und aktiv für alle Maßnahmen des Staates einzutreten.

Der Regierungsrat Rechenberg von der Pressestelle des Preußischen Staatsministeriums hat im Mai 1935 von der Eintragung des Schwarz van Berk in das Fremdenbuch der «Katakombe» vom Dezember 1934 erfahren und damals keinerlei Gebrauch von seinem Wissen gemacht. Erst im November 1935 hat er in Abwesenheit von Schwarz van Berk in vorgerückter Stunde und nach nicht unerheblichem Alkoholgenuß plötzlich und gänzlich unmotiviert schwer beleidigende Äußerungen gegen Schwarz van Berk getan und diesen einen charakterlosen Lumpen genannt. Er ist bei dieser Beleidigung geblieben und war auch nicht zu bewegen, sie zurückzunehmen.

Rechenberg hat also ihm in seiner dienstlichen Eigenschaft als Beamter zur Kenntnis gekommene Vorgänge in einer privaten Abendgesellschaft zur Provokation eines Skandals und zu schweren Beleidigungen benutzt. Das Verhalten des Rechenberg richtet sich von selbst. Ich darf dabei darauf hinweisen, daß Rechenberg früher Schriftleiter des «Großdeutschen Pressedienstes» war, einer Korrespondenz, die Schwarz van Berk in seiner früheren Eigenschaft als Hauptschriftleiter der «Pommerschen Zeitung», des Parteiorgans, wegen verschiedener unzuverlässiger Berichte abbestellt hatte. Aus dieser Zeit her datiert eine starke persönliche Animosität des Rechenberg gegen Schwarz van Berk. Es ist aktenkundig, daß Rechenberg hinterher verschiedene, gegen Schwarz van Berk gerichtete, schwere Angriffe gestanden hat, die mit einem Verweis der Angreifer, in einem Fall mit einer Verwarnung und der Dienstentlassung durch den Eher-Verlag endeten.

Ich glaube, es ist sehr hart, wenn ein Schriftleiter von einem Parteigericht eine schwere Verwarnung dafür erhält, daß er, den Bestimmungen des Schriftleitergesetzes entsprechend, Maßnahmen des Staates verteidigt. Hätte Schwarz van Berk seinerzeit anders gehandelt und seine Meinung vom Dezember 1934 öffentlich dargelegt, die in der infrage stehenden Zeit nicht mehr seine Meinung war, dann hätte ich zweifellos gegen ihn vorgehen müssen.

Ich bitte im übrigen zu berücksichtigen, daß Schwarz van Berk durch eine Fülle von Veröffentlichungen als nationalsozialistischer Journalist von Rang seit einer Reihe von Jahren hervorgetreten ist und durch seine publizistische Arbeit dem Staat und der Bewegung große Dienste geleistet hat.

Ich teile Ihnen das alles mit, um Ihnen vor einem endgültigen Urteil auch meine Stellungnahme als Material zur Urteilsfindung zur Verfügung zu stellen.

Heil Hitler!

Ihr Dr. Goebbels

Der gewisse Druck

Heinrich Himmler, 1900–45 (durch Selbstmord); ab 1929 Reichsführer SS; 1933–34 Leiter der Politischen Polizei in Bayern, dann auch in allen anderen deutschen Ländern; 1936 Chef der deutschen Polizei; 1943 Reichsminister des Innern; 1944 Befehlshaber des Ersatzheeres.

Reinhard Heydrich, 1904–42; 1931 durch Ehrenverfahren als Seeoffizier entlassen; 1932 Chef des Sicherheitsdienstes der SS; 1933–34 schaltete er die Politische Polizei in Deutschland gleich; 1939 Chef des Reichssicherheitshauptamtes (Gestapo, Kriminalpolizei, SD); 1939–42 ein Hauptinitiator der «Endlösung der Judenfrage»; 1942 stellvertretender Reichsprotektor von Böhmen und Mähren bis zu seinem Tod durch Attentat tschechischer Widerstandskämpfer.

An den	Der Chef der Ordnungspolizei
Reichsführer SS und Chef	*P. 619/37*
der Deutschen Polizei	Berlin NW 7, den 26. Okt. 1937
Berlin SW 11	Unter den Linden 74
Prinz-Albrecht-Str. 8	Fernsprecher: A 2 Flora 0 034

Betrifft: Dortiges Schreiben vom 24. September 1937 – Tgb. Nr. 2 681/ 37 Ads. Bra/W. –

Lieber Himmler!

Über das Zeitschriftenwesen der Polizei hat am 23. Juli ds. Js. zwischen Heydrich und mir eine Besprechung stattgefunden, in der ich Heydrich mitteilte, daß die Zeitschriften «Der Deutsche Polizeibeamte» und «Der Deutsche Polizeisport», ab 1. Oktober 1937 in einem neuen Verlag erscheinen werden – bisher trat als Verlag des Kameradschaftsbund Deutscher Polizeibeamten in Erscheinung – und mehr als bisher amtlichen Charakter erhalten sollten.

Damals wurde zwischen uns eine Titeländerung verabredet, insofern als «Der Deutsche Polizeibeamte» in «Die Deutsche Polizei» abgeändert werden sollte, was mittlerweile auch geschehen ist. Heydrich sagte mir an dieser amtlich geförderten und amtlich beeinflußten Zeitschrift eine vermehrte Mitarbeit des Hauptamtes Sicherheitspolizei zu, so daß man jetzt die Frage prüfen könnte, ob der amtliche Charakter dieser neuen Zeitschrift nicht ähnlich wie bei der Zeitschrift «Die Feuerlöschpolizei» durch den Zusatz «herausgegeben im Auftrage des Reichsführers-SS und Chefs der Deutschen Polizei» unterstrichen werden könnte.

Die beiden bisherigen Zeitschriften des Kameradschaftsbundes erscheinen ab 1. Oktober im Verlag «Deutsche Kulturwacht», dessen Inhaber Oskar Berger Träger des Goldenen Ehrenzeichens ist, und der sich um das Berliner Kampforgan «Der Angriff» in der Kampfzeit verdient gemacht hat. Auch die Schriftleitung wird neu besetzt werden, wobei die Auswahl des Hauptschriftleiters von Heydrich und mir vorgenommen wird.

Was nun die beiden von Dir beanstandeten Zeitschriften des Gersbach-Verlages «Der Gendarm» und «Die Polizei» angeht, so wird sich das Erscheinen dieser ungeeigneten Zeitschriften mit dem Ausbau der amtlichen Zeitschrift «Die Deutsche Polizei» ganz und gar erübrigen. Ich werde den Gersbach-Verlag durch einen gewissen Druck veranlassen, das Verlagsrecht der beiden Zeitschriften an den Verlag der Zeitschrift «Die Deutsche Polizei» («Deutsche Kultur-Wacht») zu verkaufen. Für den Fall, daß dies nicht geschieht, bin ich in der Lage, durch Sperrung des dienstlichen Bezuges das weitere Erscheinen dieser beiden unerwünschten Zeitschriften zu verhindern.

Ich bitte um Deine diesbezügliche Entscheidung.

Heil Hitler!
Dein
Unterschrift

Rienhardt an Hinkel

Rolf Rienhardt, *1903, ab 1923 NSDAP-Mitglied, ab 1928 Rechtsberater und Vertreter des Zentralverlages der NSDAP, ab 1934 ständiger Stellvertreter des Leiters des Reichsverbandes der deutschen Zeitungsverleger.

Hans Hinkel, 1901–60, 1920–23 im Freikorps Oberland, ab 1921 NSDAP-Mitglied mit der Nummer 287, ab 1930 in der Schriftleitung des *Völkischen Beobachters*, ab 30. 1. 1933 Staatskommissar im Preußischen Ministerium für Wissenschaft, Kunst und Volksbildung, ab 1935 Sonderbeauftragter für die Überwachung und Beaufsichtigung der Betätigung aller im deutschen Reichsgebiet lebenden «nichtarischen» Staatsangehörigen auf künstlerischem und geistigem Gebiet, Blutordensträger, 1943 SS-Gruppenführer; ausführlicher über ihn siehe: *Die Bildenden Künste im Dritten Reich* (Ullstein Buch 33030), S. 145 f, u. a. O.

Nationalsozialistische Deutsche
Arbeiterpartei
Reichsleitung
Der Reichsleiter für die Presse

Herrn Reichskulturwalter   München 2 NO, Thierschstr. 11,
Hans Hinkel   Telefon 22 131
Reichspropagandaministerium   Der Stabsleiter
Berlin W 8   Berlin W 35, den 23. 12. 1938
Wilhelm Platz 8/9   Standartenstr. 14

Lieber Parteigenosse Hinkel!
Herr Dr. Richter[1] sagte mir kürzlich, daß Sie sich ihm gegenüber über die Wormser Verleger Haller[2], Halkenhäuser[3] und Znyrim[4] ausgesprochen hätten. Insbesondere wohl über Herrn Haller. Da mir die Dinge sehr am Herzen liegen, wäre ich Ihnen für eine möglichst ins einzelne gehende Mitteilung dankbar, damit ich gegebenenfalls etwas veranlassen kann.

handschriftlich: Frohes Fest!   Heil Hitler!
Stempel   Ihr Rienhardt

Hinkel an Rienhardt

Herrn Stabsleiter Rienhardt   Hans Hinkel, SS-Oberführer
Berlin W 35, Standartenstr. 14   2. Jan. 1939

Lieber Parteigenosse Rienhardt!
Im Falle der «Wormser Tageszeitung» handelt es sich ganz kurz um Folgendes:

Während die Gebrüder Cnyrim von der einstigen «Wormser Zeitung» «nationale Bürger» sind – denen man jedoch Anstand und Ehrlichkeit nicht absprechen kann – handelt es sich bei den einstigen Verlegern der bis 1933 rosarot-demokratischen «Wormser Volkszeitung» Haller-Halkenhäuser um m. E. «Unverbesserliche». Ich weiß aus meiner Heimatstadt selbst aus rund 20 Jahren zur Genüge, daß besonders Dr. Haller ein ausgesprochener Anführer der jüdisch-demoktratischen Gesellschaft gegen uns war, und er verdankt seine heutige Zugehörig-

1 Dr. Ildefons Richter, Geschäftsführer der Reichspressekammer.
2 Julius Haller.
3 Adolf Halkenhäuser.
4 Richtig: Cnyrim; zwei Brüder, Hermann und Paul, die 1908 die Druckerei Kranzbühler mit dem Verlag der *Wormser Zeitung* übernahmen. Nach erzwungener Zusammenlegung der *Wormser Zeitung* mit der *Wormser Volkszeitung* wurde das Blatt dennoch 1941 verboten – laut Brief von Georg Illert von der Wormser Stadtverwaltung vom 16. 5. 1963 an den Herausgeber.

keit zur NSDAP nur meiner langjährigen Abwesenheit, da der Kreisleiter in Worms sehr oft ausgewechselt werden mußte usw. Diese wirklich
unbelehrbare Philosemitenclique Dr. Haller, Halkenhäuser und Genossen muß meines Erachtens radikal ausgeschaltet werden. Unser Hauptschriftleiter Pg Dr. Pfeiffer [1] ist in Ordnung und führt mit seinen Kameraden gegen diese Bande einen ziemlich aufreibenden, unsichtbaren
Kampf. Der ausgezeichnete Kreisleiter der Partei in Worms – ein alter
HJ- und SS-Mann – ist in jeder Beziehung der gleichen Auffassung.

Heil Hitler!
Hinkel [2]

Max Amann an Franz Xaver Schwarz

Dieser Brief (der Text ist gekürzt) beweist eindeutig, wie die Gleichschaltung
der Presse im Dritten Reich der eigentlichen NS-Presse finanziell half.
Franz Xaver Schwarz, *1875; er besaß die NSDAP-Mitgliedsnummer 6; ab
1925 Reichsschatzmeister der NSDAP.

	Nationalsozialistische Deutsche Arbeiterpartei
	Reichsleitung
Herrn	Der Reichsleiter für die Presse
Reichsleiter Frz. Xav. Schwarz	München 2 NO, Thierschstr. 11
Reichsschatzmeister der NSDAP	Telefon 22 131
München, Verwaltungsbau	München, den 15. Februar 1939

Betreff: Beteiligung der Gauleitungen an den Gewinnen der NS-Zeitungen.

Sehr geehrter Parteigenosse Schwarz!
In Beantwortung Ihres Schreibens vom 8. ds. Mts. beehre ich mich folgendes mitzuteilen:
Es ist nicht richtig, daß ich generell eine Verfügung getroffen habe,
nach welcher der Reingewinn der NS-Zeitungen
$1/3$ zur Verbesserung der Betriebe,
$1/3$ an das Verwaltungsamt der NS-Presse Berlin,
$1/3$ an die Gauleitung zur Deckung der Unkosten, die der Partei bei
der Werbung für die Zeitung entstehen

---

1 Dr. phil. Kurt Pfeiffer, *1902.
2 Erst am 5. 6. 1939 beantwortete Rienhardt Hinkels Brief dahingehend, daß
von den Verlegern Dr. Haller und Adolf Halkenhäuser «nach den vorliegenden
Auskünften» die Beziehungen zu Juden nach der Machtergreifung «abgebro-
chen worden seien» und «uns bisher keine Tatsachen mitgeteilt werden, die ein
Vorgehen rechtfertigen»; Brief im Besitz des Herausgebers.

verteilt werden soll. Ich verweise auf meine Ausführungen im Schreiben vom 14. Februar 1935.

Die stürmische Aufwärtsentwicklung der NS-Presse nach der Machtergreifung durch die Bewegung führte dazu, daß der größte Teil der NS-Verlage eigene Druckereibetriebe errichtete und teils recht große Investierungen vornahm. Hierfür stand den NS-Verlagen fast ausnahmslos nennenswertes Eigenkapital nicht zur Verfügung, sodaß diese gewaltigen Anschaffungen nur durch Inanspruchnahme von Krediten durchgeführt werden konnten. Ich übernahm Anfang 1934 die NS-Presse in meine Verwaltung in einem Zustand völliger Überschuldung – entstanden aus vorstehender Ursache – und war gezwungen, durch Kreditinanspruchnahme von mehreren Millionen sofort einigen der größeren NS-Verlage mit erheblichen Mitteln unter die Arme zu greifen, um ihren Zusammenbruch, der damals selbstverständlich unabwendbar gewesen wäre, zu verhindern und der, wenn er eingetreten wäre, nicht nur dem Ansehen der NS-Presse, sondern auch dem der Partei in starkem Maße geschadet hätte.

Wenn auch in den vergangenen Jahren eine erfreuliche Verbesserung der Finanzlage der Gauzeitungen eingetreten ist, so konnten die erzielten Überschüsse nur zum Teil dazu verwandt werden, auf die erheblichen lang- und kurzfristigen Verbindlichkeiten Rückzahlungen zu leisten und das nach gesunden betriebswirtschaftlichen Grundsätzen erforderliche Eigenkapital in den Gauverlagen zu bilden, da sich nach 1933 die Notwendigkeit weiterer Kapitalinvestierungen durch Ausbau und Modernisierung der Maschinenanlagen sowie den Erwerb bzw. die Errichtung von Betriebsgrundstücken ergab.

Obwohl die finanzielle Situation bei dem größten Teil der Gauverlage sich auch heute noch nicht annähernd so weit entwickelt hat, daß – streng genommen – die Verwendung eines Teils der Überschüsse für Zwecke, die außerhalb der Betriebe liegen, möglich ist, sind in den vergangenen Jahren folgende Zahlungen der Gauverlage an die Gaue erfolgt:

1936 . . . rd. RM   596 000,–;
1937 . . . rd. RM 1212 000,–.

Es ist hierbei bis an die äußerste Grenze des Möglichen gegangen worden. Wenn auch in einzelnen Fällen und zwar da, wo die finanzielle Lage der Gauzeitungen bereits gesund ist, in der weiteren Entwicklung künftig gewisse Erhöhungen eintreten können, so ist eine nennenswerte Erhöhung der Gesamtabführungen auch für die nächsten Jahre im Interesse einer gesunden Wirtschaftsführung und damit im Zusammenhange stehenden ausreichenden Eigenkapitalbildung der Verlage nicht zu verantworten.

Lieber Parteigenosse Schwarz, ich wäre Ihnen sehr verbunden, wenn Sie diejenigen Gauschatzmeister, die über die wirtschaftliche Lage der Parteipresse nicht im klaren sind, entsprechend aufklären würden. Tatsache ist, daß die Parteipresse, mit Ausnahme des Zentralverlags, bei der Machtergreifung in den schwierigsten wirtschaftlichen Verhältnissen war. Es muß auf Jahre hinaus alles getan werden, um die Lage der Parteipresse wirtschaftlich immer mehr zu gesunden. Dazu kommt, daß ein Teil der Parteipresse heute noch oft in völlig unzulänglichen Räumen untergebracht ist, die dringend einer Verbesserung bedürfen.

Die Parteipresse hat die allererste Aufgabe, den Gauleitern als ihren führenden Hoheitsträgern ein Presseinstrument höchster Schlagkraft auszubauen und für alle Zukunft zu sichern. Es müssen daher im Interesse der wirtschaftlichen Gesundheit der Gauverlage alle Anforderungen zu einem nicht verlagsmäßigen Zweck, auch wenn er uns noch so sehr am Herzen liegt, abgelehnt werden.

Ihre Aufklärung an die Gauschatzmeister wäre mir auch deshalb besonders wertvoll, weil dadurch verhindert würde, daß manche Gauleiter zu falschen Ansprüchen bewogen werden.

Mit den besten Grüßen und   Heil Hitler!
                                                                Ihr Amann

Der Präsident der Reichspressekammer ohne Wappen

Am 3. 4. 1939 wandte sich der SS-Gruppenführer Karl Wolff an den Präsidenten der Reichspressekammer, Max Amann, mit der Anfrage – Brief im Besitz des Herausgebers –, ob er denn nicht im Besitz eines Familienwappens sei. Der Reichsführer SS Heinrich Himmler «beabsichtige nämlich, die Wappen der SS-Obergruppenführer und SS-Gruppenführer bei der Ausschmückung der Räume in der SS-Schule Haus Wewelsburg zu verwenden».

Herrn   Max Amann, MdR,
SS.-Gruppenführer Wolff,   Reichsleiter der NSDAP
Chef des persönlichen Stabes
des Reichsführers-SS.,   *Stempel:* Termin 30 XI
Berlin SW 11,   München den 8. 4. 1939.
Prinz Albrecht Str. 8.   Thierschstraße 11

Lieber Parteigenosse Wolff!
Zum Schreiben vom 3. ds. Mts. beehre ich mich mitzuteilen, dass ich bei meiner bisherigen Ahnenforschung noch nicht mit Bestimmtheit auf ein gültiges Wappen gestoßen bin.

                                                                Heil Hitler!
Stempel   Ihr Amann

Der gekränkte Reichshauptamtsleiter der NSDAP-Reichspressestelle

Über den Schreiber dieses Briefes – Dr. Adolf Dresler, *1898 – siehe auch: *Die Bildenden Künste im Dritten Reich* (Ullstein Buch 33030), S. 264.

An die
Reichsschrifttumskammer
Berlin-Charlottenburg 2
Hardenbergstr. 6

Nationalsozialistische Deutsche
Arbeiterpartei
Reichsleitung
Reichspressestelle der NSDAP
Hauptgeschäftsstelle: München

München, den 5. Mai 1939
Dr. D./Fi.

Betrifft: I. Schr. ad. Fa. Konrad Triltsch, Würzburg, I. Z.: II D – 2 mi.

Vom Verlag Konrad Triltsch, Würzburg, erhielt ich das anliegende Schreiben, das ich Ihnen hiermit zurücksende. Die Bemerkung in Ihrem Abdruck, daß ich der Reichsschrifttumskammer unbekannt sei, finde ich reichlich komisch. Ich bin als einer der ersten nationalsozialistischen Journalisten und Schriftsteller – ich bin bereits 1921 der NSDAP beigetreten – mit Veröffentlichungen hervorgetreten, lange bevor die Reichsschrifttumskammer bestand. 1933 wurde ich in den Präsidialrat der Reichspressekammer berufen, außerdem bin ich Mitglied des Reichskultursenates. Für meine dreibändige «Geschichte der italienischen Presse» erhielt ich bereits 1934 von Mussolini die Auszeichnung eines Cavaliere della Corona d'Italia. Seit 1933 habe ich einen Lehrauftrag für Geschichte der italienischen Presse an der Universität München, der inzwischen auf die Geschichte der nationalsozialistischen Presse erweitert worden ist. 1937 habe ich Mussolini meine Schrift «Mussolini als Journalist» persönlich überreicht, 1938 überreichte ich ihm meine Schrift «Arnold Mussolini, der Bruder des Duce, als Journalist», am 25. März ds. Js. meine Arbeit «Cavour und die Presse». Der italienische Minister für Volkskultur hat die Herausgabe einer italienischen Übersetzung meiner Arbeit «Cavour und die Presse» veranlaßt.

Mit Genehmigung des Reichsministeriums für Volksaufklärung und Propaganda habe ich ferner einen Vertrag über die Herausgabe der gesammelten Werke Mussolinis unterzeichnen können.

Herr Ministerialdirigent Berndt hat sich ferner persönlich dafür eingesetzt, daß meine Schriften «Mussolini als Journalist», «Cavour und die Presse» und «Das italienische Kolonialreich» auf der am 3. ds. in Rom eröffneten Deutschen Buchausstellung aufgelegt worden sind. Ich möchte noch bemerken, daß ich seit 1933 Hauptlektor der Reichsstelle zur Förderung des Deutschen Schrifttums für Zeitungswesen bin. Es ist mir unverständlich, was das beiliegende Schreiben besagen soll. Offenbar bin ich nur dem Absender dieses Schreibens unbekannt.

Stempel   Heil Hitler!
Anlagen   Dr. Dresler
                                                            Reichshauptamtsleiter

Der geflüchtete Auslandspressechef der NSDAP

Hier handelt es sich um Dr. phil. Ernst Franz Sedwick Hanfstaengl – genannt «Putzi» –, *1887; im Herbst 1922 machte er Hitlers Bekanntschaft und nahm dann auch in München am Hitler-Putsch 1923 teil; ab 1931 Auslandspressechef der NSDAP; 1937 flüchtete er nach England.

Diesen Brief schrieb Martin Bormann, *1912, Stabsleiter des Stellvertreters des Führers Rudolf Heß, ab 1941 Leiter der Parteikanzlei, ab 1943 Sekretär des Führers; s. Joseph Wulf: *Martin Bormann – Hitlers Schatten*, Gütersloh 1962.

Abschrift   Martin Bormann
Herrn   Reichsleiter
Dr. Ernst Hanfstaengl,   Obersalzberg, den 15. August 1939
z. Zt. London   *Unleserlicher Stempel*

Sehr geehrter Herr Dr. Hanfstaengl!
Ihr heutiges Telegramm habe ich erhalten und vorgelegt. Im Auftrage teile ich Ihnen nochmals mit:

Wiederholt – erstmalig schon vor vielen Monaten – wurde im Auftrage des F. erklärt, dass die bedauerlichen Mißverständnisse, die zu Ihrer Auslandsreise führten, Sie nicht davon abhalten sollten, heimzukommen. Die weitere Erklärung, dass Sie wieder eine passende Position bekommen sollen, wurde ebenfalls wiederholt gegeben. Endlich wurde Ihnen auch jetzt wieder telegrafisch von mir mitgeteilt, dass Ihre dortigen finanziellen Verpflichtungen übernommen werden sollen.

Diese wiederholten Erklärungen können und müssen Ihnen genügen; weitere Erklärungen nach dort können nicht mehr gegeben werden. Wir erwarten Ihre baldige Rückkehr.

                                                            Heil Hitler!
                                                            gez.: M. Bormann

Der Gaupresseamtsleiter in Wien

Gaupresseamtsleiter von Wien war Erich Kernmayr, *1906; sein Name wird hier fälschlicherweise Kernmayer geschrieben.

Der Briefschreiber Max Stebich, *1897, war Schriftsteller (Lyrik, Bühnendichtung), s. a. in: *Literatur und Dichtung im Dritten Reich* (Ullstein Buch 33029), S. 225 [1].

Charakteristisch für die Zustände im Dritten Reich ist der Brief des Propagandaamtes in Wien an den Präsidenten der Reichsschrifttumskammer, Hanns Johst, vom 29. 1. 1940, also etwa drei Monate vor dem folgenden Schreiben. In ihm wird festgestellt, wie viele Funktionäre anderen nachschnüffeln oder gegen sie intrigieren. Ebenso wird in dem betreffenden Schreiben festgestellt, daß Erich Kernmayr der politischen Qualitäten als Geschäftsführer der Reichsschrifttumskammer Wien ermangele und deshalb abgelöst werden müsse. Ausführlicher darüber siehe: *Literatur und Dichtung im Dritten Reich.*

Stempel: Streng vertraulich!
Nur für den Dienstgebrauch.

An den Herrn Präsidenten
der Reichsschrifttumskammer,
Berlin-Charlottenburg 2
Hardenbergstrasse 6

Der Landesleiter der Reichsschrifttumskammer beim Landeskulturwalter
Gau Wien
Aktenzeichen: St/Wo

Wien 3. 20. April 1940
Schwarzenbergplatz 7
Ruf B 54-0-48, U 14-4-25

Sehr geehrter Herr Präsident!
Ich bin heute in der Lage, Ihnen eine immerhin sehr interessante Mitteilung über Herrn Erich Kernmayer, wohnhaft Wien, VII., Neubaugasse 36, der einer meiner allereifrigsten und in seinem Vorgehen gegen mich brutalste Gegner ist, zu machen. (Ein Grossteil der gegen mich in Szene gesetzten Hetze ist auf ihn zurückzuführen). Er hat auch, wie ich Ihnen in meinem letzten Bericht mitteilte, das streng vertrauliche Rundschreiben an die Tageszeitungen und Zeitschriften ergehen lassen, dass die Redaktionen von mir keine Beiträge mehr annehmen dürfen. Er hat ferner an den Reichssender, die Deutsche Arbeitsfront und an das Volksbildungswerk die Weisung hinausgegeben, daß ich zu Vorträgen nicht mehr eingeladen werden dürfe.

Herr Erich Kernmayer bekleidet in der Gauleitung Wien das Amt des Gaupresseamtsleiters. Es ist mir nun gelungen, in Erfahrung zu bringen, dass Erich Kernmayer eine ganze Reihe von Arrest- und Kerkerstrafen – darunter sogar 1 Jahr schweren Kerker – abzubüssen gehabt hat. Ich lege meinem heutigen Schreiben den Strafregisterauszug der Kriminalpolizeileitstelle Wien vom 18. 4. 1940 zu Ihrer Einsichtnahme bei und will nur bemerken, dass die Ursachen seiner meisten Strafen kriminellen Charakter haben. So finden wir darunter Gewalttätigkeit, Veruntreuung eines höheren Betrages, Betrug, Veruntreuung eines Betrages von über S 2.500.– unter besonders erschwerenden Umständen, Konkursbeeinflussung, Versuch eines Verbrechens und körperliche Beschädigung, Amtsehrenbeleidigung etz. Die Vergehen und Verbrechen liegen alle in der Zeit zwischen dem Jahre 1925 und 1935. Einzig und allein die letzte Strafe wegen Vergehens gegen die körperliche Sicherheit, erhielt Kernmayer erst nach der Machtergreifung. Ich betone dies ausdrücklich, damit nicht eventuell die Vermutung aufkomme, daß es sich um Strafen wegen nationalsozialistischer Umtriebe handle.

Erich Kernmayer betätigte sich neben seiner Stelle als Gaupresseamtsleiter auch als Schriftsteller, obwohl er bis heute noch keinen Antrag um Befreiung von der Mitgliedschaft eingebracht hat. Von ihm sind laut Kürschner's Literaturkalender 2 Romane und ein Novellenband erschienen.

Es ist mir rätselhaft, daß ein so übel beleumundeter Mensch

1.) Parteimitglied der NSDAP sein kann, und
2.) die gehobene Stelle eines Gaupresseamtsleiters inne hat, und
3.) schriftstellerisch tätig sein und bei vielen Veranstaltungen der Partei politische und literarische Vorträge halten darf.

Ich stelle es Ihnen, sehr geehrter Herr Präsident, anheim, von meiner heutigen Mitteilung nach Ihrem Ermessen Gebrauch zu machen, lege jedoch Wert darauf, daß meine Meldung, zu der ich mich als Geschäftsführer der Reichsschrifttumskammer verpflichtet fühlte, vertraulich behandelt werden möge.

d. A.
1 Beilage   Der Geschäftsführer
Eingeschrieben   Stebich

Abschrift

Br. m. Erich Kernmayer
Strafregisterauszug

An die Landesleitung   Staatliche Kriminalpolizei
der Reichsschrifttumskammer   Kriminalpolizeileitstelle Wien
beim Landeskulturwalter im Gau Wien   Insp.-III c (Strafregisteramt)
Wien III   18. April 1940

Mit der Bekanntgabe rückgemittelt, daß Erich Kernmayer, 27. II. 1906 in Graz geboren, hier wie folgt als bestraft vorgemerkt ist:

L. G. Graz 13. 7. 25 Vr IV 1 142/25 § 312 St. G.
12 Tage Arrest (Gewalttätigkeit).
L. G. Graz 2. 12. 26 Vr V 1 294/26 § 183 St. G.
3¹/₂ Monate str. Arrest (Veruntreuung des höheren Betrages).
L. G. Graz 16. 8. 28 3 Vr 1 084/27 §§ 197, 200, 203, 8 St. G.
1 Jahr schwerer Kerker (Betrug höherer Betrag über S. 2500,–, mit besonderer Arglist).
L. G. Graz 6. 9. 28 3 Vr 2 492/28 § 486/1,2 § 86c/2 St. G.
1 Monat strenger Arrest (Konkursbeeinflussung).

L. G. Graz 15. 4. 29 6 Vr 394/29 § 8, 411 St. G.
1 Woche Arrest (Versuch eines Verbrechens und körperliche Beschädigung).
B. G. Graz 1. 10. 27 U I 1 156/27 § 487, 496 St. G.
14 Tage Arrest (Ehrenbeleidigung und öffentliche Beschimpfung).
B. G. Graz 22. 4. 29 6 U 1 653/28 Veruntreuung 1 Woche strengen Arrest
B. G. Graz 29. 6. 30 2 U 840/30 § 411 St. G.
3 Schilling ev. 24 Stunden Arrest
B. G. Graz 22. 5. 31 2 U 549/31 unbefugter Waffenbesitz, 3 Tage Arrest und 3 Schilling ev. weitere 24 Stunden Arrest
B. G. Graz 28. 5. 32 5 U 733/32 § 411 St. G. 20 Schilling ev. 48 Stunden Arrest (gegen die körperliche Sicherheit).
B. G. Graz 29. 11. 35 1 U 1 587/35 § 431 St. G. 5 Schilling ev. 3 Tage Arrest (gegen die körperliche Sicherheit).

gez. Swoboda

Alfred-Ingemar Berndt will Gutsbesitzer werden

Der Leiter der Abteilung IV: Presse im Propagandaministerium, Alfred-Ingemar Berndt, gedachte Großgrundbesitzer zu werden.

Biographisches über den Briefschreiber: Arthur Greiser, 1897–1946, SS-Obergruppenführer, Gauleiter und Reichsstatthalter im Warthegau; ab 28. 11. 1939 Senatspräsident in Danzig.

An Herrn Ministerialdirigenten	Der Reichsstatthalter
Alfred-Ingemar Berndt	im Reichsgau Wartheland
Berlin W 8	P. 2 474/41.
Mauerstr. 45	5. September 1941

Lieber Parteigenosse Berndt!
Vielen Dank für Ihr Schreiben vom 1. September. Mir wurde inzwischen mitgeteilt, daß Sie gestern in Posen waren; ich bedaure sehr, daß wir uns nicht gesprochen haben. Ich darf Ihnen auf Ihr Schreiben folgendes erwidern:
Von einer Anweisung des Reichsführers-SS als Reichskommissar für die Festigung deutschen Volkstums oder des Reichsernährungsministers und Reichsbauernführers oder des Führers selbst, Ihnen das Gut Dornbach bei Samter zu übertragen oder zur Übertragung nach dem Kriege vorzubehalten, ist weder meinen Dienststellen noch mir etwas bekannt. Ich bin zwar seit Herbst 1939 Chef der gesamten Behörde, wozu auch meine Abteilung IV (Landwirtschaft), also die sachbearbeitende Behörde des Reichsernährungsministers gehört. Ich bin ebenso seit mehr als einem Jahr Beauftragter des Reichskommissars für die Festigung deutschen Volkstums, dem hier in Posen sämtliche Dienststellen des Reichskom-

missars bezüglich der Einsetzung, Umsetzung und Umsiedlung und Beschlagnahme, also auch das SS-Bodenamt, unterstehen. Weder bei diesen Dienststellen noch bei mir persönlich war ein solcher Vorbehalt bekannt, er könnte auch nur Geltung haben, wenn ein schriftlicher Aktenvorgang mit einer entweder vom Reichsführer persönlich oder vom Führer persönlich abgezeichneten Erklärung aktenkundig wäre. Ich habe lediglich von Ihrem Wunsch im ganzen einmal grundsätzlich durch Pg Maul gehört, ohne daß im Zusammenhang damit der Name Dornbach erwähnt wurde und habe dann im Frühsommer dieses Jahres zum ersten Male authentisch über Ihre Wünsche etwas von dem Landrat und Kreisleiter des Kreises Samter gehört an dem Tage, an dem ich den Kreis Samter offiziell bereiste und besuchte. Ich habe sofort dem Kreisleiter gegenüber erklärt, daß das gar nicht in Frage käme, da weder für Sie noch für andere solche Ausnahmeregelungen während des Krieges getroffen werden können.

Dieselben Voraussetzungen, welche Sie mit Ihrem Schreiben vom 1. September mir gegenüber anführen, treffen auf eine ganze Reihe anderer Bewerber genau so zu. Sie treffen im übrigen auch bezüglich der Teilnahme am Kriege und aller Auszeichnungen und Orden auf mich persönlich zu, auch die bäuerliche Abstammung aus diesem Gau. Zudem kommt sogar noch, daß ich nun wirklich in dieser Gegend geboren und groß geworden bin, während Sie ja in Bromberg geboren sind und zur Schule gegangen sind und dementsprechend bezüglich Ihrer Wünsche heute sogar in den Gau Westpreußen gehören würden. Was würde denn dabei herauskommen, lieber Pg Berndt, wenn wir führenden Männer aus der Partei uns heute schon Güter mit mehreren tausend Morgen vorbehalten würden zum Erwerb nach dem Kriege, ohne daß wir Berufslandwirte sind. Trotz aller Verdienste, die Sie in der Politik, im Reichspropagandaministerium und auch als Frontsoldat dieses Krieges haben, ist es meiner Meinung nach unmöglich, jetzt ein Gut und zwar ein bestimmtes beanspruchen zu wollen. Daß Sie nach dem Kriege Bauer werden wollen, und sich seßhaft machen wollen und ein Gut erwerben wollen, ist genau so Ihr gutes Recht, wie es das Recht jedes anderen politisch und militärisch bewährten Gefolgsmannes Adolf Hitlers ist. Daß Sie aber ein Vorrecht in dieser Beziehung schon während des Krieges erhalten sollen, ist durch nichts und in keiner Weise gerechtfertigt.

Sie argumentieren weiterhin in Ihrem Brief vom 1. damit, daß das Gut Dornbach dem 25-jährigen Gutsbesitzer Sarrazin übereignet werden soll. Dieses ist ein Irrtum Ihrerseits. Das Gut wird nicht einem 25-jährigen Gutsbesitzer Sarrazin übereignet. Folgende Tatsache liegt vor:

Der ruhmreiche Feldherr Ludendorff ist in Kruszewnia bei Posen geboren. Kruszewnia ist seit beinahe 100 Jahren im Besitz der Familie Sarrazin. Es ist erwiesen, daß durch die Energie und den tatkräftigen

Fleiß der Familie Sarrazin der an sich kaum lebensfähige Besitz Kruszewnia zu einem einigermaßen anständigen Gutsbetrieb heraufgearbeitet worden ist. Der Führer persönlich hat den Wunsch, das Gut Kruszewnia der Familie Ludendorff nach vollkommenem Umbau und einer vollkommenen Restauration anständig und schuldenfrei zum Geschenk zu machen. Dieser Wunsch des Führers ist trotz meiner Hinweise auf die Verdienste der Familie Sarrazin zum Befehl geworden. Der Führer persönlich hat mir die Durchführung und die Verantwortung übertragen. In dieser Übertragung ist der Befehl des Führers enthalten, die Familie Sarrazin wegen ihrer politischen, völkischen und wirtschaftlichen Einstellung und Fähigkeiten sehr großzügig zu behandeln und ihr das Recht zu geben, sich einen anständigen Betrieb im Warthegau als Ausgleich für Kruszewnia auszusuchen. Von diesem Recht macht zur Zeit der Inhaber von Kruszewnia, ein über 60 Jahre alter Herr Sarrazin, Gebrauch und schlägt u. a. auch Dornbach vor. Sollte Herr Sarrazin sich auf Dornbach festlegen, was bis zur Stunde noch nicht der Fall ist, so werde ich auf Grund des mir vom Führer erteilten Auftrages und meiner Herrn Sarrazin gegenüber gegebenen Versprechungen keine Minute zögern, ihm Dornbach zu übertragen. So liegt der Fall und nicht anders, und es ist vollkommen abwegig, diese Angelegenheit so hinzustellen, als ob hier ein 25-jähriger volksdeutscher Gutsbesitzer, der keinerlei Verdienste aufzuweisen hätte, bevorzugt werden sollte gegenüber einem verdienstvollen politischen und in diesem Kriege mit Orden und Ehrenzeichen ausgezeichneten Kämpfer aus dem Reichspropagandaministerium. Ich muß diese Tatsache eindeutig feststellen, damit der Versuch einer solchen Lancierung von vornherein als erledigt angesehen werden kann. Da Sie die Kanzlei des Führers und zwar, wie Sie mir mitteilen, den Pg Victor Brack in Ihrer Angelegenheit bemüht haben, darf ich mir erlauben, Abschrift meines heutigen Schreibens an den Pg Brack zur Kenntnisnahme zu übergeben. Ebenso wie ich bisher allen anderen Anträgen von Kriegsteilnehmern und Nichtkriegsteilnehmern und sogar von verdienten Generälen dieses Krieges gegenüber mich auf den Standpunkt gestellt habe, daß eine Festlegung auf einen bestimmten Betrieb während des Krieges für keinen einzigen erfolgen könne, muß ich das auch Ihnen gegenüber tun. Ich rate Ihnen dringend ab, mit dieser Frage an den Führer persönlich heranzutreten; ich würde mich sonst gezwungen sehen, als verantwortlicher Beauftragter des Führers zur Durchführung seines Befehls in Sachen Ludendorff–Kruszewnia ihm einen entsprechenden Bericht zu machen.

F. d. R. d. A. Frank   Mit den besten Grüßen und Heil Hitler! Ihr Greiser

Die «Times» und die «Neue Zürcher Zeitung» in einem Blumengeschäft

Es handelt sich um das Dokument CLXXV – 1.

Karl Wolff, *1900, Himmlers Adjutant.

Ernst Woermann, *1888.

Dr. Ernst Kaltenbrunner, 1903–46, Chef der Sicherheitspolizei und des SD.

Reichssicherheitshauptamt
IV C 3 – E. 1 214/E
Bitte in der Antwort vorstehendes Geschäftszeichen und
handschriftlich: 132/5 VERSCHLOSSEN Datum angeben.

An den
Chef des Persönlichen Stabes
des Reichsführers-SS
SS-Obergruppenführer und General
der Waffen-SS Wolff
im Hause

Berlin SW 11, den 9. Februar
1943
Prinz Albrecht Straße 8
Fernsprecher:
Ortsverkehr: 12 00 40.
Fernverkehr: 12 64 21

Betrifft: Fahrlässige Verbreitung verbotener ausländischer Zeitungen durch den Unterstaatssekretär Woermann vom Auswärtigen Amt.

Anlagen: 10 Exemplare der «Neuen Zürcher Zeitung» und
2 Exemplare der «Times».

In der Anlage überreiche ich 10 Exemplare der «Neuen Zürcher Zeitung» vom Oktober bezw. Dezember 1942 und 2 Exemplare der «Times» vom 14. und 15. 12. 1942, die in dem Blumengeschäft Walter Loesch in Berlin, Friedrich-Wilhelm-Str. 4, vorgefunden wurden, wo sie als Einwickelpapier verwandt werden sollten. Wie einwandfrei festgestellt werden konnte, wurden diese Zeitungen zusammen mit anderem Zeitungsmaterial durch die Wirtschafterin des Unterstaatssekretärs Woermann dem Blumengeschäft zur Verfügung gestellt. Die Verbreitung der «Times» und der «Neuen Zürcher Zeitung» ist grundsätzlich verboten. Beide Organe dürfen nur in ganz besonders gelagerten Ausnahmefällen bezogen werden und unterliegen selbstverständlich der Geheimhaltung.

Ich bitte, dem Unterstaatssekretär Woermann in einer dort für geeignet gehaltenen Weise eine sorgfältigere Behandlung derartiger Druckschriften nahezulegen.

F. d. R.
Vertl (SS-Hauptsturmführer)

Im Entwurf:
gez.: Dr. Kaltenbrunner

Varia

Im Hause der «Frankfurter Zeitung»

Als Nachricht in: Frankfurter Zeitung vom 12. 3. 1933.

1856 wurde das Blatt von Leopold Sonnemann als *Frankfurter Handelszeitung* gegründet; die preußischen Okkupationstruppen verboten die Zeitung 1866, worauf sie ihr Erscheinen in Stuttgart fortsetzte und zwar drei Monate lang als *Neue deutsche Zeitung;* ab 16. 11. 1866 durfte sie als *Frankfurter Zeitung* wieder in Frankfurt selbst erscheinen. Ohne parteiliche Bindung vertrat das Blatt eine demokratische Politik, bis es am 31. 8. 1943 auf ausdrücklichen Befehl Hitlers verboten wurde. Siehe hierzu Benno Reifenberg: *Die letzten 10 Jahre – 1933–1943* in: *Ein Jahrhundert «Frankfurter Zeitung»*, Frankfurt a. M. 1956, S. 52 f.

Am Samstag nachmittag gegen 2 Uhr erschienen im Verlagsgebäude der «Frankfurter Zeitung» eine Anzahl, zum Teil bewaffnete, Nationalsozialisten in Uniform. Sie erklärten, eine Hakenkreuzfahne, die sie mitführten, hissen zu wollen. Der Verlag legte dagegen Verwahrung ein. Darauf erklärten sie, daß sie dann Gewalt anwenden würden. Die Fahne wurde nun aus einem Fenster, das nach der Schillerstraße hinausging, gehißt. Der Verlag benachrichtigte telephonisch die Gauleitung der NSDAP, die erklärte, daß die Leute keinen Auftrag von der Partei gehabt hätten. Etwa 15 Minuten darauf erschien auf Befehl der Standarte 81 eine neue Abteilung von Nationalsozialisten in Uniform, die die Fahne wieder einzog.

«Dresdner Neueste Nachrichten»

In eigener Sache, in: *Dresdner Neueste Nachrichten* vom 30. 3. 1933, gekürzt.

In Dresden sind, wie wir aus verschiedenen Äußerungen der Presse und privater Kreise entnehmen, Auffassungen über die Besitzverhältnisse und die Zusammensetzung der Redaktion der «Dresdner Neuesten Nachrichten» verbreitet, die den Tatsachen nicht entsprechen. Um ihrer Weiterverbreitung entgegenzutreten, erklären wir folgendes:

Besitzverhältnisse:
Die «Dresdner Neuesten Nachrichten» sind kein in jüdischem Besitz befindliches Blatt, wie immer wieder behauptet wird.

93 ½ Prozent befinden sich von der Gründung an im Besitz der Verlegerfamilie Huck, in der es überhaupt nie Mitglieder jüdischer Abstammung gegeben hat. Professor Julius Ferdinand Wolff, der zwar jüdischer Abstammung, dessen Familie aber in seiner Generation, also seit über drei Jahrzehnten christlichen Glaubens ist und der vor 33 Jahren als Mitglied der evangelischen Kirche nach Dresden kam und der Christusgemeinde Strehlen angehört, besitzt also nur einen minimalen Anteil am Verlag.

Zusammensetzung der Redaktion:
Die Redaktion der «Dresdner Neuesten Nachrichten» besteht aus elf Redakteuren. Von diesen elf sind zehn reine Arier. Ein Redakteur jüdischer Abkunft, der übrigens nie politisch tätig war, ist beurlaubt.

Von den elf Redakteuren sind drei Frauen, von den acht verbleibenden Redaktionsmitgliedern haben fünf im Krieg an der Front gekämpft und sind teilweise schwer verwundet worden. Drei von diesen wurden im Verlauf des Krieges Offiziere. Zwei erhielten das E. K. I. für tapferes Verhalten vor dem Feind.

Die Führung der wichtigsten Abteilungen der Redaktion liegt in folgenden Händen:

Politische Redaktion:
Verantwortlich ist Theodor Schulze, der einer alten Lausitzer Pastoren- und Beamtenfamilie entstammt; Kriegsfreiwilliger, Teilnehmer an der ersten Ypernschlacht im Reserveregiment 242, dann bis 1917 in englischen Kriegsgefangenenlagern und Militärgefängnissen, wo er an Tuberkulose erkrankte. Später im Abwehrkampf gegen die Mißhandlung der deutschen Kriegsgefangenen durch Frankreich tätig.

Feuilleton-Redaktion:
Dafür verantwortlich ist Dr. Karl Schönewolf, Kriegsfreiwilliger. Vier Jahre an der Westfront; Leutnant; E. K. I.

Handelsredaktion:
Dr. Paulus Lambrecht, Danziger, sehr schwer verwundet in den Kämpfen im Osten.

Lokalredaktion:
Verantwortlich C. O. Wagner, Leutnant, machte fast den ganzen Krieg an der Front mit.

Die «Dresdner Neuesten Nachrichten» sind stets bewußt vaterländisch gewesen. Das beweisen u. a. die zahlreichen Anerkennungen der Zivil- und militärischen Behörden vor dem Kriege und während des Krieges.

Die «Dresdner Neuesten Nachrichten» und ihre Leitung haben sich also nicht etwa aus Zweckdienlichkeitsgründen und erst seit gestern so eingestellt, wie es das Wort des Reichskanzlers will, der jeden willkommen heißt, der auf nationaler Grundlage für Deutschland mitarbeiten will.

Verlag und Redaktion der
«Dresdner Neuesten Nachrichten»

Vorsicht beim Kauf ausländischer Zeitungen

Als Nachricht in: *Königsberger Hartungsche Zeitung* vom 29. 9. 1933.

Die Regierungspressestelle in Düsseldorf teilt mit: Bei den von Auslandsreisen nach Deutschland zurückkehrenden deutschen Reisenden wurden sehr häufig Zeitungen und Zeitschriften vorgefunden und beschlagnahmt, in denen Deutschland und die deutsche Regierung aufs schärfste angegriffen und böswillig verächtlich gemacht werden. Ganz abgesehen davon, daß sich solche Reisenden der Gefahr der Festnahme durch die Polizei und einer eventuellen Bestrafung wegen Einführung verbotener Druckschriften in Deutschland aussetzen, ist es eines Deutschen unwürdig, derartige Zeitungsunternehmen des Auslands, die mit allen Mitteln daraufhin arbeiten, den Wiederaufbau des Deutschen Reiches zu verhindern, durch den Kauf solcher Zeitungen noch zu unterstützen.

Die Pflicht der Bahnhofsbuchhändler

Deutsche Zeitungen sind zu bevorzugen, in: *Berliner Lokal-Anzeiger* vom 11. 8. 1934, Morgenausgabe.

Die Reichsbahnhauptverwaltung ist darauf hingewiesen worden, daß Bahnhofsbuchhandlungen den Reisenden ausländische Zeitungen, auch wenn nicht nach solchen gefragt war, in erster Linie angeboten hätten. Eine derartige Förderung der Verbreitung ausländischer Zeitungen wird, wie es in einem Erlaß der Reichsbahn heißt, von dieser nicht gebilligt, da es erste Pflicht der Bahnhofsbuchhändler sein muß, deutsches Gedankengut zu verbreiten. Die Pächter der Bahnhofsbuchhandlungen sollen angewiesen werden, alles zu unterlassen, wodurch die Verbreitung ausländischer Zeitungen gefördert werden kann. Bei groben Verstößen dagegen soll das Pachtverhältnis fristlos gekündigt werden.

Ereignismeldung

Der Regierungspräsident
Journal-Nr. P. Pol. 14. 31. No. 74/
35 (geh)
Es wird gebeten, bei Antworten vor-
stehende Nr. und das Datum des
Schreibens anzugeben.

Geheim

An den Herrn
Preußischen Ministerpräsidenten
z. Hd. des Herrn
Oberregierungsrats Marotzke
in Berlin
Wilhelm Str. 63

handschriftlich: 130 P 189

Merseburg, den 7. Mai 1935.

Reichsbankgirokonto Merseburg
Postscheckkonto Leipzig Nr. 12 996.
Spargirokonto Nr. 1 050 bei der
Mitteldeutschen Landesbank in Hal-
le a. S.

Fernsprechnummer 2 061 bis 2 066

Betrifft: Ereignismeldung
Berichterstatter: Regierungsassessor Dr. Behr.

Im Nachgang zu der mündlichen Meldung vom 6. Mai 1935 bei Regierungsrat Dr. Lang.

Die Staatspolizeistelle in Halle a/S. hat das «Schweinitzer Kreisblatt»
– Amtliches Verordnungsblatt des Kreises Schweinitz – auf die Dauer
von 3 Tagen verboten.
   Das Kreisblatt hatte am 20. April 1935 ein Bild des Führers auf der
ersten Seite so angebracht, daß die Buchstaben «Schwein» (itzer Kreisblatt) des Kopfes der Zeitung verdeckt waren. Die Staatspolizeistelle hat
darin eine grob-fahrlässige Verächtlichmachung des Führers und Reichskanzlers erblickt; daß eine Absicht nicht vorlag, steht fest.

handschriftlich:
z. d. A.
U
Un 13/5
F 4.

(gez) Dr. Sommer,
Beglaubigt:
Ziegler,
Regierungssekretär.

Eine Meldung in der «Essener Volkszeitung»

Gefängnis wegen Falschmeldung, in: *Berliner Lokal-Anzeiger* vom 26. 5. 1935, Morgenausgabe.

Essen, 25. Mai.

Vor dem in Essen tagenden Sondergericht des Landesgerichts Hamm hatten sich der Schriftsteller und Gerichtsberichterstatter Heinz Multhaupt, der Hauptschriftleiter Dr. Paul Freckwinkel und ein gewisser E. wegen Vergehens gegen das Gesetz über heimtückische Angriffe auf Staat und Partei und zum Schutze der Parteiuniform vom 20. Dezember 1934 zu verantworten.

Folgender Tatbestand lag der Anklage zugrunde: Am 17. April morgens wurden in Essen die zum Tode verurteilten Fritz Plischat und Friedrich Islakar hingerichtet. Am gleichen Morgen brachte die «Essener Volkszeitung» in großer Aufmachung die Mitteilung, daß der Führer auf Grund eines an ihn gerichteten Gnadengesuches Islakar zu lebenslänglichem Zuchthaus begnadigt habe. Diese Falschmeldung war am Abend des 16. April in einer Essener Wirtschaft auf Grund einer dem angeklagten Schriftleiter Multhaupt von dem angeklagten Justizobersekretär Schade bestätigten Erzählung des Mitangeklagten E. zustandegekommen.

Der Staatsanwalt wies darauf hin, daß die Falschmeldung in weite Kreise der Bevölkerung ein Gefühl der Rechtsunsicherheit hineingetragen und dadurch das Ansehen der Justiz und der Reichsregierung schwer geschädigt habe. Das Gericht verurteilte Schade und Multhaupt zu je drei Monaten, Dr. Freckwinkel zu zwei Monaten Gefängnis. Der Mitangeklagte E. wurde mangels ausreichenden Beweises freigesprochen.

Ein Artikel in der «Bergisch-Märkischen Zeitung»

Zur Erläuterung: In der *Bergisch-Märkischen Zeitung*, Remscheid, vom 8. 10. 1936 war ein Artikel über das Bereitschaftsgebäude der Polizei erschienen; am Ende jenes Artikels stand folgender Satz: «Zu dem Fest der Einweihung vor nun zehn Jahren war auch Minister Severing erschienen, der bei seiner Ankunft zunächst die Front der Beamten abschritt und nachher die Festrede hielt.»

Einzig und allein die Erwähnung des ehemaligen sozialdemokratischen Ministers Carl Severing löste die Untersuchung aus.

	Der Regierungs-Präsident
Stempel: Der Chef der	*Aktenzeichen: P. I. Nr. 5/108 Sor.*
Ordnungspolizei, 19. Okt. 1936	Bei der Antwort wird Angabe
	des obigen Aktenzeichens erbeten.

An den
Reichsführer SS und Chef
der Deutschen Polizei im
Reichsministerium des Innern
– Chef der Ordnungspolizei –
in Berlin
unmittelbar

Regierungshauptkasse:
Reichsbankgirokonto
Postscheckkonto Essen 147

Düsseldorf, den 17. Oktober 1936
Postfach – Fernruf 360 11

Betrifft: Artikel in der Bergisch-Märkischen Zeitung
      Erlaß vom 10. 10. 1936 – P. 985/36 –.
Berichterstatter: Regs. Rat Dr. von Busse
Mitberichterstatter: Major d. Sch. Hepperle

Der Polizeipräsident in Wuppertal hat hierzu folgendes berichtet:
«Die eingehenden Ermittlungen haben ergeben, daß eine Dienststelle, ein Beamter oder ein Angestellter meiner Behörde als Urheber des Artikels nicht in Frage kommen.

Den Hauptschriftleiter Müller von der Bergisch-Märkischen Zeitung habe ich befragen lassen, wie der Artikel zustandegekommen sei und ob der fragliche Schlußsatz auf irgendwelche Angaben von Angehörigen der Polizei in Remscheid oder Wuppertal beruhe. Müller erklärte, der Artikel sei von seinem Remscheider Mitarbeiter verfaßt worden, ohne daß irgendein Angehöriger der Polizei mitgewirkt habe. Als Verfasser des Artikels kommt nach Angaben des Hauptschriftleiters Müller der Schriftleiter Paul Hombrecher, wohnhaft Remscheid-Lennep, Ringstraße 20, in Frage, dem der Schriftleiter Otto Soostmann, wohnhaft Remscheid, Scharfstraße 6, das Material hierzu geliefert hat. Jedoch sind diese Personen – beide sind freie Schriftleiter – für die Veröffentlichung des Artikels nicht verantwortlich zu machen; hierfür kommt in erster Linie der Hauptschriftleiter Müller in Frage. Er will in dem Schlußsatz des Artikels keine irgendwie geartete Stellungnahme für Severing erblicken. Wenn der Name erwähnt worden sei, so nur deshalb, um die Leser der Zeitung zu einem Lächeln zu veranlassen. Denn jedem Leser der Bergisch-Märkischen Zeitung sei bekannt, daß Severing die BMZ wegen ihrer Bekämpfung des Marxismus während der Systemzeit wiederholt verboten habe. Jedenfalls wolle die Zeitung mit früheren marxistischen ‹Größen› keineswegs sympathisieren.»

Die Geheime Staatspolizei ist beteiligt worden.

Stempel: In Vertretung: gez.: Bachmann
Der Regierungspräsident Beglaubigt: Voigt, Regs.-Angestellte
Düsseldorf

Verein der Ausländischen Presse

Der hier erwähnte französische Journalist Paul Ravoux war ab 1942 im Konzentrationslager Dachau inhaftiert; 1937 war er aus Deutschland ausgewiesen worden.

	Reichsministerium
	für Volksaufklärung und Propaganda
Geheim!	Berlin, den 27. November 1937

	Abteilung IV
Herrn	Regierungsrat Bade
Reichskulturwalter Hinkel	Nr. 593/37g/IV 4 280
im Hause	Berlin, den 25. November 1937

Nachdem der Verein der Ausländischen Presse sich demonstrativ zu den journalistischen Gangster-Methoden des französischen Berichterstatters Ravoux bekannt hat, ist es natürlich nicht möglich, an gesellschaftlichen Veranstaltungen dieses Vereins teilzunehmen.

Es ist daher vom Herrn Reichsminister entschieden worden, daß Einladungen, die an Mitglieder des Ministeriums bezw. den nachgeordneten Dienststellen zu dem Ball des Vereins der Ausländischen Presse, am 4. Dezember 1937 ergehen, nicht angenommen werden dürfen.

Die Absagen sind individuell zu halten und verschieden zu begründen. Auf keinen Fall darf in irgend einer Form erkenntlich werden, daß eine Ablehnung der Einladung auf höheren Wunsch geschieht.

Die Herren Abteilungsleiter sind dafür verantwortlich, daß aus dem ihnen unterstellten Dienstbereich niemand an der Veranstaltung teilnimmt.

I. A.
Bade

Nach dem «Anschluß» Österreichs

In: *Zeitungswissenschaft* vom 1. 4. 1938; siehe auch: *Neuordnung der österrei-chischen Presse nach nationalsozialistischen Grundsätzen*, in: *Völkischer Beob-achter* vom 4. 5. 1938.

Der am 11. März 1938 erfolgte Anschluß Österreichs an das Reich hat wie auf anderen Gebieten so auch auf dem der Presse eine Reihe wich-tiger Veränderungen mit sich gebracht. Der Führer selbst wurde auf seiner Triumphfahrt durch Österreich, die ihn am 14. März nach Wien führte, vom Reichspressechef der NSDAP und der Reichsregierung, Dr. Otto Dietrich, begleitet. Bereits am 14. März ließ Reichsamtsleiter Sündermann in Wien eine für Österreich bestimmte Wahlsondernum-mer der NSK erscheinen. Die «Nationalsozialistische Partei-Korrespon-denz» versorgt nunmehr täglich die österreichische Presse von Wien aus mit Material.

Zur Einrichtung einer Wiener Ausgabe des «Völkischen Beobachters» traf der Reichsleiter für die Presse, Amann, mit dem Hauptschriftleiter des «V. B.», Weiß, in Wien ein. Die erste Wiener Ausgabe des «Völki-schen Beobachters» erschien am 16. März. Sie hat das übliche Wiener Format, das so lange beibehalten bleiben muß, bis die Anschaffung neu-er Maschinen die Einführung des für die Berliner und Münchner Ausga-be verwandten Großformats möglich machen wird. Als stellvertretender Hauptschriftleiter der Wiener Ausgabe des «V. B.» zeichnet Dr. Walter Schmitt. Der frühere jüdische «Telegraf», der sich für einige Tage den Titel «NS-Telegraf» zugelegt hatte, hat diesen Titel in «Deutscher Tele-graf» geändert. Als offizielles Organ der NSDAP ist in Wien nur die dortige Ausgabe des «Völkischen Beobachters» anzusehen, der somit das Erbe des «Österreichischen Beobachters» angetreten hat, der seit dem Verbot der österreichischen NSDAP illegal erschien.

Die Wochenschrift «Das Reich»

Max Amann schrieb diesen Brief an die Frau von Hitlers Lieblingsarchitekten Paul Ludwig Troost. Beim Lesen des Schreibens spürt man deutlich, wie sogar der ehemalige Feldwebel sich dessen bewußt war, daß auch die gleichgeschaltete Presse eines einzigen Organs ohne Phrasen oder Propagandalügen dringend bedürfe. Im Prinzip hatte ausgerechnet Joseph Goebbels selbst die Idee zu solch einer Zeitschrift; er gedachte bestimmte, immer noch abseits stehende Intellek-tuellenkreise Deutschlands heranzuziehen. Als die Zeitschrift dann entstand, umrahmte Goebbels selbstverständlich seine Ideen jede Woche mit einem Leit-artikel voller Lügen und Propagandatricks.

Ausführlicher über die Wochenzeitschrift *Das Reich* siehe Hans Kreuzberger: *Die deutsche Wochenschrift «Das Reich»*, Dissertation, Wien 1950.

Frau
Professor Gerdy Troost
München
Himmelreichstraße 4

Nationalsozialistische Deutsche Arbeiterpartei
Reichsleitung
Der Reichsleiter für die Presse
München 22, Thierschstr. 11
Telefon: 22 131
München, den 30. Juni 1940

Sehr geehrte Frau Professor!
mit diesem Schreiben möchte ich Ihr persönliches Interesse für einen publizistischen Plan in Anspruch nehmen, den ich inzwischen bereits verwirklicht habe. Ich habe veranlaßt, daß im Deutschen Verlag unter dem
Titel «Das Reich» eine neue Wochenzeitung herausgebracht wird. Die
Geltung und Wirkung dieser Zeitung steht und fällt damit, wie eng und
fruchtbar ihr Kontakt mit den Männern und Kräften ist, die das Reich
tragen. Die unmittelbare Verbindung zwischen Ihnen und der neuen
Wochenzeitung anzuknüpfen, ist die Absicht meines Schreibens. Es liegt
mir daran, in Ihnen einen Förderer und – auf dem Wege über Mitarbeit,
Anregung und Information – auch Mitgestalter unserer neuen Wochenzeitung zu gewinnen.
    Wenn ich als der Mann, der die Verantwortung für den wichtigsten
Teil der Papierbewirtschaftung trägt, bei den gegenwärtigen Rohstoff-
schwierigkeiten das neue Organ ins Leben gerufen habe, so fassen Sie
das als ein Zeichen des Willens auf, nicht nur etwas Neues, sondern etwas Gutes und Notwendiges zu schaffen. Die Zeitung soll nicht eine unter vielen Zeitungen und Zeitschriften, sondern sie soll die führende
große politische deutsche Wochenzeitung sein, die das Deutsche Reich
für In- und Ausland gleich wirksam und eindringlich publizistisch repräsentiert. Die Wahl des jetzigen Zeitpunktes wurde u. a. durch den
Entschluß bestimmt, mit dem neuen Organ das neutrale Ausland zu erfassen.
    Daß uns ein derartiges Blatt gegenwärtig noch gefehlt hat, steht au-
ßer Zweifel, und daß es nur dann wirksam gestaltet werden kann, wenn
ihm besondere publizistische Möglichkeiten erschlossen werden, die dem
Gros der Tages- und Wochenzeitungen nicht zur Verfügung stehen, ist
ebenso sicher. Die Absicht der pressepolitischen Stellen, diese größeren
Möglichkeiten zu gewährleisten, und der Wille der Schriftleitung, von
ihnen den positivsten Gebrauch zu machen, müssen ihre Ergänzung finden in der tätigen und unmittelbaren Anteilnahme aller derer, die an
der Spitze wichtiger Arbeitsbereiche der Nation stehen.
    Die Wochenzeitung soll sich im Inland an die politisch und geistig In-
teressierten richten, die den Entwicklungslinien, inneren Zusammen-
hängen und tieferen Ursachen des Geschehens nachspüren und über sie
unterrichtet sein wollen. Sie will allwöchentlich einen umfassenden
Weltspiegel geben, der unter dem deutschen Blickwinkel steht. Die

Überzeugungskraft der Zeitung soll so stark sein, daß das Ausland einschließlich derer, die trotz kritischer Einstellung über Absichten und Entwicklung der deutschen Politik informiert sein wollen und müssen, an ihrem Inhalt nicht vorbeigehen können.

Diese Wirkung soll durch das Höchstmaß an innerem Gehalt, Gedankenreichtum und Sachsubstanz jeder Nummer erreicht werden. Die Stoffbehandlung soll ernst und gewissenhaft, die Darstellung formal ansprechend und zugleich sachlich korrekt und phrasenlos sein. Der bedeutende und umfassende Charakter, den das Blatt aus der Mitarbeit der Persönlichkeiten des öffentlichen Lebens, der führenden Federn und Namen der deutschen Publizistik und der Köpfe des deutschen Kulturlebens erhofft, soll es über alle bereits vorhandenen Zeitungen hinausheben. Bei aller Mannigfaltigkeit des Stoffes, aller Vielfalt der Federn soll jedoch jeder einzelne Beitrag einen Anteil an der inneren Einheit des Ganzen haben. Alle Beiträge müssen daher eigens für diese Zeitung und nach ihren Gesichtspunkten geschrieben sein oder in diesem Sinne redigiert werden können. Umfang und Sachgehalt der Beiträge werden in jedem Falle nach einem einheitlich gültigen Maßstab untereinander abgewogen. Namensartikel sollen tatsächlich hervorragende Originalarbeiten der Träger des Namens selbst sein.

Die Zeitung betrachtet es als ihre Aufgabe, dem Leser die Einordnung des Einzelgeschehnisses in sein Weltbild zu ermöglichen. Dies soll dadurch geschehen, daß die Einzelheiten in ihrer Bedeutung nicht übersteigert, sondern im Gegenteil ihn von einer hohen Ebene des Urteils aus die Dinge richtig werten läßt. Schwierige Fachthemen sollen in einer allgemein verständlichen Darstellung behandelt werden, die an das selbstständige geistige Mitgehen, an den gesunden und entwickelten Menschenverstand des Lesers höchste Anforderungen stellt, aber kein Spezialwissen voraussetzt. Kein interessierendes Thema soll grundsätzlich von der Behandlung ausgeschlossen werden. Die für das Gegenwartsgeschehen bedeutungsvollen Strömungen, Tendenzen, politischen Absichten und weltpolitischen Tatsachen sollen in dem Stadium aufgegriffen und behandelt werden, in dem sie sich abzuzeichnen oder wirksam zu werden beginnen. Alles, was auf Leben, Bewegung und Entwicklung in Völkern und Räumen hinweist, auch wenn es die deutschen Interessen nicht oder zunächst nicht unmittelbar zu berühren scheint, wird aufgegriffen werden.

Neben einer stärkeren Auswertung ausländischen Nachrichtenmaterials, das aus taktischen Gründen in der Tagespresse nicht gebracht werden kann, ist – und auch hierfür erbitte ich Ihre Mitwirkung – die Erschließung von Sonderinformationen aus deutschen Quellen notwendig, die in den Tageszeitungen ebenfalls nicht voll zur Geltung kommen können. Als Zeitung braucht das neue Organ Nachrichten, und der besondere Charakter der in ihr enthaltenen Nachrichten soll ihr von Woche zu Woche aufs neue den Reiz des Spannungsmomentes verleihen, der sie dem Interessierten in die Hand zwingt.

Stempel: Heil Hitler!
Nationalsozialistische Deutsche Arbeiterpartei   Ihr Amann
Reichsleitung

Ein unmöglicher Zustand

Dr. rer. pol. Giselher Wirsing, * 1907, 1936–41 Hauptschriftleiter der *Münchner Neuesten Nachrichten*; Autor von: *Engländer, Araber und Juden in Palästina*, Jena 1939; *Der maßlose Kontinent*, Jena 1942, u. a.

Dr. Giselher Wirsing
SS-Sturmbannführer
München, den 6. 6. 41
Münchner Neueste Nachrichten

Sehr geehrter Herr Dr. Lingg,
mit bestem Dank finde ich hier Ihre beiden Briefe vom 16. und 21. Mai vor, nachdem ich erst vor einigen Tagen aus Lissabon zurückgekehrt bin. Zunächst zu dem Aufsatz «Das Volk der Waliser». Sie haben durchaus Recht, dass hier dem Verfasser ein Irrtum unterlaufen ist. Ich werde Ihrer Anregung gern Folge leisten und die Volkstumsprobleme in England gelegentlich wieder behandeln lassen.

Sodann waren Sie so liebenswürdig, sich um meine Parteiangelegenheit zu kümmern. Der Stand der Dinge ist der folgende: Mir war von der SS vor vielen Jahren schon mitgeteilt worden, meine Übernahme in die Partei erfolge auf dem Wege über die SS. Durch irgendwelche Versehen, Versetzung von Kameraden, die mit dieser Angelegenheit befasst waren, usw. blieb dies durch die SS unerledigt, nachdem mir etwa im Jahre 1938 mitgeteilt worden war, dass man mich in die Ortsgruppe Braunes Haus übernommen hätte. Erst Ende 1938 konnte ich feststellen, dass dies nicht der Fall war. Durch den SD.-Leitabschnitt München ist dann verfügt worden, dass ich nun an die Ortsgruppe Theodolindenplatz (Harlaching) überwiesen werden sollte. Das war im Jahre 1939, bzw. 1940. Im Oktober 1940 ist die Ortsgruppe Theodolindenplatz dann auch endlich an mich herangetreten; ich habe zwar zum soundsovielsten Male die entsprechenden Papiere ausgefüllt, der Ortsgruppe einen Spendenbeitrag übermittelt, ohne dass ich aber seitdem irgendetwas gehört hätte. Andererseits bin ich durch die SS verpflichtet, mich um diese Parteiangelegenheit zu kümmern, da es auf die Dauer ja schlechterdings ein unmöglicher Zustand ist, dass ein SS-Sturmbannführer seine Parteizugehörigkeit nicht in Ordnung hat. Es wäre ausserordentlich liebenswürdig, wenn Sie die Sache in die Hand nehmen könnten, damit sie endlich einmal geregelt wird.

Herrn Dr. Anton Lingg [1]   Heil Hitler!
Oberbefehlsleiter der NSDAP   Ihr Giselher Wirsing
München-Obermenzing, Heerstr. 31

[1] Autor des Buches: *Die Verwaltung der Nationalsozialistischen Deutschen Arbeiterpartei*, München 1941.

Kapitel II

WELTANSCHAUUNG

Grundsätzliches

Rückblick und Ausblick

Der sogenannte Begriff

Max Amann: *Die nationalsozialistische deutsche Volkspresse* in: *Handbuch der deutschen Tagespresse*, herausgegeben vom Deutschen Institut für Zeitungswissenschaft, Berlin 1937, 6. Auflage, S. IX–X; siehe hierzu auch Emil Obergfell: *Die Problematik der Subjektivität in der politischen Tagespresse*, Dissertation, Heidelberg 1934, S. 110 f, und Heinrich Guthmann: *Zweierlei Kunst in Deutschland*, Berlin 1935, S. 56 f.

Der Parole der Gleichheit aller Menschen setzte der Nationalsozialismus den Gedanken der schöpferischen Kraft der Persönlichkeit entgegen. An die Stelle der Unverantwortlichkeit der Masse trat die Verantwortlichkeit des Einzelnen. Das Leistungsprinzip löste alle anderen Grundsätze für die Bewertung eines Menschen ab. So konnte für uns niemals ein Zweifel darüber bestehen, daß nur die Anwendung dieses Grundsatzes auch auf dem Gebiet der Presse ihr jene Leistungsfähigkeit schaffen kann, die Voraussetzung einer dem Volk dienenden Presse ist.

Dort, wo in der Vergangenheit um den sogenannten Begriff der Freiheit der Presse gekämpft wurde, war nicht die Sicherung des Dienstes der Presse am Volk das Ziel, sondern man machte die Presse unabhängig lediglich vom Staate und lieferte sie dann allen sonstigen Gewalten und Einflüssen ohne jeden Schutz der Volksgesamtheit aus. Die Unabhängigkeit der Presse kann nur durch eine umfassende Sicherung ihrer Gestalter vor jeder Abhängigkeit gesichert werden. Dazu gehört in erster Linie die Sorge, daß nur Personen, die hierfür würdig und geeignet sind, Gestalter der Presse sein können.

Ein offenes und deutsches Wort

Dr. Otto Dietrich über die Aufgaben der deutschen Presse, in: *Nationalsozialistische Partei-Korrespondenz (NSK)* vom 23. 4. 1933, Auszüge; die NSK wurde zwar von Wilhelm Weiß herausgegeben, aber verantwortlich für den Inhalt war Dr. Otto Dietrich.

Anläßlich einer Pressekundgebung des Kampfbundes für Deutsche Kultur hielt Dr. Dietrich diesen Vortrag im Plenarsaal des Preußischen Landtages; *Kampfbund für Deutsche Kultur (K.f.D.K.)*, von Alfred Rosenberg 1928 in München gegründet. Sein Hauptziel bestand im Kampf gegen «die kulturzersetzenden Bestrebungen des Liberalismus»; ebenso kämpfte der Bund für die «im Deutschtum verwurzelte Kraft». Im Mai 1933 ist der K.f.D.K. als Kulturorganisation der NSDAP anerkannt worden. Leiter wurde Hans Hinkel. Sitz des Kampfbundes war das Berliner Schloß.

Wenn ich heute vor Ihnen vom Kampfbund für deutsche Kultur sprechen darf, dann tue ich es mit besonderer Freude deshalb, zunächst, weil Sie ein Kampfbund sind. Nationalsozialist sein, heißt – wie Sie wissen – Kämpfer sein! Und wenn wir auch heute nach einem heroischen geistigen Ringen, das ohne Beispiel in der Geschichte der Völker ist, den Durchbruch zum Staate erzwungen haben, so werden wir doch niemals, solange wir leben, aufhören, Kämpfer zu sein. Kämpfer für unsere nationalsozialistische Idee. Kämpfer für unsere herrliche nationalsozialistische Bewegung, die heute das junge Deutschland repräsentiert und sich mit Stolz zu ihrem Werk, zur deutschen Revolution bekennt. Und zweitens wissen Sie, daß die Presse der Spiegel eines Volkes und damit seiner Kultur ist. Daß eine entartete Presse nicht ein Zerrbild unserer Kultur, unseres deutschen Gemeinschaftslebens wiedergibt, ist eine Frage, die den Staat mindestens ebensosehr angeht, wie die Presse selbst. Daher kann die Presse als maßgebender Faktor bei der Bildung der öffentlichen Meinung nur als eine öffentliche Meinung angesehen werden. Sie ist der öffentliche Anwalt der Volksgesamtheit, auf dessen Kontrolle und ideelle Einflußnahme kein Staat verzichten kann, der es als seine Pflicht ansieht, die Interessen der Gesamtnation mit allen Mitteln wahrzunehmen. Jede Einflußnahme und Lebensäußerung des Staates aber – auf welchem Gebiet es auch immer sei – bezeichnen wir als Politik. Und damit sind wir im Kampfbund für deutsche Kultur bei unserem Thema: «Die deutsche Presse als Waffe deutscher Politik».

Wir deutschen Journalisten empfinden es dankbar und mit Genugtuung, daß die Regierung der nationalen Revolution die große Bedeutung der Presse und ihre Macht nicht nur anerkennt, sondern auch ihre Mitarbeit an dem großen Wiederaufbauwerk der Nation so hoch einschätzt.

Wir wollen uns der Ehre, in vorderster Front des Lebenskampfes der Nation stehen zu dürfen, würdig erweisen, und die deutsche Presse in Zukunft zu einer scharf geschliffenen Waffe deutscher Politik und damit des deutschen Volkes werden lassen, wie sie niemals zuvor der Nation zur Verfügung gestanden hat.

Ich sage mit Betonung in der Zukunft, denn in der Vergangenheit war es leider anders. Wenn man die Zukunftsaufgabe der Presse im neuen Deutschland umreißen will, dann kann man es nicht tun, ohne die Lehre zu ziehen aus den Erfahrungen der Vergangenheit, die uns zeigen, wie es niemals sein soll und werden darf. Als Nationalsozialist will ich hier einmal ein offenes und deutsches Wort sprechen. Es ist nicht so, wie uns heute mancher Verleger und journalistische Zeitgenosse in der unbefangensten und harmlosesten Weise glauben lassen möchte. Es ist nicht so, daß das Wirken der Presse in Deutschland als Ganzes in den letzten vierzehn Jahren immer schon vom heutigen nationalen Geiste erfüllt war, und daß dieses Wirken heute vor dem Urteil der Nation gerechtfertigt wäre und bestehen könnte. Nein! Der größte Teil der Presse des nachnovemberlichen Deutschland hatte keinen Hauch dieses Geistes, der durch die nationale Erhebung vom deutschen Volk Besitz ergriffen hat, und den man heute so gern für die Vergangenheit in Anspruch nehmen möchte.

Es gab eine Presse in Deutschland, die sich bürgerlich nannte, bürgerlich-national. Und die mit stoischer Ruhe diesem marxistischen Kesseltreiben gegen die nationale Erhebung zusah. Eine Presse, in der sich keine Feder rührte, um dem aus tausend Wunden blutenden deutschen jungen Nationalismus in seinem heroischen Kampfe beizustehen. Eine Presse, die in ihren Berufsverbänden die marxistischen Volksverhetzer duldete und ihnen führende Stellungen einräumte. Ja, die dem Marxismus Vorspanndienste leistete in seinem Unterdrückungsfeldzug gegen die Bewegung der nationalen Erhebung. Das war – wenn wir uns recht erinnern – die sog. große deutsche Presse der letzten vierzehn Jahre – wobei Ausnahmen nur die Regel bestätigen. Es war jener große Teil der Presse, der seine nationalen öffentlichen Pflichten in gröblicher Weise verletzte, indem er bis zum letzten Augenblick, als es die Spatzen schon von den Dächern pfiffen, der Öffentlichkeit noch falschen Wein einschenkte über die wirkliche Stimmung im Volke, und der die nationalsozialistische Freiheitsbewegung publizistisch unterdrückte, statt ihr im Interesse von Volk und Nation den Weg nach oben zu bahnen. Dieser überwiegende Teil der deutschen Presse war nicht Wegbereiter, sondern Hemmschuh der nationalen Erhebung.

Aber die Gerechtigkeit erfordert es, den journalistischen Berufsstand mit der Verantwortung für diese Verhältnisse nicht zu belasten. Es sei denn, daß man ihm vorwirft, diesen Dingen gegenüber zu viel Schwäche an den Tag gelegt zu haben. Wir wissen im Gegenteil, daß viele redaktionelle Sachwalter der deutschen Presse, die das Gefühl für nationale Verantwortung nicht verloren hatten und soweit sie sich überhaupt unter diesen Verhältnissen noch der Illusion geistiger Freiheit und journalistischer Unabhängigkeit hingaben, diesen Zustand materieller Abhängigkeit und geistiger Fesselung als entwürdigend empfunden und aufs tiefste bedauert haben. An der Tatsache selbst hat das leider nicht viel geändert. Aber viele von ihnen – und nicht die schlechtesten – haben es von jeher sehnlichst begrüßt, unter anderen Verhältnissen arbeiten zu können, als unter den bisherigen, die auf die Dauer für einen selbstbewußten Journalismus unerträglich waren.

Dieser befreienden und reinigenden Aufgabe steht nunmehr nach dem Sieg der nationalen Revolution kein Hindernis mehr im Wege.

Die «Alten» und die «Jungen»

Aufsatz von Dr. Gottlieb Scheuffler in: *Deutsche Presse* vom 10. 2. 1934, Auszüge.
Dr. phil. Gottlieb Scheuffler, * 1891, Schriftsteller (Roman, Kulturpolitik).

Unter «Alten» stelle ich hiermit nicht vor: die im Redaktionsdienst ergrauten Kollegen, die ihre Feder für des Volkes Wohl unter soundso vielen Regierungen und Regierungssystemen, von Bismarck bis Brüning, spielen ließen. Und die «Jungen» sind auch nicht gerade die eben der Säuglingsflasche Entronnenen. Die «Alten» und die «Jungen», von denen hier die Rede ist, haben überhaupt nichts mit dem Kalender zu tun. Kurz herausgesagt: die deutschen Journalisten, die auch schon vor dem 30. Januar 1933 mit der Feder für die Ideen Adolf Hitlers stritten, sind die «Alten», auch wenn sie die fünfundzwanzig noch nicht überschritten haben. Diesen «Alten» stehen die «Jungen» gegenüber: das sind alle die jüngeren und älteren Kollegen, die den 30. Januar 1933 nicht selbst mit Hilfe ihrer journalistischen Arbeit ausdrücklich herbeizwangen. Da es heute in der Presse nur eine «Tendenz» gibt, den staatlichen Willen, den der Journalist in bisher noch nicht erreichter Fülle und Mannigfaltigkeit – hierin liegt heute seine Aufgabe – in die Leserschaft tragen soll, zeichnet sich für die noch nicht lange oder überhaupt noch nicht ausgesprochen nationalsozialistisch denkenden Kollegen in berufspolitischer Beziehung ein Problem ab, das hauptsächlich durch die Überlegung gekennzeichnet ist, wie die Eingliederung dieser Journalistenmasse in den innerlich tätigen journalistischen Auf- und Ausbau des neuen Reiches gesichert oder beschleunigt werden kann.

Der «von Haus aus» nationalsozialistische Schriftleiter fühlt sich heute gesinnungsmäßig mit Recht heimisch im Hause der deutschen Presse. Für ihn ist die oft und heiß ersehnte Stunde da. Er kann aus der Fülle seines Herzens schreiben. Auf der anderen Seite stehen die «neuen» Kollegen, von denen sich ein großer Teil vermöge der Tiefe und Lebendigkeit ihrer Geistigkeit die nationalsozialistische Auffassung in ihrem Kern, in ihren Feinheiten und Ausladungen tatsächlich restlos zueigen gemacht haben, so daß hier ein Unterschied zwischen «Alten» und «Jungen» nicht mehr da ist. Es werden aber viele, viele unter der Kollegenschaft sein, die bisher zwar eine Gleichschaltung des ehrlichen Willens, jedoch keine Gleichschaltung des Geistes zuwege gebracht haben.

Diese Kollegen können von den alten Nationalsozialisten in ihren Reihen dadurch lernen, daß sie ihnen nicht nur auf die Lippen sehen; sie müssen erfühlen, was zwischen den Worten, zwischen den Zeilen als das Unausgesprochene – und das ist das Wesentliche – lebt und webt.

Der Leitartikel

Hans Schadewaldt: *Leitartikel einst und heute* in: *Deutsche Presse* vom 1. 2. 1936, Auszüge.

Hans Schadewaldt, *1904, Hauptschriftleiter der *Ostdeutschen Morgenpost*; siehe auch Dr. Ernst Meunier: *Die Zeitung beginnt mit dem Leitartikel* in: *Zeitungs-Verlag* vom 23. 12. 1933, und Herbert Casper: *Ein schriftleiterischer Notschrei* in: *Deutsche Presse*, 1945, Nr. 2, Februar, S. 22.

Der wissensschwere, philosophisch untermauerte, kontemplative Leitartikel der alten Zeit ist längst nicht mehr gangbar; er war die tägliche Morgengabe für eine auserwählte gebildete Schicht, vorzugsweise für das Akademikertum alter Prägung. Der heutige Leitartikel muß auf das Volksganze, auf die Volksgemeinschaft ohne Unterschied des Bildungsgrades zugeschnitten, muß im besten Sinne nationalsozialistisch-universell sein; er bietet sich in sehr verschiedener Haltung dar: Alfred Rosenbergs großliniger, ein weltanschauliches Problem in seiner ganzen Weite erfassender V. B.-Leitartikel ist von ganz anderer Art als die glossierende Tageskritik oder als die leitartikelnde Begleitmusik dritter journalistischer Könner, die innen- oder außenpolitische Fragen die Öffentlichkeit in größerem Zusammenhang schauen lassen und ihr deren Vorder- und Hintergründe verständlich zu machen suchen.

Je mehr sich nun in den letzten Jahren das politische Interesse der Öffentlichkeit auf eine einheitliche nationale Grundlinie ausrichtete und gegenüber dem Tohuwabohu der Nachrichten ein ruhender Pol in der Tagespresse gesucht wird, um so mehr besinnt man sich wieder auf den Führungsanspruch des schon allzulange vernachlässigten Leitartikels.

Dem Leitartikel unserer Tage ist die einheitliche Grundeinstellung auf das Staats- und Volkswohl gemeinsam, und dadurch unterscheidet sich der deutsche Leitartikel von heute grundsätzlich von seinen Vorgängern, deren individuelle Buntheit das Ich des Leitartiklers sich, oft genug ohne Rücksicht auf die Staatsbelange, ja bis zum Vergehen an Staat und Volk, austoben ließ und damit an der Zersetzung der deutschen Einheit mitschuldig wurde. Die Einheitlichkeit der nationalsozialistischen Grundhaltung läßt dem einzelnen Leitartikler innerhalb seines Arbeitskreises so viel Spielraum, daß von einem Verlust an Reichtum der Spiegelungen der Zeitfragen im Leitartikel nur von Böswilligen geredet werden kann. Gewiß war die Zeit des Tastens und Sichzurechtfindens der bürgerlichen Blätter nach dem Umbruch von 1933 nicht dazu angetan, ein sicheres Fundament für den politischen Leitartikel zu schaffen, aber heute ist die Entwicklung im deutschen Zeitungswesen so weit fortgeschritten, daß der Leitartikel wieder in der Presse seinen Rang und seine Würde hat. War der ganze Besitz des Deutschen an geistigen Werten in dem Leitartikel alter Prägung irgendwie zur Wirkung gelangt und er durch seine politische Solidität und seinen kulturellen Ernst der unbestritten höchstwertige unter allen Leitartikeln der Weltpresse, so ist der deutsche Leitartikel nationalsozialistischer Sinngebung der aufrechteste an Kampfgeist und Zielstrebung.

Dr. Goebbels hat uns als Meister des gesprochenen und geschriebenen Wortes bewiesen, welche Durchschlagskraft ausgesprochen auf Angriff eingestellte, kämpferische Leitartikel haben: Seine zündenden Attacken haben den kämpferischen, weltanschaulich kompromißlosen Leitartikel von heute aus der Taufe gehoben. Leitartikel solchen Geistes und solchen Stiles sichern der Presse ihre Stellung als gleichberechtigte und gleichwirkungsvolle Werbeträger neben Rundfunk und Tonfilm. Sie verschaffen dem Leitartikel wieder den Platz, Führer durch das Gestrüpp des Tagesgeschehens in aller Welt zu sein, Träger der einen deutschen Gesinnung, die alles Fühlen, Wollen und Tun der Nation erfüllt.

Der Bluff

Will Vesper: *Unsere Meinung* in: *Die Neue Literatur*, 1936, S. 605–606.
Will Vesper, 1882–1962, Schriftsteller (Lyrik, Bühnendichtung, Novelle, Märchen, Roman); ausführlich über ihn in: *Literatur und Dichtung im Dritten Reich* (Ullstein Buch 33029).

Zur Zeit der Entstehung der Presse der Bewegung liebten es alte, ausgekochte Journalisten, der oft unbeholfenen Art mancher NS-Zeitungen lächelnd ihre raffinierte Journalistik entgegenzuhalten. Sie verkannten den Charakter der NS-Blätter, beachteten nicht ihre Entstehung aus meist kleinen, mühsam gegen Welt- und Allerweltsblätter sich behauptenden Kampfblätter, die gewiß manchmal ungeschickt, aber immer lebendiger Art waren, gerade weil sie nicht von erfahrenen und übererfahrenen Journalisten gemacht wurden. Es ist daher höchste Zeit, Schluß zu machen mit dem überlegenen Achselzucken, dem man auch heute noch manchmal begegnet. Der neue Geist der NS-Presse hat zweifellos die ganze deutsche Presse befruchtet. Sie befreit sich mehr und mehr von dem greulichen Schundroman unterm Strich, mit dem die spießbürgerliche Presse noch immer alle Versuche, unser Volk wirklich zu seiner echten Dichtung und zur besten geistigen Kost zu erziehen, zunichte macht. Die großen Blätter der Bewegung tragen immer mehr beste deutsche Dichtung ins Volk und fördern deutsche Künstler und deutsche Dichter in einer Weise, wie das vorher nur von jüdischen Blättern für jüdische Literaten geschah.

Sehr erfreulich ist es, daß die NS-Blätter dabei meistens auch auf den alten, verfluchten Feuilletonstil verzichten, unter dem früher die künstlerischen und geistigen Angelegenheiten des Volkes sozusagen in den Keller verbannt waren, und meistens nicht nur unterm Strich, sondern auch unter aller Kanone behandelt wurden. Die meisten NS-Blätter haben heute große, wertvolle Beilagen, in denen gutes deutsches Schrifttum geboten und für wertvolle deutsche Dichtung geworben wird. Als besonders gute Beispiele verweisen wir – ohne die Verdienste und Bemühungen der anderen zu verkennen – auf den «N. S. Kurier» (Stuttgart), den «Westdeutschen Beobachter» (Köln), die «Westfälische Landeszeitung. Rote Erde» (Dortmund), die besonders in ihren Sonntagsnummern für die Kunst und Dichtung ihres engeren Gebietes, aber auch für das gesamte deutsche geistige Leben werben, und auf den «Völkischen Beobachter», der namentlich in seiner süddeutschen Ausgabe in der letzten Zeit eine Reihe gründlicher und liebevoller Aufsätze über deutsche Dichter brachte, unter anderem über Hermann Burte, Friedrich Schnack, Josef Weinheber, Hans Carossa, Wilhelm Pleyer, Max Mell, Ludwig Finckh, Hans Brandenburg, Adolf Meschendörfer, Johannes Linke, H. E. Busse, Bruno Brehm und viele andere.[1] Niemand wird dieser Reihe Engherzigkeit oder Einseitigkeit vorwerfen können. Welche Blätter der Vergangenheit können sich neben dieser eindringlichen Werbung für die deutsche Dichtung noch sehen lassen? Und was das beste ist, diese Werbung erfolgt nicht «unterm Strich», sondern an großen, auffallenden Hauptstellen des Blattes, wo sie auch auf jedermann wirkt. Die Verbindung zwischen Dichter und Volk wird so lebendig gefördert, zu fruchtbarer Wechselwirkung für beide Teile.

Die Judenpresse hat einst den Namen Einstein, hinter dem nichts stand als ein Bluff, dem ganzen Volke, ja der ganzen Welt eingehämmert. Es gilt heute gewiß nicht Namen und Eitelkeiten zu pflegen, aber die Presse hat es in der Hand, die große wertvolle deutsche Dichtung, die wir besitzen, ins ganze Volk zu tragen, sie wirklich zur lebens- und volksfördernden Kraft zu machen. Wir freuen uns, daß die führenden Blätter der Bewegung an die Lösung dieser großen Aufgabe mit vorbildlichem Eifer herangehen! Von hier aus ließe sich auch die Lesemüdigkeit, die man in manchen Kreisen zu beobachten glaubt, am sichersten bekämpfen.

Die Heimatzeitung

Paul Lindemann: *Heimat und Volkstum in der deutschen Tagespresse.* – Inaugural-Dissertation zur Erlangung der Doktorwürde einer Hohen Philosophischen Fakultät der Universität Köln, 1937, S. 29–30, Auszug; Referent: Professor Dr. Martin Spahn.
    Paul Lindemann war bei seiner Promotion Schriftleiter.

Schwieriger sehen sich die Dinge bei all den vielen Zeitungen an, die nicht als eigentliche NSDAP-Blätter gelten, trotzdem aber unter gewissen Vorbehalten weiterhin bestehen bleiben. Diese setzen sich zusam-

---

1 Die Mehrzahl dieser Namen wird bereits in: *Literatur und Dichtung im Dritten Reich* (Ullstein Buch 33029) ausgiebig dokumentiert.

men aus den Organen der früheren «bürgerlichen» Parteilosen, aus den sog. «General-Anzeigern» sowie den mannigfachen «farblosen» Presseerzeugnissen, die nicht genau charakterisiert werden können. Innerhalb dieser Gruppe befinden sich auch noch jene Zeitungen, für die man schlechthin die Sammelbezeichnung «Heimatpresse» anwendet – vor allem nämlich die kleinen und mittleren Lokalblätter der mehr ländlichen Bezirke.

Man braucht durchaus kein Prophet zu sein, um voraussehen zu können, daß die Lebensjahre der nichtnationalsozialistischen Presse in ihrer heutigen Form, also der sog. «bürgerlichen» Presse und insbesondere des «General-Anzeigers» gezählt sind. Das ist eine Entwicklung, die ganz von selbst vor sich gehen wird, weil sie naturnotwendig ist!

Aber, so schwer es gerade einer großen Anzahl von «General-Anzeigern» fällt, unter den gegenwärtigen Umständen wieder festen Boden zu gewinnen, so gut sind in dieser Hinsicht die Aussichten mancher Heimatzeitung.

Ein Beweis für den richtigen Weg der Heimatpresse im Sinne einer nationalen Volkstumsarbeit vor der Machtergreifung durch den Nationalsozialismus ist nicht zuletzt die Tatsache, daß diese bei der revolutionären Erhebung des Jahres 1933 wohl am leichtesten den Anschluß findet.

Das betont auch z. B. Schriftleiter Horst Kube in der Frankfurter Oderzeitung vom 20. Mai 1933, wo es u. a. heißt:

«Verhältnismäßig leicht fiel die Umstellung auf den neuen Kurs der deutschen Presse, die wir die ‹Heimatpresse› nennen und die auch schon in den Zeiten des schweren Kampfes der nationalsozialistischen Bewegung dort, wo noch keine NS-Presse bestand, uns in ihren besten Teilen treu unterstützt hat.»

Weiterhin sind einzelne Zeitungsfachleute übereinstimmend der Meinung, daß die Heimatblätter bei den zum Teil recht erheblichen Veränderungen außerordentlich günstig abschneiden, die die nationalsozialistische Revolution für die gesamte deutsche Tagespresse hinsichtlich der Auflageziffern mit sich bringt.

Der Berliner Zeitungs- und Werbefachmann Armin Kiehl führt zu dieser Frage in seiner Untersuchung «Die Strukturveränderungen in der deutschen Presse» («Arbeiten, Werben, Umsatz schaffen», Markt- und Zeitungsanalyse der deutschen Heimatpresse, herausgegeben von der «Union der Heimatpresse», Berlin 1934) u. a. folgendes aus:

«Hierzu ist in großen Umrissen zunächst festzustellen, daß die ‹bürgerlichen› Blätter mit ehemals großen Auflagen sowie teilweise auch die großen Generalanzeiger erhebliche Rückgänge der Auflageziffern zu verzeichnen haben. Demgegenüber nehmen die führenden parteiamtlichen Blätter eine selbstverständliche, außerordentliche Entwicklung. Bei den typischen Heimatzeitungen sind teilweise die Auflagen unverändert geblieben, teilweise sind geringe Rückgänge zu verzeichnen.»

Es ist deutlich zu erkennen, wie man in der Pressepolitik des neuen Staates von vornherein dazu neigt, den Heimatzeitungen eine gewisse Sonderstellung einzuräumen. Man unterscheidet – streng genommen – nicht zwischen nationalsozialistischer Presse einerseits und «bürgerlicher» Presse auf der anderen Seite, sondern stellt vielmehr die Dreiteilung: Parteizeitung – «General-Anzeiger» – Heimatblatt auf.

Ministerialrat Dr. Jahncke [1] vom Reichsministerium für Volksaufklärung und Propaganda erklärt im Jahr 1934 u. a., daß gerade die Heimatpresse in letzter Zeit ihre Pflicht in jeder Weise erfüllt habe.

Endlich

Vorwort von Max Stampe zu Ernst Herbert Lehmann: *Gestaltung der Zeitschrift*, Leipzig 1938, S. 8–9, gekürzt.
Max Stampe war Leiter des Zeitschriftenreferats im Reichspropagandaministerium.

Politisch und weltanschaulich gesehen, war die deutsche Zeitschrift in der vergangenen liberalistischen Epoche beredtester Ausdruck unserer völkischen und nationalen Zerrissenheit und des damit zusammenhängenden wurzellosen Intellektualismus und Individualismus. Egoistische Einzelinteressen, skrupelloser Machtwille und gewissenlose Zersetzungsabsicht zeigten sich in den vergangenen Jahrzehnten nirgends deutlicher und häßlicher als im Spiegelbild unserer eigenen Zeitschriftenpresse.

Die deutschen Menschen sind nun endlich unter dem Druck ihrer Umwelt und unter dem zwingenden Einfluß ihres genialen Führers in ihren tiefsten Tiefen aufgerüttelt worden. Sie sind zu politischen Menschen im besten und wahrsten Sinne des Wortes geworden. Der Führer hat sie gelehrt – und sie haben es begriffen –, daß über dem Einzelinteresse und dem Einzelschicksal die Gemeinschaft steht, und daß das Einzelschicksal und das Einzelinteresse am sichersten und besten eingebettet ist in der Gemeinschaft des Volksganzen. Diese grundlegende Wandlung zieht naturnotwendig auch eine Wandlung aller Lebensvorgänge innerhalb der Volksgemeinschaft nach sich. So wie die Tageszeitung ist daher auch die deutsche Zeitschrift aus der Wurzellosigkeit ihres Einzelinteresses und ihrer Spezialaufgabe herausgehoben worden, und ihre Gestalter – seien es Verleger oder Schriftleiter – fühlen sich nunmehr ausschließlich als Teil des Ganzen. Politik in unserem Sinne als Ausdruck und Mittel gemeinsamen Schicksals und gemeinsamen Weges der ganzen Nation und darüber hinaus als Wegbereiter einer gemeinsamen Zukunft aller Nationen bindet auch in der deutschen Zeitschriften-Presse die Kräfte ihrer Schöpfer zu gemeinsamer Anstrengung.

1 Dr. rer. pol. Kurt Jahncke, *1898; 1933 Stellvertretender Pressechef der Reichsregierung.

Das Aktuelle in der deutschen Presse

Dissertation von Hans Otto Hönig, genehmigt von der phil.-hist. Abteilung der Philosophischen Fakultät der Universität Leipzig 1938, S. 41 f, Auszüge; Gutachter: Professor Dr. Hans A. Münster und Professor Dr. Arnold Gehlen.

Der deutsche Mensch ist politisch. Er ist sich selbst und mit seiner Person der Gemeinschaft verpflichtet. Seine Erziehung kann nur von Führern und Führungsmittel ausgehen, die demselben Gesetz des Lebens dienen, die typisch sind. Führung ist nur auf der Grundlage gemeinsamer politischer Überzeugung möglich, die in ihrer Wirksamkeit, in der Liebe, in dem Vertrauen, in dem Verständnis, in der Begeisterung, die den Führenden von den Geführten entgegengebracht werden, dem Gesetz der Aktualität unterliegt.

Es war einer der größten Irrtümer der vergangenen Zeit, auf der Erkenntnis der allgemein menschlichen Triebe zur Neugier, zum Wissen und zur Mitteilung auch die natürliche Forderung eines allgemeinen, kosmopolitischen Betroffenseins, einer «öffentlichen Meinung, die die Welt umspannt», zu begründen.

Die äußeren Grenzen gemeinsamen Regierens, einander verwandter Zeitwertung und politischer Urteilsfähigkeit, decken sich mit den Völkern, nicht aber mit der Menschheit! Aktualität ist relativ rasse- und volksgebunden. Es gibt keine Aktualität an sich.

Die praktische Erkenntnis, die allgemeinmenschliche Anlage zu Neugier, Wissens- und Mitteilungsdrang nur im «beschränkt Menschlichen» zur Anwendung bringen zu können, da die verschiedenen Völker auch verschieden reagierten, wurde als Mangel des Menschseins aufgefaßt und führte zu dem Versuch, alle nationalen Grenzen zu überschreiten und zum «Allgemeinmenschlichen» hinaufzusteigen, um ja nichts einzubüßen von dem «allgemeinen Fortschritt» der Zeit. Die allgemeine Zeitseligkeit anstelle einer natürlichen und gesunden Zeitwertung war der erste Schritt zum Nihilismus, zur voraussetzungslosen Indifferenz den sittlichen und kulturellen Maßstäben des eigenen Lebens gegenüber.

Die Idee von der Humanitas, von der Gemeinschaft aller Menschen, schien durch die technischen Fortschritte in der Nachrichtenübermittlung zumindest auf geistigem Gebiete realisierbarer denn je. Die moderne Verkehrstechnik läßt alle räumlichen Entfernungen zu einem Mindestmaß zusammenschrumpfen. Die Zeitdauer vom Geschehen über die Abfassung der Nachricht bis zum Empfang mißt nur Minuten. Keine Entfernung ist zu groß, als daß sie nicht vom Funk überwunden werden könnte. Die ganze Welt kann zu gleicher Zeit Zeuge eines irgendwo auf dem Erdball stattfindenden Ereignisses sein. Der Anteilnahme der ganzen Menschheit am Weltgeschehen stellen sich keine unüberwindbaren technischen Hindernisse mehr entgegen.

Freilich schuf die Publizistik der Welt in Verbindung mit dem welt-
umspannenden Nachrichtendienst diese Ideologien nicht, sondern för-
derte nur die Entwicklung. Publizistik ist immer nur Folge und Mittel,
das heißt sie bedarf einer Macht, die sich ihrer zweckvoll bedient, um
politisch zu wirken. Diese Macht war das jüdische Kapital. Das Ziel
dieser Entwicklung war ebenso klar wie ihre Methoden.

Den endgültigen Schlußstrich unter die willkürliche Allerweltspolitik
zog erst der Nationalsozialismus. Mit der Rückkehr zu den Wurzeln
des eigenen Volkstums erhielt das deutsche Leben wieder seinen natürlichen Sinn, der Zeitbegriff wieder seine Deutung und Bedeutung, die
Politik den Primat, der ihr gebührt, und die Nachricht wurde wieder
gewogen.

Nach Meinung der Vergangenheit

Aus der Rede von Professor Dr. K. Kurth bei der Tagung der Zeitungswissenschaftler in Wien 1942 in: *Deutsche Presse* vom 23. 5. 1942, S. 113, Auszug.

Ebenso wie überall das Wesen der Dinge gerade in der heutigen Zeit
von allen Schlacken gereinigt durchdringt, so findet auch in der historischen Gegenwart die Presse den Kern ihres Wirkens. Diskussion und
Kritik waren nach der Meinung der Vergangenheit die Aufgabe der
Presse. Heute erfüllt die Presse wiederum die Funktion, zu deren Erfüllung sie überhaupt erst in der Zeit des Dreißigjährigen Krieges entstanden war. Nicht Neugierde, wie man damals annahm, bewegte die Menschen, sich um die Zeitungen zu kümmern, sondern das tiefe Bedürfnis,
aus den Nachrichten zu entnehmen, was sie selbst betraf. Man las die
Zeitungen, die Nachrichten, um sich «danach zu richten». Heute ist nach
manchem Zwischenspiel und nach mancher Verirrung die Presse zu dieser Aufgabe zurückgekehrt: exakte Nachrichten zu bieten, diese zu
kommentieren, zu illustrieren und so dem Leser Gelegenheit zu geben,
das Geschehen der Zeit nicht nur zu verfolgen, sondern sein Leben entsprechend einzurichten.

Der Staat

Man darf nicht vergessen, was die folgenden Aufsätze einwandfrei beweisen:
im Dritten Reich waren die Begriffe «Staat» und «Partei» identisch. Die entsprechende institutionelle Regelung wurde bereits mit dem Gesetz *Zur Sicherung
der Einheit von Partei und Staat* am 1. 12. 1933 festgelegt. Der Paragraph 1
dieses Gesetzes besagt: «Nach dem Sieg der nationalsozialistischen Revolution
ist die NSDAP die Trägerin des deutschen Staatsgedankens und mit dem Staat
unlöslich verbunden.»

174

Der Intellektualismus

Die Presse im Neuen Staat, in: *Zeitungs-Verlag* vom 12. 8. 1933, S. 521, Auszug; bei dem hier erwähnten Staatsrat Jordan handelt es sich um Rudolf Jordan, * 1902; ab 1924 war er für die NSDAP als Redner tätig; 1925 gründete er die «völkische» Monatsschrift *Notung*; 1929 gründete er die *Fuldaer Nachrichten*; am 19. 1. 1931 wurde er zum Gauleiter von Halle-Merseburg ernannt; NSDAP-Mitgliedsnummer 4871.

Vom Funktionär bis zum Universitätsprofessor bekämpften alle Aktivisten des Dritten Reichs den Intellektualismus. In den drei bisher erschienenen Büchern ist dies reichlich dokumentiert worden. Siehe hierzu auch Professor Dr. Emil Dovifats Rezension von Theodor Lüddeckes Buch: *Die Tageszeitung als Mittel der Staatsführung* in: *Deutsche Presse* vom 30. 9. 1933, S. 265.

Gaugeschäftsführer Walter Tießler, der kürzlich ernannte Leiter der Landesstelle Mitteldeutschland für Volksaufklärung und Propaganda, hatte die Presse seines gesamten Amtsbereiches nach Halle eingeladen. Die Tagung galt einer ersten Fühlungnahme unter Herausarbeitung der großen grundlegenden Gedanken, die die Arbeit der Presse im nationalsozialistischen Staat bestimmen.

Staatsrat Jordan, Gauleiter des Gaues Halle-Merseburg, erörterte u. a., wie wir den «Halleschen Nachrichten» entnehmen, das Verhältnis zwischen Presse und Staatsgewalt im nationalsozialistischen Staat, das sich, getragen von den neuen vom Nationalsozialismus geschaffenen Ideengehalten, notwendigerweise sowohl in der Zielsetzung als auch in den Methoden der Pressearbeit herausbilden müsse. Die Abkehr vom Unwesentlichen, Nebensächlichen, vom unfruchtbaren Spezialistentum und der Bedingtheit der Tagesfragen, der hinreißende Zug zum Wesentlichen und zum Unbedingten, habe der nationalsozialistischen Idee den Sieg gebracht.

In diesem Rahmen werde auch die Aufgabe deutlich erkennbar, die der Presse in Zukunft zufalle. Der Intellektualismus, der vordem die Presse beherrscht habe, habe sich als unfruchtbar erwiesen und als unfähig, die Aufgaben, die die Existenz eines Volkes stelle, zu lösen. An Stelle des Intellektualismus trete die schöpferische Arbeit, die ihre gestaltende Kraft aus der tiefen Verbundenheit mit Volk und Landschaft entnehme, die sich nicht in dem unausgesetzten Wandel des tagespolitischen Kleinkrams verliere, sondern einzig und allein auf den großen Leitgedanken ausgerichtet sei, dem deutschen Volke zu dienen und die Autorität des Staates zu sichern.

Möge die Presse, so schloß der Gauleiter seine Ausführung, als einer der wirksamsten Faktoren des öffentlichen Lebens in ernster und verantwortungsbewußter Arbeit dazu beitragen, die Sehnsucht zu verwirklichen, die während der letzten dreizehn Jahre die nationalsozialistische Bewegung getragen habe, Schulter an Schulter mit den Vertretern der nationalsozialistischen Idee, mit dem Hochziel, das neue Deutschland, das bessere Deutschland, das Deutschland der nationalen Ehre und der sozialen Gerechtigkeit aufbauen zu helfen.

An der Universität Heidelberg

Die Aufgaben der Zeitung im neuen Staat, in: Zeitungs-Verlag vom 19. 8. 1933, S. 537–538, Auszüge.

Hier einige biographische Angaben über die betreffenden Persönlichkeiten: Professor Dr. Willy Andreas, *1884, Historiker; Dr. Wilhelm Waldkirch, *1870, Zeitungswissenschaftler und Zeitungsverleger; Professor Dr. Paul Schmitthenner, *1884, Neuere und Kriegsgeschichte; Professor Dr. Arnold Bergstraesser, *1896, Volkswirtschaftler.

Wie in den vergangenen Jahren, so veranstaltete das Institut für Zeitungswesen an der Universität Heidelberg auch am Ende dieses Sommersemesters wieder Hochschulvorträge für die Zeitungspraxis, an denen zahlreiche Verleger, Redakteure und Studierende teilnahmen. Damit ist einer der Gründungsgedanken des Instituts erfüllt: Die unmittelbare Verbindung zwischen Forschungsarbeit an der Universität und Berufspraxis.

Die Vortragsreihe wurde eröffnet durch eine Begrüßungsansprache des Rektors der Universität Heidelberg, Prof. Dr. Willy Andreas, die als eine Sinngebung der Kursveranstaltung wie des ganzen Instituts zu werten ist.

Dann ergriff der Gründer des Instituts, Geheimrat Dr. h. c. Waldkirch, das Wort zu seinem Referat: «Die Zeitung im ständischen Aufbau»: Unsere Forschungs- und Lehraufgabe wurde uns durch die nationale Revolution wesentlich erleichtert; denn die geistige Ausrichtung der gesamten Presse ist einheitlich geworden und ihr Verhältnis zum Staat wurde neu bestimmt. Bei einem geschichtlichen Überblick sind besonders zwei geistige Grundströmungen hervorzuheben: Der gewaltige Strom des erwachenden nationalen Volksbewußtseins, der die deutsche Geschichte trägt, und zweitens das ständische Gemeinschaftsleben im Mittelalter, das eine der größten Epochen der deutschen Geschichte charakterisiert. In diesen Tagen erleben wir eine Wiedergeburt des nationalen Bewußtseins als Zielsetzung staatlichen Denkens und gleichzeitig eine Neugestaltung der wirtschaftlichen und kulturellen Ordnung im Innern, also die Verwirklichung eines ständischen Aufbaues, durch dessen Bestand und Wirken die verhängnisvollen Auswirkungen der sozialen Spannungen aufgehoben und die arbeitenden Kräfte des ganzen Volkes vereinigt werden sollen zu einer echten Volksgemeinschaft. Als letztes Ziel aller Forschungsarbeit ist festzuhalten, daß alle kritischen Kräfte und Fähigkeiten der Zeitung in ihrer volkserzieherischen Funktion ihre Vereinigung finden müssen, wozu ja die Presse als wirksamstes Instrument der staatspolitischen Erziehung des Volkes berufen ist.

Die liberalistisch-individualistische Geisteswelt ist einer organischen, auf das Ganze gerichteten Denkungsart gewichen.

Staatsrat Prof. Schmitthenner behandelte in seinem Referat das Verhältnis zwischen «Wehrpolitik und Presse»: In dem Kampfe um die Staatsgestaltung in soldatischer oder bürgerlicher Prägung hat in allen führenden Ländern Europas der Militarismus gesiegt, nur in Deutschland kam er nicht zur vollen Entfaltung.

Der Weimarer Staat verhalf dem Zivilismus als Antipoden des Militarismus zum endgültigen Siege. Der neue Staat nun ist auf der Grundlage des soldatischen Ethos aufgebaut, und indem er sich für eine einheitliche Wehrpolitik einsetzt, kommt er damit einer jahrzehntelang vernachlässigten geschichtlichen Notwendigkeit nach.

Die Aufgabe der Presse in ihrer Beziehung zur Wehrpolitik ist von nun an, Verkünderin des Wehrgedankens in seiner gesunden Natürlichkeit zu sein. Hand in Hand mit dieser hohen Mission hat sie eine gewaltige erzieherische Aufgabe zu erfüllen. Der Redakteur muß ein kluges und pädagogisches Unterscheidungsvermögen in bezug auf Veröffentlichungen oder Verschweigen der wehrpolitischen Fragen besitzen. Hierbei müßte er durch eine Zentrale unterstützt werden, die die Zeitungen im Ganzen bediente. Die Kunst wird darin liegen, einerseits die Schwere unserer Lage dem Volk begreiflich zu machen und auf der anderen Seite durch das Aufzeigen der durchaus vorhandenen Siegmöglichkeiten den Willen zum Siege zu wecken. Die feste Bindung zwischen Staat und Presse ist die Gewähr dafür, daß die Fehler der Vergangenheit durch das positive Bekenntnis zum Militarismus wieder gutgemacht werden.

Anschließend gab Prof. Dr. A. Bergsträsser eine kurze Charakteristik der «Stellung des politischen Redakteurs»: Die Zeitung und der politische Redakteur sind eine zusammengehörige Gruppe, eine Institution und ein für diese Institution lebender Mensch. Sie gehören als gesellschaftliche Erscheinung genau an den Ort, wo Volk und Staat sich berühren. Die Zeitung ist geschrieben für das Volk, für den in einer gewissen Isolierung lebenden Menschen, der durch sie verbunden wird nicht etwa nur mit anderen Berufen, wie durch die Fachzeitschriften, sondern mit dem Leben des Ganzen. Heute ist es vor allen Dingen nicht mehr möglich, daß ein Volk in verschiedenen Ebenen und in verschiedenartiger Sinngebung des Daseins sein Leben verbringt, ohne sich zu einem einheitlichen Sinn, ja zu einem Sinn überhaupt dieses Lebens zurückzufinden. Wir fassen die sich vollziehende Umwandlung von dem dualistisch-demokratischen Staat mit Trennung von Staat und Gesellschaft in den autoritären Staat, der alle Sphären des menschlichen Daseins umfaßt, als den Beginn eines großen Erziehungswerkes auf, zu dessen Vollendung alle positiven Kräfte unseres Vaterlandes unter der Führung des neuen Staates aufgerufen sind, und das nichts ausläßt, weder die Verwaltung, noch die Willensbildung, noch die Außenpolitik, noch die Sphäre der Wirtschaft.

Früher war der Redakteur zumeist gebunden an eine zum Teil durch seine politische Zugehörigkeit oder Informationsmöglichkeit gegebene Linie, heute an nichts anderes als an den Willen der Staatsleitung und an sein eigenes Können.

Objektiv

Aus dem Kapitel: *Die Führung der Presse* in Eugen Hadamovsky: *Propaganda und nationale Macht*, Oldenburg i. O. 1933, S. 97–98, Auszug.

Eugen Hadamovsky, *1904; ab 1933 Reichssendeleiter und Direktor der Reichsrundfunkgesellschaft; von Beruf war er eigentlich Automechaniker, siehe: *Arnolt Bronnen gibt zu Protokoll*, Hamburg 1954, S. 270.

Hadamovsky leitet dieses Kapitel in seinem Buch mit folgendem Zitat aus Hitlers *Mein Kampf* ein: «Die Tätigkeit der sogenannten liberalen Presse war Totengräberarbeit am deutschen Volk und deutschen Reich.»

Jeder Berichterstatter, jede Gruppe von Berichterstattern wird notwendig anders berichten. Dabei kann Absicht, Verdrehung, Entstellung, Lüge und Fälschung eine Rolle spielen, muß es aber nicht. Wenn der Journalist seine Berufsehre verteidigt, so mit Recht. Im allgemeinen ist der Journalist besser als sein Ruf. Grade in national-bürgerlichen Kreisen kommt man ihm ungerechtfertigterweise immer noch mit einer bornierten Arroganz entgegen, die er weder als Stand noch als Mensch verdient.

Wenn sich nun eine mit Färbung arbeitende Nachrichtenkorrespondenz und Presse den Namen «objektiv» gibt, so tut sie das wider besseres Wissen. Wenn aber ein anderer Großteil der Presse sich um Objektivität ernsthaft bemüht, ohne einem lebendigen, also politischen Ziel damit zu dienen, so verfällt er der Komödie einer objektiven Objektivität, die sich selbst aufhebt und nicht etwa zur Sachlichkeit, sondern zur Saftlosigkeit führt.

Das Ergebnis ist die Lebensfremdheit ihres Leserkreises.

Eine solche Presse erzeugt jenen Typ von Intellektuellen und durchschnittlichen Staatsbürgern, die gern vom Nationalen reden, ohne die geringste Vorstellung zu haben, in welchen Kräften der Nation es sich manifestiert und gegen welche anderen Kräfte es kämpft. Versucht man so einem Objektiven diese Kräfte zu zeigen, dann macht er sofort die furchtbare Entdeckung, daß sie nicht als geheimnisvolle und unfaßbare Fabelwesen in den Lüften schweben, sondern als Mensch von Fleisch und Blut über die Erde gehen, ja sogar, daß sie sich in einem festen Verband organisiert haben, daß sie also eine Partei bilden! Furchtbar, furchtbar! Denn dieser Objektive ist zwar sehr für alles Nationale, aber um Himmels willen nicht für die, die den Nationalismus verwirklichen wollen, wenn sie sich dazu zusammengetan und irgendeinen Namen gegeben haben. Schließlich ist der Staat doch keine Tribüne des Lebens, sondern ein Museum oder eine Registratur, wo alles hübsch mit einer Nummer, einem Titel und einer staatlich erlaubten Benennung in seinem Fache steht und zuletzt der Objektive in einem Glasschrank am Nagel hängt!

Die Art von Presse, die diesen Typ Menschen gezüchtet hat (sie nennt sich frei, unabhängig, neutral, parteilos, überparteilich und objektiv, immer wieder objektiv), muß sich umstellen oder aus Deutschland verschwinden. Es gibt nur ein Objekt, das des großen Einsatzes der Presse würdig ist: die Nation. Und nur eine berechtigte Objektivität, die der Sache der Nation dienende.

«Dar-nach-richten»

Studienassessor Friedhelm Kaiser: *Die Zeitung als Mittel der Nationalerziehung.* – Inaugural-Dissertation zur Erlangung der Doktorwürde der Philosophischen und Naturwissenschaftlichen Fakultät der Westfälischen Wilhelm-Universität zu Münster i. W., 1934, S. 1; Referenten: Professor Dr. Anton Eitel und Professor Dr. Willy Kabitz.

Das Motto dieser Dissertation ist ein Hitler-Zitat: «Die Presse ist ein Erziehungsinstrument, um ein Siebzig-Millionen-Volk in eine einheitliche Weltanschauung zu bringen.» Die Fußnote stammt vom Autor der Dissertation.

Siehe vom gleichen Autor auch: *Die neue deutsche Zeitung im Leben des Volkes,* in: *Westfälische Landeszeitung,* Dortmund, vom 23. 1. 1935; ebenso siehe Dr. Hans Ludwig Zankl: *Zeitungsbild und Nationalpropaganda,* Leipzig o. J., S. 21 f.

Es gibt heute nichts Totes und Lebendiges, Gehandeltes und Gedachtes, das nicht vom Nationalsozialismus eine von Grund auf neue Wertung empfinge. Mit am sichtbarsten ist der Umbruch bei der Zeitung geworden, deren Geschichte mit der nationalsozialistischen Revolution eine scharfe Zäsur erhält. Aus einer wirtschaftlich fast immer, in ihrer Haltung mehr oder minder privaten Presse ist ein hervorragendes Organ der Staatsführung geworden. Der immer wieder erhobene Anspruch der Zeitung auf Vertretung des schwankenden Gebildes «Öffentliche Meinung» ist in eine mit wichtigsten nationalen Gründen belegte Aufgabe umgewandelt. Eine der schlagendsten Anklagen gegen den politischen Liberalismus, der immerhin eine Staatsauffassung sein wollte, ist die Feststellung, daß er sich nicht zum wenigsten durch das «liberale» Gewährenlassen der Presse zugrunde gerichtet hat. Jetzt ist hingegen die Presse zum ersten Male ins staatliche Leben eingeordnet. Wie nie zuvor hat sie Recht und Würde erhalten, als der Staat selbst ihr einen ehrenvollen, verpflichtenden Platz gab. Sie soll zwischen Staat und Volk stehen, zwischen Führer und Gefolgschaft, und eins der wesentlichen Mittel sein, aus denen «Volk und Staat eins» (Freiherr vom Stein) werden.

Gleichwohl ist die Zeitung im wissenschaftlichen Sinne «Zeitung» geblieben. Sie hat ihr Wesen auf fachlichem Gebiet nicht verändert. Nur der Einsatz ist anders geworden. Die Art ihrer Arbeit, ihr geistiges Gesicht ist gewandelt. Das ergibt einen bedeutenden Umschwung in der Wirkung der Zeitung. Wenn man etwa (als wichtigsten Bestandteil der Zeitung) «Nachricht» erklärt als Mitteilung zum «Dar-nach-richten»[1], so zeigt die neue Presse ganz andere Wirkung und Einflußkraft auf die Nachdrücklichkeit des «Dar-nach-richtens» beim Leser. Darin, daß die Staatsführung sich diese wertvolle Einwirkungsmöglichkeit oder doch die Verhinderung von ihr schädlichen Einwirkungen gesichert hat, erscheint klar die Wertung der Zeitung als Gesinnungs- und Meinungsträger, als Mittel der Propaganda und Erziehung.

Das Phantom

Professor Dr. Emil Dovifat: *Zeitungslehre,* Bd. 1, Berlin 1937, S. 108–111, Auszüge.

Indem die Zeitung Mittel der Nachrichtenverbreitung ist, ist sie auch Mittel der Meinungsführung. Diese zweite Aufgabe ergibt sich unlösbar aus der ersten. Im Zeitalter liberaler Staatsformen wurde sie bewußt und eigens als Träger oft mannigfaltiger, um den Staat und die Staatsmacht kämpfender Parteimeinungen geschaffen und eingesetzt. Über allem aber gab es ein in Macht und Wirkung stark überschätztes, bei näherem Zusehen aber ebenso stark verflüchtendes Phantom, es gab die «öffentliche Meinung». Oft wurde die Presse als Trägerin dieser öffentlichen Meinung angesehen, weniger oft ging man dem Begriff selbst nach, der viel mißbraucht, in seiner wahren Natur lange verkannt wurde. Heute ist der Begriff «öffentliche Meinung», der z. B. in den angelsächsischen Ländern, vor allem den Vereinigten Staaten in der Aussprache über die Presse noch weit vorn steht, in Deutschland ganz zurückgetreten. Man spricht nicht mehr von «Meinung», sondern von Überzeugung und politischem Glauben, so wie der amorphe und trostlose Begriff der «Masse» (Massenmeinung) zum Begriff des Volkes und seiner Gemeinschaft erhoben wird. Aber die Betrachtung des Meinungsbegriffs und seine Entwicklung zu stärkeren Formen geistigen Wollens führt tief in das Wesen publizistischer Arbeit.

---

1 *Dovifat, Zeitungswissenschaft I, S. 17 ff. Vgl. auch d'Ester, Zeitungswesen, S. 12: Die Nachricht beschränkt sich aber nicht auf die Meldung von Ereignissen, sie wird zu etwas, nach dem man sich richten soll.*

Drei Forderungen stellte Adolf Hitler an die Propaganda als Volks- und Massenführung: sie hat in einfachen und eindringlichsten Formen, in starker, unermüdlicher Wiederholung und mehr als mit verstandesmäßigen und gefühlsmäßigen Empfindungen zu arbeiten. Nicht zuletzt an den schweren Fehlschlägen der Volksführung im Kriege hat Adolf Hitler gelernt, wie es nicht gemacht werden soll. Seine Formen der Volksführung wollen weit mehr als nur das flüchtige Gebilde der «Meinung» fassen. Glauben soll entfacht, Wollen, politisches Wollen, Tat soll die Folge richtiger und richtig eingesetzter öffentlicher Führung sein. Immerhin geht, zumal in der Alltagsarbeit und der tagtäglichen Auseinandersetzung, der Weg zu gläubigem Erfassen einer politischen Notwendigkeit und zum Entschluß, zur Tat doch über die schwerfaßbaren geistigen Betätigungsformen des «Meinens» und der «Meinung».

Was aber ist zunächst Meinung? Meinung ist ein sehr unsympathisch weicher, unsicherer Begriff. Wie deutlich und klar stehen ihm gegenüber die Begriffe «Überzeugung» oder auch «Wissen» oder «Glauben» da.

Betrachtet man nun den Begriff «öffentliche» Meinung, so erwächst sofort ein neuer Gegensatz. Die Meinung trägt sehr stark den Stempel des Individuellen. Gerade weil sie auf einer inneren Unsicherheit einem nur gesuchten, keineswegs erreichten Ziel des Meinenden beruht. Da mutet nun der Begriff der «öffentlichen Meinung» geradezu wie ein Widerspruch in sich an. Der Begriff «Öffentlichkeit» trägt die umgekehrten Vorzeichen wie der Begriff Meinung.

Ziel einer klugen und fähigen Staatsführung wird es immer sein, ein einheitliches Wollen herbeizuführen, was z. B. in den ganz großen Lebens- und Entscheidungskämpfen der Nation wenigstens vorübergehend weithin gelingen muß und gelingt, wenn die Natur des Volkes noch gesund ist. Es gelingt aber für ein Volk nie in der subjektiven, individuell bestimmten Eigenart, die das im Grunde so persönliche, so schwankende «Meinen» eigentlich ausmacht. Daraus folgern wir:

Die öffentliche Meinung als Einheit und Gleichrichtung der Meinungen einer ganzen Öffentlichkeit gibt es nicht.

Die natürliche Aufgabe

Rolf Rienhardt: *Das Kernproblem: Muß Presse sein?* in: *Zeitungs-Verlag* vom 18. 6. 1938, S. 371; Auszug aus einer Rede im Auditorium Maximum der Universität Köln, die vom Direktor des Zeitungswissenschaftlichen Instituts, Martin Schwaebe, eingeleitet wurde.

Die für die Wertung der Presse im nationalsozialistischen Staat der Gegenwart und der Zukunft entscheidende Frage ist die, ob sie auf der Grundlage der Lebensgesetze unseres Volkes für die Gesamtheit und ihre Glieder überhaupt tauglich und bedeutsam ist oder nicht. Die Antwort lautet: wie der Staat nur dann das organisierte Volk ist, wenn er nichts anderes als die das Gesamtinteresse aller seiner Bürger sichernde Lebensordnung darstellt, so erfüllt auch die Presse ihre natürliche Aufgabe nur dann, wenn sie diese allgemeine Lebensordnung als Grundlage besitzt. Wie ein Staat, der nicht auf der Totalität des Volkes ruht, recht eigentlich nicht mehr Staat im Sinne seiner Bestimmung ist, so ist eine Presse, die ihren Lesern nicht eine das Dasein aller Glieder der Gemeinschaft sichernde geltende Ordnung darbieten kann, um ihre bestimmungsmäßige Aufgabe gebracht. Staat und Presse verlieren in gleicher Weise ihre ihnen eigentümliche Funktion. Sie werden Kampfobjekt von und zwischen den Gliedern der Gemeinschaft und stellen nicht mehr für alle einen positiven Wert dar. So erklären sich uns zwei Erscheinungen der vornationalsozialistischen Zeit: Die Zahl der Wähler war viel geringer als die der Wahlberechtigten. Die sogenannten Nichtwähler, die zum erheblichen Teil durchaus nicht politisch gleichgültig waren, nahmen am allgemeinen Geschehen keinen Anteil mehr, weil sie die Beziehungen zum Staat und den Glauben verloren hatten, sie auf dem Wege über die zahllosen Parteien jemals wieder finden zu können.

Die Zahl der Leser der Presse der damaligen für den Parlamentarismus typischen Parteien blieb weit hinter der Zahl ihrer Mitglieder oder gar Wähler zurück. Diese bezogen Organe, die durch die Art ihrer Gestaltung bei dem Leser den Eindruck erweckten, als stünden sie außerhalb des Kampfes der Meinungen und Gruppen, als seien sie nichts anderes als lediglich dem Leser zugewendete objektive Informationsblätter. Obwohl sie durch Teilnahme an den Wahlen wenigstens ein gewisses Maß politischen Interesses bekundeten, hatten sie sich der doktrinär geführten, in unfruchtbaren Polemiken erstarrten Presse der damaligen Parteien nicht zugewendet, sondern sich resigniert zum Bezug der scheinbar parteilosen Zeitungen entschlossen, in denen sie zwar ebenfalls nicht ihr wahres politisches Interesse vertreten, aber doch ihr Unterhaltungs- und Informationsbedürfnis befriedigt sahen. Charakteristisch für diesen Zustand war es, daß die Leserschichten der den Parteien verpflichteten Zeitungen und die Wählerschaften der entsprechenden politischen Parteien in keiner Weise mehr identisch waren oder sich auch nur einigermaßen deckten. Ihr Verhältnis zueinander verschob sich schließlich in einer fast grotesken Weise.

Der eigentümliche Charakter

Dr. Hans A. Münster: *Der Wille zu überzeugen – ein germanischer Wesenszug in der Volksführung des neuen Staates*, Leipzig 1938, 2. Auflage, S. 3–4, gekürzt.

Der neue Staat hat sich die Erhaltung und Förderung der nordisch-germanischen Urelemente, die das Kernstück des deutschen Volkes bilden, zur Aufgabe gemacht. Der Führer selbst sieht in der «wahrhaftigen germanischen Demokratie», in der «Schaffung eines germanischen Staates deutscher Nation» das Ziel. Mein Thema ist also nur die Anwendung eines Leitsatzes unseres Staatsaufbaus auf eine Teilaufgabe: die Volksaufklärung, Publizistik und Propaganda dieses Staates. Auch für dieses Teilgebiet müssen sich Richtlinien aus jener Zeit herbeiholen lassen, als der eigentliche Charakter des deutschen Volkes noch rein und unverfälscht von artfremden Elementen zutage getreten ist.

Selbstverständlich treibt mich dabei nicht die Idee, daß alles, was bei den vorchristlichen Germanen geschah, von uns heute nachgemacht werden müßte. Denn natürlich entwickelt sich ein Volk. Und gerade an den Germanen sind die Jahrtausende nicht ohne stärkste Einwirkungen vorübergegangen. Obendrein setzt sich unser Stammvolk bekanntlich aus mehreren, allerdings blutsverwandten Völkerstämmen zusammen, die unter zum Teil verschiedenartigem Erleben nicht immer die gleichen Schicksale durchgemacht haben. Aber die Wesenszüge dieses Stammes der Menschheit dürfen sich ungestraft auch durch die Jahrtausende nicht ändern. Wo sie sich entscheidend geändert haben, da können nur Einflüsse artfremder Elemente die Ursache gewesen sein.

Man kann darüber streiten (um ein Beispiel aus meiner Wissenschaft zu nehmen), ob schriftliche oder mündliche Beeinflussung in einer bestimmten Zeit von größerem Wert und Eindruck bei einem Volk gewesen ist oder noch ist, ob Rundfunk oder Zeitung geeigneter für eine staatliche oder eine Parteipropaganda sind. Aber darüber kann es keinen Streit geben, welcher Art von Beeinflussung bei der Leitung eines Volkes nachgegangen werden soll. Die Art der Führung wächst aus dem Volk heraus, sie tritt in den verschiedensten Ausdrucksformen immer wieder von neuem zutage, wenn sie auch zeitweilig von fremden Kräften und Mächten unterdrückt wird.

Der neue Staat hat den hohen Wert der Zeitungswissenschaft für den Staatsaufbau anerkannt und ihr eine wichtige Aufgabe im Rahmen der Aufbauarbeit zugewiesen: Die Mitarbeit an der Heranbildung eines neuen Schriftleiter-Nachwuchses.

Nur dann wird die uns Deutschen arteigene Volksführung erreicht, wenn der Führer jeden Augenblick weiß, daß sein Volk mitdenkt, aus vollem freiem Herzen und mit klarem Verstand seine Politik billigt. Gerade darin liegt der eigentümliche Charakter deutsch-germanischer Gefolgschaft.

Erziehung zum Nationalsozialismus

Historisches

Dr. Friedrich Karl Pfafferott: *Kämpferische Arbeit der NS-Schriftleiter* in: *Westfälische Landeszeitung* vom 23. 1. 1935, Auszug.

Über die NS-Presse in Österreich siehe Hans Schopper: *Presse im Kampf: Geschichte der Presse während der Kampfjahre der NSDAP (1933–1938) in Österreich*, Brünn/Wien/Leipzig 1941, S. 32 f.

Mit der nach 1925, nach erfolgter Neugründung einsetzenden Erstarkung der Bewegung, mit den daraus erwachsenden neuen großen Aufgaben ergab sich die Notwendigkeit zur Gründung mehr örtlich bedingter Zeitungen. Der in den ersten Jahren der Bewegung stark auf Süddeutschland beschränkte «Völkische Beobachter» (heute Hauptausgabe in Berlin) konnte allen, vor allem den lokalen Anforderungen, unmöglich gerecht werden. Der Antrieb zur Gründung von Wochenzeitungen ging in den Jahren 1927–1930 von den Gauleitern aus. Diese Wochenzeitungen der Bewegung einzeln aufzuführen, ist aus Raumgründen nicht angängig. Zum Teil bestehen sie heute in Tageszeitungen weiter.

Die Bedeutung dieser Wochenzeitungen für den Kampf der Bewegung kann gar nicht überschätzt werden. Sie haben durch drastische, derbe, grob wirkende, aber kämpferische Art und stark antisemitische Färbung Millionen von Volksgenossen zuerst mit der Gedankenwelt des Nationalsozialismus bekanntgemacht.

Zu den besten dieser Wochenblätter gehört das von Dr. Goebbels, dem damaligen Berliner Gauleiter, gegründete Blatt «Der Angriff», wohl die journalistisch beste und geistreichste Zeitung, die je für den Nationalsozialismus geworben hat. «Der Angriff» erscheint heute als Tageszeitung im Zentralparteiverlag Franz Eher[1]. Die «Eroberung von Berlin» ist ebensowenig von Dr. Goebbels wie vom «Angriff» zu trennen. Die Namen der meisten nationalsozialistischen Wochenblätter betonen den Kampf. Wir nennen hier nur, wahllos herausgegriffen, «Die Neue Front», Essen; «Volksparole», Düsseldorf; «Westfalenwacht», Bochum; «Westdeutscher Beobachter», Köln; «Niedersachsenstürmer»[2]; «Der Stürmer», Nürnberg; «Der Führer», Karlsruhe u. a. m. Sie alle sind ein Stück Geschichte der Bewegung.

Nach der siegreichen Wahlschlacht vom 14. September 1930[3] wur-

1 Zentralverlag der NSDAP Franz Eher Nachf. G.m.b.H., Zeitungsverlag, Verlags- und Sortimentsbuchhandlung in München mit einer Zweigniederlassung in Berlin, gegründet 1911. Seit dem 17. 12. 1920 im Besitz der NSDAP, geleitet von Max Amann.

2 Erscheinungsort Hannover.

3 Bei diesen Reichstagswahlen stieg die Zahl der Sitze der NSDAP von zwölf auf hundertsieben.

den diese Wochenzeitungen in großem Ausmaße zu Tageszeitungen ausgebaut, oder es wurden in einzelnen Gauen daneben neue Tageszeitungen gegründet. Es war ein Zeichen für den durch nichts zu erschütternden Wagemut der Gauleiter des Führers, daß sie den Schritt zur Tagespresse taten. Denn erst die politische Tageszeitung mit ihrer täglichen Bearbeitung des lesenden Volksgenossen verbürgt dauernden Erfolg für die Idee.

Die Ehrenpflicht versäumen

Staat, Volk, Presse, in: *Kölnische Zeitung* vom 28. 3. 1933, gekürzt.
Siehe auch Max Amann: *Die deutsche Presse im nationalsozialistischen Staate* in: *Handbuch der deutschen Tagespresse,* Berlin 1934, S. 7 f; Arndt-Günther Heydeck: *Um den neuen Stil* in: *Deutsche Presse* vom 23. 1. 1937, S. 35 f; Helmut Sündermann: *Die Zukunft der deutschen Presse* in: *Zeitungswissenschaft* vom 1. 3. 1937, S. 151 f.

Darmstadt, 28. März (Telegr.)
Auf Einladung des Staatspräsidenten Dr. Werner[1] waren gestern die Verleger und Redakteure der hessischen Presse zu einem Empfang im Staatsministerium erschienen. Bei dieser Gelegenheit gab der Leiter der amtlichen hessischen Pressestelle Falck die Richtlinien für die künftige hessische Pressepolitik bekannt, in denen es u. a. heißt:

Das Maß aller Dinge – auch für die Presse – ist auf immer und ewig: der deutsche Mensch, das deutsche Volk. Grundlage für Form und Inhalt aller Zeitungen ist die geschichtliche Tatsache der völkischen Revolution und der Sieg der nationalsozialistischen Idee. Ein Bekämpfen dieser die Zukunft unseres Volkes bestimmenden Idee wird als Volksverrat angesehen werden. Pressefreiheit heißt: Freiheit aller guten aufbauenden, aber rücksichtslose Vernichtung aller im völkischen Sinne zerstörenden Kräfte.

Die von der nationalsozialistischen Regierung der Presse gestellten erzieherischen Aufgaben sind ungeheuer groß und schwer. Diesen Aufgaben kann die Presse in vollem Maße nur dann gerecht werden, wenn alle ihre Vertreter sich nun eingehend – so weit es noch nicht geschehen ist – mit der nationalsozialistischen Weltanschauung beschäftigen. Ein Schriftsteller z. B., auf dessen Schreibtisch oder in dessen Bibliothek heute noch nicht Hitlers «Mein Kampf» steht, hat eine Ehrenpflicht seinem Beruf und seinem Volk gegenüber versäumt.

1 Professor Dr. Ferdinand Werner, *1878, 1933 hessischer Staats- und Ministerpräsident; am 10. 4. 1933 schrieb er an den Frankfurter Oberbürgermeister u. a.: «Beseitigen Sie bitte das Heinedenkmal, gegen dessen Frankfurter Erstellung ich in stürmischen Versammlungen vor zwanzig Jahren vergebens kämpfte.» Ausführlich darüber siehe: *Literatur und Dichtung im Dritten Reich* (Ullstein Buch 33029), S. 42 f.

Unerbittlich und zuverlässig

Dr. Rainer Schlösser in einem Gespräch mit Dr. Hellmuth Langenbucher und Dr. Walther Linden, veröffentlicht unter der Überschrift: *Es wird Ordnung im Schrifttum*, in: *Völkischer Beobachter* vom 7. 7. 1933.

Dr. Rainer Schlösser, *1899, kulturpolitischer Schriftleiter des *Völkischen Beobachters*; ausführlicher siehe: *Literatur und Dichtung im Dritten Reich* (Ullstein Buch 33029) sowie *Theater und Film im Dritten Reich* (Ullstein Buch 33031).

Die unumgängliche Notwendigkeit, sich des arteigenen Geisteserbes zu entsinnen und vorzüglich die Sünden einer infamen Totschweigetaktik von Jahrzehnten wieder gutzumachen, wird für die Wissenschaft, die Verleger und die Presse von so ausschlaggebender Bedeutung sein, daß jegliches Fremdgut doppelt und dreifach wird geprüft werden müssen. Das bedeutet keine Verneinung der Goetheschen Vorstellung einer Weltliteratur, sondern ganz im Gegenteil ihre Bejahung. Unter diese Rubrik gehören ja nur die verhältnismäßig wenigen Spitzenleistungen, welche die völkische Eigentümlichkeit der einzelnen Nationen erschöpfend wiedergeben. Wozu in diesem Zusammenhang bemerkt sei, daß unserer Eigentümlichkeit Ausdruck zu verleihen nunmehr dem artgleichen Volksgenossen vorbehalten bleiben muß. Die reinliche Scheidung in dieser Hinsicht ist und bleibt eine der Hauptaufgaben gerade der nationalsozialistischen Presse, die sich, von wenigen Ausnahmen in der bürgerlichen Presse abgesehen, in diesem Punkte auch allein unerbittlich und zuverlässig gezeigt hat.

Die Sportpresse

Dr. Hans Bollmann: *Die Sportpresse im Neuen Deutschland* in: *Deutsche Presse* vom 15. 7. 1933, Auszug; siehe auch Wilhelm Hartmann: *Sportkritik oder Sportbetrachtung*, ebd. am 4. 9. 1937.

Hans Bollmann war Erster Vorsitzender des Deutschen Sportpresseverbandes.

Die Sportpresse hat, darüber besteht kein Zweifel, im nationalsozialistischen Staat eine bewußt politische Aufgabe zu erfüllen. Sie hat an der Ausgestaltung des Turn- und Sportlebens in dem Sinne mitzuarbeiten, daß Turnen und Sport dem deutschen Volk in seiner harten Wiederaufbauarbeit als Rückenstärkung dienen. Der Sportjournalist des neuen Staates steht also im Dienst der Allgemeinheit und der völkischen Erneuerung. Er arbeitet nicht für die Interessen irgendwelcher Sportunternehmer oder feudaler Klubs, sondern unter dem Gesichtspunkt, daß Leibesübungen als grundlegender Bestandteil des nationalen Erziehungssystems zu betrachten sind. Hier ist ein großes Manko auszugleichen. Es fehlte bisher vielfach an einer gründlichen Kenntnis der Jugendbewegung, die bei der Wiederaufrichtung unseres Volkes eine Hauptrolle spielt und die auch in sportlicher Beziehung besonders beachtet werden muß. Daß dem Wehrsport in dem oben aufgezeigten Geist ein Hauptteil der sportjournalistischen Arbeit in den kommenden Jahren zu gelten hat, braucht hier nicht näher ausgeführt zu werden. Für unfruchtbare Dialektik und Sensationshascherei wird in Zukunft kein Raum mehr sein. Die großen Richtlinien, in deren Rahmen der Sportjournalist seinem deutschen Gewissen und seinem Volk verantwortlich zu arbeiten hat, liegen fest, und die Grundlage für die künftige Arbeit wurde bereits durch eine gründliche Umorganisation der Berufsvertretung der Sportjournalisten geschaffen.

Die Befähigung

Fritz Overdieck: *Welche Zeitung lese ich?* in: *Westdeutscher Beobachter* vom 20. 12. 1933, Auszug.

Wer im neuen Deutschland schreiben oder Geschriebenes vermitteln will, kann und darf sich nicht allein auf den guten Willen berufen, sondern muß auch seine Befähigung erweisen, im Sinne der nationalsozialistischen Idee erzieherisch wirken zu können! Wir haben vor nicht allzulanger Zeit an dieser Stelle schon einmal darauf hingewiesen, daß die oft zitierte Gefahr der drohenden Einförmigkeit der Presse nicht zuletzt darauf zurückgeht, daß viele bürgerliche Presseleute den Nationalsozialismus noch gar nicht verstanden haben und aus dieser Verständnislosigkeit und Unsicherheit heraus sich um jede Meinungsäußerung und um jedes blutvolle und leidenschaftliche Eintreten für die großen Ideale der neuen Volksgemeinschaft ängstlich herumdrücken. Daß hierbei die betreffenden Zeitungen dem Leser auf die Dauer farblos und langweilig erscheinen müssen, ist freilich ebensowenig ein Wunder wie der sich hieraus zwangsläufig ergebende Leserschwund. Diese Tatsache sollten sich alle diejenigen Verleger einmal vor Augen führen, die in jämmerlichen Lamentos und Beschwerdebriefen nach Hilfe der Regierung schreien, weil ihre Auflage zurückgeht!

Man soll sich darüber klar sein, daß der nationalsozialistische Staat keine Einrichtung nur deswegen stützt, weil sie «nun einmal da ist», sondern daß für ihn der gemeine Nutzen und die Förderung der nationalsozialistischen Ideale alleiniger Wertmaßstab ist.

Die vollendete Zeitung

Martin Schwaebe: *Der Leser und seine Zeitung* in: *Westdeutscher Beobachter,* Köln, vom 8. 4. 1934, Auszug.

Martin Schwaebe war Leiter des Gaupresseamtes der NSDAP Köln-Aachen.

Glaubt man etwa, das deutsche Volk, das in allen Teilen und für alle Lebensgebiete bewährte Nationalsozialisten zu seinen Führern berief, wolle sich ausgerechnet seine Zeitungen von Leuten schreiben lassen, die mit dem Nationalsozialismus nichts zu tun haben? Es geht ja heute nicht mehr darum, daß einer dem neuen Staat «loyal gegenübersteht», sondern darum, ob er für die Ausbreitung seiner Weltanschauung ein Gewinn ist!

So wird die vollendete nationalsozialistische Zeitung die sein, die den Begriff «unpolitisch», d. h. weltanschauungslos auch in der letzten ihrer Spalten nicht mehr kennt. Der Nationalsozialismus kann nicht mit den beiden ersten Seiten einer Zeitung, das sind die politischen Meldungen und die Ministerreden, zufrieden sein, er muß auch durch den Sportteil, durch das Feuilleton, den Roman und die Lokalspitze bis hin zur Gerichtsberichterstattung zum Leser sprechen, so, wie er alle Lebensgebiete für sich beansprucht und zu durchdringen unternimmt. Man muß sich endlich einmal klarmachen, daß unsre Zeitung nicht die Schutztruppe eines totalitären Staates ist und daß unsre Toten alle nicht für eine politische Organisationsform, sondern als Wegbereiter einer alles umfassenden Weltanschauung gefallen sind!

Daß wir von dieser Vollkommenheit der neuen Presse noch ein gutes Stück entfernt sind, weiß niemand mehr als die nationalsozialistische Presse selbst. Sie kennt alle ihre Mängel und Schwächen, sie weiß aber auch, daß sie ganz allein berufen ist, in stetiger Aufbauarbeit den Zeitungstyp des Dritten Reiches zu gestalten.

Deutsche Presse und NS-Kulturgemeinde

Aufsatz in: *Deutsche Bühnenkorrespondenz* vom 17. 11. 1934, Ausgabe A, Auszug.

Die *NS-Kulturgemeinde* entstand 1934 aus dem Kampfbund für Deutsche Kultur und der am 21. 3. 1933 gegründeten Deutschen Bühne. Unter den Lenkungsapparaten für Kunst und Kultur im Dritten Reich war die NS-Kulturgemeinde das Instrument Alfred Rosenbergs, der sich für den Chefideologen des Nationalsozialismus hielt.

Alfred Rosenberg, 1893–1946, studierte ab 1910 Architektur zuerst an der Technischen Hochschule in Riga, dann in Moskau; 1918 beendete er das Studium und hielt im November des gleichen Jahres seinen ersten Vortrag über die Judenfrage; 1919 arbeitete er mit Hitler in München zusammen; ab 1921 Schriftleiter des *Völkischen Beobachters*; im Januar 1934 betraute Hitler ihn mit der «Überwachung der weltanschaulichen Erziehung der NSDAP»; 1941–45 war Rosenberg Reichsminister für die besetzten Ostgebiete.

Die NS-Kulturgemeinde in der NS-Gemeinschaft «Kraft durch Freude» hat seit den Tagen ihrer Gründung an die freudige Erfahrung gemacht, daß die deutsche Presse ihr Streben nicht nur anerkennt und unterstützt, sondern die kulturellen Fragen überhaupt immer mehr in den

Vordergrund rückt. Nicht nur die vielfachen kulturellen Aussprachen, die jetzt laufend im Reichsverbandsorgan «Deutsche Presse» dank der erfreulichen, energischen Initiative seiner Schriftleitung stattfinden, sondern darüber hinaus das direkte, praktische und unter Umständen täglich immer neu bewiesene Interesse, das nicht nur die Berliner Zeitungen den Bemühungen der Kulturbewegung der Partei entgegenbringen, liefern den Beweis, daß die Kulturpolitik, technisch gesehen, der dritte Hauptteil zu werden beginnt, und daß, ideell gesehen, die NS-Kulturgemeinde das Bewußtsein haben darf, Mitkämpfer gewonnen zu haben, deren Mitarbeit für den Erfolg entscheidend ist.

Damit wird ein glücklicher Zusammenklang innerlich gleicher, äußerlich verschiedener und verschieden organisierter Kräfte zur Tatsache. So wie es keine Kunst ohne Künstler geben kann, so gibt es keine geistige und kulturelle Erneuerung von Millionen ohne diejenigen, die – innerlich ergriffen – täglich davon schreiben. So verlangt es unsere Zeit. Diejenigen aber, die darüber schreiben, und diejenigen, die Kunst ausüben und Kulturwerte schaffen, vermögen heute nichts ohne den starken Arm der Bewegung, die ihnen das notwendige Rüstzeug gibt, das gerade sie heute bedürfen. So hat der Staat in der Reichskulturkammer Künstler und Journalisten – auch die sind Künstler – ständisch erfaßt und eine vorbildliche Organisation geschaffen, die stets von den Kräften der Bewegung und ihrem kulturellen Kampftrupp, den die NS-Kulturgemeinde darstellt, angeregt und durchblutet wird. Staat und Partei von gleicher Gesinnung und von kämpferischer Kameradschaft! So sieht auch die NS-Kulturgemeinde ihr Verhältnis zur deutschen Presse und ihrer Organisation.

Wie man Frauen fesselt

Aufsatz in: *Zeitungs-Verlag* vom 13. 2. 1937, gekürzt.
Zu diesem Thema siehe auch Gertrud Metze-Jacobi: *Die Frauenzeitschrift im nationalsozialistischen Staat* in: *Deutsche Presse* vom 30. 6. 1934; Freia Bergenthun: *Die Frauenbeilagen der nationalsozialistischen Presse*, ebd. am 25. 8. 1934; Dorothea Thimme: *Am Leben vorbei*, ebd. am 8. 2. 1936; Paula Siber: *Nur die Gemeinschaft schafft das Neue*, ebd. am 23. 1. 1937; Inge Sonntag: *Die Frauenbeilage in der Tageszeitung*, ebd. am 19. 2. 1938.

Was interessiert die Frau als Leserin am meisten? Diese Frage ist für jeden Schriftleiter insofern von besonderer Wichtigkeit, weil die Frau, wenn sie sich an eine bestimmte Zeitung gewöhnt, sie liebgewonnen hat, viel konservativer ist als der Mann. Da wir mit dieser Tatsache ganz besonders in kritischen Zeitabschnitten rechnen müssen – also gerade jetzt, wo uns die Notwendigkeit der Papiereinsparung vor neue Aufgaben stellt und ferner der Übergang zum Frühjahr und Sommer weit eher zur Abbestellung einer Zeitung geneigt macht, wir deshalb alle Ursache haben, «die Frauen zu fesseln» – sollte jeder Schriftleiter und Verleger des öfteren beobachten, welche Teile seiner Zeitung am ehesten und interessiertesten gelesen werden. Zu solchen Feststellungen bietet eine Bahnfahrt, der Besuch einer Gaststätte usw. willkommene Gelegenheit. Man wird dabei meist feststellen, daß die Frau zuerst nach dem Roman sieht, dann in den Heimatteil und schließlich ebenso interessiert in den Anzeigenteil hineinblickt.

Welche Anregungen bietet hier allein der Besuch eines Wochenmarktes, nicht um die Preise von Äpfeln, Kohlköpfen und anderem zu notieren, sondern die Wünsche und Anregungen zu erfahren, die Käuferinnen untereinander oder mit den Händlern austauschen. Das gibt Stoff für manche Plauderei, aber auch Veranlassung, der einen oder anderen Klage nachzugehen, in fesselnder Form darüber aufzuklären, warum der Verkäufer sich nach dieser oder jener Verordnung zu richten hat. Eine Empfehlung zum Verbrauch heimischen Obstes oder solcher Waren, die im Lande erzeugt werden und an denen kein Mangel ist, läßt sich einflechten. Der Ursprung und Versand bestimmter Artikel interessiert ebenfalls. Ich denke an den Seefischfang, die Fischbörsen, den raschen Transport bis zum Käufer im Heimatort.

Frauen lesen den Wirtschaftsteil verhältnismäßig selten. Man kann sie jedoch bis zu einem gewissen Grade dafür interessieren, wenn man im heimatlichen Teil eben bei solchen Marktplaudereien und ähnlichen Gelegenheiten auf einen mit dem Thema in Verbindung stehenden Beitrag im Wirtschaftsteil hinweist.

Sorgfältige Aufmachung

Dokument PS – 4006.

Der Pressereferent der Obersten SA-Führung
Reichsleiter   und Hauptschriftleitung «Der SA-Mann».
Alfred Rosenberg   München, am 21. April 1938
Berlin   Ainmillerstraße 39

Reichsleiter!
Die Zeitschrift «Der SA-Mann» kann in diesen Tagen auf ein zehnjähriges Bestehen zurückblicken. Dies ist für uns der Anlaß, eine verstärkte Folge mit dem Datum des 15. Mai herauszubringen. Da Sie mir, sehr geehrter Reichsleiter, anläßlich des Empfangs des Kulturkreises der SA einen Beitrag für unser Kampfblatt in Aussicht stellten, erlaube ich mir hiermit nochmals die Bitte vorzutragen, uns für diese Jubiläumsausgabe einen Artikel, etwa über das Thema «Weltanschauung und Kampfblatt» oder ähnliches zur Verfügung zu stellen.

Ich hoffe gerne, daß Sie unserem Wunsche entsprechen und ich bin der festen Überzeugung, daß gerade ein Beitrag aus Ihrer Feder bei unseren

750 000 [1] Abonnenten mit besonderer Begeisterung aufgenommen werden würde.

Wenn der Beitrag bis zum 18. Mai in unseren Händen wäre, könnte für eine sorgfältige Aufmachung entsprechend Sorge getragen werden.

Ich darf Sie bitten, Reichsleiter, mir eine zusagende Antwort zukommen zu lassen.

Heil Hitler!
Körbel
Obersturmbannführer

«Nicht wie etwa Weihnachten»

Publizistische Verpflichtung an Feiertagen – Die besonderen Presseaufgaben am 30. Januar, in: Der Zeitungs- und Zeitschriftenverlag vom 23. 1. 1943, S. 41, gekürzt.

Die Feierstunden der anderen sind für den Pressemann Stunden erhöhter Arbeitsspannung. Sonst wäre ja das «Wunder» einer den Leser trotz allen Verwöhntseins doch immer wieder verblüffenden Aktualität nicht möglich. Denn der Pressemann ist bei alledem nicht nur genießender Empfänger, sondern in erster Linie rascher und zugleich gründlicher Verarbeiter. Und zwar pflanzt sich der in solcher Feierstunde – wie von jedem berichtenswerten Ereignis – gegebene Anstoß zu einem Arbeitsprozeß fort, der bei dem teilnehmenden Journalisten beginnt und in ununterbrochener Folge bei dem Zeitungsboten endet.

Das alles wird von dem Pressemann – welches Glied der presseberuflichen Kette er auch darstellen mag – niemals als Last empfunden. Es ist für ihn eine Selbstverständlichkeit, die pflichtbewußt zu erfüllen, ein wesentliches Stück seiner Berufsehre ist.

Was für einzelne Feierstunden – als Beispiel für jedes eines Berichtes würdige Geschehen – gilt, hat erhöhte Bedeutung für ganze Feiertage. Besonders dann, wenn es sich nicht, wie etwa Weihnachten, um besinnliche Ruhetage, sondern, wie am 30. Januar, um Hochtage nationalen Gedenkens handelt. Ihre zeitgemäße und termingerechte Behandlung ist eine unumgängliche publizistische Verpflichtung für die gesamte deutsche Presse. Die Erfüllung dieser Verpflichtung stellt eine doppelte Aufgabe, nämlich die einer eigenschöpferischen Würdigung in Wort und

1 Es ist sehr bezeichnend für die Pressezustände im Dritten Reich, wenn solch eine langweilige Wochenzeitschrift wie der *SA-Mann* eine Auflage von 750 000 Stück hatte. Übrigens sagte selbst SA-Obergruppenführer Max Jüttner, Chef des Hauptamtes Führung der SA, nach dem Kriege am 16. 8. 1946 beim Nürnberger Prozeß aus, daß «der *SA-Mann* wenig Anklang gefunden hat, infolgedessen auch wenig gelesen worden ist». Man kann sich also wohl vorstellen, wie solche Blätter dennoch hohe Auflagen erzwangen.

Bild, und die einer nachschaffenden Berichterstattung. Dabei werden sich die Zeitschriften vornehmlich der ersten Aufgabe zu widmen haben, während die andere nur in einem Teil von ihnen und auch dort erst mit dem von der üblichen Erscheinungsweise bestimmten zeitlichen Abstand nachklingt. Sie werden die Durchführung der ersten Aufgabe mit Vorbereitungen auf weite Sicht erreichen können und im allgemeinen auch dieses Mal wieder erreicht haben. In der Tagespresse dagegen drängen sich Würdigung und Berichterstattung im Raume von ein bis zwei Ausgaben, die unmittelbar hintereinander erscheinen, zusammen. Dadurch steht das Ergebnis einer auch hier möglichen und sogar erforderlichen wohlüberlegten Vorbereitung in enger Verbindung mit dem aktuellster Arbeit. Das bedingt für kurze Zeit höchste Anspannung aller zur Verfügung stehenden Kräfte.

Diese Ballung betrachtenden und berichtenden Stoffes innerhalb von ein bis zwei Tagen machte für die Tagespresse eine Regelung zum 30. Januar dieses Jahres, dem 10. Gedenktage der Machtergreifung, notwendig, die es erlaubt, räumlich wie zeitlich der gestellten Aufgabe in würdiger Weise gerecht zu werden. Räumlich wird die Ausgestaltung der Zeitungen vom 30. bis 1. Februar durch mehrere, zusätzlich dem Text zur Verfügung gestellte Seiten erleichtert. Über den Inhalt dieser Ausgaben hier im einzelnen etwas zu sagen, erübrigt sich. Die deutsche Presse ist in diesen zehn Jahren nationalsozialistischer Staatsführung so innig mit den ihr kraft ihrer Gestaltungsvollmacht obliegenden Aufgaben verwachsen, daß jede Zeitung, ihrer Eigenart angemessen, die rechte Lösung finden muß. Daß diese in allen Fällen aus nationalsozialistischem Geist sein wird, ist selbstverständlich.

Anhang 1 : Die parteiamtliche Presse

Dieses Schriftstück Max Amanns – es hat zehn Seiten und wurde gekürzt – stellt einen eindeutigen Beweis dafür dar, mit welchen Schwierigkeiten die Behörden des Dritten Reichs sogar bei der parteiamtlichen Presse rechnen mußten, wenn es um die Belehrung der «Volksgenossen» ging, die zum Nationalsozialismus erzogen werden sollten. Gerade die parteiamtliche Presse war für den Leser so langweilig, daß man sie ihm aufzwingen mußte.

An die Herren
Reichsleiter, Gauleiter
und verantwortlichen Verlagsleiter
der parteiamtlichen Presse   Der Reichsleiter für die Presse

Über die Stellung der parteiamtlichen Presse im nationalsozialistischen Staat.
Die Verfügung des Führers vom 19. 1. 1934 und die Verfügung des

Stellvertreters des Führers vom 10. Dezember 1933 geben mir Veranlassung zu folgenden grundsätzlichen Ausführungen.

Der Stellvertreter des Führers, Rudolf Heß[1], sprach kurz vor dem 12. November 1933 aus, daß Volksgenossen, die der Partei nicht angehören, um deswillen nicht als zweitklassige Deutsche zu betrachten seien. Mit der gleichen Entschiedenheit erklärte er aber, daß es gerade auf Grund des Leistungsprinzips eine Kategorie von Nationalsozialisten gäbe, die besonders zu bewerten sei: «Die Kategorie der alten Kämpfer. Denn ihrer Treue zu Adolf Hitler und zu ihrem Volk, ihren Opfern an Gut und Blut, ihrer jederzeitigen Opferbereitschaft, ihrem gläubigen Durchhalten allein ist es zu verdanken, wenn Hitler ein neues Deutschland schaffen konnte.»

Diese Erklärung umreißt auch die Stellung der alten nationalistischen Kampfpresse im nationalsozialistischen Staat. Sie klärt ihre Stellung gegenüber der nicht parteiamtlichen Presse.

In meiner Kundgebung als Präsident der Reichspressekammer vom 13. Dezember 1933 habe ich die bevorrechtigte Stellung der alten nationalsozialistischen Kampfpresse hervorgehoben und im Anschluß hieran die Aufgabenstellung innerhalb der gesamten deutschen Presse in großen Zügen grundsätzlich behandelt.

Wesen und Bedeutung dieser besonderen Stellung der parteiamtlichen Presse bedürfen der Klarstellung.

Der Staat hat sich durch das Schriftleitergesetz ein Mittel geschaffen, das in seiner Anwendung viel tiefer greift als Zensur und Verbot, weil es den Schriftleiter vom Charakter und von der Gesinnung her erfaßt und damit die gesamte deutsche Presse zur Erfüllung ihrer Aufgabe im nationalsozialistischen Staat erzieht. Der nationalsozialistische Staat selbst hat mit dem Schriftleitergesetz und der Durchführungsverordnung zum Schriftleitergesetz die politischen Voraussetzungen für die pressemäßige Betätigung im nationalsozialistischen Staat eindeutig geklärt.

Wenn die parteiamtliche Presse trotzdem auch weiterhin eine besondere Stellung innehaben soll, so deshalb, weil sie in besonderem Maße die Voraussetzungen dafür besitzt, daß die nationalsozialistische Weltanschauung in voller Reinheit, unverfälscht und unbeeinflußt von abweichenden oder dem Nationalsozialismus fremden Gedankengängen, vertreten wird. Schon aus dieser Feststellung ergibt sich, daß das Vorrecht der parteiamtlichen Presse in Wahrheit nichts anderes bedeutet als höchste Verantwortung und tiefste Verpflichtung.

1 Rudolf Heß, * 1894; seit 1920 NSDAP-Mitglied; 1923 am Hitler-Putsch in München beteiligt; 1925–32 Privatsekretär Hitlers; ab 1933 «Stellvertreter des Führers» und Reichsminister; 1941 flog er nach England, vom Internationalen Militärgerichtshof in Nürnberg wurde er 1946 zu lebenslänglicher Haft verurteilt.

Kraft dieser besonderen Stellung der parteiamtlichen Presse stehen Staat und NSDAP trotz der im Bereich der Gesamtpresse durch das Schriftleitergesetz geschaffenen Sicherungen in einem besonderen Vertrauensverhältnis.

So erklärt es sich ferner, daß der NSDAP auch weiterhin, wie es in meiner Anordnung vom 13. 12. 1933 verankert ist, das Recht zusteht, empfehlend für den Bezug der parteiamtlichen Presse einzutreten.

Die möglichst weitgehende Verbreitung der parteiamtlichen Presse liegt unter der Voraussetzung der Erfüllung ihrer Aufgabe infolgedessen im Interesse von Staat und Partei. Sie verbürgt mit die charakterliche und geistige Umformung des gesamten deutschen Volkes, insbesondere der erst in neuerer Zeit zum Nationalsozialismus gestoßenen Volksteile. Es ist also Aufgabe der Partei und ihrer Nebenorganisationen, die parteiamtliche Presse durch Empfehlung zu fördern. Die mustergültige Organisation der Partei und der Nebenorganisationen, die einen großen Teil des deutschen Volkes erfassen, gewährt hierzu jede Möglichkeit. In den Versammlungen, in den Schulungsabenden, bei sonstigen Veranstaltungen und schließlich in der parteiamtlichen Presse selbst kann und soll die Partei ihren Wunsch zum Ausdruck bringen, daß die parteiamtliche Presse in erster Linie gelesen wird.

Die ungesunden Methoden im Wettbewerbskampf haben allmählich zu einem allgemeinen Unmut in Teilen des Reiches geführt, der sich immer mehr verbreitete. Er drohte, für den Nationalsozialismus zu einem schweren Schaden zu werden. Dazu tritt, daß alle diese Maßnahmen für die parteiamtliche Presse, auf die Dauer gesehen, gar keinen Nutzen bringen können. In einzelnen Fällen, in denen ganz besonders krasse Methoden angewandt wurden, ergaben Feststellungen die Tatsache, daß nicht die parteiamtliche, sondern die andere Presse hieraus, sogar im Augenblick schon, zahlenmäßigen Nachwuchs erhielt. Es kann ja schließlich auch von einem Leser, der durch Druck, gleichgültig mit welchen Mitteln, zum Bezug der Zeitung veranlaßt worden ist, nicht erwartet werden, daß er ein freudiger und dauerhafter Leser dieser Zeitung wird. Außerdem wird durch solche Methoden der Glaube an die Leistung der Zeitung erschüttert. Denn wenn in der Bevölkerung der Eindruck entsteht, es müsse der Bezug der Zeitung befohlen und kontrolliert werden, so muß sich notwendigerweise die Meinung bilden, als sei die Leistung der Zeitung kein ausreichendes Werbemittel.

Hiervon unberührt bleibt selbstverständlich die redaktionelle politische Polemik, die vielfach allein schon in Wahrung der wesentlichsten Aufgaben der nationalsozialistischen Presse, nämlich der Reinerhaltung des Nationalsozialismus, erforderlich sein wird.

Ich bin überzeugt, daß so bei pflicht- und verantwortungsbewußtem Einsatz aller Kräfte die parteiamtliche Presse sich als eine der wertvollsten Hilfsmittel des Führers für die Erreichung des Zieles erweisen wird, die Gesamtheit der deutschen Volksgenossen zum Nationalsozialismus hinzuführen.

München, den 25. Januar 1934   Der Reichsleiter für die Presse
                                 Amann

Anhang 2: Die Zeitung in der Schule

«In dreifacher Weise»

Karl Odenbach: *Die Zeitung im Unterricht* in: *Nationalsozialistisches Bildungswesen*, 1938, S. 235, Auszug.

Die Zeitung kann in dreifacher Weise als Hilfsmittel des Unterrichts eingesetzt werden:

1. Ein politisch besonders bedeutsamer Bericht (z. B. der Appell Görings zum Vierjahresplan am 28. 10. 1936 im Berliner Sportpalast) wird mit allen sich dabei entfaltenden Gesichtspunkten eingehend durchgearbeitet. Eine solche Auswertung, bei der verschiedene Unterrichtsfachgebiete und -techniken herangezogen werden müssen, bedarf eines längeren Zeitraumes.

2. Die Zeitung wird verwendet, um den Kindern einen Überblick über die im Augenblick wichtigen Einzelzüge der politischen und kulturellen Lage zu geben. Da die Kinder mit den Hauptzügen dieser Lage (z. B. Krieg in Spanien) vertraut sind, handelt es sich nur um ein Weiterführen auf Grund der neuen Nachrichten. Der Querschnitt durch das Geschehen der Gegenwart wird in ähnlicher Weise aufgefaßt, wie es der Erwachsene tut und wie es der besonderen Aufgabe der Zeitung entspricht. Eine solche Besprechung braucht eine halbe Stunde nicht zu übersteigen, muß aber regelmäßig geschehen, um den historischen Zusammenhang nicht abreißen zu lassen. Natürlich findet eine Auswahl der Nachrichten nach ihrer Bedeutsamkeit statt.

3. Die Zeitung wird «verzettelt». Aufsätze und Bilder von bleibendem Wert (z. B. über die Kultur der Germanen) werden ausgeschnitten und in besonderen Mappen gesammelt. Beim Auftauchen des entsprechenden Stoffgebietes in der Schule werden die Ausschnitte in verschiedener Weise zur Vertiefung und Ausweitung der Arbeit herangezogen.

Der «Völkische Beobachter» als Lehrbuch der Oberschulen

Untertitel eines Aufsatzes von Oberstudienrat Dr. Hans Mähl, Itzehoe, in: *Völkischer Beobachter* vom 6. 8. 1940, gekürzt.

Das Zentralorgan der NSDAP, der *Völkische Beobachter*, ist ursprünglich 1887 als Münchner Wochenblatt nationalistischer Prägung gegründet worden und hieß zunächst *Münchner Beobachter*. Die NSDAP kaufte das Blatt im Dezember 1920; von da ab erschien es zweimal in der Woche. Erst ab 1923 kam es als Tageszeitung heraus, und zwar ab Ende August 1923 in dem von Hitler bevorzugten übergroßen Format. Während von 1925–33 Hitler selbst als Herausgeber fungierte, übernahm Alfred Rosenberg später diese Funktion, er war seit 1922 Hauptschriftleiter des Blattes gewesen.

Die Hauptschriftleitung übernahm dafür 1933 der Hauptmann a. D. Wilhelm Weiß, der ab 1. 1. 1933 auch eine Berliner Ausgabe, bzw. Norddeutsche Ausgabe für die norddeutschen Gaue herausbrachte, ebenso wie neben der Münchner Ausgabe noch eine süddeutsche Ausgabe erschien, der gewöhnlich eine Seite hinzugefügt wurde, die ausschließlich Meldungen aus den süddeutschen Gauen enthielt. Ab Ende März 1938 kam außerdem noch eine Wiener Ausgabe heraus. Eigene Redaktionen und Druckereien des *Völkischen Beobachters* gab es an den drei Hauptsitzen der Zeitung, nämlich in München, Berlin und Wien. Nicht immer war also der Text des Blattes ganz gleich und auch das Datum der Textwiedergabe konnte unter Umständen unterschiedlich sein. Am Todestag Hitlers, dem 30. 4. 1945, kam die letzte Nummer des *Völkischen Beobachters* in München heraus. Sie konnte jedoch nicht mehr ausgeliefert werden, weil die amerikanischen Truppen inzwischen einmarschierten; Fotokopie im Stadtarchiv München, s. S. 246–247.

Siehe hierzu auch Heinz Hünger: *Aus der Geschichte des Völkischen Beobachters* in: *Deutsche Presse* vom 5. 5. 1934 und *The Story of Völkischer Beobachter*, in: *The Wiener Library Bulletin*, September/Dezember 1954, S. 39.

Alle echte Bildung stammt aus dem Leben, und Leben kann nur durch Leben entzündet werden, heißt es in den neuen Lehrplänen für die höheren Schulen – ein Wort, das wohl niemals mehr Geltung beanspruchen durfte als in dem großen Erleben unserer Zeit. Dieses Erleben in den normalen Unterricht einströmen zu lassen, ihn, wo es immer möglich ist, damit zu erfüllen, gilt für die schönste Aufgabe des Lehrers.

In bestimmten Fächern, wie in den deutschkundlichen, vor allem in Geschichte und Erdkunde, würde ohne dieses Bemühen alles ohne Blut und Leben bleiben, und des Lehrers Worte würden vor den Schülern wie wesenlose Schatten umherflattern. Aber auch die übrigen Fächer gilt es irgendwie von diesem Blutstrom miterfassen zu lassen.

Daß der großen, gewichtigen Tageszeitung, der Mittlerin und Deuterin so vielen Geschehens, in einem solchen Unterricht eine besondere Rechnung zukommt, ist längst erwiesen. Die Erfahrungen aber, die ich im Schulunterricht sammeln konnte, sind wert genug, auch einmal der breiten Öffentlichkeit in ihren praktischen Auswirkungen nahegebracht zu werden. Vielleicht, daß auch dieser und jener Leser aus diesen Zeilen einen Gewinn zu ziehen vermag.

Wenn wir nun den «Völkischen Beobachter» hierzu gewählt haben, so aus zweierlei Gründen: einmal, weil wir ihm in der eigenen Unterrichtsarbeit viel verdanken; dann aber, weil der «Völkische Beobachter» als eine der verbreitetsten großen deutschen Zeitungen in jeder Schulklasse seitens der Lehrerschaft, aber auch vom elterlichen Hause her zumeist durch eine größere Anzahl von Exemplaren vorhanden ist. Das erleichtert die Benutzung im Unterricht selbstverständlich wesentlich.

Ein Satz «Das Großdeutsche Reich, das die eisernen Bande des ungeheuersten Zwangsvertrages gesprengt und sich zur Einheit, zur Selbstbestimmung in der Welt erhoben hat, es ringt mit den Überlieferungen Richelieus und des Friedensschlusses von Münster», gibt eine schöne Aufgabe für die Geschichts-Reifeprüfung, sogar für die geschichtliche Facharbeit.

Sätze wie die von Alfred Rosenberg: «Das Deutsche Reich ist heute in seine alte europäische Mission eingetreten und beweist im zwanzigsten Jahrhundert, daß die Stellung des Deutschen Reiches im frühen Mittelalter kein Zufall, sondern eine Notwendigkeit war» («Die Revolution Europas», 12.–13. Mai 1940), oder: «Wir wissen, daß die nationalsozialistische Revolution einen geschichtlichen Abschluß bildet für alle jene großen Kämpfe, die, ob bewußt oder unbewußt, auf die Volkwerdung der Deutschen abzielten» («Charakterliche Bewährung», 19. Mai 1940), geben dem Lehrer für die Darstellung ganzer Geschichtsabschnitte den Leitgedanken und einem fähigen Schüler gewiß ein würdiges Thema für eine tüchtige geschichtliche Ausarbeitung.

Seit Jahren benutze ich als Einleitung für alle grundsätzlichen Erörterungen zum Drama die Rede des Reichsministers Dr. Goebbels auf der Kundgebung der Reichstheaterkammer 1936, die bis heute in den Sammlungen der Reden des Ministers im Wortlaut nicht erschien und nur (im Auszug) durch die Zeitung zugänglich ist. Wenn Dr. Goebbels in dieser Rede sagt, daß wir über Lessing und Schiller bis zum heutigen Tage kaum hinausgekommen seien, oder: die deutsche Bühne fange heute wieder an, im Sinne Schillers das Podium der politischen und sozialen Moral auch unserer Zeit zu sein – dann gewinnen die Schriften Lessings und Schillers, die in den Klassen 7 und 8 gelesen werden, unter der Fragestellung der Gegenwart neues und wirkliches Leben.

Besondere Beachtung verdienen auch die Gedenkartikel führender Persönlichkeiten des Staats und der Partei im «Völkischen Beobachter» zu den Festtagen der Nation. Zur Charakteristik seien angeführt: «Die Sonderverfassung des Dritten Reiches» von Staatssekretär Dr. Stuckart [1]

1 Dr. jur. Wilhelm Stuckart, 1902–52; 1922 Eintritt in die NSDAP; vom 4. 4. 1933 bis 13. 5. 1933 Oberbürgermeister von Stettin; ab 13. 5. 1933 kommissarischer Ministerialdirektor im Preußischen Kultusministerium; später Staatssekretär im Propaganda- und im Innenministerium; gemeinsam mit Dr. Hans Globke veröffentlichte er die Kommentare zu den antijüdischen Nürnberger Gesetzen; ab 1944 im Reichssicherheitshauptamt (RSHA) tätig.

(30. Januar 1936), an Hand dessen ich mit meiner damaligen Ober-
prima die nationalsozialistischen Verfassungsgrundsätze erarbeitet habe. Solche Aufsätze, in Mappen nach ihrem stofflichen Gebiet gesammelt
und jederzeit griffbereit zur Hand, sind heute ein unentbehrliches Mittel jedes aufbauenden Anschauungsunterrichts.

Anhang 3: Zwei Briefe vom «Schwarzen Korps»

Ein Aufsatz über Heinrich Himmler

Der Brief ist an Kurt Daluege, * 1897, gerichtet; ab 1922 NSDAP-Mitglied; ab
15. 9. 1933 Generalleutnant der Landespolizei Preußens.

Hauptschriftleiter vom *Schwarzen Korps* war Gunter d'Alquen, * 1910; 1925
Eintritt in die Hitlerjugend; 1927 NSDAP-Mitglied Nr. 66 689; ab 1926 Mitglied der SA und der SS; 1931 Schriftleiter der *Bremer Nationalsozialistischen
Zeitung*; 1932 Schriftleiter des *Völkischen Beobachters*; 1933 Mitglied des kleinen Führerrates des Reichsverbandes der deutschen Presse und Mitglied des
Präsidialrats der Reichspressekammer; ab 1935 Hauptschriftleiter des *Schwarzen Korps*.

Stempel:	SS
Der Chef der Ordnungspolizei.	Das Schwarze Korps
Adjutantur.	Zeitung der Schutzstaffeln der
Tag des Einganges: 9. 12. 38	NSDAP
Tgb. N.: Anlagen	Organ der Reichsführung SS
SS-Obergruppenführer	Der Hauptschriftleiter /Kl.
Daluege	*handschriftlich:* Herrn P 15 [1]
Chef der Ordnungspolizei	Aq 3.XII 807772
Berlin W 8	Berlin SW 68, den
Unter den Linden 74.	7. Dezember 1938.
	Zimmerstraße 87–91

Lieber Obergruppenführer!
Darf ich heute mit einer grossen und herzlichen Bitte zu Ihnen kommen?
    Zum 6. Januar, am Tage, als vor 10 Jahren der Reichsführer SS vom
Führer mit dem Aufbau der Schutzstaffeln beauftragt wurde, brauche
ich einen Aufsatz über den Reichsführer SS als Kameraden und Kommandeur von einem seiner ältesten Mitkämpfer. Ich wende mich deshalb
an Sie mit der Bitte, mir zu diesem Termin doch, wie oben angedeutet,
einen persönlichen Beitrag über den Reichsführer SS für das «Schwarze
Korps» überlassen zu wollen.
    Der 6. Januar fällt auf einen Freitag, unser Erscheinungsdatum ist der
4./5. Januar; ich müßte also den Aufsatz am 29., spätestens 30. Dezember hier in Händen haben.

Ich glaube bestimmt, keine Fehlbitte getan zu haben und bin mit meinen herzlichsten Grüßen

Heil Hitler!
Ihr
Gunter d'Alquen
SS-Standartenführer.

Die Frage der Sippenhaftung

Der Brief ist an Dr. Rudolf Brandt, 1908–48, gerichtet.

SS
Das Schwarze Korps
Drahtwort Eherverlag Berlin
Ortsruf 11 00 22
Fernruf 11 60 71
Fernschreiber 01 15 09
Das Schwarze Korps,
Franz Eher Nachf. GmbH.,
Berlin SW 68, Zimmerstraße 88

SS-Standartenführer Dr. Brandt
Persönlicher Stab RF SS   Berlin SW 68,
(1) Berlin SW 11   Zimmerstraße 88, 21. 11. 44
Prinz-Albrecht-Str. 8   Unser Zeichen: Ru/wei

Lieber Kamerad Dr. Brandt,
vor ungefähr zwei Monaten hat Standartenführer d'Alquen dem Reichsführer-SS einen Vorschlag als Kommentar zur Frage der Sippenhaftung eingereicht. Ich wäre Ihnen dankbar, lieber Kamerad Dr. Brandt, wenn Sie uns informieren könnten, wie weit die Frage inzwischen gediehen ist und ob Bedenken bestehen, ganz allgemein einmal im «Schwarzen Korps» über dieses Thema zu schreiben. Man kann es ja so machen, daß man in keiner Weise einer etwaigen späteren Regelung vorgreift bzw. sich auf Einzelheiten festlegt. Dazu wäre es aber notwendig, z. B. die Auffassung des Reichsführers zu dem eingereichten Kommentarvorschlag zu kennen. Außerdem hat sich ja der Reichsführer verschiedentlich in seinen letzten Reden grundsätzlich zu den angeschnittenen Fragen geäußert. Im voraus besten Dank

Heil Hitler!
Unterschrift
SS-Sturmbannführer

Anhang 4: NS-Presse in aller Welt 1933

Hans Bahr: *NSDAP-Presse in aller Welt* in: *Deutsche Presse* vom 30. 12. 1933, Auszug.

Die in diesem Aufsatz zitierten Titel sind NSDAP-Blättern aus Paraguay, Griechenland (Athen), Argentinien (Buenos Aires), Brasilien (São Paulo), aus Chile, den Vereinigten Staaten und Uruguay (Montevideo) entnommen.

Etwa 13 500 Tageszeitungen – eine gewaltige Zahl! – gibt es auf unserem Erdball. Rund 3500 von ihnen erscheinen innerhalb unserer deutschen Reichsgrenzen. Jede vierte Zeitung der Welt also ist eine deutsche und steht heute positiv zur Politik unseres Führers und unserer Reichsregierung.

Aber von unserem Hundert-Millionen-Volk wohnen über dreißig Millionen im Ausland. Soweit diese dreißig Millionen im Laufe der Geschichte nicht die Verbindung zu ihrem Volkstum verloren haben, sind sie selbstverständlich innerlich stark erfaßt und bewegt worden von der Umwälzung in Deutschland, gerade sie, die draußen oft so besonders schmerzvoll die Schwäche der Politik vergangener Jahre haben fühlen und büßen müssen.

Ein getreues Spiegelbild von dem freudigen Echo, das die starke zielbewußte Politik des neuen Deutschlands in den Herzen der Auslandsdeutschen gefunden hat, gibt uns deren Presse – soweit sie nicht wie in der Tschechei [1] oder in Polen – daran gehindert wird, ihre Meinung zu sagen.

Aber dabei ist es nicht geblieben, sondern es haben sich in aller Welt in den letzten Jahren, in Europa, in Nord- und Südamerika, in Asien, starke Organisationen der NSDAP gebildet mit eigenen amtlichen Organen. Trotz ihrer oft schweren Stellung, trotz ihrer zuweilen sehr schwierigen finanziellen Lage sind diese Organe von schnell wachsender Bedeutung. Sie sind ein treuer Künder von dem, was wir wollen, und wenn sie mancherorts vielleicht auch noch stark angefeindet werden – besonders natürlich von jüdischen Zeitungen –, so begegnen ihnen die Herbergsvölker auf jeden Fall mit großer Achtung – im Gegensatz zu den Schmierblättern der Emigranten, die nicht nur von allen Deutschen verachtet werden, sondern gegen die sich heute auch ein starker wachsender Widerstand selbst von den uns weniger freundlich gesinnten ausländischen Völkern bemerkbar macht.

Die «Amtlichen Mitteilungsblätter der NSDAP» in fremden Erdteilen leisten mit jeder ihrer Nummern eine nicht zu unterschätzende Pionierarbeit für das Deutschtum. Niemals war die Gefahr der «Assimilierung», der Aufsaugung wertvollen deutschen Blutes durch fremde Völ-

---

1 Über die NS-Presse der Tschechoslowakei bis 1933 siehe: *Internationale Presseschau*, in: *Zeitungswissenschaft* vom 1. 12. 1938, S. 769 f.

kerschaften größer als in den vergangenen Jahren unserer Schwäche und Zerrissenheit. Gewiß haben damals alle unsere auslandsdeutschen Tageszeitungen, soweit sie in den Händen von Deutschen waren, sehr viel geleistet. Aber woher sollten sie die Kraft schöpfen, wenn die Quelle selbst, die Heimat, durch Parteihaß und -hader vergiftet war? Heute aber kämpfen sie wieder mit frischer Kraft und neuem Mut, gestützt und befruchtet von der Heimat und von unseren amtlichen Mitteilungsblättern in Chile, in Peru, in Brasilien, in Argentinien, in Nordamerika und sogar im fernen Osten!

Das «Hamburgische Wirtschaftsarchiv» hat jetzt auf Veranlassung seines Leiters – Dr. Stichel [1] – in seiner Bücherei eine besondere Abteilung eingerichtet, die einen Einblick gewährt in die Vielgestaltigkeit der nationalsozialistischen Auslandsblätter. Da finden wir im «Deutschen Beobachter» (Detroit) das Riesenformat der amerikanischen Tageszeitung neben den verschiedenartigsten anderen Zeitungsgrößen und Broschüren.

Der Inhalt aller auslandsdeutschen NSDAP-Organe zeigt uns vor allem, daß man weniger danach strebt – und vielleicht auch nicht die technische Möglichkeit hat –, aktuelle Tagesmeldungen zu bringen, sondern daß man vielmehr sich bemüht, «mehr in die Tiefe zu gehen», indem man durch längere Abhandlungen versucht, die Leser mit dem Geist und der Ideenwelt des Nationalsozialismus bekanntzumachen. So finden wir in den letzten hier angekommenen Exemplaren bemerkenswerte, oft lange Berichte über den Nürnberger Parteitag, über die Feier auf dem Bückeberg mit wörtlicher Wiedergabe der großen kulturpolitischen Reden unseres Führers. Weiterhin grundsätzliche Abhandlungen über wichtige Probleme: «Rasse und Volk» – «Die Staatsauffassung des Nationalsozialismus» – «Der neue Staat» – «Manifest zur Brechung der Zinsknechtschaft» – «Der Erbhof» – «Die Schule im nationalsozialistischen Staat» – usw. usw. Auch gegen die Greuelhetze wird intensiv Stellung genommen, ein wirksamer Abwehrkampf organisiert, und auch die Aufrufe zur Winterhilfe entsprechen genau denen, wie wir sie bei uns in der Heimat kennen.

1 Dr. Johannes August Bernhard Stichel, *1891.

Der neue Journalist

In ihrem Buch *Fazit. Kein Rechtfertigungsversuch*, Stuttgart 1963, S. 93–94, beschreibt Melitta Maschmann, wie sie Anfang Mai 1941 ihre Schriftleiterprüfung ablegte: «Ich betrachtete sie als eine reine Formsache und hatte mich nicht auf sie vorbereitet. Soviel ich mich erinnere, konnte ich nur einen Bruchteil der mir gestellten Fragen beantworten. Die erste Frage (und die einzige, die ich behalten habe) lautete: ‹Welche Orden und Ehrenzeichen besitzt Hermann Göring?› Zunächst war ich der Auffassung, diese Frage könnte nicht ernst gemeint sein, und versuchte, sie mit einem Spaß zu beantworten. Aber da belehrte mich einer der Prüfer, die aus Berlin gekommen waren, daß jeder deutsche Journalist über diese ernste Frage Bescheid wissen müsse.»

«Vollnationalsozialist»

Heinrich Goitsch: *Pflichten und Aufgaben des politischen Schriftleiters* in: *Deutsche Presse* vom 23. 6. 1934, Auszug.
Siehe auch Dr. Otto Dietrich: *Der Journalist im neuen Staat* in: *Deutsche Presse* vom 30. 4. 1933.

Der politische Schriftleiter unserer Zeit muß «Vollnationalsozialist» sein, worunter jene fast metaphysische Verbundenheit mit der Idee des Führers zu verstehen ist, die zur virtuosen Beherrschung des Stofflichen in der Politik unumgänglich erscheint. Es gibt eine Art des seelischen Verstehens für weitreichende politische Dinge, die angeboren ist und die die unmittelbaren Persönlichkeiten um Hitler – wie Goebbels, Frick [1], Rust [2], Göring u. a. – so hervorragend auszeichnet. Wir müssen diese Forderung der seelischen Verbundenheit mit den tragenden Ideen des Nationalsozialismus auch für den politischen Schriftleiter erheben, da hieraus die eigentlich schöpferische Fruchtbarkeit seiner Arbeit entströmt. Wer dieses Feingefühl für die Größe, Weite und Schicksalhaftig-

1 Dr. jur. Wilhelm Frick, 1877–1946; Frick und der Braunschweigische Minister Dietrich Klages machten Hitler 1932 zum deutschen Staatsbürger; 1933 wurde Frick Reichsinnenminister, Klages Ministerpräsident von Braunschweig.
2 Bernhard Rust, 1883–1944; seit 1922 in der ‹völkischen Bewegung›; ab März 1925 NSDAP-Gauleiter von Hannover-Braunschweig; am 4. 2. 1933 zum kommissarischen Preußischen Kultusminister ernannt, am 22. 4. 1933 als solcher bestätigt und am 30. 4. 1934 Reichsminister für Wissenschaft, Erziehung und Volksbildung.

keit der heutigen politischen Staatsführung nicht besitzt, kann seine Aufgabe als Politiker einer Zeitung nur mangelhaft erfüllen. In diesem Sinne ist das Wort Minister Rusts auf der Nordischen Tagung in Lübeck zu verstehen, wo er – wohl als erster Minister – öffentlich erklärte, daß Adolf Hitler schon heute für die nordischen Völker der geistige Führer sei. Das ist kein politischer Imperialismus, sondern ein richtiger Hinweis auf die Neuschöpfung der Welt durch den Führer. Freilich erfordern diese Gedankengänge bei der Übersetzung in die Sprache der Zeitung ungemein viel Verständnis, Takt und Fähigkeit. Allein, ohne diese weltanschaulich hohe geistige Stufe der Betrachtung, wird die Arbeit des politischen Schriftleiters ihrer wesentlichen Aufgabe nicht gerecht.

Soldat der Bewegung

Gunter d'Alquen: *Die Waffe der Idee* in: *Deutsche Presse* vom 20. 2. 1937, Auszug.

So wie die Bewegung, ist auch ihre Presse eine Apparatur, die einem Selbstzweck dient. Nur wenige fähige Köpfe ließ und konnte die Bewegung in den Jahren der Entscheidung ihrer Presse als nur einen Teil ihrer Kampfmittel lassen. Diese Männer standen mit Herz und Hirn gleichzeitig fast immer auch außerhalb der Redaktionen in irgendeiner Formation aktiv unter der neuen Fahne, und was heute die beste Schulung nur selten vermag – diese Jahre formten einen Typ von Zeitungsmännern, der völlig neu und anders sein mußte, einen Mann, der seinen Beruf in erster Linie als Berufung auffaßte, der Kämpfer war und Kämpfer darum immer bleiben wird.

Dieser nationalsozialistische Zeitungsmann verdient nicht jenes oft instinktive Mißtrauen vor dem oft ebenso nebelhaften Begriff «Presse». Dieser Mann hat in seiner Person den Zeitungsschreiber, den «Journalisten» der Vergangenheit überwunden, er ist deshalb des größten Vertrauens würdig, denn in erster Linie ist er Soldat der Bewegung, kennt die Bedeutung von Disziplin und taktischer Notwendigkeit, wurde an der Front zum Offizier und weiß in kritischen Augenblicken auch ohne Reglement das einzig richtige und im Augenblick notwendige Wort an seine Mannschaft zu finden.

«Ein ganzer Kerl»

Was ist ein kämpferischer Journalist?, in: *NS-Pressebrief*, Nr. 4, 1937.

Es ist im «Pressebrief» schon oft vom «Kämpferischen Journalismus» die Rede gewesen. Wir haben in diesen Spalten gesprochen von den Kampferlebnissen der alten Parteijournalisten, wir haben in der vorigen

Ausgabe auch in einem fremden Staatsmann: Benito Mussolini beim Studium seines Lebenslaufes das Vorbild eines «kämpferischen Journalismus» erkannt.

Nun fragt mancher: Ist «kämpferischer Journalismus» ein in einer heute abgeschlossenen Vergangenheit erworbenes Prädikat oder ist es eine auch heute noch erwerbbare geistige Haltung? Als Nationalsozialisten, die wir in jedem Verdienste der Vergangenheit eine Forderung für die Zukunft erkennen, bekennen wir uns zur letzten Haltung: Wenn wir mit Stolz hinweisen auf die Haltung unserer Journalisten in der Kampfzeit, die damals nicht nur mit der Feder, sondern auch gleichzeitig mit der Faust für den Sieg der Partei stritten, so sehen wir in ihrer Haltung und Leistung den Wegweiser für einen neuen deutschen Journalisten. Das Kämpferische im Journalismus darf nicht mit der Kampfzeit abgeschlossen sein, es muß auch heute die befruchtende Kraft unserer Pressearbeit sein.

Aber was bedeutet das heute: Kämpferischer Journalist sein? Das ist nicht der, der heute noch immer «Kampfzeit» imitiert. Die innerpolitische Kampfzeit ist beendet. Als alte Haudegen sagen wir vielleicht: leider, als Nationalsozialisten aber bekennen wir: Gott sei Dank, daß es dem Führer gelungen ist, den Kampf aller gegen alle zu beendigen und an seine Stelle die Arbeit füreinander zu setzen.

Und genau so wie nach dem Friedensschluß Millionen von Soldaten ihre Knarre weglegen und ihre Maschinengewehre verlassen mußten, so mußten wir in der Parteipresse unser vielgebrauchtes Handwerkszeug des Kampfes gegen das System, gegen die Roten, gegen die Bürger, gegen alle die tausend verschiedenartiger Erscheinungen von Anno 32 weglegen und ein ganz anderes zur Hand nehmen.

Nein: die vom Kriege heimgekehrten Soldaten blieben Soldaten – auch wenn sie das Gewehr beiseite gelegt haben; denn nicht das Gewehr und nicht das Schießen macht den Soldaten, sondern der Begriff des ganzen Kerls. Da gab es keinen, der etwa glaubte, er müsse nun mit dem Gewehr weiterschießen – etwa auf Spatzen –, um weiterhin Soldat zu bleiben. Und noch eines: es gibt auch eine soldatische Haltung in Menschen, die niemals eine Waffe in der Hand gehalten, geschweige denn geschossen haben.

Daran wollen wir denken, wenn wir fragen: was ist ein kämpferischer Journalist. Die Antwort ist die gleiche: nicht der, der stets auf der Suche nach Schußgelegenheiten sich befindet, sondern der, der ein ganzer Kerl ist.

So ist unser Beruf durch die Kampftradition der Parteipresse aus einem literarischen zu einem männlichen geworden.

Deutsche Schrift

Personalangaben

Name und Vorname: d'Alquen, Gunter   Geburtstag und Ort: 24. Oktober 1910, Essen.

Falls außerhalb der deutschen Staatsgrenzen geboren, welche Staatsangehörigkeit besitzen Sie: _____

Einbürgerungsdatum in Deutschland, lt. Urkunde: Sind Sie hauptamtlicher SS-Führer: Als Hauptschriftleiter des
Eintritt: März 1931.   SS-Nr. 8452   "Schwarzen Korps"Angestellter des Zentralparteiverlg.
                         Dienststellung und Einheit: SS-Standartenführer im
                         Pers.Stb.RfSS.z.Zt.SS-Stubaf.u.Kdr.i.d.W-SS.

Partei-Nummer mit Eintrittsdatum, lt. Parteibuch: Juli 1927,Nr.66 689.

Waren oder sind Sie politischer Leiter: _____ Nein _____

Sonstige Angaben: Präsidialrat der Reichspressekammer,Reichskultursenator.

z. B. NSDAP. Gauamt, Amtsleiter: _____

Gauamt, Referent: _____

in der Reichsschaft, Reichsschaftsamt, Jugend oder: _____

Ehrenzeichen der Bewegung: Goldenes Parteiabzeichen,Goldenes H.J.Abzeichen Nr.526,Gau-Ehren-
                          zeichendes Gau Essen der NSDAP.

Träger des Winkels für alte Kämpfer: Ja _____   SS-Zivilabzeichen Nr. _____

Körpergröße: 177.5

Vor dem Feinde erworbene Auszeichnungen (mit Ja oder Nein zu beantworten):

1. Pour le mérite: _____ Nein _____   6. Ehrenkreuz für Frontkämpfer: _____ Nein _____

2. Goldenes preuß. Militär-Verdienstkreuz: Nein   7. Ehrenkreuz für Kriegsteilnehmer: _____ Nein

3. EK I bezw. Spange _____ Nein _____   8. Verwundeten-Abzeichen: _____ Nein _____

4. EK II bezw. Spange _____ Ja 31.1.'40   9. Sonstige im Felde erworbene Landesorden: Silb.Sturmabzeichen
                                              10.Kriegsverd.Kreuz I.Kl. mit / ohne Schw.
5. EK II am weißen Bande: _____ Nein   11. __ E.M. __ / __ Ja(mS)
                                           12.Deutsches Kreuz _____ Nein
Olympia-Ehrenzeichen: Nein   13.Ritterkreuz _____ Nein

Ausländische Orden: Komturkreuz der Krone von Italien,Komturkreuz vom Imperialorden von Joch
                    und den roten Pfeilen(Spanien)Bulg.Militärverdienstorden

Sportabzeichen: SA Ja _____ Reiter _____ Reichs _____ DRL _____

Besondere sportliche Leistungen: _____

Im Bund des Jul.Lehmann: _____ Ja _____   Mitglied des Vereins Lebensborn: _____ Ja

SS-Pers.Hauptausgabe II,SS-Allg.,Abschnitt (Bonn-Holkheim) 17780

Mit dem Führer marschieren

Franz Kiener: *Die Zeitungssprache.* – Inaugural-Dissertation zur Erlangung der Doktorwürde der Philosophischen Fakultät, 1. Sektion der Ludwig-Maximilians-Universität zu München, 1937, S. 119–120; Referenten: Professor Dr. Karl d'Ester und Geheimrat Dr. A. Fischer.

Ein Journalist wird eben geboren, wie auch der Führer geboren wird, mit dem er nah verwandt ist, nur daß das Prophetisch-Visionäre des Führers im Journalisten sich zum Dichterisch-Intuitiven wandelt und die politische Tatkraft mehr zur Gestaltungsfähigkeit in der Sprache. Wie der Dichter mit dem König zu gehen hat, so muß der Journalist mit dem Führer marschieren. Beide müssen zutiefst das Volk erkennen, um aus dieser letzten Verbundenheit seine Geschicke formen zu können. Der Führer erfährt das Wesen der Volksseele aus einer intuitiven Schau, der Journalist erlauscht es in der Sprache. Und durch die Sprache selbst wieder wirkt er auf die Sprache ein, nicht so sehr durch die sogenannte Vertretung berechtigter Interessen. Hier braucht der Journalist nicht um das Verständnis der Volksseele zu ringen, sondern er läßt sich nur von einzelnen Privatinteressen treiben, die man dann für allgemeine ausgibt.

Und so muß der Journalist, wenn der Führer unmittelbar ein Diener am Volkwerden ist, ein Diener sein an der Sprache, um so wieder mittelbar dem Volke dienen zu können.

Das neue Ethos

Helmut Sündermann: *Journalist – draußen und bei uns. Des Führers pressepolitische Parolen – Grundlagen des neuen Journalismus* in: *Mainfränkische Zeitung*, Würzburg, vom 24. 2. 1938, gekürzt.

Mit Klarheit verbindet sich für den Nationalsozialisten der Stolz, daß der Führer durch seine entscheidenden pressepolitischen Maßnahmen des Jahres 1933 in Deutschland einen neuen Journalismus begründet hat, der sich von dem in anderen Ländern in einem entscheidenden Punkt grundlegend unterscheidet. In allen Ländern der Erde dient der Journalist dem Gelde; er ist kleiner Angestellter, der die Befehle eines Besitzers auszuführen hat, will er nicht seine Stellung und sein Brot verlieren.

Deutschland ist der Welt mit gutem Beispiel vorausgegangen. Für seine Pressepolitik gilt das gleiche wie für seine Staatspolitik, von der der Führer sagte, daß sie «ebensoweit entfernt ist von parlamentarischer Demokratie wie von militärischer Diktatur». Was für einen Staat parlamentarische Demokratie ist, ist für seine Presse die sogenannte «Pressefreiheit», nämlich: hemmungsloses Lostoben des politischen Freibeutertums, der Unterdrückung der Verantwortung und Vergötzung des

Geldes. Was für den Staat militärische Diktatur ist, das ist für seine Presse seelenlose Zensur mit weißen Spalten. Ebensowenig wie der nationalsozialistische Staat mit beiden gemein hat, sowenig auch seine Presse. Nur ein Wort hat der Führer für eine Presse zum Leitsatz und zur Richtschnur gemacht: Verantwortung.

Die deutschen Journalisten haben sich eine angesehene Stellung im öffentlichen Leben errungen, eine Stellung, die nicht auf der Angst vor der Bosheit des Journalisten, sondern auf der Achtung vor seiner täglichen Arbeit im Dienst der politischen Volksaufklärung und Volkserziehung sich gründet.

Der Führer hat uns deutschen Journalisten ein neues journalistisches Ethos gegeben: das Ethos des Dienstes an der Politik unseres Reiches, an der geistigen Kraft unseres Volkes. Dieses Ethos der deutschen Presse gibt der Welt seit Jahren die Gewißheit, daß das deutsche Volk die politischen Gedanken des Führers versteht und dessen Parolen die seinigen sind.

Der Geist der Zeit

Gauleiter Staatsrat Weinrich: *Männer müssen die Presse gestalten* in: *Zeitungs-Verlag* vom 7. 11. 1942, Auszug.
Karl Weinrich, * 1887, seit 1924 NSDAP-Mitglied, ab 12. 11. 1933 Mitglied des Reichstages, ab 1. 7. 1933 Preußischer Staatsrat.

Wenn ein Schriftleiter eine Veranstaltung besucht, so wird diese ja irgendwie persönlich auf ihn als Nationalsozialisten wirken. Und nun kommt es darauf an, daß der Pressemann diesen seinen Eindruck weiterwirken läßt auf die anderen. Hier liegt seine Aufgabe. Er kann das in der Weise tun, daß eine gute Schilderung, ein Bericht oder gar ein Leitartikel daraus erwächst. In welche Form er das Geschehen gießt, das unterliegt seiner Verantwortung. Es muß jedenfalls ein Spiegelbild des Zeitgeschehens entstehen, und dem Leser müssen die Eindrücke vermittelt werden, die die Veranstaltung geben sollte.

Wenn so verfahren wird, dann kommen wir zu einer Presse mit eigenem Gesicht. Notwendige Voraussetzung dazu ist natürlich, daß Männer die Presse gestalten und keine Pressebürokraten. Es ruht deshalb auf den entscheidenden Stellen der Presseverlage eine ungeheure Verantwortung dafür, daß eine Persönlichkeitsauslese getroffen wird, die den Erfordernissen und der Bedeutung der Pressearbeit gerecht wird. Hier liegt der Angelpunkt des Ganzen. Wir müssen verlegerische und journalistische Persönlichkeiten, ganze Nationalsozialisten und damit ganze Kerle in der Presse haben. Daß sie durch keinerlei Bürokratismus in ihrer Arbeit beeinträchtigt werden, ist Sorge der politischen Führung der Gaue, daß sie nicht beeinträchtigt werden müssen, ist ihre eigene Sorge:

denn Schreiberlinge wird man nicht darauflos arbeiten lassen können, weil dafür die Arbeit in der Presse zu verantwortungsvoll ist.

Wenn nach vielen Jahren und Jahrzehnten einmal die alten Zeitungs- bände vom Geschehen dieser großen Zeit berichten, dann sollen die Ge- schichtsschreiber ein treues Spiegelbild der Ereignisse und unserer Ar- beit haben. Darüber hinaus soll aus den alten Zeitungen noch der Geist der Zeit nachwirken. Hierfür zu sorgen ist die Aufgabe der Heutigen, vor allem derer, die die Presse verantwortlich gestalten. Der knappe Raum, der ihrer Arbeit bemessen ist, sollte sie nicht veranlassen, We- sentliches unter den Tisch fallen zu lassen, sondern sollte ihnen den Mut und den Impuls dazu geben, es vom Unwesentlichen und damit von der schwatzhaften Weitschweifigkeit zu befreien. Daß dies heute schon in hohem Maße geschieht, sei zugegeben, daß es in noch größerem Umfang geschehen könnte, wird ernsthaft nicht bestritten werden.

«Zeitunger»

Reichspropagandaamt Berlin, den 15. Juli 1941
Nr. 167/41   Bu.
Kulturpolitische Informationen (o. Nr.)

9. Es ist unerwünscht, Versuche zu unterstützen, die für den Begriff «Journalist» Verdeutschungen wie «Zeitunger» einführen wollen.

Im Auftrag:
Hans
Zeitschriften-Referent

Feuilleton

In der Publizistik des Dritten Reichs wurde der ursprüngliche Begriff *Feuilleton* fast ebenso bekämpft wie beispielsweise die Kunstkritik, die durch das Wort *Kunstbetrachtung* ersetzt worden ist, siehe hierzu: *Die Bildenden Künste im Dritten Reich* (Ullstein Buch 33030), S. 126 f; oder auch der Jazz in der Musik, siehe hierzu *Musik im Dritten Reich* (Ullstein Buch 33032). Die Publizistik des Dritten Reiches strebte an, das Feuilleton in den Rahmen der Kulturpolitik einzugliedern; so schreibt Professor Emil Dovifat in: *Handbuch der Zeitungswissenschaft*, Herausgeber Walther Heide, Leipzig 1940, Bd. 1, S. 984: «Die nationalsozialistische Auffassung des Zeitungswesens hat für das ‹Feuilleton› als unpolitischen Unterhaltungsteil keinerlei Platz mehr. Sie entwickelte im Sinne ihrer Führungsaufgabe aus der alten Feuilletonsparte den kulturpolitischen Teil und hob so das Kulturelle zum Range des ‹dritten politischen Ressorts›. Damit wächst dem alten Feuilleton solch eine Fülle neuer Aufgaben zu, daß ‹jedes Versinken ins Biedermeier, jedes Dahindämmern in den kulturfreien Bereichen einer holden Gartenlaubenwelt› (Fechter) unmöglich wird. Dies aber schließt nicht aus, daß auch der kulturpolitische Teil journalistische Formen wählt, die dem Leser zum Herzen sprechen, die ihn ganz gewinnen und durch ihre persönliche Werbekraft sein Vertrauen in die Zeitung stärken und damit für deren politische Führung gewinnen. Das alte ‹unpolitische› und ‹rein unterhaltende› Feuilleton ist damit überwunden. Die Stunde eines guten, gesinnungsgebundenen Feuilletonismus hat wieder geschlagen.»

Übrigens war das Feuilleton schon zu Beginn der Weimarer Republik bei den «völkischen» Gruppen als «jüdische» oder doch entartete Form der Publizistik verhaßt. Als Hitler im Jahre 1927 von dem Senior der «völkischen» und antisemitischen Literaturgeschichte, Adolf Bartels – ausführlich über ihn siehe: *Literatur und Dichtung im Dritten Reich* (Ullstein Buch 33029), S. 509 f –, den von ihm herausgegebenen Jahrgangsband 1923 der Zeitschrift *Deutsches Schrifttum* als Geschenk erhielt, schrieb er bereits in der Widmung: «Im Anschluß an unser Gespräch über das Feuilleton» – Reginald H. Phelps: *Die Hitler-Bibliothek* in: *Deutsche Rundschau*, 1954, Heft 9, S. 927.

Dem interessierten Leser ist als typisch «arteigenes» Feuilleton ein Buch zu empfehlen: *Das heldische Jahr – 97 Kriegs-Feuilletons*, gesammelt und herausgegeben von Wilfried Bade und Wilmont Haacke, Berlin 1941.

Wie war es bis 1933?

Jener übel beleumundete Begriff

Heinrich Zerkaulen: *Die kulturpolitische Sendung der deutschen Zeitung*, Leipzig 1934, S. 6–7, gekürzt.
Heinrich Zerkaulen, * 1892; Schriftsteller (Novelle, Kritik).

Was tat die liberalistische Presse? Sie prägte jenen übel beleumundeten Begriff: «Feuilletonismus» und machten sich zu diesem Zweck einen eigenen Feuilletonstil zurecht. In kleinen Abhandlungen, in Versen, Skizzen, Novellen, Buchbesprechungen wurde – wohlgemerkt: weltanschaulich bestimmend – eine unterhaltende und bald auch belehrende Literatur geboten, die von äußerstem Verhängnis werden sollte für die gesamte kulturelle Einstellung des deutschen Volkes. Namen als Beispiel zu nennen, sei mir hier wohl erspart. Auch die ausdrückliche Feststellung scheint überflüssig, daß selbstverständlich nicht alle deutschen Zeitungen dem Muster der liberalistischen Presse folgten. Immerhin wurde es bald erreicht, daß das Feuilleton, wenigstens in der Großstadtpresse, zum geistigen Schwerpunkt der jeweiligen Zeitung aufrückte, und daß nach seinem Grad und seiner Haltung der Wert für den literarischen und kulturellen Gradmesser eines Blattes abgelesen werden konnte.

Man weiß, was ich meine, wenn ich nur andeute, wie schwer es in dieser Beziehung jene Zeitungen hatten, die ihren Lesern diesen «Feuilletonstil» nicht vorsetzen wollten, die vielmehr größeren Wert auf ethische und mutvolle Auffassung legten als auf abwechslungsreiche und intime Formulierung meist geistreichelnder und natürlich ironisierender Schönredner. Ein feuilletonistischer Intellektualismus wurde förmlich hochgezüchtet, der vor allem in internationalen Bindungen literarischer Art letzte Zielsetzung erblickte. Diese Schönredner wurden bei ihrer Arbeit von einem früheren Staate nicht gestört, sie breiteten sich aus, wo sie nur konnten. So waren sie wundervoll «unter sich». Sie hatten Einfälle über Einfälle. Sie waren geistreich, farbig und lockend zugleich. Sie konnten sich in jeder Art als «Wortkünstler» zeigen und prahlen. Sie konnten sogar in jedem Jahr eine neue Weltanschauung verkünden, einen anderen «Ismus». Und sie blieben dadurch unerhört modern.

Lebensnah nannte man den gewandten Stil eines Feuilletonisten solcher Prägung und freute sich seiner spöttelnden und verneinenden Glossen, die totsicher immer dann im Feuilleton erschienen, wenn eine ernste staatliche Maßnahme Opfer oder gar Zwang fordern mußte. «Frei» wollte man bleiben von Gesetz und Staatszucht. Und so wurde aus der «Lebensnähe» dieser Herren mit Naturnotwendigkeit eine Volksfremdheit von erschreckender Tiefe. Zwischen dem Volk und seinem Staat, zwischen dem Volk und seiner Kunst, zwischen dem Volk und seiner Zeitung, zwischen dem Volk und der öffentlichen Meinung klaffte immer sichtbarer ein Riß, der nicht mehr überbrückbar schien. Noch einmal schien sich die Zeit des Rokoko und das Barock wiederholen zu wollen, jene Zeit der einseitigen höfischen Kunstpflege, bei der die große Menge lediglich als Statisterie mitwirken durfte.

Für eine kurze Zeit machte der Ausbruch des Krieges diesem Unheil ein Ende: die deutsche Volksseele war wieder erwacht. Ein Morgenrot der großen Zusammengehörigkeit begann zu dämmern. «Religion, Gebet, Liebe zum Regenten, zum Vaterland, zur Tugend sind nichts anderes als Poesie», schrieb einmal Gneisenau an König Friedrich Wilhelm. Die Mobilmachung 1914 wurde zur ethischen Probe auf das Beispiel der allgemeinen Wehrpflicht. Nicht eine abgeschlossene Kaste war aufgeboten, die im Krieg die letzte Sichtbarmachung ihres Lebensberufes erblickte. Nicht das aktive Heer allein, wie größtenteils 1870, war mobil. Nein! Sechzig Millionen Deutsche und mehr wurden mit einmal lebendig, wurden Wille und Stimme und «flogen auf wie ein Pulverfaß», um mit Bismarck zu reden.

Die Rechte des Volkes

Georg Fritzsche: *Feuilleton und Kulturpolitik.* – Inaugural-Dissertation, genehmigt von der philosophisch-historischen Abteilung der Philosophischen Fakultät der Universität Leipzig, 1938, S. 68–69, gekürzt; Gutachter: Professor Dr. Hans A. Münster und Professor Dr. Arnold Gehlen.

In der Nachkriegszeit gab es erschreckend wenige Blätter, die eine nationale Kulturpolitik von Niveau und Verantwortungsbewußtsein betrieben. Nur allzu oft glitten sie ab in einen Feuilletonismus, der seinen Wert und seine Kraft vom Individuum herzuleiten glaubte, sich dabei aber loslöste von der machtvollen Tradition deutscher Kultur. Selbst die kleinen Zeitungen, an sich ein fruchtbarer Boden für eine nationale Kulturpolitik, wurden eine Beute der von Interessenten beeinflußten Korrespondenzbüros und trugen so – wenn auch in gewissem Sinne unverschuldetermaßen – an der verderblichen Unterminierung nationaler Kultur bei. Die größeren Blätter schließlich folgten willig dem Beispiel der in dieser Hinsicht führenden Berliner Presse.

Die wenigen übrigen und später die nationalsozialistischen Blätter, kämpften einen verzweifelten Kampf um die Errettung deutschen Kulturgutes. Sie wandten sich mit aller Entschiedenheit von jedem intellektuellen Literatentum ab und mühten sich mit aller Kraft und mit allen zur Verfügung stehenden publizistischen Mitteln, die Volksgenossen zu völkisch-nationalem Denken, Fühlen und Handeln zu erziehen. Ein höheres Aktualitätsprinzip als das einer anderorts fast immer nur punktuell gesehenen kulturellen Wirklichkeit griff allmählich Platz. Das Volk begann, seine Rechte zu fordern und seine heiligsten Kulturschätze zu verteidigen. Es ließ sich eben nicht auf die Dauer an die Wand drücken.

Im Feuilleton dieser Blätter hielt man auf Volksnähe in Stoff und Form. Den artfremden Literaten setzte man die Urwüchsigkeit wahrhaft deutscher Dichter entgegen und einem subjektivistischen Stimmungs- journalismus eine verantwortungsbewußte Kulturpolitik, die um das Gedeihen von Staat und Volk rang.

Das Feuilleton wurde – in mancher Beziehung eher als eigentlich die anderen Teile der Zeitung – herausgeführt aus dem aufreibenden Streit der Parteien und Interessentengruppen in einen Raum, in dem die Na- tion in ihren schönsten kulturellen Schöpfungen zu Worte kommen soll.

«Auf zweifache Weise»

Theodor Fürstenau: *Das Feuilleton der Berliner Boulevardpresse von 1918– 1933.* – Inaugural-Dissertation zur Erlangung des Doktorgrades, genehmigt von der Philosophischen Fakultät der Friedrich-Wilhelm-Universität zu Berlin, 1942, S. 304 f, gekürzt; Berichterstatter: Professor Dr. Emil Dovifat und Profes- sor Dr. Wilhelm Schüssler.

In die Augen fällt zunächst die für das geistige Leben der Boulevard- presse bezeichnende Tatsache der durchgreifenden Feuilletonisierung des gesamten redaktionellen Inhalts. Hiervon werden alle Sparten ohne Un- terschied betroffen, von der Politik bis zum Sportteil. In der Durchfüh- rung der hierdurch betriebenen geistigen Auflockerung der Zeitung hat die Boulevardpresse zweifellos psychologisches Geschick bewiesen. Die- se fraglos positive Fähigkeit bekommt leider ein negatives Vorzeichen durch eine Einstellung, die diese leserpsychologischen Elemente einzig und allein für den finanziellen Gewinn einsetzt. Die daraus entstehende Grundsatzlosigkeit in der ethischen und politischen Haltung bildet die hauptsächlichste moralische Belastung der Boulevardpresse in dieser Zeit. Sie ist zuletzt aus der materialistischen Grundauffassung der Nachkriegszeit zu erklären, die in den jüdischen Verlegern und Schrift- leitern der Boulevardpresse bezeichnende Repräsentanten hatte. Der jü- dische Einfluß ist in der Boulevardpresse in der Tat vorherrschend. Er zeigt sich überall: Im kulturpolitischen Teil, im Unterhaltungsteil und vor allem in der Kritik.[1]

Der starke jüdische Einfluß auf die Kritik zeigt sich neben der forma- len und intellektuellen Pointierung vor allem in der oberflächlichen, oft geradezu verantwortungslosen Beurteilung des sachlichen Gegenstan- des. Die Kritik ist nicht Dienst an der Sache, sondern Amüsement eines

[1] In den bisher erschienenen drei Bänden der Serie ist die Kritik eingehend behandelt worden.

blasierten Publikums und intellektuelles Renommieren des Kritikers mit überraschenden Pointen. Daraus ergibt sich die Fragwürdigkeit ihres geistigen Gehalts. Geistige Oberflächlichkeit ist überhaupt ein Kennzeichen des Feuilletons; das erweist sich nicht nur beim Roman, bei der Kurzgeschichte und der Serie, wo allerdings die augenfälligsten Beispiele zu finden sind. Sie ist festzustellen, wohin man auch blickt; dieses harte Urteil kann ohne Einschränkung abgegeben werden. In der Politik, in der Kulturpolitik, beim belehrenden Artikel, beim literarischen Essay, überall ist eine zwar oft geistreiche Geschwätzigkeit, aber nicht ernste geistige Auseinandersetzung festzustellen. Hinzu kommt eine moralisch ausgesprochen destruktive Haltung. Diese spricht sich in der Feuilletonspalte auf zweifache Weise aus:

1.) In der starken Erotisierung des Unterhaltungsteils,
2.) In der Polemik gegen jede konkrete Moral.

Grundsätzliches

Die Zeiten der Halbheit sind vorbei

Wilfried Bade: *Kulturpolitische Aufgaben der deutschen Presse*, Berlin 1933, S. 24–25, Auszug.
  Siehe hierzu auch Richard Benz: *Gedanken über das Feuilleton* in: *Zeitungs-Verlag* vom 11. 8. 1934, S. 519 f; *Vorbedingungen des guten Feuilletons*, ebd. am 7. 8. 1937, S. 483 f; *Der Schrei nach dem guten Feuilleton*, in: *Deutsche Presse* vom 26. 10. 1940; Grete Kitzinger: *Das Feuilleton der Münchner Neuesten Nachrichten von 1933 bis zur Gegenwart*, Dissertation, München 1942.

Ohne Frage hat sich unter den Stürmen der nationalsozialistischen Revolution auch das Gesicht des deutschen Feuilletons bereits zu wandeln begonnen, aber man soll nicht glauben, daß diese erste Wandlung bereits genügen möchte. Sie genügt ebensowenig, wie es der vom Volke gewollten politischen Revolution genügen konnte, daß die Regierungen vor dem 30. Januar hie und da einzelne und äußerliche Forderungen des Nationalsozialismus übernahmen, womit sie, den Ablauf eines Schicksals nicht erkennend, eine Revolution überflüssig zu machen glaubten. Wer also heute auf kulturpolitischem Gebiet meint, dasselbe Spiel wiederholen zu können, der wird eines Tages feststellen müssen, daß auch er nur den Ablauf des Geschehens dadurch intensivierte, daß er sich zum Zwecke der Hemmung einschaltete.
  Entscheidende geistige Umwälzungen vertragen keine Teillösungen, und auch das deutsche Feuilleton wird sich darüber klar sein müssen, daß die Zeiten der Halbheit vorbei sind, ja, daß es nicht einmal mehr ein neutrales Beiseitestehen geben kann, sondern nur noch ein entschlossenes, hundertprozentiges Nein, was in diesem Falle das bewußte Heraus-

treten aus der deutschen Kulturgemeinschaft bedeutet. Eine solche grundsätzliche Wandlung bedarf keiner langen Zeit, sofern sich die Beteiligten über die Größe der Wandlung klar geworden sind.

Das Feuilleton als außenpolitischer Faktor

Bericht über Paul Fechters Vorlesung in: *Deutsche Allgemeine Zeitung* vom 5. 12. 1933, gekürzt.
Dr. Paul Fechter, 1880–1958, Schriftsteller (Literaturgeschichte, Drama, Roman); ausführlich über ihn in: *Literatur und Dichtung im Dritten Reich* (Ullstein Buch 33029).

Vor der kulturpolitischen Arbeitsgemeinschaft des zeitungsfachlichen Fortbildungslehrgangs, der zur Zeit vom Berliner Institut für Zeitungskunde veranstaltet wird, hielt Paul Fechter eine Vorlesung über das Feuilleton. Fechter weitete sein Thema «Das Feuilleton als außenpolitischer Faktor» zu einem Rechenschaftsbericht aus, der grundsätzlich Wichtiges über die Kunst der Feuilletongestaltung überhaupt aussagt.

Im äußeren Bild der Zeitung stünde über dem Feuilleton die Politik. Man könne das sinnbildlich verstehen: das Feuilleton trägt den politischen Teil der Zeitung auf seinen Schultern. Es hat die reizvolle Aufgabe, die politische Meinungs- und Willensbildung auf dem Umwege über die Mobilisierung der Kräfte des Herzens und Gemüts vorzubereiten und zu stützen. Die Politik sei die beste, die man nicht merke – und schließlich, so hätte einmal ein kluger Mann das Feuilleton definiert, müsse doch auch etwas zum Lesen in der Zeitung stehen. Diese wichtige Erkenntnis von der bedeutenden politischen Umwegswirkung des Feuilletons habe sich merkwürdigerweise keineswegs allgemein verbreitet. Viele Zeitungen hätten jahrelang unter dem Strich zerstört – natürlich unbewußt –, was sie über dem Strich aufbauen wollten. Fechter wies diese Ahnungslosigkeit am Beispiel der Pflege des deutschen Romans in der Presse der Vergangenheit nach. Vor dem Kriege hätten bedeutende Zeitungen der politischen Rechten ihren Romanteil bis zu 50 Prozent mit ausländischen Autoren gefüllt. Jetzt endlich sei das Bewußtsein für die nationalpolitische Aufgabe dieses Zeitungsteils erwacht.

In zweifacher Richtung lägen seine Aufgaben auf außenpolitischem Gebiet. Jede deutsche Zeitung wird nicht nur für Binnendeutschland geschrieben, sie reicht weit über Deutschlands Grenzen in alle Deutschtumsgebiete hinaus und stellt so eine lebendige Verbindung mit dem gesamten Deutschtum der Welt her. Durch diesen Mittler wirkt sie aufs Ausland. Das Feuilleton hat also hier die große Aufgabe, von der Höhe deutschen Kulturschaffens zu zeigen und Deutsche wie Ausländer draußen durch Niveau zu überzeugen.

Verhältnis zur oberen politischen Welt

Günther Sawatzki: *Das neue Feuilleton* in: *Die Literatur*, 1933/1934, S. 72 f, Auszüge.
Günther Sawatzki, * 1906, Journalist.

Die deutsche Presse steht vor neuen Problemen. In den letzten Monaten ist die statistische Tatsache zu dramatischem Leben erwacht, daß über fünfzig Prozent des jetzigen deutschen Volks den Weltkrieg nicht mehr voll erlebt haben. Die Zeitungen sprechen zu einer neuen Öffentlichkeit.

Daß die Neuordnung der deutschen Verhältnisse hier Wandel schaffen werde, war jedes einsichtigen Mannes Wunsch. In der Tat ist all jenen Redakteuren, die gewillt sind, ihre kulturelle Aufbauarbeit in einem umfassenderen Geist fortzusetzen, vom Staate sogleich die nachdrücklichste Hilfe zugesagt worden. Auch verheißt die völlige Umwandlung der Öffentlichkeit einer erneuten Arbeit gute Frucht. Denn diese Öffentlichkeit, sonst als vorlaut, unbelehrbar und treulos verschrien, ist jüngst durch einen mächtigen Willen zu der sokratischen Einsicht in ihre eigene Unzulänglichkeit gezwungen worden, und jetzt bittet sie, daß man ihr verschaffe, was man ihr so lange vergeblich bot: bittet darum, zum Volk erzogen zu werden.

Volk: das ist gegenüber der vielspältigen millionenzüngigen Öffentlichkeit ein einheitliches Wesen. Nun ist freilich Einheit, wo auch immer wir sie zu finden glauben, ein Problem, und so ist es auch fraglich, worin das hohe Prinzip zu suchen sei, das eine beliebige Menge zu einem geschlossenen Volk zusammenschweißt.

Ein gutes Feuilleton sucht den Leser da zu fassen, wo er gerade sich befindet. Der Leser aber kommt eben aus dem politischen oder lokalen Teil seiner Zeitung her; sein Herz ist noch voll von dem, was in der Welt überm Strich geschah; vielerlei trifft sich in seinem Hirn, Gestalten und Schatten, Resultate und Möglichkeiten; die ganze Welt ist ihm in einem Wirbel bunter Ereignisse, widerstrebender Erscheinungen und verwilderter Auftritte traumhaft gegenwärtig – aber ehe diese brausende Verwirrung ihn gänzlich überschwemmt und in ihre Unruhe fortreißt, ergreift sein Blick den rettenden «Balken» des Feuilletons. Dieser vielberufene Strich! Er trennt Alltag und Festtag, Welt und Seele, er bezeichnet die Grenze zwischen aufdringlicher Gegenwart und ihrer beruhigenden Spiegelung in einem reifen Gemüt ... und dennoch trennt er weniger, als er verbindet. Denn jedes gute Feuilleton steht in strengem Verhältnis zur oberen politischen Welt. Es gibt keine Situation in der Welt, die das Feuilleton der Verpflichtung enthöbe, unmerklich auf den Alltag Bezug zu nehmen: aber freilich nur so elastisch, wie ein Springer Bezug nimmt auf das Brett, von dem er sich abschwingt. Das Feuilleton hat niemals Tendenz, aber immer Richtung. Es will nicht bewirken, sondern befestigen. Es kann keine andere Haltung anerziehen, als die dem Gehalt des deutschen Wesens entstammt.

Blut und Boden

W. Gossmann: *Volkstum und Heimat im deutschen Feuilleton* in: *Deutsche Presse* vom 6. 1. 1934; gekürzt.
Vgl. Hans Wagner: *Taschenbuch des Nationalsozialismus*, Leipzig o. J., S. 30–31: «Blut und Boden: diese zwei Worte schließen das gesamte national-sozialistische Programm in sich ein.»

Der kulturpolitische und feuilletonistische Teil der deutschen Rechts-presse – von wenigen rühmlichen Ausnahmen immer abgesehen – war in der liberalistischen Epoche entweder von einer sträflichen Öde und Langeweile oder er war nahezu und in nicht wenigen Fällen ganz ein Abklatsch des feuilletonistischen Teils der volksfremden Linkspresse. Man hat oft genug und mit Recht hingewiesen auf die zweierlei Haltung in Leitartikeln und im Feuilletonteil einer und derselben Zeitung. Vorne trat ein solches Blatt für Volk und Vaterland, Glaube und Heimat ein, und im Feuilletonteil führte es sich so auf, daß jeder damalige Berliner Tageblatt-Leser seine Freude daran gehabt hätte. Da war ein Bruch, der schlimmer als lächerlich war. Und dieser Riß in der bürgerlich-nationalen Presse, dieses Janus-Gesicht, das sie uns zeigte, hat bis in und über die Tage der nationalen Revolution angedauert.

Das muß jetzt anders werden und ist unter dem Vorantritt der nationalsozialistischen Presse zu einem Teil erfreulicherweise ja auch schon anders geworden. Hitlers Appell an das Volkstum, an die Kräfte von Blut und Boden hat uns Presseleuten das Gewissen geschärft. Ob wir nun in der Großstadt mitwirken an einer Schriftleitung mit der Betreuung des kulturpolitischen und des unterhaltenden Teiles der Zeitung, oder ob wir in Mittel- und Kleinstädten in den Redaktionen sitzen: an jedem Orte und an jedem Tag müssen wir dessen eingedenk sein, daß wir Diener am Volkstum sind und Diener am Land. Das Volkstum ist der Born, aus dem wir Kraft trinken müssen. Nicht auf das geistreichelnde Produzieren hübscher Feuilletons kommt es an, sondern wesentlich darauf, den Atem des heimatlichen Landes zu spüren, den Herzschlag des heimatlichen Volkes zu erfahren, dem gemeinen Manne, wie Luther sagte, auf das Maul zu schauen und in den unverbogenen Sinn hinein.

Der Kulturpolitiker und der Feuilletonist einer Zeitung darf deshalb nicht auf seinem Redaktionssessel hocken bleiben, sondern er muß hinaus auf das Land und ins Volk, soviel wie möglich, und nicht ästhetisch-genießerisch, sondern als frischer, erlebnishungriger Mensch.

Der Feuilletonteil der deutschen Zeitungen kann nur gewinnen, wenn er zusammengetragen und selbst geschrieben wird von Menschen, die aus immer wieder ergänzter eigener Anschauung und Erfahrung wissen, wie man zum Volke sprechen muß, um verstanden zu werden, und die sich aus eigener Anschauung und Erfahrung heraus ehrlich bemühen, auch den deutschen Volksgenossen, die die Fühlung mit den Kräften des Blutes und der fruchtenden Erde verloren haben oder sie zu verlieren drohen, diese segensvollen Kräfte wieder nahe zu bringen.

Wie nun gestalten wir den Feuilletonteil unserer Zeitung so, daß er wirksam und gut all die Werte herausstellt, die wir hier im Auge haben?

Der Feuilletonist hat also Wert darauf zu legen, daß die Aufsätze, die er veröffentlicht, anschaulich geschrieben und daß sie keine Lederriemen von einem Meter Länge sind.

Aus dem Feuilleton der deutschen Zeitungen blicke uns die Heimat nicht nur als etwas Gewordenes, sondern als etwas immer wieder neu Werdendes, neu zu Erwerbendes an.

Einheitlicher kulturpolitischer Wille

Georg Franke: *Die Übungen zur Einführung in die praktische Tätigkeit eines Feuilleton-Schriftleiters* in: *Die drei Aufgaben der deutschen Zeitungswissenschaft*, Herausgeber Dr. Hans A. Münster, Leipzig o. J., S. 38–40, gekürzt.

Dem Feuilleton oder – besser gesagt – dem kulturpolitischen Teil der Zeitung kommt heute eine ganz besondere Bedeutung zu. Die geistige Revolution, die Erneuerung der Menschen von innen her steckt noch in ihren ersten Anfängen, wie Reichsleiter Alfred Rosenberg kürzlich vor der Leipziger Studentenschaft betonte. Der Presse erwächst hier neben dem Rundfunk und den Schulungskursen der Partei und ihrer Gliederungen in erster Linie die große Aufgabe, Fackelträger und Stürmer zu sein im Kampf um die geistige Erneuerung des deutschen Menschen.

Jeder Schriftleiter, der den kulturpolitischen Teil einer Zeitung oder Zeitschrift zu bearbeiten hat, steht vor einer Verantwortung, die er nur auf sich nehmen kann, wenn er täglich um die Erneuerung seines eigenen Inneren ringt und an die Erfüllung der ihm gestellten Aufgaben mit heiligem Feuer im Herzen herantritt. Die Zahl dieser Aufgaben ist groß. Einen Überblick über sie zu geben, den Sinn und das Verständnis des angehenden Schriftleiters dafür zu wecken, daß es keineswegs genügt, hin und wieder einen kulturpolitischen Aufsatz von grundlegender Bedeutung zu veröffentlichen, daß vielmehr der gesamte sogenannte Feuilletonteil von der Anekdote bis zum Roman, von der Glosse bis zur ernsten Kritik künstlerischen Schaffens das Gepräge eines einheitlichen kulturpolitischen Willens zu tragen hat, dies alles dem künftigen Schriftleiter vor Augen zu führen und das Bewußtsein des Ernstes und der Schwere seiner Aufgabe in ihm zu wecken, gehört zu den ersten und vornehmsten Aufgaben des Kursus für die Einführung in die praktische Tätigkeit des Feuilletonredakteurs.

Im Vordergrund der Kursusarbeit aber stehen die eigentlichen Aufgaben des Kulturpolitikers in der Zeitung. Sie müssen dem Studierenden immer wieder an Hand von praktischen Beispielen aus allen Teilen des Feuilletons vor Augen geführt werden. Der künftige Schriftleiter muß wissen, daß er nicht nur Bildungsgut und Unterhaltungsstoff zu vermitteln hat, sondern daß er das Bewußtsein des Lesers, Glied einer großen deutschen Kulturgemeinschaft zu sein, wecken, steigern und immer wieder neu entfachen muß.

Es wird also im Rahmen der Kurse zu erörtern sein, was für Möglichkeiten die Zeitung hat, die Quellen aufzudecken, nach denen das Volk bewußt oder unbewußt dürstet.

Untersuchungen an praktischen Beispielen aus der Presse zeigen dem Studierenden wie im Roman, in der Skizze, im Gedicht, im Essay, in der wirtschaftlichen Plauderei, im Gedenkartikel und in der Kunstkritik richtig verstandene Kulturpolitik das Erlebnis des Volkhaften, des deutscheigenen Lebensgefühls hervorzurufen und zu steigern vermag, und wie auf der anderen Seite Gleichgültigkeit einzelnen Teilen des Feuilletons gegenüber oder gar versteckte liberalistische Tendenz den größten Schaden an der Volksseele auszuüben vermag. Der künftige Feuilletonredakteur soll sich von Anfang an dessen bewußt sein, daß der schönste Aufsatz über Bevölkerungspolitik nichts nützt, wenn etwa im Roman die Kinderlosigkeit triumphiert, daß die gedankentiefste Abhandlung über Rassefragen in ihrem Werte herabgesetzt wird, wenn die Kunstkritik rassefremde Machwerke mit dem gleichen Maße beurteilt wie das Schaffen deutscher Künstler, daß alles Reden vom heroischen Geiste unserer Zeit leeres Geschwätz bleibt, wenn Gedenkartikel über die Großen unserer Vergangenheit in seelenanalytische Erörterungen ausarten oder wenn gar in Fortsetzungsserien das Innen- und Außenleben großer Verbrecher als interessanter Lesestoff herausgestellt wird.

Unart

Heinz Steguweit: *Dichtung und Feuilletonismus* in: *Deutsche Presse* vom 12. 12. 1936.

Heinz Steguweit, * 1897–1964, Landesleiter der Reichsschrifttumskammer in Köln. Für die NS-Publizistik waren Heinz Steguweits *Kulturelle Miniaturen* im *Westdeutschen Beobachter* Inbegriff der NS-Auffassung vom Feuilleton; siehe Dr. Helmut Andres: *Versuch einer Rettung des Feuilletons als zeitungsgemäßen Stoff* in: *Zeitungswissenschaft*, November 1941, Heft 11, S. 536 f.

Wir alle wissen, der gemeinläufige Begriff des «Feuilletonismus» war in Verruf geraten, man verstand unter ihm so sehr die Unart einer saloppen, kessen, ganz und gar auf den flüchtigen Tagesbedarf spekulierenden Routine, daß auch andere, vom geschriebenen Wort unabhängige Kunstgattungen, wie Musik und Malerei, schon vom «Feuilletonismus» sprachen, wenn innerhalb ihrer Reviere irgendein flüchtiger Spekulant seinen Flurschaden anrichten wollte. Und geben wir zu, daß *einzelne* Zeitungen der vergangenen Epoche dieser Unart des «Feuilletonismus» nicht huldigten, indem sie wahrhafter Dichtung und Gestaltung, und sei es nur mit dem Zeugnis einer Anekdote, eines Gedichtes, einer Kurzgeschichte, Raum und Ehre gaben, die Regel aber war es nicht, die rühmlichen Ausnahmen ließen sich zählen, und dieses unrechte Verhältnis von Regel und Ausnahme wollen wir doch ändern. Nämlich dergestalt, daß einmal (oder baldigst!) zur Regel wird, was früher rühmliche Ausnahme war.

Also gute Dichtung ins Feuilleton?

Der 1. Mai wurde vom Führer zum «Festtag der deutschen Arbeit und des deutschen Arbeiters» erhoben, da wäre es nie und nimmer ein konjunkturbeflissenes Unterfangen, wenn wir uns im Feuilleton, also im unterhaltenden und «verklärenden» Teil der Presse, eines der schönsten Gedichte über Mut, Freude, Arbeit und opfermütige Hingabe erinnern würden, die uns bisher gegeben wurden. Nämlich an Chamissos Ballade «Die alte Waschfrau». Dieses Gedicht, das man auswendig lernen möchte vom Anbeginn bis zum Ende, wäre auch eine feuilletonistische Gabe sondergleichen für den üblichen Muttertag.

Die Gegenüberstellung

Dr. Helmut Kallenbach: *Kulturpolitik oder deutsches Feuilleton?* in: *Deutsche Presse* vom 19. 12. 1942, gekürzt.

Fritz Dalichow: *Das deutsche Wesen in der deutschen Zeitung* in: *Die deutsche Zeitung*, Württemberg 1940, Heft 1, S. 39, bemühte sich darzutun, daß das Feuilleton «typisch deutsche Eigenschaften in sich trägt», obwohl «wir kein rechtes taugliches deutsches Wort für diese Art von Zeitungsbeiträgen haben»; Dalichow zufolge ist jedenfalls die Anekdote der Teil des Feuilletons, der «einen Einblick in deutsches Wesen, deutsche Art und deutsche Eigenschaft» bietet.

Obwohl durch das Reichskulturkammergesetz vom September 1933 Grundlagen und Sinn der deutschen Kulturpolitik klar und eindeutig festgelegt worden sind, obwohl schon wiederholt in den Fachblättern Aufsätze und Auseinandersetzungen namhafter Kulturpolitiker erschienen sind und obwohl die deutschen Zeitungen zum weitaus größten Teil schon seit Jahren und insonderheit im jetzigen Kriege sich die Grundsätze nationalsozialistischer Kulturpolitik zu eigen gemacht und wertvolle Arbeit auf diesem Gebiete geleistet haben, hat die Kulturpolitik doch noch nicht das Feuilleton seligen Angedenkens völlig überwinden können. Ja, es sind Bestrebungen im Gange – gleichviel, ob aus Pietät oder neuerwachter alter Liebe –, die, wohl weil der Name Kulturpolitik zu politisch klingt, darauf hinarbeiten, ein sogenanntes «deutsches Feuilleton» zu schaffen, wobei man selbstverständlich klug genug ist, sich aus dem vielumstrittenen Feuilleton der letzten 100 Jahre eine «deutsche Linie» gleichsam als arischen Ahnherrn zu sichern. So erhebt sich die Frage «Kulturpolitik oder deutsches Feuilleton?» über eine bloße Wortklauberei in der Tat zu einer ernsthaften Diskussion um Dinge, die ihrem Wesen nach eine grundsätzlich andere Tendenz und Marschrichtung haben.

Charakterisieren wir kurz das Wesen des Feuilletons.

Wenn man die Geschichten deutscher Zeitungen liest, so wird man immer auf die Tatsache stoßen, daß ihr Feuilletonteil entweder in «ruhigen Zeiten» entstanden ist oder auch oft im Anschluß an politisch bewegte Zeiten, da der Bürger «genug» von der Politik zu haben glaubte und nach Unterhaltung, Erbauung oder Belehrung jenseits der politischen Sphäre verlangte. Obwohl es ein politisches (bzw. politisierendes) Feuilleton gibt, ist das Feuilleton seinem innersten Wesen nach doch unpolitisch. Von Natur bürgerlich und individualistisch, «schwankt sein Charakterbild in der Geschichte», ein Charakterbild zudem, dem französischer Esprit und jüdische Dekadenz stark sichtbare Züge eingeprägt haben.

Das Feuilleton blieb seiner Natur treu, es wurde so konsequent individualistisch, daß es – entartete.

Die Kulturpolitik der nationalsozialistischen Zeitungen ist entstanden als Protest gegen dieses seinem innersten Wesen nach individualistische Feuilleton. Sie ist von Natur aus das genaue Gegenteil, sie hat das Ziel, das gesamte deutsche Kulturschaffen in den Dienst der Nation zu stellen und ihm damit eine im weitesten Sinne politische Aufgabe zu übertragen.

Aus dieser kurzen Gegenüberstellung von Feuilleton und Kulturpolitik ergibt sich klar ihre Wesensverschiedenheit. Man wäge beide rein sprachlich gegeneinander ab: das Feuilleton leicht, sprühend, elegant, kurz, eine mehr ästhetische Angelegenheit des Privatmannes; die Kulturpolitik schwer, ernst, kämpferisch, aufbauend. Das Feuilleton ist vom Begriff der Manier nicht zu trennen, die Kulturpolitik offenbart von vornherein einen Charakter und eine politische Haltung. Wenn man diese Tatsachen gründlich durchdenkt, dürfte eine Entscheidung der Frage «Kulturpolitik oder deutsches Feuilleton?» kaum zweifelhaft sein.

Der deutsche Schriftleiter der Gegenwart darf stolz darauf sein, in einer solchen Zeit zu leben und einer Kulturpolitik zu dienen, die nach einem Wort des Führers auf dem «Parteitag der Arbeit 1937» die Aufgabe hat, «genau so wie auf dem Gebiet der allgemeinen Politik die Führung zu neuen, in diesem Fall kulturellen Leistungen» verantwortlich zu übernehmen.

Erlebnisbetrachtung

Reichspropagandaamt Berlin
11. Dezember 1942
Rundspruch Nr. 50/42   Kulturpolitische Information Nr. 51

Neuerdings wurde das Wort «Feuilleton» vielfach mit «Erlebnisbetrachtung» verdeutscht. Da der Begriff «Feuilleton» jedoch unübersetzbar ist, wird gebeten, ihn weiterhin zu gebrauchen und von Neubildungen abzusehen.

Ethische Mission

Wilmont Haacke: *Feuilletonkunde*, Bd. 2, Leipzig 1944, S. 589 und 607, Auszüge.

     Dr. phil. Wilmont Haacke, *1911, Zeitungswissenschaftler und Literarhistoriker; außerdem schrieb er Erzählungen, Skizzen, Lyrik, Essays.

Zu den Aufgaben einer deutschen Feuilletonkunde zählt unbedingt auch die, das deutsche Feuilleton zu einer Angelegenheit des nationalen Stolzes zu machen. Da es den üblen Beigeschmack aus den Jahrzehnten seiner jüdischen Infektion in der neuen Wirklichkeit binnen kurzer Zeit verloren hat, darf man das ohne Furcht vor kurzsichtiger Behelligung tun. Endgültig muß sein Wesen auch von einzelnen noch außenstehenden und vorurteilsvollen Betrachtern als wertvoll erkannt werden, indem man sie auf dessen bedeutende Manifestanten in der deutschen Presse- und Literaturgeschichte verweist.

In einem Essay über das deutsche Feuilleton, mit dem Wilfrid Bade die Feuilleton-Anthologie der gegenwärtigen deutschen Feuilletonisten «Die Luftschaukel» begleitete, hat er ausdrücklich darauf hingewiesen, daß «das Feuilleton trotz seines fremdländischen Namens, eine wirklich deutsche Kunstform» sei. Seine Ansicht, der von uns weitere Belege verschafft werden konnten, gilt es immerdar zu vertreten. Sie ist von der Feuilletonkunde in jeder ihrer künftigen Arbeiten von neuem darzulegen und stets gründlich und stichhaltig gegenüber dem Auslande zu erweisen.

Nur so kann die Zeitungswissenschaft dazu beitragen, in den Praktikern das Bewußtsein der wertvollen kulturellen Sendung ihres Feuilletons, das von ihnen als ein Mittel nationaler Reichsrepräsentation aufgefaßt werden sollte, erstens zu wecken und zweitens wachzuhalten.

Fort und fort muß der Praktiker darüber unterrichtet werden, daß das gute deutsche Feuilleton zu allen Zeiten, da es nicht jüdischem Einfluß unterlegen ist, und bei all denen seiner besten Männer, die dem jüdischen Einflusse niemals nachgegeben haben, eine hohe ethische Mission gehabt und diese auch erfüllt hat.

Die Rasse in der Kunst und Kultur im Dritten Reich ist hauptsächlich im ersten Band der Serie *Die Bildenden Künste im Dritten Reich* (Ullstein Buch 33030), S. 293 f, dokumentiert worden. Selbstverständlich wird jedoch auch in den anderen zwei Bänden dieses Grundthema des Nationalsozialismus behandelt. Hier einige Kostproben, die sich auf die Presse beziehen.

Die vornehmsten Aufgaben der Presse

Dr. Konrad Dürre: *Rassehygienisches Denken* in: *Zeitungs-Verlag* vom 10. 6. 1933, gekürzt.

Siehe auch Dr. Konrad Dürre: *Praktische Pressearbeit in Fragen der Rassehygiene*, ebd. am 8. 7. 1933, S. 441 f, und H. F. Ordemann: *Sippenforschung als Aufgabe der Tagespresse*, ebd. am 15. 6. 1935, S. 418 f.

Die rassehygienische und eugenische Bewegung in Deutschland kann der Regierung der nationalen Erhebung nicht dankbar genug dafür sein, daß sie als erste deutsche Regierung damit überhaupt großzügig biologische Politik treibt. Es offenbart sich die Erkenntniskraft von Staatsmännern, die in erbbiologischen Dingen besser unterrichtet sind als ihre Vorgänger, und die zugleich willens sind, die Lebensgesetze des Menschen zur Grundlage nationalbiologischer Staatsführung zu machen. Schlagartig hat die neue Regierung der eugenischen Bewegung das Tor weit geöffnet.

Auch die Presse kann sich nicht mehr der Aufgabe entziehen, der bodenlosen Unwissenheit weitester Volkskreise in erbbiologischen und bevölkerungspolitischen Fragen zu steuern und den Grund, vererbungswissenschaftliche Kenntnisse vorzubereiten, auf dem allein rassenhygienische Einsicht und Erkenntnis reifen kann.

Die jüngere Generation, die die nationale Revolution mit emporgetragen hat, ist ungewöhnlich dankbar für Belehrungen über die biologischen Gesetze, die das Schicksal des Einzelnen, der Familie und des Gesamtvolkes bestimmen. Sie ist bereit und gewillt, der das deutsche Volk drohenden Gefahr des Aussterbens, der Vergreisung und der Entartung entgegenzutreten.

Mit dem Siege der nationalen Revolution wird auch der Sieg der rassehygienischen Bewegung kommen. Es ist nicht mehr daran zu zweifeln, daß wir bald ein Sterilisierungsgesetz haben werden, und daß der größte Teil der Forderungen der positiven Nationaleugenik erfüllt wird.

Mit staatlichen Maßnahmen ist es aber nicht getan. Rassenhygiene ist im Grunde eine Gewissensfrage jedes einzelnen.

An der entsprechenden Aufklärungsarbeit mitzuwirken wird in Zukunft eine der vornehmsten Aufgaben der Presse sein.

Lebens- und Heilreformbewegung

Aus dem Archiv des Instituts für Zeitungswissenschaft der Universität München.

Heilkundiger Konrad Müller
Nürnberg Tucherstraße 21
September 1933

Sehr geehrter Herr Kollege!
Als Mitglied des Herausgeberkollegiums der Zeitschrift «Deutsche Volksgesundheit aus Blut und Boden» mache ich Ihnen folgende vertrauliche Mitteilungen:

Innerhalb der NSDAP und damit des Staates haben die Schulmediziner und das Chem.-Pharm.-Großkapital restlos die Herrschaft erlangt und verfolgen mit zäher Energie ihre alten Pläne nach völliger Ausrottung der Kurierfreiheit. Wenn wir auch durch unsere neue Standesvertretung vorerst unseren Einfluß an maßgebenden Stellen geltend machen können, so kann die Zeit doch unliebsame Überraschungen bringen.

Manche andere Anzeichen zeigen, daß die Lage der gesamten Lebens- und Heilreformbewegung nie so unsicher gewesen ist, wie gerade jetzt. Die einzige Möglichkeit eines scharfen und klaren Auftretens zugunsten der Lebens- und Heilreform besteht nur noch im Gau Franken, weil dessen Gauleiter Julius Streicher sich entschlossen hat, die L.- u. H.-Bewegung zu stützen und zu einer Kerntruppe für die positive Rassenpflege zu machen. In seinem Auftrag wurde die obige Zeitschrift von dem alten Kämpfer für die L.- u. H.-Reform Dr. H. Will gegründet. Dr. Will ist Gaureferent für Rassen- und Gesundheitspflege und enger Mitarbeiter Streichers. Es besteht der Plan, nicht nur die L.- u. H.-Bewegung zu erhalten, sondern durch einen zähen Kampf zum Sieg über die Gegner zu führen. Im einzelnen mache ich Ihnen darüber vorerst folgende Mitteilung:

1.) Die in der aufgelösten Abt. Volksgesundheit erfaßten Verbände sollen erneut zusammengeschlossen und der Führung Julius Streichers unterstellt werden.

2.) Von diesem Kern aus werden überall neue Vereine gegründet.

3.) Julius Streicher übernimmt das künftige Reichsgesundheitsministerium, wenn er die gesamte L.- u. H.-Bewegung einig hinter sich weiß.

Sie werden die Bedeutung dieser Pläne erkennen! Unsere Aufgabe als Heilkundige ist es, das nachzuholen, was viele durch zu späten Eintritt in die NSDAP versäumt haben. Jetzt stellen wir uns wie ein Mann hinter den Frankenführer und folgen seinen Intentionen. Aber wohl gemerkt: Es handelt sich nicht um eine parteiamtliche Sache, Streicher führt nicht als Gauleiter, sondern als Privatmann. Es handelt sich auch nicht um Standesinteressen der Heilkundigen, wie sie durch unseren Verband wahrgenommen werden müssen, sondern um die kulturpolitische Aufgabe: Erneuerung des deutschen Volkes durch die L.- u. H.-Bewegung. Es wird also kein neuer Verband gegründet, sondern nur die vorhandenen unter Streichers Führung zusammengeschlossen.

Wünschen Sie an dieser Aufgabe mitzuwirken, dann können Sie dies auf folgende Weise:

1.) Abonnieren Sie die Zeitschrift «Deutsche Volksgesundheit», damit Sie in den Geist der Bewegung eindringen und auf dem Laufenden bleiben.

2.) Setzen Sie sich mit Ihrer ganzen Kraft für die Verbreitung der Zeitschrift ein. Werben Sie Einzelabonnenten. Sorgen Sie, daß die Ihnen nahestehenden Vereine laufend einige Exemplare abnehmen, ev. sie auch als Vereinsorgan wählen (hierfür Sonderpreise).

3.) Studieren Sie Rassenkunde, Rassenhygiene und Erbgesundheitslehre, halten Sie Vorträge über diese Gebiete in Gesundheitsvereinen; wenn Sie Pg sind, werden Sie Redner an den Sprechabenden über diese Fragen. Vortragsmaterial können Sie durch uns bekommen, sobald unsere Organisation steht.

4.) Schweigen Sie vorerst über unsere Ziele!

Beantworten Sie bitte folgende Fragen:

1) Sind Sie bereit, in diesem Sinne mitzuwirken? Haben Sie Bedenken oder Wünsche?

2) Mit welchen Gesundheitsvereinen arbeiten Sie zusammen? Mitgliederzahl?

3) In welcher Weise möchten Sie für die Verbreitung der Zeitschrift wirken?

4) Sind Sie Pg? Mitgliedsnummer? Welche Funktion innerhalb der Partei üben Sie aus? Wollen Sie Parteiredner werden oder haben Sie an einem Rednerkurs schon teilgenommen?

5) Für Nicht-Pg: Sind Sie bereit Vorträge zu halten? Welche Themen?

Alles weitere ersehen Sie aus der Zeitschrift, die auch Vortragsstoff bringt.

Ich erwarte Ihre Antwort in zehn Tagen (bei Anfragen Rückporto) und verbleibe mit

Heil Hitler!
K. Müller

Der Bildteil der Zeitschriften

Alfred Hoffmann: *Zeitschrift und Volk* in: *Der Zeitschriften-Verleger* vom 12.
6. 1935, S. 291, Auszug.
Alfred Hoffmann war stellvertretender Leiter des Reichsverbandes Deutscher
Zeitschriftenverleger.

Je weiter wir als Verleger in den Sinn dieser Zeit hineinwachsen, um so
mehr werden wir die Pflicht selbstlos erkennen, die auf uns auch politisch in der Gestaltung der deutschen Unterhaltungszeitschrift liegt.
Wenn es heute noch möglich ist, in Frauen- oder Monatszeitschriften,
Unterhaltungszeitschriften überhaupt, Bilder zu finden von Köpfen und
Menschen, die mit dem rassischen Empfinden des neuen Deutschlands
nichts zu tun haben, so dürfen wir uns nicht wundern, wenn weite
Schichten der deutschen Volksgemeinschaft diese Zeitschriften nicht nur
ablehnen, sondern aus ihrem natürlichen Instinkt heraus, der durch die
politische Schulung täglich neu gestärkt wird, geradezu eine feindselige
Haltung einnehmen.

Noch heute kann man leider Unterhaltungszeitschriften oder wenigstens Werbung für sie finden, die füglich nur jene Kreise anziehen können, die in geschmacklicher und rassischer Verirrung nichts von dem
Geist der Zeit empfunden haben. Deutsche Frauen mit Schlitzaugen oder
dekadente, undeutsche Mädchenbilder von sehr fragwürdigen Künstlern
in einer Geschmacksverirrung gezeichnet, die wir nicht mehr sehen wollen, müssen für uns im Bildteil unserer Zeitschriften unmöglich sein.
Wir vergehen uns sonst mit einer solchen Haltung gegen Bewegung und
Staat, die in qualvollem Kampf nach fünfzehnjähriger Verirrung unseres Volkes bemüht sind, der Gemeinschaft endlich rassisches Denken
beizubringen. Hier kommen für uns politische Pflichten aus der Weltanschauung des Nationalsozialismus, die zu mißachten ein Verbrechen an
der Nation wäre.

Preis 30 Pfg.

Deutsche Volksgesundheit

...aus Blut und Boden!

Gesundheitserziehung auf raſſiſcher Grundlage

| Sondernummer | Unter Mitwirkung einer Gruppe nationalsozialiſtiſcher Politiker, Geiſtlicher, Lehrer und Aerzte herausgegeben von Dr. H. Wöll - Verlagsort: Nürnberg | Nürnberg September 1933 |

Die Rolle des Juden in der Medizin.

Urſachen unſerer Entartung.

Pfarrer Kneipp als Geſundheitslehrer.

Ein Menſch, der eine Sache weiß, eine gegebene Gefahr kennt, die Möglichkeit einer Abhilfe mit ſeinen Augen ſieht, hat die verdammte Pflicht und Schuldigkeit, nicht im „ſtillen" zu arbeiten, ſondern vor aller Oeffentlichkeit gegen das Uebel auf- und für ſeine Heilung einzutreten. Tut er das nicht, dann iſt er ein elender pflichtvergeſſener Schwächling, der entweder aus Feigheit verſagt, oder aus Faulheit und Unvermögen.

Adolf Hitler „Mein Kampf"

Was wir wollen:

Gesundheitserziehung auf raſſiſcher Grundlage!

Der jüdiſch-marxiſtiſche Staat wollte kein geſundes deutſches Volk. Körperlich und geiſtig Schwache ſind leichter zu beherrſchen und auszubeuten. So überließen die Regierungen die Pflege der Volksgeſundheit der mediziniſchen Wiſſenſchaft und den Aerzten.

Das war falſch!

Dieſe, berufen zur Pflege der Kranken und Siechen, haben auf dem Gebiet der Geſunderhaltung der Geſunden reſtlos verſagt. Ihr Stolz war die Errichtung jugroßer Krankenhäuſer mit weichem Bett und vorzüglicher Koſt, ein Anreiz für manchen Drückeberger. Beratungsſtellen für Sieche und Krüppel, Krankenkaſſen, um alle Einrichtungen auch jedem zugänglich zu machen, kurz, alles drehte ſich um die wirklichen und eingebildeten Kranken — um die Geſunden zu iſolieren, als dieſe die Mittel hätten aufzubringen hatten.

Für die Geſunderhaltung des Volkes beſtand ihre Arbeit aus einer Reihe von Taten und Unterlaſſungen, die für unſer Volk und unſere Raſſe geradezu verhängnisvoll geworden ſind:

1. Die Rückführung faſt aller Krankheiten auf Bazillen, gegen deren Eindringen in den Körper man nichts machen kann.

Dieſe Zeitſchrift erſcheint 14 tägig und koſtet vierteljährlich RM. 1.80. Beſtellung beim Verlag Deutsche Volksgesundheit, Nürnberg.

«Mein Kampf», ein Buch und seine Realisation

Juden

Abstammung

Mit dem Abstammungsnachweis, der laut *Gesetz zur Wiederherstellung des Berufsbeamtentums* vom 7. 4. 1933, *RGBl.* 1933, Teil I, S. 175, nach der Machtergreifung eingeführt wurde, nahm alles seinen Anfang. Der Paragraph 1 dieses Gesetzes lautet: «Zur Wiederherstellung eines nationalen Berufsbeamtentums und zur Vereinfachung der Verwaltung können Beamte nach Maßgabe der folgenden Bestimmungen aus dem Amt entlassen werden, auch wenn die nach dem geltenden Recht hierfür erforderlichen Voraussetzungen nicht vorliegen.» Auch im Reichskulturkammergesetz vom 22. 9. 1933, *RGBl.* 1933, Teil I, S. 659, ist bereits verankert, was das zweite der hier folgenden Dokumente besagt. Später, am 15. 9. 1935, kamen dann die sogenannten *Nürnberger Gesetze, RGBl.* 1935, Teil I, S. 1146, heraus. Ihnen zufolge wurde von jedem «Volksgenossen» der Abstammungsnachweis verlangt. Es gab den «kleinen» und den «großen» Abstammungsnachweis, NSDAP-Mitglieder mußten bis zu den am 1. 1. 1800 lebenden Ahnen zurückgehen, die SS sogar bis 1750.

Ausführlich darüber siehe Dr. Frhr. v. Ulmenstein: *Der Abstammungsnachweis*, Berlin 1941; Dr. jur. Bernhard Lösener und Dr. jur. Friedrich A. Knost: *Die Nürnberger Gesetze über das Reichsbürgerrecht, den Schutz des deutschen Blutes und der deutschen Ehre nebst den Durchführungsverordnungen sowie einschlägigen Bestimmungen und den Gebührenvorschriften*, Berlin 1936; Dr. Wilhelm Stuckart und Dr. Hans Globke: *Reichsbürgergesetz vom 15. September 1935, Gesetz zum Schutze des deutschen Blutes und der deutschen Ehre, Gesetz zum Schutze der Erbgesundheit des deutschen Volkes vom 15. Oktober 1935 nebst allen Ausführungsvorschriften und den einschlägigen Gesetzen und Verordnungen*, Berlin 1936; Joseph Wulf: *Die Nürnberger Gesetze*, Berlin 1960; Hans Rothfels: *Das Reichsministerium des Innern und die Judengesetzgebung* in: *Vierteljahreshefte für Zeitgeschichte*, Juli 1961, S. 262–313.

«Im Ausland lebende Kollegen»

Nachweis der arischen Abstammung, in: *Deutsche Presse* vom 3. 2. 1934. Der hier erwähnte Sachverständige für Rasseforschung im Reichsministerium des Innern war Dr. Achim Gercke, *1902, 1926 Eintritt in die NSDAP und Gründung des *Archivs für berufsständische Rassenstatistik*, Verfasser von Büchern über Rasseforschung.

Namentlich im Ausland lebende Kollegen haben infolge ihres Auslandsaufenthaltes häufig Schwierigkeiten bei dem durch das Schriftleitergesetz geforderten Nachweis der arischen Abstammung. Wir haben uns darum mit dem Sachverständigen für Rasseforschung beim Reichsministerium des Innern ins Benehmen gesetzt, um diesen Kollegen die Beschaffung der erforderlichen Unterlagen zu erleichtern. Diese Dienststelle ist bereit, Gutachten über die arische Abstammung durch Heranschaffung der nötigen Urkunden zu vermitteln. Anträge sind auf einem besonderen Formular zu stellen, das durch die Hauptgeschäftsstelle des Reichsverbandes bezogen werden kann. Der Kostenersatz beläuft sich je nach Lage des Falles auf 10,– bis 20,– RM. Eine Anzahlung von 10,– RM ist zusammen mit dem erwähnten Formular einzusenden.

Kollegen, die den Wunsch haben, sich auf diese Weise die nötigen Urkunden zu beschaffen, werden gebeten, sich möglichst umgehend an die Hauptgeschäftsstelle des Reichsverbandes zu wenden.

Nachweis der arischen Abstammung

Anordnung betr. Nachweis der arischen Abstammung vom 15. 4. 1936 in: Schrieber–Metten–Collatz: *Das Recht der Reichskulturkammer*, Bd. 2, Berlin 1943, S. 9.
Diese Anordnung ist vom Präsidenten der Reichspressekammer, Max Amann, unterzeichnet worden.

Auf Grund des § 25 der Ersten Verordnung zur Durchführung des Reichskulturkammergesetzes vom 1. November 1933 (RGBl. I/33, S. 797 ff.) bestimme ich folgendes:
1. Wer gemäß § 4 der Ersten Verordnung zur Durchführung des Reichskulturkammergesetzes auf Grund der von ihm ausgeübten Tätigkeit auf dem Gebiete des deutschen Pressewesens zur Mitgliedschaft in der Reichspressekammer verpflichtet ist, hat für sich und seinen Ehegatten, mit dem er zur Zeit des Inkrafttretens dieser Anordnung verheiratet ist oder später die Ehe eingehen will, auf Anfordern den Nachweis der Abstammung von Vorfahren deutschen oder artverwandten Blutes bis zum Jahre 1800 zu erbringen.
2. Wer diesen Nachweis nicht führen kann, hat innerhalb eines von mir zu bestimmenden Zeitraumes seine Tätigkeit in der deutschen Presse einzustellen, es sei denn, daß eine vorübergehende oder dauernde Ausnahme bewilligt worden ist.
3. Diese Anordnung tritt mit dem Tage ihrer Verkündigung in Kraft.

In eigener Sache

Eine Erklärung in: *Der Artist* vom 15. 8. 1935, gekürzt.

In der letzten Nummer der Nürnberger Wochenschrift «Der Stürmer» werden dem «Artist» Tendenzen unterstellt, die nicht zutreffend sind und deshalb nicht unwidersprochen bleiben dürfen. Den Vorwurf, daß «Der

Artist» ein «Judenblatt» sei, haben wir schon in Nr. 2587 unseres Blattes vom 18. Juli mit Begründung zurückgewiesen. «Der Artist» wurde immer nur als reines Fachblatt in peinlich sauberer Haltung und nur auf die Stützung der Ensemblemusik eingestellt, geführt, wobei allerdings vor dem politischen Umbruch (wie fast in der gesamten nichtnationalsozialistischen Presse) eine Untersuchung darüber, welcher Rasse die Mitarbeiter angehören, nicht angestellt wurde. Nach der Errichtung des Dritten Reichs hat der «Artist» sich stets ehrlich hinter die Bestrebungen der Regierungsmaßnahmen im Sinne einer aufbauenden Mitarbeit gestellt und seiner Schriftleitung entsprechende Richtlinien gegeben. Er prüft die eingehenden Anzeigen nun daraufhin, ob sie mit den Bestimmungen des Werberats im Einklang sind und ob die Einsender mutmaßlich Angehörige der Reichsmusikkammer bzw. der für sie zuständigen Fachschaft sind.

Wenn im redaktionellen Teil des «Artist» im März 1935 ein sachlicher Artikel über die deutschen Orchester in Holland eines Kapellmeisters Fabian zur Aufnahme gelangt, der – laut «Stürmer» – jüdischer Emigrant ist, so kann man unserer Schriftleitung aus diesem Mißgriff um so weniger einen Vorwurf machen, als weder der Name Fabian jüdisch klingt, noch der betreffende Artikel in seiner Tendenz die jüdische Eigenschaft des Verfasser vermuten ließ. Übrigens verwahrte sich der Genannte in einer Zuschrift an uns dagegen, daß er Emigrant sei. Er sei lediglich seit längerer Zeit in Holland im Engagement und sei im übrigen in Berlin domiziliert und auch bei der Reichsmusikkammer angemeldet – Behauptungen, die wir nicht nachgeprüft haben.

Der tiefere Sinn der Veröffentlichung dieser Unrichtigkeiten und falschen Auslegungen im «Stürmer» wird vielleicht erkennbar, wenn man weiß, daß die Verfasserin des Artikels, Frau Christa-Maria Rock, eine eifrige Mitarbeiterin der Münchner Musikfachschrift für Ensemblemusik «Das deutsche Podium» ist.[1]

---

1 Christa-Maria Rock hatte zusammen mit Hans Brückner das Buch *Ein musikalisches Judentum-ABC*, München 1935, veröffentlicht; ausführlich darüber in: *Musik im Dritten Reich* (Ullstein Buch 33032). In der Zeitschrift *Der Artist* vom 25. 7. 1935, S. 758, widerlegt übrigens ihr Mitarbeiter Arthur von Gizycki-Arkadjew derartige *Judenblatt*-Gerüchte hinsichtlich seiner Person, indem er seine Ahnen bis ins Jahr 1543 aufzählt.

Nr. **14** / 1933

Ausgabe
April

Herausg

Schriftleitung und Verlag: Berlin NW 7, Friedrichstr. 10
Monatlicher Bezugspreis für Inland 1,20 RM, zuzüglich 6 Pf.

chluß mit der

Die Marxistenpresse hat man verboten. Der deutsche Arbeiter, der immer
noch in Stärke von 12 Millionen Wählern auf den Marxismus schwört, bekomm
„sein Blatt" nicht mehr zu lesen. Das ist an und für sich kein Fehler, den
diese Blätter enthielten Gift.

**Aber es sind eine ganze Menge von Buchdruckern,
Setzern, Hilfsarbeitern usw., die mit der Her=
stellung und dem Vertrieb der marxistischen Presse
beschäftigt wurden, arbeitslos geworden.**

Die Bonzen, die die Marxistenpresse beschäftigten, leiden wenig da

30 Pfennig

...ricus

: F. C. Holtz

...nruf: Merkur 1202–1204 * Erscheint jeden Sonnabend

...zgebühr, für Ausland halbjährlich 7,20 RM. u. 1,20 RM. Porto.

16. Jahrg...

1933

Judenpresse

Obwohl sie von ihren in Deutschland zurückgebliebenen Freunden und N... genossen hätten Nachricht bekommen können, daß keine Judenverfolgung... Deutschland im Gange seien, verleumdeten sie nun in einer geradezu unerhi... Weise Deutschland. Dasselbe Deutschland, das sie zum mindesten seit 1918, ... nicht schon früher, jahrelang durch den Dreck gezogen hatten!

Wie das so bei den Juden geht, so verloren sie bei dieser Verleumdu... ...tigkeit bald jedes Maß und Ziel. Die Lügen, die sie im Auslande in die ... ...setzten, waren so dick und so unverschämt, daß sie Fall auf Fall dabei er... ...wurden. Der jüdische Zeitungsmann Louis Ullstein, von dem in der Ju... ...presse der ganzen Welt behauptet wurde, er sei von Nationalsozialisten bewu...

Dazu muß man wissen, daß gerade Friedrich der Große gebildete Juden zur Unterstützung der preußischen Verwaltung aus dem Ausland nach Berlin holte

Den Namen der Übersetzerin fortgelassen

Zeitungswissenschaft
Monatsschrift für internationale
Zeitungsforschung
Herausgegeben von Universitäts-Professor
Dr. Karl d'Ester, München und
Geheimrat Professor Dr. Walther Heide,
Berlin

Stempel:
Reichsschrifttumskammer
29. Sep. 1937
II D – 1859/2

An die
Reichsschrifttumskammer
Berlin W 8
Friedrichstr. 194–99.

ZW/Dr. K/Fa.
Berlin NW 87, den 17. 9. 37.
Brückenallee 3
Fernsprecher: 39 47 40

Gegen Ende August 1937 fragten wir telefonisch bei Ihnen wegen der
in Warschau wohnenden deutschen Schriftstellerin Frau Dr. Elga Kern an,
da wir von dem polnischen Verfasser eines Sonderheftes unserer Zeitschrift um ihre Nennung als Übersetzerin gebeten worden waren. Wir
erhielten von Ihnen die Auskunft, daß es sich bei Frau Dr. Kern wahrscheinlich um eine Nichtarierin handele, die auch politisch teilweise be-
lastet sei. Aufgrund dieser Auskunft haben wir dem Wunsch des polnischen Verfassers nicht entsprochen und den Namen der Übersetzerin im
Vorwort der Schriftleitung fortgelassen.

Sowohl der Verfasser, als auch Frau Dr. Kern wandten sich nunmehr
an uns mit dem Ersuchen, im nächsten Heft der ZEITUNGSWISSEN-
SCHAFT den Namen der Übersetzerin nachzutragen, anderenfalls wolle Frau Dr. Kern sich beschwerdeführend an die Reichsschrifttumskammer
wenden. Wir bitten Sie um Auskunft, ob wir dem Wunsch von Frau
Dr. Kern entsprechen können oder ob dagegen Einwendungen bestehen.

Für eine baldige Mitteilung wären wir Ihnen dankbar und grüßen
Sie mit

Heil Hitler!
Zeitungswissenschaft
Die Schriftleitung
i. A. Unterschrift

Die Antwort

An die
«Zeitungswissenschaft»
Monatsschrift für internationale
Zeitungsforschung   II D – 1859/2 8111
Berlin NW 87 Brückenallee 3   12. Oktober 1937

Betrifft: Frau Dr. Elga Kern
Bezug: Schr. v. 17. 9. 37, ZW/Dr. K./Fa.
Elga Kern, wohnhaft: Warschau, Zgoda Str. 12, Tydodnik Illustro-
wany, ist am 2. 6. 1937 aus der Mitgliederliste der Reichsschrifttumskammer gestrichen worden. Sie ist Volljüdin und politisch durchaus
nicht als einwandfrei zu bezeichnen. Unter diesen Umständen ist es
selbstverständlich untragbar, daß Artikel von ihr in reichsdeutschen
Zeitungen erscheinen.
  Die Auskunft ist streng vertraulich zu behandeln und darf weder
photocopiert, abgeschrieben noch vervielfältigt bzw. irgendwie Dritten zugängig gemacht werden.

                                               Im Auftrage
2. z.d.A. 9./10.   Linhard [1]

«Meine Abteilung steht zur Verfügung»

Der Brief wurde kurz nach dem am 13. 3. 1938 von der nationalsozialistischen
Reichsregierung herbeigeführten *Anschluß* Österreichs geschrieben.

Herrn
Ministerialrat Berndt,   Hinkel
Lt. Abt. IV A   Berlin, den 21. Juli 1938

Lieber Kamerad Berndt!
Soeben finde ich wieder in einer Zeitung – diesmal im 12-Uhr-Blatt –
eine mehr oder weniger sensationelle bzw. schaurige Reportage über
das jüdische Schuschnigg-Wien. Da in diesen und ähnlichen Veröffentlichungen allerlei Gereimtes und Ungereimtes über Juden und Arier
gesagt wird, oder man sich in allgemein gehaltenen Angriffen gegen
«arische Theaterinstitute» ergeht, wäre ich Ihnen sehr dankbar, wenn
Sie in der Pressekonferenz um Zurückhaltung bitten ließen. Will die
oder jene Zeitung über die bisherigen Zustände im Kunstleben des
Schuschnigg-Systems etwas besonderes bringen, so kann sie vielleicht
– nur um Fehlmeldungen und falsche Wirkungen zu vermeiden! – bei

1 Hugo Wilhelm Josef Linhard, * 1896, war Geschäftsführer der Reichsschrifttumskammer.

meiner Abteilung nach der Abstammung der zu nennenden Personen fragen, vielleicht mir auch kameradschaftlich den geplanten Artikel zeigen. Sie verstehen, was ich damit will: auf jeden Fall keine Vorzensur oder ähnliches, sondern nur Veröffentlichungen, die sich im Sinne unserer gemeinsamen Arbeit auswirken und nicht zu all dem zwangsläufigen Durcheinander noch neue Unruhe stiften oder Denunzianten auf den Plan rufen. Sie wissen ja selbst, wie geschickt wir gerade auf unserem Gebiet – um die gute Substanz nicht noch mehr zu zerstören – vorgehen müssen. Auch zu dem obengenannten Artikel des mir unbekannten Herrn Basson-Hejken ließe sich einiges sagen, nicht zuletzt, daß wir in den letzten Wochen mit großen Mühen und Opfern den Verlag Universal-Edition und den Bühnenverlag Josef Weinberger langsam aber sicher in unsere Hände bekommen haben. Beide Unternehmen stehen heute unter nationalsozialistischer Leitung. Im übrigen geht es natürlich auch nicht an, daß eine Zeitung bestimmte Personen zu Juden und andere zu Ariern macht. Sie können sich denken, daß gerade meine Abteilung in voller Verantwortung gegenüber dem Herrn Minister und in letzter Instanz eine Unmenge solcher Abstammungsfragen in diesen Wochen und wahrscheinlich noch lange Monate hindurch zu prüfen hat. Sie wissen ja, welche Schwierigkeiten sich ergeben, wenn einmal ein Künstler so oder so abgestempelt ist und sich dann andere Tatsachen ergeben sollten.

Ich bitte Sie darum herzlich, die Kameraden der Presse diesbezüglich zu informieren. Wie gesagt: meine Abteilung steht zu Auskünften usw. zur Verfügung. Im voraus vielen Dank für Ihre Bemühungen!

Heil Hitler!

Ihr Hinkel

«Die jüdische Frankfurter Zeitung»

Aus Rainer Schlössers Einleitung zu Adolf Bartels: *Deutsche Dichter-Charakteristiken*, Leipzig 1943.

Es ist notwendig, hier darauf hinzuweisen, daß unzählige deutsche Schriftsteller Klage gegen Bartels einreichten, weil er sie in seinen Büchern als Juden oder doch von Juden Abstammende bezeichnete. Ausführlich darüber siehe: *Literatur und Dichtung im Dritten Reich* (Ullstein Buch 33029), S. 509 f.

Kennzeichen eines ausgeprägten politischen Instinkts war es schon, daß es nach Bartels eigener Aussage während seiner Lehr- und Wanderjahre ausgerechnet die jüdische Frankfurter Zeitung war, die ihn zu einem ganz entschiedenen Deutschtum gelangen ließ. Daß er aus diesen Lebenserfahrungen kompromißlos die Konsequenzen zog, zeitigte die kopernikanische Tat einer reinlichen Scheidung zwischen deutschem und jüdischem Schaffen in seinen Literaturgeschichten. Eine gewaltige Leistung, an der nur Splitterrichter bemängeln konnten, daß Bartels in seltenen Fällen Irrtümern unterlag. Was bedeutet es aber schon, wenn beispielsweise in den drei großen Bänden der Literaturgeschichte unter neuntausend Autoren schätzungsweise dreißig nicht an der rassisch richtigen Stelle eingeordnet waren? Ich, der ich das Glück hatte, fast ein Jahrzehnt über Bartels bei seiner Arbeit beobachten zu dürfen, weiß, daß er immer wieder versuchte, genaues Material über die rassische Herkunft der einzelnen Dichter und Schriftsteller zu erhalten. Nach Lage der Dinge stieß er dabei aber nicht nur bei Judenstämmigen, sondern auch bei der Mehrzahl der Deutschen auf den erbittertsten Widerstand. So mußte er in den meisten Fällen durch die Werke der Betreffenden zu klarer Einsicht zu kommen trachten. Indem er die literarischen Arbeiten auch unter diesem Gesichtspunkt betrachtete, und aus dem oder jenem ihm undeutsch vorkommenden Bestandteil auf jüdische Rassenzugehörigkeit schloß, bereitete er eine Betrachtungsweise vor, die zwar nicht immer die Rassenzugehörigkeit der ins Auge gefaßten Schriftsteller einwandfrei bestimmen konnte, aber doch in einer überraschend hohen Zahl der Fälle. Ein anderes Vorgehen war damals nicht möglich, weil Bartels noch nicht in der glücklichen Lage war, sich die Richtigkeit seiner Untersuchungen amtlich bestätigen lassen zu können. Und ich glaube, das war ganz gut so, weil es ihn und seine Schüler zwang, allen Scharfsinn und Instinkt zu entfalten, um auf die angedeutete Weise jüdischen Täuschungsmanövern gegenüber zu einer fast unterbewußten Sicherheit zu gelangen.

Anhang: «Ordnung im jüdischen Pressewesen»

Zum besseren Verständnis sei hier bemerkt, daß 1933 in Deutschland ein *Kulturbund deutscher Juden* gegründet wurde, weil man hoffte, auf diese Weise ein eigenes Kulturleben aufrechterhalten zu können. Der *Kulturbund* nahm sich sämtlicher Journalisten, Schriftsteller oder Künstler an, die den damaligen Gesetzen zufolge ihre Stellung verloren, und versuchte ihnen im eigenen Bereich Verdienstmöglichkeiten zu verschaffen. Beauftragter für alle diese Maßnahmen war Hans Hinkel, der im Propagandaministerium ein Sonderreferat für derartige Angelegenheiten leitete. Ausführlich darüber siehe das Kapitel «Sonderreferat Hinkel» in: *Literatur und Dichtung im Dritten Reich* (Ullstein Buch 33029), S. 454f.

Jeder jüdische Journalist mußte für Hinkel einen besonderen Fragebogen ausfüllen, um noch in den wenigen vorhandenen jüdischen Zeitungen oder Zeitschriften veröffentlichen zu können. Für den interessierten Leser wird auf die betreffende Fotokopie solch eines Fragebogens in *Musik im Dritten Reich* (Ullstein Buch 33032) verwiesen. Der Fragebogen des hier erwähnten Moritz Lederer befindet sich im Besitz des Herausgebers.

handschriftlich: S. J. 830/14. 8. 37/114 L
An den Herrn Reichsminister
für Volksaufklärung und Propaganda
Sonderreferat Reichskulturwalter Hinkel
Berlin W 8, Wilhelmplatz 8/9
Stempel:

Reichskulturwalter   Moritz Lederer
f. Volksaufkl. u. Propaganda   Berlin W 15, 14. August 1937
16. Aug. 1937 V Anl.   Emserstr. 22

Betr.: Ordnung im jüdischen Pressewesen
Der Unterzeichnete, Mitarbeiter der Zeitung «Jüdische Rundschau»,
erbittet höflichst den erforderlichen *Fragebogen* zwecks Stellung des
Zulassungsantrags.

Moritz Lederer

Jüdischer Einfluß

Der Wille zur objektiven Gerechtigkeit

Sechs Bekenntnisse zum neuen Deutschland: R. G. Binding, E. G. Kolbenheyer,
Die Kölnische Zeitung, W. von Scholz, O. Wirz und R. Fabre-Luce antworten
Romain Rolland, Hamburg 1933, S. 11–12; ausführlich über diese Bekenntnisse
siehe: *Literatur und Dichtung im Dritten Reich* (rororo Nr. 809/810/811), S.
102 f.

Erläuternd sei hierzu bemerkt: Am 14. Mai 1933 wandte sich der berühmte
französische Schriftsteller Romain Rolland brieflich an die *Kölnische Zeitung*
und protestierte scharf gegen die diskriminierenden Zustände im Dritten Reich.

Die *Kölnische Zeitung* ist aus einer seit 1651 regelmäßig erscheinenden *Post-*
zeitung hervorgegangen, deren Privileg 1762 an die *Kaiserliche Reichs-Ober-*
post-Amtszeitung zu Cölln überging. Ab 1794 bestand das Blatt als *Postamts-*
zeitung und ab 1798 als *Kölnische Zeitung* weiter. Druckerei und Zeitung erwarb 1805 Markus Theodor du Mont, der dann der Firma den Namen *DuMont*
Schauberg gab. Zur Zeit der Weimarer Republik stand die *Kölnische Zeitung*
der Deutschen Volkspartei nahe und unterstützte publizistisch Bestrebungen
von Ebert, Scheidemann, Rathenau, Stresemann sowie Brüning. Im Dritten
Reich widersetzten sich die Verleger der *Kölnischen Zeitung*, Dr. Kurt und
August Neven du Mont der Forderung, 51 Prozent ihres Verlagsrechtes an den
NS-Pressetrust Max Amann abzutreten. Aber auch sie mußten, wie jede Zei-
tung im Dritten Reich nach der Machtergreifung Hitlers, ihren Tribut der
Weltanschauung entrichten, wie dieser Auszug aus der Antwort der *Kölnischen*
Zeitung an Romain Rolland beweist.

Freiheit und Gleichheit, sagen Sie, läßt das heutige Deutschland auch
den Juden gegenüber nicht gelten. Sie verkennen dabei, daß die Dinge
bei uns anders liegen als in den übrigen Ländern Europas. Viele Schlüsselstellungen in Wissenschaft, Kunst und Wirtschaft waren in Deutsch-

land von Juden besetzt, und sie nutzten das häufig in der Weise aus, daß sie ihrerseits nichts von einer Gleichheit der Rassen hielten, sondern nur ihre Stammesverwandten förderten. Hinzu kamen jene Elemente aus dem Osten, die nach dem Krieg über die deutschen Grenzen strömten und sich hier als Nutznießer unsrer Ohnmacht und Armut betätigten. Sie verstärkten den Gegensatz, der sich dann in der nationalen Revolution Luft machte und der noch neue Nahrung erhielt, als jüdische Schriftsteller im Ausland einen wahren Hexensabbat gegen Deutschland in Gang brachten. Gewiß hat die Erregung in Deutschland auch in dieser Hinsicht unbillige Härten und manches tragische Schicksal verursacht, doch wenn Sie die deutsche Gesetzgebung prüfen, kann Ihnen der Wille zu objektiver Gerechtigkeit nicht zweifelhaft sein.

Bei Ullstein nichts verändert

Bei Ullstein nichts verändert, in: Deutsche Kultur-Wacht – Blätter des Kampfbundes für Deutsche Kultur, 1933, Heft 12, S. 14.

Trotz nationaler Revolution, trotz Gleichschaltung im «Reichsverband der deutschen Presse» und Ankündigung des neuen Pressegesetzes hat es das Haus Ullstein als größtes Zeitungsunternehmen und Verlagshaus nicht für nötig gehalten, den Forderungen der Betriebszelle Folge zu leisten und die jüdischen Redakteure und Verlagsdirektoren, die Jahre hindurch das nationale Deutschland verhöhnt und bekämpft haben, durch deutschgesinnte Männer zu ersetzen.

Wer die maßlose Arroganz der jüdischen Verlagsdirektoren des Hauses Ullstein kannte, die jeden deutschen Journalisten mit unnahbarer Herablassung behandelten und jedem dahergelaufenen Galizianer Dauerverträge anboten, wird sich wundern, daß diese Leute alle noch unverändert auf ihren Plätzen sind. Die einzige Umschaltung, die Ullstein vornahm, ist die, daß man nach außen hin langjährige arische Direktoren des Hauses, die in untergeordneten Rollen die alljüdische Herrschaft Ullsteins aufbauen halfen, auf einmal als verantwortliche Redakteure und Direktoren ausgibt, die aber weder die wirklichen Machthaber zu hindern noch den Geist des Hauses zu ändern beabsichtigen. Lediglich die Verlagsdirektoren Dr. Magnus [1], Dr. Hans Wolf [2] und der Chef des Bilderdienstes Kalmar Glück [3] wurden entfernt. Kurt Korff [4], der Chefredakteur der «Illustrierten» und «Dame», hatte als einziger das Taktgefühl, von selbst zu gehen. Aber Dr. Herz [5], der Direktor des Buchver-

1 Dr. Erich Magnus, * 1887.
2 Dr. Hans Wolf, * 1893.
3 Dr. Kalmar Glück, * 1886.
4 Kurt Korff, * 1876.
5 Dr. phil. Emil Herz, * 1877; 1903–34 war er Leiter des Ullstein-Buchverlages; siehe sein Buch: *Denk ich an Deutschland in der Nacht*, Berlin 1953.

lages, der Verleger von Feuchtwanger und Remarque, Dr. Reinhold[1], der Leiter des Propyläenverlages, Monty Jacobs[2], der Feuilletonredakteur der «Vossischen Zeitung», der ein Anbeter der Novemberliteratur ist, die sein Haus erzeugte, und alle anderen Juden, die sich einen «Namen» als Vertreter des politisch und kulturell erniedrigten Deutschlands gemacht hatten, sind in ihrer Bonzenexistenz geblieben. Vor allem aber Herr Verlagsdirektor Szafranski[3], der als allmächtiger Faktor im Hintergrunde steht und das gesamte Illustrationswesen bestimmt. Szafranski ist genügend dadurch charakterisiert, daß er Bücher des Landesverräters Kurt Tucholsky illustriert hat. Wie sehen nun die Illustrierungen aus, die der Jude Szafranski im Hause Ullstein leitet? Prinzipiell werden nur jüdische Photographen beschäftigt und mit fortlaufenden Aufträgen bedacht. Die Hausphotographen des Hauses Ullstein heißen: Salomon[4], Munkacsi[5], Balassa, d'Ora (Horovitz), Yva, Binder und Marcus. Es ist kein einziger Arier darunter. Die «Dame» vom 2. April enthält von deutschen Photographen zwei Bilder, 21 von Juden und acht zweifelhafte, die «Dame» 1. Juniheft fünf Bilder von Ariern, 25 von Juden und neun zweifelhafte. Dabei treten diese Hausjuden mit ganzen Serien in einem Hefte auf, mit denen sie Summen ständig verdienen, die ein deutscher Photograph nicht in einem Jahre bei Ullstein erhält. Arische Photographen von internationalem Ruf wie von Perckhamer, von Gudenberg, Vogelsang und Harlip[6] werden wenig oder überhaupt nicht beschäftigt.

Als größte Herausforderung des nationalen Deutschlands muß erwähnt werden, daß das Haus Ullstein mit jüdischen Photographen ein Geschäft mit Sondernummern des 1. Mai und anderer nationaler Tage macht, in denen Adolf Hitler von dem ungarischen Zeichner Matejko dargestellt wird, einem Manne, der seinerzeit die Wiener und Berliner Plakatsäulen mit seinen Pornographien besudelt hat. «Quousque tandem, Catilina, patientia nostra abutere!»

Will Vesper in: *Die Neue Literatur*, Juli 1934, Heft 7, S. 474: «Über Veränderungen im Verlag Ullstein gibt der Verlag folgende Erklärung aus: ‹Wie bereits im Herbst vergangenen Jahres aus Anlaß der Generalversammlung der Ullstein-AG. verlautbar wurde, ist die Mehrheit der Aktien, die sich bis dahin in ausschließlichem Besitz der Familie Ullstein befand, in andere Hände übergegangen. Nunmehr hat die Familie Ullstein in Durchführung ihres im vergangenen Jahr gefaßten Entschlusses auch den ihr verbliebenen Minderheits-

1 Dr. Carl Friedrich Reinhold, 1883–1959.
2 Monty Jacobs, 1875–1945; besaß das E. K. I aus dem Ersten Weltkrieg.
3 Kurt Szafranski, * 1890.
4 Dr. Erich Salomon; siehe sein Buch: *Berühmte Zeitgenossen in unbewachten Augenblicken*, Stuttgart 1931.
5 Martin Munkacsy.
6 Heinz von Perckhamer, W. von Gudenberg, E. Vogelsang und Dr. G. Harlip.

besitz durch die Deutsche Bank und Disconto-Gesellschaft an ein unter Führung dieser Bank stehendes Konsortium verkauft. Im Zusammenhang mit dieser Veränderung werden die Mitglieder der Familie Ullstein, die noch in der Verwaltung des Unternehmens tätig waren, ausscheiden. Andere wesentliche Veränderungen in der Leitung des Unternehmens sind nicht beabsichtigt.› – Hoffentlich ist es möglich, auch den Namen des Verlages bei dieser Gelegenheit zu ändern, um die peinlichen Erinnerungen, die er in jedem Deutschen hervorruft, endgültig auszulöschen.»

Zerstörende Weltbetrachtung

Studienassessor Hermann Zang: *Die Gartenlaube als politisches Organ im Dienste der liberalen Politik 1860–1880.* – Inaugural-Dissertation zur Erlangung der Doktorwürde der Hohen Philosophischen Fakultät der Bayerischen Julius-Maximilian-Universität Würzburg, 1935, S. 35 f, Auszüge; Referent: Prof. Dr. Anton Chroust.
Die Gartenlaube, wöchentlich erscheinende, sehr verbreitete illustrierte Familienzeitschrift; 1853 von Ernst Keil gegründet.

Die «Gartenlaube» hatte zahlreiche jüdische Mitarbeiter, die in kulturgeschichtlichen Artikeln das jüdische Volkstum der deutschen bürgerlichen Leserwelt nahezubringen suchten. Es sind vornehmlich Darstellungen der Sitten und Bräuche aus dem altjüdischen Leben, welche die Schönheiten und die Aufrichtigkeit des jüdischen Wesens herausarbeiten sollten.

Manche Artikel geben geradezu ein anschauliches Bild des Rassenproblems. Es werden die Konflikte eines Halbjuden in der Schule geschildert, der jüdisch aussah, aber nichts von seiner väterlichen Abstammung wußte. Der jüdische Zeitungsschreiber spielte das ganze Problem harmlos auf das religiöse Gebiet hinüber und achtete scharf darauf, daß die Rassenfrage von der Zeit nicht beachtet wurde. Ja, er ging sogar einen Schritt weiter und klagte die Vertreter der christlichen Religionen wegen ihres unduldsamen Standpunktes in der Geschichte der Menschheit laut an.

Alle diese Artikel aber haben eines gemeinsam: Der Jude verleugnete sich nicht, im Gegenteil, er betonte bewußt die jüdische Eigenart und den jüdischen Charakter, der eben in seiner Schlechtigkeit gerade ein Vorteil der Menschheit gegenüber sei. Dem Volke aber wurde gesagt: Das ist eben so, das muß so sein – zu eurem Vorteil!

Grundbedingung für die endgültige Sicherstellung der jüdischen Herrschaft waren zunächst die gesetzliche Gleichstellung mit den deutschen Staatsbürgern sowie die Gleichberechtigung der jüdischen Religion im Staat. Deshalb bekämpfte man die führenden Konfessionen und spielte sie im Kulturkampf gegeneinander aus. Um das Volk in religiöser Hinsicht zu entwurzeln, befehdete man die christlichen Religionen unter dem Deckmantel des liberalen Freiheitskampfes und brandmarkte den

zelnen zeigt, wie im Schrifttum, im Theater, in der
Musik und auch im Film und Rundfunk der Jude
zu seinen Zielen gelangte. Die Zeitschriften müssen nachweisen, daß der Jude jetzt in England und
Amerika dabei ist, auf dieselbe Weise jene Rolle
des Drahtziehers zu spielen, der in Krisenzeiten
den Ausschlag gibt und immer gegen das Gastvolk
und für seine Rassengenossen entscheidet.

Ueber diese Anregungen hinaus gibt Ihnen die vor-
liegende Sondernummer auf den Gebieten der Politik,
der Wirtschaft und der Kultur und in Spezialarbeiten
über die USA, England und die Sowjetunion eine
Fülle von Material und Anregungen, das dazu aus-
reichen wird, Ihre Zeitschrift für Monate hindurch
mit dem antijüdischen Geist zu durchtränken, den die
Presseführung gegenwärtig von jedem Organ verlangen muß. Die Früchte dieser Propagandaparole,
die wir hier nochmals mit besonderem Nachdruck
aussprechen, müssen in jeder Zeitschrift, die wir
aufschlagen, offenbar werden: Die deutsche Presse
muß eine antijüdische Presse werden.

Themen der Zeit

Die Juden sind schuld!

Ziel:

*Es ist Aufgabe aller Zeitschriften, das völker- und kul-
turvernichtende Wirken der Juden auf allen Gebieten
immer wieder herauszuarbeiten. Es muß erreicht werden,
daß auch der letzte Rest einer bürgerlichen Sentimentali-
tät gegenüber den „armen Juden" beseitigt wird. Darüber
hinaus muß in der ganzen Welt Aufklärung über die
Juden verbreitet werden. Gerade den Fachzeitschriften
fällt hier eine große Aufgabe zu.*

Ausrichtung:

*BETONEN: Jeder einzelne Jude, wo immer er steht
und was immer er treibt, ist mitschuldig. Es gibt keine
„anständigen Juden", sondern es gibt nur mehr oder
weniger geschickte Tarnung. Der Jude ist ein notorischer
Verbrecher.*

*VERMEIDEN: Unzutreffende Behauptungen über jüdi-
sche Abstammung einzelner Politiker, Wissenschaftler und
Kulturschaffende, da falsche Angaben die Richtigkeit der
gesamten Argumentation in Zweifel stellen. In Zweifels-
fällen genaue Erkundigungen einziehen. Eingehen auf
religiöse Streitfragen, z. B. „war Christus Jude?" unbedingt vermeiden!*

Themen und Anregungen:

Geschichte:

„Die Judenfrage ist so alt wie dieses Zusammen-
leben des eigenartigen und schon in der Antike sich
von allen anderen Völkern abhebenden jüdischen
Volkes mit den anderen Völkern." („Jüdisches Lexikon", Bd. III, Sp. 421.) Schon S e n e c a (4 v.
Ztw. — 65 n. Ztw.) stellt fest: „Die Sitten dieses
verruchtesten Volkes sind schon so erstarkt, daß sie
in allen Ländern sich verbreitet haben; dem Siegern
haben die Besiegten ihre Gesetze aufgedrückt." T a -
c i t u s spricht über „dieses widerliche Volk" (de-
terrimam gentem) in seinen Historien. Theodor
M o m m s e n, der hervorragendste Kenner der Geschichte des Römischen Reiches, hat über das
Wirken der Juden im Altertum folgende Feststellungen getroffen: „Der Jude verhält sich gegen
den Staat wesentlich gleichgültig; er gibt ebenso
schwer den Kern seiner nationalen Eigentümlichkeit
auf, wie er bereitwillig diesen mit jeder beliebigen
Nationalität umhüllt. Auch im Altertum war das
Judentum ein wirksames Ferment der nationalen
Dekomposition." Ueber die Zeit Cäsars schreibt er:

„Wie landsmannschaftlich eng die Juden auch
damals zusammenhielten, beweist die Bemerkung
eines Schriftstellers dieser Zeit, daß es für den
Statthalter bedenklich sei, den Juden in einer
Provinz nahe zu treten, weil es dann sicher darauf
zählen dürfe, nach seiner Heimkehr von dem haupt-
städtischen Pöbel ausgepfiffen zu werden." —
Durch alle Jahrhunderte immer wieder Juden-
verfolgungen in Frankreich, England, Deutschland,
Italien, Oesterreich, Ungarn, Polen, Rußland,
Böhmen, Rumänien. Radikale Vertreibung der
Juden aus Spanien und Portugal im 14. und 15.
Jahrhundert.

Wichtige historische Urteile: Peter de Cluny
(um 1146): „Ich rate nicht dazu, die Juden zu
töten, sondern auf eine ihrer Schlechtigkeit entsprechende Art zu strafen. Was ist gerechter, als
daß man ihnen wieder nimmt, was sie auf betrüge-
rische Weise gewonnen haben? Was sie besitzen, ist
auf schändliche Weise gestohlen und da sie, was
das Schlimmste ist, für diese Frechheit bisher ungestraft blieben, so muß es ihnen wieder entzogen
werden. — Was ich sage, ist allen bekannt. Denn
nicht durch ehrlichen Ackerbau, nicht durch recht-
mäßigen Kriegsdienst, nicht durch irgendein nütz-
liches Gewerbe machen sie ihre Scheunen voll
Getreide, ihre Keller voll Wein, ihre Beutel voll
Geld, ihre Kisten voll Gold und Silber, als vielmehr durch das, was sie trügerischerweise den
Leuten entziehen, durch das, was sie insgeheim von
den Dieben erkaufen, indem sie so die kostbarsten
Dinge für den geringsten Preis sich zu verschaffen
wissen."

E r a s m u s v o n R o t t e r d a m (1487): „Das
ist ein Rauben und Schinden des armen Mannes
durch die Juden, daß es gar nicht mehr zu leiden
ist und Gott erbarme. Die Juden-Wucherer setzen
sich fest bis in die kleinsten Dörfer, und wenn sie
fünf Gulden borgen, nehmen sie sechsfach Pfand
und nehmen Zinsen vom Zins und von diesem
wiederum Zinsen, daß der arme Mann kommt um
alles, was er hat." M a r t i n L u t h e r, Tischreden:
„Wie es unmöglich ist, daß die Aglaster ihr Hüpfen
und Gegen läßt, die Schlange ihr Stechen: so wenig
läßt der Jude von seinem Sinn, Christen umzu-

(6)

unhumanen Gewissenszwang der Geistlichkeit. Zum vollen Erfolg der Zerstörungsarbeit war es aber nötig, den Hauptträger religiösen Denkens zu zerschlagen, den Glauben. Das geschah nun nicht in offener, brutaler Weise, um den Ungebildeten nicht kopfscheu zu machen; es geschah wiederum in getarnter Form – hinübergeleitet auf allgemein weltanschauliches Gebiet – durch die Geistesrichtung des Materialismus. Die Presse und die Unterhaltungszeitschriften hatten die Aufgabe, diese zerstörende Weltbetrachtung in möglichst einfacher und unterhaltender Form dem wissensdurstigen Bürger nahezubringen und einzuflößen – und ihn so religiös und volklich zu entwurzeln.

Dann erst war er für die jüdischen Pläne reif.

«Die weibliche Leserschaft»

Ruth Gaensecke: *Die Frauenbeilagen der deutschen Tageszeitungen im Dienste der Politik.* – Inaugural-Dissertation, genehmigt von der philologisch-historischen Abteilung der Philosophischen Fakultät der Universität Leipzig, 1938, S. 15–16, gekürzt; Gutachter: Professor Dr. Hans A. Münster und Professor Dr. Adolf Helbok. (Die Fußnoten stammen von der Autorin.)

Als die in jüdischen Händen liegende Presse, im Sinne der linken Parteien, in den letzten Kriegsjahren eine immer wachsendere Verseuchung des völkischen Widerstandswillens betrieb[1], wurde auch der weiblichen Leserschaft und ihrer besonderen Interessen-Sphäre eine systematische «Behandlung» zuteil. Um ganz sicher zu gehen, brachte man die geistige, sittliche und weltanschauliche Zielsetzung der Feuilletoninhalte im «Berliner Tageblatt» auf jene mehr als zweideutige Ebene erotischer Beziehungen, die in der Auswirkung auf die Haltung der Leserschaft auf politischem Gebiet in nichts nachstand. Mochte der Leserinnenkreis an den politischen Leitartikeln des «Berliner Tageblattes» wenig Anteilnahme zeigen und deshalb nicht die «nötige» Aufklärung über Deutschlands Schuld am Weltkriege, die die jüdischen Hirne zur Verbrämung ihrer Hetze gegen die Weiterführung des Krieges und den militärischen Sieg des deutschen Volkes brauchten[2], aufnehmen, so sorgten Romane[3] und Skizzen für die Verweichlichung

1 «Indem sie alle scheinbar äußerlich rohen Formen auf das Sorgfältigste vermeiden, gießen sie das Gift aus anderen Gefäßen dennoch in die Herzen ihrer Leser.» Adolf Hitler, *Mein Kampf*, S. 268, über *Berliner Tageblatt* und *Frankfurter Zeitung.*

2 Vergleiche *Berliner Tageblatt* Nr. 7, 5. 1. 1917, und 566, 5. 11. 1918: «Es ist – es muß frei herausgesagt werden – eine sinnlose Redensart für ein großes Volk: ‹Lieber in Ehren untergehen, als in Schande leben . . .› Und wir können gar nicht untergehen, nur (!) noch tiefer in Armut und Entkräftung versinken.» Univ.-Professor Otto Baumgarten, Kiel.

3 Roman: *Die kleine Dagmar* von Else Weihrauch im *Berliner Tageblatt.*

und Entartung des klaren deutschen Lebensgefühles, das gerade in der Frau zur Gesunderhaltung eines Volkes unverrückbar lebendig sein muß. Die Darstellung von Frauenschönheit und Seelengröße galizischer Jüdinnen, Kurfürstendammsudeleien im Sinne der Verherrlichung des Dirnentyps, der in jeder Beziehung bindungslosen «Emanzipierten» und die auffällig oft wiederholten, sentimentalen Liebesgeschichten zwischen Menschen nordischen Gepräges und solchen hebräischer Wesensart zielten eindeutig auf die Unterminierung des gesunden rassischen Empfindens der deutschblütigen Leserinnen.

1938 in Österreich

Die Entjudung der Wiener Presse, in: *Völkischer Beobachter* vom 2. 6. 1938.

Mit dem Anschluß Österreichs ans Reich hat zugleich auch, man kann fast sagen über Nacht, die Wiener Presse ihr Gesicht verändert. Das war zweifellos zunächst ein rein äußerer Vorgang, sozusagen eine zwangsläufige Folge des nationalsozialistischen Umbruchs in Österreich. Es konnte auch gar nicht anders sein, angesichts der völligen Verjudung der gesamten Wiener Presse, und zwar sowohl nach der geschäftlichen, als auch nach der journalistischen Seite hin. Unmittelbar nach den Anschlußtagen wurde sofort mit der politischen Neuordnung der Wiener Presse begonnen.

In diesem Zusammenhang sind die Ausführungen des Hauptschriftleiters der NSK (NS-Korrespondenz), Helmut Sündermann, bemerkenswert, die er soeben im Organ des pressepolitischen Apparates der NSDAP veröffentlicht. Wir zitieren daraus folgenden Auszug:

Der Begriff «Wiener Presse» hat seit vielen Jahren einen schlechten Klang gehabt. Sie war nicht nur die Stütze des volksfremden Systems, sondern auch eine Zentrale antideutschen Geistes. Ihre «österreichische Mission» hat sie fast ausnahmslos als Freibrief für eine gemeine und schmutzige Hetze gegen das nationalsozialistische Reich aufgefaßt. In geradezu schamloser Weise haben sich unter dem Schutze des Schuschnigg-Systems die Juden nach dem Fortfall der nationalen Oppositionspresse die gesamte Wiener Presse in ihre Hände gespielt. Die «österreichischen» Töne, die wir aus Wien vernahmen, stammten in Wirklichkeit von den Herren Löwenstein, Feigenbaum, Marcus und anderen Hebräern.

Durch den raschen Einsatz nationalsozialistischer Schriftleiter und durch ihre beispiellose Arbeitsanstrengung gelang es, auch völlig verjudete Betriebe absolut zu säubern und dennoch im Erscheinen der Zeitung keine Pause eintreten zu lassen. Aus einem Augiasstall jüdischer Machenschaften ist eine Presse geworden, die sich anschickt, dem Volke eine wahre politische Führerin zu sein.

Die Judenherrschaft in der Wiener Presse war also nichts weniger als eine geistige Vormundschaft der Hebräer über ganz Österreich.

Das deutsche Volk in Österreichs Gauen hat heute wieder eine Presse, der es vertrauen kann, die es mannhaft durch die Geschehnisse der Zeit führen wird im Geiste der deutschen Kraft und des nationalsozialistischen Bekennens, das unser Volk einigt!

Das Gift

Horst Seemann: *Judentum und Presse* in: *Deutsche Presse* vom 28. 3. 1942, gekürzt.

Zuvor etwas Biographisches über die erwähnten «Kreaturen» der deutschen Presse:

Georg Bernhard, 1876–1944 (in New York), Journalist, Volkswirt und Politiker; Handelsredakteur des *Berliner Tageblattes* und später des volkswirtschaftlichen Teils der *Morgenpost* und der *Zukunft*; ab 1913 Chefredakteur der *Vossischen Zeitung*; Professor an der Handelshochschule in Berlin; Autor von: *Geld und Kredit*, Berlin 1903, *Berliner Banken*, Berlin 1905, *Probleme der Finanzreform*, Berlin 1919, *Wirtschaftsparlamente*, Berlin 1923, u. a. m.

Theodor Wolff, 1868–1943, Chefredakteur des *Berliner Tageblattes*; 1933 emigrierte er nach Frankreich, 1942 wurde er von dort ins Konzentrationslager Sachsenhausen deportiert und ist dort umgekommen.

Maximilian Harden, 1861–1927, Mitbegründer der *Freien Bühne*; ab 1893 gab er die Politik- und Kulturzeitschrift *Die Zukunft* heraus.

«Die Presselüge ist das Schlachtfeld, auf dem der Jude kämpft!»

Mit diesen Worten hat Reichspressechef Dr. Dietrich das Mittel gekennzeichnet, das der Jude für sein Weltherrschaftsstreben an erster Stelle eingesetzt hat. Neben der Durchdringung des Buchwesens und später des Films und des Rundfunks errang frühzeitig die Presse die Aufmerksamkeit des Judentums, das sogleich danach trachtete, sie für seine Zwecke dienstbar zu machen.

Zahllos sind die Äußerungen, die der Jude über die Vergewaltigung der Presse der von ihm ausgesogenen Wirtsvölker getan hat. Eine ungemein aufschlußreiche Zusammenstellung der wichtigsten jüdischen Aussprüche über die Presse findet sich in der Zitatensammlung «Jüdische Bekenntnisse aus allen Zeiten und Ländern», die der ausgezeichnete Erforscher und Kenner des Judentums Dr. Hans Jonak von Freyenwald in jahrelanger, gewissenhafter Kleinarbeit geschaffen hat (erschienen im Buchverlag Der Stürmer, Nürnberg 1941). Ausführliche Namens- und Sachregister machen das Werk zu einem wertvollen Nachschlagewerk, das gerade auch dem Pressemann bei seiner politischen Arbeit geeignete und quellenmäßig einwandfrei belegte Aussprüche des jüdischen Volkes wie auch der Weltfreimaurerei und der Ernsten Bibelforscher zur Hand gibt. In dreißig Kapiteln hat der Verfasser 1 182 Aussprüche aus allen Sparten des jüdischen Lebens und Trachtens zusammengetragen, wobei dem uns besonders interessierenden Gebiet des Pressewesens das Kapitel «Beherrschung der Presse» (S. 198–202) gewidmet ist.

Zeitungsjuden wie Georg Bernhard, Theodor Wolff und Maximilian Harden galten lange Zeit hindurch in der ganzen Welt als die Repräsentanten der deutschen politischen Publizistik. Es sind die Kreaturen gleichen Typs, die heute in den Plutokratien ihr Unwesen treiben und mit der ihnen hörigen Presse ganze Völker in den Krieg gestürzt haben, zuletzt das amerikanische Volk.

Die Völker Europas sind inzwischen dazu übergegangen, dieses Judengift aus ihrer Gemeinschaft zu verbannen; sie wissen heute aus eigenster Erfahrung, wer der wahre Feind des Völkerfriedens und der Völkerverständigung ist. Ihre tapferen Heere sorgen dafür, daß die jüdischen Weltpest endgültig und allgemein beseitigt wird und damit auch die verbrecherische Clique der jüdisch-plutokratischen Lügner und Verleumder.

Der Geist der Negation, der Zersetzung und Wurzellosigkeit verschwindet, an seine Stelle tritt der Geist des Aufbaus und der Zusammenarbeit!

Ein Sonderdruck

Judentum und Presse, in: *Zeitungs-Verlag* vom 23. 5. 1942, S. 162, Auszug.

Es handelt sich hier um einen Sonderdruck aus dem *Handbuch der Zeitungswissenschaft*, herausgegeben von Walther Heide, bearbeitet von Ernst Herbert Lehmann. Einen historischen Überblick über: *Judentum und Presse* schrieb darin Hermann Hart, während Josef März über: *Grundsätze und Methoden jüdischer Pressepolitik* schrieb.

Siehe auch Paul Heimbrecht: *Gift* in: *Völkischer Beobachter* vom 7. 3. 1933; Dr. Wilhelm Koppen: *Die jüdische Journaille im Hintergrund der Weltpolitik*, ebd. am 18. 4. 1935; Werner Loesch: *Wesen und Bedeutung der Korrespondenz in der Publizistik*, Dissertation, Leipzig 1938, S. 51 f; Wilmont Haacke: *Die Ausmerzung des Judentums aus dem deutschen Feuilleton* in seinem Buch: *Feuilletonkunde*, Bd. 1, Leipzig 1943, S. 9 f.

Anläßlich der Tagung der Dozenten der Zeitungswissenschaft in Wien, über die wir in der vorigen Ausgabe des «Zeitungs-Verlags» berichteten, überreichte der Verlag Karl W. Hiersemann, Leipzig, einen Sonderdruck aus der demnächst erscheinenden Lieferung 6 des «Handbuchs der Zeitungswissenschaft», der das Kapitel «Judentum und Presse» behandelt. Der darin zusammengetragene Stoff gewährt einen tiefen Einblick in die Größe einer europäischen, ja, einer Menschheitsgefahr, der ungemein aufschlußreich für das Verständnis des Kampfes ist, den der Nationalsozialismus zuerst in Deutschland und nunmehr in Europa und der Welt zur Überwindung dieser Gefahr führt.

Die Darstellung dieses umfangreichen Fragenbereichs erfolgt in vier Abschnitten, deren erster einen historischen Überblick über das Eindringen des Judentums in die Presse, das Anwachsen und Überhandnehmen seines Einflusses bietet, deren zweiter die im Großen daraus zu ziehenden Ergebnisse auf das eine, besonders markante Beispiel des Wiener jüdischen Feuilletons überträgt, während der dritte Abschnitt über die jüdische Presse selbst, der vierte und letzte über die judenfeindliche Presse berichtet. Vieles, was hier in so überraschender und oft geradezu erschütternder Fülle zusammengetragen worden ist, mußte offenbar erst aus eigener Forschung heraus gewonnen werden, um in möglichster Lückenlosigkeit in das «Handbuch» eingegliedert werden zu können. Dabei war es immer wieder wichtig, die in ihrer Art zweifellos erstaunliche «Leistung» des Judentums in der Presse und durch die Presse auch als eine echt jüdische Leistung zu erkennen und zu kennzeichnen und niemals gegenüber diesem Blendwerk in den Fehler scheinbarer wissenschaftlicher Objektivität zu verfallen. Auch dann und dort nicht, wo einmal ein einzelner Jude die eigene Rasse ironisiert und in ihrer wahren Gestalt und mit ihrer wahren Fratze zeigt, denn auch das geschah ja niemals aus dem Gefühl ehrlichen Angeekeltseins heraus, sondern es war nichts als eine besonders pikante Abart echt jüdischer Gewissens- und Geschmacklosigkeit.

Anhang: Die Wandlung des Berliner Tageblatts

Obwohl es infolge des *Schriftleitergesetzes* für eine deutsche Zeitung unmöglich war, Juden als Redakteure oder Mitarbeiter zu beschäftigen, machten viele Zeitungen es sich zur Aufgabe, überall herumzuschnüffeln, um vielleicht doch noch irgendwo einen Juden zu entdecken. Als Beispiel für diese Methode sei die *Volksparole* in Düsseldorf genannt. Dort findet sich am 24. 1. 1934 ein Aufsatz mit der Überschrift: *Getarnte Wühlmäuse in der Presse* – es geht dabei um das *Berliner Tageblatt*; in ihm heißt es unter anderem: «Obwohl von den Reichsministern und den führenden Nationalsozialisten seit der Machtübernahme immer und immer wieder betont worden ist, daß die deutsche Presse zum mindesten von volksfremden Elementen gereinigt werden müsse, hat die Mossedirektion die tschechische Jüdin Gusti Hecht, die Busenfreundin der Landesverräter Ossietzki und Konsorten, bis zum letzten Augenblick hartnäckig ausgehalten: die jüdische Dame böhmischen Ursprungs ist erst mit dem Inkrafttreten des Schriftleitergesetzes aus dem Mossehause entfernt worden. Die Mosseleute versichern zwar, Gusti Hecht sei schon seit September ‹nicht mehr Redakteurin› des ‹Weltspiegels› und des ‹Berlin-Spiegels› des ‹B. T.›. Das könnte fast stimmen – aber doch nur fast, denn der Mosseverlag hat sich der Regierung und den Lesern gegenüber ein unverschämtes Tarnungsmanöver geleistet. Seit September, dem Datum der Ankündigung des Schriftleitergesetzes, zeichneten ‹für die Redaktion verantwortlich› nacheinander die Herren Fritz Kirchhofer und Heinz Seuster. Damit scheint nach außen hin die Sache allerdings in Ordnung.

Ausgabe / 58. Jahrgang / Einzelpreis 15 Rpf.

VÖLKISCHER

Verleger: NSDAP, Frz. Eher Nachf., G. m. b. H., München 22, Thierschstraße 11—17.
Hilfs Abteilung. — Zahlungen Postscheck München 113 46, Prag 792 23, Bern 111 72 86, Zagreb
7 90, Bayerische Hypotheken- und Wechsel-Bank, München, Filiale Thierschstraße, Bayerische
ab, Bank der Deutschen Arbeit AG., München, Deutsche Bank, Filiale München, Depositenkasse
Maximilianstraße, Reichsbankgirokonto, Kreditanstalt der Deutschen, Prag.

Kampfblatt der natio
Groß

Wirrwarr in San Franzisko
Man spricht englisch, russisch, chinesisch und französisch

Stockholm, 29. April

...legung der offiziellen Verhandlungssprache in San Franzisko ergab wieder neue Meinungsverschiedenheiten. Die Staaten Südamerikas gegen die bisher zu den Sprachen Englisch und Russisch dazu, daß nunmehr Französisch, ...ch und Chinesisch ebenfalls als Verhandlungssprachen zuzulassen wären. Das Sprachenbabylon erschwert die an übersichtlich organisierte Mechanische außer...

...onferenzkreisen erregt es erhebliches ..., daß Engländer und Amerikaner die ...men Neutralen und Iran an ...haben, als Vertreter der ...ischen Interessen in betrachtow machte praktisch bereits von die Gebrauch. Er beorderte den Außenminister der norwegischen Exilregierung, Lie, ...hauptgang in sein Hotel.

...tatliche Regierung verlangte für ...tionen gleiche Verantwortung ...Reuter meldet dazu, daß die kleinen ...das Recht in Anspruch nehmen wollten ...der künftigen Gestaltung der Welt ...Festlegung des politischen Kurses mit...

...setzung der ständigen Präsidenten der sog. Weltsicherheitskonferenz ...ich sich immer mehr zu einer Prestigefrage zwischen England-USA und der einen Mächtegruppe. Nachdem Molotow-USA-Außenminister Stettinius zu ...ten Präsidenten der Konferenz absolut hatte, forderte er, daß die Wahl des ...en durch Abstimmung erfolge. ...en Verfahren, bei dem die kleinen ...spieler für Molotow ergeben werden ...verspricht man sich im Kreml den Sieg ...außenministers über den amerikanischen ...kandidaten.

...konferenz beschloß nunmehr, die Vertretung polnischen Lublin-Ausschuß ...t zu den Beratungen zu...

Dieser Beschluß entspricht den Maßland und Amerikas, die sich jahrelang ...lossung ausgesprochen hatten, Stalin ...zunächst die Teilnahme des Vertreters einer Ausschüssen gefordert.

Immer neue Sowjetpuppen

Stockholm, 29. April

Der sowjetische Außenkommissar Molotow hat in San Franzisko den Antrag gestellt, Vertreter der Sowjet-Ukraine und von Sowjet-Weißrußland zur Konferenz zuzulassen, wodurch sich die Sowjetunion zunächst drei Stimmen sichern will. Nachdem dieser Antrag vom Arbeitsausschuß einstimmig angenommen wurde, erfolgte die offizielle Einladung dieser beiden Sowjetrepubliken.

Außerdem beruht Molotow nach wie vor darauf, daß auch die Lublin-Polen nach San Franzisko eingeladen werden. Der USA-Außenminister formulierte den Standpunkt der Anglo-Amerikaner in dieser Frage dahin, daß die Lublin-Polen erst dann an der Konferenz teilnehmen könnten, wenn gemäß den Jalta-Beschlüssen in Lublin eine Regierung auf „rein demokratischer Basis" gebildet worden sein würde.

Anhänger der Exilpolen verschwinden

London, 29. April

Während die polnische Frage in San Franzisko im Mittelpunkt des Interesses steht, untersuchen die Exilpolen in London auch weiterhin, sich gegen die Machenschaften der Sowjetunion zu wahren. In einer neuen Anfrage an die britische Regierung wird deren Aufmerksamkeit darauf gerichtet, daß Anhänger der Exilregierung in Polen ...russen — es verschwinden und offenbar tief ins Innere der Sowjetunion verschleppt werden. In dem Schreiben an die britische Regierung wird die Frage gestellt, ob ihr diese Vorgänge bekannt seien, die in krassem Gegensatz zur Atlantik-Charta und zu den Beschlüssen von Jalta stehen.

Wavell will indische Verfassung
Amerikaner wollen Geschäfte machen

Stockholm, 28. April

...sche Blätter berichten aus London, ...Vizekönig von Indien, General Wavell, ...englische Kabinett aufgefordert habe, ...Hand zu geben, den Versuch zu ...die indische Verfassungsfrage zu lösen. Wavell verlangt die Vollmacht, die inhaftierten Führer der ...Freiheitsbewegung aus dem Gefängnis zu entlassen.

...noer politischem Kreisen erklärt man ...e Forderung Wavells müsse auf ...anische Initiative zurückge... ...Amerikaner haben ...zur Ausführung großer Operationen ...abgelehnt, die England für politische ...indische Hinterland gesorgt habe.

...e Unterhausabgeordnete, die am Handel in Indien besonders interessiert sind, ...

...nicht etwa mit Engländern in Indien — an der Gründung neuer Fabriken beteiligen. Die amerikanischen Industriellen haben in Indien versichert, daß die amerikanische Botschaft in London jederzeit bei der Bank von England die Freigabe dort beschlagnahmter indirekter Guthaben für die Einzahlung derartiger Beteiligungen durchsetzen könne.

Verstaatlichung der französischen Wirtschaft

Genf, 29. April

In den Wirtschaftskreisen der ganzen Welt erregt eine Erklärung des französischen Ministers für Industrie und Produktion Aufsehen, wonach die ganze französische Wirtschaft der staatlichen Kontrolle unterstellt werden soll. Die Privatinitiative soll künftig nur noch in...

Groß...

Überall heldenhaft
Zornige ...

PK. Vom Allgäu über Augsburg ...die Großschlacht, die den südlichen ...gibt auch diesem weitere hundert Kilometer ...längst durch zahlreiche Vorstöße ...Überall stehen unsere Divisionen und ...Marokkaner und gaullistische Fran...die immer erneut ihre Linien erstürmen ...herum gegen die Hauptstadt Bayerns...

Ständig flieht die Front unter den ...Schlägen, die mit stärkster Luftwaffen-, ...und Artillerieunterstützung gegen sie ...werden. Trotzdem aber gelang es ...gends, ihren Zusammenbruch für läng...rmige Stunden zu erreichen. Noch immer ...den sich dann Reserven ein, die, v...durch Volkssturm und Hitler-Ju...Lücken schlossen und, wenn auch un...länderweitest, die gegnerische Führung zu ...Aufmarsch und neuem verlustreichen ...des zwangen.

So kommt es, daß in wesentlichen Teil...Front noch immer die Donaulinie ...wird, wenn auch tiefe Einbrüche, d... ...Allgäu her nach Osten, vom Raum Ingol...Regensburg nach Süden zielen, nicht ...dort werden konnten. Der Lorbeer des ...Inige gegen eine überwältigende Über...kommt den gleichermaßen auf das Hau...ragleren Einzelkämpfer wie auf das ...punktbesatzungen, die auf das ...einer in allen Lagen unverzagten und ...dipen militären und höheren Truppenf... ...Dabei hat sich erneut die Erfahrung ...Krieges bestätigt, daß die sogenannten ...liche Hinderung", wie Fluß...e es nun ...aus nicht die Eckpfeiler einer Verteidigung ...eines Widerstandes sein müssen. Das ...Halt für einen mit den modernsten Mitteln ...greifenden Gegner bildet nicht der Fl...Berg oder eine Sumpfstrecke, sondern allein ...Mann und sein Herr. Es mag widersin...scheinen wenn ein Blick auf die Kart...geographische Verteidigungslinie biete ...solche These absoluten, aber der Verlauf ...entscheidender Phasen der letzten beiden ...erhärtet die Richtigkeit einer solchen ...legung.

Es ist deshalb absolut falsch, den Erfol...Mißerfolgsgeraren Kampfes in Bayern ...notisch nach dem Halten oder Verlassen ...Donaulinie zu beurteilen. Besonders ...

Fortschritte in de...
Ziegenh...

In der Schlacht um Bautzen griff... ...beiden Seiten neue Kräfte ein. Dem Feind ...lang es nicht, unser Vordringen aufzu... ...Durch unsere Angriffe wurde vielmehr ...menz entsetzt und die Linie ...Kamenz erreicht. 235 vernichtete feind... ...Panzer und über 350 Geschütze aller ...darken entriss das von uns ...Schlachtfeld. Außerdem mußte der Fei...900 Tote ...

BEOBACHTER

alistischen Bewegung
lands

Schriftltg.: München 12, Schellingstr. 39 · Druckanschr.: München 2 BS, Schleißheim 304 · Der
Beobachter München · Berliner Schriftltg.: Berlin SW 68, Zimmerstr. 88, Ruf 22 06 22 · Bezieher
verbindlich 6mal · Bezugspreis in München durch Träger Rbl. 2.50 zuzüglich Zustellgeld, bei
Agenturen RM. 2.— einschl. Zustellgeld, durch die Post RM. 2.80 einschl. 30 Pf. Postgebühr, zuzügl.
Zustellgebühr · Einzelnummern können bis auf weiteres nicht nachgeliefert werden.

lacht um Bayern

erstand – Stoß auf München erneut vereitelt
ng des Liliputputsches in München

und vom Donaukanle bis Passau tobt
aum des Reiches zertrümmern soll. Es
Ring, der halbkreisförmig, noch ver-
chtungen, keine ruhigen Abschnitte.
ätesten Abwehrstellungen zwar die Oder-
n fassungslosem Staunen über die Oder-
tiefen sich aber dann in einem nur noch
ise von der Natur begünstigten Abwehr-
n fest. Dort verläuft sie auch heute noch
Monaten, wozu der Widerstand der
elassenen Stützpunktbesatzungen in
u, Glogau, Steinau usw. durch einen erden Kräfteverzehr wesentlichen Anteil

die augenblickliche schwierige Situation
yerischen Front platzte nun am Morgen
April die Nachricht von dem Lili-
ner-Rundfunkputsch in München
Zunächst erfuhren die kämpfenden Trup-
n fassungslosem Staunen über die Zivil-
erung die stark an einen veralteten
chen Nachrichten über die
des Hauptmanns Gerngroß. Allein schon
den Anführern dieses Unternehmens
ein anfänglicher Witz zu sein. Doch er-
aber ein doppelter Zorn die in hartem
stehenden Soldaten, insonderheit schon
eweigen aufklärenden Worten des Gau-
über den Rundfunk, durch die sich her-
litt, wie wenig die oberbayerische Be-
ung mit diesem Unternehmen zu tun
Aus der Sensation eines regnerischen
orgens wurde rasch wieder die An-
heit in ihrer Bedeutung auf den Maß-
qarsar das ihr tatsächlich hat nämlich
— man möchte sagen kurioser wenn
t so bedauerlich wäre – Randglosse zu
weltigen Entscheidungskampf unserer
ie hat ihn weder beeinflussen noch
und etwas an der Kampfentschlossen-
r im bayerischen Raum stehenden Di-
n gändert. Sie schwoll plötzlich gleich
Seifenblase zu Strohhalm ängstlicher
er auf und ist ebenso wieder zerplatzt

lacht um Bautzen
erobert

er Südfront scheiterten die feind-
Versuche, in den obere Eischtal ein-
en. An der unteren Etsch ziehen unsere
im Kampf gegen starke feindliche
denen sie hohe Verluste zufügten.
age im Kampfabschnitt Flume und Im
und Ostkroatien die sich trotz zahl-
eltiger Angriffe ebensowenig ver-
wie an der oststeirischen Grenze, im

und vergessen. „In ein paar Tagen wird kein
Mensch sich mehr an diese Episode erinnern
können" — mit diesem Worten traf der vor
einem Gegenangriff stehende Kommandeur
eines Grenadierbataillons im Raume Augsburg
am besten den Wert der vielmehr Unwert
dieses Miniaturmikrophonputsches.
Kriegsberichter Leutnant Edgar Rissinger

Ulm, Augsburg, Kempten und Schongau
in Feindeshand

München, 29. April

An der Donaufront von Deggendorf bis in
den Raum westlich Ingolstadt stehen unsere
Truppen in schweren Abwehrkämpfen mit den
vordringenden amerikanischen Kampfgruppen.
Während der feindliche Brückenkopf bei
Neustadt a.d.D. beseitigt werden konnte,
gelang den Amerikaner ein Einbruch südlich
Regensburg zum Vorstoß bis Pfaffen-
hofen an der Ilm. Ulm fiel nach hartem
Kampf in Feindeshand. Im bayerischen Schwa-
ben drang der Gegner bis in die Vorberge der
Alpen vor und konnte nach harten Kämpfen
auch in den Besitz Augsburgs Kemp-
tens und Schongaus setzen. Dagegen ver-
hielten gaullistische Truppen am Bodensee und
im Südteil Württembergs und Badens.

Nördlich von Fürstenstein im Raum
ostwärts Tittling wiesen deutsche Sper-
verbände einen massierten Feindvorstoß von
Norden her ab. Die Amerikaner wurden dadurch gewungen, auf Nebenstraßen einzu-
drehen. Sie büßten bei den sich entwickeln-
den Kämpfen mehrere schwere Panzer ein, die
durch Nahkampfwaffen vernichtet wurden.

Er darf nicht übersehen werden, daß sich
im Rücken der größentteils von Kolonial-
divisionen bestehenden Feinddormo zwischen
Ulm und dem Bodensee noch zahlreiche
deutsche Widerstandsnester verteil
... die melden, wie ... Ungläst?
Weber meldet damit mehrere, feindliche Divisionen zwischen dem südlichen Schwarzwald
und der schweizerischen Grenze und stellen
eine Bedrohung der feindlichen
Nachschubwege dar.

Bei Günzburg und Burgau fügten unsere
tapferen Verbände den auf der Straße Ulm–
Augsburg vorstoßenden Panzer- und Infanterie-
spitzen schwere Verluste zu.

mern sich an jedes Haus, jedes Hindernis und
jeden Sperriegel und kämpfen mit größter Ver-
bissenheit. Aufforderungen zur Niederlegung
der Waffen werden durchweg abgelehnt.

Der Führer des Steirischen Heimatbundes
gefallen

An der Spitze der von ihm geführten Volks-
sturmmänner, mit denen er sich den in sin-
nloses Land eingefallenen bolschewistischen
Horden entgegenwarf, und die sie im Gegenangriff zurückzuwerfen hatten, ist Gauamts-

Weltrevolution
auf der Weltkonfer

VB. München, 29

Molotow sucht sich zum Diktator
ferenz von San Franzisko zu mach
demonstriert auf diese Weise, was
Kreml unter „Demokratie" versteht.
den amerikanischen Außenminister ab
gen Präsident der Konferenz ab, ob
ein selbstverständliches Recht, aber diplo
Brauch ist, den Delegationsführer d
orbenden Staates zum Präsidenten zu
Aber was kümmern den bolschew
Außenkommissar die diplomatischen S
kapitalistischen Mächte? Stettinius
nicht, also lehnt er ihn ab und verla
Präsidentenwahl durch Stimmenmehr
Was damit bezweckt werden soll.
Die Sowjets wollen einen Abstim
über ihre Bundesgenossen erringen, d
auf der Weltkonferenz der Welt bewe
weit die Weltrevolution schon gedieh
eigenes Lande auf der von der eigene
rung vorbereiteten Konferenz soll der
nische Außenminister aus dem Sattel
und so den Großen und Kleinen, de
pfern, Amerikanern und Asiaten
werden, daß die Konferenz von San F
unter dem Befehl von Moskau steht i
die Amerikaner sich ihrem Machtspruc
zu fügen haben. Also eine Wiederhol
Teheran und Jalta im großen.

Die Bolschewisten haben, nachdem
Rücksichten auf die übliche diplo
Möglichkeit preisgegeben haben, ein
plumpes aber offenbar nicht ganz
dummes Trick gefunden, um ihren bo
schen Verbrechen gleich am Anfang
genannten „Zusammenarbeit" eine Nie
beizubringen, von der sie sich auf kei
folgenden Konferenz mehr erholen kön
dirigieren die Stimmen der Sowjeto
und Weißrußlands, lassen sich auch d
rationen Norwegen und Trans zu
haben, wie man weiß, je noch in ein
ist- und südamerikanischen Staaten
ihren tieferen Notariate in Mexiko, U

dann lange gegen von versönglen
Minen gericht ... ...Im Lauf der Konfere
noch entladen können. Die Abstimm
den Präsidenten kann aber für die Wes
zu peinlichen Überrascl gen führen
wenn man immer noch „der Schweize
sowjetischen Lubli- Polen sicht oder no
zugelassen sein will?

„Wenn also Eden, wie wir gemelde
tiefsteufzernd erklärte: „Wir müssen e
Einigung kommen, weil ein neuer
das Ende aller Zivilisation wäre", so l
er sich in genau der Stimmung, in die
Kreml sehen und Molotow haben will,
bolschewistischen Ziel zu erreichen. Dr
schert sich der Sowjetkommissar um die
sation? Er ist dazu da, sie zu erobern
deshalb ist er auch nach San Franz
schickt worden. Von allem Anfang an
nen sich die Bolschewisten zu dem Gr
„Alles, was besteht, ist wert, daß es z
geht." So sind sie vom ersten Tag an
so zu fahren sie fort, und mit dieser
baren Zerstörungswillen hat Stalin ...

Es kann nun aber auch durch einwandfreie Zeugen nachgewiesen werden, daß diese beiden Herren von der Technik einer illustrierten Zeitung rein nichts verstehen und daß sie sich um die Redaktion, für die sie nach dem Gesetz verantwortlich zeichneten, nie gekümmert haben. Denn die Redaktion besorgte nach wie vor die tschechische Jüdin Gusti Hecht. Die Herren Fritz Kirchhofer und Heinz Seuster waren demnach richtiggehende Strohmänner, die genau gewußt haben, um was es sich handelte.

Unsere Leser werden sich denken können, daß dies nicht die einzige Abteilung des Hauses Mosse war, in dem derartige Manöverchen exerziert wurden bzw. werden.»

Siehe hierzu auch: *Hans Hinkel: Schluß mit der Tarnung und Verfilzung*, in: *Der Angriff* vom 27. 7. 1935.

Vgl. auch die kritische Analyse von Margret Boveri: *Wir lügen alle. Eine Hauptstadtzeitung unter Hitler. Texte und Dokumente zur Zeitgeschichte*. Olten und Freiburg i. B. 1965 (Ein Beitrag zur Geschichte des *Berliner Tageblatts*.)

Als Nachricht in: *Jüdische Rundschau*, März/April 1933, Nr. 3, Auszug; die *Jüdische Rundschau* ist 1896 in Berlin gegründet worden.

Unter der Überschrift «Antisemitismus bei Mosse» schreibt der «Völkische Beobachter» am 5. April:

«Es geschehen Zeichen und Wunder! Der jüdische Zeitungskonzern Mosse hat dieser Tage nicht weniger als 118 jüdische Angestellte, Sekretäre und Stenotypistinnen entlassen.

Wenn das so weiter geht, sind in diesem Jahr nicht erst im Herbst, sondern schon im Frühjahr alle Blätter braun!»

Darauf antworten am 5. d. M. abends die Mosse-Blätter wie folgt: «Soweit Entlassungen in der Firma Rudolf Mosse verfügt wurden, entsprach dies den mit dem Boykott zusammenhängenden Richtlinien der Nationalsozialistischen Partei, beziehungsweise der Betriebszellenorganisationen.

Was jedoch auf keinen Fall möglich ist, das ist die Methode, mit welcher das Organ eben derjenigen Bewegung, deren Richtlinien in der Frage der Entlassungen stattzugeben war, den Vollzug solcher Richtlinien zu einem Angriff auf den Verlag und zu einer Verhöhnung benutzt. Wir glauben, daß die Sache viel zu ernst und, nicht nur für die Betroffenen allein, viel zu traurig ist, als daß man in einem Organ, welches doch den Vollzug solcher Richtlinien bejahen muß, noch Salz in die Wunden streut. Es entspricht nicht den grundsätzlichen Äußerungen führender Männer der Regierung, wenn die Umgestaltung Deutschlands in einem solchen Geiste durch Randglossen begleitet wird, die diejenigen, welche die Macht ausüben, nicht nötig haben, und die den Betroffenen den schweren Weg noch unnötig verbittern. Was die sachlichen Angaben der genannten Notiz angeht, so können wir erklären, daß diese Angaben nicht wahr sind.»

Diese Antwort des Verlags Mosse ist überaus interessant, weil sie ein Licht wirft auf Vorgänge, die sich gegenwärtig keineswegs nur im Verlag Mosse, sondern in zahlreichen Juden gehörenden Betrieben ereignen. Überall werden Massenentlassungen jüdischer Angestellter erzwungen, und zwar nicht etwa nur leitender Kräfte, sondern gerade auch der mittleren und kleinen Angestellten. Menschen beiderlei Geschlechts, die 80 RM im Monat verdienen, werden unerbittlich ihrer Erwerbsmöglichkeit beraubt. Die Frage, was mit ihnen geschehen soll, ist bisher in der deutschen Öffentlichkeit nicht erörtert worden.

Zugleich aber ist diese Angelegenheit ein Anlaß, sich mit der Haltung der Mosse-Blätter und insbesondere des «Berliner Tageblatts» zu beschäftigen. Auch heute noch wird das «Berliner Tageblatt» vielfach als «jüdisches» Blatt betrachtet, obwohl in mehreren offiziellen Leitartikeln unmißverständlich erklärt worden ist, daß die Redaktion nunmehr in rein christlich-arischen Händen liegt. Gerade unseren Lesern brauchen wir nicht zu erklären, daß nach unserer Meinung das «Berliner Tageblatt» niemals den Titel eines «jüdischen» Blattes verdient hat. Diese Zeitung war stets vor allem ein Geschäftsunternehmen.

Zeitungsanzeige

Rundschreiben Nr. 69

Siehe hierzu auch: *In eigener Sache*, in: *Krefelder Zeitung* vom 23. 4. 1933.

Reichsverband der deutschen Zeitungsverleger
(Herausgeber der deutschen Zeitungen) E. V.
Fachverband der Reichspressekammer
Berlin W 35, Standartenstraße 14
Fernsprecher: B 1 Kurfürst 95 61
Telegramm-Adresse: Hadedezet

Stempel: M/Z-L. II/5339.
Zur Kenntnisnahme.   Berlin W 35, den 28. 10. 1935.

L. V. Rundschreiben Nr. 69.
Zu Verhandlungen mit dem Reichspostministerium und der Wirtschaftsgruppe Einzelhandel wegen des Rückganges im Anzeigengeschäft brauchen wir einige Angaben über den Ausfall der jüdischen Anzeigen und der damit verbundenen Anzeigenmüdigkeit arischer Geschäfte und über Postwurfsendungen. Es genügt eine Zusammenstellung grösserer, mittlerer und kleinerer Verlage; von jeder Gruppe etwa drei. Diese Angaben sollen folgendes enthalten:

1) Wie gross war der Anzeigenumsatz in den Jahren 1932, 1933 und 1934?

2) Welche Anteile hatten die jüdischen Geschäfte hieran (in Prozenten)?
3) Wie gross ist im Jahre 1935 der Ausfall infolge Ausschluss der jüdischen Anzeigen?
4) Wie gross ist der dadurch hervorgerufene Ausfall an arischen Anzeigen, sofern dies feststellbar ist?
5) Welche jüdischen Geschäfte sind zur Postwurfsendung übergegangen?
6) Welche arischen Geschäfte sind zur Postwurfsendung übergegangen?
7) Wie hoch schätzen die Verlage die Werbungskosten für andere Werbungsmittel, Postwurfsendung, Prospekt usw. einzelner von diesen Geschäften, soweit Unterlagen hierfür durch Rücksprachen pp. zu verschaffen sind?

Wir sind uns klar darüber, dass diese Angaben nicht 100 %ig gemacht werden können. Einzelne Verlage werden aber in der Lage sein, so treffende Angaben machen zu können, dass wir sie als beweisbare Unterlagen für unsere Verhandlungen benutzen können.

Wir benötigen diese Angaben bis spätestens Dienstag den 5. November 1935.

Heil Hitler!
Reichsverband der deutschen Zeitungsverleger
(Herausgeber der deutschen Zeitungen) E. V.
Der Geschäftsführer: *Unterschrift*

N. B.
Zur schnelleren Durchführung dieser Ermittlungen fügen wir Ihnen in der Anlage 20 Fragebogen bei, die Sie der Einfachheit halber den Verlagen zustellen und uns ausgefüllt zurücksenden wollen. D. O.

Der Fragebogen

1) Wie groß war der Anzeigenumsatz in den Jahren
    1932   1933   1934
2) Welche Anteile hatten die jüdischen Geschäfte hieran . . . . . . v. H.
3) Wie groß ist im Jahre 1935 der Ausfall infolge Ausschluß der jüdischen Anzeigen . . . . v. H.
4) Wie groß ist der dadurch hervorgerufene Ausfall an arischen Anzeigen, sofern dies feststellbar ist . . . . . v. H.
5) Welche jüdischen Geschäfte sind zur Postwurfsendung übergegangen.
    (Nur Angabe von einigen größeren Ortsinserenten)
6) Welche arischen Geschäfte sind zur Postwurfsendung übergegangen
    (Nur Angabe von einigen größeren Ortsinserenten)
7) Wie hoch schätzen die Verlage die Werbungskosten für andere Werbungsmittel, Postwurfsendungen, Prospekt usw. einzelner von diesen Geschäften, soweit Unterlagen hierfür durch Rücksprachen pp. zu verschaffen sind.

«Jüdische Reklame im Wochenblatt»

Als Nachricht in: *Wochenblatt der Landesbauernschaft Sachsen* vom 31. 1. 1937, S. 145.

In verschiedenen Gegenden Sachsens sind in der letzten Zeit von dem Briefträger zusammen mit dem Wochenblatt Reklameprospekte jüdischer Firmen abgegeben worden. Zum Teil hat der Briefbote die Prospekte mit anderen Postsachen dem Wochenblatt beigelegt und so in den Kasten gesteckt oder persönlich abgegeben. Daraus ist stellenweise der Eindruck erweckt worden, als ob die Reklame dieser Firmen vom Wochenblatt mit versandt würde. Demgegenüber stellen wir fest, daß das Wochenblatt selbstverständlich niemals eine jüdische Reklame aufnimmt. Wo Wochenblatt und jüdische Reklame, die als sogenannte Postwurfsendung von der Firma bei der Post in Auftrag gegeben wurde, gemeinsam verteilt werden, handelt es sich also nur um ein zufälliges Zusammentreffen. Der Postbote verteilt in diesem Falle versehentlich die Sendungen zwei verschiedener Auftraggeber, nämlich einmal des Landesbauernschaftsverlages und zum anderen der jüdischen Firma. Der Verlag hat in keinem einzigen Falle einen Auftrag jüdischer Firmen angenommen, dem Wochenblatt Werbungsprospekte beizulegen. Auf jede Werbung einer Firma, die unserem Wochenblatt beiliegt, wird bei uns unter der Rubrik «Geschäftliches» besonders hingewiesen.

Verlag des Wochenblattes der Landesbauernschaft Sachsen

Ein Gerichtsurteil

Anzeigenverträge mit Juden, in: *Zeitungs-Verlag* vom 1. 1. 1938, Auszug.

Eine nichtarische Generalvertreterin einer Firma hatte einer Gauzeitung der NSDAP eine Anzeige aufgegeben. Ein als Verlagsvertreter und Werber beschäftigter Verlagsangestellter hatte die Anzeige entgegengenommen und ihr Erscheinen für den gleichen Tag zugesichert. Der Anzeigensachbearbeiter lehnte sie jedoch nach Rücksprache mit dem verantwortlichen Anzeigenleiter ab, da er inzwischen festgestellt hatte, daß die Generalvertreterin auf der Liste nichtarischer Gewerbetreibender stand. Das Amtsgericht Jena, das in dem von der Generalvertreterin daraufhin angestrengten Schadensersatzprozeß gegen den Gauverlag der NSDAP zu entscheiden hatte, erklärte Anzeigenverträge zwischen Juden oder Judenstämmlingen und einer nationalsozialistischen Tageszeitung für nichtig. Die Tatsache der nichtarischen Abstammung und die Tatsache, daß es sich auf der Gegenseite um eine Gauzeitung der NSDAP und nicht um ein beliebiges gewerbliches Unternehmen handele, seien wesentlich; sie gehörten zum Inhalt des Vertrages. Ein Anzeigenvertrag habe daher überhaupt nicht wirksam abgeschlossen werden können. Dann heißt es in der Urteilsbegründung, die am 14. September 1937 ergangen ist, wörtlich: «Es widerspricht den elementarsten nationalsozialistischen Grundsätzen, daß eine parteiamtliche Zeitung Anzeigen von Nichtariern aufnimmt. Zu dem lebenswichtigen Kampf um die Freiheit der Presse vom jüdischen Einfluß gehörte und gehört die Ausschaltung der jüdischen Anzeigenaufträge. Es ist deshalb für jeden Deutschen selbstverständlich, daß eine nationalsozialistische Zeitung keine Anzeigen von Juden oder Judenstämmlingen aufnimmt. Inhalt und Ziel eines solchen Anzeigenvertrages würden gegen nationalsozialistische Grundüberzeugungen und damit gegen die guten Sitten verstoßen. Darum ist ein solcher trotzdem abgeschlossener Vertrag von vornherein nichtig.» Aus einem nichtigen Anzeigenvertrag könne aber kein Anspruch auf Schadensersatz hergeleitet werden.

Diversa

Die Idee eines Studenten

Dokument CXLII – 228.

Geheim

An den Herrn
Hauptschriftleiter des
Völkischen Beobachters,
Berlin, Zimmerstr.

Der Polizeipräsident.
Staatspolizeistelle für den
Landespolizeibezirk Berlin.
Stapo 6. 30. Geh.
Berlin, den 7. März 1935.

Anlässlich einer schwebenden Ermittlungssache wurde fest gestellt, daß der Student (Journalist) Solon Germain, 13. Oktober 1906 Charbin/China geb., Russe, Berlin-Schöneberg, Güntzelstr. 2 bei seiner Mutter wohnhaft, 3 Monate lang für den Völkischen Beobachter eine Artikelserie «Drei Staaten machen eine Revolution» geschrieben hat. Germain ist Jude.

Ich bitte hiervon Kenntnis nehmen zu wollen, da beim Abdruck der Artikelserie dieser Umstand unbekannt gewesen sein dürfte.

Im Auftrage:
gez. Reinke.
Beglaubigt:
Stempel
König.
Polizeipräsident
Kanzleiangestellte.
Staatspolizeistelle für den Landespolizeibezirk Berlin. gl. –

«Betrifft: Etwaige Streichung der jüdischen Schriftleiter aus der Berufsliste»

Der Schreiber dieses Briefes mit Anlage, Stefan Kayser, *1900, war Musik-, Theater- und Kulturkritiker; gerichtet ist der Brief an Werner Stephan im Propagandaministerium.

handschriftlich: erl. Hi.
Herrn Oberregierungsrat Stephan
Reichsministerium   Dr. Stefan Kayser
für Volksaufklärung und Propaganda   Berlin SW 68, den 27. 8. 35
Berlin W 8 Wilhelmplatz 8/9   Lindenstr. 69

Sehr geehrter Herr Oberregierungsrat!
Wie verlautet, wird im Zuge der Neuordnung und Zusammenfassung des jüdisch-kulturellen Lebens im Reich auch der Gedanke erwogen, die in die Berufsliste eingetragenen jüdischen Schriftleiter aus dem Reichsverband der deutschen Presse auszuschließen, was ihre Streichung aus der Berufsliste bedeuten würde. Ich erlaube mir deshalb, Ihnen in der Anlage eine Darlegung der Gründe zu überreichen, die, wie ich glaube, von den jüdischen Schriftleitern gegen eine solche Maßnahme vorgebracht werden können. Ich betone, daß es sich dabei lediglich um meine eigene Anschauung und Äußerung handelt. Dabei berufe ich mich auf meine 12jährige Tätigkeit als Schriftleiter und auf die Erfahrungen, die ich in der jüdischen Presse habe sammeln können. Vor allem aber versichere ich, daß mir nichts ferner liegt, als auf Maßnahmen einen Einfluß auszuüben, der durch die Gesetzgebung und durch die Struktur der Publizistik in Deutschland für meinesgleichen von vornherein unmöglich ist. Es liegt mir lediglich daran, im Sinne dieser Gesetzgebung das darzustellen, was sich auf der Seite der Betroffenen aus einer solchen Maßnahme ergeben würde. Ich bitte Sie, sehr geehrter Herr Oberregierungsrat, von den beifolgenden Ausführungen den Ihnen geeignet erscheinenden Gebrauch zu machen.

Anlagen
handschriftlich: In vorzüglicher Hochachtung
Herrn Hinkel, Reichskulturkammer   ergebenst
(unleserlich) St. 28. 8.   Kayser

Anlage
Betrifft: Etwaige Streichung der jüdischen Schriftleiter aus der Berufsliste.
Im Zuge der Neuordnung des jüdisch-kulturellen Lebens in Deutschland dürfte auch die im Reich erscheinende jüdische Presse von der Regelung der Zugehörigkeit zur Reichskulturkammer erfaßt werden, wie das so-

eben mit den nichtarischen Musikern und Musiklehrern der Fall war. Aus diesem Grunde sei es im nachstehenden einem in der jüdischen Presse tätigen und in die Berufsliste eingetragenen Schriftleiter gestattet, die Gründe vorzubringen, die, von ihm aus gesehen, gegen eine Streichung der jüdischen Schriftleiter aus der Berufsliste sprechen. Dabei scheiden alle Gedankengänge aus, die sich mit den für die allgemeine Presse zugelassenen Schriftleitern nichtarischer Abstammung befassen. Es sei hier lediglich von den jüdischen Schriftleitern die Rede, die entsprechend der Zulassung von Ausländern für Minderheiten-Zeitungen, für jüdische Zeitungen zugelassen sind, deren Leserschaft sich ausschließlich aus Juden zusammensetzt, und die ausschließlich jüdische Probleme behandeln. (§ 16, b, der Durchführungsverordnung zum Schriftleitergesetz). Diese Schriftleiter unterliegen nach den bestehenden Bestimmungen der Aufsicht und Kontrolle durch den Berufsstand der Schriftleiter.

Auch wenn diese Aufsicht und Kontrolle eine andere Regelung finden sollte, wird an der Schriftleitereigenschaft der in diesem Berufszweig tätigen Personen nichts geändert. Die durch das Schriftleitergesetz festgelegten Berufsaufgaben treffen unter Berücksichtigung der entsprechenden Vorzeichen auf diese Schriftleiter nach wie vor zu. Mit ihren schriftleiterischen Pflichten verbunden bleiben aber auch die Rechte, die sie auf Grund des Schriftleitergesetzes besitzen, und die in Wegfall geraten würden, falls ihre Streichung aus der Berufsliste zur Tatsache werden sollte.

Diese Rechte betreffen vor allem das Verhältnis zu den Verlegern. Die Bedeutung, die das deutsche Schriftleitergesetz grundsätzlich besitzt, und die in der Anerkennung der ganzen Welt zum Ausdruck kam, besteht gerade in dieser Regelung des Verhältnisses von Verleger und Schriftleiter. Wenn auch das Gesetz zuerst und zuoberst für die deutsche Presse geschaffen wurde, so dürften die außerordentlichen Vorteile, die es für jede Zeitungsgestaltung bietet, auch den Zeitungen zugutekommen, die innerhalb des Reiches, ähnlich wie die der nationalen Minderheiten, nicht zur deutschen Presse gehören, aber in deutscher Sprache erscheinen und in der äußeren Form den Zeitungs- bzw. den Zeitschriftencharakter wahren. Sie unterliegen den gleichen inneren Gesetzen der Text- und Inhaltgestaltung wie alle anderen Zeitungen.

Die Verantwortung, die der Schriftleiter einer jüdischen Zeitung trägt, ist gegenüber dem Reich und gegenüber der Gemeinschaft, für die er wirkt, so groß, daß der Schutz gegenüber seinem Verleger die unentbehrliche Voraussetzung für seine Berufsausübung bildet. Bei der großen Zahl jüdischer Schriftsteller wären die Verlage jüdischer Zeitungen nur allzu leicht vor die Möglichkeit gestellt, einen Wechsel innerhalb der Schriftleitungen so häufig vorzunehmen, daß ein Zustand der Willkür an die Stelle einer geordneten Berufsauslese treten müßte. Das berufliche Chaos, das in der Presse vor dem Schriftleitergesetz vorhanden war, würde auf diese Weise in dem, wenn auch kleinen, aber für eine halbe Million in Deutschland lebenden Menschen bedeutsamen jüdischen Sektor nach kurzer Zeit ausbrechen. Das würde jedoch die Arbeit innerhalb dieser Presse und ihre Kontrolle von seiten des Reichsministeriums für Volksaufklärung und Propaganda zweifellos erheblich erschweren.

Auch die Unabhängigkeit des Schriftleiters gegenüber den einzelnen Körperschaften würde durch eine Streichung aus der Berufsliste gerade bei den jüdischen Schriftleitern außerordentlich schwer beeinträchtigt werden. Die jüdische Öffentlichkeit in Deutschland, ihre Gemeindevertretungen und körperschaftlichen Gruppen bedürfen einer unabhängigen und meinungsfesten Behandlung in der Presse; gegenüber einem rechtlich ungesicherten Schriftleiter können sich die Sonderinteressen ungleich erfolgreicher behaupten, und eine aufbauende Kritik am öffentlichen Leben wäre damit unterbunden. Aber auch das kann nicht im Interesse des Staates liegen, der das Eigenleben der religiösen und anderen Körperschaften gewahrt wissen will, zugleich aber auch ein Interesse daran hat, daß dies auf einer gesunden Basis geschieht.

Mit der rechtlichen Unsicherheit eines Schriftleiters sind, wie die Vergangenheit an zahlreichen Beispielen gezeigt hat, auch schwere soziale Beeinträchtigungen verbunden. Aus all diesen Gründen erscheint eine rechtliche Sicherung auch der jüdischen Schriftleiter im allgemeinen Interesse. Es sei deshalb zum Schluß gestattet, eine Anregung zu unterbreiten, für den Fall, daß die Streichung aus der Berufsliste und die Ausschließung aus dem Reichsverband der deutschen Presse für die Schriftleiter an jüdischen Zeitungen zur Tatsache werden sollte. Ein Verband der jüdischen Presse innerhalb des Deutschen Reiches, für den sinngemäß die Bestimmungen des Schriftleitergesetzes festgelegt werden, und der als eine Körperschaft des öffentlichen Rechts zu gelten hätte, könnte die Berufssicherung ergeben, die dem Schriftleiter jeder Art zu grundsätzlichen Voraussetzung für seine Berufsausübung dient. Im Gegensatz zu der Entfernung der Musiker und Musiklehrer aus der Reichskulturkammer würde dies jedoch lediglich eine organisatorische Verpflanzung bedeuten, wobei zu berücksichtigen ist, daß die für die jüdische Presse zugelassenen Schriftleiter ja auch bisher, im Gegensatz zu den Musikern und Musiklehrern, ausschließlich für ihren Sektor bestimmt und für ihn tätig waren.

Stefan Kayser
Schriftleiter
(RDP)

Berlin, d. 27. 8. 35

Behördliche Verfügung

Die *Jüdische Rundschau* wurde 1939 verboten. Über jüdische Zeitungen, die im Dritten Reich noch erscheinen durften, siehe Margaret T. Edelheim-Muehsam: *The Jewish Press in Germany* in: *Year-Book I, Publications of the Leo Baeck Institute of Jews in Germany*, London 1956, S. 174 f; Robert Weltsch: *Jüdische Presse vor 30 Jahren* in: *Vom Schicksal geprägt – Freundesgabe zum 60. Geburtstag von Karl Marx*, Herausgeber Marcel W. Gärtner, Dr. Hans Lamm und Dr. E. G. Loewenthal, Düsseldorf 1957; *German Jewry, its History, Life and Culture*, London 1958, S. 237 f.

Herrn	Jüdische Rundschau
Herbert Frank	Berlin W 15, Meinekestr. 10
Duisburg-Laar	Telefon: Sammelnummer 91 90 31
Rheinstr. 17	Berlin, den 20. April 1938 Dr. R./Br.

Sehr geehrter Herr Frank,
in Erledigung Ihrer Karte vom 14. d. Mts. teilen wir Ihnen mit, dass laut behördlicher Verfügung die Zustellung jüdischer Zeitungen an Arier nicht zulässig ist.

Hochachtungsvoll
Jüdische Rundschau
G. M. B. H.
Unterschrift

Anordnung vom 6. September 1935

Die *Westfälische Landeszeitung*, Dortmund, vom 11. 9. 1935 kommentierte die betreffende Anordnung unter der Überschrift: *Sauberkeit in allen Dingen* wie folgt:

«Mit seiner Anordnung über den Verkauf jüdischer Blätter hat der Pg Amann nicht nur einen weiteren Schritt auf dem Wege zur Ausmerzung alles Jüdischen auch im öffentlichen Leben getan, sondern auch allen Nationalsozialisten und deutschen Volksgenossen eine Freude bereitet. Es war manchmal für viele von uns eine harte Geduldsprobe, neben den Blättern der Bewegung an den öffentlichen Zeitungsständen die jüdische Presse mit ihren gar nicht bescheidenen, ja oft polemischen Schlagzeilen sehen zu müssen. Daneben war es oft gar nicht zu übersehen, daß gewisse Zeitungshändler, auf der Jagd nach Profit, in Städten mit starker Judenbevölkerung diese jüdische Presse besonders herausstellten und so geradezu würdelos ihren Kotau vor den Fremdrassigen machten.

Das hat nun alles aufgehört. Rebekka und Moses mögen nach wie vor ihr Judenblatt lesen. Aber nun ist die deutsche Öffentlichkeit davon verschont, dieses Blatt in aufdringlicher Form immer wieder vor Augen gebracht zu bekommen. Darüber hinaus aber wird nun eine ganze Anzahl von Zeitgenossen davor bewahrt, um der Zehners aus Judenhand willen Würdelosigkeit zu demonstrieren. In diesem Zusammenhange ist es auch wohl angebracht, den jüdischen Bevölkerungsanteil selbst zur Zurückhaltung und Bescheidenheit zu mahnen.

Nachdem die Judenpresse aus dem öffentlichen Handel verschwunden ist, wollen wir nunmehr auch sehen, daß die Judenzeitungen aus gewissen Lokalen, falls sie überhaupt noch Wert auf deutsche Gäste legen, endgültig verschwinden.

So ist also wiederum ein Schritt vorwärts getan. Keine große einschneidende Verfügung wurde erlassen, keine Umwälzung auf politischem oder wirtschaftlichem Gebiet wurde verkündet, wohl aber der Wille des Nationalsozialismus nach Sauberkeit in allen Dingen neuerdings unterstrichen.»

Auf Grund des § 25 der Ersten Verordnung zur Durchführung des Reichskulturkammergesetzes vom 1. November 1933 (RGBl. 1/33 S. 797 ff.) bestimme ich folgendes:

Das öffentliche Anbieten und der Verkauf von Zeitungen und Zeitschriften, die sich ganz oder zum Teil, sei es dem Titel oder dem Inhalte nach, an die jüdische Bevölkerung richten, ist verboten. Der Verband deutscher Zeitungs- und Zeitschriften-Grossisten und die Reichsfachschaft des deutschen Zeitungs- und Zeitschriften-Einzelhandels werden beauftragt, die Durchführung dieser Anordnung zu überwachen.

Diese Anordnung tritt am 1. Oktober 1935 in Kraft.

Der Präsident der Reichspressekammer

Berlin, den 6. September 1935   Amann

Nach Dr. Karl-Friedrich Schrieber: *Das Recht der Reichskulturkammer*, Berlin 1936, S. 149.

Antijüdische Presse

Historisches

Dr. Ludwig F. Gengler: *Die antijüdische Presse in Großdeutschland* in: *Deutsche Presse*, Februar 1945, S. 21 f.

    Dr. phil. Ludwig Frank Gengler (Pseudonym Gerd Gerler), * 1902, Schriftsteller (Geschichte, Politik, Judenfrage); Referent im Propagandaministerium; Hauptschriftleiter der Zeitschrift *Die Judenfrage*.

Die große judengegnerische Bewegung der Nachkriegszeit wäre genau so wie ihre Vorläufer um die Jahrhundertwende nach und nach wieder versickert, wenn nicht in der NSDAP Adolf Hitlers und deren Programm, das der Führer am 24. Februar 1920 in München verkündet hatte, die große weltanschaulich-politische Plattform geschaffen worden wäre. Zur Freude der Juden war bislang jeder rassenpolitischen Aufklärung und Gegenbewegung der entscheidende Erfolg versagt geblieben, weil es an einer klaren und zielsicheren Führung fehlte und die Anhängerschaft selbst in sich uneinig war. In den Tagen der Judenrevolte von 1918 hat der erste große nationalsozialistische Publizist Dietrich Eckart[1] mit seiner Zeitschrift «Auf gut deutsch» die Brücke zu der wirklichen deutschen Erneuerungsbewegung geschlagen. «Wochenschrift für Ordnung und Recht» nannte er im Untertitel sein Organ, mit dem er die Aufklärung in rassischen und wirtschaftlichen Fragen als Judenbekämpfer eröffnete. Das erste Heft erschien am 7. Dezember 1918 in München. Damals schloß sich der von den Bolschewisten aus seiner baltischen Heimat vertriebene Alfred Rosenberg als Mitarbeiter Eckart an. In zahlreichen Heften der Zeitschrift führt er die lange Reihe geschichtlicher und literarischer Zeugen auf, die von Tacitus bis Goethe, Kant, Schopenhauer und Richard Wagner alle darin übereinstimmen, daß vom Juden zersetzende Wirkungen auf die Völker ausgehen. Zusammen mit Alfred Rosenberg schildert er den maßgeblichen Anteil der

    1 Dietrich Eckart, 1868–1923; erster Redakteur des *Völkischen Beobachters*; dort schrieb er bereits am 11. 8. 1921: «In Fetzen die geile Satansbibel, das Alte Testament!»; am Hitler-Putsch 1923 in München beteiligt und verhaftet; kurz vor Weihnachten 1923 als Schwerkranker entlassen, starb er am 23. 12. 1923; in NS-Veröffentlichungen wird er deshalb als «Märtyrer» bezeichnet; Hitlers *Mein Kampf* endet mit der Widmung an Dietrich Eckart.

Juden an Marxismus, Freimaurerei und Bolschewismus, und es gab kaum einen Zeitgenossen, der so deutlich und fordernd mit beißendem Spott auf die Notwendigkeit der Beschäftigung mit der Judenfrage hinwies, wie Eckart in der Judennummer von «Auf gut deutsch» (Heft 2 bis 5 des 2. Jahrgangs) mit den Worten: «Wer sich um die Judenfrage herumdrückt, der ist mein Feind, und wenn er in gerader Linie von Hildebrand und Hadubrand abstammt. Bis aufs Messer bekämpfe ich ihn, um so leidenschaftlicher, je schamloser er das nationale Mäntelchen achselt.» In dieser Ausgabe waren die von dem Zeichner Otto von Kursell[1] geschaffenen Bilder der zahlreichen jüdischen Machthaber seit 1918 mit treffenden Glossen Eckarts versehen. Dieses Heft – in einer Auflage von hunderttausend Stück verbreitet – hat viele Leser aller Volksschichten zum ernsten Nachdenken und zu gründlicher Beschäftigung mit der Judenfrage angeregt.

Hatte Adolf Hitler im Jahre 1920 den ehemaligen «Münchener Beobachter» aus dem Eher-Verlag als Organ der jungen NSDAP mit dem Titel «Völkischer Beobachter» übernommen, so fand er sogleich in Dietrich Eckart und Alfred Rosenberg Herausgeber und Hauptschriftleiter seines Blattes. Die antijüdische Grundhaltung der Zeitung wurde durch den Besitzwechsel wesentlich verstärkt. Eckart hat in den nächsten Jahren auch einen bedeutenden Einfluß auf die Gestaltung eines oberbayerischen Provinzblattes ausgeübt, das zeitweise von Ludwig Thoma[2] geleitet wurde, auf den in der Systemzeit auch in Berlin viel gelesenen «Miesbacher Anzeiger», der sich durch seine urwüchsige und unverblümte bajuwarische Sprache gegenüber der Berliner Judenrepublik einen besonderen Namen machte.

Mit dem Vormarsch der nationalsozialistischen Bewegung, der auch durch das Parteiverbot von 1923/25 nicht ernstlich gehemmt wurde, übernahm die nationalsozialistische Presse von vornherein die Aufgabe der bisherigen zersplitterten antijüdischen Kampfpresse. Seitdem wurde Geschichte und Eigenart der Kampfpresse in Deutschland weitgehend vom Nationalsozialismus bestimmt. Darüber hinaus sind die alten und ersten Organe der Partei durchweg als antijüdische Kampfblätter anzusprechen. Gerade aus der Praxis der durch die Ereignisse gebotenen raschen Gründung und Sicherung nationalsozialistischer Blätter etwa während der Zeit des durch Verbot erzwungenen Ausfalls des «Völkischen Beobachters» geben Einzelheiten der Arbeit bemerkenswerte Einblicke: die wenigen vorliegenden VB-Nummern und Hefte von

1 Professor Otto von Kursell, *1884; sein Aufsatz über Max Liebermann trug schon am 27. 9. 1923 die Überschrift *Wie undeutsch dieses Blut ist!*; ausführlich über ihn in: *Die bildenden Künste im Dritten Reich* (Ullstein Buch 33030), S. 155 f.
2 Ludwig Thoma, 1867–1921, Schriftsteller.

«Auf gut deutsch», das «Handbuch der Judenfrage» von Fritsch [1] und dessen «Hammer», das Parteiprogramm von Alfred Rosenberg, die ersten gesammelten Führerreden waren für den damaligen NS-Schriftleiter das gesamte Rüstzeug der Ausrichtung seiner von wirtschaftlichen und politisch-polizeilichen Erschwernissen bedrohten Arbeit. Um ins Neuland vorzustoßen und Leser und Anhänger aus der Masse der bisher politischen Schläfer zu werben, galt es, das Blatt nicht nur interessant, sondern kämpferisch-aktuell zu gestalten. Örtliche Kämpfe gegen Juden und Systemgrößen versprachen selbst auf die Gefahr eines Presseprozesses (der meist bei der damaligen Justiz mit Geld- oder Gefängnisstrafen für den Schriftleiter ausging!) immer durchschlagende Erfolge. Die Schriftleiter der frühen Kampfjahre haben zwar durch die Bank große politische Gerichtsstrafenregister, aber ihr lauter und ruheloser Kampf hat immer mehr im Volke aufgerüttelt und die Bewegung mit vorwärtsgebracht.

Das am bekanntesten gewordene Blatt der antijüdischen Kampfpresse ist das von Julius Streicher [2] im April 1923 in Nürnberg gegründete Wochenblatt «Der Stürmer». Seine Vorläufer unter dem gleichen Herausgeber waren «Der deutsche Sozialist» (1920/21). Aus dem nachhaltigen Erfolg der ersten Ausgaben, die mehrmals nachgedruckt werden mußten, ergab sich dann der Ausbau des gerade in den breiten Schichten der Arbeiter und Bauern viel gelesenen Blattes, das durch viele Gerichtsprozesse gegen seine Schriftleitung und häufige Verbote erst recht bekannt wurde. Der «Stürmer» entwickelte schon in seinen ersten Jahren einen Stil der Aufmachung, der auf Breitenwirkung berechnet war. Auch die Karikaturen und Zeichnungen des Zeichners Fips (Philipp Rupprecht), umfangreiche bebilderte Tatsachenberichte und Einzelartikel dienten der Aufgabe, die Judenfrage der Masse der Leser mundgerecht zu machen und darüber hinaus auch die Neugier der Gegner zu wecken. Besonders die «Pranger»-Rubrik des «Stürmers» wurde zu einer gefürchteten politischen Waffe, mit der die geistigen und materiellen Kostgänger des Juden trotz geflissentlicher Tarnung nach der Machtübernahme öffentlich angeklagt und zur Schau gestellt wurden. Der «Stürmer» hatte sich die alte Erfahrung angeeignet, die schon Luther machte, als er dem Volke «auf das Maul sah», um seine Hörer in seinen Bann zu schlagen. Der größte Teil der judengegnerischen Blätter (mit Ausnahme der nationalsozialistischen Organe) krankte nämlich an einem schwülstigen und unklaren Stil und einer oft ge-

1 Theodor Fritsch, 1852–1933.
2 Julius Streicher, 1885–1946; 1921 gründete er die NSDAP-Ortsgruppe Nürnberg; 1923 am Hitler-Putsch in München beteiligt; 1933 ernannte Hitler ihn zum Leiter des *Zentralkomitees zur Abwehr der jüdischen Greuel- und Boykotthetze* sowie zum Gauleiter von Franken.

suchten und übertrieben wissenschaftlichen Ausdrucksform. Für den einfachen Volksgenossen war es daher unerquicklich, sie zu lesen, wobei die flüssig geschriebenen Abhandlungen des Volksmannes Theodor Fritsch eine rühmliche Ausnahme bildeten.

Das führende Organ zur Behandlung der Jugenfrage in aller Welt unter gründlicher Würdigung der Weltpolitik schuf Alfred Rosenberg 1924 in der Monatsschrift «Der Weltkampf», die der Deutsche Volksverlag Dr. Boepple in München herausbrachte. Entsprechend dem Untertitel «Monatsschrift für die Judenfrage aller Länder» wurden hier unter Anwendung des modernsten publizistisch-journalistischen Rüstzeuges laufend Übersichten über den Einzelkampf gegen die Juden und ihre Machtmittel gegeben. Politik, Wirtschaft und Kultur fanden in gleicher Weise genaue Behandlung. Eine besondere Rubrik «Der gedeckte Tisch. Kostproben aus der Giftküche weltzersetzender Mächte» brachte in der Zeit bis 1933 eine Fülle beweiskräftiger Zeitdokumente gegen das Judentum. Schriftleiter der Zeitschrift waren nach Rosenberg Hans Hauptmann, Graf Reventlow und Ludwig Deyerling. Seit September 1941 erschien sie im Hoheneichen-Verlag, München, vierteljährlich als wissenschaftliche Zeitschrift mit dem Untertitel «Die Judenfrage in Geschichte und Gegenwart», herausgegeben vom Institut zur Erforschung der Judenfrage (Außenstelle Frankfurt/Main der Hohen Schule der NSDAP). Zum ersten Male wurde damit eine allen modernen Anforderungen genügende Zeitschrift geschaffen, die der Judenforschung in Europa eine besondere wissenschaftliche Grundlage gibt.

Drei Presseerzeugnisse auf dem Gebiete der Judenfrage verdienen noch Erwähnung: der seit dem 1. Dezember 1933 in mehreren Sprachen erscheinende «Welt-Dienst», das vom Februar 1935 bis Mai 1936 in Berlin herausgekommene, scharf judenfeindliche Wochenblatt «Der Judenkenner», und die von der «Antijüdischen Aktion» herausgegebene Pressekorrespondenz «Die Judenfrage» (1. Februar 1937 bis 15. Dezember 1943), in der unfangreiches Material in zahlreichen Beiträgen, Aufsätzen, Berichten und Nachrichten namentlich als Rohmaterial für die Schriftleitungen der Tages- und Zeitschriftenpresse veröffentlicht wurde und deren Aufgaben fortan vom «Welt-Dienst» weitergeführt werden.

Der Stürmer

In dem Stil demagogischer Pseudosachlichkeit waren die meisten Aufsätze, Artikel und sogenannten Berichte im *Stürmer* gehalten. Hier nur ein Beispiel. Die exotisch klingenden hebräischen Worte in dem auf S. 263–264 abgedruckten Aufsatz sind falsch wiedergegeben und die «Übersetzung» derselben hat mit dem wahren Sinn der Worte nichts gemein.

Die Auflage des *Stürmer* nach der Machtergreifung war laut Schreiben des

Instituts für Zeitungswissenschaft in München vom 15. 12. 1962 an den Herausgeber wie folgt:

1934 April 50 000
      Juni 60 000
      August 80 000
1935 200 000
1936 15. 4. 704 183 (davon: 124 016 vollzahlende Bezieher, 291 259 Einzelverkauf, der Rest wurde verschenkt)
1937 486 000
1938 473 000
1939 473 000
1944 März 398 000
      Oktober 380 000

Auf welche Weise der *Stürmer* seine Werbung betrieb, besagt der nachstehende Text, der an die «Volksgenossen» im Dritten Reich versandt wurde; es handelt sich um ein fotokopiertes Exemplar, das Oberst a. D. Hugo Heinemann in Augsburg, Bahnhofstr. 8, erhielt und das sich im Besitz des Herausgebers befindet.

Anzeige
Appell! Daß das Wirtschaftsleben in Deutschland von den jüdischen Geschäftsmethoden gesäubert wurde, verdanken Sie zu einem großen Teil dem gewaltigen Aufklärungskampf des Stürmers. Der Stürmer hat also auch für Sie gekämpft. Sie sollten daher unablässig mithelfen, das Wissen in diesem brennendsten Problem der Gegenwart weiter zu verbreiten. Für Ihre Gefolgschaft sollten stets genügend Stürmer-Exemplare aufliegen. Zumindest aber müßte ein laufendes Stürmer-Abonnement der ständige Begleiter Ihres Hauses sein, denn immer noch muß unser Kampf fortgeführt werden. Solange bis die Macht des Weltjudentums endgültig beseitigt ist. Marschieren Sie deshalb mit uns bis zum Endsieg! Der Bezugspreis beträgt monatlich RM –,90 einschließlich Zustellgebühr. Fürwahr eine geringe Ausgabe für den großen Nutzen, den der Stürmer durch seinen unablässigen Kampf auch Ihnen bringt. Senden Sie uns bitte diesen Umschlag mit Ihrem Vermerk per Drucksache sofort ein. Dafür dankt Ihnen
                              Ihr Kampfblatt *Der Stürmer* Nürnberg-A
Es werden ... Stürmer-Exemplare gewünscht.
Zusendung ab nächstem Monat. Anschrift umseitig!

Die Lügenmethoden des *Stürmers* führten jedoch manchmal dazu, daß sonderbarerweise selbst im Dritten Reich gewisse Ausgaben beschlagnahmt wurden. So berichtet der *Beobachter am Main*, Aschaffenburg, am 21. 8. 1934:
«Breslau, 20. Aug. – Der stellvertretende Polizeipräsident von Breslau gibt bekannt, daß er sich veranlaßt gesehen hat, die Nummer 32 des in Nürnberg herausgegebenen Wochenblattes ‹Der Stürmer› zu beschlagnahmen. Die Zeitung hatte unter der Überschrift ‹Der Ritualmord in Breslau› einen ausführlichen Bericht über den im Jahre 1926 an den Fehse-Kindern verübten Sexualmord gebracht, der in den wesentlichen Punkten völlig unzutreffend ist und weiter geeignet ist, das Ansehen der Polizeibeamten in erheblichem Maße herabzusetzen.»

Bei den Fehse-Kindern handelte es sich um Otto Fehse, acht Jahre alt, und Erika Fehse, zehn Jahre alt. Sie wurden im Juni 1926 in Breslau ermordet aufgefunden. «Völkisch-nationale Kreise» der Weimarer Republik waren bestrebt, diesen Mord als einen «jüdischen Ritualmord» abzustempeln. Siehe hierzu: *Die Ritualmord-Lüge kläglich zusammengebrochen*, in: *8-Uhr-Abendblatt* vom 15. 6. 1926.

Der Mord ist niemals aufgeklärt worden, was selbstverständlich Julius Streicher und seinen *Stürmer* nicht daran hinderte, noch 1934 ausführlich über den «Ritualmord in Breslau» als feststehende Tatsache zu schreiben.

Als Häftling im Nürnberger Gefängnis erklärte Julius Streicher nach dem Kriege dem Gerichtspsychologen Dr. G. M. Gilbert – siehe sein Buch: *Nürnberger Tagebuch*, Frankfurt a. M. 1962, S. 416 –, er habe endlich «den Mut und die Entschlossenheit der Juden erkannt», und «wenn die Juden bereit wären, mich als einen der Ihren zu akzeptieren», dann könnte er nun wiederum für die Juden Propaganda machen. Er sagte zu dem Gerichtspsychologen: «Lassen Sie mich zu einer Versammlung im Madison Square Garden in New York sprechen.»

Ein Weltanschauungsgenosse Julius Streichers, Heinrich Himmler, dessen Zeitschrift *Das Schwarze Korps* sich in seinem Kampf gegen das Christentum genauso desselben Stils bediente wie der *Stürmer* bei der Bekämpfung der Juden, schrieb Streicher den folgenden Brief:

Dokument PS – 2699
        Der Reichsführer SS
        Berlin SW 11, den 19. Januar 1937, Prinz Albrecht Straße 8

Wenn in späteren Jahren die Geschichte der Wiedererweckung des deutschen Volkes geschrieben wird und schon die nächste Generation es nicht mehr verstehen kann, daß das deutsche Volk einmal judenfreundlich gesinnt war, so wird festgestellt werden, daß Julius Streicher und sein Wochenblatt «Der Stürmer» ein gut Teil dieser Aufklärung über den Feind der Menschheit geleistet haben.

                                Der Reichsführer SS
                                H. Himmler

Selbstverständlich darf auch nicht vergessen werden, daß im Dritten Reich über vierhundert antijüdische Gesetze, Erlasse, Anordnungen usw. erschienen, zu denen die gesteuerte Presse natürlich stets in Leitartikeln oder Kommentaren Stellung nehmen mußte.

In: *Der Stürmer*, April 1937, Nr. 14, S. 2.

Auch aus vielen Geständnissen der Juden geht hervor, daß die Ausübung von Ritualmorden dem Talmudjuden *Gesetz* ist. Der ehemalige Oberrabiner (und spätere Mönch) Trofoti erklärt z. B., daß die Ritualmorde vornehmlich anläßlich des jüdischen Purimfestes (Erinnerung an den Persermord) und des Passahfestes (Erinnerung an den Christusmord) ausgeführt werden. Die Vorschriften sind folgende:

Den Opfern ist das Blut mit Gewalt abzuzapfen. Es soll beim Passah-
fest im Wein und in den Mazzen Verwendung finden. Das heißt: ein
kleiner Teil des Blutes ist in den Mazzenteig und in den Wein zu schüt-
ten. Die Beimischung geschieht durch den jüdischen Familienvater.

Der Vorgang ist folgender: Der Familienvater schüttet einige Trop-
fen des frischen und gepulverten Blutes in das Glas, tunkt den Finger
der linken Hand hinein und besprengt (segnet damit) alles, was auf
dem Tisch steht, worauf der Familienvater spricht: «Dam Izzardia
chynim heroff dever Isyn porech harbe hossen maschus pohorus» (Exod.
VII, 12). («Also bitten wir Gott, daß er die zehn Plagen senden möge
allen Feinden des jüdischen Glaubens.») Hierauf speisen sie, und der
Familienvater ruft beim Schluß: «Sfach, chaba moscho kol hagoym!»
(«Also wie das Kind, dessen Blut in Brot und Wein enthalten, mögen
alle Gojim untergehen!»)

Weiter findet das frische Blut (oder das getrocknete und zu Pulver
verriebene Blut) der Geschächteten Verwendung für jung verheiratete
jüdische Ehepaare, für schwangere Jüdinnen, für die Beschneidung usw.
Der Ritualmord wird von allen Talmudjuden anerkannt. Der Jude glaubt,
sich damit zu «entsühnen».

Während des Krieges

Verhängnisvoll wirkte es sich manchmal während des Krieges aus, wenn Hitler
Zeitungsberichte über Juden vorgelegt wurden. So brachte beispielsweise die
Berliner Illustrierte Nachtausgabe am 20. 10. 1941 eine Nachricht mit der Über-
schrift: «Jude hamsterte 65 000 Eier und ließ 15 000 Stück verderben.» Es
hieß darin, der vierundsiebzigjährige Markus Luftgas habe deswegen vom
Sondergericht Bielitz eine Gefängnisstrafe von zweieinhalb Jahren erhalten.
Nachdem Hitler dies gelesen hatte, wandte sich der Chef der Reichskanzlei an
Dr. Franz Schlegelberger, der damals die Geschäfte des Reichsjustizministers
erledigte. Im Brief stand u. a. folgender Satz: «Der Führer wünscht, daß gegen
Luftgas die Todesstrafe erkannt wird.» Dr. Schlegelberger benachrichtigte darauf den Chef der Reichskanzlei, Dr. Hans Heinrich Lammers, am 23. 10. 1941
davon, daß «Markus Luftgas der Geheimen Staatspolizei zur Exekution» über-
stellt worden sei.

Dokument NG – 287.

Antikomintern

Im Propagandaministerium gab es ein *Generalreferat Ostraum*, dessen Leiter
Dr. Eberhard Taubert war. In diesem Rahmen leitete er ab 1941 auch die Abteilung *Antikomintern*. Die beiden folgenden Dokumente beweisen einwandfrei, bis zu welchem Grade das Dritte Reich bei der Presselenkung alles daran-
setzte, Kommunismus und Judentum in einen Topf zu werfen.

Das Dokument ist gekürzt.

Vertraulich!　　　　　　　　　　　Anti-Komintern
Herrn RR Dr. Hopf　　　　　　　　Berlin, den 5. Oktober 1942

Aufgabengebiet und Tätigkeit der Anti-Komintern
(Nur für den Dienstgebrauch)
Die Aufgabe der Anti-Komintern besteht in der antibolschewistischen,
anti-jüdischen und anti-freimaurerischen Propaganda im In- und Aus-
lande, sowie in den besetzten Gebieten. Die Anti-Komintern ist in die
Abteilungen: Presse, Sowjetunion, Ausland, Antijüdische Aktion und
Verwaltung aufgegliedert.

Die Presseabteilung beliefert laufend die in- und ausländischen Zeitungen sowie die der besetzten Gebiete mit Informationen und Artikeln,
die im Rahmen der Aufgabe der Anti-Komintern liegen. Pressebelege
hierfür werden gesammelt. Desgleichen werden den Rundfunksendern
Materialzusammenstellungen und fertige Vorträge zugeleitet. Darüber
hinaus werden laufend propagandistische Bücher und Broschüren sowohl in deutscher als auch in fremder Sprache geschrieben und herausgegeben. Zum Teil erscheinen diese Werke auch im neutralen Auslande. Zur Information werden rund 150 Zeitungen und Zeitschriften aus
aller Welt gelesen und ausgewertet. Schließlich gibt die Presseabteilung
einen eigenen Nachrichtendienst in deutscher und französischer Sprache,
halbmonatlich in einer Auflage von 800 bezw. 150 Stück, sowie
eine Halbmonatsschrift «Die Judenfrage» in einer Auflage von 1 200
Stück heraus. Mit der ausländischen Presse werden durch Korrespondenten im In- und Auslande Verbindungen unterhalten. Als Informa-
tionsquelle besitzt die Presseabteilung ein sehr umfangreiches Aus-
schnittarchiv, das nicht nur von den Mitarbeitern des Hauses, sondern
auch von sämtlichen anderen Ministerien und allen Dienststellen, die
mit der bolschewistischen Frage zu tun haben, benutzt wird.

Die Abteilung Anti-jüdische Aktion unterhält einen eigenen Artikel-
dienst, beteiligt sich an der Herausgabe der «Judenfrage» und wird in
Kürze eine Monatsschrift «Archiv zur Judenfrage» mit einer Auflage
von monatlich 1 200 Stück herausgeben. Von der vorgenannten Abteilung wird nicht nur anti-jüdische, sondern auch anti-freimaurerische
Propaganda betrieben und zwar sowohl durch Broschüren als auch durch
Bücher. Als Sammelstelle für das eingehende Material dienen nachstehende Einrichtungen der Antijüdischen Aktion:
a) Eine anti-jüdische, sowie eine anti-freimaurerische Bibliothek von
   ca. 10 000 Bänden,
b) Ein anti-jüdisches, sowie anti-freimaurerisches Pressearchiv.

Die Aufgabe der Auslandsabteilung besteht in der Anknüpfung und
Aufrechterhaltung von Verbindungen mit anti-bolschewistischen, anti-jüdischen und anti-freimaurerischen Organisationen des Auslandes
und Zusammenarbeit, insbesondere Materialaustausch, mit derarti-

gen Instituten. Weiterhin besteht ihre Tätigkeit darin, daß sie durch
eigene Vertrauensleute sowohl deutscher als auch fremder Nationalität die antibolschewistische Propaganda in den neutralen und verbün-
deten Staaten intensiviert.

Ergänzung

Diese amtliche Weisung an die Presse stammt aus dem Archiv des Instituts für
Publizistik in Münster. Sie wurde allen Redaktionen durch die Gaupropaganda-
ämter zugeleitet.

Geheim!
–158–
V. I. Nr. 126/43 (Ergänzung)   den 29. 4. 1943

Informatorisch wird mitgeteilt:
In der gestrigen und heutigen Tagesparole ist das Judentum mehrfach
angesprochen worden. In Ergänzung hierzu wird nochmals ausdrücklich
darauf hingewiesen, daß es ab sofort keine deutsche Zeitung mehr geben darf, die in ihren Kommentaren – in erster Linie im Rahmen des
Themas der jüdisch-bolschewistischen Mordtat von Katyn – oder sonstigen Artikeln nicht nachdrücklich auf die Blutfratze des Judentums hinweist. In Überschriften und Zwischentexten muß immer wieder im
Zusammenhang mit Katyn auf das jüdisch-bolschewistische Mordbrenner-
nertum hingewiesen werden, und nicht nur heute und morgen, sondern
es muß laufend der Todfeind der Welt entlarvt und angeprangert werden. Die Presse erhält hierzu über DNB Gelb zusätzliches Judenma-
terial, das entsprechend bearbeitet werden muß. Darüberhinaus ist es
Pflicht der Presse, sich in Zukunft stärker mit diesem Thema zu beschäftigen und die Judenfrage zu einer ständigen Frage in der Arbeit
der deutschen Presse zu machen. Antisemitismus ist es nicht, wenn die
Zeitungen statt «London deckt bolschewistische Mordtat auf» schreiben
«London deckt jüdisch-bolschewistische Mordtat auf». Dabei haben die
Zeitungen der Forderung, die Urheberschaft des Judentums herauszustellen, nicht Genüge getan. Es kommt vielmehr darauf an, ab sofort
in allen Kommentaren und Artikeln den Antisemitismus entsprechend
zu unterbauen. Es ist klar, daß man den Antisemitismus nicht aus einem luftleeren Raum hervorholen kann, sondern daß man dazu eine
gewisse Unterlage, irgendein Thema haben muß, woran man alles andere abwandeln kann. Daher werden die Zeitungen jetzt täglich ein
Judenthema bekommen, auf das sich die Presse nicht stur zu stürzen
braucht, das vielmehr nur als Anregung dienen soll. Die Zeitungen haben hier ein weites Feld und können sich selbst die eigenen notwendigen Themen heraussuchen. Zum Beispiel gibt es unzählige Sensations-

geschichten, worin der Jude den Urheber darstellt, die hier mit herangezogen werden können. Vor allem die amerikanische Innenpolitik bietet dabei ein Reservoir, das unausschöpflich ist. Wenn die Zeitungen hier ihre Mitarbeiter ansetzen, werden wir die Möglichkeit haben, das wahre Gesicht, die wahre Haltung und das wahre Wollen des Judentums täglich neu zu variieren und darzustellen. Im übrigen muß natürlich auch der Jude in der deutschen Presse nunmehr politisch herhalten. Es muß bei jeder Sache festgestellt werden, die Juden sind schuld! Die Juden wollten den Krieg! Die Juden bereiteten in der Welt den Krieg gegen Deutschland vor! Der Jude verschärft den Krieg! Der Jude gewinnt am Kieg! Und immer wieder der Jude ist schuld!

Darüberhinaus müssen natürlich auch Meldungen, die nicht von vornherein eine antisemitische Möglichkeit bieten, zu einer solchen antisemitischen Propagandaaktion gemacht werden. Hierzu ein Beispiel: Wenn die jüdisch-englischen Zeitungen, nachdem ihre Flieger beim Angriff auf eine deutsche Stadt 20 Maschinen verloren haben, in echt jüdischer Art schreiben, die Verteidigung dieser Stadt sei schlecht, so kann man sagen, das sind die Juden, die so schreiben und die nicht selber in den Kanzeln der Bombenflugzeuge sitzen. Die Möglichkeit, immer wieder den wahren Charakter des Juden herauszustellen, ist unendlich groß. Es gibt eigentlich keine Sparte in der Zeitung, wo dies nicht möglich wäre. So muß der jüdisch-bolschewistische Mord von Katyn ein Musterbeispiel für die deutsche Presse abgeben, wie man an einer solchen Sache die Urheberschaft und Mitschuld des Juden darstellt.

Es ist die Pflicht der ganzen deutschen Presse, in die hier aufgezeigte antisemitische Aktion einzusteigen.[1]

Verteiler B
Wi.

Anhang: Richtlinien für die Pressezensur im Osten

Diese *Richtlinien für die Pressezensur in den besetzten Ostgebieten*, herausgeben vom Pressechef des Reichsministeriums für die besetzten Ostgebiete, befinden sich im Archiv des Yivo Institute for Jewish Research in New York. Hier werden nur einige Kostproben wiedergegeben und der Briefkopf nur bei der ersten Richtlinie; später wird nur die laufende Nummer vermerkt.

1 Über die antijüdische Aktion in der Wehrmachtspresse siehe *Aus Front- und Soldatenzeitungen* in Léon Poliakov – Joseph Wulf: *Das Dritte Reich und seine Diener*, Berlin 1956, S. 398–416, mit acht Reproduktionen.

Richtlinien für die Pressezensur   *Geheim*
in den besetzten Ostgebieten
Herausgegeben vom Pressechef
für die besetzten Ostgebiete

Laufende Nr. 19
Gehörig zur Sammelmappe   *Autonomie*
Autonomie
Dieser Begriff ist auf keinen Fall mit den besetzten Ostgebieten in Verbindung zu bringen (etwa autonome Ukraine). Der Begriff hat in der Sowjetzeit sehr gelitten und ist in den bolschewistischen Sprachschatz aufgenommen worden. Bei der Erwähnung der sowjetischen «autonomen» Republiken soll der Ausdruck stets glossiert oder zumindest in Anführung gesetzt werden.

Im RK Ostland kann im positiven Sinne an Stelle von «autonom» «eigenständig» gebraucht werden.
Vgl.: *Eigenständigkeit*

Laufende Nr. 51   *Demokratie*
Demokratie
Auf Gund der Vergangenheit der neusowjetischen Gebiete und der vielfach bestehenden Begriffsverwirrung in den altsowjetischen Gebieten, ist die Möglichkeit einer mißbräuchlichen oder zweideutigen Anwendung des Begriffs «Demokratie» gegeben. Es ist daher grundsätzlich unerwünscht, daß die zu willkürlicher Ausdeutung verleitenden Worte «Demokratie» und «demokratisch» überhaupt in die Debatte geworfen werden. Soweit dies dennoch geschieht, nur mit klarer Tendenz, und zwar positiv: wahrhafte Demokratie herrscht nur dort, wo das ganze Volk hinter seiner Regierung steht, oder negativ: das Wort Demokratie ist Aushängeschild und weltbetrügerische Tarnung für die Machenschaften des internationalen Judentums, das hinter den Kulissen harmlosen parlamentarischen Theaters seine Drähte zieht.

Laufende Nr. 76   *Eigenstaatlichkeit*
Eigenstaatlichkeit
Der Ausdruck «Eigenstaatlichkeit» ist in Gegenwart und Zukunftsbetrachtungen unstatthaft. In bezug auf die Vergangenheit darf er als Thema ebenfalls nicht in Erscheinung treten, doch ist gegen eine gelegentliche in historischem Zusammenhang stehende sachliche Erwähnung nichts einzuwenden, soweit hierbei nicht versteckte Gegenwartstendenzen erkennbar sind.
Vgl.: *Eigenständigkeit*

Laufende Nr. 130   *Generalgouvernement*
Generalgouvernement
Gehört nicht zu den besetzten Ostgebieten und ist stets als Nebenland
des Deutschen Reiches zu behandeln, wie es juridisch auch bezeichnet
wird.

Laufende Nr. 183   *Juden*
Juden
Auf die Juden als fremde Ausbeuter und Unterdrücker der Völker der
Sowjetunion ist selbstverständlich stets besonders hinzuweisen. Es ist
natürlich unzulässig, auf die bolschewistische Auffassung vom Juden
als dem Angehörigen einer nationalen Minderheit in irgendeiner Form
einzugehen. Besonders hinzuweisen wäre auf die Rolle des internationalen Judentums als Kriegstreiber, Kriegsgewinnler u. ä., die zu dem Kriege aus gewinn- und weltherrschaftssüchtigen Gründen gehetzt haben.
   Auf die Beziehungen bzw. die Versippung von Juden mit führenden nichtjüdischen Bolschewisten soll tunlichst oft hingewiesen werden.
Vgl.: *Feindmächte*

Laufende Nr. 330   *Polenfrage*
Polenfrage
Da das polnische Volk seine politische Chance von jeher im Kampf gegen Deutschland gesehen hat und dessen Geschichte von einem durch
Generationen genährten Gegensatz zu Deutschland erfüllt ist, hat es
einen in seiner Grausamkeit beispiellosen Ausrottungskampf gegen
die deutsche Volksgruppe im ehemaligen Polen geführt und den gegenwärtigen Krieg auf Betreiben Englands angezettelt. Auch heute noch
versuchen polnische Elemente das Deutsche Reich überall zu schädigen.
Wichtig ist eine eindeutige Haltung der Presse gegenüber dem Polen-
tum und eine klare Befolgung der als notwendig erachteten Richtlinien
bei der Behandlung der Polen. Die Neugründung von polnischen Zeitungen, Zeitschriften und Mitteilungsblättern ist zu unterlassen.
Vgl.: *Generalgouvernement*

Laufende Nr. 376   *Schewtschenko*
Schewtschenko [1]
Der ukrainische Nationalheld und Dichter Schewtschenko soll von rein
literarischen Betrachtungen abgesehen, unter Hervorhebung seiner anti-
moskowitischen, antipolnischen und antisemitischen Tendenzen behandelt und gewürdigt werden.
Vgl.: *Nationalhelden*

1 Taras Schewtschenko, 1814–61.

Der Führer

1944

Dr. Joseph Goebbels: *Der Führer* in: *Das Reich* vom 31. 12. 1944.

Wenn ich auch weiß, daß er das gar nicht mag und nur höchst ungern, zumal in diesem Kriege, in dem Millionen Menschen so Unendliches zu leiden haben, seine äußere Reserve verläßt, um die Öffentlichkeit über das rein Sachliche des Krieges hinaus, das sein ganzes Sein und Wesen bei Tag und Nacht vollkommen erfüllt, mit seiner Person zu beschäftigen, so habe ich doch das Bedürfnis, am Ende dieses Jahres zum deutschen Volk über den Führer zu sprechen. Wenn die Welt wirklich wüßte, was er ihr zu sagen und zu geben hat und wie tief seine Liebe über sein eigenes Volk hinaus der ganzen Menschheit gehört, dann würde sie in dieser Stunde noch Abschied nehmen von ihren falschen Göttern und ihm ihre Huldigungen darbringen. Er ist der größte unter den Persönlichkeiten, die heute Geschichte machen; ihnen allen steht er weit voran in der Voraussicht der Dinge, die kommen. Er überragt sie nicht nur an Genie und politischem Instinkt, sondern auch an Wissen, Charakter und Willenskraft. Der Mann, der sich zum Ziel gesetzt hat, sein Volk zu erlösen und darüber hinaus das Gesicht eines Kontinents neu zu prägen, ist den Alltagsfreuden und bürgerlichen Bequemlichkeiten des Lebens gänzlich abgewandt, ja mehr noch, sie sind für ihn überhaupt nicht vorhanden. Er verbringt seine Tage und einen großen Teil seiner schlaflosen Nächte im Kreise seiner engeren und engsten Mitarbeiter und steht doch auch unter ihnen in der eisigen Einsamkeit des Genies, das sich über alle und alles triumphierend erhebt. Nie kommt ein Wort der Falschheit oder einer niedrigen Gesinnung über seine Lippen. Er ist die Wahrheit selbst. Man braucht nur in seiner Nähe zu weilen, um körperlich zu fühlen, wieviel Kraft er ausstrahlt, wie stark er ist und wieviel Stärke er anderen Menschen mitzuteilen weiß. Von ihm geht ein ununterbrochener Strom von Gläubigkeit und festem Willen nach dem Großen aus. Es gibt niemanden in seinem weiteren Umkreis, der davon nicht erfaßt würde.

Lesen und weitergeben!

Der *Panzerbär*

20. April 1945

KAMPFBLATT FÜR DIE VERTEIDIGER GROSS-BERLINS

Heroisches Ringen
Bei Tag und Nacht neue Eingreifkräfte herangeführt

Der Kampf um den Stadtkern entbrannt

Entlastungsangriffe laufen

Aus dem Führerhauptquartier, 28. April.

Das Oberkommando der Wehrmacht gibt bekannt:

In dem heroischen Kampf der Stadt Berlin bannt sich einmal vor aller Welt der Schicksalskampf des deutschen Volkes gegen den Bolschewismus zusammen.

Während in einem in der Geschichte einmaligen grandiosen Ringen die Hauptstadt verteidigt wird, haben unsere Truppen an der Elbe den Amerikanern den Rücken gekehrt, um von außen her im Angriff die Verteidiger von Berlin zu entlasten.

In dem inneren Verteidigungsring ist der Feind von Norden her in Charlottenburg und von Süden her über das Tempelhofer Feld eingedrungen. Am südlichen Tempelhof am Alexanderplatz hat der Kampf um den Stadtkern begonnen. Die Ost-West-Achse liegt unter schwerem Feuer.

Fliegende Verbände unterstützen die Kämpfe unter aufopferndem Einsatz der Besatzungen. Trotz stärkster Jagd- und Flakabwehr wurden bei Tag und Nacht Eingreifreserven geländet und Nachschub abgeworfen. Unsere Jagd- und Schlachtfliegerverbände vernichteten in den letzten vier Tagen 145 Flugzeuge, 50 Panzer und über 300 Fahrzeuge.

Im Raum südlich Königs Wusterhausen setzten Divisionen der 9. Armee ihre Angriffe nach Nordwesten fort und erwarteten sich während des ganzen Tages zusammenhaltende Angriffe der Sowjets gegen ihre Flanken. Die vom Westen angesetzten Divisionen warfen den Feind in erbittertem Ringen auf breiter Front zurück und haben Ferch erreicht.

Westlich Berlin wurde die Linie Brandenburg-Rathenow-Kremmen gegen alle feindlichen Angriffe behauptet.

Im Raume von Prenzlau wurden die Sowjets zum Pausen- und Infanteriebeschuss in den Kampf und erzwangen nur bei starken Schlachtfliegereinsatz tiefe Einbrüche.

Im nordwestdeutschen Raum kam es gestern nur zu örtlichen Kämpfen. In Bremen hält der Kampfkommandant auf dem Rest der tapferen Besatzung den Nordostteil der Stadt.

An der Donau brach der Feind in Regensburg und Ingolstadt ab. Zwischen

Dillingen und Ulm setzten die Amerikaner ihren Vorstoß nach Süden fort. Kämpfe sind in Mindel und im Gemseltal im Gange.

Die Armeen in Italien setzten sich hinter den Po und Tessin ab.

Während die Sowjets im Südabschnitt der Ostfront sich auf starke örtliche Vorstöße beschränkten, setzten sie ihre Angriffe im Raum Brünn mit starken Kräften fort und konnten trotz sehr tiefer Spaltung in die Stadt eindringen.

Nordwestlich Bautzen, wo bei Meißen die Verbindung mit der Westfront hergestellt...

Der längere Atem

Seit fünfeinhalb Jahren lodert die Fackel des Krieges in Europa. Ihr verzehrendes Feuer hat nach Polen ganz Europa, nach zwei weitere Erdteil schließlich noch zwei weitere erfaßt, Asien und Amerika.

Deutschland mußte einerseits die Ketten abzustreifen versuchen, die ihm in Versailles auferlegt waren und ihm jede Lebensmöglichkeit nahmen. Es hat dies seit 1933 in dem denkbar engsten Rahmen getan und peinlichst vermieden, dabei den Kreis der ummittelbar betroffenen Gebiete, d. h. des deutsche Lebens- und Interessenzone zu überschreiten.

Wenn unsere Feinde behaupten, Deutschland habe eigenmächtig Machtziele verfolgt und die Unabhängigkeit und Freiheit der kleinen Nationen bedroht, so haben England und Amerika sehr bald durch ihr Verhalten bewiesen, daß ihnen in Wirklichkeit nicht nur ans an der Freiheit dieser kleinen Nationen gelegen ist, sondern daß sie selbst bereit waren und sind, diese an Stalin zu verkaufen, so...

wurde, sind unsere Truppen zum Angriff nach Norden angetreten.

Sicherungsfahrzeuge der Kriegsmarine versenkten östlich Gotenhafen ein sowjetisches Schnellboot und schossen ein weiteres in Brand.

Schwächere amerikanische Angriffsverbände türten am Tage Angriffe gegen Orte in Süddeutschland. In der Nacht herrschte über dem Reichsgebiet nur geringe feindliche Kampftätigkeit.

Kleinkamptverbände versenkten aus dem stark bewachten feindlichen Nachschubverkehr zwischen Themse und Schelde zwei vollbeladene Schiffe mit 3000 BRT.

sie für ihre eigenen imperialistischen Ziele auszubeuten.

Mehr noch! Während die von Deutschland besetzten Feindländer durchaus auskömmlich leben konnten, zum Teil sogar einen fühlbaren wirtschaftlichen und sozialen Aufschwung nahmen, ächzen die "befreiten" Bundesgenossen unter der Hungersnot, Desorganisation und Ausbeutung durch die Engländer und Amerikaner. Besonders groß aber sind die Leiden der Neutralen und jener Völker, die sich dem jüdisch-plutokratischen und bolschewistischen Drahtziehern auf Gedeih und Verderb unterwarfen.

Deutschland ist durch den Verrat klug geworden, dem es 1918 zum Opfer fiel. Es weiß, daß alle Versprechungen der Feindseite nichts anderes bedeuten als den Versuch, unser Volk wiederum völlig wehrlos zu machen und es damit der wirtschaftlichen Ausbeutung, persönlichen Versklavung und völkischen Vernichtung auszuliefern.

Zu verlieren haben wir nichts mehr. Wir haben also verloren und würden durch Kapitulation uns selbst, unsere Zukunft, Frau und Kind preisgeben. Wohl aber haben wir die Chance, uns zu behaupten und eine neue Existenz, Familienleben und ein größeren Wohlstand erreichen werden, als wir ihn vor diesem Kriege herabe genießen konnten.

Dies ist ein fernes, aber ein reales Ziel. Wir wollen es stets vor Augen behalten, wenn die Gegenwart harte Anforderungen an uns stellt; dies um das furterigiich erscheinen mögen, wenn manar Todfeind uns Wunden schlägt, aber daß das Blut unserer Besten fließt.

In Berlin, in den rauchenden Ruinen der Reichshauptstadt

Das Ende des totalen Krieges

1945

Der Führer Verteidiger Berlins, in: *Völkischer Beobachter* vom 24. 4. 1945.

Der Führer hat, wie in einer Erklärung des Gauleiters und Reichsvertei-
digungskommissars Dr. Goebbels bekanntgegeben wurde, den Befehl
über alle zur Verteidigung Berlins angetretenen Kräfte übernommen.
Der Führer weilt in der Reichshauptstadt. Diese Tatsache gibt dem Ringen um Berlin das Gepräge eines Kampfes von europäischer Bedeutung.
Alle Verteidiger der Reichshauptstadt sind jetzt nur noch von dem Willen beseelt, den bolschewistischen Todfeind, wo er immer auftaucht, ver-
nichtend zu schlagen.

In die Verteidigungsfront hat sich neben Wehrmacht und Volkssturm
die Zivilbevölkerung eingereiht, Männer, Frauen und Jugend geben der
kämpfenden Front Hilfe und Unterstützung, wo sie nur können. In den
bedrohten Bezirken der Reichshauptstadt hat die Partei eine neue Feuer-
probe bestanden. Amtsträger und Parteigenossen haben mit Panzer-
faust, Maschinenpistolen und Karabinern an Straßenkreuzungen Auf-
stellung genommen, um den Feind bei seinem Erscheinen sofort zu bekämpfen. Weder schwere Verluste noch stärkster Materialeinsatz der
Bolschewisten haben die Männer der Partei zu erschüttern vermocht.
Zusammen mit den Kameraden von der Wehrmacht und dem Volkssturm haben sie sich auch in schwierigster Lage gewappnet gezeigt.

Teil II

FUNK

Um die Mittagsstunde

Dr. Kurt Vaessen: *Rundfunk* in: *Zeitungswissenschaft* vom 1. 6. 1937, S. 442,
Auszug.

Um die Mittagsstunde des 30. 1. 1933 brachte der Rundfunk zwischen
zwei belanglosen Musikstücken die Meldung:

«Der Führer der Nationalsozialisten, Adolf Hitler, ist soeben von
dem Herrn Reichspräsidenten zum Reichskanzler ernannt worden, auf
Grund einer längeren Besprechung, die der Herr Reichspräsident heute
mittag mit Herrn Hitler sowie Herrn von Papen hatte.»

In der Nacht des 30. Januar wurde dann durch ein Husarenstück
«trotz des Dienstschlusses der leitenden Rundfunkmänner» die Reportage des Fackelzuges in der Wilhelmstraße ermöglicht. Nach der Machtübernahme häuften sich die Erlasse und Bestimmungen für den Rundfunkneubau.

15. 2. 1933. Die vom Reichsministerium des Innern und vom Reichspostministerium ausgeübte Überwachung des Rundfunks wird ausschließlich vom Reichsminister für Volksaufklärung und Propaganda
ausgeübt.

März–Mai 1933. Alle Hörerverbände werden aufgelöst. Einzige Organisation ist der Reichsverband Deutscher Rundfunkteilnehmer.

30. 6. 1933. Verordnung über die Aufgaben des Reichsministeriums
für Volksaufklärung und Propaganda (Neuordnung des Rundfunks).

3. 7. 1933. Gründung der «Nationalsozialistischen Rundfunkkammer
e. V.»

22. 9. 1933. Verabschiedung des Reichskulturkammergesetzes, Anordnung über die Errichtung der Reichsrundfunkkammer.

Mit dem «Großen Rundfunkprozeß»[1], der von Dezember 1934 bis
zum 13. 6. 1935 dauerte, wurde der Schlußstrich unter die alte Rundfunkorganisation gezogen.

1 Siehe dazu «Der Fall Hans Bredow», S. 293 f.

Rundfunkverträge werden gekündigt

Als Nachricht in: *Berliner Lokal-Anzeiger* vom 17. 2. 1933, Abendausgabe.

Wie wir erfahren, hat der kommissarische politische Reichsrundfunk-
kommissar Dr. Krukenberg[1] die notwendige Zustimmung zur Verlän-
gerung ablaufender Rundfunkverträge vorläufig nicht erteilt. Infolgedessen müssen zahlreiche Verträge vorsorglich gekündigt werden, und
zwar so bald die vertraglichen Kündigungstermine es zulassen. Die
Maßnahme bezieht sich auf den gesamten deutschen Rundfunk und auf
alle Verträge leitender Angestellter. Der erstmögliche Termin, an dem,
nach dem 15. Februar, Verträge gekündigt werden können, ist der 1.
April 1933.

Amtseinführung Hadamovskys

Als Nachricht in: *Vossische Zeitung* vom 14. 7. 1933.

In seinem Buche: *Dein Rundfunk – Das Rundfunkbuch für alle Volksgenossen*, München 1934, S. 9 f, beschreibt Eugen Hadamovsky seine Gedanken über
den Rundfunk, während die braunen Kolonnen am 30. 1. 1933 im Fackelzug an
Hitler vorbeimarschierten, wie folgt: «In einem Augenblick, als der Führer zusammen mit Dr. Goebbels abermals an das offene Fenster der Reichskanzlei
trat und mit erhobener Hand zu uns hinuntergrüßte, sah ich plötzlich wie in
einer Vision die Millionen Männer und Frauen unseres Volkes vor mir, die von
dieser Stunde und diesem Erlebnis ausgeschlossen waren, die von dieser wunderbaren Stunde nichts wußten als die trostlose bürokratische Nachricht, die der
Rundfunk des alten Systems am Nachmittag durchgegeben hatte. Durften wir
hier stehen und nur an uns denken, während Millionen draußen ohne Verbindung mit den begeisterten Massen hier, ohne Verbindung mit dem Führer waren? Wir hatten den Rundfunk in der Opposition bekämpft, jetzt mußte er
unser werden und denen dienen, die ihn immer als höchstes Werkzeug der
Idee erkannt und nur des erbärmlichen Mißbrauchs wegen bekämpft hatten.
Jetzt, noch in dieser Stunde der Machtergreifung, mußte dieser Rundfunk nationalsozialistisch werden und das Fanal der Revolution für das ganze deutsche
Volk sein.»

In der Empfangshalle des Funkhauses in der Masurenallee fand gestern
die Amteinführung des neuen Direktors der Reichsrundfunkgesellschaft, Eugen Hadamovsky, statt. Reichsminister Dr. Goebbels nahm bei
der Feier das Wort zu einer längeren Rede, in der er die Grundsätze für
den Neuaufbau des Rundfunks skizzierte. Er führte etwa folgendes aus:
In den letzten Wochen habe man festzustellen gesucht, welche sachlichen
Reformen im Rundfunk notwendig seien. Diese sachlichen Reformen
seien untrennbar verknüpft mit den Menschen und den Persönlichkei-

[1] Gustav Krukenberg war schon seit August 1932 Referent des Rundfunk-
kommissars des Reichsinnenministers.

ten, und deshalb sei auch eine Personalreform notwendig gewesen, die heute zu einem gewissen Abschluß gekommen sei. Auch künftig werde noch dieser oder jener Mitarbeiter vom Rundfunk abgelöst werden müssen, denn es sei nicht möglich, als Repräsentanten einer neuen Zeit jene der alten weiterarbeiten zu lassen. Deshalb habe er dafür gesorgt, daß in den Schlüsselstellungen hundertprozentige Nationalsozialisten seien, die die Gewähr dafür bieten, daß der Rundfunk wirklich im Sinne des ganzen Volkes gehandhabt werde.

Auch sonst sei manches noch zu ändern. Es dürfe nur das organisiert werden, was organisiert werden muß, und in dieser Richtung seien in den Funkhäusern noch manche Reformen durchzuführen.

Wenn man den Rundfunk nationalsozialistisch gestalte, könne man heute nicht mehr von einer Tendenz sprechen; denn der nationalsozialistische Geist sei heute die Grundlage des Staates und des Volkes, und es sei selbstverständlich, daß auch der Rundfunk auf dieser Grundlage ruhe. In seinen Prinzipien werde der Nationalsozialismus unerbittlich sein, aber in der Durchführung dieser Prinzipien werde er großzügig verfahren, damit eine lebendige Entwicklung nirgends gehemmt werde.

Das Ausland verstehe Deutschland heute noch nicht, aber das sei kein Grund zur Besorgnis, denn auch die Partei sei viele Jahre lang nicht verstanden worden und habe das Volk erst erobern müssen durch Fleiß, durch Intelligenz und durch zähe Energie. Diese drei Eigenschaften fordere er auch von seinen Mitarbeitern im Rundfunk. Fleiß, Intelligenz und zähe Energie würden Deutschland auch die Mitwelt erobern.

Nach der Einführungsfeier fand eine Versammlung aller Intendanten und Sendeleiter des deutschen Rundfunks statt, denen Reichsminister Dr. Goebbels in über einstündiger Rede seine Auffassungen über die Gestaltung der Rundfunkprogramme im einzelnen auseinandersetzte.

«Hada»

Eugen Hadamovsky, in: *Männer im Dritten Reich*, Bremen 1934, S. 94.

Der Rundfunk ist im nationalsozialistischen Staat einer der Hauptfaktoren für die politische Erziehung des Volkes geworden. Niemals hat der Rundfunk im öffentlichen Leben eine derartige Rolle gespielt wie im Jahre 1933, und die Erhöhung der Zahl der Rundfunkteilnehmer um mehr als eine Million ist wohl das beste Zeichen, daß der rechte Weg beschritten worden ist. Der Reichsminister für Volksaufklärung und Propaganda, Dr. Goebbels, hat schon als Reichspropagandaleiter der NSDAP den Rundfunkfragen eine ganz besondere Aufmerksamkeit gewidmet und alles vorbereitet, um nach Ergreifung der Macht den Rundfunk durch Nationalsozialisten ganz in den Dienst der Regierung Adolf Hitlers stellen zu können. So ließ er die Funkwart-Organisation aufziehen, die zur tragenden Organisation der NSDAP für alle Rundfunkfragen wurde und durch die ein wesentlicher Teil des Nachwuchses für die Neuorganisation des Rundfunks gegangen ist. Auch in Berlin wurde schon von 1931 ab systematisch der Rundfunk beobachtet und eine Rundfunkorganisation aufgezogen. Zum Gaufunkwart berief Gauleiter Dr. Goebbels Eugen Hadamovsky, der auch an der Gründung des Reichsverbandes deutscher Rundfunkteilnehmer und an dessen Eroberung für die NSDAP stark beteiligt war. 1933 hat Eugen Hadamovsky als Reichssendeleiter die Übertragung fast aller Reden des Führers und von Reichsminister Dr. Goebbels vorbereitet und so musterhaft organisiert, daß es niemals den geringsten Zwischenfall gab. So darf er das stolze Gefühl haben, zu dem Erfolg des Jahres 1933 auf seinem Gebiete sein Teil beigetragen zu haben. Eugen Hadamovsky gehört zu jenem Teil der Jugend, dessen Hauptjahre des Wachsens und Werdens unmittelbar in die Nachkriegszeit fielen. Er wurde am 14. Dezember 1904 in Berlin geboren, studierte nach dem Abitur mehrere Semester an der Technischen Hochschule Charlottenburg und an der Hochschule für Politik in Berlin. Als echter Berliner Junge gehörte er natürlich schon bald nach dem Kriege einer militärischen Jugendgruppe an, bald darauf der Olympia. 1923 kommt er nach München und lernt hier die NSDAP kennen. 1924 geht er in die Schwarze Reichswehr, ist dann Ausbildungsleiter bei der Olympia bis zu ihrer Auflösung. Es folgen nun Aufenthalte in Österreich, Italien und Nordafrika und schließlich in Spanien, wo Eugen Hadamovsky als Schlosser tätig ist. 1928 kommt er nach Berlin zurück, einige Zeit später wird er Mitglied der NSDAP. 1931 beruft ihn Dr. Goebbels zum Gaufunkwart und macht ihn ferner zum Abteilungsleiter der Reichspropagandaleitung. Am 19. März 1933 wurde Eugen Hadamovsky Sendeleiter des Deutschlandsenders, kurze Zeit darauf bereits Reichssendeleiter.

Eugen Hadamovsky war mit seinem Freunde Horst Dreßler-Andreß zusammen an der Gündung der Nationalsozialistischen Rundfunkkammer E. V. stark beteiligt, in der zum ersten Male der ständische Aufbau verwirklicht und alle mit dem Rundfunk irgendwie in Verbindung stehenden Kräfte zusammengefaßt wurden. Er wurde nach der Gründung der Reichskulturkammer zum Vizepräsidenten der Reichsrundfunkkammer ernannt und fand damit auch äußerlich die Anerkennung seines Wirkens. Er ist ein Reichssendeleiter, der sich mit einer Hingabe ohnegleichen um sein Arbeitsgebiet kümmert. «Hada», wie er bei seinen Mitarbeitern abgekürzt heißt, ist überall und nirgends. Er taucht plötzlich auf, wenn irgendwo etwas besonderes los ist, verschwindet ebenso schnell, um bald darauf schon wieder an einer anderen Stelle die Organisation zu überwachen und letzte Hand anzulegen, wo es nottut. Vielleicht liegt nicht zuletzt in dieser Eigenschaft das Geheimnis seines Erfolges, weil jeder seiner Mitarbeiter zu jeder Stunde auf sein Auftauchen und seinen kontrollierenden Blick gefaßt sein muß.

Reichssendeleitung A 2

Reichs-Rundfunk-Gesellschaft m. b. H.
Berlin-Charlottenburg 9
Masurenallee, den 27. X. 1933

Betr.: Rundschreiben I a Nr. 292 – Aktenzeichen A 2. Bu/Pl.
Vor dem Engagement ausländischer Künstler ist von nun an grundsätzlich das Einverständnis der Reichssendeleitung rechtzeitig einzuholen. Die Reichssendeleitung A 2 wird in jedem Einzelfalle ihr Einverständnis davon abhängig machen, daß eine entsprechende Anzahl von deutschen Künstlern bei einem Sender des Heimatlandes des ausländischen Künstlers entsprechend beschäftigt wird. Die Bestimmung darüber, welche ausländischen Künstler in Deutschland erwünscht und welche deutschen Künstler im Ausland einzusetzen sind, trifft in Verständigung mit der Reichssendeleitung A 2 eine von Reichsministerium für Volksaufklärung und Propaganda hierfür besonders bevollmächtigte Stelle, die Deutsche Kunstgesellschaft. Ein unmittelbarer Geschäftsverkehr zwischen den einzelnen Sendern und der Deutschen Kunstgesellschaft muß zur Verhinderung von Reibungen und Mißverständnissen unbedingt vermieden werden. Deshalb erbitten wir alle entsprechenden Anträge und allen entsprechenden Geschäftsverkehr ausschließlich an Reichssendeleitung A 2.

Die deutsche Kunstgesellschaft haben wir von dieser Verfügung benachrichtigt.

Heil Hitler!
Reichssendeleitung
Hadamovsky   Bley[1]

Staatspolitische Pflicht

Als Aufruf in: *Berliner Lokal-Anzeiger* vom 22. 10. 1933, Sonntagsausgabe.

Die Nationalsozialistische Rundfunkkammer erläßt einen Aufruf an alle deutschen Volksgenossen, dem wir folgende Sätze entnehmen:
«Unser Volkskanzler Adolf Hitler hat das deutsche Volk für den 12. November[2] zu einem einmütigen Bekenntnis zum Frieden aufgerufen.

---

1 Wulf Bley, *1890, SA-Sturmführer und SA-Rundfunkmann, Sturmabteilung 9; in seiner Broschüre: *Deutsche Nationalerziehung und Rundfunkneubau*, Berlin o. J., S. 8, wetterte er gegen die Intellektuellen, die er als «artfremde bzw. artentfremdete Verbildete und Wurzellose» bezeichnete.
2 Am 12. 11. 1933 sind die ersten Reichstagswahlen im Einparteienstaat (92 Prozent für die NSDAP) gewesen.

Der erste Appell an das deutsche Volk und an die Völker der Welt geschah am 14. Oktober [1] mit einer Ansprache des Reichskanzlers durch den Rundfunk. In den kommenden Wochen wird in den Wahlkundgebungen des Führers und der Reichsregierung der Rundfunk täglich das Sprachrohr der politischen Führung zum deutschen Volke sein. Jetzt beginnen die Parolen des Volkskanzlers, des Reichspropagandaministers Dr. Goebbels und seiner verantwortlichen Rundfunkleiter, den Rundfunk in jedes deutsche Haus zu tragen, erhöhte, ja für das Schicksal des deutschen Volkes entscheidende Bedeutung zu bekommen. Es darf in diesen Tagen, da sich Würde, Ehre und Einheit des deutschen Volkes vor aller Welt in machtvollen Bekenntnissen kundtun sollen, kein deutsches Haus geben, in dem nicht ein Rundfunkgerät vorhanden ist.

Die Nationalsozialistische Rundfunkkammer wendet sich an alle deutschen Volksgenossen, die noch nicht Rundfunkhörer sind, und fordert sie auf, sich nicht länger abzuschließen von den großen Gegenwartsereignissen, die das Schicksal der Nation bestimmen. Der Volksempfänger und die anderen hochwertigen Empfangsapparate bieten heute jedem Deutschen die wirtschaftliche Möglichkeit, Rundfunkhörer zu werden. Die jüngsten politischen Ereignisse haben wieder bewiesen, daß Rundfunkhören keine Angelegenheit der persönlichen Unterhaltung, sondern eine staatspolitische Pflicht und Notwendigkeit ist.

Wer Rundfunk hört, wer am Rundfunk die gewaltigen Willenskundgebungen unseres Volkskanzlers Adolf Hitler erlebt, reiht sich ein in die große Schicksalseinheit des nationalsozialistischen Staates.

Anhang 1: 1933 — Schallaufnahmen

Schallaufnahmen politischen Inhalts des Deutschen Rundfunks, 31. Januar 1933 bis 15. Januar 1935, herausgegeben von der Reichsrundfunkgesellschaft, Berlin 1935; hier einige Beispiele des Inhalts solcher Schallaufnahmen im Jahre 1933.

1 Am 14. 10. 1933 meldete das Deutsche Reich seinen Austritt aus dem Völkerbund an. Goebbels verlas auf einer Pressekonferenz Hitlers *Aufruf an das deutsche Volk*; außerdem wurde ein *Aufruf der Reichsregierung an das deutsche Volk* veröffentlicht. Am Abend des gleichen Tages hielt Hitler eine lange Rundfunkansprache, in der er seine Entschlüsse nochmals begründete. Siehe hierzu: *Völkischer Beobachter* vom 15. 10. 1933, Sondernummer.

Am 30. Januar 1933

a. a. O., S. 5.

Hörbericht vom Fackelzug in der Nacht des 30. Januar (Charlottenb.
Chaussee – Unter den Linden – Wilhelmstraße)
Ansage: Gerd Fricke
Hörbericht: Wulf Bley und Heinz von Lichberg
Ansprache: Ministerpräsident Hermann Göring
Hörbericht: Wulf Bley
Ansprache: Ministerpräsident Hermann Göring
Hörbericht: Wulf Bley und Unterhaltung mit einem Schlosser, mit ei-
nem Studenten, mit einem Auslandskorrespondenten, mit einer Frau,
mit einem SA-Mann und mit einem Stahlhelmer
Ansprache des Führers des Berliner Kampfbundes für Deutsche Kultur,
Hans Hinkel
Albert Tonnack, der Chauffeur von Dr. Goebbels, spricht einige Worte
Schlußworte: Reichsminister Dr. Paul Joseph Goebbels [1]

Am 24. Februar 1933

a. a. O., S. 9.

Kundgebung der NSDAP am 14. Gründungstage der Partei
Ansage: Otto Freundorfer
Einleitender Stimmungsbericht vom Bayerischen Wirtschaftsminister
Hermann Esser (Während des Berichts «Badenweiler Marsch» von
Georg Fürst, «Bayerischer Defilier-Marsch» von Rudolf Scherzer, Bei-
fall und Heilrufe)
Begrüßungsansprache: Adolf Wagner, Staatsminister und Gauleiter in
Bayern
Heilrufe
Rede des Reichskanzlers Adolf Hitler
Deutschlandlied
Schlußansprache: Adolf Wagner, Staatsminister und Gauleiter in Bayern
Horst-Wessel-Lied, gem. Gesang mit Blasorchester
Dreimaliger Ruf «Deutschland erwache»
Absage: Otto Freundorfer

---

1 Über diesen Hörbericht gibt es ein authentisches Manuskript von einer
Sonderaufnahme des NS-Funkreporters Wulf Bley, die extra für die *BZ am
Mittag* vom 26. 1. 1938 hergestellt wurde. Das Original befindet sich im Besitz
des Herausgebers. Als Anhang 2, S. 284 f, folgen weitere Auszüge aus dem drei-
zehnseitigen Manuskript.

Am 28. März 1933

a. a. O., S. 26.

Amtseinführung des neuen Oberpräsidenten Viktor Lutze für die Provinz Hannover
Oberpräsident Viktor Lutze
Polizeipräsident Habben
Regierungs-Vizepräsident Graf von Wartensleben
Gaupropagandaleiter Gutterer
Musik: Richard Thiele, Marine-Marsch «Stolz weht die Flagge» (Bearbeiter Kochmann), G. Sonntag, «Nibelungenmarsch», Karl Merkau, «Germania-Marsch», Präsentiermarsch, Armeemarsch, Horst-Wessel-Lied, Deutschland-Lied, 1. Vers
Standartenkapellen 412 und 73
Kapelle der Schutzpolizei Hannover unter Polizeihauptwachtmeister Fischer

Am 30. April 1933

a. a. O., S. 38–39, Auszug. Diese Sendung lief in der Nacht vom 30. April zum 1. Mai 1933.

Deutsche Mainacht der «Hitlerjugend» und des «Bundes deutscher Mädel in der Hitlerjugend» am 30. 4. 33 im Harz (Bodetal bei Thale a. Harz, am Weg Treseburg – Thale, Hexentanzplatz, Roßtrappe)
Sirengeheul
Ansage und Hörbericht: Hans Bodenstedt (Während des Hörberichts «SA marschiert», gem. Marschgesang, Komp. u. Textdichter unbekannt)
Hörbericht: Reinhold Schulze
(Während des Hörberichts gem. Marschgesang «Volk ans Gewehr», Komposition und Text von A. Pardun, «Es zog ein Hitlermann hinaus», Weise der Bewegung, Textdichter unbekannt, «Deutsche Jugend heraus zum Kampf», Komp. u. Textdichter unbekannt, «Als die goldne Abendsonne», Weise der Bewegung, Text von K. H. Muschalla, «Auf, auf, zum Kampf», Soldatenweise, Textdichter unbekannt, «Und wenn wir marschieren, dann leuchtet ein Bild», Komp. und Textdichter unbekannt)
Hörbericht: Dr. Adolf Wasmus
Feuerspruch: Sprecherin Gauführerin Edith Schlap
Hörbericht: Dr. Adolf Wasmus
Ansprache: Bundesführerin des BDM in der Hitlerjugend Lydia Got-

schewski «Nun haben wir Hitler die Treue gelobt», gem. Ges., Komponist und Textdichter unbekannt
Hörbericht: Dr. Adolf Wasmus
«Maienfahrt», altes Reigenlied, gesungen vom BDM

Am 10. Mai 1933

a. a. O., S. 51; siehe hierzu auch: *Literatur und Dichtung im Dritten Reich* (rororo Nr. 809/810/811), S. 44 f.

Verbrennung zersetzenden Schrifttums
Die Deutsche Studentenschaft Kreis 10 verbrennt anläßlich der Aktion des Kampfausschusses wider den undeutschen Geist, Schriften und Bücher der Unmoral und Zersetzung.
Ansage: Carl Heinz Boese
Feuersprüche, gesprochen von Hanskarl Leistritz, Beifall, Ankündigung der Ministerrede, Heilrufe
Ansprache: Reichsminister für Volksaufklärung und Propaganda Paul Joseph Goebbels
«Volk ans Gewehr», Marsch von Arno Pardun (Anfang sehr leise)

Am 26. Juni 1933

a. a. O., S. 61.

«Tag der alten Garde»,
zu Ehren der ersten Vorkämpfer der NSDAP von der ersten Norddeutschen Standarte
Rede des SS-Führers der Gruppe Ost, Ministerialrat Kurt Daluege
Beifall, Heilrufe und Zwischenansprache des Versammlungsleiters Robert Grüneberg
SS-Staffellied «Wenn alle untreu werden, so bleib' ich dir doch treu», Worte von Max von Schenkendorf, Melodie Volksgut (Weise «Erhebt euch von der Erden, ihr Schläfer aus der Ruh!»)

Am 30. August 1933

a. a. O., S. 69.

Reichsparteitag der NSDAP in Nürnberg
Einläuten des Reichsparteitages durch alle Kirchenglocken

Ansage: Carl Heinz Boese
Glockengeläut
Hörbericht: Otto Willi Gail
Beschreibung des Rathauses, Empfang der Führer und der Spitzen des
Staates durch die Stadtverwaltung, der Führer erscheint, Präsentier-
marsch, Marschmusik
Fanfarenmarsch
Kinderchor singt: «Wach auf, du deutsches Land»
Begrüßungsworte: Oberbürgermeister Pg Willy Liebel
Leerlauf
Deutschlandlied gem. Gesang ohne Begleitung, 1. Strophe
Ansprache: Reichskanzler Adolf Hitler
(Heilrufe, dreimal)
Horst-Wessel-Lied, gem. Ges., 1. Str.
Fanfarenmarsch
Absage und zusammenfassende Worte: Carl Heinz Boese [1]

Anhang 2: Wulf Bley am Mikrophon

Hier folgen Auszüge aus dem Manuskript der Sendung vom Fackelzug am 30.
Januar 1933; siehe auch: *Die Nachtsendung aus der Reichskanzlei am 30. 1.
1933*, in Eugen Hadamovsky: *Dein Rundfunk*, München 1934, S. 9–21.

Funkreporter Wulf Bley:
Wir sind noch einmal wiedergekommen. Stundenlang hat der Vorbeimarsch gedauert. Er dauert noch immer an; jetzt erst fängt der Stahlhelm an, vorbeizumarschieren. Immer höher und höher ist der Jubel
dieser Hunderttausende geschwollen, die hier vorbeigezogen sind, zu-
sammengesetzt aus allen Gruppen, die jetzt zu einer einzigen Willenseinheit zusammengeschmolzen sind. In diesem Augenblick tritt der
Reichsminister Göring ins Zimmer. Wir bitten ihn, noch einmal ans
Mikrophon zu kommen und noch einmal zu sprechen.
Reichsminister Göring:
Nachdem vorhin ein Teil meiner Worte nicht übermittelt worden ist,
will ich jetzt die Gelegenheit benutzen, um auch Stellung zu nehmen zu
diesem Abend, der wohl der gewaltigste war, den Berlin seit jenem
Augusttag 1914 erlebt hat. Hunderttausende und aberhunderttausende,
SA, SS, Stahlhelm, Volk und immer wieder Volk strömten vorbei. Ström-

---

1 Von der Eröffnung bis zur Schlußsitzung des Parteitages am 3. 9. 1933
wurden täglich alle wichtigen Reden, mit ausführlichen Kommentaren und vielen Parteiliedern ausgeschmückt, gesendet.

ten vorbei, um den geliebten Führer zu sehen; strömten vorbei, um damit kundzutun, daß heute ein Wendepunkt in der deutschen Geschichte gekommen ist. Wir müssen es als ein großes Omen betrachten, daß der heutige Abend all das, was in Deutschland noch an Volk und Vaterland glaubt, zusammengeführt hat. Ein Omen war es, daß der alte, ehrwürdige Generalfeldmarschall[1] des Weltkrieges sein Vertrauen übertragen hat auf den Führer der jungen Frontgeneration. In diesem Zusammenschluß sehen Sie auch den Zusammenschluß der deutschen Nation. Hunderttausende im ganzen Land, Millionen deutscher Menschen ist eine Zentnerlast von der Brust herunter. Sie glauben wieder. Das Unglaubliche ist Wahrheit geworden, das Volk hat zu sich selbst zurückgefunden. Der Generalfeldmarschall, der so oft schon der Hort Deutschlands war, und jener Mann, der aus nichts eine gläubige, starke, gewaltige Bewegung geschaffen hat, sie sind es jetzt beide, die wiederum dem deutschen Volk Richtung und Ziel setzen werden. Die neue Reichsregierung wird vom ersten Tage ab bestrebt sein, nicht in alten, ausgefahrenen Geleisen dahinzuwandern, sondern neue Wege zu führen, um zum Erfolg zu kommen. Die neue Reichsregierung wird ihre ganze Kraft einsetzen, um das Volk aus jener furchtbaren Verelendung und dumpfen seelischen Verzweiflung der letzten vierzehn Jahre herauszuführen. Es wird ihre Aufgabe sein, dem Volk nicht nur wieder Brot und Arbeit zu geben, sondern der Nation auch wieder Ehre und Freiheit zurückzuerstatten. Sie wird ihre ganze Kraft einsetzen, um Deutschland wiederum unter den anderen Mächten jenen Platz zu geben, auf den es Anspruch nehmen darf kraft der Tüchtigkeit, kraft des Glaubens und kraft der Leistung seines Volkes.

Schließen wir mit heute in der Weltgeschichte ein Kapitel deutscher Schmach und Schande, deutscher Not und deutschen Elends und schlagen wir auf ein neues Kapitel und schreiben wir über dieses Kapitel mit ehernen Lettern die Worte: Freiheit und Ehre sind die Unterlagen des neuen Reiches! Geben wir dem Volk, geben wir dem einzelnen Volksgenossen, wieder Arbeit, worauf er ein sittliches Recht hat! Geben wir ihm Brot, das er sicher schafft, statt Almosen und stellen wir für Reich und Nation wieder her Würde, Freiheit und Ehre!

Rundfunkreporter Bley:
Meine verehrten Hörer und Hörerinnen! Es ist unmöglich gewesen, Ihnen unmittelbar von der Straße her, was wir gerne getan hätten, eine Übertragung zu machen. Der Jubel auf den Straßen ist so groß, daß bei einem angestellten Versuch die Stimme, die in das Mikrofon hineinsprach, nicht mehr durchkam. Wir sind deshalb wieder heraufgegangen und müssen Ihnen vom Fenster aus berichten, was unten vorgeht. Im Nebenzimmer sind immer noch der Reichskanzler Hitler mit seinem

1 Generalfeldmarschall Paul von Hindenburg, Reichspräsident von 1925–34.

Adjutanten und sein treuer Begleiter Schaub[1], der Berliner Gauleiter Dr. Goebbels, der Reichsführer des Kampfbundes für deutsche Kultur Alfred Rosenberg und der Berliner Führer der nationalsozialistischen Kulturorganisation, Reichstagsabgeordneter Hinkel; dann alle SS- und SA-Führer, der Reichswehrminister, der Reichsarbeitsminister und viele, viele andere.

Wir haben nun wenigstens einmal den Versuch gemacht, einige von der Straße wahllos herauszugreifen und heraufzubitten.

Ein Schlosser, 51 Jahre alt:
Ich habe nur wahrgenommen, daß man bei der preußischen Polizei nicht einmal die Ehre besitzt und unseren neuen Kanzler grüßt. Sie sind nicht aufgestanden, wir haben noch schreien müssen.

Funkreporter Bley:
Das stimmt aber nicht. Eine ganze Reihe habe ich gesehen, die sind aufgestanden.

Ein Student:
Am meisten hat mich ergriffen, wie auf einem vollbesetzten Mannschaftswagen der Schupo vor dem Fenster des Führers der Offizier aufstand und die ganze Mannschaft mit und dem Kanzler ein kräftiges Heil Hitler! ausbrachte.

Funkreporter Bley:
Da haben also die einen gesessen, und die anderen, die haben dann Begeisterung gezeigt.

Student:
Jawohl. Das überwältigendste Bild war dann, daß der größte Teil des Stahlhelms schon heute restlos dem Führer zujubelt. In dieser Schar von Volksgenossen, die nun schon viele Stunden unermüdlich vorbeiströmen, indem wieder die bunten Mützen der Kommilitonen, die Arbeiter, Studenten, Beamten, alt und jung zusammen vereint zu einer Volksgemeinschaft zu sehen, alle Stände und Schichten, – das ist vielleicht das gewaltigste überhaupt an dieser ganzen Kundgebung.

Ein Korrespondent:
Ganz besonders ergreifend war es für mich, wie die kleinen Kinder begeistert dem Führer zujubelten und zuwinkten, und dann der Führer die Kinder sah und ihnen zum Dank die Blumen, die ihm gespendet waren, hinunterwarf. Unendlicher Jubel der Volksmenge brauste ihm entgegen, alles war ein Herz und eine Seele.

Eine Frau:
Ich bin hierher gekommen, um meinen Mann zu sehen, weil er in der SA mitmarschiert.

---

1 Julius Schaub, *1898, von Beruf Drogist; nach dem Hitler-Putsch 1923 in München saß er mit Hitler sieben Monate im Gefängnis. In der offiziellen Biographie wird er stets als «Hitlers ständiger Begleiter» bezeichnet.

Funkreporter Bley:
Das ist ja fein. Was ist denn Ihr Mann von Beruf?
Die Frau:
Mein Mann ist eigentlich Hypothekenmakler, aber jetzt geht er stempeln. Die Zeit, die Wirtschaft...!
Ein SA-Mann:
Am meisten hat mich ergriffen, wie wir mit unseren erhobenen Fahnen durch das Brandenburger Tor marschiert sind.
Ein Stahlhelmer [1]:
Ich habe mich heute hier hingestellt, um mir das mal richtig anzukieken. Ich muß sagen, daß ich jetzt restlos begeistert bin. Wenn ich hier als alter Stahlhelmer sprechen kann, muß ich sagen, daß ich mich tatsächlich auch für den Arbeiterführer Adolf Hitler restlos begeistert habe. Ich kann nur sagen, daß man auch Deutschland jetzt richtig zur Freiheit führen wird.
Funkreporter Bley:
Ich sehe, da kommt gerade der Reichstagsabgeordnete Hinkel herein. Herr Hinkel, darf ich Sie bitten, mal ans Mikrofon zu treten.
Hinkel:
Das war heute abend der zweite Marsch, den ich für Adolf Hitler in einer Großstadt Deutschlands miterleben durfte. Zum ersten Mal habe ich vor etwa zehn Jahren, am 8./9. November 1923, vor der Feldherrnhalle marschiert, an jenem denkwürdigen Mittag des 9. November 1923, wo wir damals schon unter der schwarz-weiß-roten Fahne und unserem Hakenkreuzpanier für Deutschlands Freiheit, für den Aufbruch der deutschen Nation zu marschieren glaubten.

Wir haben 1933. Am heutigen Tag ist es wahr geworden, was wir einstmals glaubten nicht mehr sehen zu dürfen. Es ist wahr geworden, daß die siegreichen Fahnen der nationalsozialistischen deutschen Freiheitsbewegung durch das Brandenburger Tor, durch die Siegesallee, durch die Berliner Wilhelmstraße marschieren durften. Es ist ein Traum von uns jungen Deutschen in Erfüllung gegangen und verpflichtet uns, weiterzukämpfen unter dem gleichen Panier, so wie wir vor zwölf, dreizehn Jahren als Nationalsozialisten, als die ersten der Bewegung und jung, aufgeschlossen, vielleicht noch unwissend, aber im Herzen rein, fanatisch wohl, uns bereit erklärt haben. Wir haben uns verpflichtet vor dreizehn Jahren, – wir verpflichten uns heute wieder, so wie einst unserem angeblich nur kleinen Parteivorsitzenden und späteren Führer der

1 *Stahlhelm,* Bund der Frontsoldaten; wurde am 13. 11. 1918 in Magdeburg von Franz Seldte gegründet; am 28. 3. 1934 ist er in *Nationalsozialistischer Deutscher Frontkämpferbund (Stahlhelm),* weiter unter Führung Franz Seldtes, umbenannt worden; die neue Uniform des *Stahlhelm* war damals: feldgrauer Rock, braunes Hemd mit grünem Schlips, feldgraue Mütze mit nationalsozialistischem Abzeichen, Hakenkreuzarmbinde.

deutschen Freiheitsbewegung, so verpflichten wir uns heute unserem Reichskanzler und Führer Adolf Hitler, weiterzumarschieren, mit dem Gelöbnis: Wir stehen und fallen mit Hitler!

Der damalige Schofför[1] von Dr. Goebbels:

Ich habe hier an der Seite von Herrn Dr. Goebbels gestanden und den ganzen Abend dem Vorbeimarsch des Zuges beigewohnt. Es ist für mich eine besondere Freude, wenn ich gerade an der Seite von Herrn Dr. Goebbels hier gesehen habe, wie seine Arbeit hier heute gewürdigt worden ist. Denn was hier heute marschiert, das ist tatsächlich das ganze Berlin, um das wir jahrelang gekämpft haben. Wenn ich an der Seite von Herrn Dr. Goebbels die langen Jahre zurückdenke, dann muß ich sagen, daß tatsächlich der beste Erfolg der heutige Tag ist, und man kann sagen, daß wir nun zur Freiheit und zum Siege marschieren werden.

Funkreporter Bley:

Nun wollen wir Herrn Dr. Goebbels selber bitten. Vielleicht, Herr Dr. Goebbels, kommen Sie auch mal an den Apparat hier, eben an das Mikrofon, und sprechen Sie auch etwas. Damit wollen wir dann für heute schließen.

Dr. Goebbels:

Ich kann nur ein paar Worte sagen. Wir sind schon seit heute morgen um 5 Uhr auf den Beinen und hundemüde. Was ich sagen will, ist das: Wir sind alle maßlos glücklich. Glücklich darüber, daß nun eine vierzehnjährige Arbeit durch Sieg und Erfolg gekrönt worden ist. Wenn ich den heutigen Tag auf den einfachsten Nenner bringen soll, dann möchte ich sagen: Es ist ein Triumph der Zähigkeit. Die Zähigkeit der nationalsozialistischen Führung hat diesen Sieg errungen. Und es ist für mich nur ergreifend, zu sehen, wie in dieser Stadt, in der wir vor sechs Jahren mit einer Handvoll Menschen begonnen haben, wie in dieser Stadt wirklich das ganze Volk aufsteht, wie unten die Menschen vorbeimarschieren, Arbeiter und Bürger und Bauern und Studenten und Soldaten, – eine große Volksgemeinschaft, in der man eben nicht mehr fragt, ob einer Bürger oder Proletarier, ob er Katholik oder Protestant ist, in der man nur fragt: Was bist Du, wozu gehörst Du und bekennst Du Dich zu Deinem Lande? Das ist für uns Nationalsozialisten die größte Erfüllung dieses Tages. Wir sind nicht der Meinung, daß damit der Kampf abgeschlossen ist, sondern morgen früh beginnen wir schon mit der neuen Arbeit und mit dem neuen Kampf. Wir sind der festen Überzeugung, es wird einmal der Tag kommen, da wird in Deutschland nicht nur die nationalsozialistische Bewegung, sondern ein ganzes Volk aufstehen, wird ein ganzes Volk sich wieder auf seine Urwerte besinnen und wird ein ganzes Volk auch den Marsch dann antreten zu einer neuen Zukunft. Für Arbeit und für Brot, für Freiheit und für Ehre haben wir zu kämp-

---

1 Im Originalmanuskript steht tatsächlich «Schofför».

fen, und diesen Kampf werden wir zu Ende führen, und wir glauben, daß es der deutschen Nation zum Segen und zum Glücke gereichen wird. Das, was wir da unten erleben, diese Tausende und Tausende und Zehntausende und Zehntausende von Menschen, die in einem besinnungslosen Taumel von Jubel und Begeisterung der neuen Staatsführung entgegenrufen, – das ist wirklich die Erfüllung unseres geheimsten Wunsches, das ist die Krönung unserer Arbeit. Man kann mit gutem Recht sagen: Deutschland ist im Erwachen.

Anhang 3: Göring versucht, gegen Goebbels zu intrigieren

Dieses Schriftstück Hermann Görings, der u. a. ja auch Preußischer Ministerpräsident war, ging an den Reichsinnenminister, den Reichspostminister, den Preußischen Minister des Innern, den Preußischen Minister für Wissenschaft, Kunst und Volksbildung, den Preußischen Finanzminister sowie an die Landesregierungen von Bayern, Sachsen, Württemberg, Baden, Thüringen, Hessen und Hamburg. Es umfaßt fünfzehn Maschinenschriftseiten, es werden hier aber nur die ersten fünf wiedergegeben, da sich die Argumente, Darlegungen und Beweismittel im Prinzip wiederholen. Immerhin ist dieser Brief ein Beweis dafür, welchen Kampf es nach der Machtergreifung innerhalb der Führungsschicht des Dritten Reiches um die Positionen gab. Aus dem Schreiben geht eindeutig hervor, daß Göring selbst gegen das «Führerprinzip» des Nationalsozialismus auftrat, um das hektische Eingreifen von Goebbels beim Rundfunk zu unterbinden und um ihm diese Machtdomäne zu entziehen.

Der Brief befindet sich im Besitz des Herausgebers.

Der Preußische Ministerpräsident
St. M. I. 7257.
Berlin, den 12. Juni 1933
W 8, Wilhelmstr. 63

Verschiedene Beobachtungen aus der letzten Zeit, die die Preußische Staatsregierung mit Besorgnis erfüllen, veranlassen mich, mit den folgenden Darlegungen Ihre Aufmerksamkeit, Herr Reichsminister, auf grundsätzliche Fragen der Verwaltung des Rundfunks zu lenken. Es handelt sich vor allem um die Feststellung, inwieweit einerseits das Reich und andererseits die Länder auf die Verwaltung des Rundfunks Einfluß zu nehmen haben. Für die Beurteilung dieser Frage wird es notwendig sein, zunächst kurz die sachlichen Interessen, die das Reich und die Länder an den Hauptaufgaben des Rundfunks haben, sowie die zurzeit gegebene Rechtslage zur Darstellung zu bringen. Sodann darf ich

die Vorgänge darstellen, die eine Bereinigung der mit der Rundfunkverwaltung zusammenhängenden Fragen für mich dringend erscheinen
lassen und schließlich die Bitte aussprechen, daß Sie, Herr Reichsminister, entsprechend meinem unten gestellten Antrag das Erforderliche
alsbald veranlassen möchten. Im einzelnen erlaube ich mir das Folgende
auszuführen:

Neben der Aufgabe, die Hörer zu unterhalten, ihnen Nachrichten zu
übermitteln und sie an den Geschehnissen der Zeit teilnehmen zu lassen,
hat der Rundfunk vom Standpunkt einer verantwortlichen Staatsführung aus vor allem eine staatspolitisch aufbauende und eine kulturpoli-
tisch vertiefende Aufgabe. Die bei der Verwaltung dieser beiden, gerade
in der Gegenwart überaus bedeutsamen Aufgaben wahrzunehmenden Interessen scheinen zunächst für das Reich auf der einen und für die Länder auf der anderen Seite in so vielen Beziehungen gleichgelagert zu
sein, daß bei oberflächlicher Betrachtung eine Vereinheitlichung der gesamten Rundfunkverwaltung gegebenenfalls unter dem beherrschen-
den Einfluß des Reichs, naheliegend sein möchte. Einer sorgfältigen
Nachprüfung würde eine solche Beurteilung indessen nicht standhalten
können. Zwar sind in der Tat sowohl in staatspolitischer wie auch in
kulturpolitischer Hinsicht bei der Verwaltung des Rundfunks vom Reich
und von den Ländern in weitem Umfange gleiche Gesichtspunkte zur
Anwendung zu bringen. Diese Erkenntnis kann aber nicht darüber täu-
schen, daß Inhalt, Umfang und Nachhaltigkeit der Interessen, die einerseits das Reich und andererseits die Länder bei den beiden Hauptaufgaben des Rundfunks wahrzunehmen haben, in weitem Umfange durchaus verschieden sind. Zunächst ist festzustellen, daß in staatspolitischer
Hinsicht die Bestimmung der allgemeinen Gesichtspunkte unzweifelhaft
beim Reich liegen muß; ebenso klar ist aber, daß bei den kulturpolitischen Aufgaben des Rundfunks der maßgebende Einfluß unter allen
Umständen bei den Ländern verbleiben muß. Ferner ist zu beachten, daß
sich die Länder an der Verwaltung der staatspolitischen Aufgabe des
Rundfunks keineswegs völlig desinteressieren können, sondern weiterhin auf eine mitbestimmende Einflußnahme Wert legen müssen. Andererseits kann als sicher unterstellt werden, daß das Reich sich von der
Mitwirkung an der Festlegung der im Großen einzuhaltenden kulturpolitischen Linie des Rundfunks nicht vollständig zurückziehen kann.
Die Richtigkeit dieser Feststellungen ergibt sich aus folgenden Erwägungen:

Der Anspruch der Reichsregierung auf den maßgebenden Einfluß bei
der Verwaltung der staatspolitischen Aufgabe des Rundfunks beruht
auf dem verfassungsmäßig gesicherten Primat der Reichspolitik, nach
dem auch im Rundfunkwesen die grundlegenden Richtlinien der Politik
vom Reich zu bestimmen sind. Bei voller Anerkennung dieser Sachlage
ist es aber für die Länder mit Rücksicht darauf unmöglich, auf eine Mit-

wirkung an der staatspolitischen Auswertung des Rundfunks zu verzichten, daß die Länder nach wie vor die Richtlinien der Reichspolitik in ihren Gebieten durchzuführen haben, und daß sich für sie auf Teilgebieten der Politik auch nach Erlaß des sogenannten Statthaltergesetzes besondere Bedürfnisse ergeben können. Mit der Durchführung der Reichspolitik durch die Länder ist die Anordnung derjenigen Maßnahmen verbunden, für die sich die breiten Massen der Bevölkerung, die durch den Rundfunk erfaßt werden und durch ihn mit Verständnis für den neuen Staat erfüllt werden sollen, in erster Linie interessieren, weil sie in ihr tägliches Leben unmittelbar eingreifen. Da die Landesregierungen diese Maßnahmen treffen, sind sie auch am besten in der Lage, der Bevölkerung diese Maßnahmen verständlich zu machen und hierdurch werbend auch für die großen Richtlinien der Reichspolitik zu wirken. Die besonderen Bedürfnisse der Landespolitik können vor allem unter landespolizeilichen Gesichtspunkten hervortreten. Sache der Landesregierungen ist es u. a., für Aufrechterhaltung von Ruhe und Ordnung zu sorgen. Für die Erfüllung dieser Aufgabe ist der Rundfunk von besonderer Bedeutung. Auf dieser Erkenntnis beruht auch das den Landesregierungen ebenso wie für die Presse so auch für den Rundfunk zugebilligte Auflage- und Überwachungsrecht, dessen sich die Länder angesichts der von ihnen zu erfüllenden wichtigen politischen Aufgaben niemals begeben können.

In kultureller Hinsicht ist der Vorrang der Länder gegenüber dem Reich niemals bestritten, und insbesondere auch von dem Herrn Reichskanzler ausdrücklich anerkannt worden. Der Herr Reichskanzler hat in der von ihm am 21. März 1933 abgegebenen Regierungserklärung ausgesprochen, daß, je größer die – inzwischen durch besondere Maßnahmen hergestellte – geistige und willensmäßige Übereinstimmung zwischen Reich und Ländern ist, um so weniger Interesse für alle Zukunft für das Reich daran bestehen kann, das kulturelle Eigenleben der einzelnen Länder zu vergewaltigen. (vgl. WTB. Nr. 669 Spalte 2 am Ende). Kein Gebiet ist einer zentralisierenden Behandlung durch das Reich auch weniger zugänglich als die Kulturpflege. Kann aber im Interesse der Erhaltung des Reichtums des deutschen Geisteslebens auf die Auswertung und Belebung der in den deutschen Stämmen liegenden Kulturgüter nicht verzichtet werden, so ist auch der Anspruch der Länder gerechtfertigt, ihrerseits auf die kulturpolitische Gestaltung des Rundfunkwesens den maßgebenden Einfluß auszuüben. Dabei wird nicht verkannt, daß die Mitwirkung der berufenen Stellen der Reichsregierung auf dem kulturpolitischen Aufgabengebiet des Rundfunks insoweit erwünscht und notwendig ist, als es gilt, die Einhaltung einer einheitlichen und artreinen kulturpolitischen Linie in ganz Deutschland zu sichern. Hierbei hat das Reich aber lediglich eine die Betätigung der Länder ergänzende und abrundende Tätigkeit zu entfalten, die Führung der

Kulturverwaltung durch die Länder darf vom Reich grundsätzlich nicht beeinträchtigt werden.

Die vorstehenden Darlegungen lassen klar erkennen, *daß der Rundfunk zur Verwaltung durch eine Hand,* etwa durch das Reich allein, *vollständig ungeeignet ist.* Es liegt vielmehr im Rundfunkwesen eine so weit reichende Verflechtung verschieden gearteter und verschieden starker Interessen des Reiches und der Länder vor, daß die Rundfunkverwaltung nur in engster Zusammenarbeit zwischen Reich und Ländern geführt werden kann, wenn auf diesem wichtigen Zweige der Staatsverwaltung die bestmöglichen Erfolge erzielt werden sollen. Eine solche Zusammenarbeit bedeutet auch keine Komplikation und braucht zu Weiterungen nicht zu führen, wenn sie beiderseits mit dem erforderlichen Entgegenkommen gehandhabt wird. Die bereitwillige Rücksichtnahme auf berechtigte Interessen ist aber im Verkehr zwischen dem Reich und den Ländern durch die politische Gleichschaltung im vollen Umfange gesichert.

Der Fall Hans Bredow

Hans Bredow, 1879–1959, Gründer des deutschen Rundfunks und Reichskommissar für das deutsche Rundfunkwesen; 1919–26 Staatssekretär im Reichspostministerium; am gleichen Tage, als Hitler zum Reichskanzler ernannt wurde, legte Bredow sein Amt als Rundfunkkommissar nieder. Er war Inhaber der bronzenen Heinrich-Hertz-Medaille, der Preußischen Medaille in Silber für Verdienste um Kunst und Wissenschaft, der goldenen Leibniz-Medaille der Akademie der Wissenschaften und des Preußischen Roten-Adler-Ordens; er war Ehrenbürger der Stadt Rendsburg, Ehrendoktor bzw. Ehrensenator der Hochschulen Berlin, Dresden, Stuttgart, Karlsruhe und Köthen.

Wie in jedem totalitären Staat bemühten sich die Machthaber des Dritten Reichs, ihre Gegner durch Verleumdung und Entehrung loszuwerden. Auch Hans Bredow erging es nicht anders. Siehe hierzu Dr. Ing. e. h. Hans Bredow: *Im Banne der Ätherwellen*, Stuttgart 1956, Bd. 2, S. 323 f.

«Die Verschwendungen beim Rundfunk»

Überschrift der Nachricht in: *Tremonia*, Dortmund, vom 3. 8. 1933, gekürzt.

Welches Ziel die NS-Maßnahmen gegen die Rundfunkleiter bis 1933 eigentlich hatten, sagte Goebbels in einer Rede bei der neunzehnten Rundfunkausstellung klar und deutlich: «Als der Führer am 30. Januar 1933 um die Mittagsstunden an die Verantwortung gerufen wurde, teilte der Rundfunk zuerst dem deutschen Volke diese historische Nachricht mit. Eine Revolution hatte ihren Anfang genommen. Wenige Stunden später wälzten sich durch die Straßen der Reichshauptstadt die revolutionären Massen des erwachten Berlins und zogen durch die Wilhelmstraße am Reichspräsidenten und am Führer vorbei. Ganz Deutschland befand sich im Taumel. Nur das Funkhaus in der Masurenallee lag still, weit ab vom Lärm des Zentrums, ohne Licht, zwar nicht ohne Mannschaft, aber ohne Führung. Die hatte sich nach Dienstschluß nach Hause begeben in der gewohnheitsmäßigen Annahme, daß nun ihre Pflicht getan sei. Was das Volk anfing, und was das Volk deshalb auch hören wollte, das ging sie nichts an. Literaten, Liberalisten, Nur-Techniker, Geldverdiener und Spesenmacher sahen dadurch in ihrer Naivität den Rundfunk, als dessen Väter sie sich aufzuspielen beliebten, bereits ruiniert und vollkommen vernichtet. Während aber sie selbst vor Gericht kamen und in der Versenkung verschwanden, hat der deutsche Rundfunk seinen triumphalen Siegeslauf angetreten.» *Dr. Goebbels eröffnet die Rundfunkausstellung*, in: *Hannoverscher Anzeiger* vom 17. 8. 1935.

tu München, 1. August.

Der neuernannte Direktor der Reichsrundfunkgesellschaft Pg Hadamovsky sprach am Dienstag abend in einer öffentlichen Kundgebung im Hotel Wagner über das Thema: «Der Rundfunk im neuen Staat». Vorher äußerte er sich gegenüber den Vertretern der Presse über den aufgedeckten Korruptionsskandal beim deutschen Rundfunk.

Es sei der persönliche Wunsch des Ministers Goebbels, daß mit diesen Ministergehältern und Rundfunkpfründen gründlich aufgeräumt werde. Goebbels habe ihm erklärt: «Nun räumen Sie aber rücksichtslos auf, daß nicht einmal mehr der Geruch in den Funkhäusern zurückbleibt.» Von den leitenden Angestellten seien 50 v. H. entlassen worden.

«Bezüge des früheren Staatssekretärs Bredow gesperrt»

Als Bericht in: *Berliner Lokal-Anzeiger* vom 3. 8. 1933, Abendausgabe, gekürzt.

Die Korruptionsskandale im deutschen Rundfunk haben die Frage aufgeworfen, wer letzten Endes für die moralische Verwerflichkeit einer verschwenderischen Mißwirtschaft verantwortlich ist. Nachdem durch die letzten Veröffentlichungen die Direktoren der Reichsrundfunkgesellschaft aufs schwerste bloßgestellt sind, wurden jetzt neue Schriftstücke und aktenmäßige Unterlagen ermittelt, die als den mit Hauptverantwortlichen für den skandalösen Mißbrauch der Hörergelder den ehemaligen Rundfunkkommissar Staatssekretär a. D. Dr. Ing. ehrenhalber Hans Bredow erscheinen lassen.

In unverantwortlichem Eigennutz hat Bredow seine unter dem marxistischen Regime aufgebaute Machtstellung zu einer Geldmacherei mißbraucht, über die jetzt aufsehenerregende Einzelheiten aus den Akten bekannt werden.

Als Bredow die Leitung des Rundfunks hauptberuflich übernahm, verkündete er in der Öffentlichkeit, daß es nur die Liebe zu seinem «Kind», dem Rundfunk, sei, die ihn veranlaßt habe, seinen Beamtenposten aufzugeben. Zum Zeichen dieses Idealismus beteuerte er, daß er sich auch weiterhin mit dem Gehalt eines Staatssekretärs «begnügen», also keinerlei wirtschaftliche Vorteile aus der neuen Stellung ziehen wolle.

In einem höchst merkwürdigen Gegensatz zu dieser Beteuerung stehen jedoch die langjährigen und verwickelten Verhandlungen, die er sofort nach Antritt seiner neuen Stellung mit der Reichsrundfunkgesellschaft über seine künftigen Bezüge und seine Pension führte.

Es genügte ihm nicht, daß die Reichsrundfunkgesellschaft eine Pension auf Lebenszeit vertraglich sicherte, sondern er forderte noch eine Sicherstellung der Summe, die für die lebenslängliche Zahlung dieser Pension – nämlich rund 20 000 RM im Jahr – notwendig war. Wie das

Aktenmaterial beweist, beschäftigte der Rundfunkkommissar zunächst einmal eine Reihe amtlicher und privater Stellen mit der Erfüllung dieser Forderung, die im Beamtentum ein völliges Novum bedeutete [1] und Bank- und Versicherungssachverständigen einiges Kopfzerbrechen verursachte.

Herr Bredow hat anscheinend übersehen, daß die nationalsozialistische Rundfunkführung sowie die nationalsozialistische Staatsführung keinerlei Verständnis für die Kompromisse hat, wie sie in der Vergangenheit üblich waren. Es ist der Wille von Reichsminister Dr. Goebbels, daß das deutsche Volk einen moralisch einwandfreien Rundfunk erhält und daß mit allen Sünden der früheren Jahre gründlich aufgeräumt wird. Weil man auf Grund des Untersuchungsmaterials nicht den Eindruck hat, daß der ehemalige Rundfunkkommissar noch ein Recht auf weitere Gehaltszahlung besitzt, ist von den verantwortlichen Stellen der Reichsrundfunkgesellschaft die Weisung ergangen, umgehend die Bezüge von Staatssekretär Bredow zu sperren.

«Haussuchungen in der Rundfunk-Affäre»

Als Nachricht in: *Vossische Zeitung* vom 6. 8. 1933.

In der den Rundfunk betreffenden Korruptionsangelegenheit ist von der Kriminalpolizei ein Verfahren eingeleitet worden, das sich gegen Alfred Braun [2], den Intendanten Flesch [3], Dr. Magnus [4] sowie gegen Ministerialrat Giesecke [5] richtet. Den Genannten wurden die Pässe abgenommen, außerdem wurden Haussuchungen durchgeführt, bei denen erhebliche Mengen von Aufzeichnungen aller Art beschlagnahmt worden sind. Die Durchsicht der vorgefundenen Aufzeichnungen, die unter Zuhilfenahme von Sachverständigen erfolgt, dürfte noch einige Zeit in Anspruch nehmen.

«Rundfunksünder ins Konzentrationslager»

Als Nachricht in: *Königsberger Hartungsche Zeitung* vom 8. 8. 1933, Abendblatt, gekürzt.

1 Es war kein Novum; beim Übertritt von Staatssekretär Bredow aus dem Reichsdienst zur *Reichsrundfunkgesellschaft* verpflichtete diese sich, die ihm *später* zustehende Altersversorgung zu übernehmen.

2 Alfred Braun, *1888, Regisseur, Reporter und Rundfunksprecher.

3 Dr. Hans Flesch, aus rassischen Gründen vom Rundfunk entlassen, ist 1945 zum Volkssturm eingezogen worden und gefallen. Siehe Herbert Ihering: *Ernst Hardt und Hans Flesch* in: *Berliner Zeitung* (Ost) vom 4. 11. 1948.

4 Dr. Kurt Magnus, 1887–1962; siehe: *Zum 75. Geburtstag von Ministerialdirektor i. R. Dr. jur. Kurt Magnus*, Frankfurt a. M. 1962.

5 Heinrich Giesecke, 1887–1952.

WTB. Berlin 8. August.

Wie das Geheime Staatspolizeiamt mitteilt, sind der ehemalige Intendant der Berliner Funkstunde, Flesch, der ehemalige Rundfunkreporter Alfred Braun, der ehemalige Direktor der Reichsrundfunkgesellschaft, Magnus, und der Ministerialrat a. D. Giesecke, der ebenfalls bei der Reichsrundfunkgesellschaft tätig war, in Schutzhaft genommen und in das Konzentrationslager Oranienburg eingeliefert worden.

Der ehemalige Direktor der Berliner Funkstunde, Knöpfke, der zum gleichen Zweck in Oberhof festgenommen wurde, erlitt bei seiner Ankunft in Berlin einen Nervenzusammenbruch und wurde ins Staatskrankenhaus gebracht.[1] Die Festnahmen stehen im Zusammenhang mit der Aufdeckung der ungeheuren Verschleuderung öffentlicher Gelder und der ungerechtfertigten Bereicherung auf Kosten der Öffentlichkeit durch die Festgenommenen.

Der ehemalige Reichskommissar Staatssekretär a. D. Bredow hat heute an das Reichsministerium für Volksaufklärung und Propaganda ein Telegramm gerichtet, in dem er erklärt, daß «um den Rundfunk hochverdiente Männer» verhaftet und in ein Konzentrationslager gebracht worden seien. Er fühle sich mit diesen Männern verbunden und bitte um die gleiche Behandlung. Die Bezeichnung «hochverdiente Männer» für die Herren Braun, Flesch, Magnus usw. beruhte offenbar auf einem Druckfehler; es sollte wohl heißen: «hochverdienende Männer», denn diese Herren haben sich ihre «Verdienste» um den Rundfunk mit vielen hunderttausend Mark bezahlen lassen.[2]

[1] Professor Friedrich Knöpfke wurde von SA-Leuten ausgepeitscht und erschoß sich. Solche Fälle waren damals sehr häufig. Der Intendant des Leipziger Rundfunks, Professor Dr. Ludwig Neubeck, ist mit «SA-Eskorte» ins Gefängnis gebracht worden, wo er sich erhängte. Der Leiter der *Aktuellen Abteilung* der Funkstunde A. G. Dr. Arthur Kürschner beging in Berlin Selbstmord.

[2] Über die Schutzhaft der abgesetzten Rundfunkleute schrieb die *Basler Nationalzeitung* am 5. 8. 1933: «Wir haben in einer der letzten Nummern der National-Zeitung ein Bild vom Empfang der bedauernswerten Schutzhäftlinge im Lager von Oranienburg gesehen. Man konnte daraus einen Eindruck davon erhalten, welches grauenhafte Erlebnis es für die Männer bedeuten mußte, durch eine ihnen wohl selbst unerwartete und unbegreifliche Hetze sich plötzlich aus geachteter Tätigkeit gerissen und einem völlig ungewissen Schicksal und der Willkür feindlich gesinnter Menschen ausgeliefert zu sehen. Daß ihnen nicht kriminelle Dinge vorgeworfen werden, zeigt schon die Maßnahme der Schutzhaft, denn wir haben in Deutschland heute die sonderbare Erscheinung, daß diese Haftform trotz ihres beinahe wohlwollend-väterlichen Namens, zwar für Leben, körperliche Unverletztheit und Achtung der Menschenwürde höhere Gefahren in sich schließt, als jede kriminelle Untersuchungshaft, der ein Verbrecher unterworfen wird, daß aber ihre Verhängung nur für Menschen erfolgt, denen gerade keine strafbare Handlung vorgeworfen wird. Das gehört nun einmal zu den zahlreichen Rätseln des Gerechtigkeitsempfindens im Dritten Reich.»

Fünfstündige Urteilsbegründung im Rundfunkprozeß

Als Bericht in: *Berliner Lokal-Anzeiger* vom 14. 6. 1935, Morgenausgabe, gekürzt.

Im Oktober 1933 wurde auch Hans Bredow verhaftet; während der Haft unternahm er zweimal Selbstmordversuche, die aber beide mißlangen; einmal versuchte er sich zu erhängen, das andere Mal, sich die Pulsadern aufzuschneiden; am 5. 11. 1934 begann dann sein Prozeß.

Achtzig Tage ist verhandelt worden und 1600 Aktenbände aus den Rundfunkhäusern hatte das Gericht zu studieren; um nur ein Beispiel herauszugreifen, erblickte das Gericht in manchen Vorschüssen für Angestellte – an sich üblich in jedem großen Unternehmen – Korruption, wie sich in der Verhandlung herausstellte. Jede Benzinquittung wurde unter die Lupe genommen. Der Wirtschaftsprüfer der Staatsanwaltschaft kassierte für die Überprüfung rund 30 000 Reichsmark. Um jede politische Anklage von vornherein auszuschalten, bestand die Haupttendenz des Prozesses darin, dem Publikum Veruntreuung, Staatsbetrug, Schiebung und dergleichen vor Augen zu führen. Siehe Hans Bredow: *Im Banne der Ätherwellen*, a. a. O., S. 323 f.

Am 13. 6. 1935 ist Hans Bredow endlich zu einer Gesamtstrafe von sechs Monaten Gefängnis und einer Geldstrafe von fünftausend Reichsmark verurteilt worden. Die Freiheits- und Geldstrafe waren durch die Untersuchungshaft verbüßt. Auch die anderen Mitangeklagten verschiedener Rundfunkanstalten der «Systemzeit» sind zu Freiheits- und Geldstrafen verurteilt worden. Die höchste Strafe – ein Jahr Gefängnis – bekam der Intendant der Berliner Funkstunde, Dr. Hans Flesch; er war nicht rein «arisch».

Hier die Urteilsbegründung:

Die mündliche Urteilsbegründung im Rundfunkprozeß nahm nahezu fünf Stunden in Anspruch. Der Vorsitzende ging in seinen Ausführungen zunächst auf die Entstehung des Strafverfahrens ein.

Gegenüber gehässigen Behauptungen in der ausländischen Presse, so führte er aus, daß hier politisch mißliebige Personen um ein Nichts aus politischen Gründen der Prozeß gemacht worden sei, müsse man feststellen, daß der Verlauf der Verhandlungen die Notwendigkeit des Zugriffs im Interesse der Aufklärung bestätigt habe. Entstanden sei der Prozeß durch die nationalsozialistische Säuberungsaktion von 1933. Mit der Entlassung der ungeeigneten Kräfte hätten es die verantwortlichen Stellen jedoch nicht bewenden lassen können. Die Öffentlichkeit habe vielmehr an der Geschäftsführung des Rundfunks ein berechtigtes Interesse gehabt, weil die kostspielige Verwaltung bereits mehrmals früher im Parlament gerügt worden sei und die öffentliche Hand immer stärkeren Einfluß auf den Rundfunk gewonnen habe.

Der Verdacht umfangreicher Untreuehandlungen habe dann zur Erhebung der Anklage geführt. Der Rundfunkprozeß sei alles andere, nur kein politischer Prozeß. Das Gericht habe keine politischen und kulturellen Fragen zu entscheiden gehabt, also auch nicht, ob die Angeklagten die Wahrung der allgemeinen nationalen Belange außer Acht gelassen hätten, ob sie das ihnen anvertraute Kulturgut mißbraucht oder sich die von ihnen behaupteten Verdienste um den Aufbau des Rundfunks erworben hätten. Das Gericht habe lediglich zu prüfen gehabt, ob die Angeklagten sich gegen die Vorschriften des Strafgesetzbuches und des Handelsgesetzbuches vergangen hätten, und habe sein Urteil ohne Weisung und Einflußnahme frei und unabhängig gefällt.

Der Vorsitzende behandelte dann die einzelnen strafrechtlichen Vorwürfe und hob dabei hervor, daß die Angeklagten gegenüber der Allgemeinheit und der Reichspost eine bedeutend höhere Verantwortung getragen hätten als sonst Mitglieder des Vorstandes und der Aufsichtsräte im Wirtschaftsleben. Es sei kein Zufall, sondern ein Symptom, daß die größte Zahl der Verurteilungen sich um die Person des Angeklagten Flesch herumgruppieren. Er sei der hemmungslose Geldausgeber gewesen.

Bei Bredow seien eigennützige Motive nicht festgestellt worden. Wo er sich schuldig gemacht habe, habe er aus allzu großer Nachsichtigkeit und Schwäche gehandelt. Strafverschärfend wiederum sei gewesen, daß er als Leiter des ganzen deutschen Rundfunks besondere Verantwortung getragen habe.

Ein Kommentar

Walter M. Gensel: *Die Bewertung der künstlerischen Leistung im neuen Staat* in: *NS-Funk* vom 1. 4. 1934, gekürzt.

Walter M. Gensel war Referent der Hauptabteilung *Sendung* in der Reichsrundfunkkammer. Hier ein Beispiel dafür, wie man publizistisch und «weltanschaulich» gegen die inhaftierten Intendanten und Mitarbeiter des Rundfunks intrigierte.

Als vor einigen Wochen Reichspropagandaminister Dr. Goebbels einen Betrag von 1 Million zur besseren Ausstattung der Rundfunkprogramme zur Verfügung stellte, ist diese großzügige Disposition nicht nur von den Rundfunkgesellschaften, sondern am meisten von den deutschen Künstlern, die am Rundfunk mitwirken, begrüßt worden.

Nur allzuoft hat sich in früheren Jahren gezeigt, daß da, wo Mittel für künstlerische Zwecke in großem Umfange bereitstanden, die Ausgabe der Gelder im Endeffekt meistens nicht für die Künstler selbst, sondern für den Verwaltungsapparat, der mit der Kunstausübung direkt und indirekt zusammenhing, erfolgte. Im Rundfunk hat sich diese Gefahr durch die eigenartige Struktur der Sendegesellschaften von Anfang an in besonderem Maße ausbreiten können.

Bei dieser rücksichtslosen Ausbeutungspolitik konnte selbstverständlich der Künstler stets nur verlieren, niemals aber gewinnen. Er konnte es sich ganz einfach wirtschaftlich nicht leisten, in den Fällen Rückgrat zu zeigen, wo man ihn für ein Linsengericht bedenkenlos um die Früchte seiner geistigen Leistung beim Punkte «Bezahlung» betrog. Man hielt ihm bei jeder Gelegenheit vor, es seien ja Dutzende andere da, die sofort zu dem gebotenen Honorar arbeiten würden, wenn sie es überhaupt nicht gleich umsonst machten.

So gewöhnte man sich, ebenso wie im ganzen Kunstleben, auch in den Funkhäusern daran, durch hemmungslose Ausspielung der «Konkurrenz untereinander» möglichst billig «einzukaufen». So kleinlich man auf der einen Seite bei der Zubilligung von Künstlerhonoraren war, so großzügig war man auf der anderen Seite in der Bewilligung von Gehältern, von Repräsentations- und Verwaltungskosten in den Funkhäusern.

Für den neuen Staat erwächst also, nachdem das Kulturkammergesetz den richtunggebenden Willen des Führers in dieser Frage staatsrechtlich stabilisiert hat, die Aufgabe, für den Rundfunk der Bewertung der künstlerischen Leistung das Primat einzuräumen. Es kommt nicht darauf an, jeden kleinen Vorgang, der sich im Rundfunk ereignet, büromäßig zu erfassen, es ist weniger wichtig, Akteien zu haben, aus denen man jeden Vorgang blitzschnell nachlesen kann, als vielmehr möglichst viel Künstler zu möglichst hohen Honoraren beschäftigen zu können. Noch wichtiger ist es, den Etat so aufzustellen, daß die zur Verfügung stehenden Mittel von vornherein zum überwiegenden Teil für die Honorierung der künstlerischen Leistung ausgeworfen werden.

Lenkungsapparate

Propaganda-Ministerium

Am 13. 3. 1933 kam ein Erlaß des Reichspräsidenten über die Errichtung des Reichsministeriums für Volksaufklärung und Propaganda – *RGBl.* 1933, Teil I, S. 104 – heraus; laut Verordnung Hitlers über die Aufgaben dieses Ministeriums – *RGBl.* 1933, Teil I, S. 449 – war es «zuständig für alle Aufgaben der geistigen Einwirkung auf die Nation».

Am 15. März 1933

Der Wechsel im Rundfunk, in: *Kölnische Zeitung* vom 16. 3. 1933.

Berlin, 15. März (Telegr.)
Der Reichsminister des Innern hat heute dem Reichsminister für Volksaufklärung und Propaganda vorbehaltlich der endgültigen Regelung die personellen, politischen, kulturellen und programmäßigen Aufgaben des Rundfunks übergeben. Der politische Rundfunkkommissar wird also nunmehr seine Weisungen nicht mehr von dem Minister des Innern, sondern von dem neuen Minister für Volksaufklärung und Propaganda erhalten.

Am 22. März 1933

Goebbels übernimmt die Überwachung des Rundfunks, in: *Badischer Beobachter*, Karlsruhe, vom 23. 3. 1933.

Berlin, 22. März.
In einer Unterredung, die heute zwischen dem Reichspostminister, Freiherrn Eltz von Rübenach[1], und dem Reichsminister für Volksaufklärung und Propaganda, Dr. Goebbels, stattfand, wurde beschlossen, daß nicht nur die früher vom Reichsministerium des Innern, sondern dar-

1 Paul Freiherr von Eltz-Rübenach, 1875–1943; am 30. 1. 1937 lehnte er es brieflich Hitler gegenüber ab, in die NSDAP einzutreten. Er schrieb u. a.: «Ich stehe auf dem Boden des positiven Christentums und habe meinem Herrgott und mir selbst die Treue zu halten.» Dokument PS – 1534.

über hinaus auch die vom Reichspostministerium bisher ausgeübte Überwachung des Rundfunks nunmehr ausschließlich vom Reichsminister für Volksaufklärung und Propaganda übernommen wird.

Der Kurswechsel

Die Rundfunkintendanten und Sendeleiter bei Goebbels, in: *Deutsche Allgemeine Zeitung* vom 6. 5. 1933; siehe auch: *Rundfunk im Umbruch*, in: *Rheinisch-Westfälische Zeitung*, Duisburg, vom 4. 5. 1934; Hans Pott: *Probleme des neuen Rundfunks* in: *Deutsche Bühnenkorrespondenz* vom 3. 7. 1935, Ausgabe A.

Der Reichsminister für Volksaufklärung und Propaganda Dr. Goebbels empfing am Mittwochnachmittag die für die Durchführung und das Gelingen der Übertragung der Feierlichkeiten des «Tages der nationalen Arbeit»[1] verantwortlichen technischen und künstlerischen Angestellten des deutschen Rundfunks, sowie Mitarbeiter aus Reichswehr, Post, Polizei, Bewag, SA und sonstige an der Arbeit beteiligten Behörden und Organisationen.

Im Namen des Reichskanzlers, der Reichsregierung und in seiner Eigenschaft als Propagandaminister sprach Dr. Goebbels allen Mitarbeitern Dank aus für die vorbildliche und erfolgreiche Arbeit, welche die Durchführung der großen Pläne möglich gemacht hätte.

Kurz vorher hatte Reichsminister Dr. Goebbels die Intendanten und Sendeleiter sämtlicher deutschen Rundfunkgesellschaften empfangen, um mit ihnen, wie allmonatlich, grundsätzliche Programmfragen zu besprechen. Der Minister betonte bei dieser Gelegenheit, daß der Kurswechsel im Rundfunk, zu dessen Durchführung auch die inzwischen erfolgten Personalveränderungen beigetragen haben, gerade im letzten Monat sehr erfreulich zu spüren gewesen sei.

In Zusammenarbeit aller deutschen Sender werde es gelingen, die Neuordnung des Rundfunks im nationalsozialistischen Sinne während der Sommermonate zu beenden und ihm fortlaufend neue Hörer zu gewinnen.

Von der höchsten Spitze bis zum letzten Mann

Reichsminister Dr. Goebbels: Wir werden den ersten modernen Rundfunk in der Welt schaffen, in: *Film-Kurier* vom 8. 7. 1933.

Reichsminister Dr. Goebbels führte auf einer Tagung der Reichsrundfunkwarte der NSDAP u. a. aus:

1 Es handelt sich hier um den 1. Mai, der vom NS-Regime zum *Nationalen Feiertag des deutschen Volkes* umgewandelt wurde.

Wir Nationalsozialisten haben uns absolut durchgesetzt. Ich werde in den nächsten Tagen Vertreter des Rundfunks, die die Schlüsselstellungen innehaben, zu mir kommen lassen und ihnen noch im besonderen sagen, daß der Rundfunk von der höchsten Spitze bis zum letzten Mann im Senderaum nun ganz eindeutig nationalsozialistisch eingestellt zu sein hat.

Ich gebe hier der Hoffnung Ausdruck, daß der Rundfunk ein großes und modernes Beeinflussungsmittel in der Hand der Reichsregierung werden wird, und daß von keiner Seite mehr Störungen einsetzen können.

Der Rundfunk ist nicht mehr das Instrument der Männer im Kabinett, er ist das Mittel, unser nationalsozialistisches Wollen ins Volk zu tragen.

Ich bin der Überzeugung, daß das, was wir heute machen, bahnbrechend für die ganze Kulturwelt ist, für die nationalsozialistische Welt. Wenn sie auch heute noch nicht besteht, so wird sie aber in zehn Jahren unsere Gesetze abschreiben, weil sie das Bahnbrechende erkennen wird.

Der Rundfunk ist vielleicht das Mittel, das am entscheidendsten das Volk beeinflußt. Und wenn es uns gelingt, ihm einen modernen Hauch einzuatmen, ein modernes Tempo und einen modernen Impuls zu geben, dann können wir an Aufgaben herangehen, wie es sie im nationalsozialistischen Deutschland zu erfüllen gibt.

Ich bin Ihnen, die daran mithelfen wollen, dankbar; den größten Dank werden Ihnen jedoch die späteren Geschlechter abstatten.

Denn es wird für die Staatspolitik von bleibendem Wert sein, das ganze Volk hundertprozentig für das nationalsozialistische Regime zu erwerben. Wenn uns das gelingt, haben wir damit eine geschichtliche Aufgabe erfüllt, und können dann von uns mit Recht sagen, daß dies eine Arbeit gewesen ist, die des Schweißes der Besten wert war.

Abteilung III

Georg Wilhelm Müller: *Das Reichsministerium für Volksaufklärung und Propaganda*, Berlin 1940, S. 22, gekürzt.

Die Rundfunkabteilung im Propagandaministerium – Abteilung III – leitete ab Juli 1933 Horst Dreßler-Andreß; ab April 1937 war Hans Kriegler Leiter, ab September 1939 Alfred-Ingemar Berndt; ab September 1941 war Wolfgang Diewerge der Leiter und ab November 1942 Hans Fritzsche.

Die Zentralfigur der Abteilung III war aber letzten Endes immer Joseph Goebbels selbst. So sagte auch sein persönlicher Referent Moritz von Schirmeister im Nürnberger Prozeß in der Nachmittagssitzung des 28. 6. 1946 aus: «Er [Goebbels] hat sich keine Abteilung so scharf selbst unter die Lupe genommen wie den Rundfunk.» Goebbels sorgte auch dafür, daß dieses «von Geburt nationalsozialistische Ministerium» mit bewährten Parteigenossen besetzt wurde, «von denen fast hundert das Goldene Ehrenzeichen der NSDAP» besaßen, s.: Georg Wilhelm Müller, a. a. O., S. 10.

Die Rundfunkabteilung ist die Befehlszentrale des Deutschen Rundfunks. Sie arbeitet die Gesamtplanung für das ganze deutsche Rundfunk- und Fernsehwesen nach den durch den Minister gegebenen politischen und kulturellen Richtlinien aus, erläßt Anordnungen an die nachgeordneten Dienststellen und gibt Anregungen an andere Dienststellen des Reiches.

Dadurch, daß der Leiter der Abteilung zugleich Reichsamtsleiter Rundfunk in der Reichspropagandaleitung der NSDAP und Vorsitzender der Deutschen Rundfunkarbeitsgemeinschaft (Rundfunkwirtschaft) ist, ist die zentrale Führung des gesamten deutschen Rundfunkwesens gewährleistet.

Die Rundfunkabteilung ist in folgende Hauptfachgebiete unterteilt:

a) *Kulturelle Angelegenheiten und Auslandsrundfunk.* Dieses Referat umfaßt die kulturelle Gestaltung des Deutschen Rundfunks, im besonderen die Arbeit des Deutschen Rundfunks nach dem Auslande, also folgende Einzelaufgaben: Politische Rundfunkübertragungen und Sendungen, Gestaltung nationaler Feiertage im Rundfunk, Kulturaustausch mit anderen Ländern, Einrichtung und Betreuung deutscher Rundfunksendungen im Ausland, wissenschaftliche Rundfunkarbeit, Schulrundfunk, kulturelle internationale Rundfunkangelegenheiten, Weltrundfunkverein, Rundfunk und Presse.

b) *Sonderaufgaben.* Sämtliche Mobilmachungsaufgaben des Rundfunks, Organisation des Rundfunks im Kriegsfall, Einsatz des Rundfunks als Propagandawaffe.

c) *Rundfunkwirtschaft, -recht und -werbung.* Dieses Referat analysiert mit Hilfe der Statistik die Entwicklung des Rundfunks und Fernsehens und steuert planmäßig die wirtschaftlichen, rechtlichen und propagandistischen Maßnahmen, die zur Verbreitung des Rundfunks führen. (Deutscher Kleinempfänger, Volksempfänger usw.), die Rundfunkordnung, die Rundfunkgebührenbestimmungen, die Rundfunkgebührenbefreiung, die direkte und indirekte Propaganda für den Rundfunk sowie die Rundfunkwirtschaftswerbung (Deutsche Rundfunkarbeitsgemeinschaft). Außerdem beobachtet es die ausländischen Rundfunkmärkte und deren Entwicklung.

d) *Rundfunktechnik.* Auf Grund der politischen und kulturellen Forderungen erfolgt die sich daraus ergebende technische Planung: die organisatorisch-technische Einteilung der Sendegebiete, Errichtung von Rundfunkhäusern und -sendern, Einrichtung des Drahtfunks usw. in enger Zusammenarbeit mit den beteiligten Behörden.

Interna

Dreßler-Andreß
Leiter III
III. 3 256/28. 5. 35.
Berlin, den 4. Juni 1935

Aufzeichnung

Betr.: Einsetzung des Pg Dr. Lau[1] als Intendant am Reichssender Königsberg.

Grundsätzlich möchte ich zur Frage der Berufung des Pg Dr. Lau als Intendant am Reichssender Königsberg folgendes sagen:

Als nach Übernahme der Macht die politisch unzuverlässigen Rundfunk-Intendanten zur Ablösung kamen, fuhr der damalige Rundfunk-Kommissar, Dr. Krukenberg, als Beauftragter des Reichsministeriums für Volksaufklärung und Propaganda nach Königsberg. Dort besprach er sich mit dem Wehrkreis-Kommandeur, um von diesem einen Vorschlag wegen der Neubesetzung des Königsberger Senders entgegenzunehmen.

Nachdem General Haenicke genannt war, begab sich Pg Dr. Krukenberg zum Gauleiter Koch, um bei diesem anzufragen, ob die Partei gegen die Person des Generals Haenicke irgendwelche Bedenken hätte. Der Gauleiter Koch hat damals diese Frage nicht mit Bezug auf die Intendanz des Königsberger Senders aufgefaßt und darum eine loyale Erklärung abgegeben.

Wenige Tage darauf erwirkte Dr. Krukenberg die Einsetzung des Generals Haenicke, indem er die Einsetzung dieser Persönlichkeit als vom Reichswehrministerium besonders gewünscht bezeichnete. Gauleiter Koch wurde überrascht.

Nach einiger Zeit zeigte sich, daß General Haenicke den Aufgaben nicht gewachsen war. Hauptschriftleiter Dr. Lau, der schon seit Jahren die nationalsozialistische Opposition gegen den Königsberger Rundfunkbetrieb führte und bei Übernahme der Macht damit gerechnet hatte, daß er Intendant würde, setzte nunmehr mit scharfer Kritik ein.

Heute ist die Situation so, daß General Haenicke geht und Dr. Lau als Nachfolger vorgeschlagen wird.

Mir ist die Person des Pg Dr. Lau völlig unbekannt. Ich weiß nur, daß er als Hauptschriftleiter sehr gerühmt wird. Es kommt mir jetzt auf die Beantwortung der folgenden Frage an: Darf ein nationalsozialistischer

1 Dr. Alfred Lau, *1898; Hauptschriftleiter der *Preußischen Zeitung*; vom ostpreußischen Gauleiter Erich Koch als Gauredner eingesetzt.
Weitere Angaben über den Sender Königsberg: Sendeleiter und Stellvertreter des Intendanten: Harry Moss; Abteilung Unterhaltung: Bruno Reisner; Abteilung Zeitfunk: Hans G. v. d. Burchard; Abteilung Kunst: Dr. Walter Hilpert; Abteilung Weltanschauung: Dr. Paul Gerhardt.

Hauptschriftleiter, der durch seine scharfe Kritik zum Sturze eines Intendanten beiträgt, Nachfolger dieses Intendanten werden oder nicht? Ich fürchte, daß ein solcher Fall Schule machen kann und bitte, das zu bedenken. Mein Vorschlag geht dahin, überhaupt erst einmal festzustellen, ob Pg Dr. Lau für den Rundfunkbetrieb geeignet ist. Man sollte den Versuch machen und ihn als Sendeleiter an einem anderen Sender versuchsweise verpflichten. Zeigt er Fähigkeiten und Können, so soll einer späteren Berufung als Intendant, vielleicht auch nach Königsberg, nichts im Wege stehen.

Unterschrift

Reichsrundfunkkammer

Hier etwas über die leitenden Persönlichkeiten der Reichsrundfunkkammer von 1933 bis zu ihrer Auflösung 1939.

1933–1935: Präsident: Ministerialrat Horst Dreßler-Andreß; Vizepräsident: Reichssendeleiter Eugen Hadamovsky; Präsidialrat: Intendant Walther Beumelburg, Intendant Dr. phil. Heinrich Glasmeier und Dr. jur. Bernhard Knust (Geschäftsführer).

1935–1936: Präsident und Vizepräsident unverändert; Geschäftsführer: Herbert Packebusch; Präsidialrat: Dr. Kurt von Boeckmann, Heinz Franke, Hans Kriegler, Götz Otto Stoffregen, Dr. Heinz Lotz, Dr. Alfred Lau, Dipl.-Ing. Herbert Dominik, Julius Christoph Günther.

1937–1939: Präsident: Intendant Hans Kriegler; Vizepräsident, Geschäftsführer und Präsidialrat unverändert; Fachschaftsleiter: Dr. Herbert Engler.

Sitz der Reichsrundfunkkammer war Berlin SW 68, Wilhelmstraße 111.

Dr. phil. Gerhard Menz: *Der Aufbau des Kulturstandes*, München/Berlin 1938, S. 54: «Die Reichsrundfunkkammer ist ihrer Struktur nach von allen anderen Kammern grundsätzlich unterschieden. Daß die große Zahl der Hörer nicht erfaßt werden kann, versteht sich von selbst. Der frühere Reichsverband deutscher Rundfunkteilnehmer ist aufgelöst, desgleichen der Deutsche Funktechnische Verband, die Organisation der Funkbastler. Die Rundfunkindustrie und der Rundfunkhandel kommen ebenfalls nicht in Frage. Sie gehören zur gewerblichen Wirtschaft. Mit ihnen bestehen lediglich arbeitsgemeinschaftliche Verbindungen. Aber auch ein großer Teil der am Rundfunk Mitwirkenden – Schauspieler, Musiker, Schriftsteller – fällt aus, da sie bereits in der Reichstheater-, der Reichsmusik- oder der Reichsschrifttumskammer erfaßt sind und ebenfalls nur im Wege der Arbeitsgemeinschaft herangezogen werden. Den technischen Sendebetrieb besorgt die Reichspost auf Grund ihres Nachrichtenbeförderungsregals. So bleibt nur ein kleiner Kreis für die Mitgliedschaft übrig.»

Die Aufgaben

Reichskulturkammer, in: *Kölnische Zeitung* vom 1. 12. 1935; siehe auch: *Satzungen der Reichsrundfunkkammer*, in: *Archiv für Funkrecht*, 1934, S. 91, sowie: *Der Rundfunk, das Instrument für eine totale Kultur- und Lebensgestaltung*, in: *Berliner Börsen-Zeitung* vom 6. 4. 1934.

Die Reichsrundfunkkammer hat im Gegensatz zu den sonstigen Einzelkammern der Reichskulturkammer nicht den Zweck, einen künstlerischen Berufsstand zu betreuen, sondern den Fragenbereich des Rundfunks auf eine einheitliche Linie der politischen Rundfunkführung auszurichten. Der einzelne schaffende Künstler gehört in den meisten Fällen einer anderen Einzelkammer an. Die Kammer dient dem Willen des Führers, das ganze Volk mit dem Rundfunk zu durchdringen, um Staatsführung und Volksgemeinschaft zu einer geschlossenen Einheit zu machen. Die Kammer gliedert sich in die Sendung, Technik, Industrie, Handel und Propaganda. Fachverbände und Fachschaften besitzt die Reichsrundfunkkammer zurzeit nicht. Mit der Rundfunkindustrie ist die Kammer eine Arbeitsgemeinschaft eingegangen. Eine Fachschaft Rundfunk, die die einzige berufsständische Gliederung der Kammer sein wird, ist im Aufbau begriffen, und auch die örtliche Unterteilung der Kammer fehlt noch. Als korporative Mitglieder sind der Kammer angeschlossen: die Reichsrundfunkgesellschaft, der Reichsverband deutscher Rundfunkteilnehmer, der Deutsche Funktechnische Verband und der Deutsche Amateursendedienst. Die fehlende örtliche Gliederung wird durch den politischen Rundfunkapparat der NSDAP ersetzt.

Der Mäzen

Der Rundfunk als Mäzen der Kunst, in: *Stuttgarter Neues Tageblatt* vom 6. 9. 1935, gekürzt; siehe auch: *Die Arbeitstagung der Rundfunkkammer*, in: *Deutsche Allgemeine Zeitung* vom 6. 9. 1935.

Anläßlich der Arbeitstagung der Reichsrundfunkkammer in Berlin sprach Präsident Horst Dreßler-Andreß vor Vertretern der Partei und der Behörden, dem Verwaltungsbeirat der Reichsrundfunkkammer, vor der Arbeitsgemeinschaft bei der Reichsrundfunkkammer sowie den Intendanten und Sendeleitern des deutschen Rundfunks über das Thema: «Zerstört der Rundfunk die Kultur?»

Die nationalsozialistische Rundfunkführung, zuerst und immer wieder politischen Grundsätzen verpflichtet, ist unbeirrbar in ihrem Willen, aus dem deutschen Rundfunk einen Volksfunk zu machen. Es gibt nur die Wege zur Verwirklichung der Forderungen, die abermals von der Partei gekennzeichnet werden.

Wir müssen die geistigen und künstlerischen Kräfte der Nation aus ihrer Isolierung befreien, um sie dem wirklichen, schaffenden, tätigen Leben zu verbinden. Diesen Appell zu erfüllen und unseren Forderungen gerecht zu werden, ist allerdings erst dann möglich, wenn der Staat die erforderlichen organisatorischen Neuordnungen vornimmt, die dem organischen Volksleben entsprechen.

Der Rundfunk ist nur so lange lebensfähig, als die schöpferischen

Kräfte der Kunst lebendig sind. Daher muß er fordern, daß Maßnahmen durchgeführt werden, die das künstlerische Schaffen in jeder Beziehung sichern. Den ersten Schritt auf diesem Wege tun wir selber mit der notwendigen Organisation «Reichsfachschaft Rundfunk» bei der Reichsrundfunkkammer. Diese Fachschaft muß in Arbeitsgemeinschaft mit allen Einzelkammern im Rahmen der Reichskulturkammer dem deutschen Kunstleben neue ideelle und materielle Grundlagen schaffen.

Der Nationalsozialismus hat die Bedeutung der Kunst für die geschichtliche Gestaltung erkannt und bereits die ideellen Voraussetzungen für die Betreuung der Künste durch die Organisationen des Propaganda-Ministeriums und der Kulturkammern geschaffen. Damit ist der Staat der erste Mäzen der Kunst geworden.

Wenn wir den Grundsatz anerkennen, daß Übung den Meister macht, so müssen wir uns dazu bequemen, die künstlerische Betätigung auf breitester Grundlage zu bejahen, um aus der quantitativen Fülle die Qualität zu entwickeln. Je breiter das Betätigungsfeld ist, um so reichhaltiger ist das Zielstreben nach höherer Leistung, um so höher steigt das Niveau.

Wie kann nun aber eine solche kulturelle Aufbauarbeit auf breitester Grundlage durchgeführt werden? Wer ist heute der Mäzen? Es ist der Rundfunk, weil er es sein muß! Und das Organ, das die kulturpolitische Sendung des Nationalsozialismus erfüllt, ist die Reichsrundfunkkammer.

Wir Nationalsozialisten kommen an dieser Aufgabe nicht vorbei. Auch hier sind es wieder wir vom Rundfunk, die die Bresche schlagen und die verantwortungsbewußt und mutig genug sind, die Aufgaben anzupacken.

Reichsfachschaft Rundfunk

Bekanntmachung des Präsidenten der Reichsrundfunkkammer betreffend der Errichtung der Reichsfachschaft Rundfunk, in: *Archiv für Funkrecht*, 1935, S. 335.

Horst Dreßler-Andreß, Präsident der Reichsrundfunkkammer, *1899; seit 1929 Begründer und Führer der nationalsozialistischen Rundfunkpolitik; nach 1939 Propagandaleiter in Krakau.

Arnolt Bronnen gibt zu Protokoll, Hamburg 1954, S. 270: «Da gab es den Ex-Matrosen Dreßler-Andreß, der 1918 auf einem kaiserlichen Kriegsschiff die Rote Fahne gehißt hatte, der lange Zeit Soldatenrat und, seiner Behauptung nach, auch eine Zeitlang Mitglied der KPD gewesen war. Er war befreundet mit einem Automechaniker Hadamovsky, und diese beiden bildeten die Kader des nationalsozialistischen Rundfunks.»

§ 1

Bei der Reichsrundfunkkammer wird eine «Reichsfachschaft Rundfunk» errichtet, in die alle in der Arbeitsgruppe Sendung des Betriebes der Reichsrundfunk-Gesellschaft m. b. H. tätigen Künstler, künstlerischen Leiter und Programm-Mitarbeiter eingegliedert werden, die nicht regelmäßig oder vorwiegend als ausübende Künstler vor dem Mikrophon mitwirken, sondern hauptsächlich bei der Programmschöpfung künstlerisch tätig sind.

§ 2

In die «Reichsfachschaft Rundfunk» werden auch die Rundfunkansager und Rundfunkberichter eingegliedert und zu einer besonderen Fachgruppe «Rundfunkberichter» zusammengefaßt.

§ 3

Die von dieser Anordnung betroffenen Künstler und künstlerischen Leiter haben sich binnen sechs Wochen bei der Reichsrundfunkkammer, Berlin SW 11, Anhalterstr. 12, unter Angabe ihres Wohnsitzes und des Reichssenders, bei dem sie tätig sind, anzumelden.

§ 4

Alle Künstler und künstlerischen Leiter, bei denen Zweifel wegen der Zugehörigkeit zur Reichsrundfunkkammer oder einer anderen Einzelkammer der Reichskulturkammer bestehen, haben sich zunächst zur «Reichsfachschaft Rundfunk» bei der Reichsrundfunkkammer anzumelden. Diese entscheidet über ihre evtl. Überweisung an eine andere Einzelkammer.

§ 5

Im Sinne dieser Vorschriften ist die Mitgliedschaft bei der «Reichsfachschaft Rundfunk» Voraussetzung für das Recht der Berufsausübung.
Berlin, den 3. September 1935

Der Präsident der Reichsrundfunkkammer
Dreßler-Andreß

Kämpferischer Rundfunk

Als Bericht über eine Arbeitstagung der Reichsrundfunkkammer in: *Berliner Tageblatt* vom 5. 9. 1935, Auszüge.

Die Bildung der «Reichsfachschaft Rundfunk» fand durch die Darstellung des Präsidenten der Reichsrundfunkkammer, Ministerialrat Dreßler-Andreß, eine erschöpfende Begründung. «Wir müssen die geistigen und künstlerischen Kräfte der Nation aus ihrer Isolierung befreien, um sie dem wirklichen und tätigen Leben zu verbinden. Diesen Appell zu erfüllen und unseren Forderungen gerecht zu werden, ist allerdings erst dann möglich, wenn der Staat die erforderlichen Neuordnungen vornimmt, die dem organischen Volksleben entsprechen.»

Entscheidend waren die Ausführungen des Präsidenten über das Mäzenatentum des Staates. «Die Gestalter jeder weltanschaulich bestimmten Epoche erkannten stets das Wesen der Kunst als Ausdruck seelischer und geistiger Kraft. Weil die Kunst immer den Zeitgeist repräsentiert, mußten sich die Machthaber jeder Epoche die Kunst verpflichten. Die Machthaber erteilten den Künstlern die Aufträge und stellten ihnen die materiellen Mittel zur Verfügung, um der von der Führung gewollten Idee eine verklärende Formung zu geben.» Der Nationalsozialismus, so führte Dreßler-Andreß weiter aus, habe die Bedeutung der Kunst für die geschichtliche Gestaltung erkannt und bereits die ideelle Voraussetzung für die Betreuung der Künste durch die Organisation des Propagandaministeriums und der Kulturkammern geschaffen. Damit ist der Staat der erste Mäzen der Kunst geworden.

Die Aufgabe, das Kunstinteresse der breiten Volksmassen zu wecken, übernahm zuerst der Rundfunk, und vorläufig führt er sie noch ganz allein bewußt und systematisch durch. Wie im politischen Kampf, wird auch bei der Lösung dieser Aufgabe dem «Volk aufs Maul» geschaut. Mit nachdrücklicher Schärfe wandte sich der Redner gegen die Herablassung und den Spott sogenannter geistiger Menschen dem Dilettantismus gegenüber. «Wer will denn wissen, ob nicht in der dilettantischen Betätigung bei diesem oder jenem Volksgenossen in der breiten Masse Talente schlummern, die, wenn sie sich selbst entdecken können, für eine spätere, wirklich künstlerische Gestaltung von großer Bedeutung sind. Wenn wir den Grundsatz anerkennen, daß Übung den Meister macht, so müssen wir uns dazu bequemen, die künstlerische Betätigung auf breitester Grundlage zu bejahen, um dann aus der quantitativen Fülle die Qualität zu entwickeln.»

Der Rundfunk ist heute die Institution, die solche kulturelle Aufbauarbeit auf breitester Grundlage durchführt, er ist Mäzen, der den Auftrag erteilt und die Mittel zur Verfügung stellt, und die Reichsrundfunkkammer ist das Organ, das die kulturpolitische Sendung des Nationalsozialismus erfüllt. Es kommt darauf an, die Liebe des Volkes zur Kunst, so primitiv sie sich auch anfänglich äußern möge, zu wecken.

Mikrophonprüfung und «alte Kämpfer»

Anordnung betr. Mikrophonprüfung, in: *Das Recht der Reichskulturkammer* von Karl-Friedrich Schrieber, Berlin 1935, S. 161 f, gekürzt; siehe auch: *Wie erlange ich den Mikrophon-Ausweis?,* in: *Theater-Tageblatt* vom 22. 2. 1936.

Alter Kämpfer war im NS-Jargon ein NSDAP-Mitglied, das vor 1933 der Partei beigetreten war; ebenso gab es die Bezeichnung *Alte Garde* und offiziell den *Tag der alten Garde.*

Auf Grund des § 25 der ersten Verordnung zur Durchführung des Reichskulturkammergesetzes vom 1. November 1933 (RGBl. I, S. 797) wird folgendes angeordnet:

Zur Mitwirkung an einem Sendebetrieb im Sinne des § 4 der ersten Verordnung zur Durchführung des Reichskulturkammergesetzes vom 1. November 1933 (RGBl. I. S. 797) ist nur berechtigt, wer die Mikrophoneignung besitzt. Die Reichssender sind verpflichtet, nur solche Mitwirkende zu beschäftigen, die einen Ausweis über ihre Mikrophoneignung besitzen. Die Feststellung der Mikrophoneignung erfolgt durch eine Prüfung, die von einem Beauftragten bei den Reichssendern gemäß folgender Prüfungsordnung durchgeführt wird:

Prüfungsordnung

Zur Erlangung des zur Mitwirkung am Rundfunk erforderlichen Mikrophonausweises werden bei den Reichssendern in Abständen von höchstens vier Wochen Mikrophonprüfungen vorgenommen.

Die Prüfung erfolgt durch eine dreigliedrige Kommission, die vom Intendanten des zuständigen Reichssenders zu bestimmen ist. Die Ernennung und Abberufung erfolgt durch die Reichskulturkammer. Die Durchführung der Prüfung überwacht der Intendant als Kommissar der Reichsrundfunkkammer.

Der Kommission sollen im allgemeinen angehören:
1. ein Vertreter der Bühnengenossenschaft,
2. ein Vertreter aus dem Musik- oder Theater-Erzieherfach,
3. ein namhafter ausübender Künstler aus dem Theater- oder Musikfach.

Für jeden Bewerber erhält jedes Kommissionsmitglied einen Urteilsbogen. Die Bewertung der solistischen Leistungen erfolgt nach Punkten nach folgendem Maßstab:
0 Punkte bei Unbrauchbarkeit, 1 Punkt für die Eignung zu «kleinen Aufgaben», 2 Punkte für die Eignung zu «mittleren Aufgaben», 3 Punkte für die Eignung zu «größeren Aufgaben».

Die Leistungen chorischer Bewerber werden mit «Ja» oder «Nein» entschieden.

Zur Erlangung des Mikrophonausweises muß der Bewerber erfüllt haben:
a) für solistische Mitwirkung mindestens 5 Punkte,
b) für chorische Mitwirkung mindestens 3 Ja-Stimmen.

In Fällen besonderer sozialer Notlage oder bei Parteigenossen, welche der NSDAP bereits vor dem 30. Januar 1933 angehört haben, kann der Prüfungskommissar auf Antrag folgende Leistungen als ausreichend für den Ausweis zulassen:
c) für solistische Mitwirkung mindestens 4 Punkte,
d) für chorische Mitwirkung mindestens 2 Ja-Stimmen.

Für die als geeignet befundenen Bewerber beantragt der Kommissar die Ausstellung des Mikrophonausweises bei der Reichsrundfunkkammer. Die Ausstellung erfolgt erst nach vollzogener Aufnahme des Bewerbers als Mitglied durch eine der Einzelkammern nach Beibringung des Nachweises der arischen Abstammung, und im Falle der Verehelichung nach Beibringung des Nachweises der arischen Abstammung des Ehegatten.

Gegen die Entscheidung der Prüfungskommission ist die Berufung an den Präsidenten der Reichsrundfunkkammer zulässig, der nach Anhörung der bei der Reichsrundfunkkammer zu bildenden Mikrophon-Oberprüfstelle endgültig entscheidet.

Die Prüfung ist gebührenpflichtig. Der Präsident der Reichsrundfunkkammer kann auf Antrag bei wirtschaftlicher Notlage des Prüflings die Gebühr erlassen.   Dreßler-Andreß

Präsident Krieglers Rede

Reichstagung der Gaufunkhauptstellenleiter der NSDAP und Landesleiter der Reichsrundfunkkammer, in: *Deutsche Radio-Illustrierte*, Berlin, vom 13. 6. 1937, gekürzt.

Hans Gottfried Kriegler, * 1905, Architekt; seit 1926 NSDAP-Mitglied; seit 1931 Gaufunkwart Schlesien der NSDAP; SA-Truppführer; ab 1933 Intendant des Reichssenders Breslau; ab 1937 Präsident der Reichsrundfunkkammer.

Die erwähnte *Dienstvorschrift für Funkhauptstellenleiter der NSDAP* lautet: «Da das ideelle und kulturelle Leben der Nation im Rundfunk und durch den Rundfunk zum Ausdruck gebracht werden kann, und der Rundfunk eines der wichtigsten technischen Mittel der direkten Beeinflussung der Massen darstellt, ist es notwendig, den Rundfunk als zuverlässig wirksames nationalsozialistisches Instrument fest in der Partei zu verankern.

Der Rundfunk ist nicht nur technische Apparatur, sondern auf allen Gebieten des Lebens Mittler zwischen Führung und Volk und somit Kultur- und Propagandaträger erster Ordnung. Jede Parteieinheit, vom Gau herunter, über die Kreise, bis in die letzte Ortsgruppe hinein, muß für die propagandistischen Unternehmungen der Bewegung, die mit dem Mittel des Rundfunks durchgesetzt werden sollen, bereit sein.

Die Auswirkungen der Rundfunkpropaganda sind durch Einsatz aller technischen Möglichkeiten der Übertragung zur Zusammenfassung des gesamten Volkes an jedem Ort und Raum, ob durch Haus-, Gemeinschafts- oder Volksempfang, durch die Funkstellenleiter zu sichern.»

Am 3. Juni fand die erste Reichstagung der Gaufunkhauptstellenleiter und Landesleiter der Reichsrundfunkkammer[1] unter Vorsitz von Präsident Kriegler statt, die anläßlich der soeben von Reichsminister Dr.

1 Es gab zweiunddreißig *Gaufunkhauptstellenleiter*, spätere Bezeichnung *Funkhauptstellenleiter*, der NSDAP und Landesleiter der Reichsrundfunkkammer.

Goebbels erlassenen «Dienstvorschrift für die Funkhauptstellenleiter der NSDAP» einberufen worden war.

Präsident Kriegler, der auch im Laufe der Arbeitssitzung in einem Sonderreferat zur Presse sprach, betonte zuerst einmal die Konzentrierung der Verantwortlichkeit auf den Generaldirektor des deutschen Rundfunks und auf die Intendanten, wie sie in der Neuordnung vom 1. April niedergelegt worden ist. Er gab dann in seiner klaren und übersichtlichen Art ein organisatorisches Bild des deutschen Rundfunks, der sich in drei «Säulen» gliedert; die Reichsrundfunkgesellschaft, die Reichsrundfunkkammer und die Amtsleitung Rundfunk in der Reichspropagandaleitung der NSDAP. Alle diese drei Gruppen laufen in ihren Spitzen in einer Person zusammen, im Reichspropagandaminister, und unter ihm wiederum in der Person von Kriegler als Präsident der Kammer, Leiter der Abteilung III im Ministerium und Amtsleiter in der Reichspropagandaleitung. Drei Aufgaben hat die Reichsrundfunkkammer zu erfüllen. Einmal eine berufsständische. Zweitens bereitet die Reichsrundfunkkammer dem Rundfunk draußen alle Wege für die «Programmaufnahme», hier wirken die einzelnen Abteilungen der Kammer (Verwaltung, Propaganda, Wirtschaft und Technik, Funkrecht und die kulturpolitische Abteilung) eng zusammen.

Und schließlich hat die Kammer Propagandaaufgaben, wobei wir wiederum besonders an das Ausstellungswesen, an die Organisierung der Fahrten der Werbewagen, funkwirtschaftliche Fragen usw. erinnern.

Im zweiten Teil seiner Ansprache umriß er dann die Funktionen, die den Gaufunkhauptstellenleitern zugesprochen worden sind. Die Parole lautet: «Wenn der Führer spricht, so muß jeder deutsche Volksgenosse daheim oder in den Betrieben am Lautsprecher sein!» Das bedeutet nichts anderes als die totale rundfunkmäßige Erschließung des Reiches, wobei in Zukunft in erster Linie der restlosen Erfassung der ländlichen Bezirke die größte Aufmerksamkeit zu widmen ist. Die politische Sendung muß bis in das letzte Haus gebracht werden können. Einer der wichtigsten Garanten dieser Aufgabe ist der Gaufunkhauptstellenleiter und seine Helfer in den Kreisen und Orten, die Verbindungsmänner zwischen Hörer und Rundfunk sind. Es ist besonders zu betonen, daß der Gaufunkhauptstellenleiter die Funktion des alleinigen Verbindungsmannes zum Intendanten des jeweiligen Reichssenders erhalten hat, denn nur er trägt die Vorschläge, die in den Gauarbeitsgemeinschaften arbeitet und ausgesiebt worden sind, an den Sender heran. Eine analoge Reichsarbeitsgemeinschaft, die die Verbindungsmänner zur SS, SA, zum WHW usw. umfaßt, ist gleichfalls vorgesehen. Diese Vereinfachung und Konzentrierung wird auch zur Folge haben, daß keine – wie wir es einmal nennen wollen – «Inflation der politischen Sendungen» eintreten kann, wodurch die Bedeutung der wirklich großen politischen Stunden gemindert werden könnte.

Interna

Der Brief ist gekürzt.

An den   Kurt Daluege
Reichsführer-SS und Chef der   General der Polizei
Deutsche Polizei, Heinrich Himmler   Chef der Ordnungspolizei
zur Zeit: *Gmund am Tegernsee*   Konstanz, 20. Juli 1938

Lieber Heinrich!
Ich halte mich für verpflichtet, Dir von einer Angelegenheit, die sich in
den letzten Wochen ereignet hat, Kenntnis zu geben.

Ich hatte vor ungefähr 2½ Jahren einen meiner ältesten Mitarbeiter,
der auch Dir bekannt ist, den SS-Sturmbannführer Herbert Packebusch[1], aus einer guten Stellung an Dr. Goebbels zu einer anderen
Verwendung empfohlen, da die Stellung, in der er sich bis dahin befand, eine rein wirtschaftliche und nicht politische war. Ich habe mich
gefreut, daß Dr. Goebbels, der Packebusch genauestens kennt und vor
allen Dingen seine große Arbeit in der Kampfzeit würdigte, ihn in ganz
kurzer Zeit schon zum kommissarischen Geschäftsführer der Reichsrundfunkkammer einberief. Ich habe dann mit Packebusch immer nur im
Laufe eines viertel oder halben Jahres gesprochen und erfahren, daß er
in seiner neuen Stellung tadellos arbeitete und vor allem viele Schwei-
nereien bereinigt hat. Unter anderem erinnere ich hier an die Angelegenheit des alten Präsidenten Dreßler-Andreß. Hierbei hat er bewiesen,
daß er als Nationalsozialist Unehrlichkeiten nicht duldet, sondern sie
auch gegen vorhandenen stärksten Widerstand beseitigt hat.

Vor einigen Monaten wurde nunmehr von Dr. Goebbels ein neuer
Präsident in die Reichsrundfunkkammer einberufen, ein Pg Kriegler aus
Breslau. Vor kurzem traf ich Packebusch, und er erzählte mir, daß gegen
ihn von Kriegler schon kurz nach seinem Eintreffen mit gemeinen Mitteln geschossen wurde, weil Kriegler alle maßgeblichen Posten in der
Reichsrundfunkkammer mit seinen Leuten aus Breslau besetzt hatte und
nun auch den Geschäftsführerposten anders besetzen wollte. Diese persönlichen Reibereien sind soweit gegangen, daß Packebusch hier ein Ende machen mußte. Er schrieb, um eine Untersuchung zu veranlassen, an
Goebbels, er möchte ihn von diesem Posten ablösen und ihn anderweitig in seinem Arbeitsbereich verwenden. Er glaubte, daß Dr. Goebbels diesem Wunsche nicht nachkommen würde, sondern bei der Aner-

---

1 Herbert Packebusch, *1902, Innenarchitekt, kaufmännischer Direktor der
Flügel und Polter K.-G., Gummiwarenfabriken; seit 1927 NSDAP-Mitglied;
1943 SS-Standartenführer.

kennung seiner Arbeit sofort eine Untersuchung veranlassen würde. Dies geschah nicht, sondern Goebbels betrachtete den Brief von Packebusch als Kündigung, entließ ihn aus seiner Dienststellung, gab ihm gnädigerweise noch für einen Monat Gehalt, d. h. also für den Monat Juli, und kümmerte sich im übrigen, trotz mehrfacher Schreiben von Packebusch an ihn, um die Angelegenheit Packebusch überhaupt nicht mehr. Ob Dr. Goebbels persönlich über diese Dinge genügend unterrichtet ist, entzieht sich meiner Kenntnis.

Die Lage für Herbert Packebusch ist heute folgende: Er hat seinerzeit eine gute Stellung aufgegeben, um zur Reichsrundfunkkammer zu gehen. Er hat bei der Reichsrundfunkkammer, anerkannt nicht nur von Dr. Goebbels, sondern auch von Pg Hinkel, Pg Funk und anderen, mit denen ich mich gelegentlich unterhielt, seine Arbeit gut erledigt. Es kommt zwischen ihm und dem neuen Präsidenten zu persönlichen Auseinandersetzungen, die aber nicht zu einer formellen Kündigung von Seiten des Präsidenten oder des Propagandaministers führen. Er selbst kann, wie er behauptet und zu beweisen in der Lage ist, diesen persönlichen Kampf nicht mehr aushalten. Er will daher die Untersuchung und schreibt daher den angedeuteten Brief. Dann setzt man ihn ohne Prüfung der bestehenden Verhältnisse Knall und Fall auf die Straße, gibt ihm gnädig noch ein Monatsgehalt und läßt ihn nun verrecken. Er selbst hat kein Vermögen, sondern ziemlich erhebliche Schulden aus der Kampfzeit, dadurch, daß er anständigerweise seinen Vater, der mit seiner Möbelfabrik in Konkurs gegangen ist, gedeckt hat. Das heißt also: Mit Ende dieses Monats hat Packebusch nichts mehr zu leben, wenn ihm nicht gute Kameraden persönlich helfen. Aber wie lange? Dazu kommt, daß seine Frau im Krankenhaus liegt und in diesen Tagen ihr erstes Kind erwartet. Auch das ist dem Propagandaministerium bekannt. Es ist ebenso bekannt, daß Parteigenossen in führenden Stellungen niemals innerhalb einer solch kurzen Frist eine neue Stellung bekommen können. Deswegen besteht ja auch bei führenden Persönlichkeiten die Regel, ihnen bei Ausscheiden auf längere Zeit ihr Gehalt weiterzuzahlen, ja selbst wenn sie bei Untüchtigkeit in ihrer Stellung gekündigt werden. Wir haben ja als Nationalsozialisten den Anstand, Volksgenossen, die wir wegen ihrer politischen Gegeneinstellung aus Stellen entlassen haben, noch fortlaufend Unterstützung, ja sogar Pensionen zu zahlen. Hier geht man mit einer unverständlichen Handlungsweise über das Leben eines SS-Sturmbannführers hinweg, wie ich es bisher bei der Bearbeitung von hunderten von Fällen alter Nationalsozialisten noch nicht erlebt habe.

Ich werde selbstverständlich, lieber Heinrich, hier bis zum letzten den Kampf für Herbert Packebusch aufnehmen und durchführen. Ich möchte Dich aber herzlich bitten, da es sich hier um einen SS-Führer handelt, die Angelegenheit auch von Deiner Seite aufzugreifen, denn es handelt sich meiner Ansicht nach nicht um einen einzigen Fall, wie man einen alten Kämpfer behandelt, sondern um eine grundsätzliche Frage.

Ich darf, um Dir einen Blick in die innere Einstellung von Herbert Packebusch zu geben, in der Anlage die Abschrift eines von ihm persönlich an mich gerichteten Briefes beifügen. Der Brief ist veranlaßt durch ein Schreiben von mir an ihn, in dem ich ihm Vorwürfe machte, daß er von seinem Posten trotz aller Schikaniererei gewichen ist und nicht den Kampf im Dienst durchgestanden hat. Ich glaube, diese Zeilen sagen genug.

Seine persönliche Adresse ist bis zum 1. August 38 noch: Berlin-Nikolassee, Osthofenerweg 8, und vom 1. August ab: Berlin-Schöneberg, Eisackstr. 5, 4 Treppen. Er hat sein kleines Häuschen in Nikolassee, was er sich gemietet hatte, bereits aufgegeben und die Wohnung in Schöneberg genommen, weil er vielleicht den finanziellen schweren Kampf, der kommt, voraussieht.

Mit Heil Hitler!

Anlage   Dein Kurt

Auflösung der Reichsrundfunkkammer

Rundschreiben Nr. 39/39   Der Präsident der Reichskulturkammer,
                               114/4. 11. 39-11/6

An
alle Landeskulturwalter   Berlin, den 4. November 1939

Betr.: Auflösung der Reichsrundfunkkammer.
Laut Verordnung des Herrn Reichsministers für Volksaufklärung und Propaganda ist die Reichsrundfunkkammer mit Wirkung vom 28. Oktober 1939 aufgelöst und mit ihren Rechten und Pflichten, soweit sie vermögensrechtlicher Art sind oder auf Verträgen des bürgerlichen Rechts beruhen, auf die *Reichsrundfunkgesellschaft m.b.H.* übergegangen.

Die Verordnung des Herrn Reichsministers für Volksaufklärung und Propaganda hat folgenden Wortlaut:

Fünfte Verordnung zur Durchführung des Reichskulturkammergesetzes vom 28. Oktober 1939

Auf Grund des § 7 des Reichskulturkammergesetzes vom 22. September 1933 (Reichsgesetzblatt I, S. 66) wird folgendes verordnet.

§ 1

Die Reichsrundfunkkammer ist aufgelöst. Ihre Rechte und Pflichten, soweit sie vermögensrechtlicher Art sind oder auf Verträgen des bürgerlichen Rechts beruhen, gehen auf die Reichs-Rundfunkgesellschaft m. b. H. über.

§ 2

Die Erste Verordnung zur Durchführung des Reichskulturkammergesetzes vom 1. November 1933 (Reichsgesetzbl. I, S. 797) wird wie folgt geändert:

1. § 4 Abs. 2 wird gestrichen.
2. Im § 5 Nr. 2 werden die Worte «Druck, Film oder Funk» ersetzt durch «Druck oder Film».
3. Im § 25 Abs. 2 werden die Worte «Musikalien-, Kunst- und Rundfunkhandels» ersetzt durch «Musikalien- und Kunsthandels».

§ 3

Soweit die Rundfunkschaffenden nach den §§ 4 bis 6 der Ersten Verordnung zur Durchführung des Reichskulturkammergesetzes der Reichskulturkammer weiter angehören müssen, sind sie in die zuständigen anderen Kammern zu übernehmen (Reichsmusikkammer, Reichstheaterkammer, Reichsschrifttumskammer). Zweifelsfälle werden nach den allgemeinen Bestimmungen entschieden.

§ 4

Die Verordnung tritt mit dem Tage der Verkündung in Kraft.

Berlin, den 28. Oktober 1939.   Der Reichsminister
für Volksaufklärung und Propaganda
Dr. Goebbels

In Durchführung dieser Verordnung werde ich die Landesleiter dieser Kammer von ihren Ämtern entbinden. Die Schreiben werden den Landesleitern in diesen Tagen direkt zugestellt. Alle Zahlungen für die Landesleiter (Zuschüsse für Schreibkräfte usw.) sind mit sofortiger Wirkung einzustellen.

Stempel: Im Auftrag: Schmidt
Reichskulturkammer   Beglaubigt: *Unterschrift*

Weitere Erläuterungen

An
die Herren Präsidenten der Einzelkammern
in der Reichskulturkammer in Berlin
Zur Kenntnis an:

Herrn Staatsrat Johst [1]
Herrn Vizepräsident Baur [2]

Abt. Lt. I + Abteilung   Der Reichsminister
Abt. Lt. II u. IV + Abteilung   für Volksaufklärung und Propaganda
Abt. Lt. III + Abteilung   R 1 500/4. 1. 40./108-1,1.
Ref. I/C.
Ref. III/Z   Berlin, den 22. Januar 1940

Betrifft: Auflösung der Reichsrundfunkkammer.

Durch § 3 der Fünften Verordnung zur Durchführung des Reichskulturkammergesetzes vom 28. Oktober 1939 (RGBl. I., S. 2118), mit der die
Auflösung der Reichsrundfunkkammer verfügt worden ist, ist bestimmt
worden, daß die Rundfunkschaffenden in die zuständigen anderen Kammern (Reichsmusikkammer, Reichstheaterkammer, Reichsschriftumskammer) zu übernehmen sind, soweit sie nach den allgemeinen Bestimmungen der Reichskulturkammer weiter angehören müssen. Dies trifft
nur für Künstler zu. Musiker haben danach der Reichsmusikkammer anzugehören, Mitwirkende am Hörspiel der Reichstheaterkammer, Vortragende von Werken des Schrifttums der Reichsschriftumskammer.
Ein Rundfunkintendant ist, wenn er Musiker ist, der Reichsmusikkammer gegenüber zugehörigkeitspflichtig. Außerhalb der hier bezeichneten
Grenzen gibt es keine Zugehörigkeit zu einer der Kammern. Eine Zuge-
hörigkeits- oder Beitragspflicht der Reichs-Rundfunk-Gesellschaft als
solcher besteht nicht. Eine besondere Fachschaft für Rundfunkschaffende
soll in keiner der Kammern errichtet werden. Die Zuteilung im einzelnen ist Sache der Kammern; etwa auftretende Zweifelsfälle werden vom
Ministerium entschieden.

     Durch diese Weisung sind alle die Fragen betreffenden Mitteilungen
überholt.

Heil Hitler!
Dr. Goebbels
Beglaubigt: Falk
Kanzleiangestellter

Stempel

1 Hanns Johst, *1890, Schriftsteller und Präsident der Reichsschriftumskammer.

2 Wilhelm Baur, *1905, Vizepräsident der Reichsschriftumskammer; über
Johst und Baur siehe ausführlich in: *Literatur und Dichtung im Dritten Reich*
(Ullstein Buch 33029), S. 171 f und S. 315 f.

Reichsrundfunk-Gesellschaft

Ursprünglich wurde die Reichsrundfunk-Gesellschaft unter Mitwirkung der Deutschen Reichspost 1925 gegründet; ab 1933 ist sie vom Propagandaministerium «betreut» worden; die endgültige «Gleichschaltung» wurde erst 1937 vorgenommen.

Das Führerprinzip wurde restlos durchgeführt

Zur Neuorganisation in der deutschen Rundfunkleitung, in: Zeitungswissenschaft vom 1. 6. 1937, S. 420, Auszug.

Dr. Heinrich Glasmeier, Leiter der Reichsrundfunk-Gesellschaft, *1892; Eintritt in die NSDAP 1932 mit der Parteinummer 891 960; ab 1933 Intendant des Westdeutschen Senders Köln. Ein Kuriosum ist die nachstehende geheime Meldung vom 4. 7. 1935 an die Reichsführung SS:

Betr.: Intendant Dr. Glasmeier – Köln
Vorg.: s. auch hies. B. Nr. 9876/35/K. vom 4. 7. 35
Nach Mitteilung eines V-Mannes, soll seit kurzem eine neue SS-Wache für den Reichssender Köln vom Reichsführer-SS nach Köln gesandt worden sein, die unmittelbar der Reichsführung unterstehen und ebenfalls ihre Wachberichte nach Berlin geben soll. Führer der Wache ist ein SS-Unterführer Nehls von der 6. SS-Standarte. Nach dessen Aussage, die er aufrechterhalten will, hat Glasmeier zu ihm sinngemäß etwa folgendes gesagt: «Sie kommen aus Berlin, sind mit den Verhältnissen hier nicht vertraut. Hier ist alles streng katholisch. Wie Sie ja wissen, sind der Führer und Goebbels katholisch, und ich auch. Mischen Sie sich nicht in irgendwelche katholischen Dinge!»
Es wird um Mitteilung gebeten, ob die Angaben über die SS-Wache richtig sind. Soviel bekannt, soll Nehls bereits Meldung sofort nach Berlin gemacht haben.

Am 19. März fand der Rundfunkneubau seinen Abschluß, da nunmehr auch in der Leitung der Reichsrundfunk GmbH das Führerprinzip restlos durchgeführt wurde. Neuartig ist die Schaffung eines Reichsintendanten des deutschen Rundfunks, der jetzt der Reichsrundfunk GmbH. vorsteht an Stelle eines Direktoriums von drei Mitgliedern (Reichssendeleiter, Verwaltungsdirektor, technischer Direktor). Zum Reichsintendanten und Generaldirektor der RRG wurde der bisherige Intendant des Reichssenders Köln, Dr. Heinrich Glasmeier, berufen. Der Aufbau ist bei der RRG jetzt der gleiche wie auch bei den einzelnen Reichssendern. Dem Reichsintendanten bei der RRG entspricht der Intendant des Reichssenders, dem Reichssendeleiter der Sendeleiter, dem Verwaltungsdirektor der wirtschaftliche Leiter und dem technischen Direktor der RRG der technische Leiter des Reichssenders.

Das Personalamt des Reichsführers SS wird verständigt

An das
Personalamt
des Reichsführers SS
Berlin SW 11
Prinz Albrechtstr. 8

Dr. Heinrich Glasmeier
SS-Hauptsturmführer
Berlin-Charlottenburg 9
am 1. April 1937
Postfach 15

Dem Personalamt melde ich meine Ernennung zum Reichsintendanten des Deutschen Rundfunks und Generaldirektor der Reichs-Rundfunk-Gesellschaft mbH. Mein Familienwohnsitz bleibt bis auf weiteres in Rodenkirchen/Rhein, Kaiserstr. 17. Meine Berliner Anschrift ist Berlin-Charlottenburg 9, Postfach 15. Meine Dienststelle befindet sich Berlin-Charlottenburg 9, Haus des Rundfunks, Masurenallee, Postfach 15.

Stempel: SS-Personalkanzlei Eingang Glasmeier
Gh. Tgb.Nr... 5. April 1937 SS-Hauptsturmführer
Chef Anlagen
(unleserliches handschriftliches Zeichen)

Der Aufbau der Reichsrundfunk-Gesellschaft

Handbuch des Deutschen Rundfunks, Herausgeber Hans-Joachim Weinbrenner, Heidelberg/Berlin 1938, S. 220–221.

Wichtig sind die Angaben aus dem Jahre 1938 deshalb, weil 1937 die «endgültige» *Neuordnung* des Rundfunks im Dritten Reich durchgeführt wurde. Unabhängig von dem Generaldirektor und dem Reichssendeleiter der Reichsrundfunk-Gesellschaft fiel eine besondere Aufgabe den einzelnen Intendanten zu. In der *Deutschen Radio-Illustrierten* vom 28. 3. 1937 ist zum Thema *Neuorganisation im deutschen Rundfunk* u. a. zu lesen: «Der Reichsminister für Volksaufklärung und Propaganda, Dr. Goebbels, hat die Stellung eines Reichsintendanten des deutschen Rundfunks geschaffen, der gleichzeitig Vorsitzender des Vorstandes der Reichs-Rundfunk GmbH. ist.

Die Neuorganisation des deutschen Rundfunks wird eine wesentliche Dezentralisation in der Verwaltung und damit eine größere Selbständigkeit der einzelnen Reichssender unter erhöhter Verantwortung der Intendanten dieser Sender zur Folge haben.»

Im Zusammenhang mit den neuen Ernennungen der Intendanten 1937 schrieb die *Deutsche Radio-Illustrierte* am 2. 5. 1937 unter der Überschrift: *Zur Neuordnung des deutschen Rundfunks* u. a.:

«Wenn sie [die Intendantenposten] heute mit alten Parteigenossen besetzt werden, die in ihren Gauen mit an erster Stelle seit mehreren Jahren am Aufbau des neuen Reiches gewirkt haben, so wird man darin zuerst einmal erkennen können, eine wie wesentliche Mission dem Rundfunk als politischem Instrument jederzeit beigemessen wird.»

Für die Tatsache, wie weit die Intendanten vom Regime durchleuchtet wurden, ist das Ausscheiden des Intendanten des Reichssenders Berlin 1937 bezeichnend, ebenso die entsprechenden Neuernennungen. Man denke nur an Walther Beumelburg, *1894, der am 28. 4. 1933 in die NSDAP und SS eintrat! Er ist nur deshalb entlassen worden, weil man feststellte, daß eine Harfenistin, die im Sender tätig war, «noch lange nach der Machtübernahme mit einem Juden ein Verhältnis unterhielt». In den Personalangaben der SS stand folgender Vermerk: «Aus dem SS-Hauptamt entlassen. Grund: Als SS-Führer ungeeignet, da er die erforderliche kompromißlose Einstellung zur Judenfrage nicht besitzt. Beschwerde geprüft. Strafe umgewandelt in förml. Verweis am 15. 11. 1937.» Beumelburg mußte den Sender verlassen. Dokument im Besitz des Herausgebers.

Zentrale:
Generaldirektor Dr. Heinrich Glasmeier, Reichsinstitut des deutschen Rundfunks;
Direktor (Sendung) Eugen Hadamovsky, Reichssendeleiter;
Direktor (Verwaltung) Hermann Voss;
Direktor (Technik) Dr. Claus Hubmann;
Nachrichtenstelle des Reichsintendanten I. G. Bachmann.

Reichssendeleitung:
Reichssendeleiter: Eugen Hadamovsky;
stellvertr. Reichssendeleiter: Carl Heinz Boese.

Die Sender:
Deutschlandsender:
Intendant: Götz Otto Stoffregen;
Sendeleiter: Dr. Theodor Lipp.

Reichssender Berlin:
Intendant: Götz Otto Stoffregen;
Sendeleiter: Heinz Kyschky.

Reichssender Breslau:
Intendant: Karl Bunter;
Sendeleiter: Günther Meyer-Rahlstedt.

Reichssender Frankfurt:
Intendant: Hanns Fricke;
Sendeleiter: Werner Knoeckel.

Reichssender Hamburg:
Intendant: Gustav Grupe;
Sendeleiter: Paul-Lambert Werber.

Reichssender Köln:
Intendant: Dr. Anton Winkelnkemper;
Sendeleiter: Dr. Friedrich Castelle.

Reichssender Königsberg:
Intendant: Dr. Alfred Lau;
Sendeleiter: Harry Moss.

Reichssender Leipzig:
Intendant: Carl Stueber;
Sendeleiter: Wilhelm Hartseil.

Reichssender München:
Intendant: Dr. Hellmut Habersbrunner;
Sendeleiter: Dr. Manfred von Eyb.

Reichssender Saarbrücken:
Intendant: Dr. Adolf Raskin;
Sendeleiter: Karl Mages.

Reichssender Stuttgart:
Intendant: Dr. Alfred Bofinger;
Sendeleiter: Walter Reuschle.

Reichssender Wien:
komm. Intendant: Dr. Franz Pesendorfer.[1]

Deutscher Kurzwellensender:
Intendant: Dr. Kurt von Boeckmann;
Sendeleiter: Dr. Gerhart von Westermann
Internationaler Programmaustausch:
Sendeleiter: Dr. Kurt Rathke.

Fernsehsender:
Intendant: Hans-Jürgen Nierentz.

Landessender Danzig:
Danzig, Winterplatz, Ruf: 250 46
Intendant: Reginald Buse.

[1] Sendeleiter: Theo Ehrenberg.

Reichsverband Deutscher Rundfunkteilnehmer

Die Neugestaltung des Rundfunkwesens, in: *Deutsche Allgemeine Zeitung* vom 30. 6. 1933.

Auf einer vom Gau Groß-Berlin des Reichsverbandes Deutscher Rundfunkteilnehmer veranstalteten Kundgebung sprach am Mittwochabend Reichssendeleiter Hadamovsky über die Neugestaltung des deutschen Rundfunkwesens. Die neue Auffassung heiße: «Schaffung der deutschen Rundfunkeinheit. Staatlicher Rundfunk und organisierte Rundfunkteilnehmerschaft müßten sinnvoll zusammengeführt und in den staatlichen Gesamtorganismus eingegliedert werden.»

Für die neue Formung des Rundfunkwesens, so führte der Redner aus, ist ein Vierjahresprogramm aufgestellt worden. Das erste Jahr ist dem Kampf gegen das marxistische System, das zweite der endgültigen Bereinigung gewidmet, das dritte und vierte Jahr werden Aufbau und Neugestaltung, ausgehend von dem Programm der NSDAP, bringen. Im Reichsverband Deutscher Rundfunkteilnehmer e. V. soll eine einheitliche und einzige nationalsozialistische Bewegung geschaffen werden, als deren zwei Hauptträger Rundfunkteilnehmer und Rundfunktechniker erscheinen werden. Beide werden unter einheitlicher Führung stehen, damit der Rundfunk allen Aufgaben gerecht wird und alle Volkskreise befriedigt werden können.

Es ist dennoch Aufgabe, in Gemeinschaft mit den nationalsozialistischen Funkwarten die deutsche Rundfunkeinheit zu schaffen. Die deutsche Rundfunkhörerschaft, die heute immer noch durch die verschiedenen Rundfunkverbände vertreten sei, müsse in eine feste nationalsozialistische Disziplin eingefügt werden. Rundfunkeinheit heiße: Rundfunkordnung. Erst diese Ordnung sichere der Rundfunkteilnehmerschaft die Verbindung zu dem straff über das ganze Reich zentralisierten Rundfunkapparat. Erst die feste und disziplinierte Eingliederung der heute noch zersplitterten Verbände bedeute die Schaffung einer wirklichen Macht von höchster kulturpolitischer Bedeutung. Diese Macht werde mit der der Reichsregierung identisch sein müssen.

«Tag des Rundfunks»

Rundfunk wurde Volksfunk, in: *Berliner Lokal-Anzeiger* vom 18. 2. 1934, Sonntagausgabe, gekürzt.

Der deutsche Rundfunk hat am 11. Februar zum erstenmal die Tore aller Funkhäuser weit vor den Augen der Hörerschaft geöffnet. Aber durch die weiten Türen konnte der Hörer nicht nur in das Herz des Rundfunks hineinsehen, durch die hohen Flügel zogen auch die Funkleute hinaus, mit Mikrophonen, Künstlern und Funkschaffenden, und sie alle nahmen den Weg zum Hörer. Der «Tag des Rundfunks» war ein Tag gemeinsamer Arbeit aller Funkschaffenden im Gewande der Freude, er war ein Tag des Gemeinschaftsempfanges für alle Schichten der Hörerschaft.

Man würde dieser Veranstaltung nicht gerecht werden, wenn man dies allein aus dem Programm heraus aufzeigen wollte; der Tagesplan verlockt allerdings dazu. Es waren Sendungen «An Alle!» Und doch, selbst darin liegt nicht der letzte Sinn dieses Tages verborgen; er ersteht erst vor dem geistigen Auge, wenn man einen Blick über die organisatorischen Leistungen dieser Veranstaltungen wirft. Der «Tag des Rundfunks» stand ja nicht allein im Rahmen des üblichen Programmablaufs, er war Mittelpunkt und Höhepunkt der großangelegten Werbefeldzüge, die sich über ganz Deutschland erstrecken. Der Rundfunk soll in das letzte Haus getragen werden! Unter dieser Losung waren die Führer des deutschen Rundfunks ins Land hinausgezogen, sie hatten vornehmlich den Hörer auf dem flachen Lande aufgesucht und ihm in Wort, Plakat und aufklärenden Veranstaltungen das Wesen des Rundfunks im nationalsozialistischen Staat nahegebracht. Der «Tag des Rundfunks» fügte sich dieser Aktion als eine große Propaganda der Tat ein!

Ein solches Programm kann nur durchgeführt werden, wenn alle Kräfte bis aufs letzte angespannt sind. Nicht nur die Leiter des deutschen Rundfunks, auch die Funkwarte bis zum letzten Mitglied des Reichsverbandes Deutscher Rundfunkteilnehmer und des Deutschen Funktechnischen Verbandes hin wurden zu einer einzigen großen Arbeitsgemeinschaft im Dienst des Hörers zusammengefaßt. Reibungslos wickelte sich der komplizierte Mechanismus ab. Er zog alles in seinen Rahmen hinein, was der Hörer an diesem Tage von seinem Rundfunk fordern konnte. Aus diesem umfassenden Einsatz werden, vielleicht ehe man es erwartet, Früchte erwachsen. Der Rundfunk hat einen zwingenden Beweis geliefert, daß er der Erwecker und Träger einer neuen Volkskunst sein kann. Das soll keineswegs bedeuten, daß diese Volkskunst nun immer ein Gewand tragen muß wie am «Tag des Rundfunks». Es war ein Auftakt, so wie der 1. Mai, das Bauerntreffen [1] auf dem Bückeberg usw. Beweise erbrachten für die Aufgabenstellung des neuen Rundfunks als Mittler großer politischer Gemeinschaftserlebnisse. Die einheitliche Zielsetzung und geistige Einstellung, unter der das gesamte Schaffen und Wirken des Rundfunks heute steht, ist das unerschütterliche Fundament für die Aufbauarbeit am kulturellen Wachstum des deutschen Volkes.

Es kann heute kein Zweifel mehr bestehen, daß die nationalsozialistische Rundfunkführung die richtigen psychologischen Wege zum Hörer finden wird.

---

[1] Der sogenannte *Ehrentag des Bauerntums*, zu dem Hunderte von Sonderzügen die Bauern und Landwirte zum Bückeberg bei Hameln brachten, um dort Hitlers Rede zu hören.

Eine Zensur für Hörspiele

Briefschreiber ist der Geschäftsführer der Reichstheaterkammer, Alfred Eduard Frauenfeld, *1899; ausführlich über ihn in: *Theater und Film im Dritten Reich* (Ullstein Buch 33031), S. 112 f u. a. O.

	Reichstheaterkammer
	Der Geschäftsführer
Handschriftlich:	*Geschäftszeichen: F/K*
z. d. A. Frauenfeld erl. Hi.	in der Antwort anzugeben

Herrn	Berlin W 62, den 9. August 1935
Staatskommissar Hans Hinkel	Keithstraße 11
Berlin W 8	Fernsprecher: B 5 Barbarossa 6 783/4
Reichskulturkammer	Postscheck-Konto: Berlin 10 079

Sehr geehrter Parteigenosse Hinkel!
Ich wende mich mit einer halb persönlichen, halb dienstlichen Bitte an Sie.

Ich habe im abgelaufenen Jahr eine große Zahl wenig erfreulicher Erfahrungen in bezug auf die oft geradezu groteske Verständnislosigkeit und Unkenntnis des Binnendeutschtums der großdeutschen Frage gegenüber gesammelt. Die jüngsten Ereignisse bedürfen wohl einer eingehenden Erörterung.

Seit einigen Monaten werden über eine Anordnung, die, wie ich glaube, von Minister Dr. Goebbels getroffen wurde, wieder Hörspiele kulturpolitischen Inhalts über Deutschösterreich gesendet. Die getroffenen Zensurmaßnahmen allein können fast als eine Sabotage dieser Anordnung bezeichnet werden, denn alle diese Arbeiten werden vier-, fünfmal von verschiedenen Stellen durchgesehen. Daß Herr Dr. Megerle vom Propagandaministerium als zuständiger Referent diese Sache zu begutachten hat, ist selbstverständlich, allenfalls läßt es sich auch begründen, daß das Auswärtige Amt, Referent Dr. Altenburg, zu diesen Dingen Stellung nimmt, daß sie schließlich die Österreich-Referent der Reichssendeleitung, Pg Oskar Jölli, einreicht bezw. als dritte Stelle zensiert, erscheint ebenfalls verständlich. Daß man aber außerdem in der Reichssendeleitung noch mehrere Zensurstellen einschaltet und mit Leuten besetzt, die weder politisch noch wissenschaftlich und künstlerisch die geringste Eignung besitzen und nur dazu da zu sein scheinen, um Pg Jölli seine ohnedies schwierige Arbeit fast unmöglich zu machen, ist ein unhaltbarer Zustand.

Nun zu einem konkreten Falle: Ich habe unter meinem Pseudonym Johannes Mahr in einer großen Tageszeitung vor mehreren Monaten

eine Arbeit über drei im Waldviertel in Niederösterreich geborene große Deutsche veröffentlicht: den Dichter Robert Hamerling [1], den Politiker und Schöpfer der Alldeutschen Bewegung Georg von Schönerer [2]
und als Synthese eines Dichters und Politikers den aus derselben Landschaft stammenden Führer Adolf Hitler.

Oskar Jölli, der schon zahlreiche vorzügliche Hörspiele verfaßt hat;
die zur Aufführung gelangten, nahm diese Arbeit zur Grundlage eines
Hörspiels, an dem ich selbst überdies noch mitarbeitete.

Es dürfte Sie interessieren, welch beispielloser Vorgang sich bei der
Zensur dieses Hörspiels in der Reichssendeleitung abspielte. Ein junger
Mensch von einigen zwanzig Jahren erhielt die Arbeit zur Begutach-
tung. Teils mündlich, teils schriftlich (die Unterlagen sind in meinem
Besitz) ergab sich nun folgende Tragikomödie: Zuerst hatte der merk-
würdige Kunstreferent Bedenken, ob man Adolf Hitler mit Schönerer
und Hamerling in Verbindung nennen könne. Nachdem ich als Gauleiter
der NSDAP und Altparteigenosse diese Bedenken niemals hatte, erscheint dieser übereifrige Nationalsozialismus eines Nichtparteigenos-
sen etwas überflüssig.

Die nächste Frage dieses Herrn an Pg Jölli lautete: «Wer von den beiden Herren Hamerling und Schönerer ist denn eigentlich der Dichter
und wer der Politiker? Ich habe dies nicht mehr so genau in Erinnerung.»

Nachdem ihm eine entsprechende Aufklärung zuteil wurde, erreichte
der Dialog seinen Höhepunkt in der Frage: «Kennt denn der Führer die
beiden Herren überhaupt?» Es mußte dem Referenten daraufhin mitgeteilt werden, daß Georg von Schönerer und Robert Hamerling bereits
vor einiger Zeit gestorben sind, Hamerling im übrigen in Würdigung
seiner Verdienste als großer deutscher Dichter schon seine Denkmäler
besitzt. Überdies dürfte es der geschätzten Aufmerksamkeit des oben
angeführten Herrn entgangen sein, daß der Führer in seinem Buch
«Mein Kampf» dem Politiker Georg v. Schönerer einige Dutzend Seiten
gewidmet hat. Es erscheint verwunderlich, daß jemand, der des Führers
Buch «Mein Kampf» nicht gelesen hat, besorgt ist, der Führer könnte
sich mit den beiden infrage stehenden Herren nicht in der richtigen Gesellschaft befinden. [3]

Zur weiteren Veranschaulichung erwähne ich nur, daß einzelne im
Hörspiel angeführte schlichte Volkslieder als komisch bezeichnet werden.

---

1 Robert Hamerling, 1830–89.
2 Ritter Georg von Schönerer, 1842–1921, ein entschiedener Anhänger der
Deutschnationalen Bewegung in Österreich und ein ausgesprochener Antisemit.
3 Dieser «junge Mensch», von dem Frauenfeld spricht, hat wahrscheinlich
Hitlers *Mein Kampf* doch aufmerksam gelesen, denn Hitler kritisiert darin
Schönerers politische Weltanschauung, s. *Mein Kampf*, 135.–154. Auflage 1935,
S. 107–108.

In einem der Gutachten heißt es: es ginge nicht an, das Geschlecht Adolf Hitlers durch dichterische Wendungen in dem Hörspiel zu «verniedlichen».

Lieber Pg Hinkel, ich habe im abgelaufenen Jahr soviel Ungeheuerliches an Unkenntnis und Unwissenheit gerade in bezug auf unser altes Kulturland erlebt, daß ich dachte, es könnte mir nichts mehr unterlaufen, was mein Erstaunen erregen würde. Die Tatsachen haben mich wieder einmal eines Besseren belehrt. Wenn jemand österreichische Hörspiele zu begutachten hat, kann man wohl erwarten, daß der Betreffende sich über die Bedeutung des Schöpfers der Alldeutschen Bewegung Georg v. Schönerer klar ist, und wenn auch bedauerlicherweise ein Dichter vom Range Robert Hamerlings in der breiten Masse des Deutschen Volkes nicht das ihm gebührende Ansehen besitzt, so wäre doch zu erwarten, daß ein «Fachmann» weiß, welche der beiden genannten Personen ein Dichter und welche ein Politiker ist. Auch wäre anzunehmen, daß er wenigstens eines der Werke Hamerlings kennt, wie z. B.: «Ahasver in Rom», «Johannes von Leyden», «Aspasia», «Homunkulus», «Der Germanenzug» oder einzelne der schönen volksdeutschen Gedichte. Daß es überdies beanstandet wird, daß in diesem Hörspiel von Schönerer als einem der größten deutschen Politiker und von Hamerling als einem der größten deutschen Dichter gesprochen wird, ergänzt das Bild.

Nun zu meiner Bitte: Ich lege Ihnen eine Ausfertigung des Hörspiels bei, die in einer knappen Viertelstunde durchzulesen ist. Falls Sie meiner Auffassung beipflichten, daß diese Arbeit kulturell wertvoll ist und den Vergleich mit anderen vom Deutschen Rundfunk gebrachten Hörspielen aushält, bitte ich Sie, das Weitere gütigst veranlassen zu wollen. Ich möchte noch erwähnen, daß die einzelnen Dialogstellen sowie die Parlamentsszenen historisch sind und von mir nach Erzählungen meines Vaters, der zur Zeit Schönerers in der studentischen Bewegung tätig war, verfaßt wurden. Politische Beanstandungen von Seiten des Ministeriums und des Auswärtigen Amtes bestehen nicht.

Da die geschilderten Vorkommnisse keinen Einzelfall darstellen, wohl aber auf arge Mißstände schließen lassen, sehe ich mich veranlaßt, Sie Ihnen zur Kenntnis zu bringen.

Ich bin gerne bereit, mich von Personen, die über Sach- und Fachkenntnis verfügen, belehren und auch begutachten zu lassen, muß es aber doch bei meiner politischen und künstlerischen Vergangenheit nachdrücklich ablehnen, daß Entscheidungen weittragendster Art von irgendeinem Nichtwisser gefällt werden, der nicht über die geringsten politischen, kulturellen und geschichtlichen Kenntnisse verfügt.

Ich möchte bei dieser Gelegenheit darauf hinweisen, daß Pg Oskar Jölli seit fast einem Jahr mindestens jede Woche einmal ähnliches erleben muß. Ich wäre Ihnen sehr dankbar, wenn Sie sich in Einnerung an die stattgehabte Unterredung seiner Person annähmen, denn er ist nicht nur als Sänger ein großer Künstler, sondern auch auf schriftstellerischem Gebiete außerordentlich tüchtig und vielseitig.

Ich würde mich sehr freuen, wenn Sie diesen «niedlichen» Fall dem Herrn Staatssekretär zur Kenntnis brächten, da mir die Zustände in der Rundfunkleitung verbesserungsbedürftig erscheinen.

Heil Hitler!

A. E. Frauenfeld

N.S. Das Manuskript wird nach Einsichtnahme ehestens zurückerbeten.

Fernsehen

Selbstverständlich gibt es keine umfangreiche oder reichhaltige Literatur und Dokumentation der Nationalsozialisten über das Fernsehen, das es erst kurze Zeit gab. Es ist daher kaum möglich, ein treffendes Bild der propagandistischen und «weltanschaulichen» Auffassungen des Regimes über das Fernsehen zu vermitteln. Sicherlich aber war ein Volksfernsehen der Traum aller Propagandamanager, wie das Telegramm an Hitler und der später folgende Aufruf beweisen.

Hadamovskys Telegramm an Hitler

In: *Mitteilungen der Reichsrundfunk-Gesellschaft* vom 23. 3. 1935.

Mein Führer!
Die Reichssendeleitung meldet Ihnen hiermit über den Fernsehsender Berlin-Witzleben und anschließend durch Kabeltelegramm den Beginn des ersten regelmäßigen Fernsehprogrammbetriebes der Welt.

Der Zusammenarbeit und Schöpferkraft deutscher Wissenschaftler, Ingenieure, Arbeiter, Organisatoren und Künstler verdanken wir einen Fortschritt von höchster kultureller, politischer und volkswirtschaftlicher Bedeutung.

Ihrer Führung und tatkräftigen Unterstützung, mein Führer, danken Tausende von künstlerisch schaffenden Mitarbeitern des Rundfunks und Zehntausende von Technikern, Arbeitern und Einzelunternehmern der Funkwirtschaft Arbeit und Brot und eine 90prozentige Steigerung des Jahresabsatzes an Rundfunkapparaten seit 1932.

Durch die Einführung des von Ihnen legalisierten Volksempfängers gelang es in den letzten anderthalb Jahren die Zahl der Rundfunkhörer um fünfzig Prozent zu erhöhen und zweieinhalb Millionen Volksgenossen als neue Rundfunkhörer zu gewinnen.

Unsere Mission hieß in diesen zwei Jahren: Ihr Wort, mein Führer, allen Ohren in Deutschland zu predigen. Nun ist die Stunde gekommen,

in der wir beginnen wollen, mit dem nationalsozialistischen Fernsehrundfunk Ihr Bild, mein Führer, tief und unverlöschlich in alle deutschen
Herzen zu pflanzen.

Mögen auch von dieser feierlichen Stunde der Eröffnung des ersten
regelmäßigen Fernsehprogrammdienstes an noch tausend Hindernisse
zu überwinden und Jahre voll härtester Arbeit zu leisten sein, wir werden dieses Ziel erreichen, im Dienste unseres unvergleichlichen Führers,
im Dienste an unserer stolzen deutschen Volksgemeinschaft.

> Heil Hitler!
> Hadamovsky
> Reichssendeleiter

Der Aufruf

Aufruf des Reichsverbandes Deutscher Rundfunkteilnehmer, in: *Mitteilungen
der Reichsrundfunk-Gesellschaft* vom 27. 9. 1935. Am 9. 9. 1935 begann in
Nürnberg der NSDAP-Parteitag, *Parteitag der Ehre* genannt.

Warum wollen wir Nationalsozialisten in Deutschland Fernsehen?

Ist das Fernsehen vielleicht auch ein «Luxus»?

Adolf Hitler hat in Nürnberg angesichts der aufmarschierten Hunderttausenden erklärt:

«Ich wollte nur, alle Deutschen des Reiches könnten in diesem Augenblick Euch, meine deutschen Kameraden, sehen!»

Dieser Wunsch des Führers ist eine heute jederzeit realisierbare politische Wirklichkeit geworden und keine Utopie mehr!

Wenn wir wollen, können morgen alle Deutschen nach Nürnberg
sehen!

Wenn wir wollen, kann die intensive Propaganda des gesprochenen
Wortes morgen schon ergänzt werden durch die noch intensivere un-
widerlegbare Propaganda des mit eigenen Augen Geschauten.

Adolf Hitler hat darum in Nürnberg weiter erklärt:

«Würde heute das ganze deutsche Volk Euch hier gesehen haben, ich
glaube, auch die letzten Zweifler würden bekehrt werden, daß die Aufrichtung einer neuen Nation, einer neuen Gemeinschaft unseres Volkes
kein Gerede, sondern eine Wirklichkeit ist.»

Darum ist Fernsehen kein Luxus, sondern eine politische Notwendigkeit der nationalsozialistischen Volksaufklärung und Propaganda.

Wenn irgendetwas noch sicherer überzeugen kann, als das gesprochene Wort, dann ist es das Sehen mit eigenen Augen!

Darum rufen wir die im Opfern und Kämpfen bewährten Nationalsozialisten und Nationalsozialistinnen des Reichsverbandes Deutscher
Rundfunkteilnehmer auf:

Schließt Euch überall zusammen und bildet Fernsehgemeinschaften!

Sorgt durch Euren organisierten Willen dafür, daß diesen Empfangs-gemeinschaften der praktische Apparatebau und der Senderbau auf der Stelle folgt!

Arbeitet für die Einführung des Fernsehens und Ihr arbeitet damit für den endgültigen und vollkommenen Sieg der nationalsozialistischen Idee!

Tragt das Bild des Führers in alle deutschen Herzen!

Verkündet es allen jenseits der deutschen Grenzen!

Kämpft dafür, daß Deutschland das erste Land der Welt wird, in dem alle Volksgenossen fernsehen können!

Es lebe der Führer!

Es lebe unsere herrliche Bewegung!

Es lebe das erwachte und sehend gewordene Deutschland!

Weltanschauung

Eine NS-Weltanschauung, die sich speziell mit dem Rundfunk beschäftigte, gab es nicht. Ging es hingegen um Kunst und Kultur, *versuchten* verschiedene Wissenschaftler, eine Art von Weltanschauung, soweit es die Bildenden Künste, Musik, Literatur oder Theater betraf, durchzupauken. In besonderen Kapiteln ist diese Weltanschauung in den bisher erschienenen drei Bänden der Serie hinreichend dokumentiert worden. Rundfunk hingegen war zur Zeit des Dritten Reichs noch ein relativ neuer Gegenstand für die Wissenschaft. Die sich daraus ergebenden Schwierigkeiten behandelt Professor Dr. D. Hinderer, Direktor des Seminars für Publizistik in Berlin, ausführlich in seinem Aufsatz: *Film und Rundfunk als Objekt der Wissenschaft*, in: *Zeitungswissenschaft* vom 1. 1. 1934, S. 20 f; er schreibt dort u. a.: «Die arbeitsteilig betriebene Rundfunkkunde liegt zur Stunde noch in den Anfängen»; ebenso meint er, daß «die grundlegenden Erkenntnisse überhaupt erst erarbeitet werden müssen». Erst im Sommersemester 1934 lasen die Professoren Hinderer, Emil Dovifat u. a. m. an der Berliner Universität erstmalig über Rundfunkprobleme, siehe: *Deutsche Presse* vom 19. 5. 1934, S. 87; der einzige weltanschauliche Rundfunkkader bestand aus dem ehemaligen Matrosen Horst Dreßler-Andreß, dem früheren Automechaniker Hadamovsky, selbstverständlich Dr. Joseph Goebbels und einigen Intendanten sowie Schriftstellern, die sich für diese Aufgabe zur Verfügung gestellt hatten. Wie wenig dieses Team über den Rundfunk zu sagen hatte, wird der Leser selbstverständlich merken.

Deshalb besteht auch dieser «weltanschauliche» Teil nur aus einer Mischung aus NS-Jargon und Diktatur. Einer jener Damaligen meinte: «Wenn der Rundfunk noch nicht erfunden gewesen wäre, dann hätte der Nationalsozialismus ihn sich schaffen müssen» – Heinz Gehlar: *Die kulturelle Verantwortung des nationalsozialistischen Rundfunks* in: *Funk* vom 13. 4. 1934, S. 3.

Zum Thema *Weltanschauung* s. a. die Goebbels-Reden: *Die Aufgaben des deutschen Rundfunks* in: *Münchner Neueste Nachrichten* vom 27. 3. 1933; *Der Rundfunk spricht zum ganzen Volk*, in: *Berliner Lokal-Anzeiger* vom 2. 7. 1933, Sonntagausgabe; *Wir wollen einen Rundfunk, der mit dem Volke geht*, ebd. am 18. 8. 1933, Abendausgabe; *Zur Eröffnung der Rundfunkausstellung 1935*, in: *Mitteilungen der Reichsrundfunk-Gesellschaft* vom 15. 8. 1935.

Außerdem siehe Horst Dreßler-Andreß: *Der Rundfunk – das Instrument des neuen Staates* in: *Osnabrücker Zeitung* vom 10. 9. 1933; *Vorbesichtigung durch die Presse*, in: *Mitteilungen der Reichsrundfunk-Gesellschaft* vom 4. 9. 1935.

Siehe auch Eugen Hadamovsky: *Der Rundfunk dem Volke* in: *Westdeutscher Beobachter* vom 15. 10. 1933; Hans Kriegler: *Arbeiter, Dein Rundfunk* in: *Nationalsozialistische Schlesische Tageszeitung*, Breslau, vom 1. 5. 1935; *Die Bedeutung des deutschen Rundfunks*, in: *Schwäbischer Merkur* vom 26. 11. 1933.

Grundsätzliches

Keine Woche ohne Führer-Rede

Dr. Gerhard Eckert: *Der Rundfunk als Führungsmittel* in: *Studien zum Welt-rundfunk und Fernsehrundfunk*, herausgegeben von Dr. Kurt Wagenführ in Zusammenarbeit mit dem Institut für Rundfunkkunde an der Universität Berlin, Bd. 1, Heidelberg/Berlin/Magdeburg 1941, S. 242–243, gekürzt.

Am 2. Februar 1933 steht zum ersten Male der Führer am Mikrophon des Deutschen Rundfunks und verliest den Entwurf der Reichsregierung an das deutsche Volk. Von diesem Augenblick an bis heute hat sich kein politisches Ereignis von Wichtigkeit ohne die Anwesenheit des Rundfunks vollzogen. Der Rundfunk machte in immer steigendem Maße die Ereignisse der Politik dem ganzen Volk zugänglich. An dieser Absicht wurde von vornherein kein Zweifel gelassen. Die Einrichtung des Reichsministeriums für Volksaufklärung und Propaganda und damit die Übertragung der ausschließlichen Befehlsgewalt über den Rundfunk an die Regierung schuf die notwendigen organisatorischen Voraussetzungen.

Überblickt man die Daten des Jahres 1933, an denen der Führer über den Rundfunk sprach, so findet man im Durchschnitt keine Woche ohne eine Führerrede. Das Verzeichnis der Plattenaufnahmen nennt insgesamt 50 Anlässe aus der Zeit vom 1. Februar bis zum 31. Dezember 1933. Der Unterschied gegenüber den offiziellen Regierungsäußerungen früherer Zeiten bestand aber darin, daß die Rede jetzt im Rahmen einer Kundgebung gehalten wurde, deren ganze Lebendigkeit dem Hörer mit vermittelt wurde, was auch die Form der Rede möglich und wirksam machte. Es sind zunächst die Reden vor der Wahl am 5. März[1], die beinahe ausnahmslos über alle deutschen Sender laufen und es erreichen, daß wohl kaum ein Wähler am 5. März zur Wahlurne geht, der nicht den Führer sprechen gehört hat. Man muß bedenken, daß es der letzte parlamentarische Wahlkampf war und daß durch den Rundfunk auch alle die Volksgenossen erreicht wurden, die sonst ihr Ohr grundsätzlich den Argumenten der Gegner verschlossen. Gewiß – sie konnten auch jetzt den Lautsprecher abstellen. Aber zweifellos war die Neugier oft stärker als die politische Ablehnung, zumal da die Stimme des Führers ja ins Haus kam und keinerlei Bemühungen erforderte. Der Rundfunkhörer, der Adolf Hitler etwa nicht hören wollte, hätte in diesen Wochen praktisch auf den Rundfunkempfang am Abend verzichten müssen. Zu einem besonderen Höhepunkt wurde der 4. März, der unter dem Kennzeichen des «Tages der erwachenden Nation» zum ersten Male ein Gemeinschaftserlebnis des ganzen Volkes mit Hilfe des Lautsprechers her-

1 5. März 1933, letzte Reichstagswahl, bei der mehrere Parteien kandidierten; die NSDAP bekam 282 Sitze, also 44 Prozent.

vorrufen wollte. Die den Wahlkampf abschließende Rede des Führers aus Königsberg wurde von Dr. Goebbels eingeleitet. Zur Abrundung des Bildes von Wahlkampf muß noch erwähnt werden, daß auch verschiedene Kundgebungen der Kampffront Schwarz-Weiß-Rot mit Reden übertragen wurden. Von einer paritätischen Benutzung des Rundfunks durch die verschiedenen Parteien, wie sie noch im Sommer 1932 vorhanden gewesen war, konnte aber keine Rede mehr sein.

Der nationalsozialistische Staat betrachtete von der ersten Minute an den Rundfunk als ein Führungsmittel, das ganz selbstverständlich im Dienste des Staates und der nationalsozialistischen Weltanschauung zu stehen hat.

«Stunde der Nation»

Der neue Staat im Rundfunk, in: *Völkischer Beobachter* vom 28. 3. 1933, gekürzt.

Im Anschluß an seine Rede vor den Angestellten der Berliner Rundfunkgesellschaften empfing der Reichsminister für Volksaufklärung und Propaganda, Dr. Goebbels, die Intendanten und Direktoren sämtlicher deutscher Rundfunk-Gesellschaften. Dabei führte der Minister aus:

Am 30. Januar sei die Zeit des Individualismus endgültig gestorben und abgelöst worden von einer Zeit völkischen Gemeinschaftssinns. Das Einzelindividuum werde ersetzt durch die Gemeinschaft des Volkes. Das Volk selbst stehe nunmehr im Mittelpunkt der öffentlichen, privaten, geistigen und politischen Betätigung. Dieser weltanschauliche Durchbruch von ganz unvorstellbarem Ausmaß werde nirgendwo Halt machen.

Er glaube, daß es dem Rundfunk nicht schade, wenn man ihn in diese neue Volksbewegung einschalte. Die Auffassung, daß die Arbeit des Rundfunks ein Selbstzweck sei, könne nicht scharf genug zurückgewiesen werden. Die nationale Revolution werde sich auch die Rundfunkhäuser erobern. Wer Fahnenträger der vergangenen 14 Jahre gewesen wäre, könne dabei heute allerdings nicht Fahnenträger der kommenden Jahrzehnte werden. Der Rundfunk dürfe nicht von blassen Theorien leben, die er in den vergangenen Jahren oft gepflegt habe. Nur mit Hilfe glutvoller Ideale könne man ein Volk erobern. Der Rundfunk sei eine Sache, an der man sich freuen solle. Geistig, willensmäßig und technisch müsse er auf einer Höhe stehen, die dem Erneuerungswillen der Regierung der nationalen Erhebung würdig sei.

Minister Goebbels lehnte es ab, so zu tun, als ob der Rundfunk kein tendenzbewußter Betrieb sei.

Die Idee der nationalen Revolution verlange offene Gefolgschaft. Der Rundfunk gehöre deshalb dem neuen Deutschland und werde von diesem in den Dienst des nationalen Aufbaues gestellt. Das Volk habe ein Anrecht darauf, durch den Rundfunk zu erfahren, was in Deutschland vorgehe. Der Rundfunk habe deshalb die Pflicht, aktuell zu sein und Langeweile zu vermeiden. Er habe sich der Zielsetzung, die sich die Regierung der nationalen Revolution gestellt habe, unterzuordnen. Die Weisungen für ihn gebe die Regierung.

Der als Reichssender bestimmte Deutschlandsender werde mit der Zeit ein großes repräsentables deutsches Programm entwickeln. Vom 1. April werde er täglich von 19 bis 20 Uhr eine «Stunde der Nation» veranstalten, an der sämtliche übrigen Sender teilnehmen, die dafür sonst in ihrem Tagesprogramm im allgemeinen frei sind.

Das Herz des Volkes

Neuer Kurs im Ostmarken-Rundfunk, in: *Königsberger Hartungsche Zeitung* vom 11. 5. 1933, Abendausgabe, gekürzt.

Die neue Einstellung im Ostmarken-Rundfunk, die Betonung des Nationalen als obersten Gesetzes, ist nicht nur zeitgemäß, sie ist auch notwendig. Mag mancher über die vielen «politischen Lieder» jammern, die ihm tagaus, tagein aus dem Lautsprecher entgegentönen, mag er sich dafür lieber heitere Klänge aus dem Reiche jener ewigen Ideen des Guten und Schönen wünschen, die Zeiten sind vorüber, wo der deutsche Bürger es sich leisten konnte, auf eigene Stellungnahme zu den das Vaterland bewegenden Grundfragen zu verzichten. Unser Rundfunk wird und soll also «aktuell» sein, und wir hoffen, daß seine Aktualität nach Inhalt und Form von allen Ostpreußen nicht nur verstanden, sondern auch gefühlsmäßig gebilligt wird. Diese Billigung wird von dem Takte abhängen, mit dem der neue Intendant[1] die Erziehung zum deutschen Menschen, die ihm als Hauptziel vorschwebt, in Angriff nehmen wird. Wir wünschen uns dabei auf dem Felde des Vortragswesens einen Ausbau im Sinne funkischer Volksbildungsarbeit. Wir verstehen darunter nicht vorgelesene Abhandlungen, in denen kalter Wesensstoff dem Hörer (mehr oder weniger geformt) an den Kopf geworfen wird, sondern diese Vorträge sollen eben alles andere sein als – Vorträge. Sie sollen das Allgemeingültige, das wirklich Lebendige erfassen, sollen es in einer Form den Hörern nahebringen, die sie zwingt, am Lautsprecher zu bleiben. Sie sollen sich in einer Sprache bewegen, die dem Worte und Sinne nach stets an das Herz des Volkes greift.

Vortrag, Zwiegespräch, Querschnitt, Reportage, Hörspiel – es haben sich vielerlei Formen des funkischen Ausdruckswillens herausgebildet.

1 Der neue Intendant des Reichssenders Königsberg war Generalmajor a. D. Siegfried Haenicke.

Sie alle gilt es zu prüfen und zu nützen. Immer wird dabei die deutsche Sprache selbst, ihr Klang, ihr Gefüge, ihr «Stil» am unmittelbarsten zum Hörer sprechen. Hier warten noch wichtige Aufgaben der Erfüllung, und der Ostmarken-Rundfunk könnte an der Erreichung des hohen Zieles, unsere Sprache wieder wirklich deutsch werden zu lassen und den Sinn für ihre Schönheit und Tiefe zu stärken, bedeutungsvoll mitarbeiten.

Betrachtung zur Funkausstellung

Neubau des Rundfunks, in: *Berliner Tageblatt* vom 20. 8. 1933, Auszug; siehe auch: *Der neue Rundfunk*, in: *Magdeburgische Zeitung* vom 21. 8. 1933, Abendausgabe.

Die Jubiläums-Funkausstellung, die in diesen Tagen in Berlin gezeigt wird, verdient größere Beachtung als alle ihre Vorgänger. Denn sie soll keineswegs nur in technischer Hinsicht die Höhe und Leistungsfähigkeit der deutschen Funkindustrie, sondern auch die völlige Neuordnung der Aufgaben und Zwecke des deutschen Rundfunks unter Beweis stellen.

Alles, was sich in den letzten Monaten in Deutschland vollzogen hat, hat sich des Mediums der drahtlosen Wellen bedient. Der Rundfunk, bis dahin ein Instrument des Volkswillens, wie ihn einige Gruppen auffaßten, ist heute bewußt allererster Träger der staatlichen und volksmäßigen Propaganda geworden. Wo früher der Staat und seine Regierungen nur ein lockeres Verhältnis zu den Sendern und ihren Programmen unterhielten, gibt es heute einen einzigen Gestaltungswillen des Rundfunks: den der herrschenden Weltanschauung. Es entsprach den Tendenzen freizügig verwaltender und regierender Stellen, die Loyalität gegenüber den mannigfachen Weltanschauungen durch die Berücksichtigung aller zu beweisen. Darum verwundert es nicht, daß erbitterte Kämpfe hinter den Kulissen um die mehr oder minder sichtbare Bevorzugung der einen oder der anderen Gruppe an der Tagesordnung waren. Eine offene Einflußnahme zu wagen, lag nicht in der Macht von Männern, die die prinzipielle Gleichberechtigung aller Weltanschauungen anerkannten. Hier lag einer der wichtigsten Angriffspunkte. Der neue Rundfunk hat ihn weidlich genutzt und mit gutem Recht den Nachteil der anderen zum eigenen Vorzug umgewandelt.

Tägliche Dosierung

Kurt Engelbrecht: *Deutsche Kunst im Totalen Staat*, Lahr i. B. 1933, S. 94–95, Auszug.

Presse, Kino und Funk werden brauchbare Erziehungsmittel zu echter, blut- und bodenverpflichteter deutscher Kunst und Kultur.

Die ungeheure Macht der Presse und des Funks ruht in der täglichen Dosierung.

Der Funk ist darin der Presse noch weit überlegen.

Jedes Haus, jedes Heim muß eine Radio-Anlage haben. Gegen die Lautsprecher-Lärmseuche lassen sich Strafgesetze finden. Aber: «Kein Heim ohne Radio», das muß zu den Devisen des totalen Staates gehören, wenn er sich nicht nur bei einer Mehrheit, bei dem Götzen Majorität, der abgetan sein soll, sondern bei dem ganzen Volke durchsetzen will.

Die tägliche Dosierung ist auch in aller Erziehung von ungeheurer Wichtigkeit.

Geschickte Propaganda ist nichts anderes als geschickte tägliche Dosierung.

Jahre-, jahre-, jahrelang ist diese tägliche Dosierung durch Presse und Funk zum Unsegen des Volkes, zum Verderben des guten Geschmackes angewendet worden.

Was dürfen wir hoffen und wie dürfen wir hoffen, wenn diese gewaltige Macht über die Gemüter, über Denkart und Weltanschauung nun ausschließlich zum Segen des Volkes, und in der Kunst zur Besserung, Klärung, Sicherstellung seines Geschmackes verwendet wird!

Es läßt sich gar nicht ausdenken.

Der faustische Mensch

Richard Kolb: *Der deutsche Mensch im Rundfunk und Film* in: *Rundfunk und Film im Dienste nationaler Kunst*, Düsseldorf o. J., S. 16 f, gekürzt.
Richard Kolb war Intendant des Bayerischen Rundfunks.

Es wird so viel geschrieben für und gegen die deutsche Rasse. Man sucht zu beweisen, daß es eine eigentliche deutsche Rasse nicht gäbe. Das deutsche Volk setze sich aus verschiedenartigen Stämmen zusammen, die sich gegenseitig vermischten, und von denen keiner reinrassig geblieben sei. Auch ließen sich Vermischungen aus vielen fremden Völkern nachweisen, von Slawen und Galliern, Goten und Hunnen, Kelten und Friesen.

Was das Schlimmste war, man leugnete den deutschen Menschen, seine Einheit und den gemeinsamen Rhythmus seines Blutes, sein gemeinsames Schicksal und seine hohe ethische Mission.

Und doch war es vielleicht gut so, denn nur auf diese Weise besann sich der deutsche Mensch, erkannte seine Feinde und instinktiv und intuitiv die Blutsverbundenheit aller Deutschen und über die wirtschaftliche Zusammengehörigkeit hinaus die sittliche Gemeinschaft des Volkes.

Die Ideenlosigkeit des Rundfunks, seine Sterilität als Führer der Hörerschaft, seine abwegige, dem Deutschen fremde Politik mag zum Erwachen der deutschen Nation beigetragen haben. Die Erkenntnis, daß es den deutschen Menschen gibt, daß jeder von uns selbst ein Teil ist dieses gewissermaßen symbolhaften lebendigen und geistigen Organismus, die Sehnsucht nach einem starken Ausdruck desselben in der politischen Führung, in Dichtung und Musik, im Journalismus und in der Verwaltung, im persönlichen Einzelleben und der Gemeinschaft des Volkes preßte immer mehr Deutsche hinter den Führer, der für den, der Augen zu sehen und Ohren zu hören hat, dieses Symbol des deutschen Menschen in sich vereinigte.

So wurde der Rundfunk für viele immer unerträglicher, die fühlten, ahnten oder wußten, daß es hinter der Maske der Demokratie ein starkes deutsches gemeinsames Eigenleben gibt, das nahe am Durchbruch war. Sie forderten immer stärker, daß dieses Eigenleben des deutschen Menschen im Rundfunk Ausdruck und Gestaltung bekomme.

Nun, da über das Fremde und Morsche die Eigengesetzlichkeit des deutschen Volkes wieder zur Macht gekommen ist, ist es die Aufgabe des Rundfunks wie jeder Kunst und jeder schöpferischen Tätigkeit, ihr auch in den Ätherwellen Gestalt und Form zu geben. Wer mit der Führung dieses bedeutenden propagandistischen, volkserzieherischen und kulturellen Instrumentes vertraut ist, muß sich, um seiner Aufgabe gerecht zu werden, darüber Klarheit verschaffen, was den deutschen Menschen ausmacht, um ihn in Wort und Musik, ja in allen Lebensäußerungen, die die Rundfunkwellen weiterzutragen imstande sind, in Erscheinung treten zu lassen. Die Antwort auf diese Frage kann nur lauten:

Der deutsche Mensch ist der faustische Mensch.

«Der Führer spricht im Funk»

Gedicht von Wolfram Brockmeier in: *Ewiges Deutschland*, Leipzig 1934, S. 62.
Wolfram Brockmeier, *1903, Schriftsteller (Essay und Hörspiel).
Siehe hierzu auch: *Lautsprecher-Legionen verkünden des Führers Siegeszug*, in: *Mitteilungen der Reichsrundfunk-Gesellschaft* vom 25. 3. 1936; *Mit dem Führer im Kampf um Ehre, Freiheit und Frieden*, ebd. am 1. 4. 1936.

Sie saßen zu viert in der Kammer,
Ein jeder trug schwer seine Not.
Sie sprachen von Deutschlands Jammer
Und vom Kampfe um Arbeit und Brot.

Sie dachten der Jahre im Felde,
Des Blutes, das danklos floß,
Sie sahen die Gier nach dem Gelde
Und blutfremden Volkes Troß.

Da erstand eine Stimme im Raume,
Die war dunkel und groß und stark,
Und sie schraken empor aus dem Traume
Und spürten sich beben im Mark.

Sie saßen und lauschten beklommen,
Als längst schon die Stimme entschwebt.
Weckruf war hergekommen,
Und sie standen, vom Glücke benommen,
Und wußten, daß Deutschland lebt.

Der kluge Ausgleich

Heinrich Walter: *Der deutsche Rundfunk* in: *Breslauer Neueste Nachrichten* vom 12. 4. 1934.

Ein Rundfunk, der von seinem Intendanten in klugem Ausgleich von Kunst und Propaganda auf solche Höhe getragen wird, in der er alle Sendungen des Auslandes überragt, ist dann auch recht dazu geeignet, nicht nur mit unerhörten Wellen über die deutschen Grenzen zu fließen, sondern mit überzeugender, tönender Kraft dem Auslande in die Ohren zu klingen und in die Herzen zu dringen. Lange Zeit hat das Ausland versucht, alles das, was ihm das neue Deutschland zu sagen hatte, zu verfälschen und umzudeuten. Schließlich hat sich die Wahrheit doch Bahn gebrochen. Aber da es sich um eine Wahrheit handelt, die jenseits der deutschen Grenzen noch immer vielen unbequem ist, ist für die Wirkung des Rundfunks im Auslande der Hinweis des Ministers Dr. Goebbels, das Rundfunkprogramm aufzulockern, vielleicht noch bedeutsamer als für seine Wirkung im Inlande. Seit dem ersten Osterfeiertag dieses Jahres melden sich alle deutschen Sender als Reichssender. Das will besagen, daß hinter jedem von ihnen die kulturellen Kräfte des ganzen, einen Reiches stehen; daß jede ihrer Sendungen getragen und erfüllt ist vom wahren Geiste des neuen Deutschlands. Die Reichssender sprechen, in mächtiger Vertiefung und Verbreitung der hohen kulturellen, das heißt nationalen Aufgaben des Rundfunks, über die Grenzen des Reichs hinaus zum Auslande.

Der eigentliche Sinn

Eugen Hadamovsky: *Der Rundfunk im Dienste der Volksführung*, Leipzig 1934, S. 11–13, gekürzt.

Der deutsche Rundfunk verdankt der nationalsozialistischen Bewegung seine eigentliche Existenz. Er entstand zwischen Börsenjuden, Schiebern, Geschäftemachern und einigen technischen, politischen und künstlerischen Ideologen. Es waren Gestalten, die den Rundfunk zu einem volksfremden, intellektuellen Eigenleben erstarren ließen. Jede organische Verbindung zum Volk fehlte.

Erst die nationalsozialistische Bewegung gab dem Rundfunk seinen eigentlichen Sinn [1]; er verdankt ihr die Erlösung vom Abseitigen, Ästhetisierenden, Volksfremden. Er hat vom Nationalsozialismus seine große Zielsetzung auf die Nation hin bekommen, seine Aufgabe, richtungweisend und gestaltgebend an der Formung des Dritten Reiches mitzuwirken.

Jede Zeit hat ihr arteigenes Ausdrucksmittel gehabt, das durch die Weltanschauung dieser Zeit bestimmt war. Die Welt- und Lebensanschauungen der vergangenen Jahrhunderte, die Aufklärung und im neunzehnten Jahrhundert der Liberalismus stellten den Menschen in den Mittelpunkt allen Seins.

Diese Weltanschauungen fanden ihren Ausdruck vorwiegend in dem Mittel «Schrift», in der Broschüre, dem Buch, in der Zeitung usw. Die Revolution des Bürgers von 1789 ist mit Buchdruck und Presse gegen den Adel gemacht worden, der beide nicht zu gebrauchen verstand. Der Nationalsozialismus als politische und geistesgeschichtliche Zeit- und Weltenwende nimmt dem Menschen seine egozentrische Auffassung der Welt; er stellt ihn, der bisher nur für sich gelebt hat, in einen viel größeren Kreis hinein. Der Mensch wird ein Glied in einer Kette von Blut- und Geschlechterfolgen.

Der nationalsozialistische Mensch und seine lebendige Weltanschauung suchte sich ein Ausdrucksmittel, das ihm arteigen, d. h. politisch wäre. Ein Instrument, das die neuen Werte seiner Weltanschauung von Blut und Boden, Rasse, Heimat und Nation darstellen könnte. Dieses Instrument fand der Nationalsozialismus im Rundfunk, der alle innerlichen und äußerlichen Voraussetzungen dazu besitzt.

Er ist noch sehr jung, daher an sich revolutionär und nicht behaftet

[1] Die Redensart «erst der Nationalsozialismus» wiederholt sich in der NS-Literatur vom Rundfunk bis zur Kaninchenzucht, z. B.: «Seit der Machtergreifung durch den Nationalsozialismus hat die deutsche Kaninchenzucht einen unerhörten Aufschwung genommen ...» Siehe José Filler im Vorwort zu seinem Buch: *Unsere Kaninchen. Großes Handbuch der deutschen Kaninchenzucht*, Berlin 1942.

mit Traditionshemmungen wie andere Kulturinstitute – und nach außen ist er durch seine Organisationen im Volk fest verwurzelt und verankert.

Und wie der Nationalsozialismus im Rundfunk die künstlerischen Gesetze entdeckte, schuf er in ihm auch das Führerprinzip, das allein die Idee verwirklichen kann. Denn wie die Politik durchaus von Persönlichkeiten beherrscht wird, so gilt auch in einem Kulturleben, das organisch wachsen soll, nur die Persönlichkeit.

So wird der Rundfunk mit seiner Arbeit eine neue geistige Epoche herbeiführen – als dienendes Glied im Organismus des Dritten Reiches; dieses Dritte Reich, das kein Staatsgefüge, sondern eine Glaubensgemeinschaft für den Missionskampf des Nationalsozialismus sein wird.

Die Männer, die den neuen deutschen Rundfunk formen, sind Kämpfer. Sie werten den Rundfunk als Element des politischen Kampfes und Vortrupp ihrer Weltanschauung. Der Rundfunk ist für sie die modernste, stärkste und revolutionärste Waffe, die wir im Kampfe gegen eine untergehende, alte Welt und im Kampfe für das neue Dritte Reich besitzen.

Das Geheimnis

Walther Beumelburg: *Die neue Sprache des Rundfunks* in: *Berliner Lokal-Anzeiger* vom 20. 5. 1934, gekürzt.

Dr. Goebbels hat kürzlich zu ausländischen Journalisten gesagt, die Neuordnung Europas könne nur erfolgen durch Menschen der jungen Generation und durch Menschen, die den soldatischen Typus verkörpern. Dieses Wort des obersten Rundfunkchefs dürfen wohl auch wir vom Rundfunk, die wir in vorderster Linie der Zeit stehen, auf die Neuordnung unseres Arbeitskreises beziehen.

Der gemeinsame Nenner, auf dem die Menschen des Krieges und die junge Nachkriegsmannschaft stehen, heißt Dienst an der Idee, heißt, von einem Gebot vorwärts getrieben werden und nicht ein politisches Gewerbe treiben.

Die Sprache dieser Menschen, die nun auch die Sprache des neuen Rundfunks zu werden beginnt, ist wie ihr Denken und Handeln klar und einfach, sparsam und hart, rein und gütig. Sie verachten die Phrase, das An-den-Dingen-Herumreden, das schöngeistige Spiel mit Worten. Sie hassen nichts mehr als den gefährlichen Typus des spießbürgerlich Halbgebildeten mit seiner Anmaßung.

Im Kriege, vorne im feuerbestrichenen Raum, wo jeder gleich war, gleich viel zu gewinnen und zu verlieren hatte, wurde schon einmal diese gemeinsame Sprache gesprochen.

Wenn wir auf Urlaub kamen, verstanden die Menschen zu Hause uns nicht. Als wir beim Zusammenbruch in die Heimat zurückkehrten, fanden wir uns nicht mehr in dieser bürgerlichen Welt zurecht, fühlten uns isoliert und hilflos. Kamen wir zu den Vertretern der politischen Parteien, zu den Behörden, in die Kontore, zu den Verbänden, auf die Redaktionen und in die Verwaltungsbüros der geistigen und künstlerischen Unternehmungen, so spürten wir fast überall mit Entsetzen, daß unsere Sprache noch nicht verstanden, und eine andere, von uns längst überwundene Sprache weiter gesprochen wurde. Es war der Fluch der Zwischenzeit, daß die Gewerbetreibenden aller Sorten, durchweg Vertreter der alten Generation, die Kriegsgeneration nicht aufkommen ließen – bis unter Adolf Hitlers Führung die Formationen des Nationalismus und des Sozialismus zur Macht durchstießen, und der Umbruch der Nation begann.

Mit diesem Umbruch begannen die Interessenhaufen zu zerstieben, begann die übertünchte Geistlosigkeit der Phrase im Kredit zu sinken und begannen die Menschen wieder, einfach, klar und wesentlich zu sprechen.

Das gesprochene Wort, dem der Nationalsozialismus in einem nie gekannten Maße durch die Methoden seiner Werbung zu neuer Geltung verholfen hatte, gewann wieder die Herrschaft über die Druckerschwärze, deren Gefahr schon Goethe vorausgesehen hatte. Ganz nach vorn geschoben wurde das Wort und die neue Sprache durch den Einsatz des Rundfunks.

Hier liegt nach unserem Erachten die ungeheuerliche und fast geschichtliche Aufgabe und Verantwortung des Rundfunks, und hier liegt auch das ganze Geheimnis seiner Wirkung.

«Ist das Beten überflüssig?»

Unter dieser Überschrift brachte die *Kölnische Zeitung* vom 28. 7. 1935 den Brief eines nicht genannten «deutschgläubigen Hörers aus dem Umkreis des Reichssenders Hamburg an dessen Abteilung ‹Weltanschauung›».

An die Sendeleitung des Reichssenders Hamburg
in Hamburg

Betr.: Einkehr am Feiertag.
Im Namen zahlreicher Hörer möchte ich folgendes zum Ausdruck bringen:

Von einer durch den Rundfunk gebotenen «Einkehr am Feiertag» darf jeder deutsche Hörer eine Stunde der Sammlung und Besinnung erwarten. Die Erwartung vieler Volksgenossen gerade in der Nordmark wird aber enttäuscht, wenn sich der Rundfunk auf eine einseitige christliche Tendenz dieser Feierstunde festlegt. Wer seinerzeit mit großer Befriedigung endlich die Übertragung der Gottesdienste aus dem Sonntagsprogramm des Rundfunks verschwinden sah, der muß mit um so größerem Befremden die Gestaltung der «Einkehr am Feiertag» zu einem rein christlichen Erbauungsstündchen ablehnen, zumal, wenn dies nicht ausdrücklich im Programm angegeben ist. In einer Zeit, wo jeder fühlt, daß die erwachende deutsche Volksseele das aus jüdischer Wurzel stammende Christentum abzulehnen beginnt (das ja ohnehin schon lange innerlich ausgehöhlt und in seinen äußeren Formen erstarrt ist), wo sich dem christlichen Dogma von Sünde und Erlösung der nordische Mythus von Blut und Ehre entgegenstellt, braucht der Deutsche Rundfunk für eine Einkehr am Feiertag keine Anleihen bei der christlichen Vorstellungswelt zu machen. Die Propaganda für christliche Lehren und Gebräuche soll der Rundfunk getrost der Kirche überlassen. Wer für seine Erbauung der christlichen Grundlage bedarf, mag in die Kirche gehen oder ins Bibelkränzchen. Die Mahnung des heutigen Redners der «Einkehr am Feiertag», das deutsche Volk müsse wieder ein Volk von Betern werden, ist vollständig überflüssig in einer Zeit, die weiter nichts braucht als aufrechte Kämpfer für die innere und äußere Freiheit Deutschlands. Geradezu ungeheuerlich aber mutet es an, wenn der Vortragende unter dem Deckmantel der Einkehr am Feiertag dem Deutschen Gruß einen christlichen Sinn zu unterschieben versucht.[1] Ein deutscher Mensch, z. B. ein SA-Mann, muß es sich energisch verbitten, sich auf diesem Wege über die Bedeutung des Deutschen Grußes von gänzlich unberufener Seite Belehrungen erteilen zu lassen.

Die Gemeinsamkeit

Horst Dreßler-Andreß: *Der Rundfunk – das Verkündungsmittel der national-sozialistischen Weltanschauungseinheit* in: *Deutsche Kultur im neuen Reich*, Herausgeber Ernst Adolf Dreyer, Berlin 1934, S. 102–103, Auszug.

Die Geschichte wird einmal die absolute Gemeinsamkeit von National-sozialismus und Rundfunk aufzuzeigen haben. Diese Gemeinsamkeit ist, was heute vielleicht noch anekdotisch erscheinen mag, was in der Geschichte einmal aber einen tieferen Sinn bekommen wird, bis auf das Jahr 1923 zurückzuverlegen. Im Jahre 1923 begann der deutsche Rundfunk seine ersten Sendungen. Das Jahr 1923 ist durch die Münchener

---

1 Die Antwort des Reichssenders Hamburg enthielt u. a. folgendes: «Was den Deutschen Gruß anbetrifft, so ist in dem Wort ‹Heil Hitler!› schon ein Segenswunsch, indem wir dem Führer Heil wünschen, also ein Gebet enthalten, und es ist durchaus berechtigt, wenn wir die deutschen Volksgenossen ermahnen, diesen Gruß nicht gedankenlos herzuplappern, sondern ihm einen gedanklichen Inhalt zu geben. Wenn Sie sich unsere Ausführungen sachlich überlegen, so werden Sie einsehen müssen, daß wir recht haben.»

Erhebung Adolf Hitlers das Jahr der nationalen Selbstbestimmung geworden, die eigentliche Geburtsstunde der nationalsozialistischen Revolution und des nationalsozialistischen Staates. Beide Ereignisse bedeu-
teten, in der damaligen Zeit eine politische und technische Sensation.
Beide Ereignisse aber bedeuten heute den Aufbruch zweier Erscheinungen zu einer Epoche, deren gemeinsame Entwicklung das Jahr 1933
eingeleitet hat. Dieses Jahr war das Jahr einer zehnjährigen Erinnerung
an die Münchener Erhebung und an die ersten Sendungen des deutschen
Rundfunks. Was damals in den Geburtsstunden in keinerlei Beziehungen zueinander zu stehen schien, hat sich heute zu gestaltender Gemeinsamkeit zusammengefunden. Die technische Erfindung von einst ist das
Ausdrucksmittel jener Weltanschauung von einst, die ein Volk zur
Nation geformt hat.

Wir wissen, daß auch der heutige Rundfunk noch von seiner Vollkommenheit weit entfernt ist. Aber wir wissen auch, daß erst der Nationalsozialismus kommen mußte, um seiner Erfindung überhaupt einen
Sinn zu geben, daß erst der Nationalsozialismus kommen mußte, um es
als geistiges Instrument zu handhaben. Jung und zukunftsfreudig stehen der Nationalsozialismus und seine Verkündungsmittel, der Rundfunk, an der Schwelle des Jahres der nationalsozialistischen Gestaltung,
beide traditionslos, aber besessen von dem einen Willen, Führer und
Volk im deutschen Lebensraum zu einer Schicksalseinheit zusammenzu-
schweißen. Aus der revolutionären Erneuerung des deutschen Volkstums im nationalsozialistischen Geiste ist das neue Deutschland der nationalen Selbstbesinnung erwachsen, dessen geistiger Künder und Träger der deutsche Rundfunk diesseits und jenseits der Grenzen sein soll.

Zweifellos

Hans Kriegler: *Schlesiens Rundfunk* in: *Schlesien*, September 1939, Folge 6,
S. 225–226, Auszüge.

Es ist nicht übertrieben, wenn behauptet wird, daß die großen Leistungen des nationalsozialistischen Deutschlands auf allen Gebieten des öffentlichen Lebens die wirksamste Förderung und Unterstützung durch
den deutschen Rundfunk erhalten haben. Der Erfolg des Rundfunkein-
satzes ist ohne Zweifel auf politischem wie auch auf kulturellem und
wirtschaftlichem Gebiete in gleicher Weise sinnfällig zutage getreten.
Die wesentliche Arbeit leistete der Rundfunk damit, daß er die Politik
des Führers und seiner Mitarbeiter dem deutschen Volke vertraut machte, indem er als unmittelbares Verkündungsmittel der nationalsozialistischen Weltanschauung außenpolitische Fragen, innenpolitische Entscheidungen, kulturelle und wirtschaftliche Maßnahmen in allgemein
verständlicher und überzeugender Weise behandelte. Daneben hat er

eine nicht minder wichtige Aufgabe mit seiner programmschöpferischen Eigenarbeit zu erfüllen, die selbstverständlich ihre harmonische Übereinstimmung mit den allgemeinen politischen Verantwortlichkeiten der Rundfunkgestaltung erfährt. So steht der Rundfunk als modernstes und lebendigstes Ausdrucksmittel des nationalsozialistischen Wollens mitten im Dienst für die deutsche Volksgemeinschaft.

Viele Anordnungen und Maßnahmen der politischen Leitung sind anfangs nicht verstanden worden, bis der Rundfunk durch berufenen Mund Sinn und Zweck dieser Maßnahmen den breiten Volksschichten klarlegte. Es läßt sich auch nicht leugnen, daß manche Maßnahmen oft schwer und einschneidend für das Leben des einzelnen waren und eine gewisse Depression erzielen konnten. Wie oft mag da der Rundfunk durch seine auf Frohsinn und Heiterkeit abgestellten Sendungen aufmunternd und lebensbejahend gewirkt haben? Mit Zahlen läßt sich dies alles natürlich nicht beweisen, aber es dürften wohl nur wenige sein, die die fördernde Mithilfe des deutschen Rundfunks an der deutschen Leistung leugnen wollen.

Zweifellos ist die politische Entwicklung der vergangenen Jahre und Monate mit eine Ursache dieser beispiellosen Erfolge. Denn erst die Politisierung des Rundfunks hat diesen in den breitesten Volksmassen verankert.

Das innerste Wesen

Hugo Fischer: *Politische Propaganda und Rundfunk* in: *Handbuch des Deutschen Rundfunks 1939–1940*, Heidelberg/Berlin 1939, S. 12–13, Auszüge.
Hugo Fischer, * 1902, Stellvertretender Reichspropagandaleiter der NSDAP.

Der Großdeutsche Rundfunk bekam durch das revolutionäre Erneuerungswerk in kurzer Zeit schon die rein politischen Funktionen, die sich heute auf allen Gebieten des Volkslebens lebendig auswirken. Es war daher unbedingt erforderlich, dieses Propagandainstrument einheitlich auszurichten, ihm den weltanschaulichen Wert zu geben und es erzieherisch so zu gestalten, daß es aus dem Volke schöpfend für die Gesamtheit des Volkes eingesetzt werden konnte.

Ungezählte Millionen hören in Gemeinschaftsempfängen oder im Kreise der Familie den Führer, erleben durch den Lautsprecher, wie Adolf Hitler das durch fremde Machtgier entrissene deutsche Land zum Reich zurückführt, hören, wie ein Mann des Volkes als Sprecher der ganzen Nation mit den Kriegshetzern und Verleumdern des deutschen Volkes abrechnet, erfahren durch den Rundfunk, wie die demokratischen Staaten dieselben Verfallserscheinungen auf kulturellem, wirtschaftlichem, geistigem, sozialem und politischem Gebiete zeitigen, die einst in ihrem eigenen Vaterlande vorherrschten.

Die Menschen kamen zum Nationalsozialismus, weil diese Weltanschauung, diese Organisation und dieses Wirken in der Öffentlichkeit dem innersten Wesen des deutschen Menschen entsprach. Mühsam und schwer war es für die Kämpfer der Bewegung, die zähen Massen marxistischer und bolschewistischer Weltanschauung zu durchstoßen. Wir fegten den Standesdünkel und die Einbildung auf den Schutthaufen der Vergangenheit und verbrannten in aller Öffentlichkeit auf dem Scheiterhaufen Klassenkampf, Egoismus, Habsucht und Geldgier. Der völkische Befehl «Aufbau» hat den großen Sieg über falsche Weltanschauungen und Gesellschaftsmeinungen errungen.

Die Aufgaben der Propaganda und nicht zuletzt die Propaganda durch den Rundfunk sind heute klarer denn je umrissen. Ein Erziehungswerk auf allen Gebieten des deutschen Lebens wird durch dieses Machtinstrument durchgeführt. Der Rundfunk hat in der politischen Propaganda die hohe Verpflichtung mit übernommen, Diener und Kämpfer für Führer und Volk zu sein.

Die Parole für die zukünftige Arbeit soll für die Propaganda und die politische Rundfunkarbeit lauten: Nichts für uns, alles für den Führer und somit für Deutschland. Diese Parole darf nicht ein Lippenbekenntnis sein, sondern muß sich in der praktischen Tat auswirken und in jedem charaktervollen deutschen Menschen verankert werden.

Auf dem Granitblock, den der Führer am 30. Januar 1933 in das deutsche Volk hineinlegte, wollen wir nun Stein um Stein schichten, damit ein Gebäude des deutschen Volkes von Grund auf neu erstehe. Der Führer selbst hat den Bauplan entworfen, er selbst schafft die Voraussetzungen für die Errichtung des Baues.

Wir aber wollen in unermüdlicher Arbeit des Führers Handwerker sein und mit ihm das Richtfest begehen.

Das Gesamtbild

E. Kurt Fischer: *Dramaturgie des Rundfunks*, Heidelberg/Berlin/Magdeburg 1942, S. 18, Auszug.

Heute haben wir die einheitliche Zielsetzung im Großdeutschen Rundfunk. Er ist nicht mehr Feld gegensätzlicher Strömungen, sondern Verkünder eines einheitlichen Willens, der nicht nur in politischen Wortsendungen, sondern auch im künstlerischen Programm zum Ausdruck kommen soll. Der Rundfunk verzichtet damit auf das Enzyklopädische seiner früheren Haltung, auf den Charakter eines Warenhauses, in dem es schlechthin alles gibt. Er verkleinert – scheinbar – seinen Gesichtskreis zugunsten einer klaren Erfassung des Wesentlichen. Er wählt für den Hörer aus, um die Verwirrung von ihm zu nehmen und ihm feste Begriffe und gültige Werte zu schenken. Nicht das Interessante, das Schöne, das Bedeutende, das Einmalige an sich hat Gegenstand dieser neuen Programmgestaltung zu sein, sondern ausschließlich nur das, was die Entwicklung des Einzelnen in eine neue Gemeinschaft hinein fördern hilft. Auch die Berücksichtigung des Aktuellen um der bloßen Aktualität willen gilt nicht mehr. Für den deutschen Rundfunk ist heute nur noch aktuell, was in ein Gesamtbild vom sinnvollen Vollzug der europäischen Erneuerung unter Deutschlands politischer und geistiger Führung hineinpaßt.

Was hier gesagt wird von der neuen Zielsetzung ist zum Teil noch unerfüllte Forderung. Die ideale Forderung bleibt aber bestehen, ja, sie ist die Grundlage aller wesentlichen Rundfunkarbeit: was nicht der Menschenführung auf dem Wege zur Vollendung dient, was nicht stark macht für das Werk der Erneuerung, was nicht als Rüstzeug dienen kann für den Kampf gegen das Gestrige draußen und drinnen, was nicht wirkliche Erholung, echte Atempause schenkt vor neuem Einsatz, das liegt außerhalb der Zielsetzung unserer Rundfunkarbeit. Wer als Dramaturg diese Zielsetzung aus dem Blickfeld verliert, um Aufgaben anzupacken, die vielleicht auch schön, auch wesentlich, die aber nicht zugleich auch zeit- und reichswichtig sind, der verkennt die Größe und Verantwortungsweise seines Amtes und die Grenzenlosigkeit des rundfunkischen Wirkungsbereiches.

Volksempfänger V E 301

Volksempfänger und Volks-Super, in: *Archiv für Funkrecht*, 1935, S. 222.

Der Volksempfänger V E 301 wurde 1933 auf Veranlassung des Propagandaministeriums «zur Erinnerung an die Volkserhebung am 30. 1. 1933» geschaffen. Entworfen worden war der Empfänger von Oberingenieur Otto Griesing, eine technische Kommission überwachte den Bau unter Vorsitz von Prof. Dr. Gustav Leithäuser. Mit Antenne kostete der Volksempfänger 76 RM.

Goebbels, der den Rundfunk als primäres Mittel für die Regie des öffentlichen Lebens und der politischen Werbung überhaupt betrachtete, war, was den Volksempfänger anging, besonders empfindlich. Deshalb erging wohl auch der folgende amtliche Hinweis der Reichsrundfunkkammer.

Bei der Reichsrundfunkkammer gingen Beschwerden ein über die Propagierung eines Bastelgerätes unter der Bezeichnung «Volks-Super» (Baumappe Nr. EF 140 des «Funkschau-Verlages»). Mit dieser Bezeichnung werde eine Irreführung dahingehend hervorgerufen, daß außer dem bekannten Volksempfänger V E 301 etwa noch ein anderes von der Reichsregierung geprüftes und genehmigtes besseres Volks-Empfängergerät bestehe.

In Kreisen der Rundfunkhörer wurde die Verwechslungsmöglichkeit

bestätigt. So hat z. B. der Reichsverband Deutscher Rundfunkteilnehmer e. V. die Auffassung vertreten, daß das Wort «Volk» in Verbindung mit einem Gegenstand nationalsozialistische Gemeinschaftsarbeit
und insbesondere im vorliegenden Falle etwas Einmaliges, nämlich den
Volksempfänger V E 301 bedeute, um der sozialen Lage weitester Kreise unseres Volkes Rechnung zu tragen.

Dieses Einmalige im Volksempfänger soll nach wie vor klar herausgestellt bleiben. Es dürfe nicht vorkommen, daß die Bezeichnung «Volks-
Super» irrtümliche Auffassungen erwecke, zumal bereits eine Nürnberger Einzelteile-Fabrik in Rundschreiben auf diesen Volks-Super Bezug
nimmt. Das Wort «Volks-Super» könne nicht dem Wort «Volksempfänger» gegenübergestellt werden.

Nach Verhandlungen der Reichsrundfunkkammer haben sich sowohl
die erwähnte Fabrik als auch der «Funkschau»-Verlag damit einverstan-
den erklärt, das vorhandene Material mit der Bezeichnung «Volks-Super» nur noch bis zum Beginn der diesjährigen Funkausstellung zu verwenden. Von da ab wird die Bezeichnung «Volks-Super» durch eine andere ersetzt werden.

Musik

Wir fordern

Fritz Stege: *Der nationale Rundfunk – Die Forderung des Tages* in: *Zeitschrift
für Musik*, April 1933, S. 406–407, gekürzt.
  Fritz Stege, *1896, Musikschriftsteller; ausführlich über ihn in: *Musik im
Dritten Reich* (Ullstein Buch 33032).

Die nationale Erhebung hat bisher auf dem Gebiete des deutschen Rundfunks keinen oder doch nur einen geringen Ausdruck gefunden. Das
mag mit der vorherigen Festlegung der Rundfunkprogramme auf Wochen hinaus zusammen hängen. In Anbetracht der volkserzieherischen
Bedeutung des Rundfunks sollte aber eine Neuorganisation dieses wichtigen Kulturfaktors zu den notwendigsten Aufgaben der neuen Zeit gehören. Darum halten wir uns für berechtigt, vom Standpunkt des Musi-
kers eine Reihe von Gesichtspunkten aufzustellen, die bei einer Überprüfung der Musikleistungen an den deutschen Sendern eine einheitliche Berücksichtigung verdienen dürften.

Wir fordern für alle Sender die Einrichtung eines ständigen, für jede
Besetzung ausreichenden Rundfunkorchesters unter einem hauptamtlich
angestellten, künstlerisch repräsentativen und begabten Dirigenten. Das
Orchester muß mindestens eine Stärke von fünfzig Mann aufweisen,
um die Möglichkeit bieten zu können, auch in kleinerer Besetzung Unterhaltungsmusik aufführen zu können.

Wir fordern den Ausschluß ausländischer Tanzkapellen und die Beseitigung des Neger-Jazz nach dem Muster der Berliner Funkstunde. Melodiöse Schlager kommen ungleich ansprechender zur Geltung, wenn sie den Streichinstrumenten anvertraut werden und das widerliche Gequäke der gestopften Trompeten und Saxophone nebst dem üblichen Schlagzeuglärm unterbleibt.

Wir fordern eine stärkere Einstellung auf die Volkstümlichkeit in der Wahl der Ausdrucksmittel und der Vortragsstücke. Es genügt nicht allein, Volksmusik vor dem Mikrophon zur Aufführung zu bringen, sondern darüber hinaus muß eine einheitliche geistige Grundidee die Gemeinsamkeit von Volksmusik und Kunstmusik zum Ausdruck bringen und volksfremde Stilelemente nach Möglichkeit zurücktreten lassen. Daraus ergibt sich die Notwendigkeit, zur Erzielung eines musikalischen Rasse-Empfindens der Musik rasseverwandter Völker (nordische Musik) den Vorzug zu geben vor den Schöpfungen rassefremder Völker.

Über Dilettantismus

Horst Dreßler-Andreß: *Der Rundfunk – Ein Volksbesitz* in: *Die Musik*, Juni 1933, S. 664–666, gekürzt.
Beachtenswert ist, wie ein Rundfunkmanager des Regimes in einer Fachzeitschrift über Musikprobleme beim Rundfunk spricht.

Bisher war es üblich, daß nur dem Berufsmusiker das Recht zugestanden wurde, über deutsche Musik und Musikpflege zu sprechen. Im letzten Jahrzehnt nahm die Berufsmusikerschaft das Recht, über Musikangelegenheiten zu befinden, nur für sich allein in Anspruch. Mit wachsender Ungeduld und Schärfe wurde alles, was sich nicht als Berufsmusikertum ausweisen konnte, als Dilettantismus bekämpft und verfiel der Ablehnung.

Es ging bei den Auseinandersetzungen Kunst und Dilettantismus überhaupt nicht um die Dinge und Fragen, die das innere Wesen der Kunst und des künstlerischen Berufes ausmachen, es ging immer nur um die Organisation der Künstler und um Rechte der Erwerbstätigkeit. Der Rahmen, in welchem die Erörterungen und schließlich Kämpfe um die Durchsetzung von Bestrebungen über die Gestaltung des Musiklebens sich abspielten, wurde immer kleiner und enger. Zuletzt blieben alle Probleme nur noch in den Tagesfragen stecken.

Der deutsche Rundfunk war in den vergangenen Jahren der Hauptzeuge dieses Geschehens.

Wer den Instinkt, das Gefühl und Gemüt des Volkes ignoriert, der darf sich nicht wundern, wenn das Volk seine blassen Theorien ablehnt und sich den Teufel um diese Redensart kümmert. Das Volk hat vom ersten Tage an alle die seinem Wesen fremden, mit seiner Art sich nicht vereinbarenden musikalischen Exerzitien des Rundfunks abgelehnt und ist dieser Ablehnung treu geblieben. Nicht, weil es wollte, sondern weil es nicht anders konnte. Das Volk kehrte in der Stunde innerer Besinnlichkeit immer wieder zu seinem natürlichen Empfinden zurück, und in den Mußestunden und in der Feier und Andacht brach immer wieder das deutsche Volkslied durch. Das Volk fragte nicht danach, ob jemand, der ihm sein Lied sang, ein Berufsmusiker oder ein Dilettant war, es urteilte immer nur danach, ob das Gebotene schön war oder schlecht. Wenn darum in Zukunft die Musik wieder zu ihrem Rechte kommen will, wenn die Musik wieder echter Volksbesitz werden soll, dann muß die Musikübung für diejenigen frei sein, die ihrer bedürfen, dann muß der Hang des Volkes zur Musik und das Bestreben des Volkes, seinen Empfindungen mit den Mitteln der Musik Ausdruck zu geben, zu seinem Rechte kommen.

Trompeten samt Zubehör

Dr. Platow: *Musikalische Entdeckerreise* in: *Die Musik-Woche* vom 21. 3. 1936, Auszug.
Siehe hierzu auch Wolfgang von Bartels: *Schallplattenmusik im Rundfunk* in: *Zeitschrift für Musik*, April 1936, S. 446–447; Friedrich Herzfeld: *Die Musik im nationalsozialistischen Rundfunk* in: *Deutsche Radio-Illustrierte* vom 24. 1. 1937; Friedrich W. Herzog: *Der Schrei nach Unterhaltungsmusik* in: *Die Musik*, Juni 1937, S. 650 f; *Das unerschöpfliche Thema*, in: *Die Musik-Woche* vom 13. 4. 1940; Fritz Stege: *Der deutsche Rundfunk im dritten Kriegsjahr* in: *Jahrbuch der deutschen Musik*, Herausgeber Hellmuth von Hase, Berlin/Leipzig 1943, S. 151 f; Fred Hamel: *Die Stunde des Rundfunks* in: *Nationalblatt*, Trier, vom 12. 12. 1944.

Einige Wochen nur ist es her, als die Herren des Deutschlandsenders auf einer ihrer Reisen ins Reich in einem freundlichen Altmärker Städtchen, in Gardelegen, landeten. In einem Gasthaus ließen sie sich nieder, um einen erfrischenden Trunk zu tun; doppelte Labsal sollte ihnen beschieden werden. Es dauerte nicht lange, da ertönten im Tanzsaal muntere Tanzweisen, urwüchsige Volksmusik. Die braven Dutzend oder einenhalbdutzend Altmärker Musikanten, durch eine kräftige Runde Bier zu neuem Eifer angefeuert, gaben ihre schönsten Stücke zum Besten. Sie wußten nicht, daß die Fremden die musikalischen Leiter des Deutschlandsenders waren und sie mochten große und zunächst ungläubige Augen gemacht haben, als sie kurzerhand, so wie sie dastanden, mit ihren Trompeten samt Zubehör eingeladen wurden, im Deutschlandsender zu spielen.
Eine Stunde lauschten die Hörer im Reiche einer Musik, die von den Musikpropheten der Nigger-Songs längst totgesagt worden war und

von der man in manchen modernen Tanzbars und großstädtischen Tanz-
sälen vielleicht wirklich glauben wird, daß sie tot ist. Die Männer vom
Rundfunk, die sich in den geheimnisvollen Bann dieser Volksmusik gezogen fühlten, wußten es besser. Aus alter Praxis ist ihnen bekannt,
daß viele der Schlager, die heute noch von den Straßenjungen gepfiffen
und den Leierkastenmännern georgelt werden, morgen oft schon zum
alten Eisen geworfen werden, daß hier in den urwüchsigen Volkswei-
sen aber eine Musik liegt und eine Musik schwingt, nach der man heute
draußen auf dem Lande und in den Städten genau sich so vergnügt, wie
es schon vor Jahrzehnten der Fall gewesen ist.

Allergrößte Vorsicht

Otto Frickhoeffer: *Die deutsche Musik im deutschen Rundfunk* in: *Die Musik,*
Januar 1937, S. 246–247, gekürzt.

Ein Kapitel für sich sind die heute unter uns lebenden deutschen Komponisten. Diese Frage ist unter den verschiedensten Gesichtspunkten von
besonderem Interesse.

Bei der Beurteilung dieser ganzen Frage darf man nicht außer Acht lassen, daß sich unter den heute lebenden Komponisten noch eine ganze
Anzahl befinden, deren kulturpolitische Vergangenheit alles andere als
dem deutschen Volke dienlich war. Daß dies häufig bei Juden vorkam,
braucht uns nicht weiter zu verwundern. Aber auch manche Komponisten deutscher Abstammung haben sich leider als treulos gegen ihr Volk
und Vaterland erwiesen und sich eifrig an der Zersetzungsarbeit beteiligt. Natürlich versuchen diese Herren heute darzutun, daß dies doch gar
nicht so schlimm gewesen sei und sie doch immer deutsch empfunden
hätten. Diesen ist entgegenzuhalten, daß ihnen vierzehn Jahre Zeit gelassen war, diesem ihrem angeblichen deutschen Empfinden in ihren
Werken Ausdruck zu verleihen, wovon aber darin keine Spur zu finden
sei. Denn die geradezu krampfhaften Versuche, auf scheinbar ethischer
Basis zu arbeiten, die man seit dem Jahre 1933 anzustellen sich bemüht,
sind nicht mehr als der Beweis einer großen Geschicklichkeit sich der jeweiligen Lage anzupassen, keinesfalls aber ein Beweis für eine echte
weltanschauliche Wandlung. Diesen Leuten ist, zumal vom Rundfunk,
mit der allergrößten Vorsicht gegenüberzutreten.

Natürlich

Die Programmgestaltung des Rundfunks, in: *Frankfurter Zeitung* vom 9. 8. 1938, gekürzt.

Berlin, 9. August. – Dienstagvormittag fand in der Krolloper die Tagung des Deutschen Rundfunks statt, bei der Reichsintendant Dr. Glasmeier sich über die Programmgestaltung äußerte. Er sagte zunächst, diese Programme seien seit einigen Jahren so, wie Reichsminister Dr. Goebbels sie haben wolle und definierte dann den Rundfunk als ein «technisches Instrument zur Vermittlung von Wort und Musik an ungezählte Hörermassen». Daher müsse sich der Rundfunk an den Geschmack und die Aufnahmefähigkeit der großen Breite des deutschen Volkes anpassen. Vor allem anderen sei der Rundfunk natürlich ein Tendenzinstrument in der Hand der nationalsozialistischen Regierung. Jedoch, Politik werde nicht gemacht, indem man immer von ihr rede. Deshalb solle dies Instrument möglichst nur dem Führer und Reichskanzler und seinen engsten Mitarbeitern vorbehalten bleiben. Was nun das musikalische Programm angehe, so sei zu berücksichtigen, daß es in Deutschland wieder Arbeit gebe von früh bis spät.

Es dürfte nicht sein, daß irgendein Konferencier etwa den Kinderreichtum oder das Soldatenleben zum Gegenstand von Witzen mache. Auch müsse es gelingen, die Jazzmusik endgültig verschwinden zu lassen, statt immer noch Gründe ihrer Unvermeidlichkeit zu finden; sie widerspreche vielmehr allem echt deutschem Wesen.[1] Denn es gebe noch immer gute deutsche Musik zu entdecken.

1942: Unmusik

	Erich Bade
Herrn Ministerialdirektor	Major
Hans Hinkel	Braunsberg Ostpr., 26. 4. 42
Berlin	Art. Kaserne

Sehr geehrter Parteigenosse Hinkel!
Am 17. 3. 42 erlaubte ich mir die Bitte, sich die Zerrgebilde sogen. «leichter Musik anzuhören, die ich Ihnen mit Titel und Ort und Zeit der Aufführung genau mitteilte.

Seitdem sind weitere 4 Wochen ins Land gegangen und an dem Auftischen derartiger musikalischer Exkremente hat sich nichts geändert. Insbesondere ist es die «Unterhaltungsmusik», die das große Tanz-

---

[1] Über den Kampf gegen den Jazz siehe: *Musik im Dritten Reich* (Ullstein Buch 33032).

orchester des Deutschlandsenders unter dem peinigenden Lügenstichwort «Melodie und Rhythmus» von sich gibt, die immer wieder den Ekel musikliebender Menschen hervorruft.

Es bleibt mir nichts übrig, als harte Worte zur Kennzeichnung dieser Tatsache zu benutzen, um die maßgeblichen Stellen aus ihrer souveränen Wurstigkeit gegenüber vorliegenden berechtigten Wünschen aus dem Volke herauszustöckern.

Würden Sie bitte noch einmal die Worte von Dr. Goebbels aus seinem Aufsatz «Der treue Helfer» lesen, die er über die Verhöhnung des Melodischen und das als Rhythmus bezeichnete Instrumentengequieke schreibt? Und gleich danach lassen Sie sich bitte vorspielen, was gestern, am Sonnabend, dem 25. 4. 42 abends das große Tanzorchester des Deutschlandsenders als «Melodie und Rhythmus» bot. Dann haben Sie das in Tönen, was Dr. Goebbels in Worten kennzeichnete.

«Komponiert» aber hat diese Rattenmusik Herr Haentzschel, Herr Berking und ähnliche Hersteller.

Diese dargebotene Kriegsware nannte sich u. a. «Ich wüßte gern» von Haentzschel, «Legato» von Berking, «Angelika» von Dörfflinger, «Stakkato» von Berking. Die beiden ersten dürften genügen. Sie sind typisch für das, was einem abgearbeiteten Menschen am Wochenende an Unterhaltungsmusik vom repräsentativsten deutschen Sender geboten wird, wenn er sich an leichter deutscher Musik erfreuen und ermuntern will.

Sie können, Herr Ministerialdirektor, das an sich selbst nur ausprobieren, wenn Sie nach arbeitsschwerer Woche am Samstag Abend sich die beiden erstgenannten Stücke, aber die Originalstreifen des 25. 4. vorspielen lassen. Die weiteren können Sie sich und ihrer anständigen Umgebung ersparen, da die Sinn- und Geistlosigkeit dieser «Musik» ohne Melodie und Rhythmus Ihnen Ekel genug erzeugt haben wird. Selbst das vergnügliche «Es war in Schöneberg» von Kollo hat dies Gesocks noch in den letzten Takten zu entmelodisieren und entrhythmen verstanden.

Wenn von gewisser Seite verbreitet wird, «der Soldat wünscht diese Art Musik», so wird der Soldat nur vorgeschoben. Der Mann unmittelbar an der Front hat in den seltensten Fällen die Möglichkeit, überhaupt Rundfunk zu hören. Der weiter hinten liegende Soldat wünscht naturgemäß leichte Musik, ebenso wie die meisten hart arbeitenden Volksgenossen. Es gibt auch soviel leichte Musik und – für Jazzliebhaber – auch annehmbare Jazzmusik, daß gar kein Anlaß zu sein brauchte, undeutsche Musik darzubieten. Aber eine ganz gewisse Klique hat ein ganz besonderes Interesse daran, dies Zeug aufgeführt zu hören. Cui bono? – Aus Kreisen der Partei, der tanzfreudigen Jugend, aus beiderlei Geschlechtern, allen Berufen und Bildungsschichten wie Lebensaltern hören Sie nur Ablehnung dieser musiktötenden Quietsch- und Quäktöne. Haufenweise anständige Menschen wenden sich dagegen. Hartnäckig aber wird sie weiter gemanagt. Ist das nun Gedankenlosigkeit der duldenden Stellen oder stecken Provokateure dahinter?

Denn es liegt auf der Hand, daß auf die Dauer eine derartige Unterstützung von Kulturverfall sich gegen die Partei auswirken muß. Darum wende ich mich immer wieder so scharf gegen diese das ganze Volk aushöhlende Unmusik. Zahlreiche Parteigenossen in verantwortlichen Stellen mittleren und kleinen Ausmaßes denken wie ich. Wenn sie sich nicht trauen, ihrer Überzeugung nach oben Ausdruck zu geben, so ist das eine bedauerliche Verkennung von Parteidisziplin und mangelnde Zivilcourage. Es kann mich aber nicht hindern, unserer Pflicht nachzukommen.

Wer dem etwa entgegenhält, wir müßten zur Ausschaltung angelsächsischer Musik und zur Eroberung der Hörer aus den besetzten Gebieten derartiges bringen, der zeigt die gleiche politische Begabung wie die Rufer aus der Systemzeit «man muß den Feind mit seinen eigenen Waffen schlagen!» Siegen kann nur der, der die eigenen artgemäßen Waffen der Materie und des Geistes benutzt, ausbaut und beherrscht. Mit den Waffen des Feindes werden wir Stümper bleiben. Auch kein Affe kann mit umgehängtem Löwenfell einen Löwen schlagen.

Mir ist bekannt, daß in den Kreisen der Musikschaffenden und auch der Ansager ausreichend Abneigung gegen die gekennzeichnete Musik besteht. Aber auch diese Leute glauben mitheulen zu müssen. Es mag bequem sein und schneller Geld einbringen, solche Ware zu erzeugen, als wirkliche leichte Musik zu schaffen. Das ist aber kein Grund für die Komponisten, von denen ich weiß, daß sie anders können, diesen für sie und das Volk verderblichen Weg zu gehen. Ihre Töne sind Ohrfeigen für das Gehör anständiger Deutscher. Sie dürfen sich nicht wundern, wenn sie entsprechende Antworten erhalten. Im übrigen ist der Reichsrundfunk nicht zum Austoben von Nichtskönnern da. Seine Benutzung verpflichtet zu höchster Leistung, sei es auf welchem Gebiet auch immer. Verschlagene und gedunsene Typen gehören nicht dahin.

Ich würde mich freuen, sehr geehrter Parteigenosse, wenn Sie meine Zeilen richtig verstehen und Ihre Sorge auf die Säuberung der leichten Musik richten würden. Sie würden sich gerade die am schwersten arbeitenden und mit den schwersten Bürden behafteten Volksgenossen verpflichten, ganz abgesehen von dem Schutz deutscher Kultur vor mischlingshaften Geschäftsmachern und dekadenten Schleimern.

Heil Hitler!
Ihr Erich Bade

1944: Ein Briefwechsel

Im Besitz des Herausgebers befinden sich drei Briefe von Mar. Stengler an Hans Fritzsche und ein Brief Fritzsches an Mar. Stengler. Hier zwei Schreiben dieses Briefwechsels.

Herrn

M. Stengler

Haar bei München

Ministerialdirektor Fritzsche

12. Juni 1944

abges.: Zeichen

2) z. d. A.

Sehr geehrter Herr Stengler!

Ihren Brief vom 31. 5. habe ich erhalten und ich habe von den vielen Sorgen gelesen, die Sie sich machen. Es sind zum großen Teil Sorgen, die wir alle uns machen müssen. Aber wenn Sie nun von jüdischen Schallplatten im Rundfunk sprechen, dann kann ich nur sagen: Jüdische Schallplatten werden dort nicht gespielt. Sie schreiben weiter, daß eine Musikschülerin, ein junges Violinengenie, Ihnen mitgeteilt habe, sie habe von 18.30 bis 1.00 Uhr nachts drei Tage lang «den Radio» aufgedreht und nun sei sie nahe daran, Gehirnerweichung zu bekommen. Das ist auch gar nicht verwunderlich, denn kein musikalisch besonders stark empfindender Mensch verträgt so lange Zeiten eine Musik, die ja doch als Gebrauchsmusik bezeichnet werden muß und die für diejenigen bestimmt ist, die in ihrer Arbeit ohne besondere Möglichkeit zur Konzentration eine Ablenkung oder eine kleine Aufheiterung gebrauchen.

Es gibt Stunden, in denen der Rundfunk die anspruchsvollste Musik gibt, die heute überhaupt in der Welt gegeben wird. Aber diese Stunden müssen natürlich die Ausnahme darstellen, und es ist undenkbar, solche große Musik 24 Stunden lang zu senden.

Sie machen den Vorschlag, daß alle heitere Musik einfach verboten werden solle und meinen, das ließe sich mit der Schwere der Zeit und dem grenzenlosen Leid vieler Volksgenossen ohne weiteres begründen.

Sie haben recht! Um eine Begründung für ein solches Verbot braucht man nicht verlegen zu sein. Aber ist es zweckmäßig, ein solches Verbot zu erlassen? Ist es nicht notwendig, gerade in einer Zeit besonderer Belastungen Millionen von Menschen noch etwas Heiterkeit zu vermitteln? Hätte der Krieg nur einige Monate gedauert, dann hätte man in dieser Zeit, bildlich gesprochen, fasten können. Aber da der Krieg Jahre dauert, muß man Verständnis für die Notwendigkeit haben, die sich daraus ergibt.

Ich glaube also, daß Sie in diesem Punkt unbesorgt sein können und annehmen dürfen, daß die heitere im Rundfunk gegebene Musik schon ihren Zweck erfüllt und kein Verrat an dem Erziehungswerk des Führers ist.

handschriftlich:

2) z. d. A. Hörer

Heil Hitler!

H. Fritzsche

Herrn Ministeraldirektor Hans Fritzsche
Berlin W 8, Wilhelmplatz 8/9   Den 21. Juni 44

Betr.: Ihren Brief vom 12. ds.

Sehr verehrter Herr Ministerialdirektor!
Es soll keine Schmeichelei sein, wir alten Kämpfer und noch viele Volksgenossen freuen sich immer, wenn der Rundfunkansager meldet: es
spricht Hans Fritzsche. Wir teilen voll und ganz Ihre politischen Ansichten. – Umso unbegreiflicher ist es mir, daß ich im Punkte Musik von
Ihnen stets mißverstanden werde. Es dreht sich doch nicht um die deutsche, heitere Unterhaltungsmusik, die wir alle gern hören. Wer könnte
auch heute bei Anspannung der Nerven nur auf Darbietung höchster
Meisterwerke der Tonkunst versessen sein? – Trotzdem haben sogar die
größten Tonwerke und Tonmalereien eher etwas Beruhigenderes in sich
als jene Art von fremder Musik, die ich meine und die von allen anständigen Deutschen gehaßt wird. Früher gab es ja diese Musik auch nicht,
erst seit das Weltjudentum die europäische Kultur vergewaltigt, wurde
solche Kost geboten. Vor Kurzem hat ein bekannter Politiker, den auch
der Führer schätzt, einen Vortrag über diese Schallplatten in München
gehalten und höchsten Beifall gefunden durch seine energische Stellungnahme. –

Ich befinde mich also in bester Gesellschaft mit meiner Meinung in
dieser Sache. Wir besitzen ja tatsächlich eine Unmenge lieblicher heiterer
Volksstücke, so daß wir des fremden Gewächses entbehren können. –
Die Hauptsache aber ist, daß unser Führer, Adolf Hitler, fast 20 Jahre
gegen diese Musik gekämpft hat, daß er sie für gefährlich hielt mit ihrem Einfluß auf die deutsche Volksseele. Und das ist hundertfach nachzuweisen. Daß mit der Behauptung einiger Etappenoffiziere und Soldaten, sie brauchen solche Musik zu ihrer Entlastung, nicht einem Erhei-
terungsbedürfnis abgeholfen wird, sondern bolschewistische Methoden
herangezogen werden, unterliegt keinem Zweifel. Schließlich ist ja nicht
nur diese Gesellschaft maßgebend, sondern die Zukunft des deutschen
Volkes und die Konsequenz der Partei in ihren Grundsätzen. Man kann
nicht 20 Jahre lang eine Sache als minderwertig für die Kultur bekäm-
fen und dann schließlich finden, daß sie notwendig ist. Außerdem trägt
sie längst in die Familien Streit, denn während ein Teil voller Wut das
Radio abdreht, wenn die ekelhafte Steppmusik ertönt, ist der andere Teil
schon infiziert und beweist die Richtigkeit der Meinung Hitlers.

Für mich ist Konsequenz alles. Ich bin auch nicht der Herr St., sondern
die Mutter eines Sohnes, der als junger Mann genau so urteilt wie ich.
Wir sind beide allerdings vom Herrgott mit musikalischem Talent versehen worden und können auch vom rein fachlichen Standpunkt aus den
wirklichen Künstlern rechtgeben, welche das Beschämende für unser
hochstehendes Volk fühlen, wenn diese häßliche Musik gespielt wird.

Dr. Goebbels nannte es «Instrumenten-Gequieke» und Pg Rosenberg hat in seiner großen Kultur-Rede in Prag seine Ablehnung der Jazz- oder American-Musik Ausdruck verliehen.

Daß hinter der krampfhaften Bemühung der Sendeleiter um diese Musik mehr steckt, beweist der Umstand, daß wirkliche Künstler, die dagegen kämpften, aus dem Rundfunk hinausgeworfen wurden, obwohl der Führer sie sogar mit dem Professorentitel ausgezeichnet hatte, während man sogen. Kaffeehaus-Musikanten an die Spitze stellte. So berichten Fachleute. Ehe ich mich entschlossen habe, dem Kreis der Kämpfer mich anzuschließen, habe ich mich genauest orientiert, mir Zeugen gesichert und weil man uns alten Parteigenossen oft das Alter entgegenhält, ersuchte ich eine junge Musikschülerin und Mitglied des deutschen Studentenbundes, die Sache ihrerseits zu prüfen und mir ihre Meinung mitzuteilen. Die junge, äußerst talentierte Dame, hat dann drei Abende das Radio angehört und meinte, länger hätte sie es nicht ausgehalten, sie hätte sonst Gehirnerweichung bekommen. Das Lokal «Juris» in seiner ekelhaften Aufmachung kennt sie auch und verurteilt es. — Tatsache ist ferner, daß Japan alle derartigen Bars geschlossen hat und sich auch der Jazz-Musik enthält. Dieser Staat findet ebenso wie unser Führer das Verhängnisvolle der Stepp-Musik. Grauenhaft sind dabei die Gliederverrenkungen der Kapelle.

Also die heitere *deutsche Musik* lieben wir, sie kann uns hinwegführen über die Härte der Zeit, sie erfüllt uns auch mit Stolz für deutsche Kultur.

Außerdem fällt noch ins Gewicht, daß unsere Nation vorbildlich sein möchte für die Achse. — Es gehört nicht hierher, andere Dinge aufzuzeigen, die ebenso wenig im Sinne unseres Führers sind, die wegen der Unkonsequenz mit ehemaliger Stellung bedrücken, und uns bisweilen vorgehalten werden. Unser Kampf geht nun mal um Großes und das erfordert äußerste Wachsamkeit. Es erscheint mir nicht gleichgiltig, wie man den Führer im täglichen Leben mit der Charakterhaltung unterstützt. Während die Front Heldentaten größten Ausmaßes vollbringt, darf die Heimat schon auch sich heroisch benehmen.

Der Brief ist lange geworden, aber wir wachen über den Kampf des Führers von Anfang an. Wenn Adolf Hitler selbst es anders haben will heute, dann beugen wir uns seiner Meinung.

Ich halte das für unmöglich.

Es tut mir leid, daß ich so ausführlich sein mußte. Herr Ministerialrat haben mehr zu tun, um sich über diese Einzelheiten zu orientieren, das verstehe ich vollkommen, aber wir würden Sie noch mehr verehren, wenn Sie uns auch in dieser Sache verstehen wollten.

Heil Hitler!
Mar. Stengler
Haar b. München

Programmgestaltung

Als Motto zu diesem Thema kann der folgende *Rundspruch Nr. 248, Kultur-politische Information Nr. 16*, vom 21. 11. 1941 des Reichspropagandaamtes gelten:
«Kritische Auseinandersetzungen mit der gegenwärtigen Gestaltung des deutschen Rundfunkprogramms sind völlig unerwünscht. Dagegen sind positive Betrachtungen durchaus erwünscht, wenn sie jeglichen Hinweis auf die propagandistischen Absichten dieser Programmgestaltung vermeiden.»
Die hier zusammengestellten Nachrichten und Dokumente sind chronologisch geordnet.

Ein Gespräch mit G. O. Stoffregen

Hans Heinz Mantau: *Die Pläne des Deutschland-Senders* in: *Schlesische Volks-zeitung* vom 13. 4. 1933, gekürzt.
Götz Otto Stoffregen, *1896, Schriftsteller und Journalist; ab 1933 Inten-dant des Deutschlandsenders; siehe auch: *Der Deutschlandsender in neuer Ge-stalt*, in: *Saarbrücker Zeitung* vom 1. 8. 1933.
Das Gespräch befaßt sich mit der Abteilung *Zeitfunk*. Leiter dieser Abteilung war Werner Plücker; Funkbericht: Fred Krüger; Übertragungsdienst: Erich Koberling; Außendienst: Hans Junkers-Mähnz; Sprecher: Rolf Wernicke und Gerhard Tannenberg.

«Was ich will?»
Der neue Intendant des Deutschlandsenders, Götz Otto Stoffregen, steht vom Stuhle auf, als er das sagt.
«Was ich will? ... Dem deutschen Volke in dem Sinne dienen, wie er durch die nationalsozialistische Revolution unter ihrem Führer und Trä-ger, dem Reichskanzler Adolf Hitler, gekennzeichnet wurde!
Die Stunde der Nation, die bis zum 31. Mai 1933 schon ganz genau festgelegt ist, wird von nun an das Rückgrat aller deutschen Rundfunk-programme bilden!
Ausbauen wollen wir, Fleisch ansetzen muß der Rundfunk, muß das ganze Programm!
Den Zeitfunk will ich groß und stark machen, weil ich den Deutsch-landsender als einen einzigen großen Zeitfunk betrachte!
Meine Mitarbeiter sind bewährte Kräfte, Kämpfer. Mein Sendeleiter Eugen Hadamovsky ist Ihnen ja schon aus unserem Kampfe bekannt.

Sie haben doch mit ihm zusammen den nationalen Rundfunkgedanken vorwärts tragen helfen! Und Eugen Hadamovsky wird schon dafür sorgen, daß das, was wir aus dem Deutschlandsender machen wollen, auch wirklich geschaffen wird!»

Unser Gespräch hat mittlerweile einen Zeugen bekommen: Sendeleiter Eugen Hadamovsky ist ins Zimmer getreten. Er schüttelt mir die Hand, lacht, steht da – ist zwei Meter groß ...

Eugen Hadamovsky tritt wieder auf mich zu: «Und die Greuel-Abwehr werden wir auch nicht vergessen! Wir werden zwischen Musikvorträge und andere Programmnummern Abwehr-Propaganda einschalten. Auch fremdsprachlich natürlich! Fünf bis zehn Minuten wollen wir ruhig Propaganda für das neue Deutschland machen. Einmal soll ein Schwede, dann wieder ein Engländer, dann auch ein Franzose, ein andermal ein Spanier für Deutschland sprechen. Nicht nur die ... nein, auch Italiener, Dänen, Ungarn ...»

«Na, und die Österreicher?» frage ich.

Der Intendant meint darauf lächelnd: «Ich möchte zwischen dem Brudervolk und uns keinen Unterschied machen; wer deutschstämmig ist, wer für Deutschland ist, gehört zu uns!»

Nun bekomme ich sowohl von Götz Otto Stoffregen als auch von Eugen Hadamovsky vieles zu hören, was in der nächsten Zeit gesendet wird.

Am 20. April ist der Geburtstag des Reichskanzlers. Unter vielen anderen künstlerischen Darbietungen wird der Rundfunk auch das Hörspiel «Horst Wessel» senden.[1] Am 2. Mai das Sendespiel: «Heldentod und Börse – Rothschild gewinnt die Schlacht bei Waterloo»[2].

1 Horst Wessel, *1907, wurde 1926 NSDAP-Mitglied, nachdem er als Schüler und Student gescheitert war und sich mit seiner Familie, sein Vater war Pfarrer, überworfen hatte. Am 14. 1. 1930 wurde er in der Wohnung seiner Freundin Erna Jaenicke in Berlin C 2, Frankfurter Straße 28 – er lebte bei der ihren Beruf noch ausübenden Prostituierten –, erschossen. Die NSDAP feierte ihn als Helden und Verfasser des später so berühmten *Horst-Wessel-Liedes*, das bei feierlichen Anlässen neben dem *Deutschlandlied* gesungen wurde. Verschiedenen Versionen zufolge war «Wessels Ermordung mindestens zusätzlich durch einen Zuhälterstreit motiviert»; s. Bracher-Sauer-Schulz: *Die nationalsozialistische Machtergreifung*, Köln und Opladen 1960, S. 847.

2 Von Eberhard Wolfgang Möller, siehe: *Theater und Film im Dritten Reich* (Ullstein Buch 33031), S. 278.

Im Westdeutschen Rundfunk

Der neue Kurs im Rundfunk, in: *Tremonia*, Dortmund, vom 19. 4. 1933, gekürzt.

Über den Westdeutschen Rundfunk hört man in letzter Zeit nicht gerade Äußerungen des Beifalls. Andere Leute waren allerdings früher, bevor er so stark, wie es jetzt der Fall ist, in den Dienst der Regierung und ihrer gesamtpolitischen Anschauungen gestellt wurde, noch weniger damit zufrieden. Nunmehr hat der Westdeutsche Rundfunk in Dr. Glasmeier, bekannt als Archivar, Historiker und Förderer der Heimatbewegung, einen neuen kommissarischen Intendanten bekommen, und die Frage liegt nahe, wie es denn nun jetzt mit dem Rundfunkprogramm werden soll. Am Karsamstagabend hat dieser neue Intendant in einer kurzen Ansprache an die Hörer darüber einiges gesagt. Zunächst gab er über den Zustand, in dem er den Westdeutschen Rundfunk angetroffen habe, ein sehr offenes und strenges Urteil. Die Zeit, da blutfremdes Ästhetentum den Geist des Programms bestimmt habe, sei vorüber. Wieviel der Westfunk in diesem Sinne gesündigt habe bisher, könne kaum ermessen werden. Weiter sagte Dr. Glasmeier:

Sein eigner kulturpolitischer Kurs ergebe sich eindeutig aus seinem politischen Bekenntnis: «Ich stehe hier als Nationalsozialist!» Er werde sich im Programm der Heimat- und Familienkunde, vor allem der bis zur Stunde stark vernachlässigten deutschen Vor- und Frühgeschichte annehmen.

Aus diesen Sätzen kann man vor allem entnehmen, daß Glasmeier sein Amt als ein politisches Amt ansieht und entsprechend wahrnehmen wird.

Kämpfer unterm Hakenkreuz

Als Nachricht in: *Film-Kurier* vom 12. 7. 1933; siehe hierzu auch Hans Henning Freiherrn Grote: *Nation, Geschichte, Hörspiel* in: *Berliner Lokal-Anzeiger* vom 5. 3. 1933, Sonntagausgabe.

Mit der gestrigen Vortragsstunde begann die Funkstunde Berlin eine Reihe von Sendungen, wodurch Schriftsteller des neuen Deutschlands, «die SA des neuen Schrifttums», dem deutschen Menschen näher gebracht werden sollen. Neben Heinz Bierkowski, der eine Novelle «Das Grauen von Ypern» vortrug und dabei scharf mit dem Pazifismus abrechnete, und Karl von Bremen, der aus dem Leben eines SA-Mannes erzählte, sprach Dr. W. G. Lohmeyer «Gedichte über das neue Deutschland».

«Die braune Hoffnung», ein Hymnus von dem Anwachsen der gewaltigen Freiheitsidee, von den bescheidensten Anfängen bis zum gewaltigen Siege, wo ein millionenstimmiges «Heil Hitler!» durch die Lande braust und dem Führer Zeugnis von dem Willen einer ganzen Nation ablegt, sich unter seine Herrschaft zu stellen, um so eine neue, bessere Zeit zu beginnen.

«Neu-Deutschland wollen wir bauen», ein zweites Gedicht, war eine eindringliche Forderung und Mahnung an alle Deutschen, nicht abseits zu stehen, sondern frisch und froh mit anzupacken, um in Gemeinschaft mit dem Führer ein neues Reich erstehen zu lassen.

«Am Grabe Horst Wessels», das dritte Gedicht Dr. Lohmeyers, war ein Bekenntnis zum Geiste Horst Wessels, dem toten Fahnenträger einer neuen Nation, ihm nachzueifern, mit Gut und Blut sich rückhaltlos in den Dienst des Vaterlandes zu stellen, uns selbst und den kommenden Generationen ein neues und sauberes Vaterland zu schaffen, um wieder froh in die Zukunft schauen zu können.

Ein Rundfunkvortrag von Dr. von Leers

Was ist arisch?, in: *Berliner Lokal-Anzeiger* vom 1. 10. 1933, Auszug.

Dr. Johann von Leers, *1902, Schriftsteller; Autor vieler antisemitischer Bücher; ausführlich über ihn siehe: *Literatur und Dichtung im Dritten Reich* (Ullstein Buch 33029), S. 73 [2] u. a. O.

Für Deutschland von wesentlicher Bedeutung in der Rassenfrage sind hauptsächlich die Juden. Sie gehören nicht zu den Indogermanen, sondern bilden mit Arabern, Ägyptern, Phöniziern und anderen die semitische Völkerfamilie. Eine Mischung arischen Blutes mit semitischem ist, wie die Erfahrung der Vergangenheit gezeigt hat, meistens zum Schaden der arischen Rasse ausgeschlagen. Der Mischungsvorgang reicht erst gut hundert Jahre zurück, da es vor 1812, vor der Judenemanzipation, nahezu unmöglich war, daß ein Deutscher eine Jüdin heiratete. Deshalb wird heute auch der Abstammungsnachweis nur bis zur dritten Generation verlangt. Der Deutsche des Dritten Reiches will seine arische Rasse wieder reinhalten. Es handelt sich dabei nicht, was immer wieder betont werden muß, um die Unterscheidung Juden – Christen als Anhänger einer bestimmten Religion, sondern um die Zugehörigkeit zu einer bestimmten Rasse. Durch die Taufe kann der Jude zwar wohl ein Christ, aber kein Deutscher oder Arier werden.

Das hat Dr. v. Leers in seinem gestrigen Rundfunkvortrag über das Thema «Was heißt arisch?» besonders hervorgehoben, um in Zukunft alle Verwechselungen, an denen die Vergangenheit so reich war, auszuschließen. «Es kommt nicht darauf an, was einer glaubt, sondern wovon er abstammt.» So handelt es sich denn bei der arischen Frage um die Achtung vor dem eigenen Blute und seine Reinhaltung. Das Verdienst

Adolf Hitlers ist es, die Gefahr einer immer weiterschreitenden Vermischung des deutschen Blutes mit jüdischem Blut und dadurch bedingt einer Verschlechterung der deutschen Substanz erkannt und ihr Einhalt geboten zu haben. Darin ist auch der Sinn der neuen Gesetzgebung, die sich darauf bezieht, zu erblicken.

Eigengesetzliches Formgebilde

Die Kunst des Rundfunks, in: *Film und Funk* – Sonderbeilage in *Generalanzeiger – Rote Erde* vom 8. 10. 1933, Auszug.

Der nationalsozialistische Staat hat von Anfang an entscheidendes Gewicht darauf gelegt, durch den Rundfunk mit jedem Volksgenossen in unmittelbare und engste Berührung zu kommen.

Durch den Rundfunk sind Kunst und Technik in ganz ungewöhnlicher Weise dazu eingesetzt worden, um die Massen zu beeinflussen. Besonders das nationale Kulturgut, Sprache und Literatur, Sitten und Gewohnheiten, Recht und Religion wurden aus dem verkümmerten und vernachlässigten Zustande, in dem eine liberal-marxistische Entwicklungsperiode es beließ, zu neuem Leben erweckt. Die jetzige Führung hat es verstanden, aus der fortschreitenden Entwicklung der Technik die akustischen Gesetzmäßigkeiten für die Sendungen herzuleiten. Heute sind wir so weit, daß der Rundfunk für seine Darbietungen ein völlig neues und eigengesetzliches Formgebilde geschaffen hat. Die geistige Aktivierung des deutschen Rundfunks hat ihn aus seiner technischen Begrenztheit gelöst und den Rundfunk in das Leben unseres Volkes aktiv wirkend einbezogen. Die Wichtigkeit der Programmgestaltung liegt ja gerade darin, daß die Entwicklung der Zeit in ihren Grundlinien im Programm erkannt wird. Es kommt darauf an, daß die Sendungen einen lebendigen Inhalt haben, der in innerer Beziehung zur Zeit steht. Eine große Aufgabe der Programmgestaltung ist es, die Unterhaltung, der breitester Raum gegeben werden soll, ebenfalls so zu gestalten, daß sie ein Spiegelbild unserer Art und unseres Lebens ist. Der Rundfunk mit seinen verschiedenen Darbietungen, die Hörspiele, Hörfolgen, Sendespiele, Reportagen, Reden, Ansprachen und sonstigen Darbietungen bringt heute schon die Gegenwartsprobleme jedem einzelnen in wechselvoller Form nahe. Im Volke soll die Sehnsucht nach einer Lebensgestaltung im Sinne der nationalsozialistischen Weltanschauung geweckt werden. Das ist die Kunst des Rundfunks! Es kommt nicht darauf an, Stimmung, bloße Stimmung für den Staat zu machen. Es ist höchste Forderung an die Programmgestaltung des Rundfunks, ihre Darbietungen (gleich welcher Art) so zu halten, daß die Gesamtheit des Volkes gleichen Willens wird. Von innen heraus muß das neue Lebensgefühl bei jedem einzelnen entstehen. Es hängt viel von den Darbietungen und ih-

rem Wechsel ab, dieses neue Lebensgefühl im Deutschen zu wecken...
Die Geschehnisse der Zeit, von denen wir alle mehr oder weniger stark
beeinflußt werden, müssen in ihrer großen Bedeutung für die Gesamtheit des Volkes an alle Schichten und Richtungen herangebracht werden.
Das Volk, Führer und Geführte, sollen zur unlöslichen Verbundenheit,
zur Einheit zusammengeschmolzen werden. Die Tatsache der gewaltigen
Umwälzung auf allen Lebensgebieten, die sich vollzogen hat, und in ste-
ter Weiterentwicklung begriffen ist, gibt der bisher geleisteten Rundfunkarbeit ihre innere Berechtigung.

Der Intendant – Der Führer seines Senders

In: *NS-Funk*, 1934, Folge 4, gekürzt.

In einer Anordnung der Reichssendeleitung wurden die Intendanten der
deutschen Sendegesellschaften unter Hinweis auf die Aufgaben, die sie
im kommenden Jahr zu bewältigen haben, zu eigenverantwortlichen
Trägern der gesamten Programmgestaltung ihres Senders erhoben.
Nunmehr hat Reichssendeleiter Eugen Hadamovsky im Breslauer Funkhaus in einer grundsätzlichen Ansprache die Stellung des Intendanten
als Führer seines Senders klar umrissen.

Reichssendeleiter Hadamovsky erklärte dabei u. a.:

«Durch die Schaffung der Reichssendeleitung konnte der nationalsozialistische Rundfunk seine Reichsaufgaben erfüllen. Er wird genau so
in den kommenden Monaten die Gauaufgaben durch den Ausbau der
deutschen Gausender zum Durchbruch bringen.

Wenn früher der Rundfunk von vier Instanzen abhing, und zwar
vom Reichspropagandaministerium, vom Reichsinnenministerium, vom
Reichspostministerium und von den Länderministerien, so wurde aus
dem einst vielfältig verästelten Rundfunk der Reichsrundfunk entwik-
kelt, der Reichsrundfunk, dessen Führer Dr. Goebbels wurde. Genauso
wie sämtliche Kollegien, die auf die einstige Rundfunkführung Einfluß
nahmen, beseitigt wurden, und wie Dr. Goebbels allein an die Spitze des
deutschen Rundfunks trat, genau so wurden auch an den Sendegesellschaften alle Kollegien und alle Intendanten und Verwaltungsdirekto-
ren, die in diesem System der parlamentarischen Führungsmehrheit verhaftet waren, beseitigt.

An die Spitze jedes Senders ist ein einzelner Mann getreten, der nunmehr der alleinige Führer seines Senders ist, der Intendant. Wir mußten
zunächst die Intendanten in eine strenge Schule nehmen, das war notwendig, um die politische Willensbildung unseres Volkes durch das Verkündungsmittel Rundfunk sicherzustellen.

Was die Reichssendeleitung im Vorjahre auf politischem Gebiet zu erreichen hatte, kann morgen ebenso auf dem Gebiet der Verwaltung oder der Technik durchzusetzen sein. Das ändert aber nichts daran, daß der verantwortliche Führer des Senders nach wie vor der Intendant ist. Das ändert nichts daran, daß der Intendant im eigentlichen Gestaltungsjahr des nationalsozialistischen Rundfunks die großen kulturellen Aufgaben eigenverantwortlich und eigenschöpferisch verwirklicht.»

Mit diesen Ausführungen des Reichssendeleiters Hadamovsky ist vor aller Öffentlichkeit das nationalsozialistische Autoritäts- und Führungsprinzip auch für jeden einzelnen deutschen Sender zum Durchbruch gekommen.

Der germanische Mensch

Frankfurter Brief, in: *Mitteilungen der Reichsrundfunk-Gesellschaft* vom 1. 2. 1935.

Mit der Sendung «Der germanische Mensch und sein Schicksalsglaube» am 7. Februar um 18.00 Uhr beginnt eine neue Sendereihe des Reichssenders Frankfurt «Der nordische Mensch, Weltbild und Lebensraum», in der außer dem genannten noch folgende Themen behandelt werden: «Das germanische Heldenlied», «Die Blutrache bei den Germanen», «Altgermanisches Lebensgefühl» und «Germanische Waffen». Der Verfasser dieser Sendereihe ist der Leipziger Universitätsprofessor Dr. Konstantin Reinhardt, ein vorzüglicher Kenner der altgermanischen Welt. In den einzelnen Sendungen werden Sitten und Bräuche unserer Vorfahren, germanisches Menschentum lebendig werden, und es wird gezeigt werden, wie auch wir Heutigen in unserer Lebensgestaltung noch tiefer in den Anschauungen unserer Ahnen verwurzelt sind, als es uns selbst bewußt wird.

Was will die Sendereihe «Deutsches Volk auf deutscher Erde?»

Als Aufsatz in: *Mitteilungen der Reichsrundfunk-Gesellschaft* vom 15. 11. 1935, Auszug; hier handelt es sich um *Blut- und Boden*-Propaganda im Rundfunk; siehe hierzu auch: *Festakt im Westdeutschen Rundfunk*, in: *Kölnische Volkszeitung* vom 25. 4. 1933; *Geleitworte zur Grünen Woche*, in: *Mitteilungen der Reichsrundfunk-Gesellschaft* vom 25. 1. 1935; Referat *Blut und Boden* ebd. am 18. 2. 1935.

Der Plan geht von der Überzeugung aus, daß es eine wesentliche Aufgabe des volksgebundenen Funkschaffens ist, den Städter mit künstlerisch suggestiven Mitteln hinzuweisen auf die Mächte des organischen Werdens, wie sie sich in der ewigen Wiederkehr der Jahreszeiten offenbaren. Die Sendereihe soll ein Beitrag sein zur Erreichung des Ziels, den

Menschen der Großstadt wenigstens seelisch auf das Land zurückzugliedern. Gedacht ist eine zyklische Darstellung des Bauernjahres, dem vier Veranstaltungen gewidmet sind.

«Bäuerlicher Tag im Winter» aus Leipzig, «Lied über den Saaten» aus München, «Schwäbischer Sommer» aus Stuttgart und «Herbstfeier» aus Frankfurt.

Dazwischen reihen sich Sendungen, die den Beziehungen bäuerlichen Wesens zu anderen Berufsständen gelten:

«Von Knecht und Magd, von Schiffs- und Handwerksmann» aus Köln, wobei eine heitere schwankhafte Note nicht fehlen soll, «Bauer und Bergmann» aus Breslau, «Volk in der Pfalz – Volk an der Saar» aus Saarbrücken, «Das grüne Zelt», eine Symphonie des deutschen Waldes, aus Königsberg, «Sonne, See und Sand» aus Hamburg. Die erste Sendung galt dem «Soldaten und Bauern auf märkischer Erde» und wurde vom Reichssender Berlin durchgeführt.

«Einheit der deutschen Stämme heißt seelische Bereitschaft eines jeden für einen jeden. Sie sind alle Glieder eines Leibes, und sein Wille ist das Reich.» In diesem, von Josef Nadler, also vorgezeichneten Sinne möge der Hörer in geschlossenen Hörbildern erleben, was brandenburgisch-preußischer Wille, niederdeutsche Breite und Festigkeit, lebendiges Wirken im deutschen Herzraum, südliche Lust am Überschwang für das Gesamtdeutschtum bedeuten.

Den Abschluß der Sendereihe bilden «Die Lebensalter», ausgehend vom Deutschlandsender, eine Zusammenfassung der vorhergehenden Veranstaltungen unter dem leitenden Gesichtspunkt der drei Altersstufen, die ihren beispielhaften Ausdruck in Geburt, Hochzeit und Tod, wie sie der Bauer erlebt, finden sollen. Der Bauerntod ist kein Ende, Blut und Boden sind ewig. Und Geschlecht reiht sich an Geschlecht, manchem Wandel unterworfen, aber einig in dem Willen, deutsches Volkstum als ein Erbe fortzusetzen, das nimmer vergeht.

Mit Unterhaltung zur politischen Entschlußkraft

Dr. Goebbels: Der Rundfunk dient der Auflockerung des Alltags, in: *Berliner Lokal-Anzeiger* vom 5. 12. 1935, Abendausgabe, gekürzt.

Saarbrücken, 5. Dezember. – Reichsminister Dr. Goebbels empfing in Saarbrücken die zur Eröffnung des neuen Reichssenders versammelten Intendanten sämtlicher deutscher Sender, um ihnen auf Grund von Erfahrungen und Beobachtungen aus den letzten Wochen und Monaten seine Ansichten mitzuteilen und ihnen gleichzeitig Richtlinien für die künftige Arbeit zu geben. Es werde immer dann gelingen, möglichst weite Kreise zu erfassen, wenn man sich darauf einstelle, stets die Verbindung mit dem ganzen Volke aufrechtzuerhalten.

In der letzten Zeit hätten nun verschiedene Sender in der Absicht, das Programm politisch zu gestalten, den Rundfunk mehr und mehr mit den sogenannten «Stunden»-Darbietungen der verschiedensten Art regelrecht atomisiert. Sie hofften, damit das Volk «politisieren» zu können. Das sei aber nicht die richtige Methode.

Der Nationalsozialismus z. B. habe in den Jahren des Kampfes trotz des unvermeidlichen Eingehens auf Einzelfragen und Einzelgebiete das Volk dadurch wirklich politisiert, daß er an das Volk als Ganzes appelliert habe. Man dürfe solche Fragen nicht vom Standpunkt des speziell interessierten Berufsstandes aus behandeln, sondern man müsse sie dem Verständnis des ganzen Volkes nahebringen. Es sei auch durchaus kein Beweis für die politische Haltung eines Senders, wenn er jeden Tag zwei oder drei sogenannte «politische Vorträge» bringe.

Das schließe selbstverständlich nicht aus, daß große politische Vorgänge, die das Volk im Tiefsten bewegen und interessieren, wie z. B. die Veranstaltung des 1. Mai, der Parteitag, der Erntedanktag, eine Rede des Führers, weiterhin eine wichtige politische Angelegenheit des Rundfunks seien. Dr. Goebbels setzte ausführlich auseinander, daß der Rundfunk primär der Auflockerung des Alltags zu dienen habe.

Mit der edlen Unterhaltung des Hörers im besten Sinne des Wortes werde der Rundfunk seiner wichtigen Aufgabe gerecht, an der allgemeinen, inneren Aufrichtung des Volkes mitzuarbeiten. Er müsse dazu beitragen, die politische Entschlußkraft des Volkes zu wecken.

Der Minister warnte ferner an Hand von zahlreichen Beispielen vor der mißbräuchlichen Verwendung von Begriffen der national-sozialistischen Weltanschauung, die auf keinen Fall abgegriffen werden dürften. Man könne nicht dauernd im Sonntagsstaat einhergehen. Als ein Kind der Zeit müsse der Rundfunk, so betonte Dr. Goebbels abschließend, mit der Zeit gehen und aktuell und modern sein.

Interessante Schriften

Aus einer Buchbesprechung von Kurt Herwart Ball (Pseudonym Hans Tedesko), die vom Reichssender Leipzig am 30. 4. 1936 übertragen wurde. Das Manuskript, im Besitz des Herausgebers, umfaßt neun Maschinenschriftseiten; nachstehend die ersten fünf.

Kurt Herwart Ball, *1903, Schriftsteller (Roman, Rundfunk, Kulturpolitik, Kurzgeschichte); Leiter der Abteilung *Weltanschauung* am Reichssender Leipzig war 1936 Ferdinand Thürmer.

Die vorliegenden Bücher und Schriften in dem Kennwort «Nordischer Geist» zusammenzufassen, bedeutet nichts anderes, als eine Auswahl jener Kampfschriften bringen, die dem nordischen Geist angemessen sind, weil er in vergangenen Jahrzehnten mit Bewußtsein niedergedrückt worden ist. Jetzt muß er sich erst freimachen von einer großen

Halde Schutt; er muß suchend neue Wege gehen; daß er dabei manchmal irrt, ist keine Schuld der willentlichen Träger des nordischen Geistes, sondern vielmehr eine Anklage denen gegenüber, die jeden kleinen Irrtum mit Kübeln voller Hohngelächter überschütten, die aber keine Hand rühren, den wahren Gehalt einer deutschen Geschichte, den sie verdeckt haben, ans Tageslicht führen zu helfen.

So muß denn eine neue Generation deutscher Wissenschaftler an die Arbeit gehen, die Schleier von dem bewußt verdeckten Bild deutsch-nordischen Wesens zu heben. Wenn dabei auch die Nebengebiete, wie etwa das Judentum, einer neuen Prüfung unterzogen werden, so erkennen wir daran nur mit Deutlichkeit, daß die Welt des nordischen Geistes weiter gespannt sein muß, als im allgemeinen angenommen worden ist. Diejenigen aber, die immer noch bemüht sind, aus ihrer Weltanschauung heraus der im Werden begriffenen deutschen, nationalsozialistischen Weltanschauung Hindernisse zu errichten, mögen sich nicht wundern, wenn die Gesetzmäßigkeit der neuen Forschung nicht davor Halt macht, auch das Verhältnis dieser fremden Weltanschauungen zur deutschen Zukunft zu untersuchen.

Eine der interessantesten Schriften, die heute zu besprechen sind, ist das kleine, 30 Seiten umfassende Werk des jungen Historikers Wilhelm Grau[1]: «Die Judenfrage als Aufgabe der neuen Geschichtsforschung». Gerade die Judenfrage ist eines der bedeutendsten Merkmale dafür, wie die Wissenschaft der Vergangenheit wichtigste Lebensgebiete des deutschen Volkes behandelte – oder vielmehr nicht behandelte. Denn obwohl die Frage der jüdischen Geschichte in ihren eigenartigen Auswirkungen das deutsche Volk in außerordentlichem Maße beeinflußte, ging man immer wieder daran vorüber, überließ ihre Behandlung vielmehr den jüdischen Wissenschaftlern, die dann auch demgemäß verfuhren. Wilhelm Grau umreißt nun die Notwendigkeiten unserer Zeit, er stellt programmatische Sätze auf, in welchem Sinne die neue deutsche Geschichtsforschung das Wesen des Judentums und seine Einwirkung auf das deutsche Leben zu behandeln habe.

Grau bleibt aber nicht bei den aufgestellten Thesen, sondern legt zu gleicher Zeit ein ebenfalls in der Hanseatischen Verlagsanstalt erschienenes Werk vor, in dem er beispielgebend ein Teilgebiet des jüdischen Einflusses auf das Deutschtum behandelt. In dem Buch «Wilhelm von Humboldt und das Problem des Juden» untersucht er in eingehender Weise an Hand eines aus verschiedensten Anlässen in jener Zeit entstandenen Briefwechsels die Wirkung der jüdischen Emanzipation um die Wende vom 18. zum 19. Jahrhundert. In klarer Weise kann Wil-

1 Dr. Wilhelm Grau war Leiter des Instituts zur Erforschung der Judenfrage in Frankfurt a. M. Ausführlich darüber siehe Léon Poliakov – Joseph Wulf: *Das Dritte Reich und seine Denker*, Berlin 1959, S. 140 f.

helm Grau in diesem Werke aufzeigen, wie sich das Judentum und sein kulturelles, politisches und wirtschaftliches Denken gerade in jenen Jahren der führenden Männer mit einer gewissen Zielsetzung angenommen hat, um so innerhalb des Wirtsvolkes Stützen der jüdischen Ideen zu haben. Zwar hat Humboldt sich später dem Einfluß der Juden entziehen können, vor allem unter der Einwirkung seiner Frau und des Freiherrn von Stein, aber die innere Umformung, die schon in seiner Jugend angebahnt worden war, hatte doch einen nicht mehr ganz zu brechenden Umfang angenommen. Aber nicht nur der jüdische Einfluß auf Humbolt selbst kommt in diesem Werke zur Darstellung; aufschlußreich ist darüber hinaus die immer stärker werdende Sättigung jener Zeit mit dem jüdischen Liberalismus, der es dem nach den Freiheitskriegen erwachenden Volke unmöglich machte, sofort den preußisch-deutschen Weg einzuschlagen.

In welchem Maße das Judentum sich überhaupt in das Leben des deutschen Volkes hineingewühlt hatte, zeigen zwei andere Werke. Es handelt sich einmal um das neue Buch des Eher-Verlages «Die Juden in Deutschland» und um das älteste deutsche «Handbuch der Judenfrage», erschienen im Hammer-Verlag, Leipzig. Das Institut zum Studium der Judenfrage gibt das erstere Werk, also die Überschau, «Die Juden in Deutschland» heraus. Das Eher-Buch arbeitet in ausgezeichneter Weise mit sehr viel Zahlenmaterial, mit den Statistiken, die den Einfluß des Judentums auf die verschiedenen Lebensgebiete unseres Volkes in einwandfreier Weise zum Ausdruck bringen. Der Jude und sein Anteil im Wirtschaftsleben, der Jude als Träger der Korruption, sind Einzelabschnitte dieses Werkes, und besonders der letztere zeigt an Hand der Gerichtsakten die verschiedenen Fälle auf; wie etwa Sklarz, Weissmann, Weiss, Barmat usw. In welchem Maße der Jude Einfluß in der Presse genommen, zeigt ein anderer Abschnitt. Hier werden auch einige ganz bezeichnende Aufsätze aus den ehemals jüdischen Zeitungen, die so ungeheuerlichen Schaden im deutschen politischen und wirtschaftlichen Leben angerichtet haben, abgedruckt. Die anderen hauptsächlichsten Lebensgebiete unseres Volkes und der jüdische Machteinfluß darauf, also Politik und Kultur und hier wiederum im besonderen Literatur, Theater, Revue und Musik werden in eingehender Weise behandelt; vielleicht kann der Abschnitt Kultur, wenigstens was die gröbsten Zitate betrifft, ein wenig gekürzt werden. Auch als Abschreckung sollte dies Gemauschel und Geschleime perverser Gemeinheiten nicht gebracht werden. Der nächste Abschnitt behandelt die Unsittlichkeit, die zu fördern ja immer eine Haupttätigkeit des Judentums ist. Den Schluß bildet sodann eine Überschau über die Kriminalität und rassische Verseuchung durch Mischehen usw. des Judentums.

Das schon genannte «Handbuch der Judenfrage», erschienen im Hammer-Verlag, Leipzig, behandelt das Judenproblem von einer anderen Stellung her. Zuerst sei darauf hingewiesen, daß der hier vorliegenden 38. Auflage schon die 39., die bis zum 200 000. Exemplar geht, gefolgt ist. Allerdings ist zwischen diesen beiden kein Unterschied; die 38. Auflage ist jedoch gegenüber früheren Auflagen wesentlich neu bearbeitet worden. Bekannt ist ja, daß der völkische Altmeister Theodor Fritsch dieses Werk 1887 zum ersten Male als «Antisemiten-Catechismus» herausbrachte. Inzwischen sind nun 200 000 dieser wertvollen Bücher zum Verkauf gekommen. – Dem Handbuch ist die Aufgabe gestellt, die Fragen zu beantworten, wer ist der Jude, wie ist seine Geschichte gelaufen, was hat er getan, um im Hingehen dieser Geschichte Einfluß zu gewinnen, wie wird er von führenden Menschen aller Jahrhunderte und von den führenden Juden selbst beurteilt und welches sind die Wege, auf denen sich die Gegenkräfte zusammengeschlossen haben, um die jüdische Macht zu brechen und dem deutschen Volke wieder den nordischen Geist zugänglich zu machen. Eine größere Anzahl Einzelautoren behandelt – vorzüglich auf einander abgestimmt – die Herkunft der Juden, ihre Rassenmerkmale, ihre Geschichte im Laufe der Jahrtausende. Der zweite Teil des Buches befaßt sich mit der jüdischen Lehre, also der Bibel, dem Talmud, den Ritualmorden und dem Schächtgebot. Hierher gehören auch die internationalen Vereinigungen des Judentums, von denen nur der Kahal, der Orden Bne Brit, die Jewish Agency, die verschiedenen in Deutschland ansässigen Vereine [1]. In ausführlicher Weise wird dann das Eindringen und Herrschaftsausüben der Juden in der deutschen Politik, Wirtschaft, Presse, Musik, Theater, Film, Rundfunk, Malerei, Sport, Schrifttum, Medizin, Straffälligkeit und Statistik behandelt. Ganz vorzüglich ist auch die Darstellung der inneren Verbindungen zwischen Kirchen und Judentum, ein Kapitel übrigens, das in weit stärkerem Maße, als es der Fall ist, der Allgemeinheit zu beachten empfohlen wird. Im vierten Teil des Handbuchs der Judenfrage werden die Urteile über das Judentum aufgezeichnet. Hier sind außerordentliche Erkenntnisse zu finden, die, aus neunzehn Jahrhunderten stammend, noch heute Gültigkeit haben. Im letzten Abschnitt tritt dann die völkische Gegenbewegung in Erscheinung, die im Nationalsozialismus endet. Interessant ist auch, eine Zusammenstellung der völkischreligiösen Erneuerungsbewegungen zu finden. Dieses Werk ist im wahrsten Sinne des Wortes ein Handbuch und vor allem der Jugend als Lehrbuch zu empfehlen.

Ein im Handbuch erwähntes Gebiet, auf dem die eigenartige Moralität des Judentums erkennbar wird, nämlich die Gesetzbücher Talmud, hat Alfred Rosenberg behandelt in einer Schrift «Unmoral im Talmud»; das Büchlein ist im deutschen Volksverlag Bayreuth erschienen. Hier zeigt sich mit aller Deutlichkeit, wie das, was der Jude in seiner uns

---

[1] So im Original. Wahrscheinlich fehlt «genannt seien».

rassisch entgegengesetzten Art als Moral bezeichnet, für den nordischen Geist die absolute Unmoral ist. Man muß den Juden in seiner sog. Ethik kennen, um zu verstehen, warum er und sein Geist alle Völker und Staaten zersetzt.

«Deutsche Weltschau»

Als Nachricht in: *Deutsche Radio-Illustrierte* vom 14. 3. 1937, gekürzt.

Der Reichssendeleiter hat unlängst zu Fragen der Programmpolitik des deutschen Rundfunks Stellung genommen und ihre Hauptaufgabe und ihren vornehmsten Sinn und Zweck darin gesehen, Ideen im Volk so zu gestalten, daß eine Gemeinschaft gleichen Willens geschaffen wird; darin liegt die große propagandistische Mission des Rundfunks, der als wichtigste Waffe innerhalb der Gesamtpropaganda-Arbeit der Partei nur richtig eingesetzt werden muß.

Diese eindeutigen Feststellungen zu den rundfunkpolitischen Aufgaben von heute besitzen ihre besondere Bedeutung für die Arbeit des Reichssenders Stuttgart, der, aus der Stadt der Auslandsdeutschen dazu berufen ist, in ganz besonderem Maße Rufer und Künder neuen deutschen Wollens zu sein; wir brauchen dabei nur an das immer wieder neue Echo in auslandsdeutschen Hörerkreisen auf die regelmäßigen Stuttgarter Nachtkonzerte zu denken! – Nunmehr geht der schwäbische Sender in seiner neuen Sendereihe «Deutsche Weltschau», die am 1. März begann und bis zum August d. J. dauert, an eine neue große propagandistische Arbeit heran, die ihre Ziele zweifelsohne erreichen wird. Hier ist über die deutschen Hörermassen hinaus auch der Welt gegenüber der Versuch unternommen worden, die Gesamtheit deutscher Leistungen aus deutscher Art und deutscher Schaffens- und Willenskraft heraus so darzustellen, wie sie sind. Sie haben bereits auch tiefe Anerkennung sogar schon soweit gefunden, als man sich auch anderwärts daran macht, in ihnen nachahmenswerte Beispiele zu suchen, die für einen wirtschaftlichen wie kulturellen Wiederaufbau richtungweisende Wege gezeigt haben. Die «Deutsche Weltschau» muß in erster Linie im geistigen Sinne verstanden werden, die vom Weltanschaulichen her eine große Schau über das Heute und Morgen in Deutschland geben will.

Die Sendungen, die jeweils abends um 21 Uhr und vorläufig über die Reichssender Berlin, Saarbrücken und den Kurzwellensender zum Vortrag kommen, stehen unter der Gesamtleitung des Intendanten am Reichssender Stuttgart, Pg Dr. Bofinger. Sie sollen zu einem späteren Zeitpunkt evtl. durch zwei weitere Reihen, und zwar zur geistigen und seelischen Freiheit der Nation ergänzt werden.

Die Magie des Führerwortes

Hans Kriegler: *Der deutsche Rundfunk – Aufgaben und Organisation* in: *Handbuch des Deutschen Rundfunks*, Heidelberg/Berlin 1938, S. 7, Auszug.

Der deutsche Rundfunk ist eine Erscheinungsform des totalen politischen Gestaltungswillens des Nationalsozialismus. Diese Erkenntnis, heute eigentlich eine Selbstverständlichkeit, muß doch immer wieder an den Anfang jeder Betrachtung über das Aufgabengebiet des Rundfunks gestellt werden. Denn aus ihr erklären sich alle Wunder des Aufbaues und Aufstiegs, an denen der nationalsozialistische Rundfunk in den ersten fünf Jahren seines Bestehens genau so reich ist wie die zahllosen anderen Tätigkeitsgebiete unseres volksgemeinschaftlichen Lebens, die im Zeichen des revolutionären Erneuerungswerkes unseres Führers stehen. Nur weil der deutsche Rundfunk rein politische Funktionen hat, und weil selbst seine kulturellen, unterhaltenden und das Zeitgeschehen gestaltenden Sendungen einer höheren politischen Ordnung dienen, konnte er das deutsche Volk in seiner Gesamtheit für sich gewinnen. Ohne den politischen Rundfunk des Nationalsozialismus wäre Deutschland niemals das führende Rundfunkland Europas geworden. Das beweist auch die rückläufige Entwicklung des Systemrundfunks im Jahre 1932 ganz eindeutig. Erst als der Rundfunk eine Ausrichtung auf die Erfordernisse der Nation erhielt, als die rhetorische Kraft der Reden des Führers und damit die Magie des Führerwortes sich über das Mikrophon dem Volke mitteilte, war er von allen früheren Schwierigkeiten einer das Volk unmittelbar erfassenden Programmgestaltung befreit.

Das politische Aufgabenprogramm des Rundfunks bestimmte zwangsläufig auch die Organisation des Rundfunks. Dadurch, daß die Möglichkeit vorhanden war, die das Schicksal einer Nation angehenden politischen Ereignisse durch den einheitlichen Einsatz des Rundfunks dem Volk in einer einzigartigen Massenkundgebung zugänglich zu machen, ergab sich die Notwendigkeit, den Gemeinschaftsempfang der Nation planmäßig aufzubauen. Da der Träger des politischen Willens der Nation die nationalsozialistische Weltanschauung ist, diese Weltanschauung jedoch ihre unmittelbarsten Wirkungen durch den Rundfunk ausstrahlt, war es eine Selbstverständlichkeit, daß von Anfang an alle Verantwortlichkeiten der Rundfunkarbeit in der Organisation dieser Weltanschauung, also in der Partei, verankert sein mußten. Innerhalb der Partei war schon während der Kampfzeit mit den Funkwarten eine Rundfunkorganisation entstanden, die bei aller Opposition gegen das System auch für die schöpferischen Aufgaben einer künftigen eigenen Rundfunkgestaltung gerüstet war.

Es waren Funkwarte der Partei, die am 30. Januar das Mikrophon aus dem Berliner Rundfunkhaus in die Reichskanzlei trugen.

«Eine ganze Nation zu verbinden vermag erst der Rundfunk, wenn er im Dienste einer großen Idee steht, wenn er der Künder eines großen Glaubens ist, wenn er den Weg zu dem großen Ziele weist, das wir Deutschland nennen. Die HJ hat zuerst den Rundfunk in den Dienst einer weltanschaulichen Schulung gestellt.» Otto Zander in: *NS-Funk* vom 24. 12. 1934.

Kein HJ-Heim ohne Rundfunk

Gauleiter-Aussprüche zum Thema: *Kein HJ-Heim ohne Rundfunk*, in: *Mitteilungen der Reichsrundfunk-Gesellschaft* vom 15. 6. 1935.

HJ = Hitlerjugend, die Gesamtorganisation der NS-Jugend; sie gliederte sich in *Deutsches Jungvolk*, Jungen von 10–14 Jahren, *HJ*, Jungen von 14–18 Jahren, *Jungmädel im Bund Deutscher Mädel*, Mädchen von 10–14 Jahren, und *Bund Deutscher Mädel*, *BDM*, Mädchen von 14–18 Jahren. – Die HJ wurde 1926 gegründet und war in vierundzwanzig HJ-Gebiete aufgeteilt, die unmittelbar dem Reichsjugendführer Baldur von Schirach unterstanden, ausführlich über ihn in: *Literatur und Dichtung im Dritten Reich* (Ullstein Buch 33029), S. 284 u. a. O.; durch die Einführung des *Staatsjugendtages* am 7. 6. 1934 (der *Staatsjugendtag* wurde schon am 4. 12. 1936 wieder endgültig aufgegeben) sind der HJ der Samstag jeder Woche sowie der Mittwochabend für Heimarbeiten zugewiesen worden.

HJ-Heime brauchten keine Rundfunkgebühren zu zahlen, vgl.: *Archiv für Funkrecht*, 1935, S. 262 f.

Der Gauleiter und Reichsstatthalter in Magdeburg-Anhalt, Loeper[1]:
Die Hitlerjugend hat es sich zur Aufgabe gemacht, den kommenden deutschen Menschen zum wahrhaften Nationalsozialisten zu erziehen. Sie kann diesen verantwortungsvollen Kampf nur durchführen, wenn man ihr die Waffe dazu liefert. Ein wichtiges Mittel für die Durchführung der weltanschaulichen Schulung und Erziehungsarbeit in der jungen Front ist der Rundfunkapparat, der in jedes Heim der Hitlerjugend, des Deutschen Jungvolkes und des BDM gehört.

Schafft Eurer Jugend Heim- und Rundfunkgeräte; Ihr dient damit dem kommenden Volk und dem kommenden Staat.

---

[1] Wilhelm Friedrich Loeper, *1883.

Der Gauleiter von Kurhessen und preußischer Staatsrat Weinrich:
Wenn die Hitlerjugend ihre Aufgabe erfüllen soll, Führer und Former der neuen Jugend zu sein, müssen Volk und Staat gemeinsam die notwendigen Grundlagen für eine fruchtbare Arbeit der Jugend Adolf Hitlers schaffen.

Erste Voraussetzung für ein erfolgreiches Wirken der HJ auf dem Gebiete der grundlegenden Schulungsarbeit war die Bereitstellung von Heimen für die kleineren Einheiten. Dank der Initiative der Jugend selbst ist es auf Grund der opferbereiten Mitwirkung vieler kurhessischer Hausbesitzer möglich gewesen, dem größten Teil der HJ diese Heime zu schaffen.

Nun gilt es, diese Räume mit den unentbehrlichen Rundfunkgeräten auszustatten, die der HJ im Dienst weltanschauliche Schulung, in den freien Stunden Unterhaltung und Anregung vermitteln sollen.

Aus eigener Kraft ist der Jugend die Beschaffung dieser Geräte unmöglich, deshalb ergeht an jeden kurhessischen Volksgenossen der Ruf, unsere Jungen und Mädel auch bei dieser Aktion zu unterstützen und ihnen so tatkräftig zu helfen, daß bald kein Heim unserer HJ mehr ohne ein Rundfunkgerät ist.

Der Gauleiter von Hamburg, Karl Kaufmann[1]:
Die aktive und einsatzbereite Jugend ist heute in der Hitlerjugend organisiert. Dieser Jugend, die einmal den Staat auf ihren Schultern tragen wird, müssen alle Wege geebnet werden, damit sie schon früh Anteil hat an der politischen und kulturellen Gestaltung des Dritten Reiches. Bei der großen Bedeutung, die der Rundfunk in dieser Beziehung besitzt, begrüße ich die Rundfunkgeräte-Beschaffungsaktion der Hitlerjugend und hoffe, daß sie die vollste Unterstützung aller Bevölkerungskreise findet.

Der Gauleiter von Düsseldorf, Florian[2]:
Die Hitlerjugend ruft zur Beschaffung von Rundfunkgeräten für ihre Heime auf. Ich möchte mich diesem Aufruf aus vollem Herzen anschließen, gilt es doch, unsere Jugend durch den Rundfunk an allen großen Veranstaltungen unserer Bewegung teilnehmen zu lassen. Nicht allen kann es vergönnt sein, dem Führer ins Auge zu schauen, doch muß es möglich gemacht werden, daß jeder Deutsche und besonders die deutsche Jugend direkt aus seinem Munde seinen Willen erfährt. Nicht zu vergessen ist, daß das Rundfunkgerät bei der Schulung unserer Jugend in allen Sparten größte Dienste leistet, da es die Teilnahme aller Jungen und

---

1 Karl Kaufmann, *1900; seit 1921 NSDAP-Mitglied.
2 Friedrich Karl Florian, *1894; seit 1925 in der NSDAP.

Mädel an Vorträgen und Lehrgängen hervorragender Lehrmeister und Politiker ermöglicht.

Darum, deutscher Volksgenosse, zögere nicht und hilf der HJ bei der Beschaffung von Rundfunkgeräten. Die deutsche Jugend wird es dir danken.

Eine neue Geselligkeit

Es geht auch ohne Zoten, in: *Westdeutscher Beobachter* vom 14. 8. 1938, gekürzt.

Man hat in der letzten Zeit wiederholt die Meinung der Hitlerjugend zur Frage einer Geselligkeit nach nationalsozialistischem Begriff und guter, gehaltvoller Unterhaltung gehört. Innerhalb ihrer Gemeinschaft ist diese Frage schon zum großen Teil gelöst. Das diesjährige Reichsführerlager wie auch das Reichskulturlager haben mit ihren geselligen Veranstaltungen bewiesen, wie sich die Hitler-Jugend eine neue Geselligkeit denkt.

Der Reichsintendant des Deutschen Rundfunks hat auf einer Jahrestagung mit aller Schärfe den Kampf gegen die zersetzende Witzelei und vor Zweideutigkeiten triefende Lustigkeit, die sich nicht nur in Kabaretts und Varietés, sondern auch bisweilen im Rundfunk breitmachen zu können glaubte, aufgenommen. Er hat Richtlinien für eine gute unterhaltende Programmgestaltung gegeben, wonach in den Stunden sogenannter bunter Unterhaltung, bunten Abenden oder wo sonst noch die Fröhlichkeit zu ihrem Recht kommt, nie und nimmer mehr jene Werte unseres Volkes und Gemeinschaftslebens, unserer Rasse und unseres Glaubens, heruntergerissen, in Zweifel gezogen oder bewitzelt werden dürfen, die vielleicht in anderen Sendungen, z. B. Vorträgen führender Nationalsozialisten, nationalsozialistischen Feierstunden usw. als groß, ewig und heilig und für das ganze Volk verpflichtend hingestellt werden. Wenn die Partei im Begriffe ist, in unserem Volk die Kinderfreudigkeit zu wecken, in den jungen Menschen den Willen zur Ehe zu entfachen, dann soll in Zukunft kein «Conferencier» es mehr wagen dürfen, sich über diese Dinge in mehr oder minder zweideutiger Form lustigzumachen. Sauberkeit in der Unterhaltung, dabei aber die Bejahung des Gesunden, Natürlichen und Positiven! Das sind die Grundsätze für eine Unterhaltung, wie der Nationalsozialismus sie für die Geselligkeit und Fröhlichkeit des deutschen Volkes verwirklicht sehen will.

Vor Jahren schon wurde in der Hitlerjugend der Ausdruck geprägt: Unterhaltung heißt: unter der Haltung!

Verbindung zwischen Führer und Kampfgemeinschaft

Christel Reinhardt: *Der Jugendfunk*, Würzburg 1938, S. 65, Auszug.

Nicht in der Spiegelung des Jugendlebens kann der Rundfunk das letzte und tiefste Gemeinschaftsleben vermitteln, sondern in der Führung. Er muß Mittler einer großen, alle umschließenden Idee sein, um diese Aufgabe voll zu erfüllen. Eine weitere, die wichtigste ideelle Aufgabe des Jugendfunks, ergibt sich aus der Unmittelbarkeit mit der im Rundfunk die führende Idee auf die Jugend wirken kann. Der Rundfunk vermag die Ziele des Führers unverfälscht und unter Ausschluß jeder Verfärbung, Verdeutelung und Verklauselierung in das junge Volk von morgen zu tragen. Die unmittelbare Verbindung zwischen Führer und Kampfgemeinschaft ist heute nicht zu entbehren. Es ist dieses die Aufgabe des Jugendfunks als politisches Führungsmittel. Der Rundfunk muß der Jugend der geistige Führer zur Gestaltung eines eigenen Weltbildes sein. Die Unmittelbarkeit und Unverfälschbarkeit gibt dem Funk eine große Klarheit der Form, die es der Jugend erleichtert, einen Sinn in alles Geschehen zu legen. Es gilt durch den Jugendfunk den Bestand der Weltanschauung auf Menschenalter hinaus zu sichern. Die Bedeutung des Jugendfunks als politisches Führungsmittel kann darum nicht genug betont werden in einem Staate, in dem der Schwerpunkt der weltanschaulichen Schulung der Jugend bei der Jugend selbst liegt, der Funk aber das von der Jugend im stärksten Maße selbst gestaltete publizistische Mittel darstellt.

Funk-Kritik

Willenseinheit

Reichsvereinigung Deutscher Rundfunkkritiker gegründet, in: *Berliner Lokal-Anzeiger* vom 8. 5. 1933, Abendausgabe.

In Berlin wurde die «Reichsvereinigung Deutscher Rundfunkkritiker» gegründet. Zum Vorstand wurde einstimmig berufen: als Vorsitzender Hans Joachim Weinbrenner, der seit Jahren aktiv in der Rundfunkbewegung tätig ist und vor kurzem von der Hauptabteilung Rundfunk der Reichspropagandaleitung der NSDAP in die Abteilung Rundfunk des Reichsministeriums für Volksaufklärung und Propaganda berufen wurde. Als geschäftsführende Vorstandsmitglieder wurden gewählt: Otto Kappelmayer, der bekannte populärwissenschaftliche Rundfunkschriftsteller, sowie Karl W. Sonntag, der Leiter der Hauptabteilung Rundfunk beim Gau Groß-Berlin der NSDAP.

Die «Reichsvereinigung Deutscher Rundfunkkritiker», die alle Fragen kultureller, technischer, sozialpolitischer und wirtschaftlicher Art, soweit sie den Rundfunk betreffen, behandeln wird, stellt es sich zur Aufgabe, die Rundfunk-Kritiker aller Rundfunk-Zeitungen und -Zeitschriften sowie aller Tages-, Wochen- und Monatszeitungen zu einer Willenseinheit zu organisieren. Der Zweck der Organisation ist der, durch eine der nationalen Revolution entsprechende Willensbildung der deutschen Rundfunkkritiker dem Rundfunk-Zeitschriftenwesen ein der deutschen Erneuerungsbewegung entsprechendes weltanschauliches Gepräge zu geben.

Die Reichsgeschäftsstelle der «Reichsvereinigung Deutscher Rundfunkkritiker» befindet sich in Berlin W 9, Potsdamer Straße 134 a.

«Schöpferische Funkkritik»

Aufsatz von Hermann Klein in: *Deutsche Presse* vom 21. 7. 1934, gekürzt.
Zwei Jahre später verbot Goebbels jegliche Kunstkritik. An Stelle des Begriffs «Kritik» trat das Wort «Betrachtung»; ausführlich darüber siehe: *Die Bildenden Künste im Dritten Reich* (Ullstein Buch 33030), S. 126 f; es ist charakteristisch, wie viele Schriftsteller sofort nach der Machtergreifung ihre Diktion entsprechend dem späteren Gesetz von Goebbels zu untermauern verstanden.

Wenn man heute noch immer und vielerorts von der Unmöglichkeit objektiv-kritischer Arbeit spricht, dann beweisen diese ewig-gestrigen Kreise einmal, daß sie den ursprünglichen Sinn und Zweck jeder Kritik nie begriffen, und zum anderen, daß sie schon darum nicht die Fähigkeit und deshalb kein Anrecht besitzen, am kulturellen Neubau unseres Volkes mitzuarbeiten. Es ist müßig und sinnlos zugleich, den Zeiten einer ungezügelten und individuell uneingeschränkten Kritik nachzuweinen und alles aufzubieten, als müsse man sie wenigstens noch zum Teil in unsere Tage herüberretten – eben weil das doch wenigstens noch Kritik im eigentlichen Sinne war!

Der Nationalsozialismus besaß Schlagkraft genug, um jenen Schreiberlingen endgültig die Feder aus der Hand zu nehmen, weil er in ihnen nicht jene positive Kritik und die ehrlichen Förderer fand, an denen ihm schon immer lag. Der neue Staat lehnt die Kritik der Kritik zuliebe von vornherein ab und verlangt in erster Linie vom Kritiker das Verantwortungsbewußtsein, von dem jeder einzelne im heutigen Deutschland getragen sein muß, wenn er sich fähig dünkt, die Schwierigkeiten der noch vor uns liegenden Aufgaben meistern zu helfen. Der wahre und aufbauende Kritiker weiß heute, daß im Rahmen der Staatsbejahung, d. h. in einer neuen kulturellen Zielsetzung, der immer gültige Wertmesser der Leistung für Kunstwerk und Künstler immer maßgebend bleibt. Für den ehrlich Schaffenden – und anderen wird durch das neue Schriftleitergesetz das Handwerk gelegt – besteht gar kein Zweifel, daß ihm die Freiheit seines Schaffens auch im Dritten Reich nach wie vor gewahrt blieb. Er kann sich des staatlichen Schutzes sicher fühlen, weil der Nationalsozialismus weiß, daß eine freie und zugleich verantwortungsbewußte kritische Tätigkeit auch für ihn und sein organisches Wachstum unentbehrlich ist. Während er also eine «Freizügigkeit» in der Kritik, ebenso wie auf allen anderen Gebieten, ablehnt und auch in die kulturell-schöpferischen Belange planvoll und von oben eingreift, schafft er die verantwortungsbewußte Kritik, die fähig und verpflichtet ist, an Stelle von Abgelehntem Besseres zu setzen und auf diese Weise aufbaufördernd zu wirken. Die Aufgabe der Kritik liegt in der Erziehung des deutschen Volksgenossen zur nationalsozialistischen Haltung, und sie hat das herauszuarbeiten, was zur Hebung des Niveaus förderlich sein kann, hat Wege zu zeigen, die Fortschritte bringen und ein neues, erstrebenswertes Ziel sichtbar werden lassen.

Für den Schaffenden ist alle kritische Arbeit heute deshalb so wertvoll, weil ihm gerade durch sein vertieftes Verantwortungsbewußtsein der Volksgemeinschaft gegenüber eine sittlich höhere Freiheit seines kritisch-schöpferischen Schaffens garantiert wird. In besonderem Maße trifft dies für die funkkritische Arbeit zu, weil der deutsche Rundfunk aus einem fragwürdigen Dasein erhoben wurde zum wertvollsten und erfolgsichersten Mittler zwischen Volk und Staat, zum Sprachrohr des

Führers zu allen Volksgenossen, ohne das die innere Durchdringung jedes Deutschen einfach nicht mehr möglich und vorstellbar ist. Diese neue große Aufgabe des neuen deutschen Rundfunks verpflichtet den Rundfunkkritiker erst recht und stellt ihm innerhalb seines Tätigkeitsbereiches Aufgaben, die ihm in wunderbarer Form den wahrhaften Sinn und Zweck schöpferischer Kritik vergegenwärtigen. Fast wichtiger als jene übergeordnete Arbeit, im Rahmen der Volkserziehung mit dem Rundfunk und durch ihn zu wirken, ist die Stellung des Funkkritikers zwischen der Sendeleitung einerseits und den Hörerkreisen andererseits, weil dort erst die Früchte seiner erfolgreichen Arbeit sichtbar werden durch die unmittelbare Verbindung, die zwischen beiden durch ihn hergestellt zu werden vermag und auch hergestellt werden muß.

Schöpferische Funkkritik! Der Kritiker und mit ihm alle, die für den deutschen Rundfunk und damit für das deutsche Volk arbeiten, danken es dem Führer und seiner Bewegung, daß sie ihnen wieder den Adel ihrer Arbeit gegeben haben, den die Kritik heute von ihrer sittlich-höheren Warte aus empfängt.

Im Kriege

Zunächst einmal dürfte es wohl notwendig sein, die NS-Anschauungen über den Rundfunk in den besetzten Gebieten klarzustellen. Ein klassisches Beispiel dafür ist die Eintragung Dr. Hans Franks – Generalgouverneur des besetzten Polens – in sein Tagebuch. Der amerikanische Leutnant Walter Stein von der 7. amerikanischen Armee fand diese Tagebücher Franks im Mai 1945 in Franks Appartement im Hotel Berghof unweit Neuhaus in Bayern. Heute befinden sie sich im Archiv der Hauptkommission zur Erforschung der NS-Verbrechen in Warschau. Am 29. 10. 1939, Blatt 21/22 des Tagebuches, notierte Hans Frank u. a. folgendes:

«Es erschien der Reichsminister für Volksaufklärung und Propaganda, Dr. Goebbels.

Einleitend führte Herr Generalgouverneur aus:

Den Polen dürfen nur solche Bildungsmöglichkeiten zur Verfügung gestellt werden, die ihnen die Aussichtslosigkeit ihres völkischen Schicksals zeigen. Es könnten daher höchstens schlechte Filme oder solche, die die Größe und Stärke des Deutschen Reiches vor Augen führen, in Frage kommen. Es werde notwendig sein, daß große Lautsprecheranlagen einen gewissen Nachrichtendienst für die Polen vermitteln.

Reichsminister Dr. Goebbels sprach sich grundsätzlich in Übereinstimmung mit den Ausführungen des Herrn Generalgouverneurs gegen die Einrichtung eines polnischen Theater-, Kino- und Kabarettbetriebes aus. Es würden in den größeren Städten und Märkten stationäre Lautsprecheranlagen aufgestellt werden, die zu bestimmten Zeiten Nachrichten über den Stand der Lage und Befehlsparolen für die Polen geben.

Reichsminister Dr. Goebbels führte aus, daß das gesamte Nachrichtenvermittlungswesen der Polen zerschlagen werden müsse. Die Polen dürften keine Rundfunkapparate und nur reine Nachrichtenzeitungen, keinesfalls eine Meinungspresse behalten. Grundsätzlich dürfen sie auch keine Theater, Kinos und Kabaretts bekommen, damit ihnen nicht immer wieder vor Augen geführt werden würde, was ihnen verloren gegangen sei.»

Über die *Außerdeutschen Rundfunkmaßnahmen 1939–1942* von Goebbels siehe: *Vierteljahreshefte für Zeitgeschichte*, Oktober 1963, S. 418–434. Diesen Maßnahmen zufolge wurde der Bevölkerung Zuchthaus oder sogar die Todesstrafe angedroht, wenn sie ausländische Sender abhörte oder die von ihnen gesendeten Nachrichten verbreitete. Es ging so weit, daß selbst Göring, Ribbentrop, der Chef des Oberkommandos der Wehrmacht etc. besondere Genehmigungen einholen mußten, wenn sie «abhörberechtigt» werden wollten.

Siehe auch Ilse Staff: *Gelenkte Justiz – Zerstörung der Rechtssprechung im Dritten Reich* in: *Aus Politik und Zeitgeschichte* – Beilage zur Wochenzeitung

Das Parlament vom 4. 12. 1963, S. 8 f, und: *Die Verantwortlichkeit für die politisch-propagandistischen Sendungen des Großdeutschen Rundfunks, 28. Februar 1942*, Bestands-Nr. des Bundesarchivs Koblenz R 55/439.

Am 1. September 1939

Der Rundfunkerlaß des Ministerrates, in: *Die schöne Rundfunkzeitschrift*, Berlin, den 17. 9. 1939, Auszug.

Berlin, 1. September – Der Ministerrat für die Reichsverteidigung hat eine Verordnung über außerordentliche Rundfunkmaßnahmen erlassen. In der Einleitung der Verordnung heißt es:

Im modernen Krieg kämpft der Gegner nicht nur mit militärischen Waffen, sondern auch mit Mitteln, die das Volk seelisch beeinflussen und zermürben sollen. Eines dieser Mittel ist der Rundfunk.

Jedes Wort, das der Gegner herübersendet, ist selbstverständlich verlogen und dazu bestimmt, dem deutschen Volke Schaden zuzufügen.

Die Reichsregierung weiß, daß das deutsche Volk diese Gefahr kennt und erwartet daher, daß jeder Deutsche aus Verantwortungsbewußtsein heraus es zur Anstandspflicht erhebt, grundsätzlich das Abhören ausländischer Sender zu unterlassen.

Für diejenigen Volksgenossen, denen dieses Verantwortungsbewußtsein fehlt, hat der Ministerrat für die Reichsverteidigung eine Verordnung erlassen, die das Abhören von politischen Nachrichten und Übertragungen ausländischer Sender verbietet und unter Strafe stellt.

Die Erste Verordnung, welche der vom Führer eingesetzte Ministerrat für die Reichsverteidigung erlassen hat, behandelt außerordentliche Rundfunkmaßnahmen. Sie gelten dem Kampf gegen jede ausländische Lügen- und Greuelnachricht. Es ist schon bisher von jedem einsichtigen Volksgenossen die Feindpropaganda als das erkannt worden, was sie in Wirklichkeit darstellt: eine Giftwaffe des Auslandes, die dazu dient, den geistigen und seelischen Widerstand des deutschen Volkes langsam zu zermürben. Das gewaltigste Mittel der Propaganda und der gegenseitigen Völkerbeeinflussung ist heute der Rundfunk. Jedes Wort, das der Gegner herübersendet, mag es noch so objektiv frisiert sein, ist verlogen und dazu bestimmt, dem deutschen Volk in irgendeiner Weise Schaden zuzufügen.

Gefährlicher als das Abhören ausländischer Sender ist die Verbreitung von Nachrichten dieser Sender. Hierfür tritt eine Zuchthausstrafe ein und in besonders schweren Fällen die Todesstrafe. Schon diese Strafmittel beweisen den Ernst und unabänderlichen Entschluß der Reichsregierung, jede Volkszersetzung und Volksvergiftung, die vom ausländischen Rundfunk ausgeht, im Keime zu ersticken. Denn für das deutsche Volk gilt es nicht, irgendeinem Tendenzbericht des Auslandes Glauben zu schenken, sondern für jeden einzelnen von uns gilt nur ein Wille und ein Gesetz: das Wort des Führers!

Grundsätzliches

Der treue Helfer

Aufsatz von Dr. Goebbels in: *Völkischer Beobachter* vom 1. 3. 1942, gekürzt.

In *Der Autor* vom 1. 4. 1941 fand sich u. a. folgende Würdigung: «Der großdeutsche Rundfunk hat seine Aufgabe als Erlebnisklammer zwischen Front und Heimat in diesem Krieg hervorragend gelöst. War er schon in Friedenszeiten eine geistige und seelische Waffe im Kampf Großdeutschlands um seine Freiheit, so haben die großen Kriegs- und Kampfaufgaben den Rundfunk noch stärker mit dem Volke verwurzeln können. Keine schönere Anerkennung für die vielfachen Mühen dieser politischen und kulturpolitischen Rundfunkarbeit gibt es als den Vertrauensbeweis durch die deutschen Hörer selbst, die von Jahr zu Jahr mehr werden.»

Die folgenden Ausführungen beweisen jedoch, daß im Gegenteil gerade diese Aufgaben während des Krieges keineswegs «hervorragend gelöst» wurden.

Wir wenden uns heute wiederum an die ungezählten Hörer des deutschen Rundfunks an der Front und in der Heimat oder, besser gesagt, an das ganze deutsche Volk, da es im Kriege wohl kaum jemanden gibt, der ohne Rundfunk auszukommen versucht. Nicht, als wenn dazu ein dringender aktueller Anlaß vorläge, sondern einfach aus der Überzeugung heraus, daß es hin und wieder notwendig ist, die Grundlinien und bestimmenden Tendenzen unseres Rundfunkprogramms einer breiteren Öffentlichkeit mit allem Freimut darzulegen. Unsere ausgedehnte Beschäftigung mit den Problemen des Rundfunks schon vor und in vermehrtem Umfange nach der Machtübernahme haben uns dahin belehrt, daß das Rundfunkprogramm weniger eine Sache der wenn auch noch so gut gemeinten Theorie als vielmehr eine Sache der Praxis ist und daß es kein Rundfunkprogramm gibt, das alle zufriedenstellt. Die Vorschläge, die bei uns seit Jahren aus weitesten Kreisen des Volkes zum Rundfunkprogramm einlaufen, verlieren schon dadurch viel an Wert, daß sie sich fast immer auf ganz verschiedene Teile des Programms beziehen und dadurch meistens gegenseitig aufheben.

Wesentlich einfacher wäre die Lösung dieses komplizierten Problems, wenn wir wie im Frieden zwölf oder vierzehn Sender zur Verfügung hätten und die verschiedenen Aufgaben des Rundfunkprogramms darauf verteilen könnten. Aber heute macht es schon große Schwierigkeiten, einen einzigen Sendebetrieb voll aufrechtzuerhalten. Wir wissen ganz genau, daß viele Hörer mißmutig aufseufzen, wenn abends das schönste Unterhaltungsprogramm durch unseren Nachrichtendienst in englischer Sprache unterbrochen wird. Aber daran können auch wir nichts ändern. Im Kriege gehen mehr noch als in normalen Zeiten die Interessen unserer Politik den wenn auch noch so berechtigten Interessen des privaten Lebens voran.

Wer hat hier recht, wer unrecht? Zweifellos jeder auf seine Art! Aber es ist nicht zu bestreiten, daß die weitaus überwiegende Mehrzahl unseres Volkes, und zwar an der Front wie in der Heimat, heute durch den Krieg so hergenommen wird, daß sie abends einfach nicht mehr die Konzentrationsfähigkeit besitzt, zwei Stunden und mehr ein anspruchsvolles Programm aufzunehmen.

Selbstverständlich kommen überall gelegentliche Entgleisungen vor. Der deutsche Rundfunk muß von morgens in der Frühe bis in die Nacht hinein zum Volke sprechen. Der normale Mensch redet am Tage insgesamt vielleicht zwei oder drei Stunden, und auch da ist es nicht lauter Weisheit, was er von sich gibt. Er hat nur den Vorteil, daß ihm meistens wenige zuhören, seine Frau oder ein paar Kollegen. Der Rundfunk aber spricht immer zur breitesten Öffentlichkeit. Rutscht einem Sprecher oder einem Ansager auch nur einmal eine etwas unglückliche Redewendung heraus, dann regnet es gleich Telephonanrufe oder Beschwerdebriefe.

Es ist uns nun nach vielen Vorarbeiten gelungen, in den Hauptsendestunden wieder zwei Programmfolgen auszustrahlen. Wir verzichten darauf, im einzelnen darzulegen, wieviel Mühe das gekostet hat. Wir sind also wieder in der glücklichen Lage, der einen und der anderen Seite etwas mehr gerecht zu werden.

Einige gehen aber auch in ihren Wünschen zu weit. Kürzlich empörte sich z. B. ein Hörer des deutschen Rundfunks in einem Brief an uns darüber, daß in einem Rundfunkvortrag ein Offizier von der Nordfront einen gewissen Ausdruck aus dem «Götz von Berlichingen» gebraucht habe. Schreiber sei, wie er wörtlich darlegt, in der schauderhaften Lage gewesen, mit seiner Frau zusammen diesen Ausdruck zu vernehmen. «Daß ein Goethe», so fährt diese Zuschrift fort, «dieser in vieler Hinsicht zweifelhafte Charakter, in eitler, kokettierender Voreingenommenheit ihn in sein Stück aufgenommen hat, macht ihn in meinen Augen nicht einwandfrei. Ich möchte wohl wissen, welche Genugtuung das OKW oder das Propagandaministerium denen zu geben gedenken, die unvorbereitet Hörer dieser gemeinen, zweifellos charakteristischen Entgleisung vor der Öffentlichkeit in einem regierungsseitig überwachten Institut geworden sind.»

Der Krieg ist eine rauhe Angelegenheit. Und wenn unsere Soldaten in diesem Winter nicht standgehalten hätten, dann wäre vermutlich der Schreiber des genannten Briefes mitsamt seiner Frau unvorbereitet nicht nur Hörer, sondern auch Zuschauer und Objekt ganz anderer Dinge geworden, als er sie hier schildert.

Sinnvolle Handhabung

Dr. habil. Gerhard Eckert: *Der Rundfunk in unserer Zeit* in: *Die Auslese*, 1942, S. 299, Auszug.

Wenn es dem deutschen Rundfunkhörer seit dem 1. September 1939 verboten ist, ausländische Sender zu hören, soweit sie nicht ausdrücklich zum Empfang freigegeben sind, so drückt das die Erkenntnis von der Wichtigkeit des Rundfunks aus. Der Hörer, der in keiner Weise in der Lage ist, die in einer Nachricht gegebenen Tatsachen nachzuprüfen, wäre ohne dieses Verbot jeder Falschmeldung ausgeliefert. Die sinnvolle Handhabung des Rundfunks in der Zukunft wird verantwortlich dafür sein, daß der Rundfunk von keiner Seite aus mißbraucht wird.

Die Schnelligkeit, mit der der Rundfunk ein Ereignis verbreiten kann, ist unbestritten. Dadurch, daß er soundso oft das Ereignis selbst wiedergibt, ist hier eine nicht überbietbare Aktualität geschaffen. Wenn die Führerrede vom 30. Januar 1941 von insgesamt 667 Sendern übernommen wurde, so ist hier eine schnelle und eindringliche Wirkung erreicht, wie sie lange unvorstellbar war. Man wird den Rundfunk in seiner Zusammenführung des Volkes zu einem Ereignis, das ja auch durch Gemeinschaftsempfang in der Wirkung noch vertieft wird, geradezu mit dem germanischen Thing vergleichen können. Damals wie heute waren Führer und Volk zu einer Gemeinschaft zusammengeführt. Man braucht bei der Würdigung der zentralen Ansprache durch den Rundfunk durchaus nicht nur an politische Ereignisse zu denken, obwohl bei ihnen die Auswirkungen am sinnfälligsten sind.

Nach dem Kampf in Stalingrad

Mitteilung an die Abteilung Rundfunk im RMfVuP *Berlin W 8*

Reichspropagandaleitung – Hauptamt Rundfunk – Amt Sendewesen der NSDAP P./K. Berlin W 35, 13. 2. 1943 Winterfeldtstr. 4 Ruf: 2837

Betrifft: Programmbeobachtung – PB.-Meldung vom 9. 2. 1943
Zum Nachrichtendienst berichtet die Gauleitung Sachsen:
«Bei vollem Verständnis dafür, daß der Heldenkampf in Stalingrad immer ganz besonders herausgestellt wurde, hat doch die Art der Nachrichtengebung am 2. 2. um 20.00 in der gebrachten Form, daß die Kämpfer sich bei verschossener Munition und ohne Verpflegung nur noch mit dem blanken Spaten unter den zusammenstürzenden Trümmern verteidigen, bei den Familien, die Angehörige dort wissen, zu einer großen

Beunruhigung geführt. Es empfiehlt sich für die Zukunft wirklich nicht, durch derart dramatische Schilderungen die Nerven der Betroffenen noch mehr zu belasten, als dies ohnehin schon durch die fast schmerzliche Gewißheit des Verlustes ihrer Lieben der Fall war.

Wohltuend wirkten da am 3. 2. die Ausführungen von Hans Fritzsche.»

handschriftlich: *Unterschrift*
z. d. A./17. 2.

Das Gequatsche

Dieser Brief befand sich in der Mappe *Anonyme Briefe* des Propagandaministeriums.

Stempel:
Reichsministerium f. Volksaufkl. u. Propaganda 28. Sept. 1943
handschriftlich:
Aussprache von Fremdworten und Namen. An RfP

Herrn Reichsminister Dr. Göbbels, Berlin.   Köln, 25. 9. 43.

Nachdem wir uns nun jahrelang das Gequatsche von diesem würdelosen Ansager beim Grossdeutschen Rundfunk haben gefallen lassen müssen, wird es uns jetzt, wo Deutschland seinen schwersten Daseinskampf kämpft, doch zu dumm.

Entweder wir sind Deutsche, oder wir sind es nicht.

Im ersteren Falle wollen wir aber die Würde und zwar die nationale Würde und zwar in Gesinnung und Sprache pflegen. Die Sprache ist doch wohl der Ausdruck der Gesinnung.

Also weg mit dem undeutschen Plunder und weg mit den Kerlen, die in ihrer Ausdrucksweise würdelos sind, wie dieser Quatscher am Rundfunk.

Es gibt für einen Deutschen *kein* Ju-York sondern *Neu*-York.

Kein Gibralt*haar*, sondern Gibralltar. (Gibraltar)

Kein Le Avre, sondern Le Havre.

Kein Melbörn sondern Melbourne (Melburn)

Wollen wir uns denn im Auslande mit unserer verdammten Nachäfferei von so Halbgebildeten noch lächerlicher machen?

Dann dürfen wir uns aber auch nicht wundern, wenn wir *nie* ein National-Volk wie das Englische oder Französische werden. Aber wir *wollen* es werden, trotz dieser würdelosen «Deutschen» die, wenn sie sich nicht ändern wollen, aus der Deutschen Volksgemeinschaft rücksichtslos ausgestossen werden müssn.

Auch das unschöne «bagatellisieren» brauchen wir nicht. Wir haben viele andere deutsche Wörter hierfür.

Wenn dieser letzte Ruf an Sie, Herr Reichsminister, ungehallt verbleibt, dann dürfen Sie es uns nicht übel nehmen, wenn wir mit Dante ausrufen:

Lasst alle Hoffnung fahren!

Heil Hitler!
Mehrere Deutsche.

«Natürlich ist der englische Rundfunk die Quelle»

Betr.: Kampf gegen die Gerüchte.

An das Reichsministerium   Uffz. Günther Schürmann
für Volksaufklärung und Propaganda   *Stab/Pi. Ers. Btl. 26*
Berlin W 35, Wilhelmplatz   (21) Höxter, den 23. 9. 1944.

Unser Volk wird von Gerüchten überschüttet. Das ist im Kriege nicht zu verhindern. Aber die Gerüchte, die in meiner Garnison herumschwirren haben mich als alten Nationalsozialisten einerseits sehr erbost, andererseits zwangen sie mich aber auch zu der Überlegung, was wohl am besten dagegen zu machen wäre.

Ich war als Schreiber des hiesigen N. S.-Führungsoffiziers eingesetzt. Mein Chef wurde abkommandiert und hat jetzt eine wichtigere N. S. F. O.-Stelle bei einer Armee an der Westfront (Es handelt sich hier um den Oberleutnant d. R. Rolf Naumann aus München, Träger des Gold. Ehrenzeichens der N. S. D. A. P.). Nun ruht die ganze Arbeit des N. S. F. O. auf mir. Die Gerüchte, die hier von Soldaten, die aus den Westgebieten unseres Reiches auf Urlaub kamen oder von Urlaubern unseres Bataillons aus dem Westen mitgebracht wurden; waren haarsträubend. Ich bekämpfte diese Gerüchte natürlich sofort aber ich kam mir vor, wie ein Don Quijote, der gegen Windmühlenflügel kämpft.

Es handelt sich – um einige herauszugreifen – um folgende Gerüchte:

1.) Die deutschen Offiziere liessen im Westen ihre Truppen, wenn feindliche Panzer kamen, im Stich,
die Soldaten würden von den Offizieren um ihre Marketenderwaren betrogen usw.

2.) Reichsmarschall Hermann Göring und Reichsminister Speer sässen gefangen in Karinhall (ein absurder Gedanke!)

3.) Ein Soldat wollte schon die englischen Panzer in Aachen gesehen haben u. a. m.

Das ist so eine «Blütelese». Die schlimmsten Sachen bekomme ich ja gar nicht zu Gehör.

Ich habe versucht, mit allen möglichen Dienststellen deswegen Beziehungen aufzunehmen. – Es geschieht nichts. Die Kreisleitung der Partei ist überhaupt nicht zu sprechen. Man wird dort im Vorzimmer abgefertigt, wie ein lästiger Bettler. Es geschieht von Seiten der Partei überhaupt nichts. Keine Kundgebung findet statt, keine Versammlung – nichts.

Das alles zwang mich, selbständig zu überlegen, wo die Ursache und Wurzel des Gerüchtes zu suchen ist. – Natürlich ist der englische Rundfunk die Quelle. Die Leute hören die Nachrichten. Natürlich wolen sie nun die Sachen weitererzählen. Da sie aber nicht sagen können, dass sie ihre Nachricht aus dem Feindsender haben, sagen sie, sie hätten die Sachen oder «Neuigkeiten» aus ganz «sicherer Quelle», oder vielleicht von einem Schwager, der Offizier ist, oder einem Vetter der in der Rüstung arbeitet. So werden die Feindnachrichten hier «filtriert» und beglaubigt weitergegeben.

Wo man hinsieht oder hinhört hört man Defaitisten. Manchmal platze ich fast vor Wut, wenn ich diese Leute – im Grunde geistlose Spiesser – sehe. Verhaften kann man natürlich nicht jeden.

Ich wende mich an das Ministerium, weil im sechsten Kriegsjahr jeder Volksgenosse und vor allem jeder Soldat die Pflicht hat, in so wichtigen Dingen mitzuarbeiten.

Bitte unternehmen Sie noch mehr als bisher gegen das Gerücht

Unsere Soldaten kämpfen an allen Fronten und hier schwingen gewissenlose Schwatzer grosse Reden und verderben die Kampfmoral.

Heil Hitler!
Günther Schürmann

Der Rundfunk fand sein Programm

Als Aufsatz in: *Das Reich* vom 12. 11. 1944, gekürzt.

Um Arbeitskräfte und Sendeeinrichtungen für den Auslandsfunk freizubekommen, wurden in den ersten Kriegsjahren ganze Sendebetriebe stillgelegt. Viele Mitwirkende, organisatorische und technische Kräfte, sind in die Wehrmacht eingerückt. Sie bauten zum Teil dort die Frontberichterstattung der Propagandakompanien auf, oder sie wurden an die Rüstung abgegeben.

Nach außen hin könnte es so scheinen, als ob die Zurückführung des vielfältigen und vielschichtigen Programms der zahlreichen Reichssender vor Kriegsausbruch mit ihren aus der Mannigfaltigkeit der deutschen Gaue und Landschaften erwachsenden Sendungen auf ein einziges Reichsprogramm, das sich nur wenige Stunden am Tage in zwei Sendefolgen abwickelt, eine Verringerung der künstlerischen Leistung bedeute. Dem ist jedoch nicht so. Schon vor dem Kriege brachten ja die einzelnen

Reichssender nicht ununterbrochen eigene Sendungen; sie tauschten untereinander aus und schlossen sich zu Sendegruppen zusammen. Ein wirklich auf lange Sicht vorbereitetes und daher künstlerisch bis ins Letzte durchgefeiltes Programm ist aber erst dann möglich, wenn auch die Sendezeiten schon auf lange Sicht im voraus festgelegt sind, nicht immer wieder ausgehandelt werden müssen und nicht dadurch im letzten Augenblick umgestoßen werden, daß einer der beteiligten Sender eine Zeit überschreitet. Darin liegt ja überhaupt der eigentliche und der unabweisliche Zwang zum Reichsprogramm.

Nachdem ein Programmaufbau erprobt ist, an dem nun festgehalten werden soll, ergibt sich etwa dieses Verhältnis: Von den 190 Sendestunden einer Woche gehören den regelmäßigen politischen Wortsendungen 32 Stunden, dem künstlerischen Wort 3 Stunden, den Sendungen, die Wort und Musik in sich verbinden, 5 Stunden, der gehobenen Musik, die der Hörer einmal die «schwere» nannte, 24 Stunden, der Volksmusik 15, den aus Wort, Musik und verbindendem Text gestalteten Unterhaltungssendungen 55 Stunden. Für die eigentliche Unterhaltungsmusik, die früher einen Hauptbestandteil des Programms ausmachte und die heute sich auf wenige Vormittags- und Nachtstunden zurückgezogen hat, verbleiben nur mehr 56 Stunden.

134 Stunden in der Woche sind also in mühsamer Vorbereitungsarbeit mit aller Liebe und Sorgfalt durchdacht und künstlerisch durchgestaltet worden, ehe sie in den Äther hinausgehen. Bei allen diesen Sendungen hat sich ein Gesetz als zwingend erwiesen: nicht nur die gehaltvollen Darbietungen wurden immer beliebter, auch die beliebten immer gehaltvoller.

Ratschläge

Aber nun die Kehrseite

Herrn Ministerialrat   Ludwig Metzger,
Hans Fritzsche   Zeuthen bei Berlin,
Propagandaministerium   Prinz Heinrichstr. 17/18
Berlin W 8   Zeuthen, 12. Sept. 44

Sehr verehrter Herr Ministerialrat!
Nachträglich besten Dank für Ihre freundlichen Zeilen vom 17. März. Neben meiner Filmarbeit habe ich auch weiterhin das aktuelle Funkprogramm mit größtem Interesse verfolgt. Nachdem der Krieg nun mit Riesenschritten seinen Höhepunkten entgegeneilt, sind nach meinen Erfahrungen nun doch manche Volksgenossen recht kleingläubig und zweifelnd geworden. Im Hinblick darauf und auf die sicher noch stürmischer

werdenden Entscheidungsschlachten sollte also nichts versäumt werden, was geeignet ist, die Moral und den Glauben an unseren Endsieg zu stärken. Zweifellos ist mit der neuen Terrorwelle auch wieder mit verstärkter Feindpropaganda zu rechnen, und so möchte ich Ihnen wieder einige Anregungen geben, von denen vielleicht die eine oder die andere für ihre künftige aktuelle Programmgestaltung brauchbar ist.

Zunächst einige Beispiele, die erhellen mögen, wie wichtig die aktuellen Sendungen und oft schon einzelne Sätze in den jetzigen Wochen und Monaten der Entscheidung sind. So wurde mir der Satz von Dr. Goebbels, er «habe eine Waffe gesehen, bei deren Anblick sein Herz nicht nur höher schlug, sondern für Momente still stand», von mindestens einem Dutzend meiner Bekannten erzählt. Ebenso wirkte der Satz: «Das Triumphgeschrei würde eines Tages unseren Feinden im Halse stecken bleiben.» Auch Ihre Formulierung, daß «die V 1 nur die erste Umdrehung einer Schraube sei, die mit dem weiteren Verlauf des Krieges immer kräftiger angezogen werden würde», war überall im Umlauf. Und geradezu eine Sensation war der Artikel von Fernau in der Nachtausgabe. Er wanderte tagelang von Hand zu Hand, und hier wurde er sogar den höheren Klassen in der Schule vorgelesen.

Aber nun die Kehrseite: Als nach den vorher so zuversichtlichen Schilderungen über den Atlantikwall und unsere Kampfstärke der Durchbruch der Amerikaner gelang und in den Wehrmachtsberichten plötzlich Städtenamen wie Paris, Laon, Verdun und schließlich gar Sedan, Metz und Lüttich auftauchten, da geriet doch mancher ins Wanken. Jedenfalls hörte man am Zeitungsstand, im Luftschutzkeller oder von Bekannten doch manche beklommene Frage, von denen ich einige folgen lasse, weil sie Ihnen sicher Material und Stichworte für künftige Sendungen und Vorträge geben:

1) Warum sprechen in diesen dramatischen Wochen der Führer oder Dr. Goebbels nicht selbst einmal zur Lage?

2) Warum kommen die neuen Waffen wenigstens teilweise nicht schon jetzt zum Einsatz, wo der Feind in West und Ost so dicht vor unseren Grenzen steht?

3) Was wird aus V 1 und den weiteren V-Waffen, wenn wir immer weiter von Englands Küsten abgedrängt werden?

4) Wird es den angloamerikanischen Bombern am Ende nicht doch gelingen, unsere Rüstungswerke, Treibstoffanlagen und Verkehrswege entscheidend zu zerschlagen?

5) Sind die U-Boote wieder im Kommen?

6) Was geschieht, wenn den Gegnern in West oder Ost ein Durchbruch gelingen sollte?

7) Wo bleibt Japan? Warum setzt es seine Flotte nicht ein? Könnte denn Japan nicht Rußland von der anderen Seite angreifen?

Ich bin mir natürlich darüber im klaren, daß man die meisten dieser

Fragen aus militärischen oder politischen Gründen nicht beantworten kann. Aber da sie nun einmal jedermann bewegen, sollte man sie auch in dieser oder jener Form einmal behandeln, wobei ja in keinem Falle direkte Antworten notwendig wären.

Und nun zu den eigentlichen Sendungen:

In den schwarzen Tagen des Vormarsches der Russen im Osten und später der Angloamerikaner im Westen haben die Verzagten am Lautsprecher gesessen und waren noch bedrückter als sonst, wenn im Gegensatz zu den beklemmenden Wehrmachtsberichten der Zeitspiegel harmlose Hörerfragen beantwortete, die Tagesfrontberichte oft ausblieben und statt eines beruhigenden oder verheißungsvollen Vortrages um ³/₄ 8 Uhr musikalische Rätsel oder Dichterbiographien über die Sender gingen. Ich selbst habe manchmal gedacht, in diesen und erst recht in vielleicht noch kommenden schwärzeren Tagen der Entscheidungsschlachten bezw. in der noch benötigten Zeit bis zum Einsatz der neuen Waffen sollte gerade der aktuelle Funk keine leere Stelle im Programm aufweisen und ununterbrochen bemüht sein, Sendungen und Vorträge parat zu halten, die geeignet sind, auch in den schwärzesten Tagen die Moral, den Kampfwillen und die Abwehrkraft zu stählen, zumal wenn es aus militärischen oder politischen Gründen noch nicht angezeigt ist, daß wieder einmal der Führer oder Dr. Goebbels selbst zur Lage sprechen. In diesem Sinne will ich nun folgende Anregungen geben:

1) Vielleicht sollte man neben den drei Standardsendungen: Dr. Goebbels, Fritzsche, Dietmar noch eine ganz neue aktuelle Sendung bringen, die durch Sendezeit, Rahmen und Titel besonders hervorgehoben wird und nur dem einen Zweck dient, die Moral zu stärken. Und zwar sollten diese Sendungen nur folgende Themen haben: a) Vorträge mit Hinweisen auf die neuen Waffen und neuen Möglichkeiten, b) Vorträge mit Schilderungen der Folgen einer etwaigen Niederlage für Nation, Familie und Einzelmensch, c) Vorträge über die Auswirkungen der bolschewistischen Maßnahmen in den abgefallenen Ländern Italien, Rumänien, Bulgarien und Finnland, d) Vorträge mit heroischen Beispielen aus der Geschichte: Kunersdorf usw.

2) Vielleicht sollte man neben den Aufsätzen von Dr. Goebbels auch alle 8 Tage den besten Leitartikel der Woche über den Rundfunk bringen.

3) Es müßten ständig eine Anzahl anfeuernder, nicht an die Tagesereignisse gebundene Vorträge in Bereitschaft liegen, die an schwarzen Tagen sofort als Gegengewicht ins Programm aufgenommen werden könnten.

4) An flauen Tagen wäre es für den «Bericht der Lage» manchmal besser, statt sich durch mehr oder weniger belanglose Tagesereignisse hindurchzuwinden, diese überhaupt nicht zu erwähnen und dafür einen nicht an den Tag gebundenen Vortrag zu bringen.

5) Der «Bericht zur Lage» sollte auch über die Kurzwellensender gehen, da es schade ist, daß diese oft sehr guten Sendungen im Ausland nicht gehört werden können.

6) Alle Vorträge mit Formulierungen wie: «Wir werden den Krieg gewinnen, wenn...» sollten am besten unterbleiben. Denn von verschiedenen Seiten hörte ich: «Früher hieß es: «Der Sieg ist uns absolut sicher» und heute heißt es überall: «Wir werden den Krieg gewinnen, wenn...»

Und damit will ich für heute schließen. Natürlich liegt es mir fern, etwa am Rundfunk Kritik zu üben, sondern ich wollte Ihnen nur wieder einige Anregungen geben angesichts der Tatsache, daß das aktuelle Funkprogramm noch niemals wichtiger war als zur Zeit. Ich selbst würde gerne auch einmal einen Vortrag liefern, aber ich glaube, daß mir dieses Gebiet nicht liegt. Wenn es Ihnen aber erwünscht sein sollte, dann will ich Ihnen gerne von Zeit zu Zeit Stichworte für Vorträge liefern, die nach meiner Meinung besonders wichtig wären.

Mit den besten Grüßen und mit Heil Hitler!   Ludwig Metzger

In Wien anno 1944

handschriftlich: Pw. Pol. 2770/16. 9. 44/277–1,4   Hans Jirsa,
Stempel: Reichsministerium   Wien 7,
f. Volksaufkl. u. Propaganda   Wimbergerg. 32
21. Sep. 1944 V   Wien,
   16. September 1944

Herr Reichsminister!
Ich habe heute nachmittag den Entschluß gefaßt, Ihnen, Herr Reichsminister, einige Vorschläge zu unterbreiten, weil ich es für dringend geboten hielt und weil ich weiß, daß ich bei anderen Stellen kein Gehör finde und bestenfalls als schlechter Nationalsozialist angesehen werde. Inzwischen haben einige Brandlegungen im Prater in den heutigen Nachmittags- und Abendstunden mir gezeigt, daß die Sache tatsächlich äußerst dringend ist.

Ich weiß nicht, wie es in anderen Teilen des Reiches ist, aber hier in Wien ist die Stimmung miserabel. Insbesondere wird durch die Mundpropaganda der Kommunisten die Bolschewisierung der breiten Massen immer stärker. Immer wieder kann man in mehr oder weniger klausulierter Form das Verlangen hören, der Führer möchte den ohnehin aussichtslosen Kampf abbrechen. Dieser Wunsch ist nur dadurch erklärlich, daß sich die Ostmärker durch die feindliche Propaganda eine Sonderbehandlung versprechen, insbesondere dann, wenn sie beizeiten dem Kriege ein Ende machen. Die moralische Festigkeit ist m. E. blutmäßig bedingt und ist zu berücksichtigen, daß die Wiener Bevölkerung stark ostisch vermischt ist.

Es sind nicht nur Indifferente, die dieser Propaganda zum Opfer fallen, sondern auch in immer stärkerem Maße schwache Parteigenossen. Zurückzuführen ist dies, wie schon erwähnt, auf die feindliche Propaganda, aber auch darauf, daß der Kontakt mit der breiten Masse des Volkes viel zu sehr verloren geht. Viele der maßgebenden Männer sind zwar mit Aufgaben überlastet, aber zu wenig auf der Straße. Es werden Versammlungen am laufenden Band veranstaltet, zu denen Pg freiwillig gehen oder geschickt werden, aber die nicht von den Menschen besucht werden, die in der richtigen Bahn zu halten, notwendig ist.

Ich erlaube mir daher vorzuschlagen, daß die Vorträge im Rundfunk und die Artikel in den Zeitungen mehr auf den Mann aus der Fabrik abgestimmt werden. Viele Vorträge sind zwar sehr interessant und viele Artikel äußerst lesenswert, aber außer dem Artikel, den Sie, Herr Reichsminister, für «Das Reich» schreiben und der, ich spreche aus dem Herzen, eine hervorragende Wirkung ausübt, fehlt es den Berichten zur Lage nebst einigen Kriegsberichten, die unmittelbare Beziehung zum Kriege. Vorträge über Astronomie und Artikel wie «Rund um Tsingtau» oder «Der Führertyp als Gesamtpersönlichkeit» sind sehr wissenswert, aber derzeit wohl nicht angebracht. Der wirklich arbeitende Mensch kommt gar nicht dazu, sie zu lesen, und ist höchstens unbefriedigt darüber, die Zeitung weglegen zu müssen, ohne Dinge, die ihn interessieren würden, gelesen zu haben. Solche Artikel lenken nur von wichtigen Dingen ab, die, wie z. B. «Auf den Sieg kommt es an» und ähnliche Artikel, auf den letzten Seiten stehen. Die Vorträge und Artikel sind auch auf ein zu hohes Niveau und nicht auf die breite Masse abgestellt.

Als ich heute morgens das Radio andrehte, hörte ich einen Aufruf «Arbeiter, wie lange werdet ihr euch noch von den Nazis beherrschen lassen?» Da ich mit meinem kleinen Volksempfänger stets nur den Wiener Sender eingeschaltet habe, dürfte ein Feindsender auf der Welle des Wiener Senders diesen Aufruf gebracht haben. Ich weiß nicht, was er sonst noch brachte, da ich abschaltete, glaube jedoch, daß hierzu in der Zeitung oder im Rundfunk Stellung genommen und erklärt werden sollte: «Die Nazis haben überhaupt niemals geherrscht, sondern dem Staate und der Gemeinschaft stets nur gedient. Man sehe es am besten bei den Bombenangriffen wieder, wie die Nazis Tag und Nacht daran arbeiten, der Gesamtheit das Los zu erleichtern. Redensarten wie ‹Macht euch von der Naziherrschaft frei!› dienten nur dazu, uns aufzuspalten und um, wie 1918, in letzter Minute leichter einen Sieg zu erschleichen.» Recht primitiv müßten diese Dinge gebracht, aber dafür eingehämmert werden. Die Redner der NSDAP würden ebenfalls besser im Rundfunk sprechen, dort würden sie wenigstens an die Menschen herankommen, die es zu erreichen gilt. Soldaten, die Rußland erlebt haben, müßten immer wieder die Freiheit schildern, die sie dort gesehen haben, und geflüchtete Rumänen, Litauer, Letten, Finnen usw. Schilderungen bringen, die dem einfachen Mann zeigen, was er zu erwarten hat. Soldaten sollen einfache Hinweise geben, daß es in Sowjetrußland keine Familienunterstützung, ja nicht einmal eine Feldpost gibt.

Die primitive Auseinandersetzung mit der Masse hat uns s. Zt. an die Macht gebracht, und nur sie kann uns, wenigstens hier in Wien, vor einer Katastrophe bewahren, die zumindest dann eintritt, wenn noch einige Bombenangriffe folgen sollten oder Wien evakuiert werden müßte.

Heil Hitler!

Hans Jirsa

«Was halten Sie davon, Herr Minister?»

Hier nur die erste Seite des dreiseitigen Briefes.

handschriftlich: 25. 9. 44 Pw. Pol. 2770/25. 9. 44/307–2, 10
Stempel:
Reichsministerium f. Volksaufkl. u. Propaganda 29. Sep. 1944 V
Stempel:
Im Ministeramt geöffnet. Geschäftsgang!
handschriftlich: 1) Antwort 2) z. d. A. Kr 2./10.

Herrn Reichspropagandaminister	Emmo Nowack
Dr. J. Goebbels	Berlin N 54, den 25. 9. 1944
Berlin W 8, Wilhelmplatz	Schönhauser-Allee 187 Vdhs.

Betr.: Anregung für Propaganda und Abwehr
Im vergangenen Jahr war bei der Fronttruppe eine Prämie in Form von Gewährung eines Sonderurlaubes ausgesetzt worden und zwar für eine schlagkräftige Propaganda gegen den Feind. Dies berichtete mir mein inzwischen gefallener jüngster Sohn.

Ich hatte ihm seinerzeit den Rat gegeben und gleichzeitig den Vorschlag gemacht, er soll doch einmal in Erwägung ziehen, ob es nicht möglich wäre, bei klarem Wetter etwas am Himmel durch Kunstflieger schreiben zu lassen, so wie man früher «Persil» und dergleichen geschrieben hat, nur die zwei Worte: «Judas Schuld!» in der jeweiligen Feindsprache. Mein Sohn meinte, wenn das auszuführen ginge, der Gedanke wäre nicht schlecht. Nun will ich folgende Anregung geben und die Erörterung offen lassen, ob es nicht möglich wäre, daß man außer der üblichen Propaganda und Aufklärung durch die Presse und den Rundfunk folgendes zusätzlich ausführen könnte:

Genau so wie wir allstündlich am Tage die Luftlagemeldung bekommen, müßte – auf Platte aufgenommen – *stündlich* über alle deutschen Reichssender und in allen Sprachen über die Auslandssender und den Kurzwellensender, zu den für unseren Sender bestmöglichsten Sendezeiten, den Satz:

«Nur der Jude ist schuld an dem Unglück der Welt, nur er verdient an dem von ihm angezettelten Massenmord der Völker»

in alle Welt hinaus gebracht werden und immer wieder den Völkern eingehämmert werden!

Was halten Sie davon, Herr Minister?

«Hans Fritzsche spricht»

Überschrift einer gedruckten Rundfunkrede von Hans Fritzsche in: *Reichsrundfunk* vom 15. 11. 1942, gekürzt.

Hans Fritzsche, 1900–53; seit dem 1. 5. 1933 NSDAP-Mitglied; 1933–37 Leiter des Referats Nachrichtenwesen in der Presseabteilung der Reichsregierung im Propagandaministerium; ab 3. 11. 1942 Beauftragter für die politische Gestaltung des Großdeutschen Rundfunks im Propagandaministerium; während des Krieges stellten seine regelmäßigen Sendungen *Hans Fritzsche spricht* die offizielle Stellungnahme des Regimes dar.

Meine Hörerinnen und Hörer! Lassen Sie uns heute [1] einmal von eigenen Angelegenheiten sprechen. Sie hörten oder lasen, daß Reichsminister Dr. Goebbels die Stelle eines Beauftragten für die politische Gestaltung des Großdeutschen Rundfunks geschaffen hat und daß er sie mir übertrug. Gleichzeitig vertraute er mir die Leitung der Rundfunkabteilung seines Ministeriums an, deren bisherigen Chef, Wolfgang Diewerge, er schon vor einiger Zeit in das Ministeramt berufen hatte.

Damit verwirklicht sich – gestatten Sie diese persönliche Bemerkung – für mich der langjährige Wunsch eines Mannes, der als Journalist während jahrzehntelanger Pressearbeit die Möglichkeiten und die Bedürfnisse des modernen Rundfunks kennenzulernen Gelegenheit hatte; der etwas verspüren durfte von der wunderbaren Kraft, die das Wort als Klang durch den Äther ins Volk hinausträgt; der den geheimnisvollen Reiz des Kontaktes empfand zwischen einem Sprecher und unsichtbaren Hörern; und der schließlich lernte, daß der Mann am Mikrophon nicht in der beschaulichen Ruhe seines Sprechraumes, sondern im Volk und im Sturm der Zeit sich zu Hause fühlen muß.

Der Umfang der Vollmachten, die Reichsminister Dr. Goebbels seinem Beauftragten für die politische Gestaltung des Großdeutschen Rundfunks mitgab, der Augenblick, in dem der Auftrag erteilt wurde und die derzeitige Lage des Rundfunks erfordern einige Worte der Klarstellung.

1 Rundfunkvortrag vom 7. November 1942.

So wird zunächst einmal der Nachrichtendienst sich dem Bedürfnis der Massen nach sachlicher und klarer Unterrichtung unterordnen. Ihm stehen die großen deutschen Nachrichtenquellen zur Verfügung, sowie alles, was draußen publiziert wird. Nur Narren werden erwarten, daß der Rundfunknachrichtendienst staatspolitische oder militärische Geheimnisse verraten kann. Das wird er nicht. Er wird fernab von jeder Selbsttäuschung schnell und aktuell das berichten, was man wissen muß. Er wird nicht den Ehrgeiz haben, vielleicht 15 Minuten zu füllen, wenn kein Material vorliegt. Gibt es nicht viel zu melden, dann wird er eben nach fünf oder nach sieben Minuten Schluß machen, um eiligen Hörern nicht die Zeit zu stehlen. Gibt es aber wirklich viel zu berichten, dann wird er halt über 20 Minuten ausgedehnt. Alte Zöpfe und tote Formeln aber schneiden wir ab!

In den allgemeinen politischen oder militärischen Betrachtungen, in den fachlichen Vorträgen, die immer regelmäßiger von 19.45 bis 20 Uhr stattfinden werden, soll stärker noch als bisher ein ganzer Kreis von Männern aus den verschiedenen Arbeitsgebieten zu Worte kommen: Soldaten und Journalisten, Wissenschaftler und Politiker, die nicht nur etwas wissen, sondern die es auch rundfunkmäßig zu sagen verstehen. Ihnen wird sich durch die Regelmäßigkeit ihres Auftretens die Möglichkeit bieten, ein besonderes Vertrauensverhältnis zu ihren Hörern zu schaffen.

Die Linie dieser Betrachtungen ist sehr einfach zu kennzeichnen. Es wird die Linie der Offenheit gegenüber den Problemen der Gegenwart sein, die die Aufsätze von Dr. Goebbels im «Reich» auszeichnet. Diese Vorträge sollen nicht der Nährboden für Illusionen sein, sondern dem Volk bei der richtigen Wertung der Tatsachen helfen. Sie werden sich freihalten von falschem Pathos, ohne das echte Pathos zu scheuen. Denn sie sollen Millionen draußen und drinnen das Rüstzeug geben für die tägliche Auseinandersetzung mit den großen Aufgaben, in deren Dienst die Arbeit und der Kampf jedes Deutschen steht.

Für die Sprache, die in diesen Vorträgen gesprochen wird, gilt das Prinzip des geistigen Geleitzugsystems. Wenn sich in einem Geleitzug das Tempo aller Schiffe nach der Höchstgeschwindigkeit des langsamsten richtet, so müssen sich Vorträge, die ins Volk hinausgehen, nach den Fähigkeiten der Masse richten. Auch hier gilt das vorhin Gesagte: Der wahrhaft Gebildete fühlt sich durch die Erläuterung dessen, was ihm nicht erläutert zu werden braucht, nicht etwa gekränkt. Nur der Eingebildete ist chokiert.

Nun weiß ich, daß die Durchführung aller guten Pläne und ihr Wirksamwerden nicht nur abhängig ist von den Fähigkeiten der Männer und Frauen am Mikrophon, sondern auch von anderen Dingen. Wir wissen, daß trotz der außerordentlichen Vermehrung der Deutschland zur Verfügung stehenden Sender der Raum der Heimat selbst und das gewaltige

Gebiet bis hin zur Front bei weitem nicht ausreichend versorgt ist mit gut hörbaren Sendestellen. Wie oft sind wir im vergangenen halben Jahr irgendwo draußen fast in den Lautsprecher hineingekrochen, um noch das letzte schwache Flüstern eines unendlich weit entfernten Senders der Heimat oder der besetzten Gebiete zu erlauschen!

Wir wissen weiter nur zu gut, daß die mit der Aufhebung der Sommerzeit verbundene Abschaltung zahlreicher Reichssender bereits um 19.15 Uhr, statt wie in den vorigen Wintern um 20.15 Uhr, die Empfangsmöglichkeit für manche Volksgenossen in einer wichtigen Sendestunde herabsetzt. Schließlich ist es für uns kein Geheimnis, daß mancher Rundfunkteilnehmer heute schwere Sorgen hat mit seinem Rundfunkempfänger. Der eine kann die Röhre nicht ersetzen, die ausgefallen ist, der andere spart die letzte Kraft seiner Batterie für einige Nachrichtensendungen auf, der dritte kann sein müde gewordenes Gerät nicht ersetzen – ganz zu schweigen von der Unerfüllbarkeit des Wunsches, für die Zeiten eines schwierigen Empfanges gar ein neues, besseres Gerät zu bekommen.

Auf der anderen Seite steht heute der verhängnisvolle Mangel eines gedruckten Rundfunkprogramms, das dem Hörer einen Hinweis gibt auf die Sendungen, an denen ihm liegt. Der Rundfunk selbst versucht, diese Lücke durch häufige Programmhinweise zu schließen. Die Rundfunkorganisation der Partei wird in Zukunft für den Aushang von Programmen sorgen, und ich appelliere an den Einfallsreichtum aller zur Verbreitung der Kenntnis des Rundfunkprogramms.

Jedenfalls muß mit allen Mitteln verhindert werden, daß der Hörer, wenn es ihm gerade einfällt oder wenn er gerade einmal Zeit hat, in den Äther lauscht, um abzustellen, wenn er nicht – was ja ein großer Zufall wäre – gerade das Wort oder den Ton auffängt, auf den er gestimmt ist.

Das Allheilmittel, die Verbreitung eines gedruckten Programms, die früher die Sache eines einfachen Entschlusses gewesen wäre, wird heute zu einem Problem – genau so wie die Beschaffung von Geräten und Röhren. Gewiß wird man an alle diese Probleme herangehen, aber es werden im Kriege nur Notlösungen herauskommen. Die größte Hilfe ist die nachbarliche, die kameradschaftliche Hilfe.

Stimmen zum Rundfunk

Hans Fritzsche bekam laufend sogenannte *Stimmen zum Rundfunk* vom Chef
der Sicherheitspolizei und des SD, die dieser sammelte, um über die Meinung
der Bevölkerung hinsichtlich der Sendungen orientiert zu sein. Hier ein solcher
Bericht als Beispiel; im Besitz des Herausgebers befindet sich noch ein anderer
Bericht vom 4. 12. 1942.

Geheim persönlich!

An das Reichsministerium	Der Chef der Sicherheitspolizei
für Volksaufklärung und Propaganda	und des SD
Abt. Rundfunk	*III C 4 – v. K./Doe. G./64–1*
z. Hd. von Ministerialdirektor Fritzsche	
Berlin SW, Mauerstr. 45	Berlin SW 11, den 17. 4. 1942 [1]
	Prinz Albrecht Str. 8

Sehr geehrter Parteigenosse Fritzsche!
Außerhalb der «Meldungen aus dem Reich» übersende ich Ihnen anlie-
gend eine Zusammenstellung von Stimmen zum Rundfunkprogramm
sowie eine Sondermeldung über die Gestaltung der Leserspitzen in der
Tagespresse mit der Bitte um Kenntnisnahme.

Heil Hitler!
Ihr
Unterschrift
SS-Obersturmbannführer

– Anlagen –

Stimmen zum Rundfunk

1. Die Rundfunkhörer verfolgen zur Zeit alle *Nachrichtendienste*, Kommentare und politischen Vorträge besonders auf Meldungen über Tune-
sien, die über den Rahmen der OKW-Berichte hinausgehen. Zu den
übrigen Nachrichten wird zumeist bemerkt, daß die Rundfunkdienste
sich in aller Kürze auf das Wesentliche beschränken könnten. Der Nachrichtendienst wurde an einzelnen Tagen vielfach als «aufgefüllt» empfunden.

So sehr die Zeitansage an Wochentagen begrüßt wurde, so sehr falle
sie einem großen Teil der Hörer an Sonntagen (z. B. beim Hamburger
Hafenkonzert) «auf die Nerven». An diesem Tage wolle man einmal
«nicht nach der Uhr leben».

2. Von den *Vorträgen* haben die Ausführungen von Generalleutnant
Dittmar über das Thema «Zwischen Winterschlacht und Sommerfeldzug»

---

1 Es muß wahrscheinlich 1943 heißen.

besonders angesprochen. Seine Darstellung wurde als offen und sachlich empfunden, und man teile seine positiven Ausblicke, ohne deshalb übertrieben optimistisch zu sein.

Sehr interessiert hat auch der Vortrag am 13. 4. (19.30 Uhr) über den *Atlantikwall*. Die Vergleiche mit dem Westwall wußten zu überzeugen. Der Hörer habe den Eindruck erhalten, daß allen Möglichkeiten Rechnung getragen sei. Die Sendung habe die Propaganda in Presse und Film wirkungsvoll unterstrichen. Über das Stadium der Vollendung bestehe auf Grund des Vortrages einige Unklarheit. Zuerst habe der Vortragende so gesprochen, als wäre der Atlantikwall schon fertig; dann habe er gesagt, daß die Arbeiter nach der Vollendung des Walles eine Tafel mit der Inschrift «Eintritt nach Europa versperrt» anbringen würden. Man habe sich – im Analogieschluß zum Westwall – gefragt, ob diese Propaganda nicht nur den Feind «bluffen» solle.

Der Vortrag von Major Bley vom 9. 4. «Der Luftterror» sei mit großer Spannung erwartet worden, habe aber inhaltlich nicht alles gehalten. Der Redner habe die von ihm selbst gestellten Fragen, wann die Terrorangriffe aufhörten und was wir dagegen unternehmen würden, nicht ausreichend beantwortet. Der Hinweis auf unsere U-Boot-Waffe werde nicht als genügende Erklärung über unsere Maßnahmen gegen die Feindeinwirkung gewertet. Auch die Kostenberechnung über die Verluste an feindlichen Flugzeugen habe zumeist nicht überzeugt, da die Kosten der uns zugefügten Beschädigungen als weit höher geschätzt werden. Major Bley werde an sich sehr geschätzt; es habe jedoch seinen Argumenten diesmal an Durchschlagskraft gefehlt.

3. Zum *Bericht zur Lage* wird bemerkt, daß sie z. T. wenig Neues brächten. So sei Brenning am 12. 4. über das amtliche Kommuniqué über die Zusammenkunft Führer–Duce kaum hinausgegangen. Auch der Bericht am 13. 4. sei zu allgemein im Inhalt gewesen.

4. Zu den Berichten des «*Zeitspiegels*» wird verschiedentlich berichtet, daß Schilderungen aus *Japan* stets interessieren, auch wenn die Sendungen technisch nicht ganz einwandfrei seien. Die Berichte aus *Italien* würden dagegen oft mit Skepsis aufgenommen, da in Erzählungen von Urlaubern oder Feldpostbriefe ein weniger gutes Bild von der Lage unseres Achsenpartners gegeben werde.

5. Die politische Kurzszene «*Bittgang des Admiral Blackford*» (10. 4.) sei im allgemeinen gut aufgenommen worden. Die geschilderten Vorgänge seien eindrucksvoll dargestellt worden, wobei verschiedentlich die Leistung der Schauspieler hervorgehoben wird. Die Gesamttendenz sei ziemlich unaufdringlich gewesen. Vereinzelt zweifle man allerdings daran, daß ein Admiral persönlich eingreife, um Gefangene als Schiffsbesatzungen anzuwerben.

6. Unter den *unterhaltenden Sendungen* hat der *Bunte Nachmittag aus Wien* am 10. 4. eine einheitlich gute Aufnahme gefunden. Er sei

humorvoll und entspannend gewesen und habe eine Atmosphäre geschaffen, die den Hörer mitgerissen habe. Die Programmzusammenstellung sei sehr gut gewesen. Desgleichen hätten der Ansager Albach-Retty und der Text der Ansage gefallen. Es sei ein bunter Nachmittag gewesen, wie man ihn sich in einem Abendprogramm am Sonnabend wünsche.

Gut angesprochen hat auch (am Sonntag, d. 11. 4.) die Sendung «Zwei Menschen». Sie habe besonders den Frauen gefallen. Hervorgehoben wird die ausgezeichnete sprachliche Gestaltung und «die wunderschöne Erzählung» in dieser Sendung.

Zum *Musikprogramm* wird z. T. kritisch bemerkt, daß bei Übertragungen von Opern bzw. Opernausschnitten verhältnismäßig viel Werke ausländischer Komponisten gebracht würden. In den Reihen «Für jeden etwas» und «Wie es Euch gefällt» würden bevorzugt Melodien aus «La Traviata», «Der Bajazzo», «La Bohème», «Tosca», «Madame Butterfly», «Carmen» usw. gebracht. Hinter der Zahl dieser Sendungen träten deutsche Opernmusiken weitaus zurück.

7. In der letzten Zeit mehren sich die Berichte über ein offenbar verbreitetes *Abhören ausländischer Rundfunksender*.

Aus vielen Beobachtungen sei zu schließen, daß Angehörige von vermißten *Stalingradkämpfern*, soweit es die Güte ihrer Geräte zulasse, den Versuch machten, sowjetische Sender abzuhören, um über das Schicksal der Soldaten Näheres zu erfahren. Von solchen Volksgenossen wird in einer schwer faßbaren Form z. T. offen geäußert, daß man eigentlich so lange Moskau hören sollte, bis die deutsche Regierung über den Verbleib der Vermißten Auskunft gebe. Bei solchen Versuchen, Namen von Vermißten oder gar die Stimme von Angehörigen zu hören, würden naturgemäß andere Nachrichten des Moskauer Senders mit empfangen. Gesprächsweise Erwähnungen könnten nur diese Quelle haben. Die sowjetische Methode, Namen deutscher Kriegsgefangener bekanntzugeben, müsse als sehr geschickt gelten.

Vereinzelt wird auch darauf hingewiesen, daß Rundfunkhörer den deutschen Nachrichtendienst mit der längeren Dauer des Krieges als zu eintönig und einseitig empfänden und sich augenscheinlich zusätzlich Nachrichten aus dem Auslande beschafften, um sich ein «übersichtlicheres Bild» der Lage selbst zu bilden. Fritzsche sei der einzige, der Mitteilungen über ausländische Rundfunknachrichtendienste bringe, aber das sei zu wenig, um den «Informationshunger» zu befriedigen und den kritischen Abstand, der sich zur eigenen Nachrichtengebung in den Wechselfällen des Kriegsgeschehens bei vielen Volksgenossen ergeben habe, zu beseitigen.

Denunziationen

Nach Rücksprache mit einigen Journalisten

Herrn
Ministerialdirektor Fritzsche.

Dr. Scharping
Berlin, den 17. Juni 1943

Betrifft: Die Gerüchte über Äusserungen von Ihnen in Westdeutschland.

Nach Rücksprache mit einigen Journalisten habe ich folgendes festgestellt:

Der Gauleiter Wegener, Oldenburg, und der stellvertretende Gauleiter Hoffmann, Bochum, haben sich vor den Schriftleitern äusserst ablehnend über die Berliner Propaganda zum Lufterror geäussert. Sie haben u. a. beide gesagt, man müsse diese Propaganda in die bombardierten Gebiete selbst verlegen, Berlin habe offenbar keine Ahnung.

In Dortmund hat dann ein höherer Parteibeamter, dessen Namen nicht mehr festzustellen war, vor 15 bis 20 Schriftleitern geäussert:

Die Berliner Propaganda tauge garnichts, besonders auch der Vortrag von Fritzsche habe Empörung ausgelöst. Diese sei in Dortmund ganz allgemein. Man hätte Fritzsche gegenüber, wenn er in den Tagen nach Dortmund gekommen wäre, diese Tatsache sehr handgreiflich zum Ausdruck gebracht.

Der Name dieses Angehörigen der Gauleitung, der diese Ausführungen gemacht hat, war nicht mehr festzustellen. Die Schriftleiter konnten sich darauf nicht besinnen, weil sie täglich viele Vorträge von Prominenten entgegenzunehmen hatten.

Heil Hitler!
Scharping

Ein Gutsverwalter

An das Reichsministerium
für Volksaufklärung und Propaganda
z. H. Herrn Ministerialrat
Hanns Fritzsche
Berlin

Rudolf Rösener, Gutsverwalter
Schwarzenau, Waldviertel,
Waidhofstraße 7, Ostmark
Schwarzenau, Waldviertel,
7. Okt. 41

Da Sie, Herr Ministerialrat, von amtswegen berufen sind, die englischen Sendungen zu kontrollieren, sehe ich mich veranlaßt, Ihnen eine Mitteilung zu machen. Vor einigen Wochen erzählte der Oberverwalter der Deutschen Ansiedlungsgesellschaft, Herr Robert von Trenkwald, Schwarzenau, mir und dem Rechnungsführer Hajek, in Kiew und Odessa wäre die Pest ausgebrochen und darum würde es von unseren Truppen nicht genommen. Vor einigen Tagen erfuhr ich aus dem Artikel von Herrn Reichsminister Goebbels, daß diese Nachricht der englische Rundfunk verbreitet hat. Vor einigen Tagen – wie uns der Oberverwalter vor der

Karte Rußlands antraf – erzählte er wieder, daß die Slowaken nicht mehr mittun, daß 2 slowakische Regimenter von den Ungarn umzingelt und niedergemacht worden wären; und ein Regiment Slowaken wäre von unseren Truppen eingeschlossen und jeder Zehnte erschossen worden, der Rest sei dann nach Hause geschickt worden. Da der Führer in seiner Sportpalastrede die Slowaken erwähnte und auch im Wehrmachtsbericht jetzt slowakische Flieger genannt wurden, frage ich an, ob diese Nachricht von den slowakischen Truppen, die zu den Russen überlaufen wollten, nicht vielleicht auch aus dem englischen Rundfunk stammt! Die englandfreundliche Einstellung des Herrn v. Trenkwald ist mir seit langem bekannt. Noch kurz vor dem Kriege war ein englischer Geistlicher bei ihm zu Besuch, seine Frau lebte einige Zeit in England. Im Jahre 1938, wie ich den Posten hier bekam, und meine Möbel noch nicht hier hatte, mußte ich eine Zeit mit meiner Frau bei ihm essen, und da haben wir aus den Tischgesprächen schon den richtigen Eindruck von den Leuten gewonnen, was in Deutschland gemacht wird, ist alles nicht richtig, in England dagegen, ja da ist es anders!

Falls diese Nachricht aus dem englischen Rundfunk stammt und irgendwelche Folgerungen für Herrn Trenkwald daraus gezogen werden, möchte ich aber nicht, daß es bekannt wird, daß ich darauf aufmerksam gemacht habe, denn Herr v. Trenkwald hat in der Wiener Zentrale fast lauter Gesinnungsgenossen. Die meisten führenden Männer der Zweigstelle Ostmark der Deutschen Ansiedlungsgesellschaft sind Schwarze und machen auch kein Hehl daraus, was mich eigentlich wundert, da die Berliner Zentrale doch der SS untersteht. Ich bin als Parteigenosse und tätiger NSKK-Führer so schon bei meinen Vorgesetzten nicht besonders gut angeschrieben, und wenn es herauskäme, daß ich dem Herrn v. Trenkwald geschadet habe, dann würde ich unter irgendeinem Vorwand meinen Posten verlieren. Ja, wenn ich einen Posten als Gutsverwalter auf einem staatlichen Gut bekommen könnte, dann würde es mir ein Vergnügen sein, dem Herrn Oberverwalter und auch den noch höheren Herren ins Gesicht zu sagen, daß mir ihre Deutschlandfeindliche Einstellung bekannt ist und daß ich derjenige bin, der das gemeldet hat.

Es hätte aber keinen Zweck, mit der Ausforschung die hiesige Gendarmerie zu betrauen. Ich habe im Jahre 1939 einen Gastwirt, der Kommunist ist, der Gestapo nach Wien gemeldet. Diese beauftragte die hiesige Gendarmerie mit der Beobachtung. Die gingen am hellen Tage hin und machten Hausdurchsuchung. Dadurch wurde der Mann gewarnt und, obzwar er heute noch Kommunist ist, der den Gruß «Heil Hitler!» um keinen Preis der Welt über seine Lippen bringt, ist ihm jetzt nichts mehr nachzuweisen.

Heil Hitler!
Rudolf Rösener
NSKK-Rottenf.

Anonyme Briefe

Die folgenden anonymen Briefe werden in der Schreibweise der Absender wiedergegeben. Im Jahre 1944 kamen täglich unzählige solcher Briefe an. Auch wenn einer der Briefe kein Datum trägt, stammt er aus dem Jahre 1944.

Kurtchens Großmutter

O. U. den 4. Juli 1944

Herrn Ministerialrat Dr. Hans Fritzsche

Ich habe mir Ihren Vortrag vom vergangenen Samstag angehört, der mich sehr peinlich berührt hat. Da ich mir aber kein Urteil darüber erlauben kann, will ich Ihnen die Ansicht meiner Großmutter, welche mithörte und für die Ihr Vortrag ein geradezu ideales Fressen war, als Replik übermitteln. Ob meine Großmutter recht damit behält, weiß ich nicht, aber für gewöhnlich pflegt man alten, erfahrenen Leuten etwas gesunden Menschenverstand zuzubilligen.

Gegen meine Großmutter sind Sie natürlich ein Kind mit einem echten Kindskopf, wie sie meinte, und reichlich naiv dazu. Meine Großmutter sagte, daß Sie Ihren Anbiederungsversuch an England, daß, wenn dieses seine Luftangriffe auf Deutschland einstelle, selbstverständlich auch die Tätigkeit der deutschen *Wunderwaffe* aufhöre, nicht laut genug und mit dem nötigen Nachdruck gemacht hätten. Sie hätten mehr schreien müssen, dann würde der Engländer es besser hören und es auch bei Ihrem so sympathischen Sprechorgan sicherlich glauben.

Und dann wäre es doch auch so, daß die Wunderwaffe V 1 – genannt Volksverdummung No. 1 – nun gerade keine Wunder vollbringen könne. Der Umstand, daß zwar durch die Anwendung einer Vergeltung einige Engländer tot geblieben seien, berechtige Sie noch keineswegs zu der Annahme, daß nun England, geschweige denn Amerika den Krieg verlieren werden. Meine Großmutter war lange in Amerika und kennt die Mentalität der Amerikaner sehr genau. Sie meinte im übrigen, um einmal England ganz auszuschalten, daß es sich um ein Wettrennen zwischen Amerika und Deutschland handele, und daß demjenigen zuerst die Puste ausginge, der von Anfang des Rennens bis jetzt schon zu viel gelaufen sei. Soviel über Ihren Vortrag. Auch sprach meine Großmutter mit mir über den Goebbelschen Artikel in der Zeitung «Das Reich» und meinte, daß man selbstverständlich auch ohne ein Dach über dem Kopf zu haben, essen kann. Weit schlimmer wäre es, wenn man nichts zu essen, aber ein Dach über dem Kopf habe, wie das noch bei den meisten Plutokraten in Deutschland der Fall sei. Meine Großmutter sagte, wenn das so weiter gehe, müsse sie mit ihren 98 Jahren sich auch noch würdig in die durch die Presse täglich bekanntgegebenen älteren Arbeiterjahrgänge einreihen. Sie freut sich schon unbändig darauf, *jüngstes Mitglied* der DAF[1] zu werden.

Nur durch eine derartige Organisation im Verein mit den 16 und Sechzigjährigen an der Front sei uns der Sieg sicher. Meine Großmutter ist im übrigen sehr aktiv gegen die Feindpropaganda tätig. Fast immer gelingt es ihr, Volksgenossen überzeugend aufzuklären. Noch gestern abend kam wieder ein Volksgenosse zu ihr und sagte, er habe gehört, daß Minsk gefallen sei und sich eine große Tragödie in diesem Raum abspiele. Meine Großmutter hat diese Bedenken natürlich sofort dadurch zerstreut, daß sie dem Volksgenossen einige Märchen aus Klumpfüßchens[2] Märchenstunde erzählte. Der Volksgenosse war dann natürlich gänzlich beruhigt, als meine Großmutter ihm versicherte, daß nun endlich der Zeitpunkt gekommen sei, da den Ostelbiern und Krautjunkern einmal der Wunsch nach den so lange entbehrten russischen Eiern durch die Amerikaner erfüllt werden könne. Von dieser Anstrengung – es war bereits Mitternacht – war dann meine Großmutter sehr müde geworden, und ich selbst hörte im Traum nur noch ganz dumpf die Worte: Dietl ... Wilna ... Doch davon ein anderes Mal. Mit vielen Grüßen, auch vom Götz von Berlichingen, Dein Dich sehr gern hörendes
Kurtchen

«Du mußt ja tun, was Dein lügenhafter Jupp Dir erzählt»

Dieser Brief zeigt eine vollkommen unlesbare Unterschrift.

handschriftlich: Chef
Herrn Hans Fritzsche.   31. 8. 44

Der Krieg geht weiter dem siegreichen Ende für uns entgegen, obwohl die Feinde in Reims oder Soisson stehen. Das macht ja gar nichts aus, der Sieg bleibt ja unser. So ungefähr orakelt die deutsche verlogene Propaganda. Was hast Du unverbesserlicher Schwätzer in den 5 Jahren dem deutschen Volke alles erzählt? Märchen, nichts als Märchen! Und die rauhe Wirklichkeit? Vor der Invasion hieß es: Laß sie nur kommen – Hören und Sehen wird ihnen vergehen – oder aber Josef sagte: sie werden schreien – Mörder, Mörder, wir werden ermordet – oder aber Adolf: sie können einen Brückenkopf bilden, auch den zweiten oder dritten – aber dann werden sie unweigerlich zerschmettert. Ja, ja, Ihr verlogenen, siegesberauschten Nazis, wie wird es Euch in einigen Wochen

1 Deutsche Arbeitsfront.
2 Goebbels hatte einen Klumpfuß.

oder Monaten ergehen. Der Galgen sind genug vorhanden. So wie Ihr Schweinehunde die Offiziere des 20. Juli aufhängtet, werdet Ihr an den Galgen kommen, so wahr es einen Gott im Himmel gibt. Wie habt Ihr das deutsche Volk an den Abgrund gebracht, und was muß das Volk nach der endgültigen Niederlage wohl alles noch ausstehen? Allein die Juden werden uns heimzahlen, was wir an ihnen verbrochen haben. Wir alle darunter leiden unter diesem Naziregime, aber bevor wir dran glauben müssen, soll aber jeder Naziführer zunächst von uns hingeschlachtet werden. Und, lieber Fritzsche, dazu gehörst auch Du! Statt Soldat zu sein, stellst Du Dich jeden Sonnabend hin und erzählst Märchen. Aber so sind ja die Herren Nazis! Nur nicht selber in Gefahr begeben. Denn es geht ja schon lange nicht mehr um das deutsche Volk oder Vaterland, sondern nur um die Köpfe der Hitler, Himmler, Goebbels, Göring und Konsorten. Na, die werden schon rollen. Ein solches Verbrechersystem wie das heutige, kann ja nicht ewig bestehen. Über die wirkliche Stimmung gibt es doch nur eine Meinung – schlecht und nochmals schlecht. Nur die Angst vor Gestapo, Genickschuß und Konzertlager bewahren die Leute ja vor dem Aufbruch, aber gähren tut es riesig. Aber davon wollt Ihr nie etwas wissen.

Lieber Fritzsche, Du mußt ja tun, was Dein lügenhafter Jupp Dir erzählt, und wenn auch kein Deutscher Dir was tut, so glaube ich aber doch, daß die Engländer allein schon Dein Ende besorgen werden. Das glaube ich sicher.

In spätestens vier Wochen ist der Nazi-Spuk zu Ende, und was dann kommt, weiß kein Mensch. Bis dahin müssen wir uns noch das Geschreibsel der Zeitungen gefallen lassen. Und den Rundfunk mit seinen Kommentatoren wie Fritzsche, Josef, Dittmar und Konsorten anhören.

Heil die Freiheit!
Unterschrift

Solange . . .

An den Leiter der Abteilung Rundfunk
im Propagandaministerium

Solange es im deutschen Rundfunk noch gesunde junge Intendanten, Sendeleiter, Schriftleiter, Abteilungsleiter und Direktoren zwischen 30 bis 40 Jahren gibt, die nach wie vor «unabkömmlich» sind, solange man es diesen Herren nicht zumuten darf, als Geistesarbeiter auch 10–12 Stunden täglich wie in der Rüstung zu arbeiten, solange man morgens um 9.30 Uhr im Bahnhofshotel zu Königswusterhausen der Kurzwellensender überhaupt keinen leitenden Herrn, dagegen nur kaffeetrinkende und strümpfestopfende Sekretärinnen trifft und niemand irgendeine dienstliche Auskunft geben kann, solange der deutsche Rundfunk am

Vor- und Nachmittag täglich stundenlang Programme für niemanden
senden kann, da ja das deutsche Volk hart arbeiten muß und den ganzen
Tag und außer abends keine Zeit mehr hat zum hören, solange es Deutsche im Rundfunk gibt, die sich offen freuen, weil es den «Nazis jetzt
schlecht ginge», solange die Aufhebung der Unabkömmlichkeit als eine
Strafe gilt, solange der Rundfunk heute noch von der Interradio Büro-
kräfte übernimmt und es auch tun darf, solange kann man an den «ge-
rechten totalen Kriegseinsatz auch im Rundfunk» nicht glauben.

Gehören diese Herren des Rundfunks nicht zum deutschen Volk? Sollen sie niemals spüren, was es heißt, 5–7 Jahre Soldat zu sein, ohne Heimat, in Dreck und Speck, immer kämpfend? Für diese Männer in der
Heimat sollen wir kämpfen, die immer neue Gründe erfinden, um «unabkömmlich» zu bleiben? Für diese Geistesarbeiter sollen unsere Frauen
in der Rüstung in 10–12 Stunden harter Arbeit jetzt sich verbrauchen,
auspumpen lassen? Kann man noch an Gerechtigkeit auch am deutschen
Rundfunk glauben? Bedeutet ein freiwilliger auf 6 Monate «befristeter»
Einsatz Gerechtigkeit gegenüber einem kleinen Angestellten, der von
A–Z dabei sein muß?

Diversa

Witze

Herrn Ministerialdirektor Hinkel z. Kts.

An den Leiter der Abtlg. Rundfunk
im Reichsministerium für Volksaufklärung und Propaganda,
Herrn Ministerialrat Diewerge,
Berlin W 8, Wilhelmplatz 8–9   C. v. D./Fi, 20. April 1942

Von Direktor Dr. Hubmann erhalte ich Kenntnis von folgendem Fernschreiben aus Brüssel:

Heute, am 16. April, um 10.50 Uhr, wurde im Anschluß an die Ab-
spielung eines Vortrages von Konteradmiral Lützow für Paris von einem der Berliner Techniker anscheinend Ausländer, ein «Witz» für die
an dieser Leitung hängenden Hörer zum besten gegeben. Es wurde dabei
von einem Lebensmüden berichtet, der vergeblich versucht habe, sich an
einem Strick zu erhängen, unmöglich – da Ersatzware. Er habe dann
versucht, ins Wasser zu gehen, sei aber oben geblieben, da sein Anzug
aus Holz gewesen sei. Schließlich sei es ihm doch gelungen, sich das Leben zu nehmen, weil er «seit zwei Monaten auf Lebensmittelkarte gelebt habe».

Es muß dabei berücksichtigt werden, daß bei solchen ins Ausland führenden Leitungen die Gefahr des Mithörens durch Unbefugte immer vorliegt und daß an diese Leitung zum Beispiel auch die umfangreiche Lautsprecherwählanlage des Funkhauses Brüssel, die Belgiern zugänglich ist, angeschlossen ist.

Es ist mir schon mehrfach aufgefallen, daß über diese Leitung unzweckmäßige Durchsagen gemacht worden sind, die geeignet sind, die Gegenpropaganda des Feindes zu unterstützen. Ich wäre für Abhilfe dankbar.

Verschiedenen Eigenheiten in der Ausdrucksweise und grammatischen Fehlern entsprechend muß es sich bei der heutigen Durchsage um einen Ausländer gehandelt haben.

Sender Brüssel   gez.: Gunzer

Wie ich Ihnen nach Schluß der heutigen Rundfunkkonferenz mitgeteilt habe, ist seitens der RRG beabsichtigt, den Diensthabenden bei den Deutschen Europasendern, Herrn Gaebel (es handelt sich also nicht um einen Berliner Techniker), exemplarisch zu bestrafen. Das Notwendige wird der stellvertretende Betriebsführer, Herr Direktor Voß, veranlassen.

Heil Hitler!
Reichs-Rundfunk-Gesellschaft mbH.
Chef vom Dienst
Unterschrift

Einsprüche

Dieser Brief ist vom Leiter Ost im Propagandaministerium geschrieben.

Herrn Ministerialdirektor Fritzsche   Leiter Ost
im Hause   Berlin, den 3. 12. 1943

Mein Mitarbeiter Dr. Kurtz teilt folgendes mit:

Die Einsprüche am 30. 10. während Ihres Vortrages waren sehr geschickt in Pausen zwischen zwei Sätzen oder auch zwischen einzelnen Worten eingeflickt, z. T. waren es Zwischenrufe wie «Alles Lüge», «Das stimmt nicht», z. T. kurze Sätze wie etwa «Fragt die Kämpfer von Stalingrad», «Woher will Deutschland neue Truppen nehmen» und ähnliche Äußerungen, die sich direkt auf den Inhalt der vorher wiedergegebenen Sätze bezogen. Ähnlich waren die Einsprachen während des anschließenden 20.00-Uhr-Nachrichtendienstes, wo z. B. auf die Durchsage der Bombennotwohnungen besonders stark eingegangen worden ist. Auch dabei waren die Einsprüche entweder kurze Worte wie «Alles Lüge», «Schwindel», «Stimmt nicht» oder kurze Sätze wie «Woher will Ley die Arbeiter nehmen», «Deutschland hat kein Eisen für Waffen, erst recht nicht für die Neubauten» usw.

Nach Aussagen der Schwiegereltern des Referenten Dr. Kurtz wiederholen sich diese Einsprüche fast täglich, mitunter schon um 17.00 Uhr, ständig aber um 20.00 und 22.00 Uhr.

Heil Hitler!
Unterschrift

Ein illegaler Sender für England
Dokument NO – 2527, gekürzt.

Geheim Feldkommando, den 19. Mai 1943

Lieber Kaltenbrunner!
Von dem Buch «Die jüdischen Ritualmorde» habe ich eine größere Anzahl bestellt und lasse es bis zum Standartenführer versenden. Ich übersende Ihnen mehrere 100 Stück, damit Sie diese an Ihre Einsatz-Kommandos, vor allem aber an die Männer, die mit der Judenfrage zu tun haben, verteilen können.

Ich gebe im Zusammenhang mit diesem Buch folgende Aufträge:

Es sind sofort überall Untersuchungen anzustellen über Ritualmorde der Juden, soweit sie noch nicht evakuiert sind. Derartige Fälle sind herauszuziehen und mir vorzulegen. Wir müssen in dieser Richtung dann mehrere Prozesse machen.

Überlegen Sie einmal, ob wir nicht in Zusammenarbeit mit dem Auswärtigen Amt einen rein antisemitischen illegalen Sender für England und Amerika machen können. Er müßte gespeist werden mit Material, das – so wie es der «Stürmer» in der Kampfzeit gemacht hat – den Engländern und Amerikanern serviert wird. Ich halte hier eine sensationelle Aufmachung geradezu für wichtig. Ich bitte, sich mit SS-Gruppenführer Dr. Martin einmal in Verbindung zu setzen, um den einen oder anderen Mitarbeiter des «Stürmer» zu gewinnen.

Außerdem sind sofort Leute einzusetzen, die in England die Gerichtsnachrichten u. die Polizei-Ausschreibungen, daß ein Kind vermißt wird, verfolgen und kontrollieren, sodaß wir dann in unseren Sendern entsprechende Kurznachrichten geben können, daß in dem Ort XY ein Kind vermißt würde und es sich wahrscheinlich um einen jüdischen Ritualmord handele.

Insgesamt glaube ich, könnten wir mit einer großen antisemitischen Propaganda in englischer, vielleicht auch sogar in russischer Sprache auf einer sehr starken Ritualmord-Propaganda den Antisemitismus in der Welt ungeheuer aktivieren.

Ich bitte Sie, diese Dinge einmal mit ihren Mitarbeitern zu besprechen und schon gewisse Vorbereitungen zu treffen, um mir dann einen Vorschlag zu machen.

Ihr H. Himmler

Protokolle aus dem Jahre 1945

Sämtliche Protokolle sind gekürzt.

Am 10. 1. 1945

Fritzsche-Sitzung am 10. 1. 1945 im Haus des Rundfunks.

Der Minister beanstandet die Philosophie der Schlagertexte. Er hörte kürzlich die Vertonung eines Goethe-Liedes von vier verschiedenen Komponisten. Der Minister fand die Sendung sehr interessant, aber zu hoch für den einfachen Hörer.

Der Lebensbereich des durchschnittlichen Zeitgenossen ist geistig ein verhältnismäßig begrenzter.

Es geht darum, aus dem Rundfunk jede volksfremde Tendenz herauszuhalten.

Im übrigen wurde alles ausführlich in der letzten Montag-Sitzung besprochen.

Ein Reichspropagandaamt moniert, daß in einigen Sendungen die Redewendung «gnädige Frau» angewendet wurde. Es ist nur einmal in einer Zeitspiegelsendung am 2. 11. vorgekommen.

Am 14. 1. 1945

Fritzsche-Sitzung am 14. 1. 1945 im Haus des Rundfunks.

Der weltanschauliche Monatsappell im Februar mit der Rede von Reichsleiter Schwarz wird genehmigt.

Reichsführer-SS hat gehört, daß einige Orchester aus dem Generalgouvernement in das Reich gekommen sind. Sie dürfen nicht unter dem Titel «Gouvernementsorchester» auftreten.

Bei uns sind noch keine aufgetaucht.[1]

Kritik an dem Lied von Santiago in «Allerlei von zwei bis drei».

Herr Fritzsche bittet um einen Bericht über den Zustand des Rundfunks in Dresden. Herr Himmler[2] hat heute einen Mann dort hingeschickt.

Herr Fritzsche hat die Proteste gegen «Das kleine Lied» an den Minister gegeben. Sie sind belanglos. Es soll im Rundfunk darauf hingewiesen werden, warum wir «Das kleine Lied» immer wieder bringen.

1 Am 17. 1. 1945 flüchtete der Generalgouverneur Dr. Hans Frank bereits aus Krakau.

2 Wahrscheinlich handelt es sich bei diesem Herrn Himmler um einen Mitarbeiter des Rundfunks und nicht etwa um den Reichsführer SS; im Januar 1945 hätte man Heinrich Himmler keinesfalls als «Herrn Himmler» protokolliert.

Nach dem Angriff auf Dresden haben wir keine Zubringerleitung Prag–Berlin mehr. Da wir nur aus Berlin senden, brauchen wir dringend eine Ausweiche nach Bayreuth. Es werden rund 40 Mann benötigt. Um diese Leute unterzubringen, müssen wir das Orchester aus Bayreuth herausnehmen. Es werden dafür zwei 25-t-Lastwagen benötigt. Es muß aber das Benzin dafür besorgt werden.

Es muß außerdem das Bereitschaftsmaterial des Schallarchivs und das Material aus Prag nach Bayreuth kommen.

Herr Direktor Voß weist darauf hin, daß kein Papier zum Drucken mehr da ist. Alle Abteilungen müssen sehr sparen.

Wir müssen damit rechnen, daß die Schallplattenproduktion in Prag Ende des Monats wegen Kohlenmangel eingestellt wird.

Sind besondere Maßnahmen möglich, dort eine weitere Belieferung mit Kohlen aufrecht zu erhalten? Herr Dr. Pauli gibt eine kurze Notiz an Herrn Fritzsche in dieser Angelegenheit.

Am 24. 1. 1945

Protokoll zur Programmsitzung am Mittwoch, 24. Januar 1945, 15.30 Uhr unter Leitung von Herrn Ministerialdirektor Fritzsche.

Herr MD Fritzsche gibt einen kurzen Überblick zur politischen Lage, Auswirkung auf die Zivilbevölkerung und betont, daß auch das Rundfunkprogramm darauf Rücksicht nehmen muß. Der Rundfunk hätte die Aufgabe, unseren Volksgenossen Mut zuzusprechen, ihnen keine billigen Versprechungen zu machen, sondern an den primitiven Lebenswillen und das Lebensgefühl des Volkes zu appellieren.

Herr MD Fritzsche glaubt, daß durch die ab Sonnabend vorgenommene Umstellung des Programms bereits eine gute Linie gefunden worden wäre.

Herr MD Fritzsche glaubt nicht, daß es nötig sei, das Verhältnis Wort und Musik zu ändern.

Zuschriften betr.: Suche nach Evakuierten usw. sind weiterzuleiten an die Vermißtenzentrale/Polizeipräsidium, s. Tageszeitungen!

Herr Dr. Krieg macht darauf aufmerksam, daß das Lied «Es geht alles vorüber» in der Wehrmacht verboten sei. Herr Major v. Passavant wird Erkundigungen einziehen.

Am 31. 1. 1945

Fritzsche-Sitzung am 31. 1. 1945 im Haus des Rundfunks.

Wir brauchen an dem Stil unserer Programme nichts zu ändern. Auch die etwas heitere Note soll bleiben.

Betr.: Volkssturm.

Es fehlen noch die 180 Scheine für den Rundfunk, da uns sonst die Männer aus den Orchestern herausgezogen werden.

In Leipzig sind gestern alle Kohlen beschlagnahmt worden, so daß das Orchester nicht mehr spielen kann. Herr Fritzsche wird die Angelegenheit klären.

Die zu erwartenden Verkehrsschwierigkeiten werden unser Haus sehr betreffen. Es sollen im Anschluß an die Sitzung die Gruppen eingeteilt werden.

Bei den Programmdrucken setzen wir nur die Blöcke ein, ohne das Programm im einzelnen auszudrucken.

Für den Zeitfunk werden die Schwierigkeiten am größten werden. Im Anschluß Rücksprache darüber.

Herr Dr. Heck organisiert mit Herrn Himmler die Möglichkeit, noch recht viel Material aus Breslau zurückzuholen.

Im gestrigen Wagnerkonzert wirkte Marie Reining mit. Diese ist in die Schweiz emigriert. Soll sie gesperrt werden?

Die Bänder können weiterbenutzt werden, es soll lediglich der Name nicht genannt werden.

Betr.: Stromabschaltung in Berlin. Herr Dominik [1] sorgt dafür, daß Rücksicht auf die Haupt-Nachrichtenzeiten genommen wird.

Bei Alarm wird der Strom wieder eingeschaltet.

Am 21. 2. 1945

Protokoll der Programmsitzung am Mittwoch, 21. Februar 1945, 15.30 Uhr unter Leitung von Herrn Ministerialdirektor Fritzsche.

Herr MD Fritzsche verliest einige Hörerzuschriften. Er glaubt, daß nach Überwindung des ersten Nervenschocks doch eine leichte Änderung der Programmlinie erforderlich ist. Z. B. dürfte die Soldatenstunde nicht mehr «schräg» sein.

Herr Dr. Schönicke führte dazu aus, daß das Volk wohl jetzt einen besonderen Hunger auf Meldungen und Nachrichten hätte.

Herr MD Fritzsche bittet Herrn Himmler, ihm eine kurze Notiz zu geben betr. Überweisung der Techniker ins zweite Volkssturmaufgebot.

Bekanntgabe der Beleuchtungssperre über Drahtfunk dreimal täglich, soll so bleiben.

Im Programm keine Schlagertexte!

Protest von der Reichsfrauenführung / undeutsche Tanz- und Unterhaltungsmusik!

Herr MD Fritzsche erbittet von Herrn Dr. Schönicke einen Zwischen-

1 Herbert Dominik, *1902; ab 1. 5. 1933 NSDAP-Mitglied.

bescheid betr.: Zusammenstellung des bekanntesten Liedgutes (Band-
u. Eigenaufnahmen), die der Herr Minister[1] anläßl. des Gruppenlei-
terbesuches haben wollte.

Herr Dr. Schönicke erhält einen Vorgang: Volkssturmlied.

Gegen den Hetzsender während der Sendepause des DS ist lt. Herrn
Dir. Dominik wegen Stromausfall nichts zu machen.

Herr Dir. Dominik erhält einen Vorgang betr. Störsender bei Durch-
gabe der Luftlagemeldungen Pforzheim.

Der Drahtlose Dienst und der Zeitfunk sollen sich darum bemühen,
auch Beispiele aus dem Heldenkampf der ostmärkischen Geschichte und
nicht nur die preuß. Geschichte anführen.

Es wird festgestellt, daß in Breslau von Seiten des Rundfunks niemand
mehr ist. Hauptsturmführer Ackemann (?) von der Heeresgruppe soll
s. Zt. Herrn Menz den Befehl zum Abrücken erteilt haben. Herr Major
v. Passavant wird gebeten, Hauptsturmführer A. auf militärischem Wege
zu bestandpunkten.

Herr Dr. Schönicke macht Ausführungen zum Programm 23.–25. 2.

23. 2. Ausschnitte aus der Horst-Wessel-Feier,

24. 2. ein Sonderzeitspiegel zwischen 19.00 u. 19.30 Uhr; abends ein
festl. Konzert (populärer Wagner usw.)

Herr MD Fritzsche bittet, die Bezeichnung «Festl. Konzert» in der
Ansage nicht zu erwähnen.

25. 2. spricht im Namen des Monatsappells Reichsschatzmeister
Schwarz.

Auf Anfrage von Herrn Haentzschel, ob in der Unterhaltungs- und
Tanzmusik noch Einschränkungen erfolgen sollen, erklärt Herr MD
Fritzsche, daß die frische Note beibehalten werden soll. Ein Ausschalten
einer Produktionsgruppe soll nicht erfolgen. Innerhalb der leichten
Gruppen sollen keine Schlagertexte, die anstößig wirken, kommen.

Berlin, den 22. Februar 1945/Fi.

[1] Dr. Goebbels.

NAMENREGISTER

Die kursiv gesetzten Zahlen verweisen auf die jeweils vorangestellten Anmerkungen, die hochgestellten Ziffern bezeichnen die Fußnoten

Ackemann 408
Adler, H. G. 128[1]
Albach-Retty, Wolf 396
Albrecht, Herzog von Württemberg 93
d'Alquen, Gunter *110, 198,* 199, *203 (1)*
Altenburg, Günther 324
Amann, Max *55, 55* f, *56, 58,* 65 89, 103, *110,* 112, 114, 140 f, *158, 158, 161, 164 (1), 184[1], 185, 192,* 195, *228, 256 (2),* 257
Andreae, Wilhelm *70 (1)*
Andreas, Willy *176,* 176
Andres, Helmut *218*
Arent, Benno von *130,* 130 f
Auler, Wilhelm *70 (1)*

Bachmann, I. G. 320
Bachmann 157
Backe, Herbert *28*
Bade, Erich 350 f
Bade, Wilfried *68 (2), 84,* 157, *209, 213,* 221
Bahr, Hans *200*
Balassa 238
Ball, Kurt Herwart *364*
Barmat, David 366
Barmat, Henry 366
Barmat, Julius 366
Bartels, Adolf *103[1], 209,* 234, 234 f
Bartels, Wolfgang von *348*
Basson-Hejken 234
Bauer, Andreas 29
Baumann, Gerhard *71*
Baumgarten, Otto *241[2]*
Baur, Karl 59

Baur, Wilhelm 317, 317[2]
Beck, Herbert 59 f
Beck 36
Becker, H. *79 (2)*
Beckmann, Ewald *68 (1)*
Beethoven, Ludwig van 111
Behr, Dr. 154
Belisha, Hore 107
Benz, Richard *213*
Bergenthun, Freia *189*
Berger, Oskar 138
Bergstraesser, Arnold *125 (2), 176,* 177
Berking, Willy 351
Berndt, Alfred-Ingemar 52 f, *84,* 101, *110, 143, 147* f, *233, 302*
Bernhard, Georg *243,* 244
Beumelburg, Walther *305 (1), 320, 339*
Beyer, Arndt 59 f
Bierkowski, Heinz 358
Binder 238
Bischoff, Willi 59 f, *110,* 117
Bismarck, Otto, Fürst von 167, 211
Bley, Wulf 279, 279[1], 281, 281[1], 284 f, 395
Blunck, Hans Friedrich 114, 114[1]
Bodenstedt, Hans 282
Boeckmann, Kurt von *305 (1),* 321
Boese, Carl Heinz 283, 284, 320
Bofinger, Alfred 321, 368
Bollmann, Hans *186 (2)*
Bömer, Karl *84, 120*
Bormann, Martin *144 (1),* 144
Boveri, Margret *248*
Brack, Victor 149
Braeckow 104
Brammer, Karl *82*

417

Bitte beachten Sie
die folgenden Seiten:

Joseph Wulf

**Literatur
und Dichtung
im Dritten Reich**
Ullstein Buch 33029

**Die bildenden
Künste
im Dritten Reich**
Ullstein Buch 33030

**Theater und Film
im Dritten Reich**
Ullstein Buch 33031

**Musik
im Dritten Reich**
Ullstein Buch 33032

**Ullstein
Zeitgeschichte**

Comité des Délégations Juives (Hrsg.)

Die Lage der Juden in Deutschland 1933

Das Schwarzbuch – Tatsachen und Dokumente

540 Seiten, Broschur

Anfang des Jahres 1934 veröffentlichte das Comité des
Délégations Juives auf Initiative des zionistischen Politikers
Leo Motzkin in Paris diese erschütternde Dokumentation über
die Situation der Juden in Deutschland. Das Material –
Beiträge aus nationalsozialistisch redigierten Zeitungen und
Zeitschriften sowie offizielle Statistiken – gibt Auskunft über
Verfolgung und Entrechtung bereits kurz nach der
Machtergreifung.

Ullstein